D1920167

Agile ABAP®-Entwicklung

Büchereien Wien
Am Gürtel
Magistratsabteilung 13
7, Urban-Loritz-Platz 2a
A-1070 Wien

SAP PRESS

SAP PRESS ist eine gemeinschaftliche Initiative von SAP SE und der Rheinwerk Verlag GmbH. Ziel ist es, Anwendern qualifiziertes SAP-Wissen zur Verfügung zu stellen. SAP PRESS vereint das fachliche Know-how der SAP und die verlegerische Kompetenz von Rheinwerk. Die Bücher bieten Expertenwissen zu technischen wie auch zu betriebswirtschaftlichen SAP-Themen.

Thomas Schneider, Werner Wolf
Erweiterungen für SAP S/4HANA – Das Praxishandbuch
2018, 510 Seiten, geb.
ISBN 978-3-8362-6204-0

Renzo Rolle, Ralf Dentzer, Jan Hrastnik
Core Data Services für ABAP
2018, 443 Seiten, geb.
ISBN 978-3-8362-5902-6

Jörg Brandeis
SQLScript für SAP HANA
2018, 430 Seiten, geb.
ISBN 978-3-8362-6208-8

Felix Roth, Stefan Stöhr
BOPF – Business-Objekte mit ABAP entwickeln
2018, 364 Seiten, geb.
ISBN 978-3-8362-5972-9

Arlitt, Dunz, Gahm, Majer, Westenberger
Besseres ABAP
2015, 497 Seiten, geb.
ISBN 978-3-8362-2939-5

Aktuelle Angaben zum gesamten SAP PRESS-Programm finden Sie unter *www.sap-press.de.*

Winfried Schwarzmann

Agile ABAP®-Entwicklung

Ausgeschieden
von den
Büchereien Wien

Büchereien Wien
Am Gürtel
Magistratsabteilung 13
7, Urban-Loritz-Platz 2a
A-1070 Wien

Rheinwerk
Publishing

Liebe Leserin, lieber Leser,

vielen Dank, dass Sie sich für ein Buch von SAP PRESS entschieden haben.

Damit Sie dieses Buch in den Händen halten können, ist auf Verlagsseite ein reibungsloses Projektmanagement erforderlich. Autor, Lektorin, Korrektorin, Hersteller, Grafikerin, Setzer, Drucker und E-Book-Entwickler müssen ihre Arbeit termingerecht abliefern. Das ist nur möglich, wenn sie sich auf ein stabiles Fundament verlassen können. Bei einem Buch ist dieses Fundament eine Formatvorlage, die schon beim Schreiben der ersten Zeilen das spätere Endprodukt im Blick hat.

Auch für agile Entwicklungsprojekte braucht es eine solche Basis: konsequente Objektorientierung und eine Testinfrastruktur. Winfried Schwarzmann zeigt Ihnen in diesem Buch, wie Sie Ihren ABAP-Code schreiben sollten, um die Grundlage für leicht zu wartende und wiederverwendbare Software zu schaffen. Dabei gibt er praktisch umsetzbare Tipps, wie Sie eine agile Entwicklungskultur etablieren und festigen können. Der Grundstein für Ihre agile ABAP-Entwicklung ist damit gelegt!

Wir freuen uns stets über Lob, aber auch über kritische Anmerkungen, die uns helfen, unsere Bücher zu verbessern. Scheuen Sie sich nicht, sich bei mir zu melden. Ihr Feedback ist jederzeit willkommen.

Ihre Janina Karrasch
Lektorat SAP PRESS

janina.karrasch@rheinwerk-verlag.de
www.rheinwerk-verlag.de
Rheinwerk Verlag · Rheinwerkallee 4 · 53227 Bonn

Auf einen Blick

Wir hoffen, dass Sie Freude an diesem Buch haben und sich Ihre Erwartungen erfüllen. Ihre Anregungen und Kommentare sind uns jederzeit willkommen. Bitte bewerten Sie doch das Buch auf unserer Website unter **www.rheinwerk-verlag.de/feedback**.

An diesem Buch haben viele mitgewirkt, insbesondere:

Lektorat Janina Karrasch
Korrektorat Annette Lennartz, Bonn
Herstellung Norbert Englert, Melanie Zinsler
Typografie und Layout Vera Brauner
Einbandgestaltung Nadine Kohl
Coverbild iStock: 139989168 © madphane
Satz Typographie & Computer, Krefeld
Druck Beltz Grafische Betriebe, Bad Langensalza

Dieses Buch wurde gesetzt aus der TheAntiquaB (9,35/13,7 pt) in FrameMaker. Gedruckt wurde es auf chlorfrei gebleichtem Offsetpapier (90 g/m²). Hergestellt in Deutschland.

Das vorliegende Werk ist in all seinen Teilen urheberrechtlich geschützt. Alle Rechte vorbehalten, insbesondere das Recht der Übersetzung, des Vortrags, der Reproduktion, der Vervielfältigung auf fotomechanischen oder anderen Wegen und der Speicherung in elektronischen Medien.

Ungeachtet der Sorgfalt, die auf die Erstellung von Text, Abbildungen und Programmen verwendet wurde, können weder Verlag noch Autor, Herausgeber oder Übersetzer für mögliche Fehler und deren Folgen eine juristische Verantwortung oder irgendeine Haftung übernehmen.

Die in diesem Werk wiedergegebenen Gebrauchsnamen, Handelsnamen, Warenbezeichnungen usw. können auch ohne besondere Kennzeichnung Marken sein und als solche den gesetzlichen Bestimmungen unterliegen.

Sämtliche in diesem Werk abgedruckten Bildschirmabzüge unterliegen dem Urheberrecht © der SAP SE, Dietmar-Hopp-Allee 16, 69190 Walldorf.

ABAP, ASAP, Concur, Concur ExpenseIt, Concur TripIt, Duet, SAP, SAP Adaptive Server Enterprise, SAP Advantage Database Server, SAP Afaria, SAP ArchiveLink, SAP Ariba, SAP Business ByDesign, SAP Business Explorer, (SAP BEx), SAP BusinessObjects, SAP BusinessObjects Explorer, SAP BusinessObjects Web Intelligence, SAP Business One, SAP Business Workflow, SAP Crystal Reports, SAP EarlyWatch, SAP Exchange Media (SAP XM), SAP Fieldglass, SAP Fiori, SAP Global Trade Services (SAP GTS), SAP GoingLive, SAP HANA, SAP Vora, SAP Hybris, SAP Jam, SAP Lumira, SAP MaxAttention, SAP MaxDB, SAP NetWeaver, SAP PartnerEdge, SAPPHIRE NOW, SAP PowerBuilder, SAP PowerDesigner, SAP R/2, SAP R/3, SAP Replication Server, SAP Roambi, SAP S/4HANA, SAP SQL Anywhere, SAP Strategic Enterprise Management (SAP SEM), SAP SuccessFactors, The Best-Run Businesses Run SAP, TwoGo sind Marken oder eingetragene Marken der SAP SE, Walldorf.

Bibliografische Information der Deutschen Nationalbibliothek:
Die Deutsche Nationalbibliothek verzeichnet diese Publikation in der Deutschen Nationalbibliografie; detaillierte bibliografische Daten sind im Internet über *http://dnb.d-nb.de* abrufbar.

ISBN 978-3-8362-6186-9

1. Auflage 2019
© Rheinwerk Verlag, Bonn 2019

Informationen zu unserem Verlag und Kontaktmöglichkeiten finden Sie auf unserer Verlagswebsite **www.rheinwerk-verlag.de**. Dort können Sie sich auch umfassend über unser aktuelles Programm informieren und unsere Bücher und E-Books bestellen.

Inhalt

Vorwort

Wenn Sie dieses Buch in der Hand halten, nehme ich an, dass Sie einer der geschätzten 1 Million ABAP-Entwickler weltweit sind. Schon SAP R/3 bestand aus ca. 300 Millionen Zeilen Code, und die gesamte Menge an ABAP-Quellcode wird auf weit über eine Milliarde Zeilen geschätzt. ABAP-basierte Systeme sind meist groß und geschäftskritisch. Aber es gibt inzwischen auch viele kleine und handliche Anwendungen für den gelegentlichen Benutzer, die mit ABAP entwickelt werden.

Die Arbeit an großen oder älteren Systemen bringt oft spezielle Herausforderungen mit sich: Niemand kann das ganze System überblicken, Änderungen und Korrekturen sind häufig riskant, und die Fehlersuche stellt sich immer wieder als kompliziert und sehr zeitaufwendig heraus. Wegen dieser Herausforderungen sind lange Zyklen zwischen Entwicklung und Produktion durchaus typisch.

Es gibt aber immer mehr sogenannte *agile* Projekte für Web- oder Cloud-Anwendungen. Diese Projekte können kleine Verbesserungen oder neue Features offenbar problemlos wöchentlich oder gar täglich produktiv setzen – und das, ohne dass die Benutzer etwas davon merken. Aber auch wenn Teams nicht andauernd neue Features direkt ins Produktivsystem liefern müssen, können sie doch intern in kurzen Zyklen und testgetrieben arbeiten. Interessanterweise bringt diese agile Arbeitsweise sowohl mehr Innovation (in Form von Features) als auch mehr Qualität (also weniger Bugs) in kürzeren Zeiten hervor.

In diesem Zusammenhang drängen sich folgende Fragen auf:

- Was genau ist die Essenz agiler Entwicklung, und kann jedes Team diese Entwicklungsweise lernen?
- Kann man diese Arbeitsweise auch für die Entwicklung geschäftskritischer Anwendungen nutzen?
- Gibt es eine Strategie, um auch für große Legacy-Systeme zu einer agilen Arbeitsweise zu kommen?
- Und nicht zuletzt: Geht das alles auch mit ABAP?

Die Antwort auf alle diese Fragen lautet ja, und genau darum geht es in diesem Buch.

SAP hat den Weg zur agilen Entwicklung 2009 begonnen. Damals wurde klar, dass bei immer größeren Projekten und Systemen mehr Prozesse und Kontrollen die Entwicklung eher verlangsamen, ohne größere Erfolge zu versprechen. Am Anfang des Weges stand die großflächige Einführung von *Scrum*. Allerdings haben wir bald gemerkt, dass Scrum allein nicht ausreicht, um am Ende eines jeden Sprints einen Zuwachs an Funktionalität bzw. Performance zu garantieren. Denn Scrum kümmert sich als Framework für agile Projekte zu Recht nur um Rollen, Meetings und Werkzeuge für die Zusammenarbeit in und zwischen den Teams. Zur zuverlässigen und nachhaltigen Umsetzung der geplanten Ziele brauchen die Entwickler aber zusätzliche Fähigkeiten und Praktiken auf technischer Ebene.

Aus dieser Erkenntnis heraus entstand *Agile Software Engineering* (ASE). Diese SAP-weite Initiative vermittelte den Entwicklern agile Praktiken wie testgetriebene Entwicklung bzw. testgetriebenes Design, Refactoring, paarweise Programmierung (PP), exploratives Testen, kontinuierliche Integration etc. Sie lernten auch, welche Werkzeuge sie bei diesen Prozessen unterstützen. ASE-Kurse wurden zusammen mit externen Experten entwickelt. Es gab sie in Varianten für ABAP, Java, C++ und JavaScript. Insgesamt haben mehrere hundert SAP-Entwickler weltweit als Trainer diese Kurse gehalten und die Teams als Coaches bei der Einübung der Praktiken unterstützt.

In der Folgezeit konnten wir zahlreiche positive Resultate beobachten. Teams, die diesen Wandel der Entwicklungskultur angenommen hatten, konnten in der Tat ein besseres Softwaredesign, eine geringere Wartungslast, weniger Integrationsschwierigkeiten und insgesamt mehr Features in besserer Qualität vorweisen. Für einige Teams blieben allerdings entscheidende Fragen offen, vor allem in Bezug auf die Umsetzung für Legacy Code.

Winfried Schwarzmann war einer der aktivsten Coaches in dieser Zeit. Er hat sich besonders um Fragen der agilen Entwicklung im Kontext von Legacy Code gekümmert und dafür sogar einen speziellen Kurs entwickelt und nun dieses Buch geschrieben. Wesentliche Themen sind z. B. die besondere Bedeutung einer Testinfrastruktur für die Evolution von Legacy-Systemen, wie man Tests besonders kompakt und lesbar macht und warum das wichtig ist. Auch hilfreiche Coaching- und Lerntechniken für Teams und vieles mehr sind Inhalt dieses Buches. Die Codebeispiele sind nicht nur Code Snippets, sondern realistische größere Beispielanwendungen, an denen über mehrere Kapitel hinweg der Einsatz der Techniken gezeigt wird. Was Sie in diesem Buch lesen, ist in der Praxis gelehrt und validiert worden. Die Kombination aus den Themen ASE und Architektur, die ganz konkreten Tipps für das ABAP-Umfeld sowie die Tiefe der Auseinandersetzung mit Legacy Code machen dieses Buch einzigartig.

Als Entwickler, Architekt und Manager kann ich Ihnen dieses Buch uneingeschränkt empfehlen. Wenn Sie es sorgfältig lesen und die beschriebenen Techniken in der eigenen täglichen Praxis üben, wird das einen großen Unterschied für Ihre eigene Arbeit machen.

Dr. Jürgen Heymann
Leiter der Initiative Agile Software Engineering, SAP SE

Einleitung

Woran liegt es, dass selbst neu entwickelte Anwendungen schon nach kurzer Zeit Eigenschaften von Legacy Code aufweisen? Wissen ist nicht ausreichend vorhanden oder verteilt, Komponenten sind komplex und inkonsistent, und vor allem: Es gibt zu wenige oder keine Tests. Dieses Buch zeigt klar auf, wie solche Fehlentwicklungen vermieden oder nachträglich behoben werden können. Mit vielen Diagrammen und Anwendungsbeispielen aus der Praxis führt es detailliert aus, wie Sie Refactoring und Redesign von Legacy Code effizient und sicher durchführen und eine agile Neuentwicklung architektonisch vorbereiten können. Für die nachhaltige Weiterbildung von ABAP-Entwicklungsteams beschreibt es zudem eine agile Coaching-Methode, die auf einem testorientierten Verbesserungsprozess aufsetzt. Kurz, dies ist ein Buch über agile Entwicklung, ausschließlich mit ABAP-Code!

Kontinuierliche Verbesserungen

Testautomatisierung spielt dabei eine fundamentale Rolle. Die Vergangenheit hat zwar gezeigt, dass große Anwendungen auch ohne ABAP-Unit-Tests entstehen können. Allerdings hat sich inzwischen der Innovationsdruck deutlich erhöht. Zum einen entwickeln sich die Technik und mit ihr auch die betriebswirtschaftlichen Möglichkeiten rasend weiter. Zum anderen versetzt die Cloud SAP-Kunden in die Lage, auf eine schleppende Versorgung mit Innovationen tatsächlich zu reagieren.

Bei immer kürzeren Auslieferungszyklen kann das manuelle Testen zeit- und kostentechnisch nicht mehr bewerkstelligt werden. Die schnellere und breitere Verfügbarkeit von Releases lässt den Softwareunternehmen zudem keinen Spielraum mehr für größere Nachbesserungen. Testautomatisierung schützt in diesem Kontext auch vor Regression bei kurzfristigen Korrekturen.

Diese Absicherung ist wichtig, weil stabile, technisch und betriebswirtschaftlich erfahrene Teams nicht mehr die Regel sind. Neben vermeintlichen Kosteneinsparungen ist es vor allem die Diskontinuität des Marktes, die von den Entwicklern mehr Flexibilität verlangt. Entwickler können sich aber nur dann schnell in neue Gebiete einarbeiten und bei Bedarf problemlos in alte zurückkehren, wenn sie eine saubere Codebasis vorfinden. Doch eine solche Codebasis ist weniger das Ergebnis umfangreicher Planung als vielmehr das Resultat kontinuierlicher Verbesserungen. Ohne Testautomatisierung sind solche *Mikroreleases* praktisch nicht durchführbar.

Agile Methoden

Kontinuierliche Verbesserungen von Code und Design sind aber auch wichtig, weil agile Projektmanagementmethoden wie *Scrum* diese implizit voraussetzen, wenn sie von gleichbleibender Entwicklungsgeschwindigkeit ausgehen. Wo immer diese geplanten und ungeplanten Verbesserungen aber nicht zur Entwicklungskultur gehören, bleiben der erhoffte Effizienzgewinn und auch die breite Akzeptanz aus.

Eine Entwicklungskultur wird maßgeblich dadurch geprägt, in welchem Umfang *Agile Software Engineering* (ASE) angewendet wird. Neben funktionaler Richtigkeit streben die unter diesem Begriff zusammengefassten Praktiken sauberen Code und ein nachhaltiges Management von Wissen an.

Eine agile Entwicklungskultur lässt sich allerdings weder anordnen noch einkaufen. Vielmehr kommt es darauf an, sich erfolgreich auf den Weg zu machen. Schulungen sind dabei wichtig, denn mit erweitertem Wissen fängt alles Neue an. Entscheidender ist allerdings, auf welchen Boden dieses Wissen in den jeweiligen Abteilungen und Firmen fällt. Entwicklungskultur ist etwas, wofür sich Product Owner, Scrum Master und Manager sowie Architekten und Qualitätsexperten gemeinsam verantwortlich fühlen müssen.

Ich lege deshalb viel Wert darauf, diese enge Verbindung zwischen Scrum und ASE zu erklären und mit praktischen Methoden zu untermauern.

Zielgruppe und Voraussetzungen

Mit diesem Buch können Sie als ABAP-Entwickler viel Wissenswertes über die Anwendung von ABAP Objects und ABAP Unit in der Praxis erfahren. Mit dem Fokus auf Entwicklungsprozessen verbessert dieses Buch Ihre Chancen, dieses Wissen gezielt zu Fähigkeiten auszubauen. Es ist definitiv kein Buch, um ABAP Objects zu erlernen. Vielmehr sollten Sie den Kurs BC401 nicht nur besucht, sondern seinen Inhalt schon professionell angewendet haben. Praktische Erfahrungen mit ABAP Unit sind ebenfalls hilfreich, können aber auch lesebegleitend erworben werden.

Die gezeigten Codebeispiele setzen alle auf ABAP 7.53 auf. Dieser Stand ist für das Verständnis aber in keiner Weise entscheidend. Die Herausforderung bei den Codebeispielen liegt eher in der Objektorientierung, weshalb ich viele um Diagramme und Schaubilder ergänzt habe.

Wenn Sie Entwickler einer anderen objektorientierten Programmiersprache sind, dürften Ihnen die ABAP-spezifischen Anweisungen anfangs neu, aber trotzdem verständlich sein. Da es mein Ansatz ist, technische Details frühzeitig in allgemeinverständlichen Hilfsmethoden zu kapseln, kommt Sprachunterschieden in diesem Buch nur eine untergeordnete Rolle zu. Zudem: Wir ABAP-Entwickler sind schon seit vielen Jahren in der Lage, Fachbücher mit Codebeispielen zu C++ oder Java mit Erfolg zu lesen. Es gibt also keinen Grund, weshalb Ihnen das Gleiche nicht auch mit diesem ABAP-Buch gelingen sollte.

Für Scrum Master, Quality Engineers, Product Owner und Manager sollte schon ein wenig eigene Programmiererfahrung ausreichen, um den Verbesserungen von Code und Design folgen und somit meine strategischen und prozessorientierten Vorschläge verstehen und beurteilen zu können.

Aufbau des Buches

Mit **Kapitel 1**, »Einführung«, können Sie sich einen Überblick über die Ziele und Praktiken agiler Entwicklung verschaffen. Der Rest des Buches folgt dem Walking-Skeleton-Ansatz. Schon im ersten Teil lasse ich Sie an einem kompletten Prozess anhand eines Praxisbeispiels teilhaben. Konkret demonstriere ich einen testorientierten Verbesserungsprozess von Code und Design, der sowohl für die Neu- als auch für die Weiterentwicklung von zentraler Bedeutung ist.

Erst danach gehe ich mit weitestgehend unabhängigen Kapiteln thematisch in die Breite und in die Tiefe: im zweiten Teil des Buches in Richtung Design, im dritten Teil in Richtung Architektur, im vierten Teil in Richtung agile Methoden und im fünften Teil in Richtung Werkzeuge.

Sie können die Lesereihenfolge weitestgehend frei wählen. Ich empfehle Ihnen nur, mit dem ersten Teil zu beginnen, weil ich in ihm den komplexen Begriff der Testinfrastruktur praxisnah einführe und in den folgenden Teilen als bekannt voraussetze.

Teil I: Aufbau einer Testinfrastruktur

Kapitel 2, »Beispielanwendung für diesen Buchteil«, stellt kurz die reale Anwendung vor, die im ersten Teil des Buches um eine neue Funktionalität erweitert werden soll. Um Regression zu vermeiden, soll zuerst die bisherige Funktionalität mit ABAP-Unit-Tests abgesichert werden.

Kapitel 3, »Codebasierte Verbesserung eines Tests«, beschäftigt sich mit der Lesbarkeit von Testmethoden und damit, wie Dopplungen in Testmethoden vermieden werden können.

Kapitel 4, »Designbasierte Verbesserung des Tests«, führt diesen Verbesserungsprozess auf Ebene der Testklassen fort. Die Verbesserungen basieren dabei auf Prinzipien, Entwurfsmustern und Regeln für sauberen Code, wie sie Robert C. Martin (Clean Code, 2009) vorgestellt hat.

Kapitel 5, »Robuster Integrationstest«, beschäftigt sich mit der Unabhängigkeit und Wiederholbarkeit nicht isolierter Testmethoden.

Kapitel 6, »Minimierung von Abhängigkeiten«, stellt die objektorientierte Verschalung einer Legacy-API als effektives Mittel zur Entkopplung von Testcode und Produktcode vor. Daneben geht dieses Kapitel noch auf Factory-Klassen zur Erzeugung von Testdatenobjekten ein.

Kapitel 7, »Isolierter Komponententest«, gibt eine Einführung zu Testdoubles und demonstriert, dass auch für Legacy Code testgetriebene Weiterentwicklung möglich ist.

Kapitel 8, »Redesign mit Unit-Tests«, zeigt schließlich, wie ein Teil der Legacy-Anwendung mit bestehenden Tests neu implementiert werden kann.

Insgesamt entspricht der in diesem Teil vorgeschlagene Verbesserungsprozess einer lokalen Optimierung des Test- und Produktcodes einer Anwendung. Diese Optimierung orientiert sich stets daran, welchen Effizienzgewinn eine bestimmte Maßnahme kurzfristig einbringt.

Teil II: Testorientiertes ABAP-Design

In **Kapitel 9**, »Design von Methoden«, steht unter anderem die Signatur einer Methode im Fokus. Kompakte Methodensignaturen mit wenigen objektbasierten Parametern sind dabei das Ziel.

Kapitel 10, »Design von Klassen«, erklärt, warum eine Klasse einen hohen Zusammenhalt und eine geringe Kopplung an andere Klassen aufweisen sollte. Für die Erzeugung von Objekten sind Factory-Klassen und für die Verwendung dieser Objekte sind Interfaces von zentraler Bedeutung.

Kapitel 11, »Design von Paketen«, stellt die Kapselung von Klassen als eine Hauptaufgabe eines Pakets heraus. Das Ziel ist, dass andere Pakete nur von den Interfaces dieser Klassen abhängen.

Kapitel 12, »Testfälle«, führt in das Testdesign ein, also in die Auswahl von effektiven Testfällen. Die folgenden Kapitel fokussieren sich auf deren effiziente Umsetzung und Wartung.

In **Kapitel 13**, »Testdoubles«, und **Kapitel 14**, »Globale Testdoubles«, geht es darum, wie lokale bzw. globale Testdoubles erzeugt und in den Produktcode injiziert werden.

Kapitel 15, »Testklassen«, beschäftigt sich mit den Details von lokalen und globalen Testklassen.

In **Kapitel 16**, »Testdaten«, liegt das Augenmerk auf Testdatenobjekten. Mit ihnen können Testdaten auf lesbare und redundanzfreie Weise erzeugt und verwendet werden.

Kapitel 17, »Testinfrastruktur«, zeigt schließlich all diese testorientierten Hilfsklassen im Überblick. Strategische Überlegungen zur Testinfrastruktur runden diesen Teil ab.

Teil III: Agile Neuentwicklung

Teil III zeigt anhand einer realen Anwendung, wie die agilen Königsdisziplinen Walking Skeleton und akzeptanztestgetriebene Entwicklung bei einer Neuentwicklung zur Entfaltung kommen. Eine wichtige Voraussetzung dafür ist die frühzeitige Verfügbarkeit einer Testinfrastruktur.

Kapitel 18, »Planung und Vorarbeit«, beschreibt, wie diese Testinfrastruktur schon auf Basis eines übergeordneten Produktdesigns grob entworfen und angelegt werden kann.

Kapitel 19, »Testgetriebene Entwicklung«, simuliert den Beginn einer möglicherweise verteilten und schnell skalierenden Entwicklung.

Teil IV: Agile Methoden

Im Mittelpunkt des vierten Teils dieses Buches stehen Theorie und Praxis agiler Methoden und Praktiken.

Kapitel 20, »Scrum«, stellt das Framework vor, mit dem die meisten agilen Projekte heutzutage verwaltet werden. Scrum ist einfach und rückt neben der Entwicklung des Produkts auch die kontinuierliche Weiterentwicklung des Teams in den Mittelpunkt.

Kapitel 21, »Agile Software Engineering«, führt die wichtigsten agilen Praktiken zur Entwicklung von sauberem Code und Design ein. Dazu gehören unter anderem Refactoring, testgetriebene Entwicklung (TDD) und paarweise Programmierung (PP).

Kapitel 22, »Lean-Entwicklungsmodell«, beschreibt eine Form der Unternehmensführung, auf der sowohl Scrum als auch ASE in großem Maße aufbauen. Lean sieht unter anderem die Weiterentwicklung der Mitarbeiter als wichtige Voraussetzung für die Qualität der Produkte.

Ganz im Sinne von Lean kommt in **Kapitel 23**, »Entwicklung der Teams«, zuerst die ASE-Ausbildung zum Zuge. Erst danach gehe ich in **Kapitel 24**, »Entwicklung des Backlogs«, auf die agile Spezifikation der Produktanforderungen und in **Kapitel 25**, »Entwicklung des Produkts«, auf Strategien bei der Umsetzung dieser Anforderungen ein.

Teil V: Testorientierte ABAP-Werkzeuge

Kapitel 26, »ABAP Unit«, fasst noch einmal alles Wissenswerte zu ABAP Unit zusammen. Es stellt Verfahren vor, wie Funktionsgruppen und Programme mit Klassen entwickelt oder verbessert werden können. Eine Betrachtung dieser Entwicklungsobjekte darüber hinausgehend ist deshalb nicht nötig.

Kapitel 27, »ABAP Development Tools«, geht auf die Möglichkeiten von ABAP in Eclipse ein, die agile Entwicklung in effizienter Weise zu unterstützen.

Dagegen liegt der Schwerpunkt von **Kapitel 28**, »ABAP-Werkzeuge zur Testisolierung«, auf Frameworks zur Kontrolle von Testdaten und Testverhalten.

Informationskästen

In hervorgehobenen Informationskästen finden Sie in diesem Buch Inhalte, die wissenswert und hilfreich sind, aber etwas außerhalb der eigentlichen Erläuterung stehen. Damit Sie die Informationen in den Kästen sofort einordnen können, haben wir die Kästen mit Symbolen gekennzeichnet:

[»] In Kästen, die mit diesem Symbol gekennzeichnet sind, finden Sie Informationen zu *weiterführenden Themen* oder wichtigen Inhalten, die Sie sich merken sollten.

[!] Dieses Symbol weist Sie auf *Besonderheiten* hin, die Sie beachten sollten. Es *warnt* Sie außerdem vor häufig gemachten Fehlern oder Problemen, die auftreten können.

[o] Mit diesem Symbol markierte Textstellen fassen wichtige thematische Zusammenhänge für Sie noch einmal *auf einen Blick* zusammen.

Einschränkungen

Dieses Buch konzentriert sich auf Agilität und Objektorientierung mit ABAP. Es klammert bewusst alle Möglichkeiten aus, die sich heute und in Zukunft für ABAP-Entwickler mit SAP HANA oder der SAP Cloud Platform zusätzlich ergeben. Dazu zählen zum einen Core Data Services Views (CDS Views), mit denen eine Hauptspeicherdatenbank in die Lage versetzt wird, auf einer bedingten Menge von Daten Berechnungen, Formatierungen usw. auszuführen. Zum anderen sind da ABAP Managed Database Procedures (AMDPs) zu nennen, also von ABAP verwaltete Datenbankprozeduren. Mit beiden Artefakten geht ein als *Code Pushdown* bezeichneter Paradigmenwechsel einher, nach dem Daten nicht mehr in die Anwendungsschicht geladen und dort verarbeitet werden. Der Performancevorteil kann beträchtlich sein. Durch die Verwendung dieser Artefakte nimmt der Umfang der mit ABAP Objects implementierten Anwendungsteile ab. Für die übrigen Anwendungsteile bleibt Objektorientierung genauso relevant wie für die große Menge an Bestandscode, der trotz Cloud noch lange im Einsatz bleiben wird.

Danksagung

Ich bedanke mich bei allen, die zur Entstehung dieses Buches über agile ABAP-Entwicklung beigetragen haben. Konkrete Verbesserungsvorschläge zum Manuskript, die Eingang in das vorliegende Buch gefunden haben, stammen von den SAP-Kolleginnen und -Kollegen Dr. Ole Krüger, Dr. Gerhard Dierkes, Markus Riepp, Frank

Emminghaus, Knut Stargardt, Dr. Stefan Butscher, Michael Gutfleisch, Lars Euler, Jean-Philippe Lombardi, und Nena Raab.

In besonderem Maße möchte ich meinem SAP-Kollegen Dr. Ole Krüger Anerkennung zollen Wer ein Buch alleine schreibt, sollte wenigstens einen so kompetenten und hilfsbereiten Vertrauten wie ihn an seiner Seite wissen.

Auf das Vertrauen der Führungskräfte kommt es ebenso an. Sie fördern die fachliche Weiterbildung über viele Jahre und schaffen die Freiräume, ohne die ein Fachbuch wie dieses nicht entstehen kann. Mein besonderer Dank geht dabei an Dr. Oliver Kroneisen, Vice President der Abteilung Financial Operations Development bei SAP, für die tatkräftige Unterstützung bei der Umsetzung dieses Buchprojekts.

Daneben möchte ich aber auch meine früheren Vorgesetzten Matthias Grabellus und Dr. Peter Neumayer als Wegbereiter anerkennen. Für die intensive Kooperation und Förderung bedanke ich mich sehr bei Dr. Jürgen Heymann, dem Leiter der Initiative Agile Software Engineering bei SAP. Ich freue mich, dass er das Vorwort zu diesem Buch beigesteuert hat.

Beim Rheinwerk Verlag danke ich besonders meiner Lektorin Janina Karrasch für die vielen wertvollen Verbesserungsvorschläge und das sichere Geleit. Aber auch die gewissenhafte Arbeit der Korrektorin Annette Lennartz, der Coverdesignerin Nadine Kohl und der Herstellung erwähne ich gerne.

Winfried Schwarzmann
Development Architect und Agile Software Engineering Coach
Financial Operations Development, SAP SE

Kapitel 1
Einführung

Wie kann agile Entwicklung gelingen? Mit anderen Worten: Wie können Sie einerseits Ihre Anwendung so designen und nachhaltig entwickeln und andererseits Ihr Team so weiterbilden, dass beide, sowohl Anwendung als auch Team, offen für Anpassungen bleiben?

Mit diesem Buch verfolge ich nicht nur das Ziel, Sie in allgemein anerkannte Methoden agiler Entwicklung einzuführen, sondern möchte Ihnen auch meine persönliche Erfahrung als Entwicklungsarchitekt und Agile Software Engineering (ASE) Coach vermitteln. Im Mittelpunkt steht, wie sich agile Methoden in der Praxis effektiv und effizient einsetzen lassen.

Des Weiteren möchte ich Sie schon an dieser Stelle mit den Zielen der agilen Entwicklung und mit meiner Denk- und Arbeitsweise vertraut machen. Jeder der vier folgenden Abschnitte greift eines dieser Ziele auf und zeigt bereits ansatzweise auf, wie ich vorgehe, um dieses Ziel zu erreichen.

So geht es in Abschnitt 1.1 um *Nachhaltigkeit*, speziell um die effiziente Entwicklung und Wartung mithilfe einer Testinfrastruktur. Was genau eine Testinfrastruktur ist und wie Sie eine solche codebasierte Infrastruktur für Ihre Tests schrittweise entwickeln können, beantwortet Teil I dieses Buches umfassend und praxisnah. Im Rahmen dieser Einführung fokussiere ich mich auf die entscheidende Rolle, die eine Testinfrastruktur für die Nachhaltigkeit im Lebenszyklus eines Softwareprodukts innehat.

Abschnitt 1.2 beschäftigt sich mit *Agilität* auf allen Ebenen. Ich betrachte Lean, Scrum und ASE als ausgereifte und mächtige Frameworks im »Methoden-Stack« eines softwareentwickelnden Unternehmens. Wie viel Zeit und Aufwand müsste ein Entwicklungsteam aufbringen, um ähnlich effektive Strukturen und Prozesse erst neu zu entwickeln? Wie viele Versuche und Iterationen wären für diesen Bottom-up-Prozess notwendig? Und wie unrealistisch wäre es, sich deren theoretisch durchdachtem und in der Praxis erprobtem Niveau anzunähern? Natürlich schränkt jedes Framework ein, und hier und da ist auch eine Anpassung notwendig, aber die genannten Frameworks bilden zusammen eine nicht mehr wegzudenkende Grundlage für effiziente Softwareentwicklung.

Ich betrachte *Effizienz* – das Thema in Abschnitt 1.3 – nicht nur als ein Ziel, sondern als eine Notwendigkeit im Rahmen agiler Entwicklung. Denn wo sie fehlt oder sich erst langfristig herausbildet, bricht die Unterstützung durch das Management kurz- oder mittelfristig weg.

Ich hatte als ASE Coach nie viel Zeit, um mit einem Team sichtbare Erfolge zu erzielen. Und es hat zugegebenermaßen nicht immer innerhalb des vorgegebenen Zeitrahmens geklappt. Für so ein Scheitern gibt es immer mehrere Gründe, aber das fehlende Wissen und die mangelnde Praxis in der objektorientierten Programmierung standen immer an vorderster Stelle. Deshalb beschäftigen sich die ersten drei Teile dieses Buches vertieft mit der Objektorientierung – einer Fertigkeit, die gerade unter ABAP-Entwicklern noch nicht weit verbreitet ist. Sie bildet das Fundament für eine isolierte Testautomatisierung. In Abschnitt 1.3 erläutere ich daher ausführlich, wie Effizienz von der Befolgung von Designprinzipien abhängt.

Damit der große Themenkomplex *Kommunikation* von Abschnitt 1.4 dieses Kapitel nicht sprengt, beschäftige ich mich darin ausschließlich mit der Visualisierung von Architektur und Design. Der Schwerpunkt in diesem Buch liegt auf der Darstellung von testorientierten Entwurfsmustern mithilfe von Blockdiagrammen.

1.1 Nachhaltigkeit: Entwicklung und Wartung mit einer Testinfrastruktur

In diesem Abschnitt führe ich Sie in den Grundprozess effizienter Entwicklung und Wartung ein. Er basiert ganz wesentlich auf dem kontinuierlichen Auf- und Ausbau einer Testinfrastruktur. Vereinfacht ausgedrückt handelt es sich bei dieser Infrastruktur um Hilfsklassen und -methoden, die das schnelle Schreiben qualitativ hochwertiger Tests unterstützen. Die folgenden Abbildungen zeigen schematisch, wie Sie eine Testinfrastruktur entwickeln und nutzen können.

Abbildung 1.1 zeigt auf der linken Seite eine Produktklasse. Für eine der Methoden dieser Klasse gibt es zwei Testmethoden T1 und T2. Untereinander unterscheiden sie sich nur wenig.

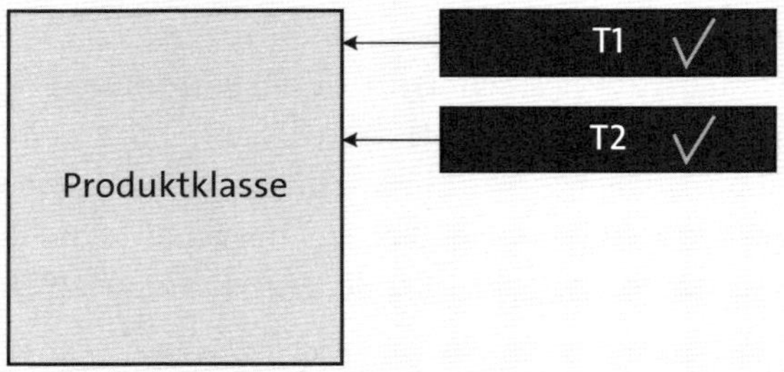

Abbildung 1.1 Produktklasse mit zwei Testmethoden

Jede dieser Methoden beinhaltet mehr oder weniger die gleichen technischen und deshalb schwer lesbaren Anweisungen. Das ist die angenommene Ausgangssituation, wie sie sich entweder darstellt oder mit dem Schreiben erster Tests einfach herbeiführen lässt.

Mit dem Ziel, die Lesbarkeit zu verbessern und Dopplungen zu vermeiden, extrahieren Sie gleichartige Anweisungen aus den Testmethoden in Hilfsmethoden und fügen diese Hilfsmethoden entweder der Testklasse selbst oder einer lokalen oder globalen Hilfsklasse hinzu. Zu diesen Hilfsmethoden der Testinfrastruktur kann auch eine lesbare Verschalung der getesteten Produktmethode zählen. Wie Abbildung 1.2 zeigt, steht die Testinfrastruktur zwischen den Testmethoden und der Produktklasse und entkoppelt diese voneinander.

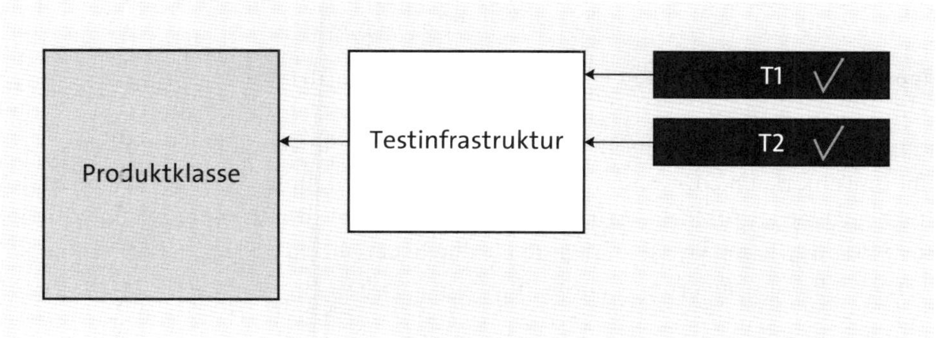

Abbildung 1.2 Testinfrastruktur zwischen Produktklasse und Testmethoden

Wenn Sie nun, wie in Abbildung 1.3 gezeigt, weitere Testmethoden T3 und T4 schreiben, können Sie schon einige dieser Hilfsmethoden wiederverwenden. Darüber hinaus benötigte Hilfsmethoden fügen Sie der Testinfrastruktur hinzu. Mithilfe der Testinfrastruktur entwickeln Sie jede neue Testmethode schneller und mit besserer Qualität.

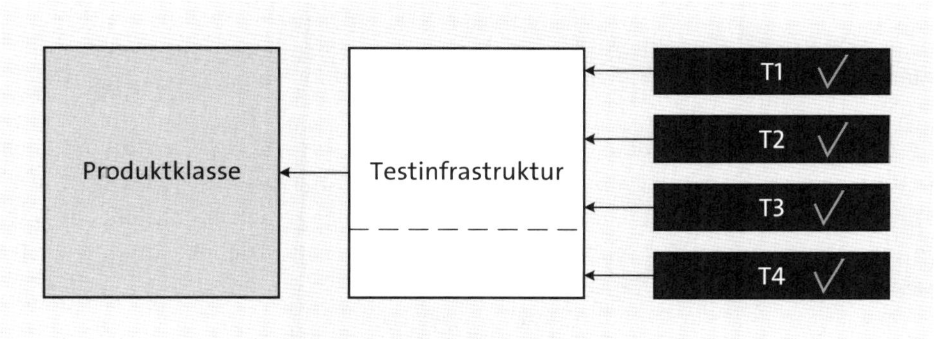

Abbildung 1.3 Verbesserung der Testabdeckung mit weiteren Testmethoden

In dieser Situation sollten Sie Ihre Produktklasse überdenken. Vielleicht hat diese inzwischen mehrere Zuständigkeiten und könnte Aufgaben an eine neue Klasse delegieren. Diese Situation ist in Abbildung 1.4 dargestellt.

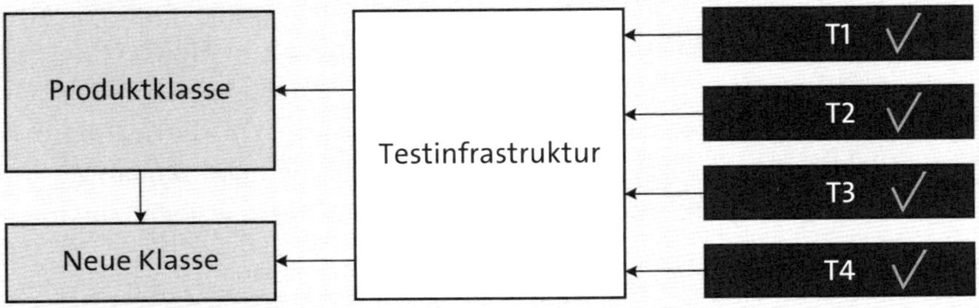

Abbildung 1.4 Extraktion einer neuen Klasse aus der Produktklasse

Abbildung 1.5 zeigt die Einschränkung der Tests auf die verbliebene Produktklasse, um im Fehlerfall die Ursache schneller feststellen zu können. Für eine solche Isolierung ersetzen Sie für Ihre Testmethoden die neue Klasse durch ein *Testdouble*. In dieser Situation kann weder der Testcode noch der Produktcode weiter verbessert werden. Einer Auslieferung steht nichts mehr im Weg.

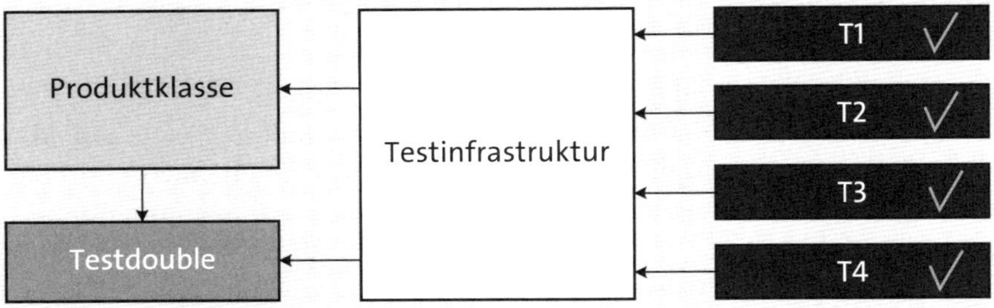

Abbildung 1.5 Isolierung der Produktklasse mit einem Testdouble

Letztendlich geht es bei dem Aufbau einer solchen Testinfrastruktur darum, sich bereits während der Entwicklungszeit auf eine effiziente Wartung des Produkts vorzubereiten. In Abbildung 1.6 hat ein Kunde einen Fehler gemeldet. Mithilfe der Testinfrastruktur können Sie schnell eine Testmethode `C1` schreiben, die den Fehler reproduziert, und mit ihr die Korrektur vorantreiben.

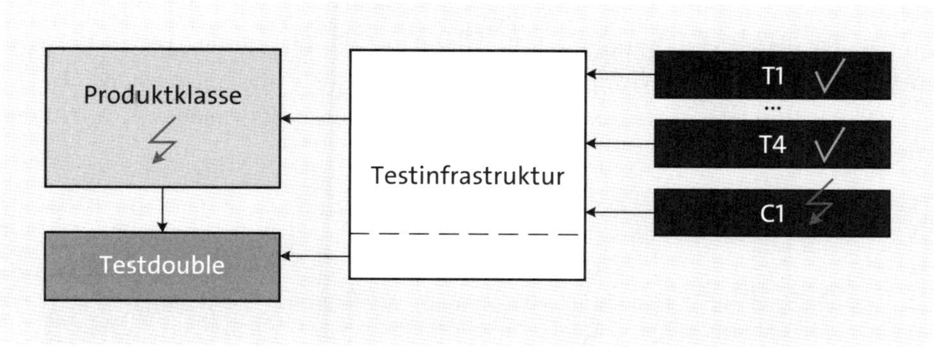

Abbildung 1.6 Reproduktion des ersten Fehlers mit einer Testmethode

In Abbildung 1.7 wurde die Korrektur abgeschlossen und freigegeben.

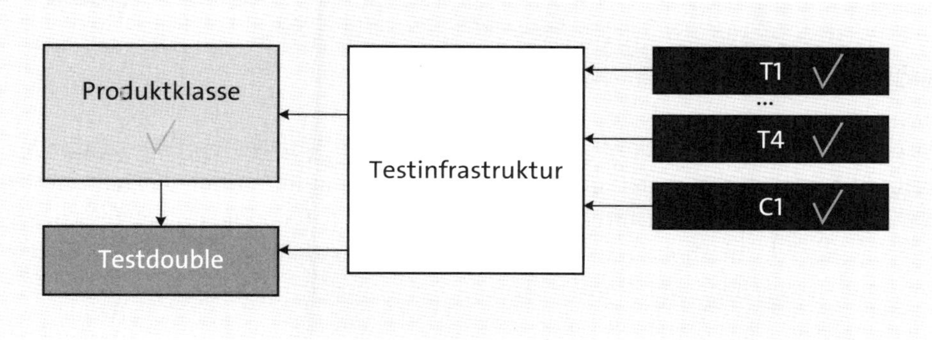

Abbildung 1.7 Erledigte Korrektur des ersten Fehlers

In Abbildung 1.8 hat ein anderer Kunde einen verwandten Fehler gemeldet. Wieder können Sie mithilfe der Testinfrastruktur schnell die Testmethode C2 schreiben, die diesen Fehler reproduziert.

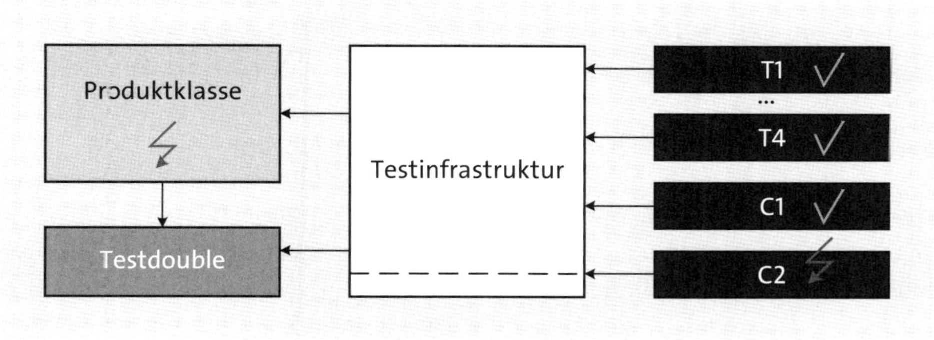

Abbildung 1.8 Reproduktion des zweiten Fehlers mit einer Testmethode

Abbildung 1.9 zeigt allerdings, dass die so entwickelte Korrektur zwar die Anforderungen der neuen Testmethode erfüllt, aber dafür die Testmethode C1 nicht mehr läuft. Wenn Sie Ihre Korrektur jetzt freigeben, würde der erste Kunde wieder auf sein gemeldetes Problem stoßen, was zu einem signifikanten Vertrauensverlust führen könnte.

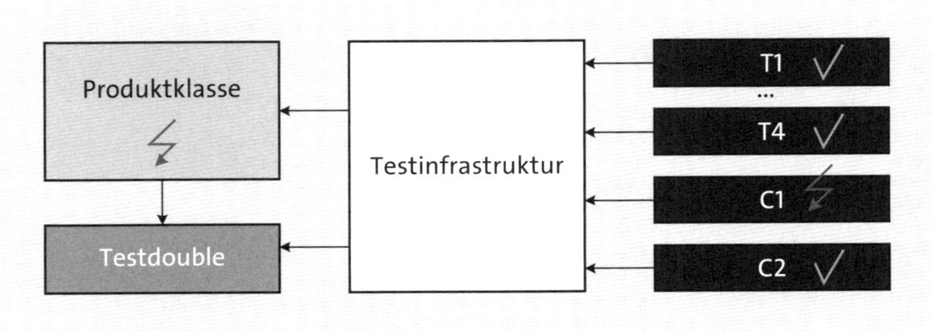

Abbildung 1.9 Fehlerhafte Korrektur des zweiten Fehlers

Es ist also entscheidend, dass Sie in der Lage sind, für jede Fehlermeldung mindestens eine passende Testmethode zu schreiben. Nur damit können Sie garantieren, dass keine nachfolgende Korrektur die Qualität an anderer Stelle wieder verschlechtert (*Regression*). In Abbildung 1.10 ist die Korrektur so umfassend, dass sie nach bestem Gewissen freigegeben werden kann.

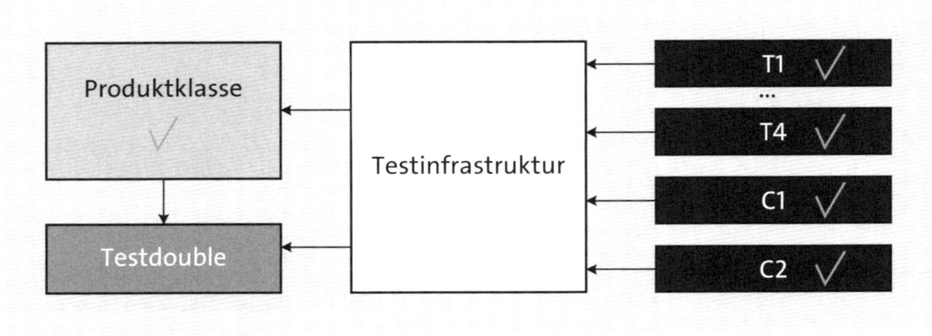

Abbildung 1.10 Korrektur des zweiten Fehlers ist vollständig erledigt.

Das Schreiben einer Testmethode pro Korrektur scheitert ohne Testinfrastruktur oft an der Zeit. Dabei spielt es fast keine Rolle, ob es eine tatsächliche oder nur eine gefühlte Zeitvorgabe gibt. Damit Sie nicht erst im Rahmen einer Korrektur die fehlende Testbarkeit des Produkts bemerken, sollten Sie schon vorher jeden Teil der Funktionalität dahingehend überprüft haben. Eine einzige, während der Entwicklungsphase geschriebene Testmethode ist für diesen Teil der Funktionalität zwar noch keine gute

Testabdeckung, aber sie stellt exemplarisch sicher, dass die Funktionalität einfach und zielgerichtet getestet werden kann. Die Testinfrastruktur können Sie so designen, dass weitere Hilfsmethoden für weitere Testmethoden schnell entwickelt werden können. Denn in vielen Fällen unterscheiden sich diese Methoden nur punktuell von schon existierenden Methoden der gleichen Art. Diese Aussagen belege ich in Teil I dieses Buches anhand einer anspruchsvollen, realistischen Beispielanwendung.

Testgetriebene Wartung

Abschließend möchte ich festhalten:

- Regression für eine schon korrigierte Funktionalität ist sehr kritisch. Mit *testgetriebener Wartung*, also der Reproduktion und Korrektur von Fehlern mithilfe von Tests, können Sie diese am effektivsten verhindern.
- Unter Zeitdruck – und dieser ist in der Wartung nicht die Ausnahme – werden Tests oft nur geschrieben, wenn dies wenig Aufwand kostet. Mit einer während der Entwicklung aufgebauten und mit jeder Korrektur weiter ausgebauten Testinfrastruktur können Sie das bestmöglich sicherstellen.
- Priorisieren Sie Ihre Testinfrastruktur höher als Ihre Testabdeckung. Letztere kann mithilfe der ersten jederzeit und nach Bedarf effizient ergänzt werden. Dieser Bedarf können im extremsten Fall Fehlermeldungen sein.

1.2 Agilität: Praktiken des Agile Software Engineerings

Meiner Erfahrung nach ist ein Team am effizientesten, wenn sich seine erfahrensten Entwickler hauptsächlich um die Testinfrastruktur kümmern. Sie können sich dabei darauf konzentrieren, die ersten Tests ihrer weniger erfahrenen Kollegen zeitnah zu verbessern und damit die Testinfrastruktur auf- und auszubauen. *Testgetriebene Entwicklung* (engl. *Test Driven Development*, kurz TDD), also das wechselseitige und fokussierte Schreiben von sauberem Test- und Produktcode, ist zwar eine hervorragende Praktik, aber sie verbreitet sich meiner Erfahrung nach nur langsam. Der Hauptgrund ist, dass sie eine indirekte Denkweise erfordert, die nicht jedem Entwickler in gleichem Maße liegt.

Die meisten Entwickler starten, etwa nach intensiven Vorgesprächen mit Kollegen, mit einer ziemlich klaren Vorstellung davon, wie ihre Produktmethode aussehen wird. Sie können sich hinsetzen und sie herunterprogrammieren. Es ist für sie jedoch eine zusätzliche Herausforderung, diese über viele kleine Testmethoden zu »treiben« und dabei zur gleichen Implementierung zu gelangen.

Hinzu kommt, dass viele Entwickler noch wenig Erfahrung mit *Refactoring* haben, also der iterativen Verbesserung von Code und Design unter Beibehaltung der Funktionalität. Das ist aber ein wichtiger Schritt der iterativen Methode TDD. Wenn ein Entwickler nicht in der Lage ist, kleine Verbesserungsschritte effizient umzusetzen, ist es auch ineffizient für ihn, immer nur genau so viel Produktcode zu schreiben, wie die Testsuite einfordert. Diese für TDD harte Regel hat den Vorteil, dass die Implementierung stets so einfach wie möglich ist, aber eben auch den Nachteil, dass ein ständiger Umbau nötig ist. Folglich empfinden auch nur diejenigen Entwickler TDD als effizient, die im Refactoring (schon) geübt sind.

Vor einem Ausrollen von TDD sollten Sie also immer Refactoring üben. *Paarweise Programmierung* (engl. *Pair Programming*, kurz PP) kann für das gemeinsame Lernen und Üben sehr hilfreich sein. Bei PP wechseln sich zwei Entwickler beim Programmieren an einem Arbeitsplatz ab. Diese intensive Zusammenarbeit erlaubt unter anderem, dass ein erfahrener Kollege zuerst die richtige Vorgehensweise zeigt und ein unerfahrener Kollegen gleich anschließend die Fähigkeit zur Umsetzung demonstriert und dazu Feedback erhält.

Das sind die wichtigsten Praktiken des *Agile Software Engineerings* (ASE). Sie setzen auf technischer Ebene genauso auf Iterationen und kurze Feedbackzyklen wie dies *Scrum* auf Projektebene und *Lean* auf Organisationsebene tun. Auf all diesen Ebenen geht es darum, unbürokratisch Komplexität und Risiko der Softwareentwicklung zu minimieren.

1.3 Effizienz: Einhaltung von Designprinzipien

Objektorientierung (OO) ist in vielen Fällen in der Lage, die Komplexität eines Softwareprodukts zu beherrschen. Doch obwohl es viele Bücher zu gutem OO-Design gibt und fast jeder Entwickler die grundlegenden Prinzipien dazu kennt, weisen die meisten ABAP-Anwendungen diesbezüglich erhebliche Mängel auf. Das liegt meiner Erfahrung nach weniger daran, dass diese abstrakten Regeln nicht verstanden wurden, sondern eher daran, dass ihre Anwendungsmöglichkeiten nicht erkannt werden und nur wenige in der Umsetzung geübt sind. Es gilt also, eine Routine zur Entdeckung und Behebung von Mängeln zu entwickeln.

Vielleicht haben Sie schon bemerkt, dass Sie vor allem diejenigen Dinge gut entdecken können, für die Sie Ihre Sinne geschärft haben. So sticht Ihnen etwa Zeitungswerbung für ein Reiseziel genau dann ins Auge, wenn Sie sich mit dem Gedanken tragen, in diese Region zu verreisen. Ist das nicht der Fall können Sie sich wahrscheinlich noch nicht einmal an die Platzierung der Werbeanzeige erinnern.

Es gilt also zuvorderst, die Wichtigkeit von Designverbesserungen hervorzuheben. Ansonsten werden diesbezügliche Mängel nicht so leicht entdeckt werden. In einer Geschäftswelt, die unter hohem Zeitdruck steht, erschließt sich die Wichtigkeit solcher Verbesserungen aber nicht nur aus der schönen Theorie. Zur besseren Erfüllung

Ihrer praktischen Verpflichtungen muss Ihnen gutes Design durch Refactoring vor allem eine Steigerung Ihrer Effizienz bieten.

In den beiden folgenden Abschnitten erläutere ich Ihnen beispielhaft, welche Effizienzgewinne Sie von der konsequenten Umsetzung von Designprinzipien erwarten können. Ich bediene mich dazu der allgemein anerkannten *SOLID*- und *FIRST-Prinzipien* in der Fassung von Robert C. Martin (Clean Code, 2009, u. a. S. 171).

SOLID-Prinzipien

SOLID ist ein Akronym für fünf Prinzipien, die zusammen für sauberes, objektorientiertes Design von Produkt- und Testcode stehen:

- **Single-Responsibility-Prinzip**
  Klassen sollten nur einen Grund zur Änderung bieten.
- **Open-Closed-Prinzip**
  Klassen sollten für Erweiterungen offen, aber für Veränderungen geschlossen sein.
- **Liskov-Substitution-Prinzip**
  Unterklassen sollten sich wie ihre Oberklassen verhalten.
- **Interface-Segregation-Prinzip**
  Klassen sollten nicht von irgendetwas abhängen, das sie nicht verwenden.
- **Dependency-Inversion-Prinzip**
  Klassen sollten nur von Abstraktionen und nicht von konkreten Details abhängen.

Die SOLID-Prinzipien können zu einer effizienteren Entwicklung von Produkt- und Testcode beitragen:

- **Weniger Leseaufwand durch das Single-Responsibility-Prinzip**
  Im Fokus stehen nicht nur Klassen mit vielen Methoden, sondern auch Methoden mit vielen Parametern, die meistens auch sehr viele Anweisungen enthalten. Denn diese großen Klassen und Methoden werden potenziell in vielen Ihrer Entwicklungen verwendet und sind von vielen Ihrer Korrekturen betroffen.

  Denn Code muss oft gelesen und verstanden werden, allein um herauszufinden, ob sich die anstehende Änderung überhaupt auf ihn auswirkt. Der Aufwand für das Lesen und Verstehen ist mittelfristig viel größer als der für das Schreiben und Verbessern. Wenn Sie Klassen verwenden, die nur eine einzige und klare Zuständigkeit haben, dann können Sie dagegen schnell die (wenigen und kleinen) Klassen finden, die tatsächlich zu ändern sind.
- **Weniger Änderungsaufwand durch das Open-Closed-Prinzip**
  Die Definition eines Typs zieht in der prozeduralen ABAP-Programmierung regelmäßig Fallunterscheidungen mittels einer `CASE`- oder mehrerer `IF`-Anweisungen nach sich. Wenn sich eine Klasse von den konkreten Werten dieses Typs abhängig

macht, also ihr Verhalten danach ausrichtet, muss diese Klasse jedes Mal geändert werden, sobald ein neuer Wert eingeführt wird oder sich die Bedeutung eines Wertes ändert.

Effizienter ist es, wenn es für jeden Typwert eine Klasse gibt, die das typspezifische Verhalten bündelt. Die verwendenden Klassen verlassen sich dann ausschließlich auf das gemeinsame Interface dieser Typklassen. Aufgrund der auf diese Weise designten *Polymorphie* genügt es, für einen neuen Wert eine neue Klasse anzulegen. Keine der bestehenden Klassen muss dafür geändert werden. Das versetzt Sie in die Lage, Ihre Anwendung ohne Effizienzverlust inkrementell und damit wirklich agil zu entwickeln.

- **Geringere Fehleranfälligkeit durch das Liskov-Substitution-Prinzip**
  Wenn eine Unterklasse das Verhalten ihrer Oberklasse im Zuge einer *Redefinition* nicht nur erweitert, sondern auch invalidiert, dann bricht sie deren Vertrag mit möglicherweise vielen Verwendern. Für die daraus resultierenden Programmfehler entsteht Ihnen Aufwand für die Fehlersuche. Besser vermeiden Sie Klassenhierarchien mit konkreten Klassen auf mehreren Ebenen, indem Sie nur von abstrakten Klassen ableiten und Gemeinsamkeiten aus der Klassenhierarchie auslagern.
- **Eindeutige Zuständigkeiten durch das Interface-Segregation-Prinzip**
  Die meisten Klassen nehmen im Zusammenspiel mit anderen Klassen verschiedene Rollen ein. Wenn diese Rollen nicht durch dedizierte *Interfaces* repräsentiert sind, müssen Sie Ihre Klasse gegen den unerlaubten Aufruf von rollenfremden Methoden schützen. Darüber hinaus bürden Sie den Verwendern der Klassen die Beschäftigung mit Methoden und deren Dokumentationen auf, die die Verwender gar nicht benötigen.
- **Bessere Ersetzbarkeit durch das Dependency-Inversion-Prinzip**
  Wenn Sie eine Klasse konkret verwenden, also etwa für ihre statischen Methoden oder zur Erzeugung ihrer Objekte, müssen Sie all diese Codestellen ändern, falls Sie die Klasse durch eine andere Klasse mit einer alternativen Implementierung ersetzen wollen. Das ist auch dann der Fall, wenn Sie eigentlich nur schnell ausprobieren wollen, ob die Alternative performanter ist.

  Eine Änderung der zu optimierenden Klasse ist auch deshalb keine gute Idee, weil Sie die Klassen dann nicht mehr miteinander vergleichen können und sich beim Hin und Her zwischen den Varianten leicht Fehler einschleichen können.

  Über den temporären Einbau von Fallunterscheidungen sollten Sie aus Aufwandsgründen erst gar nicht nachdenken. Es lohnt sich für Sie also, wenn Ihre Klasse nur über Interfaces verwendet wird, denn dann können Sie die Klasse ohne Zutun eines Verwenders optimieren, was Ihnen nicht zuletzt Abstimmungsaufwand erspart.

FIRST-Prinzipien

FIRST ist ein Akronym für fünf Prinzipien, die zusammen für stabile und leistungsstarke Tests stehen:

- **Fast-Prinzip**
  Tests sollten schnell sein.
- **Independent-Prinzip**
  Tests sollten nicht voneinander abhängen.
- **Repeatable-Prinzip**
  Tests sollten in jeder Umgebung wiederholbar sein.
- **Self-Validating-Prinzip**
  Tests sollten entweder erfolgreich sein oder fehlschlagen.
- **Timely-Prinzip**
  Tests sollten unmittelbar vor dem Produktcode, der sie erfüllt, geschrieben werden.

Die FIRST-Prinzipien sind zwar nur für Testcode relevant, aber dieser stellt in testgetriebenen Projekten etwa die Hälfte allen Codes dar. Des Weiteren läuft Testcode immer Gefahr, bei zu hohem Aufwand aufgegeben zu werden, und kann sich deshalb nur wenige Schwächen leisten. Werden die folgenden Prinzipien eingehalten, können Sie diese Gefahr umgehen:

- **Regelmäßiges Testen durch das Fast-Prinzip**
  Der Vorteil schneller Tests wird oftmals unterschätzt. Im ersten Moment mögen Ihnen einige Sekunden für die Ausführung Ihrer Testsuite nicht lange vorkommen. Aber vergleichen Sie Ihre Testsuite doch einfach mit der Benutzeroberfläche einer Anwendung. Müssten Sie hier so lange warten, würde das Ihren Arbeitsfluss so stören, dass Sie die Anwendung nur noch dann verwenden, wenn es unausweichlich ist.

  Und genau das darf bei einer Testsuite nie passieren. Mit langsamen Tests verschwenden Sie nicht nur wiederholt Ihre kostbare Zeit, sondern werden auch weniger Refactoring betreiben. Denn beim Refactoring sollten Sie immer nur kleine Verbesserungen durchführen, und jede für sich sofort überprüfen.
- **Geringere Fehleranfälligkeit durch das Independent-Prinzip**
  Eine aufwendige Fehlersuche ist unausweichlich, wenn Ihre Tests in irgendeiner Weise voneinander abhängen. Sie können sich nicht darauf verlassen, dass eine bestimmte Reihenfolge bei der Ausführung Ihrer Testmethoden eingehalten wird.
- **Größere Verlässlichkeit durch das Repeatable-Prinzip**
  Besonders kritisch ist es, wenn sich eine Testsuite für verschiedene Benutzer oder in verschiedenen Systemen unterschiedlich verhält. Aber auch Tests, die für einen Benutzer einmal laufen und einmal nicht, können wahre Zeitfresser sein.

- **Schnellere Überprüfung durch das Self-Validating-Prinzip**
  Wenn Sie bei jeder Ausführung einer Testsuite im Detail nachschauen müssen, ob wirklich alles gut gegangen ist, wird der hohe Zeitaufwand für diese Prüfungen schnell dazu führen, dass Sie die Testsuite nur noch selten ausführen. Als unmittelbare Folge werden Sie weniger Refactoring betreiben und damit die Effizienz Ihrer Weiterentwicklung gefährden.
- **Einfache Fehlerlokalisierung durch das Timely-Prinzip**
  Je später ein Fehler entdeckt wird, desto mehr Aufwand kostet seine Beseitigung. Bei testgetriebener Entwicklung muss der Fehler immer in einem der letzten Schritte liegen. Damit entfällt der Aufwand für die Fehlerlokalisierung fast komplett.

Diese Designprinzipien zu beachten erfordert einen einmaligen Aufwand. Sie nicht zu beachten verschwendet fortwährend Kapazitäten. In Teil I dieses Buches, »Aufbau einer Testinfrastruktur«, werde ich Ihnen praxisnahe Beispiele zur Umsetzung all dieser Prinzipien geben. Immer wird es darum gehen, die Verletzung eines Prinzips mit Refactoring zu beheben und daraus zeitnah Vorteile zu erzielen.

1.4 Kommunikation: Diagramme als Gesprächsgrundlage

Die Effizienz eines Entwicklungsteams ist aber auch in großem Maße von dessen Kommunikation abhängig. Möglicherweise kennen und verwenden Sie schon UML-Diagramme (*Unified Modeling Language*) als Grundlage für gezielte Designdiskussionen. Bei SAP hat sich daneben das sogenannte *Blockdiagramm* etabliert. Anfangs für die Modellierung der technischen Architektur (*Technical Architecture Modeling*, kurz TAM) eingeführt, werden diese Diagramme inzwischen auch von Entwicklern für die Darstellung der statischen Struktur eines Softwaresystems oder eines beliebigen Ausschnitts dieser Struktur verwendet.

Für dieses Buch werde ich diesen Ausschnitt oft ungewöhnlich klein wählen. Es ist zwar erlaubt, aber allgemein nicht üblich, in dieser Weise den Zusammenhang zwischen einzelnen Methoden und Attributen mit Blockdiagrammen darzustellen. Aber da es mir an vielen Stellen gerade auf dieses Detailverständnis ankommt, nutze ich Blockdiagramme gerne, um Ihnen einen Überblick über Code und Design zu geben, der mit Klassendiagrammen allein nicht zu erreichen ist.

Ein Blockdiagramm besteht aus Agenten und Speichern und bildet die Beziehungen zwischen diesen Elementen ab. Ein *Agent* ist aktiv: Er liest Daten aus einem Speicher, schreibt Daten in einen Speicher oder beauftragt andere Agenten, die diese Aufgaben direkt oder indirekt für ihn erledigen. Ein *Speicher* (engl. *Storage*) ist dagegen passiv: Er hält Daten vor, auf die die Agenten zugreifen können.

Die Legende in Abbildung 1.11 erklärt die in Blockdiagrammen verwendeten Symbole. Das rechteckige Symbol wird für einen Agenten verwendet, das ovale Symbol für einen Speicher. Daneben gibt es die folgenden Symbole für die vier möglichen Beziehungen zwischen Agenten und Speichern:

- Eine *Linie* steht für eine Anfrage (engl. *Request*). Im ersten Beispiel von links richtet der obere Agent die Anfrage an den unteren Agenten (symbolisiert durch den kleinen Pfeil neben dem Kreis in der Mitte der Linie). Das R steht für eine synchrone Anfrage, auf die der Agent eine Antwort (engl. *Response*) erhält.

  Der kleine Kreis in der Mitte der Linie symbolisiert einen temporären Speicher. In der Regel ist dies die Parameterschnittstelle einer aufgerufenen Methode, über die die Methode Daten erhält und zurückgibt.
- Ein *einfacher Pfeil* steht für die Übertragung von Daten. Im zweiten Beispiel schreibt ein Agent (oben) Daten in einen Speicher (unten).
- Umgekehrt kann ein solcher Pfeil auch die Leserichtung anzeigen. Im dritten Beispiel liest der Agent (oben) Daten aus einem Speicher (unten).
- *Zwei Pfeile* symbolisieren dementsprechend das wechselseitige Schreiben und Lesen von Daten. Das vierte Beispiel zeigt einen Agenten (oben), der Daten aus einem Speicher (unten) liest und (zu einem anderen Zeitpunkt) Daten in diesen Speicher schreibt.

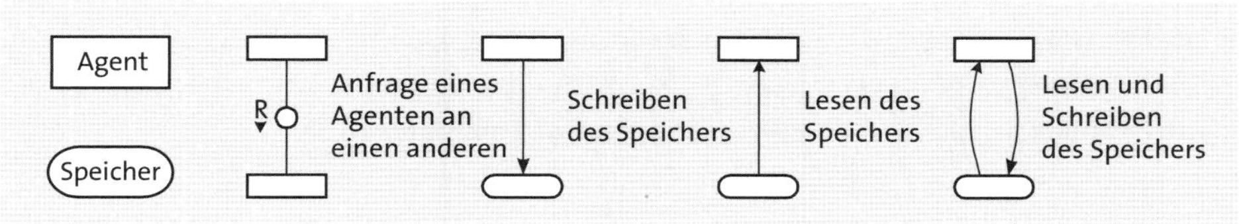

Abbildung 1.11 Symbollegende eines Blockdiagramms

Über den Zeitpunkt und die Häufigkeit der Anfragen oder Zugriffe macht ein Blockdiagramm keine Aussagen.

Die Block- und Klassendiagramme in diesem Buch kommen mit vier Farben aus:

- Testsymbole sind *schwarz* hinterlegt. Zu den so dargestellten Elementen zählen vor allem Testklassen, aber auch manuelle Testaktivitäten, wie etwa das Ändern von Testdaten durch einen menschlichen Agenten über eine Benutzeroberfläche.

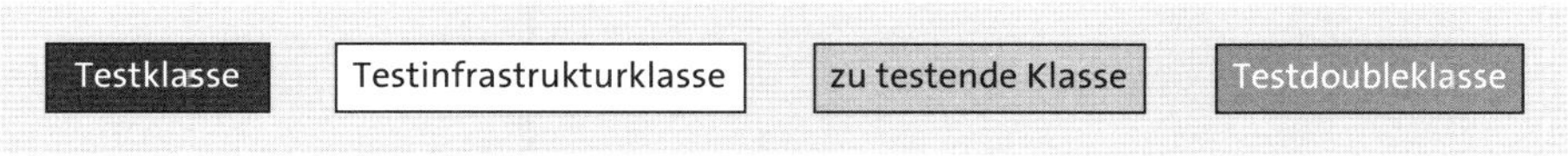

Abbildung 1.12 Farblegende für Block- und Klassendiagramme

- Symbole der Testinfrastruktur sind *weiß* hinterlegt. Dazu zählen vor allem Hilfsklassen, die für die Tests effizient Testdaten erzeugen und Testergebnisse überprüfen können.
- Produktsymbole sind *hellgrau* hinterlegt. Zu den produktiven Elementen zählen vor allem die zu testenden Klassen, aber auch alle produktiven Klassen und Datenbanktabellen, von denen sich die zu testenden Klassen nicht isoliert haben.
- Testdoublesymbole sind *dunkelgrau* hinterlegt. Dazu zählen alle Klassen, die in Tests verwendet werden, um die zu testenden Klassen von anderen Programmteilen abzukoppeln (zu isolieren).

Nach vielen Jahren als Trainer und Coach bin ich davon überzeugt, dass für eine effiziente Wissensvermittlung vor allem drei Dinge nötig sind: Überblick und Beispiele für den einfachen Einstieg und Iterationen für die schrittweise Vervollständigung und Vertiefung.

In der Einleitung habe ich Ihnen einen ersten Überblick gegeben, welche Aufgabe und Bedeutung eine Testinfrastruktur hat. In Teil I, »Aufbau einer Testinfrastruktur«, demonstriere ich Ihnen anhand einer Beispielanwendung, wie eine Testinfrastruktur schrittweise entsteht. Dazu verwende ich bis Kapitel 7 nur eine einzige Testmethode. In Teil II, »Testorientiertes ABAP-Design«, erörtere ich alle aufgeworfenen Fragen zu einer Testinfrastruktur im Detail. Mithilfe der Antworten aus Teil II standardisiere ich den Einsatz einer Testinfrastruktur in Teil III, »Agile Neuentwicklung«, anhand einer weiteren Beispielanwendung. Mit dieser Herangehensweise hoffe ich, dieses komplexe Wissensgebiet so vermitteln zu können, dass Ihnen der Aufbau einer eigenen Testinfrastruktur als Grundlage einer agilen Entwicklung gelingt.

TEIL I

Aufbau einer Testinfrastruktur

Stellen Sie sich vor, Sie haben gerade erst eine ABAP-Anwendung von einem anderen Entwickler übernommen, die Sie nicht nur warten, sondern schon in Kürze weiterentwickeln sollen. Es geht für Sie also darum, sich schnell so weit in die Anwendung einzuarbeiten, dass Sie sich Änderungen zutrauen.

Mit ABAP-Unit-Tests, die die Anwendung charakterisieren, weben Sie sich ein Sicherheitsnetz für die Weiterentwicklung und Wartung. Wenn Sie diese Tests mithilfe einer Testinfrastruktur lesbar gestalten, erhalten Sie zudem eine ausführbare Dokumentation Ihres neu gewonnenen Wissens. In diesem Buchteil zeige ich Ihnen, wie Sie eine solche Testinfrastruktur allein durch das schrittweise Verbessern des Testcodes aufbauen.

Kapitel 2
Beispielanwendung für diesen Buchteil

Um sich mit einer Anwendung vertraut zu machen, müssen Sie zunächst klären, welche Aufgaben sie hat und welche zentralen Prozesse ihr zugrunde liegen. In diesem Kapitel stelle ich Ihnen als Beispiel für die folgenden Kapitel eine Anwendung aus dem Stammdatenmanagement vor.

In der Welt der agilen ABAP-Entwicklung gibt es ein vorbildliches Verfahren für die Übernahme von Bestandscode. Zuerst nutzen Sie *ABAP Unit*, um sich ein Sicherheitsnetz aus charakterisierenden Tests für die betreffende Funktionalität zu schreiben. Anschließend verwenden Sie dieses Werkzeug, um die notwendigen Erweiterungen testgetrieben zu entwickeln. Achten Sie dabei auf die Qualität dieser Tests. Diese ist zum einen wichtig, weil instabile Tests Ihre Wartungslast erhöhen. Zum anderen können nur lesbare Tests Ihr wachsendes Detailwissen über die übernommene Anwendung in aktueller Form dokumentieren.

Anders als das Schreiben neuer Tests schafft es das Verbessern von Tests fast nie ins *Backlog*, also in die priorisierte Liste der noch zu erledigenden Aufgaben. Eine solche qualitätssichernde Maßnahme bedeutet für den *Product Owner*, also den mit dem Entwicklungsteam kooperierenden Produktverantwortlichen, eine Verzögerung der Fertigstellung des Produkts. Der Product Owner ist daran interessiert, dass das Produkt zeitig und mit möglichst viel Funktionalität ausgeliefert wird. Das Verbessern von Tests muss deshalb in der Regel von den Entwicklern miterledigt werden, ohne dass es in den Planungsmeetings explizit zur Sprache kommt. Die Qualität von Tests hängt folglich am seidenen Faden der Effizienz, die es erfordert, selbst kurze Übergangszeiten (z. B. zwischen zwei Besprechungsterminen) zu nutzen. Die Erfahrung zeigt, dass Sie immer wieder ein wenig, aber selten viel Zeit für das Verbessern von Tests finden werden. Refactoring bildet durch seine Fokussierung auf kleine Verbesserungsschritte und der damit verbundenen Möglichkeit, nach jedem dieser Schritte unterbrechen zu können, die Grundlage für das Verbessern von Code im Alltag.

Voraussetzung für eine effiziente Testautomatisierung ist der frühzeitige Aufbau einer Testinfrastruktur. Mit solch einer Struktur können Sie Ihren nächsten Test schnell und in hoher Qualität erstellen. In der Tat hängt Effizienz aber weit weniger vom Tempo des Schreibens als vom Tempo des Lesens ab. Für das Implementieren einer Methode brauchen Sie in der Regel viel weniger Zeit, als Sie und andere im Zuge der Wartung und Weiterentwicklung für das wiederholte Verstehen des Codes aufbringen müssen.

Das skizzierte Vorgehen bei der Übernahme von Bestandscode präsentiere ich in diesem Teil des Buches anhand einer Beispielanwendung, die für das Management von Stammdaten entwickelt wurde. In diesem Kapitel führe ich Sie kurz in diese Anwendung ein. Diese Einführung sollte ausreichen, damit Sie in den folgenden Kapiteln den code- und designbasierten Verbesserungen des zugehörigen Testcodes gut folgen können. Ziel ist, dass Sie nach der Lektüre von Teil I dieses Buches, »Aufbau einer Testinfrastruktur«, diesen *testorientierten Verbesserungsprozess* auf andere Anwendungen übertragen können. Diesen Prozess habe ich als ASE Coach (Agile Software Engineering) mit den verschiedensten Teams wiederholt angewendet.

2.1 Stammdatenmanagement

Die betrachtete Beispielanwendung erlaubt es, ein zentrales Management von Stammdaten entsprechend den Geschäftsregeln und Prozessen des Unternehmens einzurichten. Sie bietet neben vordefinierten Stammdatenmodellen (Material, Geschäftspartner ...) auch ein Framework für kundenspezifische Modelle. Dabei spielt der Änderungsantrag eine Schlüsselrolle.

2.1.1 Änderungsantrag

Für die antragsbasierte Bearbeitung von Stammdaten stehen der Anwendung eine eigene Persistenz und ein konfigurierbarer Workflow zur Verfügung. Mithilfe eines Änderungsantrags kann die Anlage, Änderung und Löschung von Stammdaten beantragt werden.

Abbildung 2.1 zeigt einen einfachen, aber trotzdem realistischen Workflow der Beispielanwendung. Ein Datenpfleger legt einen Änderungsantrag an und sendet ihn zur Ergänzung oder Korrektur an einen Stammdatenspezialisten. Nachdem dieser seine Bearbeitung abgeschlossen hat, kann ein Genehmigender den Antrag entweder genehmigen oder ablehnen.

Im Falle einer Genehmigung werden die im Rahmen des Änderungsantrags *gesicherten Daten* zu *aktiven Daten*. Diese können sodann in dem betreffenden System produktiv genutzt und/oder in angeschlossene Systeme verteilt werden. Im Falle einer Ablehnung kann der Antrag zurückgesendet und dann später erneut ausgegeben werden.

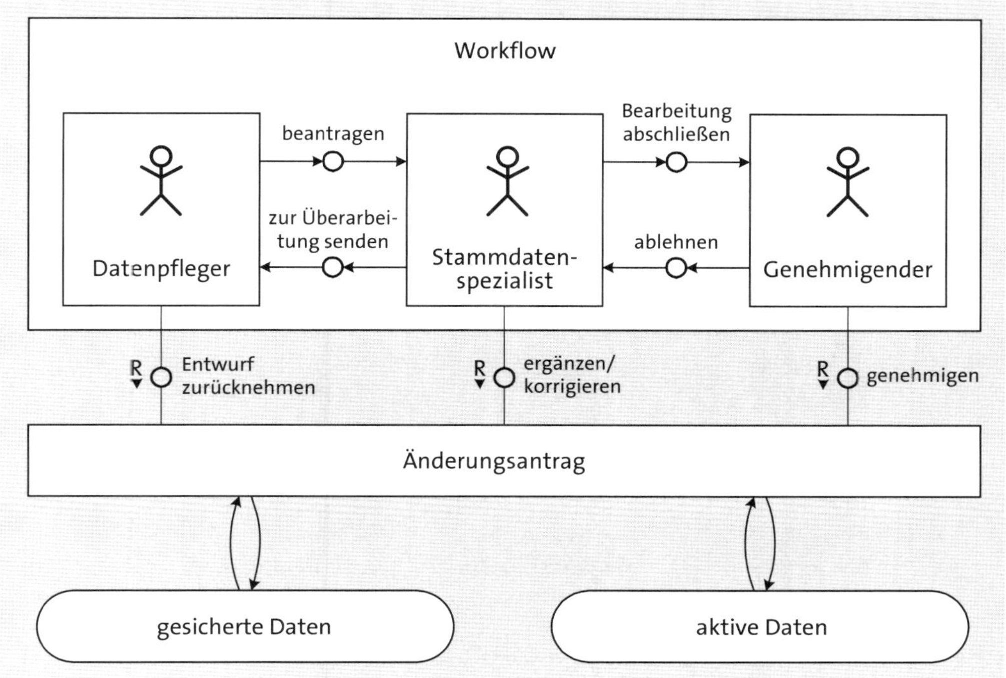

Abbildung 2.1 Workflow zur Pflege von Stammdaten mit einem Änderungsantrag

2.1.2 Definition eines Stammdatenmodells

Ein Stammdatenmodell wird bei dieser Beispielanwendung im mandantenübergreifenden Customizing gepflegt. Es besteht aus einem oder mehreren *Stammdatenobjekten*. Jedes Stammdatenobjekt (kurz Objekt) entspricht vom Aufbau her einem Business-Objekt, also einem Datenobjekt mit einer definierten Struktur. Allerdings werden Knoten bzw. Instanzen in der Beispielanwendung als *Entitätstypen* bzw. *Entitäten* bezeichnet. Das heißt, ein Objekt dieser Anwendung ist als mehrstufiger Baum mit einem führenden und beliebig vielen untergeordneten Entitätstypen definiert.

Ein Feld eines Entitätstyps heißt *Attribut*. Jeder Entitätstyp hat ein oder mehrere Schlüsselattribute und eine beliebige Anzahl weiterer Attribute.

Abbildung 2.2 zeigt, wie das Beispieldatenmodell SF für eine Flugdatenanwendung definiert ist. In Abbildung 2.2 nicht zu sehen ist der Entitätstyp CARR (mit dem Schlüsselattribut CARR), der das Objekt einer Fluggesellschaft (engl. *Carrier*) repräsentiert.

Das Objekt einer Flugverbindung besteht aus dem führenden Entitätstyp PFLI (mit den Schlüsselattributen CARR und PFLI) und einem untergeordneten Entitätstyp FLIGHT (mit den Schlüsselattributen CARR, PFLI und FLDATE) für einen einzelnen Flug entlang dieser Flugverbindung.

Datenmodell	Bezeichnung	Datenelement
SF		
PFLI	Flugverbindung	
PFLI	Verbindungsnummer	MDG_S_CONN_ID
CARR	Fluggesellschaft	MDG_S_CARR_ID
AIRPFROM	Abflughafen	MDG_S_FROMAIRP
AIRPTO	Zielflughafen	MDG_S_TOAIRP
ARRTIME	Ankunftszeit	MDG_S_ARR_TIME
CITYFROM	Abflugsort	MDG_S_FROM_CIT
CITYTO	Ankunftsort	MDG_S_TO_CITY
COUNTRYFR	Abflugland	MDG_FS_SF_COUNTRY_FROM
COUNTRYTO	Zielland	MDG_FS_SF_COUNTRY_TO
DEPTIME	Abflugzeit	MDG_S_DEP_TIME
DISTANCE	Entfernung	MDG_S_DISTANCE
DISTID	Entfernung in	MDG_S_DISTID
FLTIME	Flugdauer	MDG_S_FLTIME
FLTYPE	Charterflug	MDG_S_FLTYPE
PERIOD	Ankunft n Tag(e) später	MDG_S_PERIOD
FLIGHT	Flug (Linienflug)	
PFLI	Verbindungsnummer	MDG_S_CONN_ID
CARR	Fluggesellschaft	MDG_S_CARR_ID
FLDATE	Flugdatum	MDG_SDATE
CURRENCY	Hauswährung d. Fluggesellschaft	MDG_S_CURRCODE
PAYMENTSU	Summe d. Buchungen	MDG_S_SUM

Abbildung 2.2 Ausschnitt aus der Definition des Flugdatenmodells SF

Die Objekte eines Datenmodells sind in der Regel nicht voneinander unabhängig. Das Objekt Flugverbindung etwa kann nur zu einem aktiven Objekt Fluggesellschaft angelegt werden. Ein Objekt hat genau den Umfang, der mit einem einzelnen Änderungsantrag bearbeitet werden kann.

2.2 Benutzeroberfläche

Das flexible Workflow-Konzept der Stammdatenmanagement-Anwendung ermöglicht die Integration von Qualitätsprüfungen (z. B. nach dem Vieraugenprinzip). Es erlaubt zudem die Zusammenführung von Spezialwissen im System. Materialstammdaten etwa sind so umfangreich, dass sie von mehreren Spezialisten in Zusammenarbeit angelegt werden müssen. Für eine effektive und effiziente Zusammenarbeit der Workflow-Teilnehmer ist es daher wichtig, dass jeder sofort und umfassend sehen kann, welche Daten wie geändert wurden. Die Anwendung erreicht dies mit der Funktionalität des *Hervorhebens von Änderungen* (engl. *Highlight Changes*). Wie Abbildung 2.3 zeigt, wird diese Hervorhebung durch eine farbliche Kennzeichnung der geänderten Stammdatenfelder erreicht.

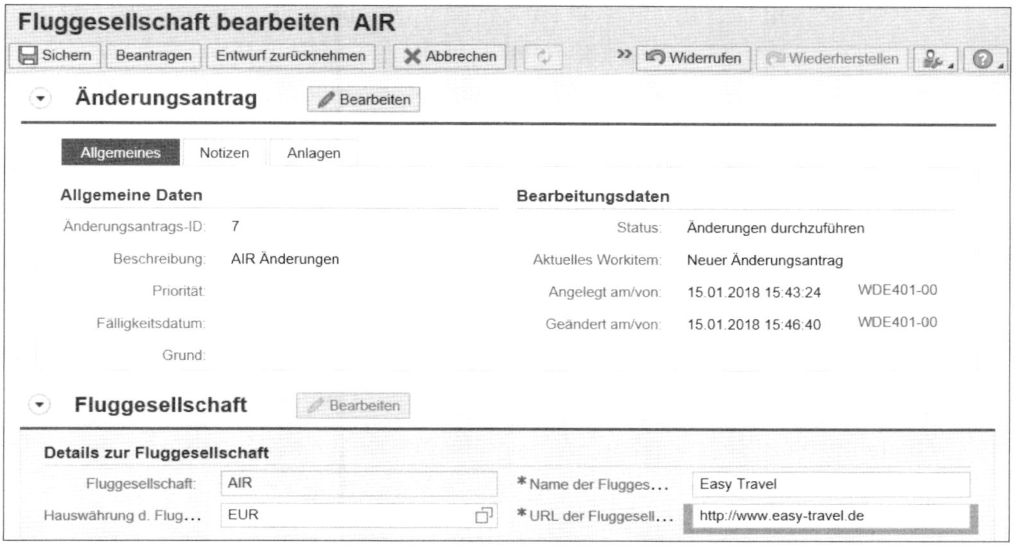

Abbildung 2.3 Änderungsantrag mit gesicherter und ungesicherter Änderung

Bei den Änderungen im Feld **Hauswährung der Fluggesellschaft** handelt es sich um eine *gesicherte Änderung*, also um eine Änderung, für die der Benutzer schon auf den Button **Sichern** geklickt hat. Beim Feld **URL der Fluggesellschaft** handelt es sich dagegen um eine *ungesicherte Änderung*, also um eine Änderung, die der Benutzer noch nicht auf diese Weise persistiert hat.

Für Änderungen an untergeordneten Entitäten braucht der Benutzer einen Hinweis auf den übergeordneten Ebenen, ob er solche *enthaltenen Änderungen* über die Navigation finden wird. Die Beispielanwendung realisiert dies mit einem entsprechend gefärbten Icon am Anfang einer Tabellenzeile. Eine solche Tabelle ist in Abbildung 2.3 allerdings nicht zu sehen.

Im Zuge der Weiterentwicklung soll die Funktionalität dieser Anwendung um die Möglichkeit erweitert werden, Löschungen hervorzuheben (engl. *Highlight Deletions*). Eine solche Löschung könnte auf der Anwendungsoberfläche etwa hervorgehoben werden, indem die betreffende Datenzeile in der Tabellensicht durchgestrichen dargestellt wird.

2.3 Backend

Die auf der Benutzeroberfläche hervorzuhebenden Änderungen werden im Backend von der Methode `GET_ENTITY_FIELD_CHANGES` der Klasse `CL_USMD_CONV_SOM_GOV_API` berechnet. Die Bezeichner dieser Klasse und dieser Methode setzen sich aus den folgenden Elementen zusammen:

- FIELD bezieht sich auf ein Feld auf der Benutzeroberfläche. Ein solches Feld entspricht einem Attribut im Stammdatenmodel.
- USMD ist der Namensraum der Beispielanwendung.
- CONV steht für Convenience, also Komfort oder Zweckmäßigkeit. Die *Convenience API* ist eine spezialisierte API der Beispielanwendung für die Kommunikation mit der SOM-Benutzeroberfläche.
- SOM wiederum steht für Single-Object-Maintenance. Die SOM-Benutzeroberfläche (engl. *User Interface*, kurz UI) dient der antragsbasierten Pflege eines einzelnen Stammdatenobjekts.
- GOV steht für Governance, also Steuerung oder Kontrolle, hier auf die Stammdatenpflege bezogen. Die *Governance API* ist die zentrale API dieser Anwendung.

Abbildung 2.4 zeigt die Signatur der Methode GET_ENTITY_FIELD_CHANGES.

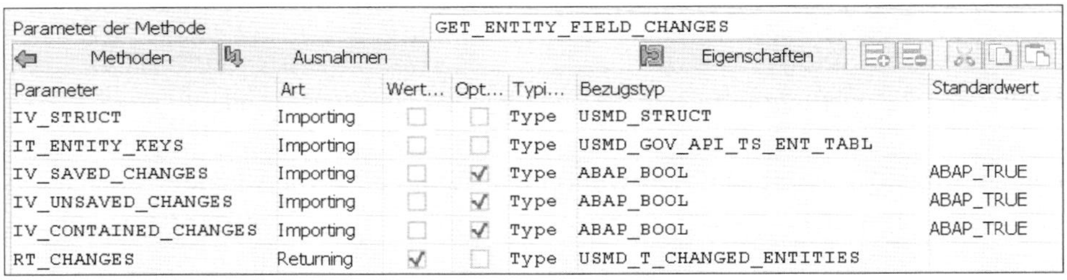
Parameter der Methode GET_ENTITY_FIELD_CHANGES

Methoden | Ausnahmen | Eigenschaften

Parameter	Art	Wert...	Opt...	Typi...	Bezugstyp	Standardwert
IV_STRUCT	Importing	☐	☐	Type	USMD_STRUCT	
IT_ENTITY_KEYS	Importing	☐	☐	Type	USMD_GOV_API_TS_ENT_TABL	
IV_SAVED_CHANGES	Importing	☐	☑	Type	ABAP_BOOL	ABAP_TRUE
IV_UNSAVED_CHANGES	Importing	☐	☑	Type	ABAP_BOOL	ABAP_TRUE
IV_CONTAINED_CHANGES	Importing	☐	☑	Type	ABAP_BOOL	ABAP_TRUE
RT_CHANGES	Returning	☑	☐	Type	USMD_T_CHANGED_ENTITIES	

Abbildung 2.4 Convenience-API-Methode für die betrachtete Funktionalität

Die Parameter haben folgende Bedeutungen:

- IV_STRUCT: Zu einem Entitätstyp kann es in dieser Anwendung verschiedene Strukturtypen geben. Der Wert KATTR bezieht sich auf den *Strukturtyp*, der für einen Entitätstyp sowohl die Schlüsselattribute (K) als auch die Datenattribute (ATTR) umfasst. Des Weiteren gibt es Strukturtypen für Texte und Anhänge. Diese werden im weiteren Verlauf allerdings keine Rolle spielen.
- IT_ENTITY_KEYS: Diese geschachtelte Tabelle enthält die Entitätsschlüssel zu einer Vielzahl von Entitätstypen. Zu den über diese Schlüssel identifizierten Entitäten soll diese Methode die farbliche Hervorhebung von Änderungen berechnen.
- IV_SAVED_CHANGES: Die Methode berechnet nur dann gesicherte Änderungen, wenn dieser Parameter den Wert ABAP_TRUE hat (was standardmäßig der Fall ist).
- IV_UNSAVED_CHANGES: Die Methode berechnet nur dann ungesicherte Änderungen, wenn dieser Parameter den Wert ABAP_TRUE hat (was standardmäßig der Fall ist).
- IV_CONTAINED_CHANGES: Die Methode bezieht nur dann Änderungen von abhängigen Entitäten mit ein, wenn dieser Parameter den Wert ABAP_TRUE hat (was standardmäßig der Fall ist).

- RT_CHANGES: Diese geschachtelte Tabelle enthält die Änderungen der über IT_ENTITY_KEYS identifizierten Entitäten sowie die Information, welche dieser Änderungen schon gesichert wurde.

Abbildung 2.5 stellt die beiden geschachtelten Tabellentypen schematisch dar.

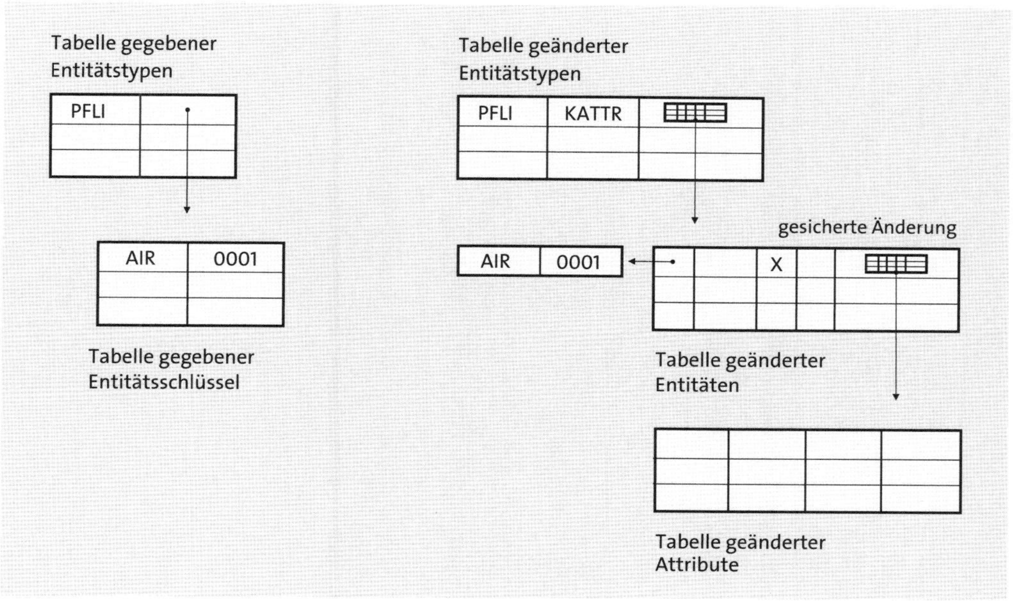

Abbildung 2.5 Eingabe- und Ausgabetabelle der Methode

Auf der linken Seite ist der Aufbau des Parameters IT_ENTITY_KEYS dargestellt. Eine Zeile der oberen Tabelle enthält zu einem bestimmten Entitätstyp (hier PFLI) eine Referenz auf eine dynamisch erzeugte Tabelle mit den zugehörigen Entitätsschlüsseln (hier Flugverbindung 0001 der Fluggesellschaft AIR).

Auf der rechten Seite ist der Aufbau des Parameters RT_CHANGES dargestellt. Eine Zeile der obersten Tabelle enthält zu einem bestimmten Entitätstyp (hier PFLI) und einem zugehörigen Strukturtyp (hier KATTR) eine generische Tabelle mit den geänderten Entitäten. Eine Zeile dieser mittleren Tabelle umfasst neben einer Referenz auf einen dynamisch erzeugten Entitätsschlüssel (Feld ganz links) und einer generischen Tabelle mit den geänderten Attributen (Feld ganz rechts) noch zwei *Kennzeichen* (engl. *Flags*). Diese Kennzeichen definieren, ob die betreffende Entität überhaupt eine gesicherte bzw. ungesicherte Änderung (drittes bzw. viertes Feld) erfahren hat. Das zweite Feld sowie die Tabelle der Attributänderungen spielen in den folgenden Kapiteln keine Rolle.

Kapitel 3
Codebasierte Verbesserung eines Tests

Auch wenn Ihre Anwendung Legacy Code ist, können und sollten Ihre Tests von Anfang an Clean Code sein. Wie Sie das sicherstellen, erfahren Sie in diesem Kapitel.

Im ersten Abschnitt dieses Kapitels stelle ich eine Testmethode vor, mit der ein Aspekt der Funktionalität »Hervorheben von Änderungen« unserer Stammdatenmanagement-Anwendung automatisch überprüft werden kann. Dieser Test basiert zwar auf manuell angelegten Daten und ist damit nicht ohne Weiteres in ein Nachfolgesystem übertragbar, funktional ist er aber richtig und würde auch bei einer erweiterten Programmprüfung nicht negativ auffallen. Wenn wir annehmen, dass die Datenbasis mit organisatorischen Mitteln stabil gehalten werden kann, scheint es fast, als ob es keinen Bedarf für eine Verbesserung dieses Tests gibt. Mit diesem und den folgenden Kapiteln möchte ich Ihnen jedoch demonstrieren, dass solche Verbesserungsmaßnahmen sogar sehr sinnvoll sind. Unter anderem können sie die Effizienz eines Entwicklungsteams signifikant steigern.

Die dargestellte Ausgangssituation ist typisch für meine Arbeit als Agile Software Engineering (ASE) Coach. Ich möchte immer, dass das von mir unterstützte Team schon mindestens einen repräsentativen Test geschrieben hat. Damit hat sich das Team bereits im Testschreiben versucht, und wir haben etwas, worauf wir aufsetzen können. Bei den meisten Verbesserungen handelt es sich um Entwurfsmuster, die sich auf nahezu jede Anwendung in ähnlicher Weise anwenden lassen. Wenn Sie möchten, stellen Sie sich doch vor, Sie seien Mitglied eines Teams, das von mir gecoacht wird. Sie haben die im vorangegangenen Kapitel vorgestellte Stammdatenanwendung übernommen und haben gerade Ihren ersten Test entwickelt.

3.1 Einführung in den Testcode

Die folgende Testklasse enthält einen ersten, selbstüberprüfenden Integrationstest, der auf manuell angelegte Testdaten aufbaut. Konkret handelt es sich bei den Testdaten um einen Änderungsantrag mit der ID 3, mit dem die Flugverbindung `AIR 0001` geändert und diese Änderung gesichert wurde. Welcher Art die Änderung war, spielt dabei keine Rolle. Die Testmethode überprüft nur, ob die zu testende Methode das Kennzeichen richtig setzt, dass die gegebene Flugverbindungsentität mindestens eine gesicherte Änderung enthält.

3.1.1 Erste Definition einer Testklasse

Die Definition dieser *Testklasse* befindet sich in der Regel im *lokalen Testinclude* der Produktklasse, deren Methoden von der Testklasse getestet werden. Im Class Builder (Transaktion SE24) rufen Sie das Testinclude einer Klasse über den Menüpfad **Springen • Lokale Definitionen/Implementierungen • Lokale Testklassen** auf. Alternativ können Sie die Tastenkombination [Strg] + [⇧] + [F11] verwenden. Eine neue Klasse hat noch kein Testinclude. Das System fragt Sie deshalb, ob Sie ein Testinclude anlegen wollen (allerdings nur, wenn Sie sich im Änderungsmodus befinden).

Die erste Zeile von Listing 3.1 definiert die lokale Testklasse `LTC_HIGHLIGHT_CHANGES_0` mit dem Zusatz `FINAL`. Dies ist zwar technisch nicht notwendig, die erweiterte Programmprüfung fordert diese *Finalität* allerdings für jede Klasse ohne Unterklassen ein, damit es nicht zu einer von Ihnen nicht beabsichtigten Vererbungsbeziehung kommen kann.

```
CLASS ltc_highlight_changes_0 DEFINITION FINAL
FOR TESTING DURATION SHORT RISK LEVEL HARMLESS.
  PRIVATE SECTION.
    METHODS get_entity_field_changes FOR TESTING.
    DATA mo_conv_api TYPE REF TO if_usmd_conv_som_gov_api.
ENDCLASS.
```

Listing 3.1 Definition einer Testklasse für die Convenience API

Die Zusätze in der Klassendefinition haben die folgenden Bedeutungen:

- `FOR TESTING`: Die Klasse dient dem Testen und darf nicht produktiv verwendet werden. Es kann sich um eine Testklasse, eine Doubleklasse oder eine sonstige Hilfsklasse handeln.
- `DURATION SHORT`: Es handelt sich um eine Testklasse, deren Ausführung nicht länger dauern darf, als es der im Customizing hinterlegte Höchstwert für eine kurze Laufzeit vorgibt (siehe auch Kapitel 26, »ABAP Unit«).
- `RISK LEVEL HARMLESS`: Die Ausführung der Testklasse hat, etwa in Bezug auf Datenbankänderungen, keine oder nur unbedeutende Auswirkungen. Auch dazu gibt es einen im Customizing hinterlegten Höchstwert.

Für die Ausführung einer Testklasse ist innerhalb des *ABAP-Unit-Testframeworks* der sogenannte *ABAP-Unit-Testrunner* zuständig. Da er im Hintergrund eine freundschaftliche Beziehung zu jeder Testklasse unterhält, können und sollen Sie deren Komponenten so weit wie möglich in der privaten Sektion definieren. Im vorliegenden Fall betrifft das zum einen die Methode `GET_ENTITY_FIELD_CHANGES`, die über den Zusatz `FOR TESTING` als *Testmethode* definiert ist. Zum anderen betrifft es das Attribut `MO_CONV_API` für das zu testende Objekt der Convenience API.

[«]

Bezeichnung des Attributs für das zu testende Objekt

Viele ABAP-Unit-Entwickler bevorzugen `CUT` (als Abkürzung für *Class Under Test* oder allgemeiner Code Under Test) als Attributnamen, weil damit in jeder Testklasse das zu testende Objekt sofort ins Auge fällt. In einer Entwicklungsumgebung hat diese generische Bezeichnung keine praktischen Nachteile, weil die Definition und damit die Bedeutung von `CUT` nur einen Tooltip oder einen Navigationsschritt entfernt sind. Da Ihnen diese Hilfsmittel als Leser nicht zur Verfügung stehen, habe ich mich für dieses Buch klar für die semantische Namensgebung (hier `MO_CONV_API`) entschieden, die ich persönlich auch wegen ihrer besseren Lesbarkeit bevorzuge.

3.1.2 Erste Implementierung der Testklasse

Die Implementierung einer Testklasse befindet sich in der Regel unterhalb ihrer Definition im selben lokalen Testinclude. Listing 3.2 zeigt die Implementierung der Testklasse `LTC_HIGHLIGHT_CHANGES_0`. Die Testmethode `GET_ENTITY_FIELD_CHANGES` ist stark vom prozeduralen Programmierstil geprägt. In den folgenden Kapiteln werde ich Ihnen unter anderem demonstrieren, wie Sie die Methode objektorientiert umsetzen können.

```
CLASS ltc_highlight_changes_0 IMPLEMENTATION.
  METHOD get_entity_field_changes.
    DATA:
      lt_entity_type_keys    TYPE usmd_gov_api_ts_ent_tabl,
      ls_entity_type_keys    TYPE usmd_gov_api_s_ent_tabl,
      lt_entity_type_changes TYPE usmd_t_changed_entities,
      lsr_pfli_key           TYPE REF TO data,
      lv_entity_found        TYPE abap_bool.
    FIELD-SYMBOLS:
      <s_key>                 TYPE any,
      <s_pfli_key>            TYPE any,
      <t_pfli_key>            TYPE INDEX TABLE,
      <carr_id>               TYPE mdg_s_carr_id,
      <conn_id>               TYPE mdg_s_conn_id,
      <s_entity_type_changes> TYPE usmd_s_changed_entities,
      <s_entity_changes>      TYPE usmd_s_changed_entity.
```

```
*   Erzeugen und Konfigurieren der zu testenden API
    mo_conv_api = cl_usmd_conv_som_gov_api=>get_instance( 'SF' ).
    mo_conv_api->set_environment( iv_crequest_id = '3' ).

*   Erzeugen und Spezifizieren eines Entitätsschlüssels
    mo_conv_api->get_entity_structure(
      EXPORTING
        iv_entity_name = 'PFLI'
      IMPORTING
        er_structure   = lsr_pfli_key
    ).
    ASSIGN lsr_pfli_key->* TO <s_pfli_key>.
    ASSIGN COMPONENT 'CARR' OF STRUCTURE <s_pfli_key> TO <carr_id>.
    <carr_id> = 'AIR'.
    ASSIGN COMPONENT 'PFLI' OF STRUCTURE <s_pfli_key> TO <conn_id>.
    <conn_id> = '0001'.

*   Einfügen des Entitätsschlüssels in eine neue Schlüsseltabelle
    ls_entity_type_keys-entity = 'PFLI'.
    mo_conv_api->get_entity_structure(
      EXPORTING
        iv_entity_name = 'PFLI'
      IMPORTING
        er_table       = ls_entity_type_keys-tabl
    ).
    ASSIGN ls_entity_type_keys-tabl->* TO <t_pfli_key>.
    INSERT <s_pfli_key> INTO TABLE <t_pfli_key>.
    INSERT ls_entity_type_keys INTO TABLE lt_entity_type_keys.

*   Berechnen der Änderungen für Entitäten in der Schlüsseltabelle
    lt_entity_type_changes = mo_conv_api->get_entity_field_changes(
        iv_struct             = zif_usmd=>c_struct_key_attr
        it_entity_keys        = lt_entity_type_keys
        iv_saved_changes      = abap_true
        iv_unsaved_changes    = abap_false
        iv_contained_changes = abap_false
    ).

*   Suchen der Änderungstabelle für den betrachteten Entitätstyp
    READ TABLE lt_entity_type_changes
      ASSIGNING <s_entity_type_changes>
      WITH KEY entity_type = 'PFLI'
               struct      = zif_usmd=>c_struct_key_attr.
```

```
    cl_abap_unit_assert=>assert_subrc( exp = 0 ).

*   Suchen der Änderungen für die betrachtete Entität
    LOOP AT <s_entity_type_changes>-changed_entities
    ASSIGNING <s_entity_changes>.
      ASSIGN <s_entity_changes>-entity->* TO <s_key>.
      IF <s_key> = <s_pfli_key>.
        lv_entity_found = abap_true.
        EXIT.
      ENDIF.
    ENDLOOP.
    cl_abap_unit_assert=>assert_true( lv_entity_found ).

*   Überprüfen der Änderungen dieser Entität
    cl_abap_unit_assert=>assert_true(
        <s_entity_changes>-saved_change
    ).
  ENDMETHOD.
ENDCLASS.
```

Listing 3.2 Implementierung der Testklasse für die Convenience API

Im Folgenden möchte ich Sie mit der Bedeutung der einzelnen Anweisungen vertraut machen. Damit werde ich auch meine Einführung in die Stammdatenmanagement-Anwendung und ihre Funktion »Hervorheben von Änderungen« abschließen. Meiner Erfahrung nach genügt Anwendungswissen dieses Umfangs, um weitreichende Verbesserungen an existierenden Testmethoden durchführen zu können. Für das Schreiben weiterer Testmethoden ist in der Regel zwar zusätzliches Wissen notwendig, aber eben nur wenig, und dieses kann bedarfsorientiert zügig erworben werden.

Für eine bessere Lesbarkeit habe ich in Listing 3.2 alle Anweisungen, die zusammen einen logischen Schritt darstellen, direkt untereinandergeschrieben und mit einem einleitenden Kommentar versehen. Sie sind von anderen logischen Schritten jeweils durch eine Leerzeile getrennt.

Erzeugen und Konfigurieren der zu testenden API

Listing 3.3 zeigt noch einmal den ersten logischen Schritt. Er umfasst die Bereitstellung eines gültigen Convenience-API-Objekts im Attribut `MO_CONV_API` der Testklasse.

```
mo_conv_api = cl_usmd_conv_som_gov_api=>get_instance( 'SF' ).
mo_conv_api->set_environment( iv_crequest_id = '3' ).
```

Listing 3.3 Erzeugung und Konfiguration eines Convenience-API-Objekts

Neben der Erzeugung des Convenience-API-Objekts gehört die Ausrichtung auf den manuell angelegten Änderungsantrag mit der ID 3 zu diesem Schritt. Das Ergebnis entspricht der Situation im Backend, nachdem ein Benutzer die Einzelobjektpflege (SOM-Benutzeroberfläche) für diesen Änderungsantrag aufgerufen hat.

Erzeugen und Spezifizieren eines Entitätsschlüssels

Mit der Anweisung in Listing 3.4 erzeugt die Testmethode eine initiale Schlüsselstruktur für eine Flugverbindung.

```
mo_conv_api->get_entity_structure(
  EXPORTING
    iv_entity_name = 'PFLI'
  IMPORTING
    er_structure   = lsr_pfli_key
).
```

Listing 3.4 Erzeugung eines initialen Schlüssels für eine Flugverbindung

Genauer gesagt beschafft sich die Testmethode den Speicher für diese Schlüsselstruktur dynamisch mithilfe der Convenience API. Alternativ wäre eine statische Erzeugung der Struktur auf Basis einer lokalen Definition möglich. Das würde die Testmethode sogar unabhängiger vom Customizing für das Stammdatenmodell machen. Insgesamt bedeuten diese lokalen Definitionen aber viel Aufwand, und diesen Aufwand sollten wir aus Gründen der Effizienz erst dann erbringen, wenn er wirklich notwendig ist.

Eine solche Notwendigkeit wäre gegeben, wenn das Testdatenmodell mit organisatorischen Mitteln nicht stabil gehalten werden kann, wenn also Tests immer wieder fehlschlagen, weil jemand unbeabsichtigt das Customizing geändert hat. Dieses Problem hat sich allerdings in der Praxis über Jahre hinweg nicht eingestellt. Des Weiteren wird dieser Code schon in Kürze Teil einer Testinfrastruktur sein, und deren Hilfsmethoden sollen natürlich, wie die Anwendung selbst, verschiedenste Stammdatenmodelle unterstützen.

In Listing 3.5 wird die initiale Schlüsselstruktur mit den Schlüsselwerten derjenigen Flugverbindung belegt, die mit dem in Listing 3.3 spezifizierten Änderungsantrag manuell bearbeitet wurde.

```
ASSIGN lsr_pfli_key->* TO <s_pfli_key>.
ASSIGN COMPONENT 'CARR' OF STRUCTURE <s_pfli_key> TO <carr_id>.
<carr_id> = 'AIR'.
ASSIGN COMPONENT 'PFLI' OF STRUCTURE <s_pfli_key> TO <conn_id>.
<conn_id> = '0001'.
```

Listing 3.5 Spezifikation der Schlüsselfelder einer Flugverbindung

Bei LSR_PFLI_KEY handelt es sich, wie an dem Präfix erkennbar, um eine lokale (L) Referenz (R) auf eine anonyme Struktur (S) im Speicher. Mit dem Dereferenzierungsoperator ->* erhalten Sie dynamischen Zugriff auf diese Struktur. Wenn Sie dieses Zwischenergebnis mit der Anweisung ASSIGN dem Feldsymbol <S_PFLI_KEY> zuweisen, können sie diese Struktur im weiteren Verlauf über den Namen <S_PFLI_KEY> direkt ansprechen. Da das Feldsymbol <S_PFLI_KEY> vom Typ ANY ist, erfolgt der Zugriff auf die beiden Schlüsselkomponenten CARR und PFLI dynamisch über die Feldsymbole <CARR_ID> und <CONN_ID>.

Einfügen des Entitätsschlüssels in eine neue Schlüsseltabelle

Listing 3.6 fügt diesen Flugverbindungsschlüssel in die geschachtelte Schlüsseltabelle LT_ENTITY_TYPE_KEYS ein, die dann von der zu testenden Methode GET_ENTITY_FIELD_CHANGES importiert wird.

```
ls_entity_type_keys-entity = 'PFLI'.
mo_conv_api->get_entity_structure(
  EXPORTING
    iv_entity_name = 'PFLI'
  IMPORTING
    er_table       = ls_entity_type_keys-tabl
).
ASSIGN ls_entity_type_keys-tabl->* TO <t_pfli_key>.
INSERT <s_pfli_key> INTO TABLE <t_pfli_key>.
INSERT ls_entity_type_keys INTO TABLE lt_entity_type_keys.
```

Listing 3.6 Erzeugung und Befüllung einer Schlüsseltabelle für Flugverbindungen

Jeder Eintrag in der Tabelle LT_ENTITY_TYPE_KEYS enthält alle Schlüssel zu einem bestimmten Entitätstyp. Diese Schlüssel liegen jeweils in einer eigenen Schlüsseltabelle vor. Diese Tabellen werden ebenfalls mit der Methode GET_ENTITY_STRUCTURE dynamisch erzeugt.

Leider passt der Name der Methode GET_ENTITY_STRUCTURE nicht zur Erzeugung einer Tabelle. Die Zuständigkeit dieser Methode wurde offensichtlich erweitert, ohne ihren Namen anzupassen, und nun gibt ausschließlich der Ausgabeparameter ER_TABLE Aufschluss über die Verwendung zur Tabellenerzeugung. Ebenso bezeichnet der Komponentenname ENTITY der Zeilenstruktur eigentlich einen Entitätstyp. Mängel dieser Art sind bei Bestandscode keine Seltenheit. Da mit diesen missverständlichen Bezeichnungen eine gute Lesbarkeit nicht erreichbar ist, sollten diese Anweisungen so nicht in der Testmethode verbleiben.

Mithilfe des Feldsymbols <T_PFLI_KEY> kann der weiterhin über das Feldsymbol <S_PFLI_KEY> zugängliche Flugverbindungsschlüssel direkt eingefügt werden. Zuletzt wird die vollständige Struktur LS_ENTITY_TYPE_KEYS für den Entitätstyp PFLI noch in die geschachtelte Tabelle LT_ENTITY_TYPE_KEYS eingefügt.

Berechnen der Änderungen für Entitäten in der Schlüsseltabelle

Mit Listing 3.7 ruft die Testmethode die zu testende Methode unter anderem mit der geschachtelten Schlüsseltabelle auf.

```
lt_entity_type_changes = mo_conv_api->get_entity_field_changes(
    iv_struct             = zif_usmd=>c_struct_key_attr
    it_entity_keys        = lt_entity_type_keys
    iv_saved_changes      = abap_true
    iv_unsaved_changes    = abap_false
    iv_contained_changes = abap_false
).
```

Listing 3.7 Aufruf der zu testenden Methode

Mithilfe der booleschen Argumente macht die Testmethode klar, dass sie ausschließlich an gesicherten Änderungen derjenigen Entitäten interessiert ist, für die sie auch einen Schlüssel übergeben hat. Wie schon erwähnt, ist der Strukturtyp, übergeben in dem Parameter IV_STRUCT, für das weitere Verständnis nicht von Bedeutung.

[»]

Lokale Objekte in den Codebeispielen

Um die Codebeispiele für dieses Buch zu konservieren, habe ich für die meisten Codebeispiele lokale Kopien der ausgelieferten Klassen angelegt und geringfügig zugunsten einer besseren Lesbarkeit geändert. Für das Interface ZIF_USMD etwa gibt es keine direkte Entsprechung, aber das reale Interface für die Konstante C_STRUCT_KEY_ATTR hätte mit seinem langen Namen einen unleserlichen Zeilenumbruch nötig gemacht.

Suche nach der Änderungstabelle für den betrachteten Entitätstyp

Mit Listing 3.8 sucht die Testmethode in der geschachtelten Tabelle, die alle Änderungen enthält, diejenigen Änderungen, die für den Entitätstyp PFLI gelten.

```
READ TABLE lt_entity_type_changes
  ASSIGNING <s_entity_type_changes>
  WITH KEY entity_type = 'PFLI'
           struct      = zif_usmd=>c_struct_key_attr.
cl_abap_unit_assert=>assert_subrc( exp = 0 ).
```

Listing 3.8 Bestimmung der Änderungen aller Flugverbindungen

Die letzte Anweisung in Listing 3.8 ist eine sogenannte *Assertion*, also ein Methodenaufruf, mit dem die Testmethode einen bestimmten Zustand oder ein bestimmtes Ergebnis einfordert. Die Klasse `CL_ABAP_UNIT_ASSERT` ist Teil des ABAP-Unit-Testframeworks. Mit ihren sogenannten *Assertion-Methoden* kann die Testmethode nicht nur eine Behauptung formulieren, sondern im Fehlerfall, also wenn diese Behauptung nicht zutrifft, auch eine passende Meldung ins ABAP-Unit-Protokoll schreiben.

Die Assertion in Listing 3.8 ist noch nicht die zentrale Behauptung dieser Testmethode. Vielmehr handelt es sich dabei um eine Zwischenbedingung, ohne deren Erfüllung der Testfall nicht mehr zum Erfolg geführt werden kann. Die Testmethode drückt mit dieser sogenannten *Guard-Assertion* ihre Erwartung aus, dass für mindestens eine gegebene Flugverbindung eine Änderung berechnet wurde. Letzten Endes geht es natürlich um die betrachtete Flugverbindung `AIR 0001`, aber für diese sind eben höchstens dann Änderungen in der Rückgabetabelle enthalten, wenn es überhaupt irgendwelche Änderungen für Flugverbindungen gibt. Mit Guard-Assertions werden aber auch Situationen verhindert, in denen der Test nicht mehr geordnet fortgeführt werden kann.

Suche nach den Änderungen für die betrachtete Entität

Mit Listing 3.9 versucht die Testmethode, Änderungen der betrachteten Flugverbindungsentität zu finden.

```
LOOP AT <s_entity_type_changes>-changed_entities
ASSIGNING <s_entity_changes>.
  ASSIGN <s_entity_changes>-entity->* TO <s_key>.
  IF <s_key> = <s_pfli_key>.
    lv_entity_found = abap_true.
    EXIT.
  ENDIF.
ENDLOOP.
cl_abap_unit_assert=>assert_true( lv_entity_found ).
```

Listing 3.9 Bestimmung der Änderungen der betrachteten Flugverbindung

Da in einer Tabelle nicht mithilfe eines generischen Schlüssels gesucht werden kann, muss diese Suche in einer Schleife so lange durchgeführt werden, bis ein gleicher Entitätsschlüssel gefunden werden kann. Wieder kommt eine Guard-Assertion zum Einsatz; dieses Mal soll die manuell geänderte Flugverbindungsentität in der Änderungstabelle ihres Entitätstyps gefunden werden.

Überprüfen der Änderungen dieser Entität

Mit Listing 3.10 behauptet die Testmethode, dass für die betrachtete Flugverbindung mit dem gegebenen Änderungsantrag mindestens eine gesicherte Änderung durchgeführt wurde.

```
cl_abap_unit_assert=>assert_true(
    <s_entity_changes>-saved_change
).
```

Listing 3.10 Zentrale Assertion der Testmethode

3.1.3 ABAP-Unit-Protokoll

Die kompakte Schreibweise der Guard-Assertions in Listing 3.8 und Listing 3.9 geht zulasten der Lesbarkeit des Protokolls, falls einmal eine von ihnen nicht erfüllt sein sollte. Eine Alternative könnte wie in Listing 3.11 aussehen.

```
IF sy-subrc = 0.
  LOOP AT <s_entity_type_changes>-changed_entities
  ASSIGNING <s_entity_changes>.
    ASSIGN <s_entity_changes>-entity->* TO <s_key>.
    IF <s_key> = <s_pfli_key>.
      lv_entity_found = abap_true.
      EXIT.
    ENDIF.
  ENDLOOP.
ENDIF.
IF lv_entity_found = abap_false.
  lv_msg_string =
    'Change request 3, flight connection AIR 0001: no changes'.
  cl_abap_unit_assert=>fail( lv_msg_string ).
ENDIF.
```

Listing 3.11 Ausführliche Fehlermeldung für das ABAP-Unit-Protokoll

Falls es Änderungen zum Entitätstyp PFLI gibt, wird die Entität mit dem Schlüssel <S_PFLI_KEY> gesucht und der Wert der Variablen LV_ENTITY_FOUND entsprechend gesetzt. Andernfalls ist der Wert der Variablen LV_ENTITY_FOUND in jedem Fall ABAP_FALSE.

Die Fehlermeldung gibt die verwendeten Testdaten und den Grund für den vorzeitigen Ausstieg vollständig wieder. Meistens ist ein solcher Aufwand für Fehlermeldungen nicht nötig. Bei kleinen Testmethoden mit nur einer Assertion genügt fast immer der Name der Testmethode für eine erste Problemeingrenzung. Und kurze Testmethoden lassen sich sehr schnell debuggen. Auch für die *Fehlerlokalisierung* gilt die Regel, dass man keine vorzeitigen Optimierungen durchführen sollte (*Avoid-Premature-Optimizations-Prinzip*).

Diese originale Version des Testcodes bezeichne ich im Folgenden als *Version 0*. Ihre Nachfolgerversion wird mittels Refactoring aus der Version 0 hervorgehen: lesbarer und strukturell besser, aber funktional gleich.

3.1.4 Diagramme

Abbildung 3.1 visualisiert diesen Testablauf in einem Blockdiagramm. Links oben sehen Sie einen Tester, der über die Benutzeroberfläche der Einzelobjektpflege (SOM-UI) und die Convenience API die für den Testfall benötigten Entitätsdaten ins Backend schreibt. Der Änderungsantrag, mit dem die aktiven Daten der Flugverbindung zuerst gelesen, dann als ungesicherte Daten im Hauptspeicher abgelegt und schließlich als gesicherte Daten persistiert werden, wird dabei implizit über die Methode `SET_ENVIRONMENT` in das Attribut `MV_CREQUEST_ID` der Convenience API geschrieben (Aufruf von links).

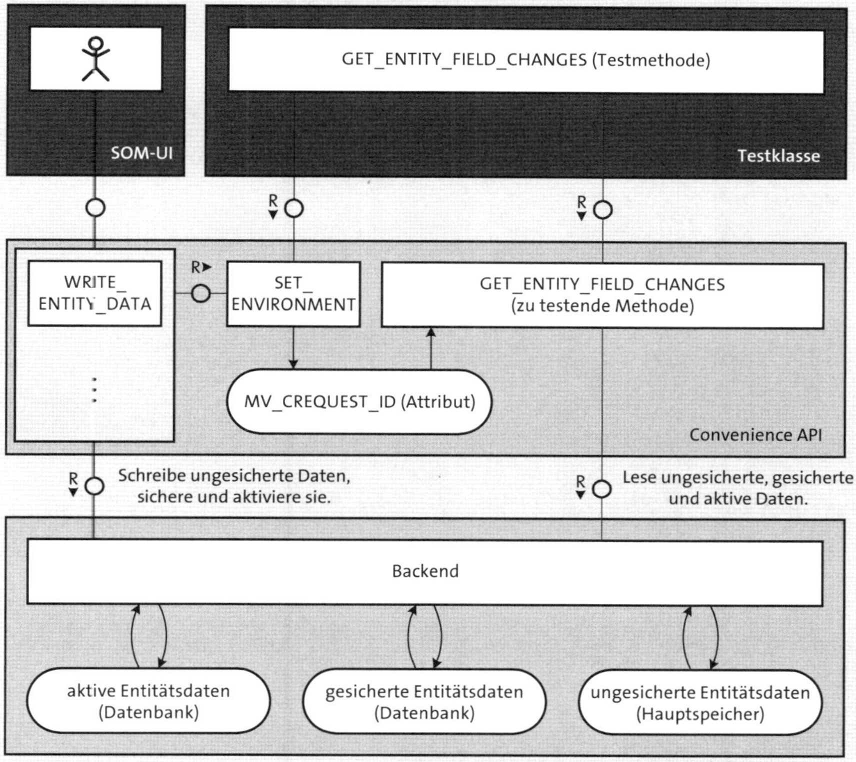

Abbildung 3.1 Blockdiagramm für die originale Testmethode

Wie Abbildung 3.1 und Listing 3.3 zeigen, muss die Testmethode `GET_ENTITY_FIELD_CHANGES` diesen Aufruf der Methode `SET_ENVIRONMENT` explizit für das Objekt `MO_CONV_API` ausführen (Aufruf von oben). Nur so kann die zu testende Methode `GET_ENTITY_FIELD_CHANGES` nach ihrem Aufruf durch die Testmethode den relevanten Änderungsantrag im Attribut `MV_CREQUEST_ID` vorfinden. Für ihre Berechnungen ruft die zu testende Methode (wiederholt) ins Backend, damit das Backend für sie aktive, gesicherte und ungesicherte Daten der genannten Entitäten liest.

Ein Blockdiagramm zeigt den Verbund und das Zusammenspiel von Objekten. In Abbildung 3.1 sind dies das Testobjekt der Testklasse als Block oben rechts, das Objekt der Convenience API als Block in der Mitte und der als Backend bezeichnete Objektverbund als Block unten. Dagegen zeigt ein Klassendiagramm, wie diese Objekte designt, also softwaretechnisch definiert, sind.

Das Klassendiagramm in Abbildung 3.2 zeigt auf der linken Seite die Testklasse `LTC_HIGHLIGHT_CHANGES_0` mit einem Attribut für die zu testende Convenience API und mit der bislang einzigen Testmethode `GET_ENTITY_FIELD_CHANGES`. Der kursive Zusatz `FOR TESTING` ist als Kommentar zu verstehen, denn dieses ABAP-Sprachelement existiert in der *Unified Modeling Language* (UML), in der das Klassenmodell modelliert ist, nicht. Auf der rechten Seite steht das für diesen Test wesentliche Interface `IF_USMD_CONV_SOM_GOV_API`, das die zu testende Klasse `CL_USMD_CONV_SOM_GOV_API` implementiert.

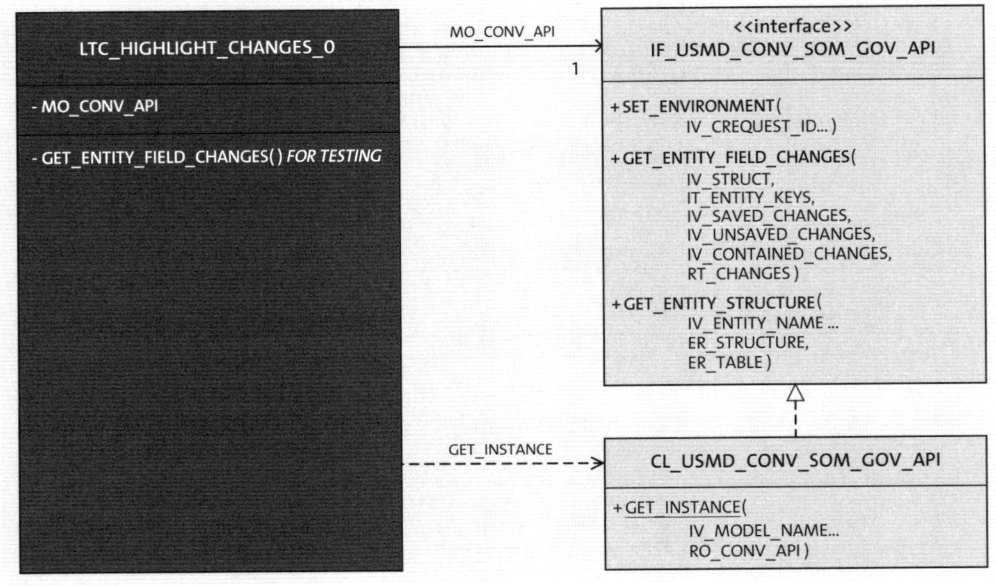

Abbildung 3.2 Klassendiagramm für die originale Testklasse

Obwohl ein Klassendiagramm nicht auf die Darstellung eines Ablaufs ausgelegt ist, lässt sich aus diesem Diagramm trotzdem ablesen, dass sich die Testmethode zuerst von der produktiven Klasse ein Objekt geben lässt und dann auf die Funktionalität des Objekts ausschließlich über dessen Interface zugreift. Dabei kommen zwei unterschiedliche Beziehungen zur Anwendung:

- Zum einen eine *Assoziation* (engl. *Association*), die über das Attribut `MO_CONV_API` aufrechterhalten wird. Sie wird durch einen Pfeil mit durchgezogener Linie symbolisiert.
- Zum anderen eine *Verwendung* (engl. *Usage*), bei der kein Attribut im Spiel ist. Sie wird durch einen Pfeil mit gestrichelter Linie symbolisiert.

In beiden Fällen zeigt die Pfeilspitze die Richtung der Beziehung an.

Testaufbau und Assertions

In diesem Teil des Buches gehe ich am Ende jedes Abschnitts, der eine neue Version des Testcodes eingeführt hat, kurz auf die zugrunde liegende Theorie ein. Dazu gehören neben Designprinzipien und Entwurfsmustern (engl. *Patterns*) auch anerkannte Praktiken der agilen Softwareentwicklung (z. B. Refactoring). Bei den verwendeten Fachbegriffen habe ich mich, soweit dies möglich und dienlich war, an die Standardwerke von Gerard Meszaros (XUnit Test Patterns, 2009) und Robert C. Martin (Clean Code, 2009) gehalten.

Die Testmethode verlässt sich auf einen im Vorfeld erstellten Testaufbau (*Prebuild-Fixture-Entwurfsmuster*). Da auf ihn nur lesend zugegriffen wird, kann er auch für weitere Testmethoden wiederverwendet werden (*Shared-Fixture-Entwurfsmuster*).

Die Testmethode selbst vervollständigt den Testaufbau (*Inline-Setup-Entwurfsmuster*). Es scheint, als ob sie mit einem eigenen Objekt der zu testenden Klasse arbeitet (*Fresh-Fixture-Entwurfsmuster*). Anstatt eine `IF`-Anweisung zu verwenden, vermeidet die Testmethode mithilfe einer Assertion, dass der Testfall ungeordnet weiterläuft (*Guard-Assertion-Entwurfsmuster*). Die Testmethode überprüft ihr Ergebnis mit der Klasse `CL_ABAP_UNIT_ASSERT` selbst (*Self-Validating-Prinzip*).

3.2 Allgemeine Clean-Code-Prinzipien

Wie Robert C. Martin gezeigt hat, kann man über sauberen Code (engl. *Clean Code*) ein ganzes Buch schreiben. Ich konzentriere mich hier auf die Verbesserung der Lesbarkeit und die Vermeidung von Dopplungen des Testcodes. Was sich nach wenig anhört, erweist sich bei konsequenter Verfolgung als hochgesteckter Anspruch. Diese Ziele dominieren nicht nur diesen Abschnitt, sondern auch die meisten anderen Kapitel dieses ersten Teils.

3.2.1 Verbesserungsprozess

Um den Prozess zur Verbesserung des Testcodes zu strukturieren, leite ich jede neue Version wie folgt ein:

1. **Stand der Vorgängerversion**
   Wo stehe ich? Was habe ich schon erreicht?
2. **Probleme der Vorgängerversion**
   Was fällt mir auf? Was sollte ich als Nächstes verbessern?
3. **Lösungswege zu einer Nachfolgerversion**
   Wohin möchte ich? Wie erreiche ich dieses Ziel?

Schauen wir die im vorangegangenen Abschnitt entwickelte Version unter diesen Gesichtspunkten an.

Stand der Vorgängerversion

Bei der Testmethode der Version 0 (siehe Listing 3.2 und Abbildung 3.1) handelt es sich um einen selbstüberprüfenden Integrationstest mit manuellem Testaufbau. Sie stellt einen ersten, sinnvollen Testfall dar.

Probleme der Vorgängerversion

Folgende Aspekte sind an der Testmethode problematisch:

- **Lesbarkeit**
  Die Testmethode ist schwer lesbar. Das liegt zum einen an der dynamischen Programmierung, mit der die Anwendung die unterschiedlichsten Stammdatenmodelle bearbeiten kann. Zum anderen wird diese technische Überfrachtung durch die mehrstufig verschachtelten Tabellen verursacht.
- **Viele Parameter**
  Wegen der Vielzahl an Parametern ist der Aufruf der Testmethode schwierig zu verstehen.
- **Dopplungen**
  Schon mit einer zweiten Testmethode müssten ganze Anweisungsblöcke verdoppelt werden.
- **Festwerte**
  Die Bedeutung von Festwerten wie `PFLI` ist vom Kontext abhängig. Einmal bezeichnet er einen Entitätstyp und ein anderes Mal ein Attribut. Bei einer Wertänderung ist eine fehleranfällige Einzelbearbeitung nötig.

Lösungswege zu einer Nachfolgeversion

Für diese Probleme gibt es folgende Lösungen:

- **Lesbarkeit**
  Bei schlechter Lesbarkeit wird schnell der Ruf nach einer ausführlichen Kommentierung laut. Allerdings sollten Sie bei Kommentaren stets beachten, dass diese ebenfalls gewartet werden müssen. Die Motivation für Kommentare ist häufig

eine Verbesserung des Überblicks und der Lesegeschwindigkeit, besonders in langen Methoden mit vielen technisch anspruchsvollen Anweisungen. Doch anstatt zusätzliche Kommentare einzufügen, sollten Sie den Code mit geeigneten (privaten) Methoden strukturieren. In vielen Fällen entsprechen die Namen dieser Methoden gerade dem Kurzkommentar, den Sie ansonsten über die betreffenden Anweisungen geschrieben hätten. Dies trifft auch auf die betrachtete Testmethode zu.

- **Viele Parameter**
  Eine *Verschalung* der zu testenden Methode erlaubt die Fokussierung auf die für den Test wichtigen Parameter und deren Argumente.
- **Dopplungen**
  Die Auslagerung oder *Extraktion* eines Anweisungsblocks in eine private Methode ist ebenso ein probates Mittel, um die Wiederverwendung zu ermöglichen und so Dopplungen innerhalb einer Klasse zu vermeiden.
- **Festwerte**
  Konstanten ermöglichen eine semantische Beschreibung ihrer Festwerte allein über ihren Namen. Bei Verwendung von Konstanten benötigen Sie folglich keine Kommentare mehr. Ferner verhindern Konstanten Buchstaben- bzw. Zahlendreher beim Schreiben und erlauben die zentrale und sichere Änderung eines Festwertes beim Überarbeiten. Da sie von der Codevervollständigung (engl. *Code Completion*) unterstützt werden, erhöhen sie zusätzlich die Schreibeffizienz.

3.2.2 Verbesserung der Definition der Testklasse

Listing 3.12 zeigt die Definition der Testklasse nach Umsetzung der im vorangegangenen Abschnitt beschriebenen Lösungen.

```
CLASS ltc_highlight_air_updates_1 DEFINITION FINAL
FOR TESTING DURATION SHORT RISK LEVEL HARMLESS.
  PRIVATE SECTION.
    METHODS setup.
    METHODS get_saved_pfli_changes FOR TESTING.

    METHODS create_pfli_key
      IMPORTING
        iv_carr_id TYPE mdg_s_carr_id
        iv_conn_id TYPE mdg_s_conn_id
      RETURNING
        VALUE(rsr_key) TYPE REF TO data.
    METHODS add_pfli_key
      IMPORTING
```

```
        isr_key TYPE REF TO data
      CHANGING
        ct_entity_type_keys TYPE usmd_gov_api_ts_ent_tabl.
    METHODS get_nodes_changes
      IMPORTING
        is_changes_scope    TYPE s_changes_scope
        it_entity_type_keys TYPE usmd_gov_api_ts_ent_tabl
      RETURNING
        VALUE(rt_entity_type_changes) TYPE usmd_t_changed_entities.
    METHODS find_changed_pfli
      IMPORTING
        isr_key                TYPE REF TO data
        it_entity_type_changes TYPE usmd_t_changed_entities
      RETURNING
        VALUE(rs_entity_changes) TYPE usmd_s_changed_entity.

    DATA mo_conv_api TYPE REF TO if_usmd_conv_som_gov_api.
ENDCLASS.
```

Listing 3.12 Definition der Testklasse (Version 1)

Der Name der Testklasse lautet nun `LTC_HIGHLIGHT_AIR_UPDATES_1`. Er drückt nun die Abhängigkeit der Testklasse von den Testdaten und dem Änderungsantrag ansatzweise aus. Es ist ja die Änderung der Flugverbindung der Fluggesellschaft `AIR`, die wir hier testen. Ebenso gibt der Name der Testmethode `GET_SAVED_PFLI_CHANGES` nun den Testfall präziser wieder. Die zusätzlichen Methoden repräsentieren wichtige logische Schritte der Testmethode. Auf sie gehe ich im folgenden Abschnitt ein.

3.2.3 Verbesserung der Implementierung der Testklasse

Die Implementierung der Testklasse der Version 1 ist auf mehrere Methoden verteilt: eine Setup-Methode, eine Testmethode und mehrere Hilfsmethoden.

Setup-Methode

Die Methode `SETUP` einer Testklasse wird vom ABAP-Unit-Testframework vor jeder Testmethode aufgerufen. Ein expliziter Aufruf am Anfang der Testmethode ist nicht notwendig.

```
METHOD setup.
  "Gegeben
  mo_conv_api =
    cl_usmd_conv_som_gov_api=>get_instance( gc_flight_model ).
```

```
  mo_conv_api->set_environment( iv_crequest_id = gc_crequest_id ).
ENDMETHOD.
```

Listing 3.13 Setup-Methode der Testklasse

Wie Listing 3.13 zeigt, enthält die *Setup-Methode* genau die zwei Anweisungen, mit denen auch die Testmethode der Version 0 startet. Der einzige Unterschied liegt in der Ersetzung der Festwerte durch Konstanten. Da die Testklasse auf diesen Änderungsantrag festgelegt ist, beginnt auch jede weitere Testmethode mit diesen Anweisungen. Damit dient die Setup-Methode unmittelbar dem *DRY-Prinzip* (Don't Repeat Yourself).

Dem *Gegeben-Wenn-Dann-Entwurfsmuster* (engl. *Given-When-Then-Pattern*) zufolge sollte für eine Testmethode klar erkennbar sein, welche Ausgangssituation nötig ist (Gegeben-Teil), damit ein Aufruf der zu testenden Methode (Wenn-Teil) eine bestimmte Endsituation hervorbringt (Dann-Teil). In unserer Testmethode gehört allerdings nicht nur die Setup-Methode zum Gegeben-Teil, sondern auch die manuelle Aktivität, die mithilfe des Änderungsantrags GC_REQUEST_ID die Flugverbindung GC_CONNECTION_ID der Fluggesellschaft GC_CARRIER_ID geändert hat.

Testmethode

Wie Listing 3.14 zeigt, startet diese Testmethode gleich mit dem Wenn-Teil des Testfalls. Dieser Teil umfasst neben dem Aufruf der zu testenden Methode auch alle Anweisungen, die zur Bereitstellung der Argumente dieses Methodenaufrufs (hier LT_ENTITY_TYPE_KEYS) benötigt werden.

```
METHOD get_saved_pfli_changes.
  DATA lt_entity_type_keys TYPE usmd_gov_api_ts_ent_tabl.

  "Wenn
  DATA(lsr_pfli_key) = create_pfli_key(
      iv_carr_id = gc_carrier_id
      iv_conn_id = gc_connection_id
  ).
  add_pfli_key(
    EXPORTING
      isr_key              = lsr_pfli_key
    CHANGING
      ct_entity_type_keys = lt_entity_type_keys
  ).
  data(lt_entity_type_changes) = get_nodes_changes(
      is_changes_scope     = gcs_only_saved_changes
      it_entity_type_keys = lt_entity_type_keys
```

```
  ).

  "Dann
  data(ls_entity_changes) = find_changed_pfli(
      isr_key                 = lsr_pfli_key
      it_entity_type_changes = lt_entity_type_changes
  ).
  cl_abap_unit_assert=>assert_true(
      ls_entity_changes-saved_change
  ).
ENDMETHOD.
```

Listing 3.14 Implementierung der Testmethode (Version 1)

Inline-Deklarationen

Mithilfe von *Inline-Deklarationen* kann die Anzahl der am Anfang der Testmethode zu deklarierenden Variablen stark reduziert werden. Inline-deklarierte Variablen sind auch im weiteren Verlauf der Methode ohne Einschränkungen wiederverwendbar.

In dieser Testmethode bilden die Rückgabeparameter der Methoden CREATE_PFLI_KEY, GET_NODES_CHANGES und FIND_CHANGED_PFLI die Grundlage für die Inline-Deklaration der Variablen LSR_PFLI_KEY, LT_ENTITY_TYPE_CHANGES und LS_ENTITY_CHANGES. Das System erlaubt Inline-Deklarationen allerdings nur für Ausgabe- und Rückgabeparameter. Die Variable LT_ENTITY_TYPE_KEYS, die zuerst das Argument eines CHANGING-Parameters ist, muss deshalb noch klassisch am Anfang der Testmethode deklariert werden.

Verschalung der zu testenden Methode

Neben der Verwendung von Konstanten konzentriert sich diese Version 1 auf die Einführung von privaten Hilfsmethoden. Diese Hilfsmethoden kapseln technische Details und machen mit ihren bewusst gewählten Bezeichnern Kommentare überflüssig. Die Methoden CREATE_PFLI_KEY, ADD_PFLI_KEY, GET_NODES_CHANGES und FIND_CHANGED_PFLI sind dafür allesamt treffende Beispiele.

Wie Listing 3.15 verdeutlicht, handelt es sich bei GET_NODES_CHANGES um eine spezialisierte Verschalung der zu testenden Methode.

```
METHOD get_nodes_changes.
  rt_entity_type_changes = mo_conv_api->get_entity_field_changes(
      iv_struct            = zif_usmd=>c_struct_key_attr
      it_entity_keys       = it_entity_type_keys
      iv_saved_changes     = is_changes_scope-saved
      iv_unsaved_changes   = is_changes_scope-unsaved
```

```
      iv_contained_changes = abap_false
  ).
ENDMETHOD.
```

Listing 3.15 Verschalung der zu testenden Methode

Auffällig ist zuallererst die Reduzierung der Zahl der Eingabeparameter von fünf auf zwei. Weniger Parameter bedeuten in vielen Fällen eine wesentlich geringere Komplexität. Weniger Parameter haben deshalb für die schnelle und breite Verständlichkeit eine große Bedeutung. Wie ich an der Methode GET_NODES_CHANGES beispielhaft zeige, können Sie die Anzahl der Parameter auf verschiedene Arten reduzieren:

- **Spezifisches Argument in den Methodennamen integrieren**
  Ihrem Namen GET_NODES_CHANGES zufolge konzentriert sich die Methode auf Änderungen einzelner Knoten des Entitätenbaumes. Es muss also für jede in die Berechnung einzubeziehende Entität ein eigener Schlüssel eingegeben werden. Das entspricht genau dem Wert, den die Methode an IV_CONTAINED_CHANGES übergibt.

  Für den komplementären Fall, dass neben den gegebenen Entitäten auch für alle abhängigen (enthaltenen) Entitäten die Änderungen berechnet werden sollen, ist dann eine zweite Methode GET_TREES_CHANGES nötig. Da dieser Ansatz die Lesbarkeit maßgeblich verbessert, ist diese Maßnahme für Testcode in jedem Fall eine lohnende Investition. Auch für Produktcode lohnt sie sich oftmals, wozu Sie in Abschnitt 9.2, »Regeln für die Signatur einer Methode«, mehr erfahren.

- **Aggregation von Argumenten**
  Für die Aggregation von Argumenten sollten Sie in den meisten Fällen Objekte verwenden und für diese Objekte kleine lokale oder globale Klassen definieren. In unserem Beispiel bietet sich allerdings auch eine Struktur mit Konstanten wie in Listing 3.16 an.

  ```
  TYPES:
    BEGIN OF s_changes_scope,
      saved    TYPE abap_bool,
      unsaved TYPE abap_bool,
    END OF s_changes_scope.

  CONSTANTS:
    BEGIN OF gcs_only_saved_changes,
      saved    TYPE abap_bool VALUE abap_true,
      unsaved TYPE abap_bool VALUE abap_false,
    END OF gcs_only_saved_changes.
  ```

  Listing 3.16 Definition einer konstanten Struktur

Technisch lässt sich diese Strukturkonstante der Basisklasse auch wie folgt definieren, aber sie dann eben nicht mehr so gut lesbar:

```
CONSTANTS cs_only_saved_changes TYPE s_changes_scope VALUE 'X '.
```

Mit dem Namensteil `ONLY` erreiche ich hier eine recht genaue Beschreibung der zwei spezifischen, booleschen Einzelwerte. Für eine vollständige Testabdeckung werden im Laufe der Zeit alle vier möglichen Strukturkonstanten benötigt. Es ist aber eine gute Praxis, diese erst bei tatsächlichem Bedarf zu ergänzen, zum einen weil ungenützter Code den aktuellen Stand der Implementierung verschleiert, zum anderen weil zusätzlicher Code auch zusätzlichen Aufwand beim Refactoring bedeutet.

- **Kontextabhängige Umwandlung eines Arguments in eine Konstante**

  Da innerhalb dieser Testklasse der Parameter `IV_STRUCT` stets das Argument `ZIF_USMD=>C_STRUCT_KEY_ATTR` erhält, kann dies in der Hilfsmethode auch hart codiert werden. Gleiches gilt natürlich für obsolete Parameter, also für Parameter, die nicht mehr gebraucht werden, aber aus Gründen der Abwärtskompatibilität nicht entfernt werden können.

3.2.4 Diagramme

Abbildung 3.3 zeigt das Blockdiagramm der vor allem mithilfe von privaten Methoden verbesserten Version 1 der Testklasse.

Um eine Überladung mit Details zu vermeiden, ist dieses Blockdiagramm trotz seiner Detailtiefe nicht vollständig. Das muss es aber auch nicht sein, weil etwa die Methode `CREATE_PFLI_KEY` für das Verständnis der Testmethode von untergeordneter Bedeutung ist. Der Fokus liegt auf der Einbeziehung der `PFLI`-Entität in die Berechnung. Um das Gegeben-Wenn-Dann-Entwurfsmuster zu visualisieren, habe ich den rechten Testblock um gestrichelte Trennlinien ergänzt.

Das Klassendiagramm in Abbildung 3.4 hat sich gegenüber der Vorgängerversion ebenfalls nur im schwarzen Testbereich verändert. Die Testklasse hat immer noch nur eine Testmethode, weil sowohl die `SETUP`-Methode als auch die privaten Hilfsmethoden keinen Zusatz `FOR TESTING` haben.

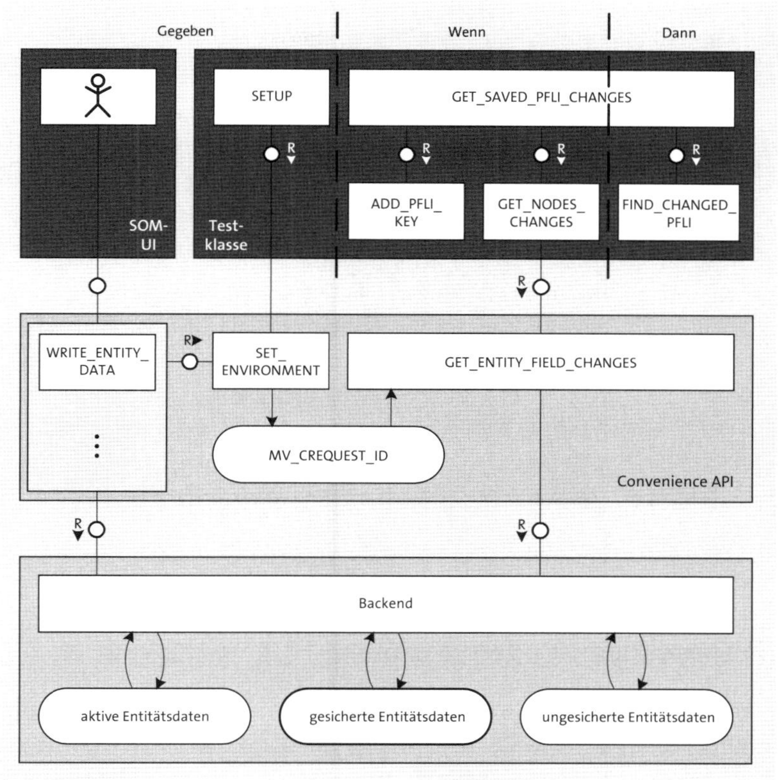

Abbildung 3.3 Zwei Schichten von Methoden innerhalb der Testklasse

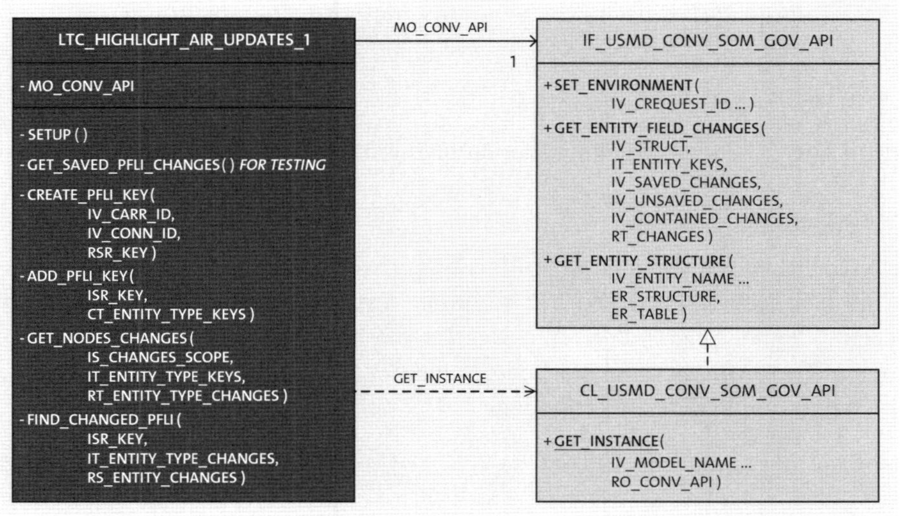

Abbildung 3.4 Hilfsmethoden als Bausteine für weitere Testmethoden

Setup-Methode und allgemeine Clean-Code-Prinzipien

Es gibt nun eine Setup-Methode, die auch von weiteren Testmethoden verwendet wird (*Implicit-Setup-Entwurfsmuster*). Die Hilfsmethoden der Testklasse geben den wiederverwendbaren Schritten der Testfälle einen sprechenden Namen (*Test-Utility-Method-Entwurfsmuster*). Konstanten geben mit ihren Namen die Semantik von Festwerten wieder (*Literal-Values-Entwurfsmuster*).

Version 1 der Testklasse hat mit einer guten Lesbarkeit (durch die Verbergung technischer Details in Methoden mit aussagekräftigen Namen) und der Vermeidung von Dopplungen (durch die Auslagerung von Anweisungsblöcken zur Wiederverwendung) schon viel zu einem sauberem Code beigetragen (Clean-Code-Prinzipien). Diesen Qualitätsstand sollten Sie in jedem Fall erreichen, denn dann könnte sogar ein weniger erfahrener Kollege die Testabdeckung mit weiteren Methoden vervollständigen. Ebenso haben Sie den Aufwand für die Entwicklung der nächsten Testmethode maßgeblich reduziert, sodass einer testgetriebenen Wartung nichts mehr im Wege stehen sollte.

3.3 Testorientierte Clean-Code-Prinzipien

Teilnehmer an der SAP-Schulung »ABAP OO in der Praxis« vermuten regelmäßig, dass die Version 1 der Testklasse nicht mehr maßgeblich verbessert werden kann. Doch mit Version 2 erhöhe ich die Lesbarkeit der Testmethode noch einmal deutlich. Grundlage dafür ist das von mir entwickelte *Testklassen-Entwurfsmuster*. Doch bevor ich Ihnen dieses Entwurfsmuster vorstelle, möchte ich eine Bestandsaufnahme des Verbesserungsprozesses nach dem bereits bekannten Muster durchführen.

3.3.1 Verbesserungsprozess

Version 2 der Testklasse löst einige der Probleme, die für Version 1 noch bestehen.

Stand der Vorgängerversion

Die Testmethode der Version 1 ist immer noch ein selbstüberprüfender Integrationstest mit manuellem Testaufbau. Der Name der Testklasse beschreibt ihre *Zuständigkeit* (engl. *Responsibility*), der Name der Testmethode den Testfall. Des Weiteren stehen in Form von privaten Methoden logische Blöcke zur Wiederverwendung in weiteren Testmethoden zur Verfügung.

Probleme der Vorgängerversion

Folgende Aspekte sind an der Testmethode noch problematisch:

- **Technische Details**
  Die Namen der Ein- und Ausgabetabellen der Hilfsmethoden sind ebenfalls technische Details. Entscheidend ist, welche Entitäten eingegeben und welche Änderungen damit gefunden werden, und nicht, in welchen konkreten Tabellen diese Daten stecken.
- **Zwischenschritt**
  Das Suchen der geänderten Entität ist ein notwendiger Zwischenschritt, der aber für das Verständnis des Tests nicht hilfreich ist.

Lösungswege zu einer Nachfolgeversion

Für diese Probleme gibt es folgende Lösungen:

- **Technische Details**
  Wenn sich eine Testklasse auf Testfälle für eine zu testende Methode konzentriert, dann darf die Testklasse auch Attribute für die Ein- und Ausgabeparameter dieser Methode besitzen.
- **Zwischenschritt**
  Mit einer *Custom-Assertion*, also einer applikationsspezifischen Assertion-Methode, lässt sich die Suche nach den gesicherten Änderungen und deren Überprüfung zusammenfassen.

3.3.2 Verbesserung der Implementierung der Testklasse

In Listing 3.17 wurde die Setup-Methode um die Erzeugung des Flugverbindungsschlüssels erweitert. Das ist nur konsequent, weil sich die Testklasse ja auf Testfälle zur Flugverbindung `AIR 0001` beschränkt und damit dieser Schlüssel grundlegend für alle Testmethoden ist. Für die Bereitstellung dieses Entitätsschlüssels in der Testmethode ist das Attribut `MSR_PFLI_KEY` notwendig. Des Weiteren sind die Konstanten nun in der Testklasse definiert, die sie verwendet. Ihre Namen benötigen deshalb das Präfix `G` für global nicht mehr.

```
METHOD setup.
  mo_conv_api =
    cl_usmd_conv_som_gov_api=>get_instance( c_flight_model ).
  mo_conv_api->set_environment( iv_crequest_id = c_crequest_id ).

  msr_pfli_key = create_pfli_key(
      iv_carr_id = c_carrier_id
      iv_conn_id = c_connection_id
  ).
```

```
ENDMETHOD.

METHOD get_saved_pfli_changes.
  import_pfli_key( msr_pfli_key ).
  get_nodes_changes( cs_only_saved_changes ).
  assert_saved_pfli_change( msr_pfli_key ).
ENDMETHOD.
```

Listing 3.17 Implementierung von Setup- und Testmethode (Version 2)

Die Testmethode `GET_SAVED_PFLI_CHANGES` benötigt lediglich noch drei Methodenaufrufe, um den Testfall zu beschreiben. Jeder dieser drei Methodenaufrufe benötigt nur noch einen Parameter. Bevor ich Ihnen zeige, wie das möglich ist, möchte ich bewusst die Frage voranstellen, ob das denn überhaupt sinnvoll ist. Denn wie Sie sicher aus eigener Erfahrung wissen, ist eine kompaktere Programmierung nicht immer auch besser verständlich. Manchmal ist sogar das Gegenteil der Fall, vor allem für Entwickler, die neu im Team sind oder sich seltener mit diesem Code beschäftigen. Das *KISS-Prinzip* (*keep it simple and stupid*), das generell eine möglichst einfache Lösung eines Problems einfordert, ist in jedem Fall zu berücksichtigen.

Um die Verständlichkeit zu prüfen, lesen Sie sich die Testmethode einmal vor. Die erste Anweisung besagt, dass der Flugverbindungsschlüssel `MSR_PFLI_KEY` von der zu testenden Methode importiert wird. Wie das genau geschieht, ist für das erste Verständnis des Testfalls von untergeordneter Bedeutung. Mit der zweiten Anweisung werden ausschließlich gesicherte Änderungen zu den Entitäten berechnet, deren Schlüssel vorher importiert wurden. Die dritte Anweisung behauptet, dass es für die betrachtete Flugverbindung (mindestens) eine gesicherte Änderung gibt.

Wahrscheinlich werden Sie sich beim Lesen nicht bei jeder Anweisung *ganz* sicher sein, ob Sie mit Ihrem intuitiven Verständnis richtig liegen. Doch ich nehme an, dass Sie den so formulierten Testfall auf Anhieb einordnen können. Jetzt liegt es an Ihnen, in welche Hilfsmethode Sie beim Lesen oder mit dem Debugger navigieren wollen.

Wenn-Teil

Listing 3.18 führt zwei Navigationsschritte für die erste Anweisung der Testmethode aus. Im ersten Schritt zeigt sich, dass das Importieren eines Flugverbindungsschlüssels ein Spezialfall des Hinzufügens dieses Schlüssels mit dem Entitätstyp `PFLI` ist. Im zweiten Schritt zeigt sich, wie dieser Schlüssel der geschachtelten Tabelle `MT_IMP_ENTITY_TYPE_KEYS` genau hinzugefügt wird.

```
METHOD import_pfli_key.
  add_key(
      iv_entity_type = c_pfli_type
      isr_key        = isr_key
```

```
  ).
ENDMETHOD.

METHOD add_key.
  DATA ls_entity_type_keys TYPE usmd_gov_api_s_ent_tabl.
  FIELD-SYMBOLS <t_key> TYPE INDEX TABLE.

  ASSIGN isr_key->* TO FIELD-SYMBOL(<s_key>).

  ls_entity_type_keys-entity = iv_entity_type.
  mo_conv_api->get_entity_structure(
    EXPORTING
      iv_entity_name = iv_entity_type
    IMPORTING
      er_table       = ls_entity_type_keys-tabl
  ).
  ASSIGN ls_entity_type_keys-tabl->* TO <t_key>.
  INSERT <s_key> INTO TABLE <t_key>.
  INSERT ls_entity_type_keys INTO TABLE mt_imp_entity_type_keys.
ENDMETHOD.
```

Listing 3.18 Datenbereitstellung für die zu testende Methode

Die zweistufige Implementierung von IMPORT_PFLI_KEY ist darin begründet, dass weitere Testmethoden auch weitere Entitätstypen benötigen werden. Deren importierende Hilfsmethoden sollten auf keinen Fall den Code der Methode ADD_KEY verdoppeln.

Natürlich wäre auch eine generische Methode IMPORT_KEY mit einem zusätzlichen Parameter IV_ENTITY_TYPE möglich, aber da diese Hilfsmethode in der Testmethode selbst aufgerufen wird, würde dieser zweite Parameter auf Kosten des Leseflusses gehen. Genau dieses Sichtbarkeitsproblem hat die untergeordnete Hilfsmethode ADD_KEY nicht, und so ergänzen sich die beiden ideal.

Die Implementierung der Methode ADD_KEY zeigt mit der ersten Anweisung, dass auch Feldsymbole inline deklariert werden können. Am Ende dieser Methode sehen Sie, dass der gegebene Entitätsschlüssel zusammen mit seinem Entitätstyp in das Attribut MT_IMP_ENTITY_TYPE_KEYS der Testklasse eingefügt wird.

Wie Listing 3.19 zeigt, wird diese Schlüsseltabelle, ihrem Namen entsprechend, in der Hilfsmethode GET_NODES_CHANGES von der zu testenden Methode importiert.

```
METHOD get_nodes_changes.
  mt_act_entity_type_changes =
    mo_conv_api->get_entity_field_changes(
      iv_struct             = zif_usmd=>c_struct_key_attr
```

```
      it_entity_keys        = mt_imp_entity_type_keys
      iv_saved_changes      = is_changes_scope-saved
      iv_unsaved_changes    = is_changes_scope-unsaved
      iv_contained_changes = abap_false
  ).
ENDMETHOD.
```

Listing 3.19 Datenaustausch mit der zu testenden Methode

Im gleichen Zuge setzt diese Hilfsmethode mit der Rückgabe der zu testenden Methode das Attribut MT_ACT_ENTITY_TYPE_CHANGES der Testklasse.

Dann-Teil

Die Hilfsmethoden in Listing 3.20 durchsuchen diese Tabelle der tatsächlichen (engl. *actual*) Entitätsänderungen dann mit der Erwartung, darin auch gesicherte Änderungen für die gegebene Flugverbindungsentität zu finden.

```
METHOD assert_saved_pfli_change.
  DATA(ls_entity_changes) = find_changed_entity(
      iv_entity_type = c_pfli_type
      isr_key        = isr_key
  ).
  cl_abap_unit_assert=>assert_true(
      ls_entity_changes-saved_change
  ).
ENDMETHOD.

METHOD find_changed_entity.
  FIELD-SYMBOLS <s_changes_key> TYPE any.

  READ TABLE mt_act_entity_type_changes
    ASSIGNING FIELD-SYMBOL(<s_entity_type_changes>)
    WITH KEY entity_type = iv_entity_type
             struct      = zif_usmd=>c_struct_key_attr.
  IF sy-subrc <> 0.
    RETURN.
  ENDIF.

  ASSIGN isr_key->* TO FIELD-SYMBOL(<s_key>).
  LOOP AT <s_entity_type_changes>-changed_entities
  INTO rs_entity_changes.
    ASSIGN rs_entity_changes-entity->* TO <s_changes_key>.
    IF <s_changes_key> = <s_key>.
      RETURN.
```

```
    ENDIF.
  ENDLOOP.

  CLEAR rs_entity_changes.
ENDMETHOD.
```

Listing 3.20 Datenüberprüfung für die zu testende Methode

Dabei führt wieder die Verschalung einer generischen Methode mit mehreren Parametern durch eine entitätstypspezifische Methode mit weniger Parametern zu guter Lesbarkeit bei geringer Dopplung.

3.3.3 Diagramme

Das Blockdiagramm in Abbildung 3.5 visualisiert zum einen die Schichtung der Methoden in der Testklasse. Zum anderen zeigt es das Testklassen-Entwurfsmuster in einprägsamer Weise.

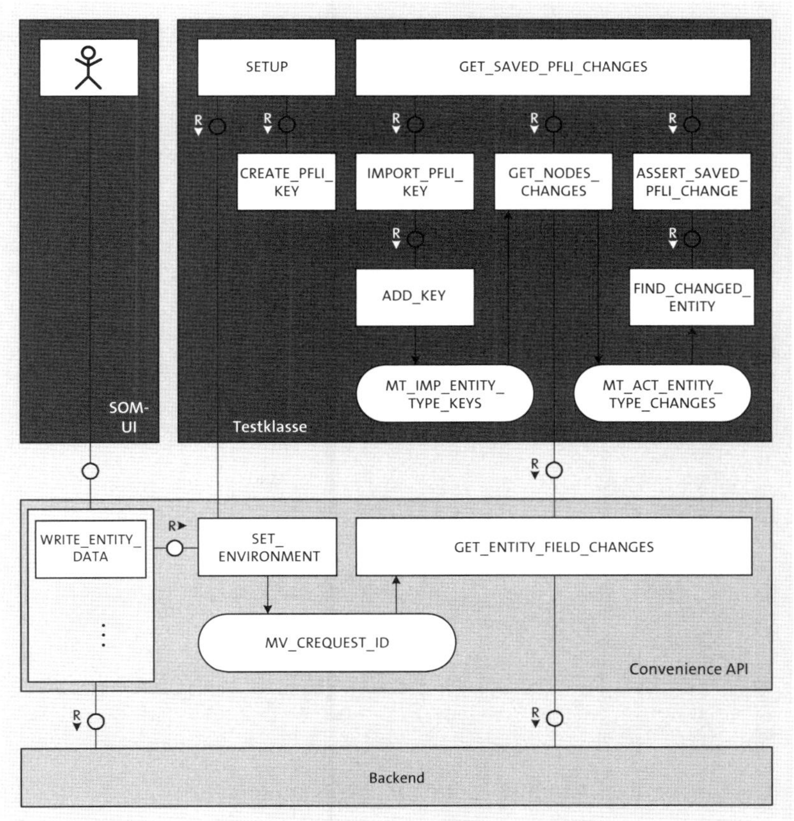

Abbildung 3.5 Drei Schichten von Methoden innerhalb der Testklasse

Die Eingabedaten der zu testenden Methode bestehen nicht nur aus Parametern der sie verschalenden Hilfsmethode, sondern auch aus Attributen der Testklasse. Diese Eingabeattribute (meistens Tabellen) sollten zur schnelleren Einordnung das Kürzel `IMP` bzw. `IMPORT` in ihrem Namen tragen. Die Testmethode sollte für das Setzen oder Befüllen dieser Eingabeattribute Hilfsmethoden verwenden, deren Namen allesamt mit `IMPORT` beginnen.

Auf der anderen Seite übergibt die zu testende Methode ihre Ausgabedaten nicht nur an die Parameter der sie verschalenden Hilfsmethode, sondern auch an weitere Attribute der Testklasse, die ihrerseits das Kürzel `ACT` bzw. `ACTUAL` in ihrem Namen tragen sollten. Zuletzt sollte die Testmethode maßgeschneiderte Überprüfungsmethoden verwenden, deren Namen allesamt mit `ASSERT` beginnen.

Dieses Entwurfsmuster sollte aber nur auf eine Testklasse angewendet werden, die sich auf das Testen einer einzigen Produktmethode konzentriert. Ansonsten geht ihr innerer Zusammenhalt nach und nach verloren, denn die Attribute und Testmethoden zu einer Produktmethode sind in der Regel disjunkt zu denjenigen einer anderen.

Das Klassendiagramm in Abbildung 3.6 soll Ihnen als Ersatz für die Definition der Testklasse dienen, für die ich in diesem Abschnitt kein Listing vorgesehen habe. Es fehlen zwar die Typen, aber diese ändern sich über die Versionen hinweg sowieso nicht mehr.

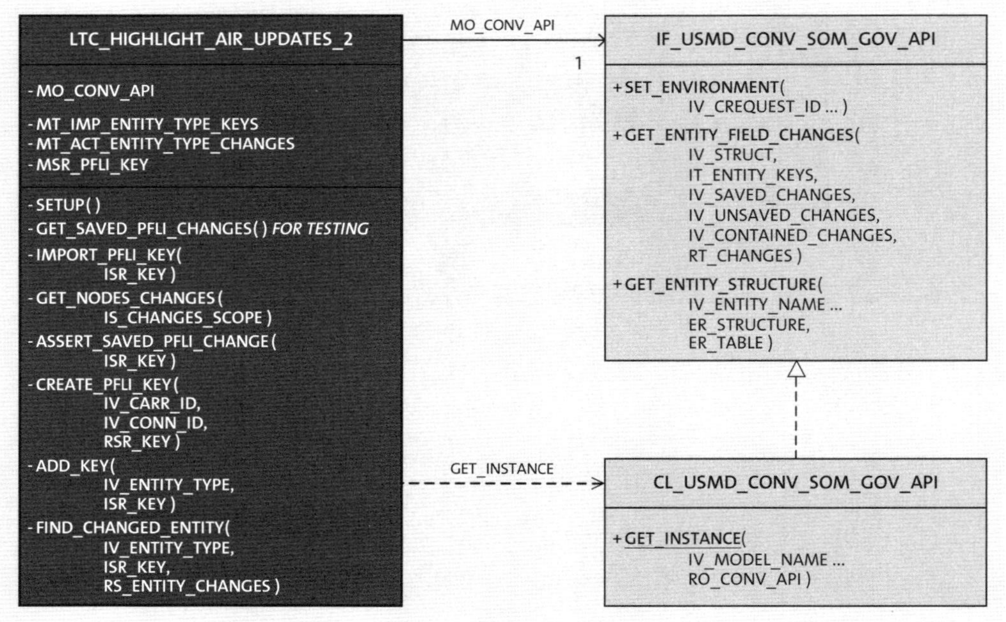

Abbildung 3.6 Attribute für den Datenfluss unterhalb der Testmethode

Custom-Assertions und Testklassen-Entwurfsmuster

Sie können die Lesbarkeit einer Testmethode deutlich erhöhen, wenn Sie ihr Ergebnis von Custom-Assertions überprüfen lassen.

Sie sollten die Testmethoden nicht nur anhand der von diesen Methoden getesteten Funktionalität (hier das Hervorheben von Änderungen) auf Testklassen verteilen, wie es das *Test-Class-Per-Feature-Entwurfsmuster* vorsieht. Vielmehr sollten Sie für jede hinreichend komplexe Produktmethode eine eigene Testklasse vorsehen. Damit schaffen Sie die Voraussetzungen für das Testklassen-Entwurfsmuster, das mit weiteren Attributen und Hilfsmethoden eine nicht technische Beschreibung des Testfalls erlaubt, und das, ohne dass der Testfall undurchsichtig wird (*Obscure-Test-Antimuster*). Dass sich eine Testklasse auf eine Produktmethode konzentriert, ist ganz im Sinne des *Single-Responsibility-Prinzips*.

Kapitel 4
Designbasierte Verbesserung des Tests

Wie lässt sich die Qualität von Tests in Bezug auf ihr Design verbessern? Oder konkreter: Wie lässt sich die Zuständigkeit von Methoden und Klassen im Testumfeld schärfen?

Im vorangegangenen Kapitel habe ich Ihnen gezeigt, wie Sie den Umfang einer Testmethode mit Hilfsmethoden der Testklasse reduzieren können. In diesem Kapitel leite ich Sie an, auf ähnliche Weise die Größe einer Testklasse zu verringern. Die einzige Zuständigkeit einer Testklasse sollte die Formulierung der Testfälle sein. Dazu verwendet die Testklasse lesbare Testmethoden. Alle Hilfsmethoden sollten prinzipiell in geeignete Hilfsklassen ausgelagert werden. Das muss nicht immer sofort geschehen, aber in jedem Fall, wenn diese Hilfsmethoden auch von anderen Testklassen benötigt werden.

Für das Auslagern von Methoden, aber auch von Attributen stehen Ihnen grundsätzlich zwei Möglichkeiten zur Verfügung:

- *Vererbung*, also die Mitverwendung über eine Ist-Ein-Beziehung. Auf diese Möglichkeit gehe ich in Abschnitt 4.1, »Basisklasse von Testklassen«, ein.
- *Delegation*, also die Mitverwendung über eine Kennt- oder Hat-Beziehung. Mit dieser Möglichkeit beschäftigen wir uns in Abschnitt 4.2, »Verwendung von Hilfsklassen durch Testklassen«.

Wie Sie in Kapitel 10, »Design von Klassen«, sehen werden, lassen sich diese Überlegungen und Techniken zum Testcode fast 1:1 auf den Produktcode übertragen.

4.1 Basisklasse von Testklassen

Eine *Basisklasse* stellt über Vererbung Attribute und Methoden, also Zustand und Verhalten, für ihre Unterklassen bereit. Produkt- und Testcode setzen Basisklassen in gleicher Weise ein.

4.1.1 Verbesserungsprozess

Version 3 unseres Testcodes löst einige der Probleme, die für Version 2 noch bestehen.

Stand der Vorgängerversion

Die Testmethode der Version 2 ist immer noch ein selbstüberprüfender Integrationstest mit manuellem Testaufbau. Die Anwendung des Testklassen-Entwurfsmusters und die Verwendung einer Custom-Assertion haben alle technischen Anweisungen durch allgemeinverständliche Methodenaufrufe ersetzt.

Probleme der Vorgängerversion

Es ist sinnvoll, die Testfälle für die schon existierende Funktionalität »Hervorheben von Änderungen« und für die noch zu entwickelnde Funktionalität »Hervorheben von Löschungen« verschiedenen Testklassen zuzuordnen. Dies würde aber zu einer Dopplung vieler Attribute und Hilfsmethoden führen.

Lösungswege zu einer Nachfolgeversion

Eine (abstrakte) Basisklasse bündelt für mehrere (konkrete) Testklassen alle gemeinsam verwendeten Attribute und Hilfsmethoden.

4.1.2 Extraktion einer Basisklasse aus einer Testklasse

Dieser Abschnitt enthält nur Klassendefinitionen, da sich durch die Extraktion von Methoden aus der Test- in die Basisklasse die Implementierungen dieser Klassen nicht ändern.

Definition der Basisklasse

Listing 4.1 zeigt, wie Sie die Basisklasse mit dem Zusatz ABSTRACT als abstrakte Klasse definieren können. Darauf sollten Sie nicht verzichten, denn ansonsten würde sich ihre Definition nur durch das Namenspräfix LTH von der Definition einer konkreten Testklasse unterscheiden.

```
CLASS lth_highlight_flight_changes_3 DEFINITION ABSTRACT
FOR TESTING DURATION SHORT RISK LEVEL HARMLESS.
  PROTECTED SECTION.
    ...
    CONSTANTS:
      BEGIN OF cs_only_saved_changes,
        saved   TYPE abap_bool VALUE abap_true,
        unsaved TYPE abap_bool VALUE abap_false,
      END OF cs_only_saved_changes.
```

```
    CONSTANTS c_flight_model TYPE usmd_model  VALUE 'SF'.
    CONSTANTS c_pfli_type    TYPE usmd_entity VALUE 'PFLI'.
    CONSTANTS c_carr_id_attr TYPE usmd_entity VALUE 'CARR'.
    CONSTANTS c_conn_id_attr TYPE usmd_entity VALUE 'PFLI'.
    ...
  PRIVATE SECTION.
    METHODS setup.
    ...
ENDCLASS.
```

Listing 4.1 Definition der Basisklasse (Ausschnitt)

Die Basisklasse einer Testklasse kann auch den Zusatz FOR TESTING mit Angabe einer Ausführungsdauer und einer Risikostufe haben. Damit können Sie schon mit der Basisklasse die abgeleiteten Testklassen charakterisieren und einschränken. Auf dieses Vorgehen komme ich in Abschnitt 15.3, »Testklassenhierarchien«, zurück.

Die Basisklasse kann eine Setup-Methode und sogar Testmethoden haben. Aber durch den Zusatz ABSTRACT können diese Testmethoden nicht ausgeführt werden. Denn zur Ausführung einer Testmethode ist immer die Erzeugung eines Testobjekts, also eines Objekts der Testklasse, notwendig.

Alles, was die abgeleiteten Testklassen benötigen, muss im öffentlichen und geschützten Bereich der Basisklasse definiert werden. Dazu zählen zum einen die gemeinsam verwendeten Konstanten für den Umfang der Berechnung (z. B. CS_ONLY_SAVED_CHANGES). Zum anderen gehören dazu die Konstanten für das zugrunde gelegte Flugdatenmodell (Namensteil FLIGHT der Basisklasse). Die Setup-Methode, die vom ABAP-Unit-Testrunner und nicht von der abgeleiteten Testklasse aufgerufen wird, sollten Sie dagegen im privaten Bereich der Basisklasse unterbringen.

Definition der Testklasse

Wie Listing 4.2 zeigt, ist die Testklasse *final* und übernimmt Ausführungsdauer und Risikostufe der Basisklasse.

```
CLASS ltc_highlight_air_updates_3 DEFINITION
INHERITING FROM lth_highlight_flight_changes_3 FINAL
FOR TESTING DURATION SHORT RISK LEVEL HARMLESS.
  PRIVATE SECTION.
    CONSTANTS c_crequest_id    TYPE usmd_crequest VALUE '3'.
    CONSTANTS c_carrier_id     TYPE mdg_s_carr_id VALUE 'AIR'.
    CONSTANTS c_connection_id TYPE mdg_s_conn_id VALUE '0001'.
```

```
    METHODS setup.
    METHODS get_saved_pfli_changes FOR TESTING.

    DATA msr_pfli_key TYPE REF TO data.
ENDCLASS.
```

Listing 4.2 Definition der abgeleiteten Testklasse

Die konkrete Testklasse behält mit dem Änderungsantrag und der Flugverbindung alle Konstanten, die für sie spezifisch sind. Ihre Setup-Methode wird vom ABAP-Unit-Testrunner nach derjenigen der Basisklasse aufgerufen. Eine Setup-Methode in jeder der beiden Klassen ist allerdings keine Notwendigkeit. Dies hat sich im betrachteten Fall nur ergeben, weil die Erzeugung eines Convenience-API-Objekts für alle Testklassen dieser Basisklasse erforderlich ist und deshalb in diese Basisklasse ausgelagert werden kann und sollte. Mehr Details zur Ausführungsreihenfolge innerhalb einer Testklassenhierarchie finden Sie in Kapitel 15, »Testklassen«.

»Testsprache« für die zu testende Funktionalität

Das Testklassen-Entwurfsmuster, das für jede hinreichend komplexe Produktmethode eine eigene Testklasse vorschlägt, führt zwangsläufig zur Dopplung von Attributen und Hilfsmethoden, die sich allerdings mit einer Basisklasse auflösen lassen (*Testcase-Superclass-Entwurfsmuster*).

Die Basisklasse bietet genau die Hilfsmethoden an, die die Testmethode zur Formulierung der Testfälle benötigt. Diese Hilfsmethoden stellen so etwas wie eine spezifische Testsprache für die getestete Funktionalität dar. Für weitere Testmethoden wird dieses methodenbasierte Vokabular sicherlich erweitert werden müssen. Der Aufbau der Testmethoden wird aber gleich bleiben, sodass die Grammatik dieser Testsprache nach dem Refactoring einer einzigen Methode weitestgehend feststeht.

Der *innere Zusammenhalt* der Basisklasse ist hoch, weil viele ihrer Methoden direkt auf die beiden Attributtabellen zugreifen. Nach Einführung der Basisklasse erfüllt die Testklasse das Single-Responsibility-Prinzip vollständig.

4.1.3 Diagramme

Der innere Block in Abbildung 4.1 stellt den Teil des Testobjekts dar, den die Basisklasse definiert.

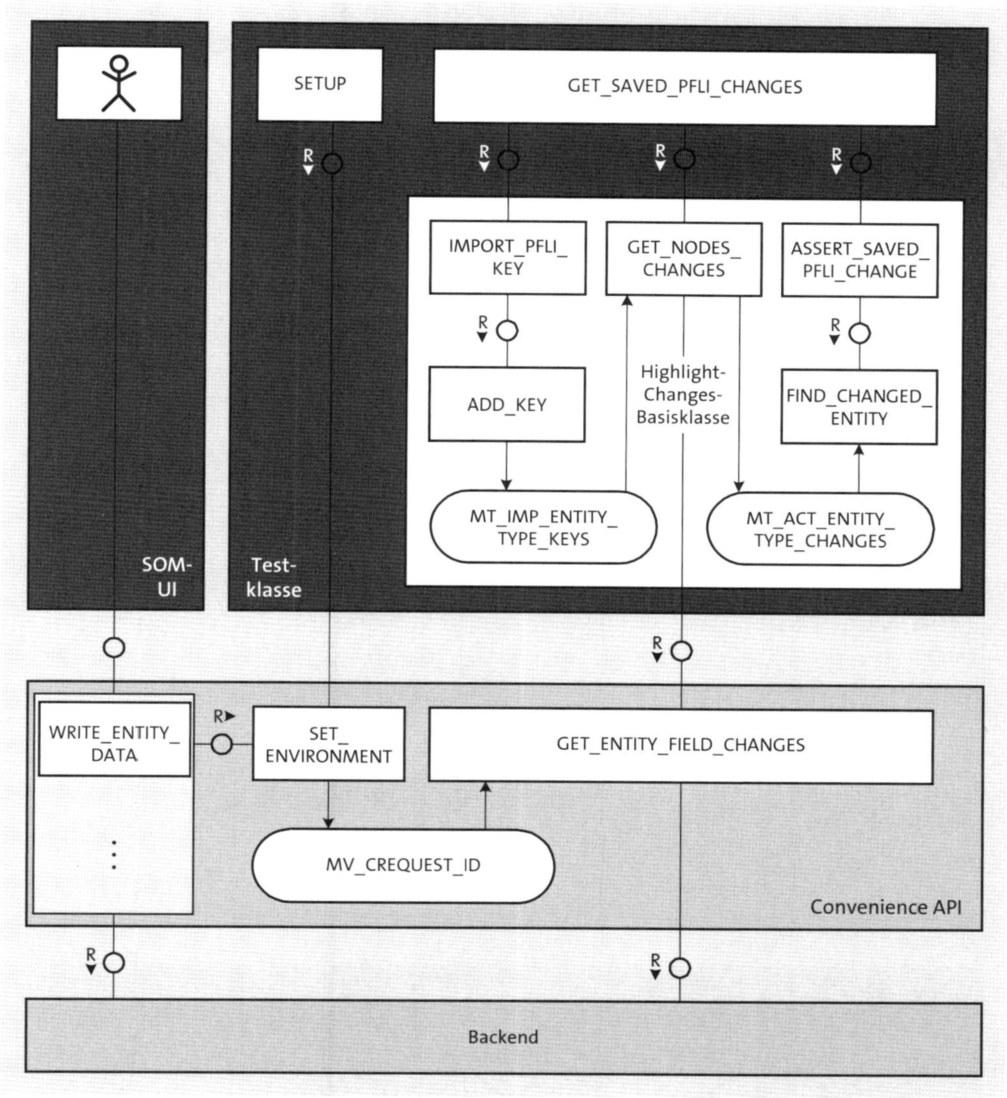

Abbildung 4.1 Basisklasse zur Kapselung der Attribute und generischen Hilfsmethoden

Wie Abbildung 4.2 zeigt, enthält die Testklasse nach Einführung der Basisklasse nur noch Komponenten, die mit den Testfällen dieses spezifischen Änderungsantrags zu tun haben. Die Testklasse hat damit in der Tat nur noch eine Zuständigkeit.

Die Situation hat sich aus Sicht der Testklasse auch deshalb stark vereinfacht, weil ihr die Basisklasse nur noch die (geschützten) Methoden anbietet, die sie tatsächlich benötigt. Die untergeordneten (privaten) Methoden sind genauso wie die (privaten) Attribute nicht mehr sichtbar. Im Grunde kapselt die Basisklasse die technischen

Details des Testklassen-Entwurfsmusters. Jeder Entwickler einer neuen Testklasse dieser Basisklasse muss sich darum überhaupt nicht mehr kümmern.

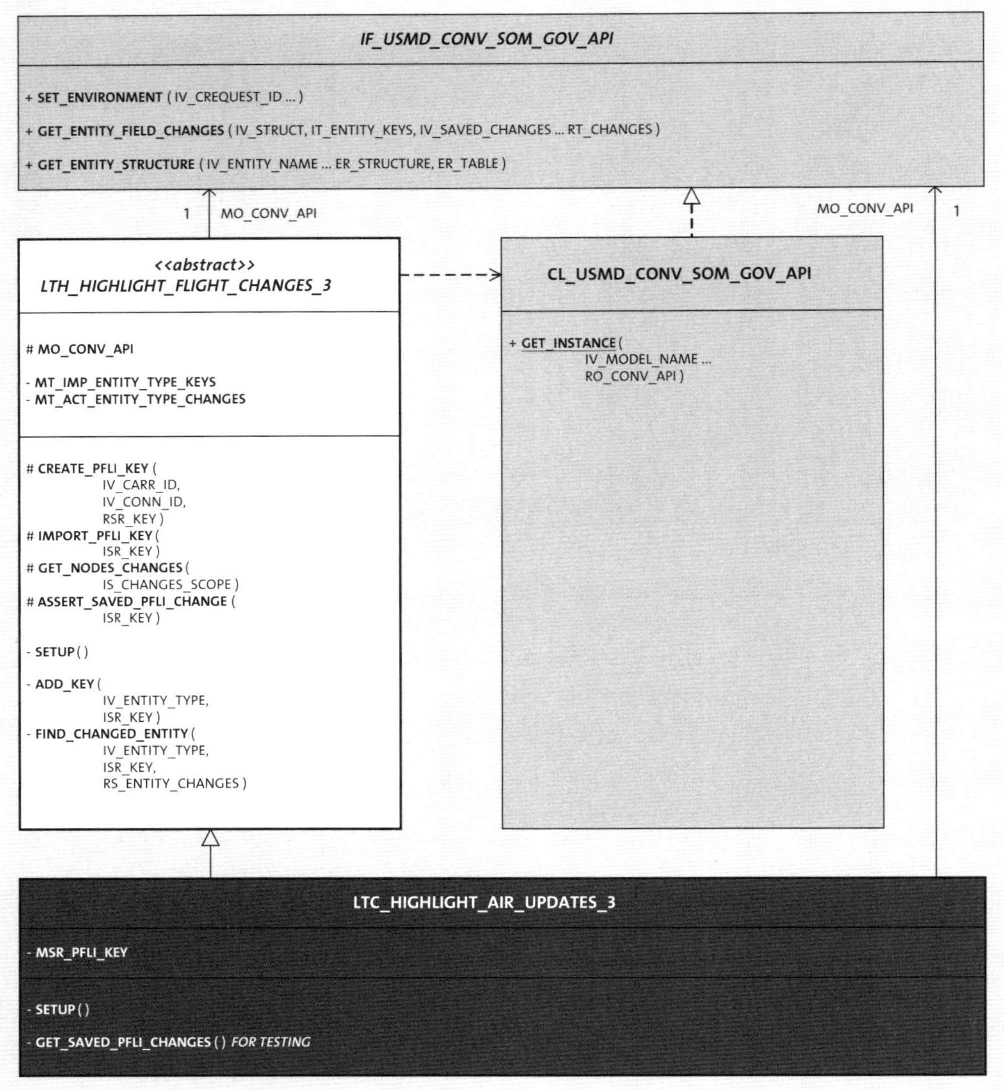

Abbildung 4.2 Alle Hilfsmethoden sind aus der Testklasse ausgelagert.

Das Klassendiagramm in Abbildung 4.2 zeigt auch die unterschiedlichen Notationen für Vererbung auf der einen Seite (Dreieckspfeil mit durchgezogener Linie) und Implementierung eines Interface auf der anderen Seite (Dreieckspfeil mit gestrichelter Linie).

4.2 Verwendung von Hilfsklassen durch Testklassen

In diesem Abschnitt möchte ich Ihnen darlegen, wie Sie Testklassen weitere Hilfsklassen zur Seite stellen können. Das Wort *wie* bezieht sich dabei weniger auf die tatsächliche Definition dieser Hilfsklassen, sondern eher darauf, wie Sie die Möglichkeit, solche Hilfsklassen zu verwenden, leichter erblicken können, und auch darauf, wie Sie sich eventuell von dem Gedanken lösen können, dass eine Klasse mit zwei Attributen in jedem Fall zu klein ist.

4.2.1 Verbesserungsprozess

Version 4 des Testcodes löst einige der Probleme, die für Version 3 noch bestehen.

Stand der Vorgängerversion

Die Testmethode der Version 3 ist immer noch ein selbstüberprüfender Integrationstest mit manuellem Testaufbau. Die Basisklasse definiert die Testsprache, mit der die Testklasse ohne Kenntnis der technischen Details ihre Testfälle formuliert.

Probleme der Vorgängerversion

Hilfsmethoden wie `ASSERT_SAVED_PFLI_CHANGE` können für andere Entitätstypen nicht wiederverwendet werden. Die Hilfsmethode `ASSERT_SAVED_CHANGE` als wiederverwendbare Alternative benötigt für den Entitätstyp einen zusätzlichen Parameter und ist deshalb nicht mehr so gut lesbar. Des Weiteren kann für beide Alternativen nicht garantiert werden, dass die Argumente für Entitätstyp und Entitätsschlüssel zusammenpassen.

Lösungswege zu einer Nachfolgeversion

Mit einer sogenannten *Testdatenklasse*, deren Objekte konkrete Entitäten des Datenmodells repräsentieren, wird der enge Zusammenhang zwischen Entitätstyp und Entitätsschlüssel nicht nur ausgedrückt, sondern auch die Konsistenz der Werte für Entitätstyp und Entitätsschlüssel nach erfolgreicher Erzeugung dieser Objekte garantiert.

4.2.2 Entwurfsmuster für Klassen

Bevor ich auf die Definition dieser Entitätsklasse für die Tests der Beispielanwendung eingehe, möchte ich Ihnen folgendes *Klassen-Entwurfsmuster* ans Herz legen:

- **Interface**
  Definieren Sie mindestens ein Interface für Ihre neue Klasse. Ein Interface bietet einem oder mehreren Verwendern eine abstrakte Sicht auf die Funktionalität der Klasse. Es sollte alle öffentlichen Methoden der Klasse enthalten. Zusätzlich kann es auch schreibgeschützte Attribute mit dem Zusatz READ-ONLY definieren.
- **Erzeugungsmethode**
  Definieren Sie eine oder mehrere öffentliche, statische Methoden, mit denen sich die Verwender unterschiedlich ausgeprägte Objekte erzeugen können. Technisch kann das auch der Konstruktor leisten, aber dafür benötigt er meistens mehrere optionale Parameter und eine ausführliche Dokumentation, wie diese Parameter korrekt kombiniert werden können. Eine Erzeugungsmethode entspricht einer eindeutigen Verschalung des (generischen) Konstruktors.
- **Instanziierung**
  Definieren Sie Ihre Klasse mit dem Zusatz CREATE PRIVATE (bei Oberklassen CREATE PROTECTED). Dieser Zusatz legt fest, dass nur die Klasse selbst den Konstruktor rufen kann (bei Vererbung auch ihre Unterklassen). Jeder Verwender ist somit gezwungen, für ein Objekt eine der Erzeugungsmethoden zu rufen.

Ich verwende dieses Entwurfsmuster für alle Klassen. Mehr Details dazu erläutere ich in Kapitel 10, »Design von Klassen«.

4.2.3 Definition und Verwendung der Testdatenklasse

In diesem Abschnitt erörtere ich zuerst die Definition und dann die Verwendung der Entitätsklasse als Testdatenklasse.

Definition der Entitätsklasse

Listing 4.3 demonstriert das Klassen-Entwurfsmuster für die Entitätsklasse, die den engen Zusammenhang zwischen dem Typ und dem Schlüssel einer Entität abbildet. Da die Beispielanwendung den Entitätstyp für die dynamische Erzeugung von Strukturen und Tabellen braucht (Methode GET_ENTITY_STRUCTURE), bietet es sich an, auch diese Zuständigkeit auf die Entitätsklasse zu übertragen. Wie der Parameter IO_CONV_API der Erzeugungsmethode CREATE_PFLI zeigt, handelt es sich dabei lediglich um eine Verschalung. Diese Verschalung erhöht jedoch die Lesbarkeit deutlich, indem sie korrekt benannte und intuitiv verständliche Methoden wie CREATE_KEY_STRUCTURE und CREATE_SORTED_KEY_TABLE anbietet.

```
INTERFACE lif_entity_4.
  METHODS create_key_structure
    RETURNING
      VALUE(rsr_key) TYPE REF TO data.
```

```
  METHODS create_sorted_key_table
    RETURNING
      VALUE(rtr_key) TYPE REF TO data.

  DATA mv_entity_type TYPE usmd_entity READ-ONLY.
  DATA msr_key        TYPE REF TO data READ-ONLY.
ENDINTERFACE.

CLASS lcl_entity_4 DEFINITION FINAL CREATE PRIVATE.
  PUBLIC SECTION.
    INTERFACES lif_entity_4.

    CLASS-METHODS create_pfli
      IMPORTING
        io_conv_api TYPE REF TO if_usmd_conv_som_gov_api
        iv_carr_id  TYPE mdg_s_carr_id
        iv_conn_id  TYPE mdg_s_conn_id
      RETURNING
        VALUE(ro_entity) TYPE REF TO lif_entity_4.

  PRIVATE SECTION.
    ALIASES mv_entity_type FOR lif_entity_4~mv_entity_type.
    ALIASES msr_key        FOR lif_entity_4~msr_key.
    DATA mo_conv_api TYPE REF TO if_usmd_conv_som_gov_api.
ENDCLASS.
```

Listing 4.3 Klasse mit Interface und Erzeugungsmethode

Listing 4.3 zeigt des Weiteren, wie Sie mit der Anweisung ALIASES FOR für ein Interface-Attribut einen *Alias*, also eine alternative Kurzbezeichnung, definieren können. Dieses Attribut erscheint in der Implementierung der Entitätsklasse dann so, als ob es ein Attribut der Klasse selbst wäre. Alle anderen Klassen sollten sowieso ausschließlich das Interface verwenden.

Verwendung der Entitätsklasse

Listing 4.4 zeigt, wie die Testklasse die Flugverbindungsentität in der Setup-Methode erzeugt und in der Testmethode verwendet.

```
CLASS ltc_highlight_air_updates_4 IMPLEMENTATION.
  METHOD setup.
    ...
    mo_pfli_entity = lcl_entity_4=>create_pfli(
        io_conv_api = mo_conv_api
        iv_carr_id  = c_carrier_id
```

```
        iv_conn_id  = c_connection_id
    ).
  ENDMETHOD.

  METHOD get_saved_pfli_changes.
    import_key_of( mo_pfli_entity ).
    get_nodes_changes( cs_only_saved_changes ).
    assert_saved_change_of( mo_pfli_entity ).
  ENDMETHOD.
ENDCLASS.
```

Listing 4.4 Testklasse, die mit Entitätsobjekten arbeitet

Die Methoden der Basisklasse sind nun generisch, also für alle Entitätstypen einsetzbar. Der Entitätstyp steckt im Entitätsobjekt, genauer im öffentlichen und schreibgeschützten Attribut MV_ENTITY_TYPE seines Interface. Über den Namen eines Entitätsobjekts (z. B. MO_PFLI_ENTITY) bleibt der Entitätstyp aber trotzdem für den Leser präsent.

Unabhängigkeit der Basisklasse vom Datenmodell

Wie Listing 4.5 zeigt, ist sogar die gesamte Definition der Basisklasse von einem konkreten Datenmodell unabhängig.

```
CLASS lth_highlight_changes_base_4 DEFINITION ABSTRACT
FOR TESTING DURATION SHORT RISK LEVEL HARMLESS.
  PROTECTED SECTION.
    ...
    CONSTANTS:
      BEGIN OF cs_only_saved_changes,
        saved   TYPE abap_bool VALUE abap_true,
        unsaved TYPE abap_bool VALUE abap_false,
      END OF cs_only_saved_changes.

    METHODS import_key_of
      IMPORTING
        io_entity TYPE REF TO lif_entity_4.
    METHODS get_nodes_changes
      IMPORTING
        is_changes_scope TYPE s_changes_scope.
    METHODS assert_saved_change_of
      IMPORTING
        io_entity TYPE REF TO lif_entity_4.
```

```
    DATA mo_conv_api TYPE REF TO if_usmd_conv_som_gov_api.
    ...
ENDCLASS.
```

Listing 4.5 Datenmodellunabhängige Basisklasse

4

Damit dies auch für die Implementierung der Basisklasse gilt, habe ich in Listing 4.6 die Erzeugung des Convenience-API-Objekts in die Setup-Methode der Testklasse ausgelagert.

```
METHOD setup.
  mo_conv_api = cl_usmd_conv_som_gov_api=>get_instance(
      iv_model_name = lif_flight_model_4=>c_name
  ).
  ...
ENDMETHOD.
```

Listing 4.6 Bereitstellung des Convenience-API-Objekts für das Flugmodell

Die spezifischen Konstanten des Flugdatenmodells haben in der generischen Basisklasse nun nichts mehr zu suchen. Listing 4.7 zeigt, wie Sie diese Konstanten in ein eigenes Interface auslagern können.

```
INTERFACE lif_flight_model_4.
  CONSTANTS c_name         TYPE usmd_model     VALUE 'SF'.
  CONSTANTS c_pfli_type    TYPE usmd_entity    VALUE 'PFLI'.
  CONSTANTS c_carr_id_attr TYPE usmd_attribute VALUE 'CARR'.
  CONSTANTS c_conn_id_attr TYPE usmd_attribute VALUE 'PFLI'.
ENDINTERFACE.
```

Listing 4.7 Konstanten-Interface für das Flugdatenmodell

Für weitere Testdatenmodelle definieren Sie dann jeweils ein separates Interface.

4.2.4 Diagramme

Die Entitätsklasse ist neben der Basisklasse die zweite Klasse der Testinfrastruktur. Das Blockdiagramm in Abbildung 4.3 hat deshalb seinen Fokus verändert. Da die Blockdiagramme in den vorangegangenen Abschnitten schon Details der Convenience API zeigen, und die API durch das Refactoring des Testcodes sowieso nicht geändert wird, genügt in dieser Version ein einfacher Block zur Darstellung der Convenience API.

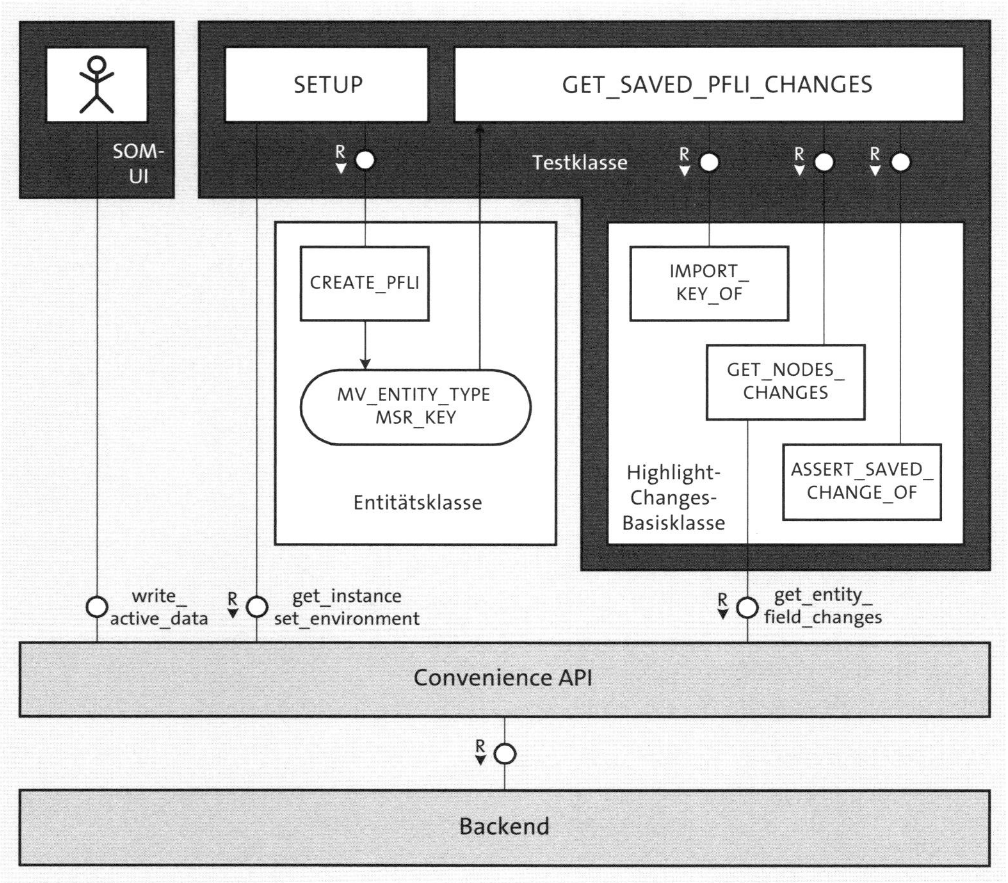

Abbildung 4.3 Testklasse mit Entitätsobjekten statt Entitätsdaten

Da sich das Blockdiagramm auf die Objekte konzentriert, wird nur über das Klassendiagramm in Abbildung 4.4 sichtbar, dass die Entitätsklasse ein Interface implementiert. Die ausgefüllte Raute kennzeichnet eine *Komposition*. Die Testklasse referenziert also nicht nur auf die Flugverbindungsentität, sondern hält auch die *einzige Referenz* auf diese Entität. Mit anderen Worten: Für jedes Testobjekt wird ein neues Entitätsobjekt erzeugt.

Nach der Erzeugung einer Entität referenzieren sowohl die Basis- als auch die Testklasse diese Entität nur noch über ihr Interface.

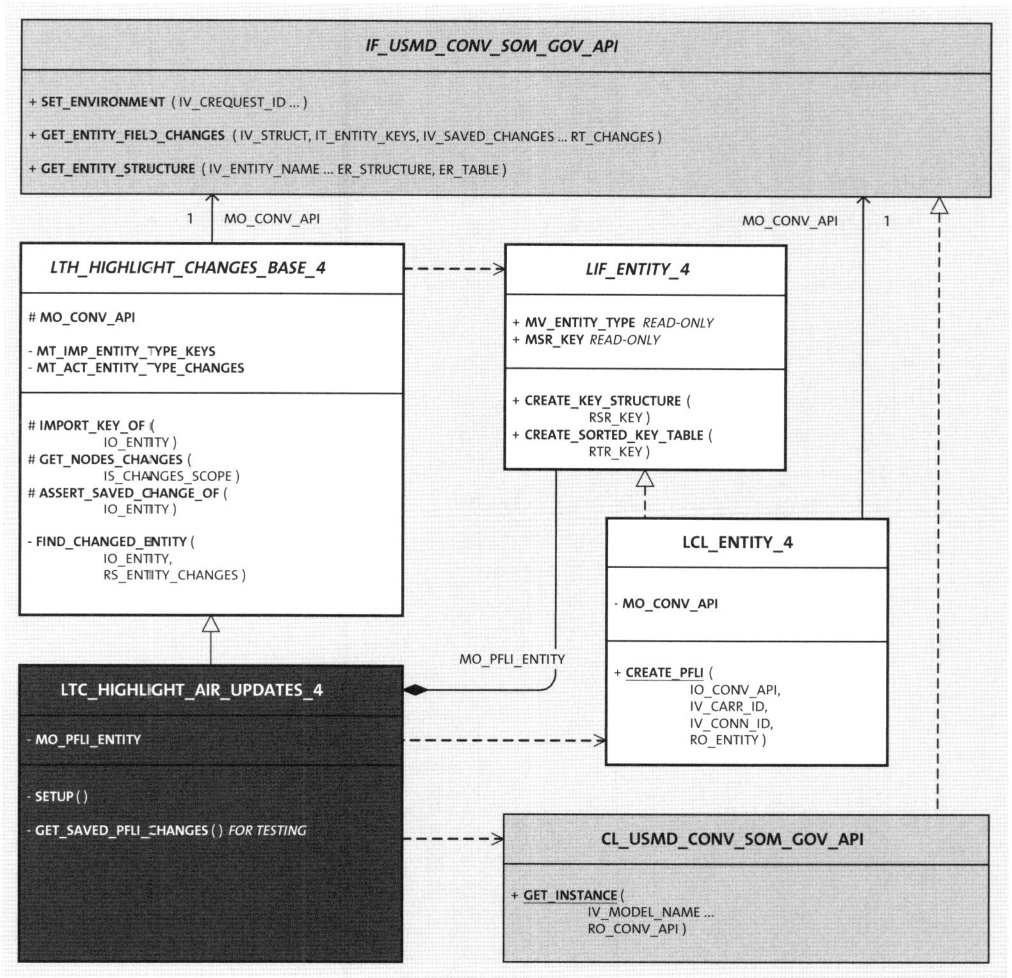

Abbildung 4.4 Basis- und Testklasse verwenden das Entitäts-Interface.

Erweiterbarkeit mit einer Testdatenklasse

Die Entitätsklasse ist eine Hilfsklasse (*Test-Utility-Class-Entwurfsmuster*) der Testinfrastruktur. Sie verbindet den Typ und den Schlüssel einer Entität in konsistenter Weise und bietet Methoden an, die auf diesen Attributen aufbauen. Wir haben diese Hilfsklasse für das Testen der Funktionalität »Hervorheben von Änderungen« entworfen. Sie wird jedoch bald für das Testen der Beispielanwendung als Ganzes von Bedeutung sein.

Jedes Objekt der Testdatenklasse `LCL_ENTITY_4` (z. B. die Fluggesellschaft `AIR`) repräsentiert einen Eintrag in einer Datenbanktabelle (z. B. `SCARR`) bzw. eine Zeile in einer entsprechenden internen Tabelle. Während diese Granularität für Testcode ideal ist, kann sie für Produktcode in der Regel nicht empfohlen werden, vor allem dann nicht, wenn es sich bei Entitäten um Massendaten handelt. Diese können in einer internen Tabelle viel schneller und flexibler bearbeitet werden als in einer Tabelle mit Objektreferenzen. Für den Produktcode können Sie etwa eine Klasse für eine Menge von Entitäten desselben Typs designen. Eine solche Entitätsmengenklasse könnte in ihrer Implementierung interne Tabellen (z. B. eine Schlüsseltabelle) einsetzen.

Mit dem Entitätstyp als Attribut »weiß« jede Entität selbst am besten, wie sie sich verhalten soll. Im Umkehrschluss bedeutet das, dass sich die Objekte anderer Klassen nicht mehr darum kümmern müssen. Der konkrete Typ einer Entität spielt für sie also weder bei der Definition noch bei der Implementierung eine Rolle.

Beispielsweise beziehen sich alle Methoden der Basisklasse nur noch auf eine beliebige Entität. Sie stehen Entitäten anderer Entitätstypen offen (engl. *Open*) gegenüber. Der Testumfang kann um neue Datenmodelle erweitert werden, ohne dass die Basisklasse modifiziert werden muss. Die Implementierung ihrer Methoden kann also als abgeschlossen (engl. *Closed*) betrachtet werden. Für neue Funktionalität genügt es, neue Methoden neben diese alten zu stellen. Damit erfüllt die Basisklasse mithilfe der Entitätsklasse das *Open-Closed-Prinzip*.

Kapitel 5
Robuster Integrationstest

Tests sollten eigenständig und in sich abgeschlossen sein. Ein Integrationstest sollte auf seinen eigenen Daten basieren und diese in jedem System selbst auf- und abbauen können.

Testautomatisierung ernst zu nehmen bedeutet nicht nur, Tests zu schreiben, sondern auch bei fehlgeschlagenen Tests sofort mit der Fehlerlokalisierung zu beginnen. In der Regel lohnt sich das, weil Sie einen Fehler dadurch zeitnah wieder aus dem Produktcode entfernen können.

Ein Problem entsteht, wenn Tests immer wieder *Falschmeldungen* erzeugen. Das heißt, der Test schlägt fehl, obwohl sich gar kein Fehler in den Produktcode eingeschlichen hat. Solche Falschmeldungen könnten zum einen daran liegen, dass sich aufeinanderfolgende Tests gegenseitig beeinflussen. Zum anderen könnte sich ein Test auf Daten verlassen, die nicht vollständig unter seiner Kontrolle sind.

Eine *Testsuite*, also eine gemeinsam ausführbare Menge an Tests, wird als *robust* bezeichnet, wenn sie eigenständig läuft und keine Falschmeldungen produziert. Dazu müssen ihre Testmethoden *wiederholbar* und voneinander *unabhängig* sein. In diesem Kapitel stelle ich Ihnen anhand der Beispielanwendung verschiedene Maßnahmen vor, wie Sie diese Robustheit erreichen können.

5.1 Verbesserungsprozess

Dazu erstellen wir mit Version 5 eine weitere Version des gegebenen Testcodes, den wir in den vorangegangenen Kapiteln schon bezüglich anderer Eigenschaften verbessert haben. Diese Version 5 löst die im Folgenden beschriebenen Probleme, die für Version 4 noch bestehen.

Stand der Vorgängerversion

Die Testmethode der Version 4 ist immer noch ein selbstüberprüfender Integrationstest mit manuellem Testaufbau. Seit Einführung der Entitätsklasse in Version 4 unterstützt die Testinfrastruktur auch Tests für andere Testdatenmodelle.

Probleme der Vorgängerversion

Folgende Aspekte sind an der Testmethode noch problematisch. Die ersten beiden betreffen ihre Unabhängigkeit, die dritte ihre Wiederholbarkeit.

- **Bereitstellung der Testdaten**
  Zu jeder Testmethode sollte es separate Testdaten (z. B. Flugverbindungen) geben. Es fehlt jedoch noch eine Möglichkeit, um diese Testdaten übersichtlich zu planen und den jeweiligen Testmethoden zur Verfügung zu stellen.
- **Wiederverwendung von Objekten**
  Die zu testende Convenience API folgt dem *Singleton-Entwurfsmuster* (siehe Abschnitt 5.2.2). Das heißt, es gibt von dieser Klasse höchstens ein Objekt zu jedem Datenmodell. Folglich arbeiten die Testobjekte der verschiedenen Testfälle mit demselben Convenience-API-Objekt. Das kann dazu führen, dass die Testmethoden von der Reihenfolge ihrer Ausführung abhängig sind.
- **Abhängigkeit von der Umgebung**
  Die Testmethode ist von bestimmten Testdaten abhängig. Wenn diese in einem System noch nicht oder nicht mehr vollständig vorliegen, zeigt die Testmethode einen Fehler, obwohl die zu testende Methode weiterhin in Ordnung ist.

Lösungswege zu einer Nachfolgeversion

Für diese Probleme gibt es folgende Lösungen:

- **Bereitstellung der Testdaten**
  Ein *Testdatencontainer* (TDC) legt die für die Testmethoden spezifischen Testdaten tabellarisch fest.
- **Wiederverwendung von Objekten**
  Die Basisklasse setzt in ihrer Setup-Methode das Singleton-Objekt auf seinen initialen Zustand zurück.
- **Abhängigkeit von der Umgebung**
  Die Testmethode selbst erzeugt, ändert und sichert diese Daten. Da die konkrete Änderung einer Entität für den Test ohne Bedeutung ist, definiert die Testinfrastruktur zu jedem Entitätstyp ein Standardattribut und zwei Werte, zwischen denen hin- und hergesprungen werden kann, wenn Änderungen gefordert sind.

5.2 Unabhängigkeit von Testmethoden

Für die Unabhängigkeit von Testmethoden ist es in der Praxis oft nicht nötig, dass sie auf vollständig getrennten Datensätzen operieren. Für das Testen der meisten Anwendungen genügt es, wenn ihre Bewegungsdaten verschieden sind. Customizing- und Stammdaten werden von diesen Anwendungen oftmals nur gelesen. Die

Beispielanwendung verändert zwar auch Stammdaten, aber immerhin können sich ihre Tests auf stabile Customizing-Daten verlassen (z. B. die Definition der Testdatenmodelle).

5.2.1 Testdatencontainer

In diesem Abschnitt zeige ich Ihnen anhand eines einfachen Beispiels, wie Sie einen Testdatencontainer (TDC) definieren und an eine Testklasse anbinden können. Auf weitere Einsatzmöglichkeiten dieses Containers gehe ich in Kapitel 16, »Testdaten«, ein.

Einen TDC legen Sie im Object Builder über das Kontextmenü des Pakets an. Der Menüpfad lautet: **Anlegen • Test-Objekt • Testdaten**. Nach Eingabe eines Namens und einer Beschreibung (**Titel** genannt) definieren Sie auf der ersten Registerkarte die gemeinsamen **Parameter** der Varianten (Testfälle). Da die Testklasse die Fluggesellschaft `AIR` schon fest vorgibt, reicht es aus, wenn Sie die Flugverbindungsnummer `CONN_ID` als einzigen Parameter wählen.

Auf der zweiten Registerkarte tragen Sie dann beliebig viele **Varianten** ein. Sie erhalten einen Überblick wie in Abbildung 5.1, wenn Sie für diese und die drei nachfolgenden Versionen der Testmethode `GET_SAVED_PFLI_CHANGES` jeweils eine Variante mit einer separaten Flugverbindungsnummer gepflegt haben.

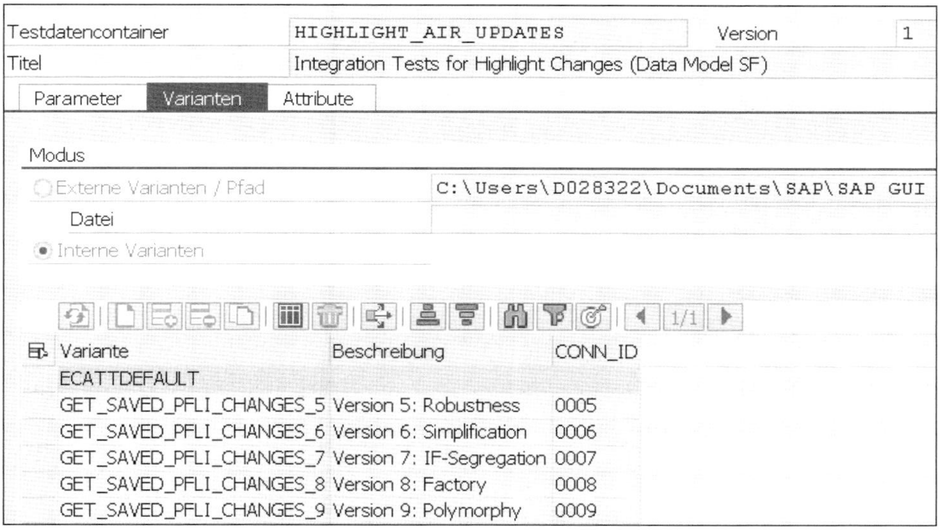

Abbildung 5.1 Testdatencontainer für AIR-Flugverbindungen

In der Regel wird es für eine Testmethode eine Variante in einem TDC geben. Allerdings können Sie bei Bedarf auch die Daten einer Testmethode auf mehrere Varianten in mehreren TDCs verteilen.

Listing 5.1 führt aus, wie die Testmethode die Flugverbindungsnummer zu ihrer Variante ausliest und damit wie gehabt die zugehörige Entität erzeugt.

```
METHOD get_saved_pfli_changes.
  DATA(lv_conn_id) =
    get_conn_id_of_tdc_variant( 'GET_SAVED_PFLI_CHANGES_5' ).
  DATA(lo_pfli_entity) = lcl_entity_5=>create_pfli_by_obj(
      io_carr_entity = so_carr_entity
      iv_conn_id     = lv_conn_id
  ).
  ...
ENDMETHOD.

METHOD get_conn_id_of_tdc_variant.
  TRY.
      DATA(lo_tdc_api) =
        cl_apl_ecatt_tdc_api=>get_instance( c_tdc ).

      lo_tdc_api->get_value(
        EXPORTING
          i_param_name   = 'CONN_ID'
          i_variant_name = iv_tdc_variant
        CHANGING
          e_param_value  = rv_conn_id
      ).
    CATCH cx_ecatt_tdc_access.
      DATA(lv_error_msg) = |Variant | && iv_tdc_variant &&
        | of TDC | && c_tdc && | not accessible|.
      cl_abap_unit_assert=>fail( lv_error_msg ).
  ENDTRY.
ENDMETHOD.
```

Listing 5.1 Zugriff der Testmethode auf den Testdatencontainer

Die Hilfsmethode GET_CONN_ID_OF_TDC_VARIANT der Testklasse gibt die Flugverbindungsnummer direkt an die aufrufende Testmethode zurück.

5.2.2 Singleton-Entwurfsmuster

Die Unabhängigkeit von Testmethoden ist grundsätzlich infrage gestellt, wenn sie auf gleiche Objekte zugreifen. In vielen Fällen ist dafür das *Singleton-Entwurfsmuster* (engl. *Singleton Pattern*) verantwortlich. Es ist die Aufgabe einer Singleton-Klasse, bei aufeinanderfolgenden Anfragen im gleichen Rollbereich das gleiche Objekt zurückzugeben. Da das ABAP-Unit-Framework eine Testklasse vollständig in einem Rollbereich ausführt, sind davon natürlich auch ihre hintereinander ausgeführten Testmethoden betroffen.

Initialisierung eines Singletons

In der Beispielanwendung ist die Convenience-API-Klasse ein Singleton, dessen modellspezifisches Objekt sich durch die Ausführung der Testmethode ändert. Das muss für die Unabhängigkeit der Testmethoden im Augenblick nicht kritisch sein. Allerdings erhalten Sie nur dann eine robuste Testklasse, wenn Sie sicherstellen, dass dies auch in Zukunft so bleibt.

Am einfachsten erreichen Sie dies, wenn die Produktklasse schon eine Methode anbietet, die das Singleton-Objekt auf seinen Ausgangszustand zurücksetzt. Dies ist bei der Convenience API der Fall. Die Testklasse muss diese Produktmethode lediglich vor jeder Testmethode aufrufen. Ansonsten sollte die Testklasse versuchen, das Singleton-Objekt vor jeder Testmethode als Ganzes loszuwerden.

In Ermangelung einer entsprechenden Produktmethode erreichen Sie dies, indem Sie die Singleton-Referenz entweder über eine Unterklasse oder über eine Freundklasse initialisieren. Sowohl Unterklasse als auch Freundklasse sollten Sie dabei mit dem Zusatz `FOR TESTING` definieren, damit diese Initialisierung nicht auch produktiv genutzt werden kann. Mehr Details zu diesen aufwendigeren Mechanismen erfahren Sie in Kapitel 13, »Testdoubles«.

Für unsere Beispielanwendung kann diese Initialisierung sogar die Basisklasse für alle Testmethoden aller abgeleiteten Testklassen übernehmen. Wie Listing 5.2 zeigt, verwendet sie dazu ihre Setup-Methode.

```
METHOD setup.
  so_conv_api->refresh_buffers(
      if_keep_environment = abap_false
  ).
ENDMETHOD.
```

Listing 5.2 Initialisierung des Convenience-API-Singletons durch die Basisklasse

Class-Setup-Methode

Die Initialisierung des Convenience-API-Singletons durch die Basisklasse ist möglich, weil ABAP Unit neben der Setup-Methode für die Basis- bzw. Testklasse für diese beiden Klassen auch jeweils eine *Class-Setup-Methode* zur Verfügung stellt. Diese Class-Setup-Methoden sind privat, statisch und parameterlos. Sind solche Methoden definiert, werden sie vor allen Setup-Methoden der Basis- und Unterklassen aufgerufen. Begonnen wird dabei mit der Class-Setup-Methode der Basisklasse. Das heißt für unseren Fall, dass die Testklasse einmalig das Singleton-Objekt für das Flugdatenmodell von der Convenience-API-Klasse anfordert (siehe Listing 5.3) und es dann vor jeder ihrer Testmethoden durch die Basisklasse initialisieren lässt (siehe Listing 5.2).

```
METHOD class_setup.
  so_conv_api = cl_usmd_conv_som_gov_api=>get_instance(
      iv_model_name = lif_flight_model_5=>c_name
  ).
  lcl_entity_5=>so_conv_api = so_conv_api.
  ...
ENDMETHOD.
```

Listing 5.3 Class-Setup-Methode der Testklasse

Da die Convenience API ihre datenmodellabhängigen Singleton-Objekte statisch hält, können auch die Basisklasse (für den Aufruf der zu testenden Methode) und die Entitätsklasse (für die dynamische Erzeugung von Strukturen und Tabellen) das Convenience-API-Objekt für das Flugdatenmodell statisch halten. Für die Entitätsklasse ist es folglich nicht mehr notwendig, dass jede Entität bei ihrer Erzeugung eine Referenz auf die Convenience API erhält und diese in einem eigenen Attribut hält. Listing 5.3 zufolge genügt es, wenn die Class-Setup-Methode der Testklasse die Convenience API einem statischen Attribut der Entitätsklasse zuweist.

Die statischen Referenzen der Basis- und Entitätsklasse auf die Convenience API werden mit `CLASS-DATA` wie folgt definiert:

```
CLASS-DATA so_conv_api TYPE REF TO if_usmd_conv_som_gov_api.
```

Der Bezeichner eines statischen Attributs (`S`) für eine Objektreferenz (`O`) erhält das Präfix `SO`.

[o]

Testdatencontainer, Singletons und Unabhängigkeit von Testmethoden

Der Einsatz eines Testdatencontainers bringt nicht nur Vorteile. Da mit ihm nicht nur Schlüssel, sondern auch Attribute von Testdatenobjekten abgebildet werden können, verleitet er dazu, auch für den Testfall entscheidende Details in dem Testdatencontainer abzulegen. Da der Leser einer Testmethode diese dann nicht mehr sieht, entstehen auf diese Weise häufig undurchsichtige Testfälle (*Obscure-Test-Antimuster*). Besser ist es, Testdatenobjekte mit den für sie spezifischen Eigenschaften in den Testmethoden zu bilden, also für den Leser des Codes erkennbar. Dafür bieten sich Erzeugungsmethoden mit geeigneten Namen und Parametern an.

Eine Singleton-Klasse zu testen, bedeutet immer größeren Aufwand und potenziell eine geringere Robustheit. Deshalb sollten Sie dieses Entwurfsmuster nur für Klassen einsetzen, für die es höchstens ein Objekt geben darf, und nicht auch für solche, für die es im konkreten Fall nur ein Objekt gibt. Mit den in diesem Abschnitt beschriebenen Maßnahmen stellt die Testklasse die Unabhängigkeit ihrer Testmethoden sicher (*Independent-Prinzip*).

5.3 Wiederholbarkeit von Testmethoden

Dass ein Test wiederholbar ist, bedeutet nicht nur, dass er mehrfach hintereinander ausgeführt werden kann. Der Test sollte auch in einem neuen System ohne Vorbedingung laufen. Letzteres schließt den wichtigen Fall ein, dass ein im Entwicklungssystem geschriebener Test nach dem Transport ins Testsystem dort ebenfalls erfolgreich sein sollte.

5.3.1 Automatischer Testaufbau

Unsere Testmethode geht davon aus, dass es schon eine aktive Fluggesellschaft auf der Datenbank gibt. Da die Fluggesellschaft nicht geändert wird, genügt es, wenn die Testklasse diese Daten vor der Ausführung der Testmethoden einmalig generiert. ABAP Unit sieht für solche Vorbereitungen die statische Class-Setup-Methode vor (siehe Listing 5.4).

```
METHOD class_setup.
  ...
  so_carr_entity = lcl_entity_5=>create_carr_by_key(
      iv_carr_id = c_carrier_id
  ).
  so_carr_entity->generate_active_data( ).
ENDMETHOD.
```

Listing 5.4 Class-Setup-Methode der Testklasse

Wie Listing 5.5 zeigt, vervollständigt die Testmethode zuerst die aktiven Daten mithilfe der erzeugten Flugverbindungsentität. Dann erzeugt sie einen neuen Änderungsantrag, um mit diesem Antrag Änderungen an der Flugverbindung durchzuführen und diese Änderungen zu sichern.

```
METHOD get_saved_pfli_changes.
  DATA(lv_conn_id) =
    get_conn_id_of_tdc_variant( 'GET_SAVED_PFLI_CHANGES_5' ).
  DATA(lo_pfli_entity) = lcl_entity_5=>create_pfli_by_obj(
      io_carr_entity = so_carr_entity
      iv_conn_id     = lv_conn_id
  ).
```

```
  lo_pfli_entity->generate_active_data( ).

  create_updating_crequest_for( lo_pfli_entity ).
  change_active_data_of( lo_pfli_entity ).
  save_all( ).

  import_key_of( lo_pfli_entity ).
  get_nodes_changes( cs_only_saved_changes ).
  assert_saved_change_of( lo_pfli_entity ).
ENDMETHOD.
```

Listing 5.5 Robuste Testmethode

Der Testaufbau in den ersten beiden Anweisungsblöcken entspricht den manuellen Vorarbeiten in den vorangegangenen Versionen unseres Testcodes. Auf Basis dieser nun automatisierten Vorarbeiten kann die Testmethode den Testfall mit den bewährten Anweisungen zu Ende bringen.

5.3.2 Hilfsmethoden der Testklasse

In diesem Abschnitt stelle ich Ihnen diese neuen Hilfsmethoden der Testklasse ausschnittsweise vor. Neben interessanten Details zur Implementierung liegt ein weiterer Fokus auf testdatenrelevanten Entwurfsmustern

Generierung aktiver Daten

Wie Listing 5.6 zeigt, ist die Convenience API, also die Klasse unter Test, nicht in die Generierung aktiver Daten involviert. Diese Situation ist zu bevorzugen, aber wie der nächste Abschnitt zeigt, nicht immer möglich.

```
METHOD lif_entity_5~generate_active_data.
  ...
  CASE mv_entity_type.
    WHEN lif_flight_model_5=>c_carr_type.
      ASSIGN COMPONENT lif_flight_model_5=>c_carr_id_attr
        OF STRUCTURE <s_key> TO FIELD-SYMBOL(<carr_id>).
      ls_scarr-carrid   = <carr_id>.
      ls_scarr-currcode = lif_flight_model_5=>c_any_curr.
      MODIFY scarr FROM ls_scarr.
    WHEN lif_flight_model_5=>c_pfli_type.
      ...
  ENDCASE.
ENDMETHOD.
```

Listing 5.6 Vom Entitätstyp abhängige Generierung von Daten

Zum Schlüssel <S_KEY> der Entität wird ein kompletter Datensatz aufgebaut. Mit diesem Datensatz wird die zugehörige Datenbanktabelle (z. B. SCARR für Fluggesellschaften) aktualisiert. Der Befehl MODIFY legt dabei einen neuen Eintrag an, wenn noch kein Eintrag mit diesem Schlüssel existiert, was u. a. bei der ersten Ausführung in einem neuen System der Fall ist. Oder der Befehl überschreibt den existierenden Eintrag, was bei der erneuten Ausführung im gleichen System die Regel ist. Ein COMMIT WORK ist in keinem der beiden Fälle notwendig, da der ABAP-Server die nur in seinen Puffer geschriebenen Datensätze bei der nächsten SELECT-Anweisung mit berücksichtigt.

[«]

ABAP-Unit-Methoden für den Testabbau

Bei einem Test, der mehrere Prozesse umfasst, ist ein COMMIT WORK häufig notwendig, damit der zweite Prozess auf der Datenbank tatsächlich die Daten vorfindet, die der erste Prozess dort gespeichert hat. In diesem Fall kann es sein, dass sich der Test, um seine Wiederholbarkeit sicherzustellen, auch um den *Testabbau* kümmern muss, also etwa das Löschen dieser Daten nach Beendigung des Testfalls. ABAP Unit stellt der Testklasse dafür die Methoden TEARDOWN und CLASS_TEARDOWN zur Verfügung. Mehr Details dazu lesen Sie am Anfang von Kapitel 15, »Testklassen«.

Erzeugung eines Änderungsantrags

Wie Listing 5.7 zeigt, wird die Convenience API für die Erzeugung eines Änderungsantrags herangezogen. Das ist in der Theorie zwar nicht zwingend, aber praktisch ohne Alternative, wenn dieser komplizierte und fehleranfällige Vorgang für die Tests nicht halb nachprogrammiert werden soll.

```
METHOD create_updating_crequest_for.
  DATA lv_cr_type TYPE usmd_crequest_type.

  CASE io_entity->mv_entity_type.
    WHEN lif_flight_model_5=>c_pfli_type.
      lv_cr_type = c_cr_type_change_pfli.
    WHEN OTHERS.
      cl_abap_unit_assert=>fail( 'Unknown entity type' ).
  ENDCASE.

  so_conv_api->set_environment(
      iv_crequest_type   = lv_cr_type
      iv_create_crequest = abap_true
  ).
ENDMETHOD.
```

Listing 5.7 Vom Entitätstyp abhängige Erzeugung eines Änderungsantrags

Die Methode SET_ENVIRONMENT wird über weitere optionale Parameter angewiesen, auch den Änderungsantrag zu erzeugen. Für diese zweite Zuständigkeit der Methode wäre eine zweite Methode eigentlich die bessere Variante. Testcode ist in der Lage, diese Unzulänglichkeiten des Produktcodes zu kaschieren – zumindest so lange, bis es genügend Testabsicherung gibt, um den Produktcode zu reparieren.

Beachten Sie, dass die Hilfsmethode CREATE_UPDATING_CREQUEST_FOR der Testklasse den Änderungsantragstyp als Begriff kapselt. Der Leser des Codes muss sich also nicht damit auseinandersetzen, bis er sich in der Tat für dieses technische Detail interessiert und in die Hilfsmethoden hineinnavigiert.

Änderung aktiver Daten

Wie Listing 5.8 zeigt, ist die Änderung der aktiven Daten ebenfalls nicht ohne die Convenience API möglich.

```
METHOD change_active_data_of.
  ...
  DATA(lsr_unsaved_data) = io_entity->change_data(
      isr_source_data = read_active_data_of( io_entity )
  ).
  ...
  so_conv_api->write_entity_data( lt_entity_type_data ).
ENDMETHOD.
```

Listing 5.8 Hilfsmethode für die Beauftragung einer Änderung

Die Hilfsmethode CHANGE_ACTIVE_DATA_OF der Testklasse liest die aktiven Daten der gegebenen Entität, ändert diese und schreibt die daraus resultierenden ungesicherten Daten wieder in die Convenience API zurück.

Listing 5.9 zeigt, dass die Methode CHANGE_DATA der Entitätsklasse die beliebige Änderung der gegebenen Entitätsdaten an seinem *Standardattribut* durchführt, indem es zwischen zwei seiner Werte hin- oder herspringt. Den Namen des Standardattributs und diese zwei beliebigen, aber unterschiedlichen und nicht initialen Werte stellt die Entitätsklasse mit ihrer Methode GET_DEFAULT_ATTRIBUTE in Form einer Datenstruktur zur Verfügung.

```
METHOD lif_entity_5~change_data.
    ...
    DATA(ls_def_attr) = get_default_attribute( ).
    ASSIGN COMPONENT ls_def_attr-attr_name
      OF STRUCTURE <s_target_data> TO FIELD-SYMBOL(<attr>).
    IF <attr> = ls_def_attr-value_any.
      <attr> = ls_def_attr-value_other.
    ELSE.
```

```
      <attr> = ls_def_attr-value_any.
    ENDIF.
  ENDMETHOD.
```

Listing 5.9 Hilfsmethode für die Umsetzung einer beliebigen Änderung

Wie Listing 5.10 zeigt, hält die Entitätsklasse eine solche Datenstruktur für die beliebige Änderung eines Standardattributs pro Entitätstyp vor.

```
METHOD get_default_attribute.
  CASE mv_entity_type.
    WHEN lif_flight_model_5=>c_carr_type.
      rs_def_attr = ss_carr_def_attr.
    WHEN lif_flight_model_5=>c_pfli_type.
      rs_def_attr = ss_pfli_def_attr.
  ENDCASE.
ENDMETHOD.
```

Listing 5.10 Vom Entitätstyp abhängiges Standardattribut für Änderungen

Die Datenstrukturen der Standardattribute lassen sich entweder mit konstanten oder mit statischen Strukturen bereitstellen. Wie Listing 5.11 zeigt, habe ich die Entitätsklasse mithilfe ihres Klassenkonstruktors mit statischen Strukturen ausgestattet.

```
METHOD class_constructor.
  ss_carr_def_attr-attr_name   = lif_flight_model_5=>c_curr_attr.
  ss_carr_def_attr-value_any   = lif_flight_model_5=>c_any_curr.
  ss_carr_def_attr-value_other = lif_flight_model_5=>c_other_curr.

  ss_pfli_def_attr-attr_name   = lif_flight_model_5=>c_arr_time_attr.
  ss_pfli_def_attr-value_any   = lif_flight_model_5=>c_any_arr_time.
  ss_pfli_def_attr-value_other = lif_flight_model_5=>c_other_arr_time.
ENDMETHOD.
```

Listing 5.11 Statische Definition der Standardattribute für Änderungen

Wie Listing 5.5 zeigt, wird der Aufwand, den die Standardattribute und ihre Datenstrukturen verursachen, mit einer besseren Lesbarkeit der Testmethode belohnt. Für den Aufruf der Methode `CHANGE_ACTIVE_DATA_OF` genügt der Testmethode das einzelne Argument `LO_PFLI_ENTITY`; zusätzliche Argumente für das zu ändernde Attribut und den neuen Wert sind nicht nötig.

Die Hilfsmethode `SAVE_ALL` der Testklasse schließlich sichert mithilfe der Convenience API sowohl die Entitätsdaten als auch die Daten des Änderungsantrags.

5.3.3 Diagramme

Das Blockdiagramm in Abbildung 5.2 gibt einen Überblick über den von der Testmethode orchestrierten Testaufbau. Beachten Sie, dass die manuelle Testaktivität nun nicht mehr nötig ist.

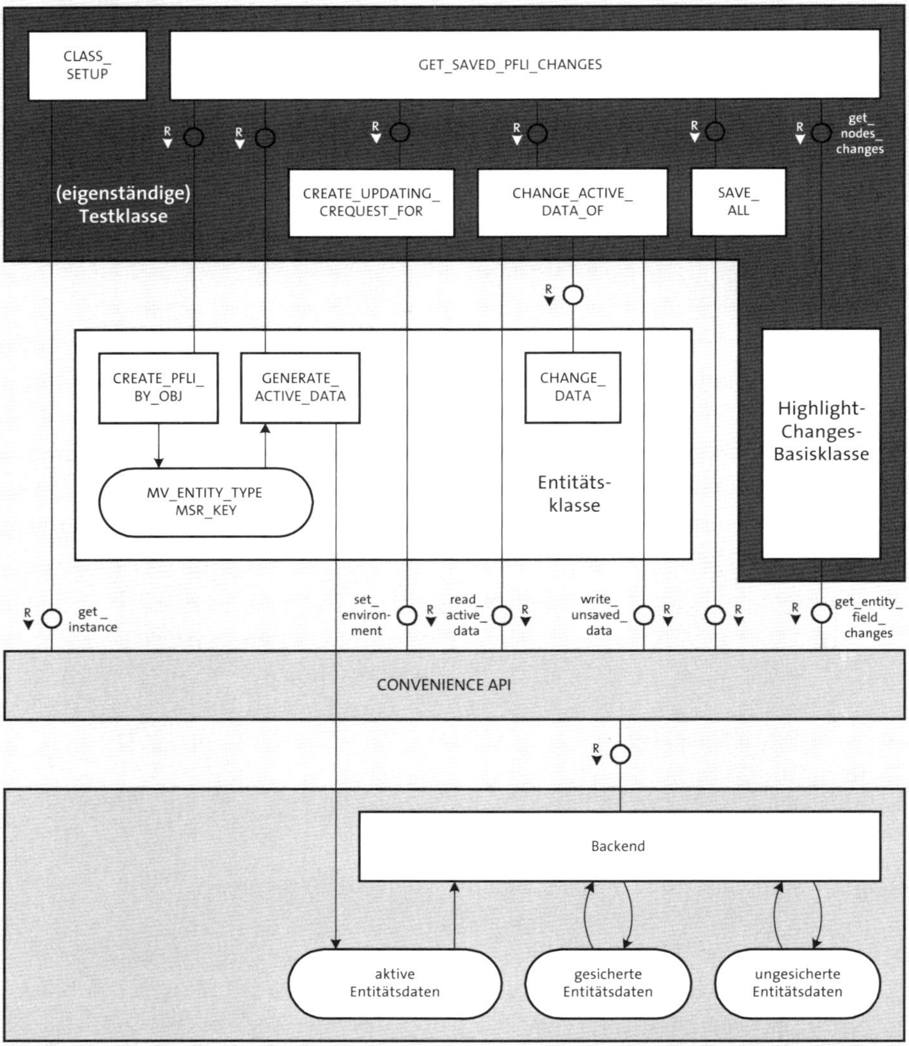

Abbildung 5.2 Testmethode mit automatischem Testaufbau

Das Klassendiagramm in Abbildung 5.3 zeigt, dass wir der Testklasse wieder einige Hilfsmethoden hinzugefügt haben. Das ist für diese Version 5 auch in Ordnung, da es schon Aufwand genug war, die Eigenständigkeit und Robustheit der Testklasse so schnell wie möglich zu erreichen. Aber schon mit der nächsten Version werde ich einen Weg aufzeigen, wie sich die Testklasse wieder auf die Formulierung von Testfällen konzentrieren kann.

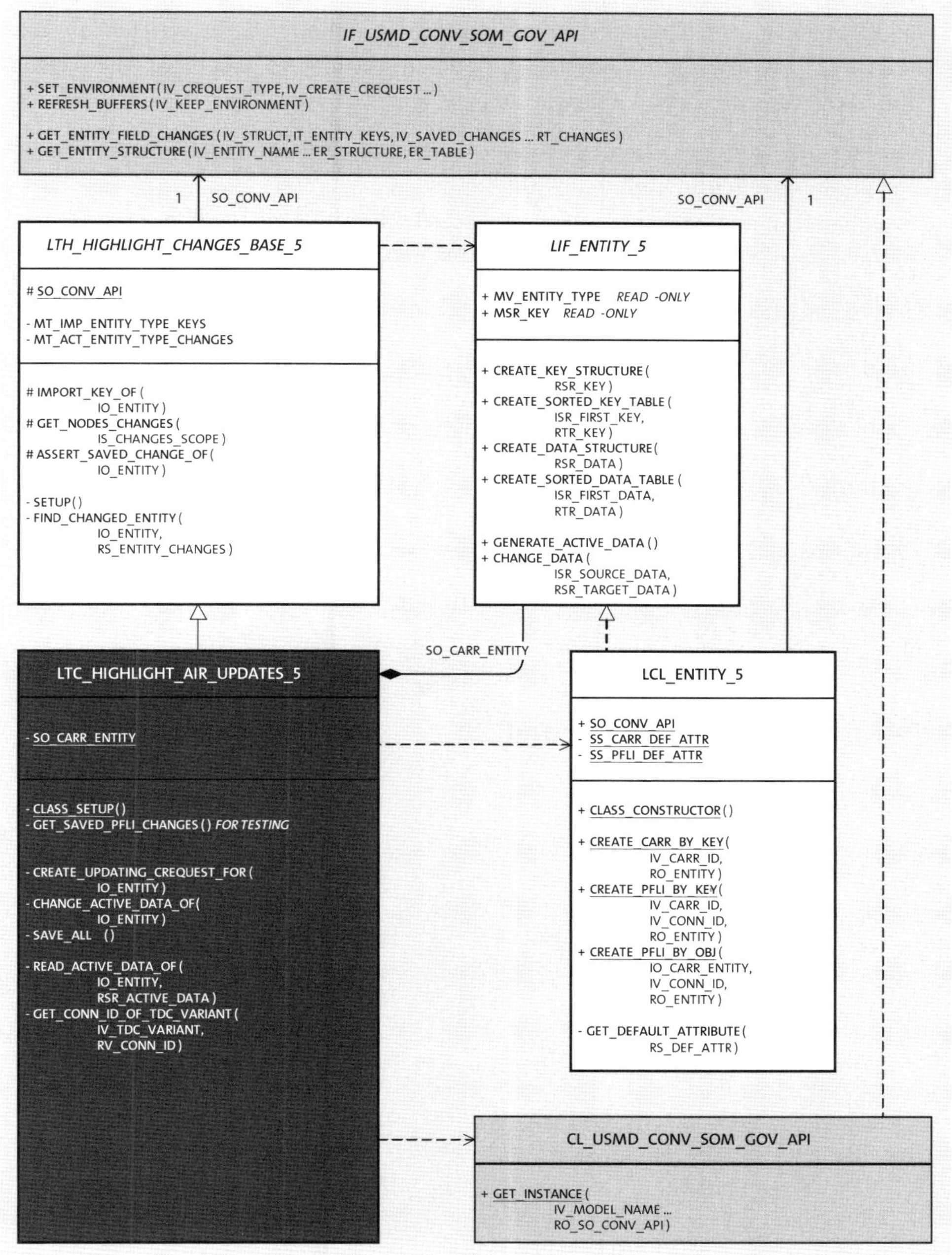

Abbildung 5.3 Entitätsklasse zur Generierung und Veränderung von Daten

Die vormals so kleine Entitätsklasse ist in Version 5 signifikant gewachsen. Für die in Abschnitt 5.3.2, »Hilfsmethoden der Testklasse«, besprochenen Methoden zur Änderung von aktiven Daten hat die Entitätsklasse »lernen« müssen, wie man Datenstrukturen und -tabellen erzeugt. Inzwischen besitzt die Entitätsklasse auch drei Erzeugungsmethoden. Von den Signaturen dieser Methoden lässt sich leicht ablesen, dass ein Konstruktor mit mehreren optionalen Parametern und einer Dokumentation nötig wäre, um diese Methoden zu ersetzen.

Umgebungsunabhängige Wiederholbarkeit

Mit dem eigenständigen Aufbau der testrelevanten Daten stellt die Testklasse sicher, dass ihre Testmethoden in jeder Umgebung wiederholbar sind (*Repeatable-Prinzip*).

Kapitel 6
Minimierung von Abhängigkeiten

Tests sind für das Refactoring notwendig, um Regression zu vermeiden. Allerdings müssen Tests auch häufig angepasst werden, wenn sich das Produktdesign durch Refactoring ändert. Wie kann der Aufwand dafür minimiert werden? Welche Rolle spielen dabei Abhängigkeiten des Testcodes vom Produktcode?

Abhängigkeiten können sowohl bei der Erzeugung als auch bei der Verwendung eines Objekts bestehen. In diesem Kapitel geht es in vielfacher Hinsicht um die Frage, wie abhängig Ihre Testklassen von Produktklassen sowie von Hilfsklassen der Testinfrastruktur sind. Ist diese Abhängigkeit groß, entsteht möglicherweise viel Anpassungsaufwand bei einer Vielzahl Ihrer Testmethoden, selbst wenn Sie z. B. an einer einzigen Produktmethode nur wenig geändert haben. Wenn Sie die Anpassungen viel wertvolle Zeit kosten, werden Sie sich zu Recht fragen, ob sie wirklich so wichtig sind. Und selbst wenn Sie dies bejahen, werden Sie sich wahrscheinlich als Nächstes fragen, ob Sie die Anpassungen unbedingt jetzt durchführen müssen, wo Sie doch gerade viele andere wichtige Dinge erledigen sollten.

Langer Rede kurzer Sinn: Wenn Ihre Tests zu viele Abhängigkeiten aufweisen, ist gerade die Agilität in Gefahr, die Sie durch Ihre Tests eigentlich befördern wollen. Es lohnt sich also, wenn Sie solche Abhängigkeiten erkennen und zeitnah beheben.

In Abschnitt 6.1, »Vereinfachung einer Verwendung«, erörtere ich, wie die Lesbarkeit von Testmethoden von derjenigen der Produktmethoden abhängt. Unsere Beispielanwendung etwa wurde in ABAP Objects geschrieben, ist aber noch vom schwerer lesbaren, prozeduralen Programmierstil geprägt. Das zeigen vor allem die Methodensignaturen, die statt weniger Objektparameter eine Vielzahl an Datenparametern aufweisen. Ein Nachteil ist, dass ein Leser dieses Codes mit mehr technischen Details konfrontiert wird, als er für ein erstes Verständnis benötigt. Vor allem ein Neuling braucht dadurch mehr Zeit und Hilfestellung von Ihnen als erfahrenem Kollegen. Das geht nicht nur zulasten Ihrer Effizienz, sondern verhindert auch, dass Ihr Team zu einem späteren Zeitpunkt noch effektiv unterstützt werden kann.

Für die Testklasse haben wir dieses Problem im vorangegangenen Kapitel bereits angepackt, indem wir objektorientierte Hilfsmethoden für die Verwendung der Convenience API hinzugefügt haben. In Abschnitt 6.1 führe ich nun diesen Verbesserungsschritt zu Ende, indem ich diese Hilfsmethoden in eine weitere Klasse der Testinfrastruktur übernehme, die allein für die Verschalung der Convenience API zuständig ist.

In Abschnitt 6.2, »Abgrenzung einer Verwendung«, zeige ich Ihnen anhand der Beispielanwendung, wie Sie Abhängigkeiten zu Interfaces minimieren können. Für eine umfassendere Behandlung dieses Themas verweise ich auf Kapitel 10, »Design von Klassen«.

Eine Klasse hängt so lange konkret von einer anderen ab, wie sie selbst Objekte von dieser Klasse erzeugt. In Abschnitt 6.3, »Unabhängigkeit von einer Erzeugung«, werden wir die Testklasse von dieser Abhängigkeit befreien, indem wir die Verantwortung für die Erzeugung von Entitäten an eine Factory-Klasse übertragen.

In Abschnitt 6.4, »Unabhängigkeit von einer Erweiterung«, zahlt sich diese Einführung der Factory-Klasse schon aus. Da die Testklasse nun keine Verbindung mehr zur Entitätsklasse hat, ist sie auch von deren Umbau in eine Hierarchie von Entitätsklassen nicht betroffen. Letztere ist wichtig, damit die Testinfrastruktur mit geringem Aufwand um weitere Entitätstypen erweitert werden kann.

Diese kurze Übersicht sollte verdeutlichen, dass die Minimierung von Abhängigkeiten in einem engen Zusammenhang mit der Erhöhung der Effizienz steht.

6.1 Vereinfachung einer Verwendung

An dieser Stelle lohnt sich ein kleiner Rückblick, um ein wichtiges Muster beim Refactoring zu erkennen. In Version 0 gab es nur eine Testmethode mit viel technischem Code (siehe Abschnitt 3.1, »Einführung in den Testcode«). Version 1 hat diesen Code in einfache Hilfsmethoden der Testklasse ausgelagert (siehe Abschnitt 3.2, »Allgemeine Clean-Code-Prinzipien«). Version 2 hat der Testklasse anspruchsvollere Hilfsmethoden hinzugefügt, die teilweise auf den einfacheren aufbauen (siehe Abschnitt 3.3, »Testorientierte Clean-Code-Prinzipien«). Damit war das erste Ziel, die Testmethoden gut lesbar und frei von Dopplungen zu halten, erreicht.

Das zweite Ziel war dann, die Testklasse von dem Ballast der vielen Hilfsmethoden wieder zu befreien. Dazu haben wir mit Version 3 Hilfsmethoden in eine Oberklasse und mit Version 4 in eine benachbarte Klasse ausgelagert (siehe Kapitel 4, »Designbasierte Verbesserung des Tests«).

Für Version 5 hat die Testklasse neue Hilfsmethoden aufgebaut, um die Qualität des Tests zu verbessern (siehe Kapitel 5, »Robuster Integrationstest«). Nun geht es in diesem Abschnitt wieder darum, dass diese zusätzlichen Methoden mit Version 6 einen passenden Platz in der Testinfrastruktur finden.

Das wiederkehrende Muster im Rahmen des Refactorings ist also, dass aus altem Code zuerst neue Methoden entstehen und aus diesen neuen Methoden dann neue Klassen werden. In letzter Konsequenz entstehen dadurch auch neue Pakete. Die Endstruktur lässt sich nicht am Anfang definieren; sie muss nach und nach gefunden werden.

Deshalb ist an Version 0 auch grundsätzlich nichts falsch; immerhin wurde mit dieser Version ein sinnvoller, lauffähiger Test erstellt. Es ist nur wichtig, diesem ersten Schritt so lange weitere Schritte folgen zu lassen, bis letztendlich jede Anweisung ihren Platz gefunden hat.

6.1.1 Verbesserungsprozess

Version 6 löst einige der Probleme, die für Version 5 noch bestehen.

Stand der Vorgängerversion

Die Testmethode der Version 5 ist ein Integrationstest, der sich eigenständig und wiederholbar um seinen Testaufbau kümmert.

Probleme der Vorgängerversion

Folgende Aspekte sind an der Testmethode noch problematisch:

- **Wiederverwendbare Hilfsmethoden**
  Die Testklasse enthält Hilfsmethoden, die einen vereinfachten Zugriff auf die Convenience API bieten. Diese sollten auch für andere Testklassen zur Verfügung stehen.
- **Vereinfachte Schnittstelle**
  Die produktive Convenience API arbeitet noch nicht mit der neuen Entitätsklasse. Eine Umstellung verspricht ein einfacheres Design, aber die Auswirkungen sind noch nicht absehbar.

Lösungswege zu einer Nachfolgeversion

Für diese Probleme gibt es folgende Lösungen:

- **Wiederverwendbare Hilfsmethoden**
  Für einen einfacheren Zugriff bietet die Testinfrastruktur eine Verschalung der Convenience API an. Diese sogenannte *Simple API* kann dann auch von anderen Testklassen benutzt werden.
- **Vereinfachte Schnittstelle**
  Mithilfe der Simple API kann im Testumfeld schon eine objektorientierte Alternative für die produktive Convenience API entwickelt und validiert werden.

6.1.2 Vereinfachung der produktiven API

Listing 6.1 zeigt, dass das Interface der Simple API, einer Hilfsklasse zur Vereinfachung der Convenience API, genau die Methoden umfasst, die von der Testmethode direkt aufgerufen werden.

```
INTERFACE lif_simple_api_6.
  METHODS create_updating_crequest_for
    IMPORTING
      io_entity TYPE REF TO lif_entity_6.
  METHODS change_active_data_of
    IMPORTING
      io_entity TYPE REF TO lif_entity_6.
  METHODS save_all.
ENDINTERFACE.

CLASS lcl_simple_api_6 DEFINITION FINAL CREATE PRIVATE.
  PUBLIC SECTION.
    INTERFACES lif_simple_api_6.

    CLASS-METHODS create
      IMPORTING
        io_conv_api TYPE REF TO if_usmd_conv_som_gov_api
      RETURNING
        VALUE(ro_simple_api) TYPE REF TO lif_simple_api_6.

  PRIVATE SECTION.
    METHODS read_active_data_of
      IMPORTING
        io_entity TYPE REF TO lif_entity_6
      RETURNING
        VALUE(rsr_active_data) TYPE REF TO data.

    CONSTANTS
      c_cr_type_change_pfli TYPE usmd_crequest_type VALUE 'SFP02'.
    CLASS-DATA so_conv_api TYPE REF TO if_usmd_conv_som_gov_api.
ENDCLASS.
```

Listing 6.1 Objektorientierte Vereinfachung der Convenience API

Die untergeordnete Methode READ_ACTIVE_DATA_OF dagegen wurde im Zuge der Extraktion der Simple API aus der Testklasse für ihre Testmethoden unsichtbar. Das Gleiche gilt für den Änderungsantragstyp. Seine Konstante C_CR_TYPE_CHANGE_PFLI ist ebenfalls in den privaten Bereich der Simple API gewandert. Es müsste also kein Test angepasst werden, wenn sich etwa das Format dieses Änderungsantragstyps ändert. Die notwendigen Anpassungen würden zentral in dieser Hilfsklasse der Testinfrastruktur anfallen.

6.1.3 Zugriff auf den Testdatencontainer

Listing 6.2 zeigt das gleiche Muster für den Zugriff auf den Testdatencontainer (TDC). Allerdings ist in diesem Fall die Hilfsmethode GET_CONN_ID_OF_TDC_VARIANT nicht nur ausgelagert, sondern auch aufgespalten worden. Die Erzeugungsmethode CREATE baut für die konsumierende Testklasse einmalig die Verbindung MO_TDC_API zum TDC auf, während die Methode GET_CONN_ID über diese Verbindung für jede ihrer Testmethoden die Flugverbindungsnummer der zugehörigen TDC-Variante ausliest.

```
INTERFACE lif_tdc_access_6.
  METHODS get_conn_id_of
    IMPORTING
      iv_tdc_variant TYPE etvar_id
    RETURNING
      VALUE(rv_conn_id) TYPE mdg_s_conn_id.
ENDINTERFACE.

CLASS lcl_tdc_access_6 DEFINITION.
  PUBLIC SECTION.
    INTERFACES lif_tdc_access_6.

    CLASS-METHODS create
      IMPORTING
        iv_tdc TYPE etobj_name
      RETURNING
        VALUE(ro_tdc_access) TYPE REF TO lif_tdc_access_6.

  PRIVATE SECTION.
    DATA mv_tdc TYPE etobj_name.
    DATA mo_tdc_api TYPE REF TO cl_apl_ecatt_tdc_api.
ENDCLASS.
```

Listing 6.2 Auslagerung des TDC-Zugriffs

6.1.4 Delegierende Testklasse

In Listing 6.3 hat die Testklasse ihre Hilfsmethoden gegen zwei statische Abhängigkeiten eingetauscht.

```
CLASS ltc_highlight_air_updates_6 DEFINITION
INHERITING FROM lth_highlight_changes_base_6 FINAL
FOR TESTING DURATION SHORT RISK LEVEL DANGEROUS.
  PRIVATE SECTION.
    CLASS-METHODS class_setup.
    METHODS get_saved_pfli_changes FOR TESTING.

    CONSTANTS:
      c_tdc TYPE etobj_name VALUE 'HIGHLIGHT_AIR_UPDATES',
      c_carrier_id TYPE mdg_s_carr_id VALUE 'AIR'.
    CLASS-DATA:
      so_simple_api  TYPE REF TO lif_simple_api_6,
      so_tdc_access  TYPE REF TO lif_tdc_access_6,
      so_carr_entity TYPE REF TO lif_entity_6.
ENDCLASS.
```

Listing 6.3 Testklasse ohne Hilfsmethoden

Die Konstante C_TDC ist für die Definition der Testklasse nicht notwendig. Da sie, wie Listing 6.4 zeigt, nur einmal von der Class-Setup-Methode gebraucht wird, könnte ihr Festwert auch hart codiert werden. Für die Übersicht finde ich die Konstante im Definitionsteil aber durchaus hilfreich.

```
CLASS ltc_highlight_air_updates_6 IMPLEMENTATION.
  METHOD class_setup.
    ...
    so_simple_api = lcl_simple_api_6=>create( so_conv_api ).
    so_tdc_access = lcl_tdc_access_6=>create( c_tdc ).
    ...
  ENDMETHOD.

  METHOD get_saved_pfli_changes.
    DATA(lv_conn_id) = so_tdc_access->get_conn_id_of(
        iv_tdc_variant = 'GET_SAVED_PFLI_CHANGES_6'
    ).
    ...
    so_simple_api->create_updating_crequest_for( lo_pfli_entity ).
    so_simple_api->change_active_data_of( lo_pfli_entity ).
    so_simple_api->save_all( ).
    ...
  ENDMETHOD.
ENDCLASS.
```

Listing 6.4 Nur noch delegierende Testmethode

Meiner Meinung nach ist die Verwendung der Simple API durch die Testmethode nun so gut nachvollziehbar, dass Kommentare keinen Mehrwert mehr bieten können.

6.1.5 Diagramme

Das Blockdiagramm in Abbildung 6.1 gibt den Aufbau der Testmethode noch einmal anschaulich wieder. Auf die Darstellung der Class-Setup-Methode sowie der TDC-Zugriffsklasse habe ich hier aus Platzgründen verzichtet.

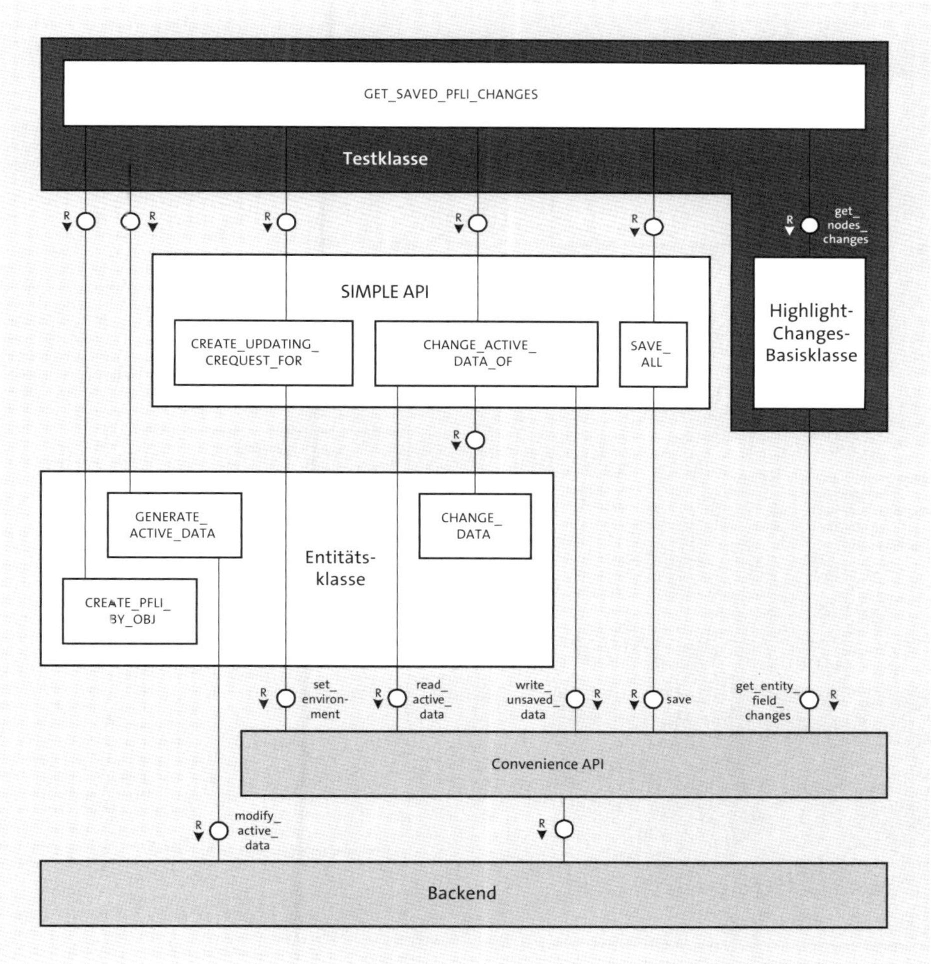

Abbildung 6.1 Testklasse ohne direkten Zugriff auf die Convenience API

Der Zugriff auf den TCD taucht in Abbildung 6.2 zwar auf. Allerdings musste ich aus Platzgründen für dessen Darstellung, genauso wie für die Darstellung der Simple API, auf die für Klassendiagramme übliche Trennung von Interface und Klasse verzichten.

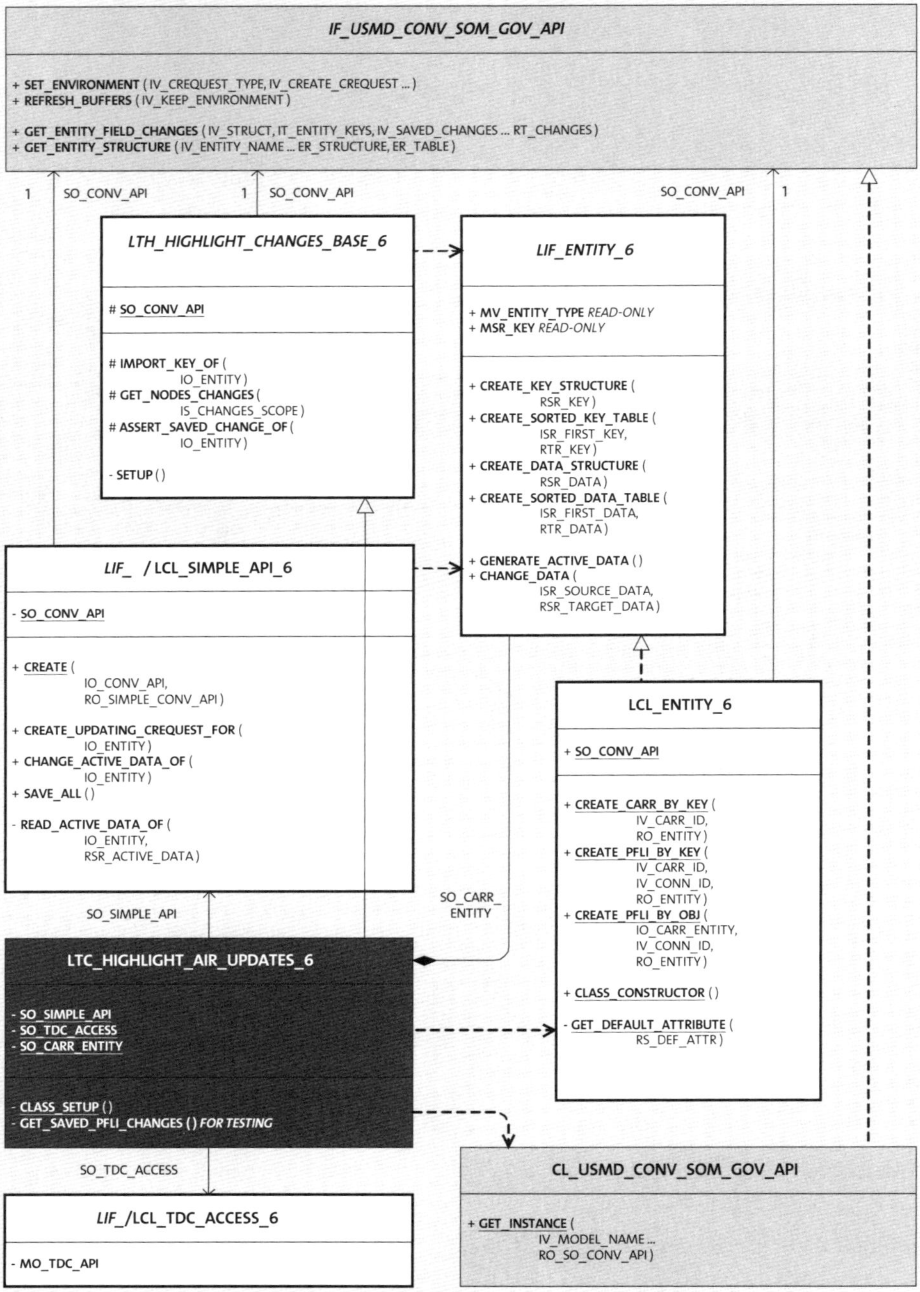

Abbildung 6.2 Testklasse, die sich auf die Testfälle konzentriert

Abbildung 6.2 zeigt, in welchem Umfang die Testklasse inzwischen durch die Testinfrastruktur unterstützt wird. Diese Verteilung von Zuständigkeiten macht es einfach und effizient möglich, neue Testklassen zu schreiben bzw. große Testklassen in kleinere zu zerlegen.

Hilfsklassen mit eindeutigen Verantwortlichkeiten

Sowohl die Testklasse als auch die Klassen für die objektorientierte Verschalung der Convenience API und den TDC-Zugriff erfüllen das Prinzip der alleinigen und einzigen Zuständigkeit (*Single-Responsibility-Prinzip*). Da sie nur wenige oder keine untergeordneten Methoden besitzen, ist auch ihr innerer Zusammenhalt groß.

Wie Abbildung 6.1 und Abbildung 6.2 zeigen, hat sich die Testinfrastruktur inzwischen sehr weitreichend zwischen Test- und Produktcode geschoben. Allein die Erzeugung der Convenience API ist als direkte Verbindung geblieben; allerdings verwendet die Testklasse diese Verbindung nur, um dieses Convenience-API-Objekt an die Basisklasse, die Simple API und die Entitätsklasse weiterzugeben.

Redesign der Produktklasse

Die Entkopplung der Testklassen von den Produktklassen durch die Testinfrastruktur bewirkt, dass Sie die Testmethoden nur noch bei einer funktionalen Änderung (z. B. im Rahmen einer Fehlerkorrektur) anpassen müssen. Bei einer strukturellen Änderung der Produktklassen sollte dagegen eine Anpassung der Testinfrastruktur genügen.

Das ist die ultimative Voraussetzung für effizientes Refactoring von Produktcode, denn zu einer großen Klasse wie der Convenience API sind Hunderte von Testmethoden nichts Ungewöhnliches. Diese vollständige Entkopplung unterstützt Sie bei Bedarf aber auch bei einem *Redesign* dieser Klasse, denn die Testsuite repräsentiert eine umfassende und sogar ausführbare Spezifikation der Produktklasse. Und da Sie Ihre Testmethoden schon von allen technischen Details befreit haben, könnten Sie nach einer Neuausrichtung der Testinfrastruktur und Übertragung aller Testklassen sogar einen vollständigen Technologiewechsel (z. B. auf die SAP Cloud Platform) in strukturierter Weise bewerkstelligen.

6.2 Abgrenzung einer Verwendung

Jede öffentliche Methode einer Klasse sollte Teil eines der Interfaces dieser Klasse sein. Über ein Interface kann sich eine verwendende Klasse klar von einer implementierenden Klasse abgrenzen. Wenn eine Klasse für verschiedene Verwenderklassen in verschiedene Rollen schlüpft, sollte diese Klasse auch für jede dieser Rollen ein eigenes Interface zur Verfügung stellen.

Eine Verwenderklasse erhält dadurch eine einfache Sicht auf die von ihr tatsächlich benötigte Funktionalität. Eine schlichte Gruppierung von Methoden und Attributen aus Sicht der implementierenden Klasse ist dagegen nicht dienlich. Mit anderen Worten: Wenn Sie ein Interface als einen Vertrag zwischen Klassen verstehen, sollte dieser nicht umfangreicher sein als nötig.

6.2.1 Verbesserungsprozess

Version 7 löst einige der Probleme, die für Version 6 noch bestehen.

Stand der Vorgängerversion

Die Testmethode der Version 6 ist ein robuster Integrationstest. Die Testinfrastruktur unterstützt die Testklasse umfassend.

Probleme der Vorgängerversion

Die Basisklasse hängt von Methoden zur Generierung und Änderung von Entitätsdaten ab, obwohl sie diese Funktionalität gar nicht benötigt.

Lösungswege zu einer Nachfolgeversion

Mit einem neuen Interface kann die Entitätsklasse der Basisklasse diejenigen Methoden und Attribute zur Verfügung stellen, die diese Klasse für das Lesen von Entitätsdaten benötigt. Da die Simple API diese Komponenten ebenfalls benötigt, sollte das bisherige Interface das neue enthalten.

6.2.2 Geschachtelte Interfaces

Listing 6.5 deutet an, dass das Interface `LIF_ENTITY_READ_7` neben den beiden schlüsselbezogenen Methoden auch die entsprechenden datenbezogenen Methoden enthält, die die Basisklasse gar nicht braucht. Das ist normal, weil ein Interface in der Regel nicht für einen einzelnen Verwender, sondern für Gruppen von Verwendern definiert wird.

Ein Interface ist deshalb selten perfekt auf jeden seiner Verwender zugeschnitten. Wenn für jeden Verwender des Interface allerdings nur wenige Methoden interessant sind, sollten Sie die Gruppierung der Verwender überdenken und eventuell anders gestalten.

```
INTERFACE lif_entity_read_7.
  METHODS create_key_structure
    RETURNING
      VALUE(rsr_key) TYPE REF TO data.
```

```
  ...
  METHODS create_sorted_data_table
    IMPORTING
      isr_first_data  TYPE REF TO data OPTIONAL
    RETURNING
      VALUE(rtr_data) TYPE REF TO data.

  DATA mv_entity_type TYPE usmd_entity READ-ONLY.
  DATA msr_key        TYPE REF TO data READ-ONLY.
ENDINTERFACE.

INTERFACE lif_entity_7.
  INTERFACES lif_entity_read_7.

  METHODS generate_active_data.
  METHODS change_data
    IMPORTING
      isr_source_data        TYPE REF TO data
    RETURNING
      VALUE(rsr_target_data) TYPE REF TO data.

  ALIASES mv_entity_type FOR lif_entity_read_7~mv_entity_type.
  ALIASES msr_key        FOR lif_entity_read_7~msr_key.
ENDINTERFACE.
```

Listing 6.5 Geschachtelte Interfaces der Entitätsklasse

Im zweiten Teil von Listing 6.5 können Sie sehen, wie das bisherige Interface das neue als Teil-Interface definiert. Zusätzlich definiert es Aliasse für die häufig verwendeten Attribute, sodass Verwender des alten Interface weiterhin direkt auf diese Attribute zugreifen können (also ohne den Zusatz LIF_ENTITY_READ_7~).

Für die in Listing 6.5 nicht gezeigte Entitätsklasse genügt es dann, wenn Sie ausschließlich das Interface LIF_ENTITY_7 definieren und auch die möglichen Klassen-Aliasse für die beiden Attribute auf dieses Interface beziehen (z. B. LIF_ENTITY_7~MV_ENTITY_TYPE).

6.2.3 Diagramme

Wie Abbildung 6.3 zeigt, greifen Basisklasse und Simple API über verschiedene Interfaces auf Entitäten zu. Damit ist nicht nur ihre Sicht auf die Entitäten, sondern auch ihre Abhängigkeit von diesen Entitäten unterschiedlich.

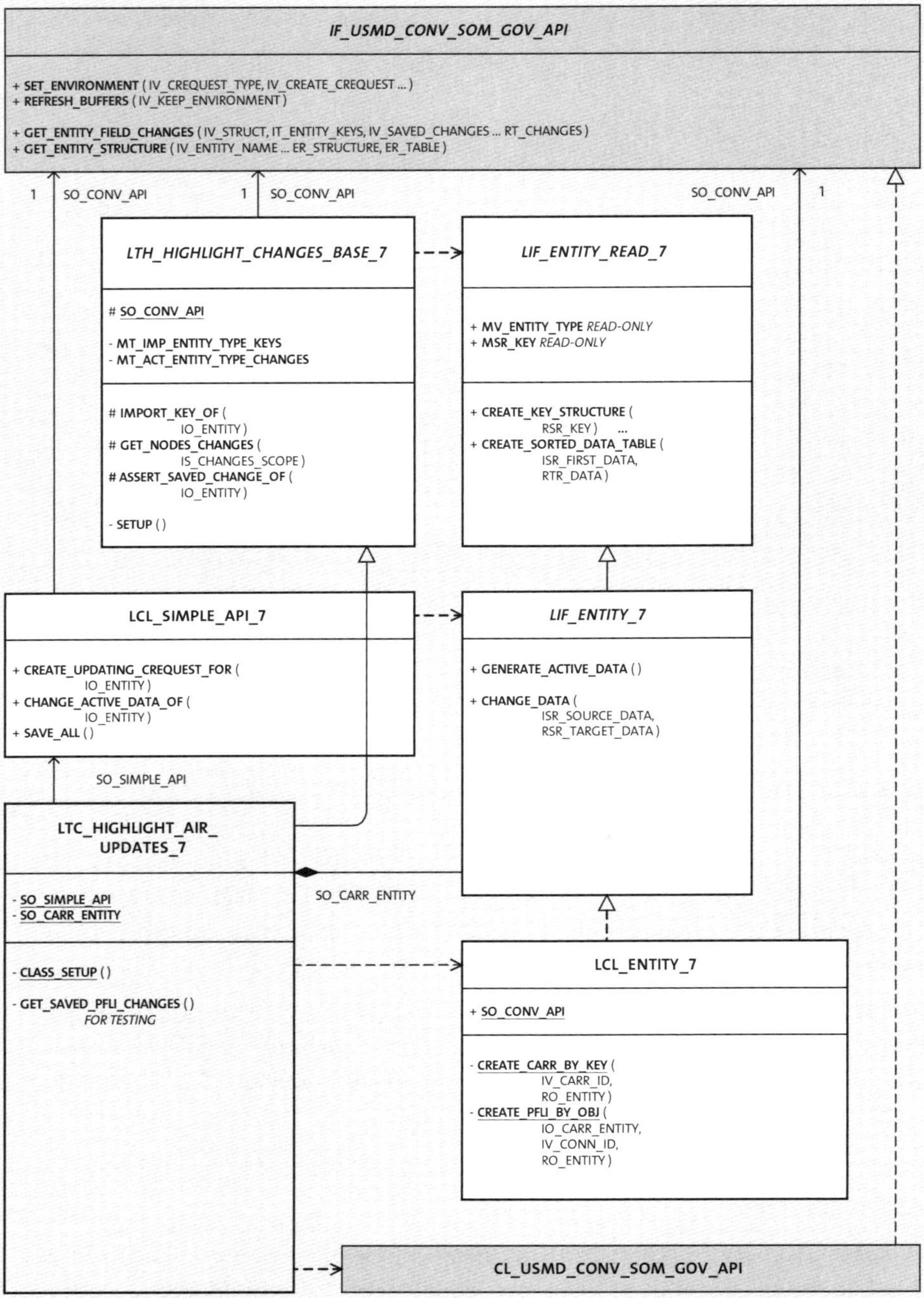

Abbildung 6.3 Basisklasse und Simple API als unterschiedliche Verwender

Abgegrenzte Verwendergruppen

Die Entitätsklasse grenzt die Basisklasse (als Repräsentant einer am Lesen von Entitätsdaten interessierten Verwendergruppe) und die Simple API (als Repräsentant einer am Schreiben von Entitätsdaten interessierten Verwendergruppe) mit zwei ineinander geschachtelten Interfaces voneinander ab (*Interface-Segregation-Prinzip*).

6.3 Unabhängigkeit von einer Erzeugung

Erzeugung und Verwendung sind unterschiedliche Zuständigkeiten. Eine Klasse kann die Anzahl ihrer Zuständigkeiten verkleinern, indem ihre Objekte möglichst viele Objekte, mit denen sie zusammenarbeiten, von ihren Verwendern erhalten. Das kann einmalig beim Aufruf einer Erzeugungsmethode oder wiederholt beim Aufruf einer Interface-Methode erfolgen.

Von diesem Entwurfsmuster sollten Sie allerdings abweichen, wenn sich die Verwender der Klasse nicht dafür interessieren, ob die Klasse ihre Funktionalität allein oder in Zusammenarbeit mit untergeordneten Klassen realisiert. In diesem Fall wird die Klasse die Erzeugungszuständigkeit für eine untergeordnete Klasse nur los, wenn sie diese Zuständigkeit an eine sogenannte *Factory-Klasse* (oder kurz Factory) abtritt. Diese erzeugt das Objekt, zu dem das Objekt der Klasse dann nur noch in einer Verwendungsbeziehung steht.

In diesem Abschnitt führe ich eine Factory für Entitäten ein. Ich löse damit die Abhängigkeit der Testklasse von der Entitätsklasse auf. Die Testklasse wird, genauso wie die Basisklasse, dann nur noch ein Interface-basierter Verwender von Entitätsobjekten sein.

6.3.1 Verbesserungsprozess

Version 8 löst einige der Probleme, die für Version 7 noch bestehen.

Stand der Vorgängerversion

Die Testmethode der Version 7 ist ein robuster Integrationstest. Die Hilfsklassen der Testinfrastruktur sind von der Entitätsklasse so wenig wie möglich abhängig.

Probleme der Vorgängerversion

Die Testklasse verwendet Entitäten. Doch obwohl der Testklasse ein Interface ausreicht, ist sie wegen der Erzeugung von Entitätsobjekten noch von der Entitätsklasse abhängig. Das führt allerdings zu einem hohen Anpassungsaufwand, wenn bei einer großen Anzahl an Testklassen die Entitätsklasse ausgetauscht werden muss.

Lösungswege zu einer Nachfolgeversion

Eine Factory-Klasse übernimmt die Erzeugung von Entitäten. Nur die Factory-Klasse ist von der Entitätsklasse abhängig. Da sich alle Verwender nur auf ein Interface verlassen, müsste im Fall eines Austauschs der Entitätsklasse nur die Factory-Klasse geändert werden.

6.3.2 Definition einer Factory

Wie Listing 6.6 zeigt, ist die Factory-Klasse nach dem Singleton-Entwurfsmuster designt. Das heißt, es gibt höchstens ein Factory-Objekt. Dieses Objekt wird beim ersten Aufruf der Methode `GET_SINGLETON` erzeugt und in dem Klassenattribut `SO_FACTORY` für weitere Aufrufe bereitgehalten.

```
CLASS lcl_factory_8 DEFINITION FINAL CREATE PRIVATE.
  PUBLIC SECTION.
    CLASS-METHODS get_singleton
      IMPORTING
        io_conv_api       TYPE REF TO if_usmd_conv_som_gov_api
      RETURNING
        VALUE(ro_factory) TYPE REF TO lcl_factory_8.

    METHODS create_carr_by_key
      IMPORTING
        iv_carr_id       TYPE mdg_s_carr_id
      RETURNING
        VALUE(ro_entity) TYPE REF TO lif_entity_8.
    ...
    METHODS create_pfli_by_obj
      IMPORTING
        io_carr_entity   TYPE REF TO lif_entity_8
        iv_conn_id       TYPE mdg_s_conn_id
      RETURNING
        VALUE(ro_entity) TYPE REF TO lif_entity_8.

  PRIVATE SECTION.
    CLASS-DATA so_factory TYPE REF TO lcl_factory_8.
ENDCLASS.
```

Listing 6.6 Definition einer Factory zur Erzeugung von Entitäten

6.3.3 Implementierung einer Factory

Wie Listing 6.7 zeigt, erledigt die Factory-Klasse auch die Zuweisung der Convenience API an das statische Attribut SO_CONV_API der Entitätsklasse. Die Testklasse muss sich also darum nicht mehr kümmern, was vor allem bei einer Vielzahl an Testklassen ein großer Vorteil ist.

Des Weiteren kann dieses Setzen nun auch sicher erfolgen, denn nur die Factory-Klasse als Freund der Entitätsklasse kann auf deren nun privates Attribut SO_CONV_API zugreifen. Und sie würde dieses Setzen auch immer dann aktualisieren, wenn sie selbst ein anderes Convenience-API-Objekt erhält. Das wäre dann der Fall, wenn eine andere Testklasse auf einem anderen Datenmodell und damit auch einem anderen Objekt der Convenience API aufbaut. Listing 6.7 zeigt den Idealfall, in dem die erzeugende Methode der Factory-Klasse die Anfragen nach einem Objekt 1:1 an die entsprechende Erzeugungsmethode der Objektklasse weiterleitet.

6

```
CLASS lcl_factory_8 IMPLEMENTATION.
  METHOD get_singleton.
    IF so_factory IS NOT BOUND.
      so_factory = NEW lcl_factory_8( ).
    ENDIF.
    IF lcl_entity_8=>so_conv_api <> io_conv_api.
      lcl_entity_8=>so_conv_api = io_conv_api.
    ENDIF.
    ro_factory = so_factory.
  ENDMETHOD.

  METHOD create_carr_by_key.
    ro_entity = lcl_entity_8=>create_carr_by_key( iv_carr_id ).
  ENDMETHOD.
  ...
  METHOD create_pfli_by_obj.
    ro_entity = lcl_entity_8=>create_pfli_by_obj(
        io_carr_entity = io_carr_entity
        iv_conn_id     = iv_conn_id
    ).
  ENDMETHOD.
ENDCLASS.
```

Listing 6.7 Factory-Implementierung, aufbauend auf den schnittstellengleichen Erzeugungsmethoden der Entitätsklasse

6.3.4 Verwendung einer Factory

Listing 6.8 zeigt diese Entitäten-Factory-Klasse im Einsatz. In der Class-Setup-Methode, also einmalig vor allen Testmethoden, holt sich die Testklasse ein statisches Factory-Objekt, das sie in der Folge mehrfach verwendet. Zuerst verwendet die Testklasse das Factory-Objekt, um noch in der Class-Setup-Methode eine Entität zu der konstanten Fluggesellschaft zu erzeugen. Als Zweites verwendet sie es, um in der Testmethode eine Entität der über die TDC-Variante festgelegten Flugverbindung zu erzeugen. Die zweite Verwendung wird in Listing 6.8 nicht gezeigt.

```
METHOD class_setup.
  so_conv_api = cl_usmd_conv_som_gov_api=>get_instance(
      iv_model_name = lif_flight_model_8=>c_name
  ).
  so_factory    = lcl_factory_8=>get_singleton( so_conv_api ).
  so_simple_api = lcl_simple_api_8=>create( so_conv_api ).
  so_tdc_access = lcl_tdc_access_8=>create( c_tdc ).

  so_carr_entity = so_factory->create_carr_by_key(
      iv_carr_id = c_carrier_id
  ).
  so_carr_entity->generate_active_data( ).
ENDMETHOD.
```

Listing 6.8 Testklasse ohne Abhängigkeit von der Entitätsklasse

Die Testklasse hängt nun auch hinsichtlich der Erzeugung von Entitäten nicht mehr von der Entitätsklasse ab.

6.3.5 Diagramme

Das Blockdiagramm in Abbildung 6.4 zeigt, dass die Testklasse nun vollständig von der Convenience API entkoppelt ist. Das bedeutet, dass der objektorientierten Implementierung dieser und weiterer Testklassen keine Grenzen mehr gesetzt sind. Das kommt nicht nur der Lesbarkeit der Testmethoden zugute, sondern erlaubt es Ihnen auch, ein objektorientiertes Design für die Conveniance API in der Testinfrastruktur ohne Risiko auszuprobieren.

Das Klassendiagramm in Abbildung 6.5 zeigt, dass die Testklasse zudem von der Entitätsklasse, also einem zentralen Teil der Testinfrastruktur, entkoppelt ist. Die Testklasse ist nicht mehr selbst Erzeuger von Entitäten. Diese Zuständigkeit hat sie an die Factory-Klasse abgegeben. Bei Bedarf können Sie also die Entitätsklasse austauschen, ohne dass irgendeine Testklasse dafür angepasst werden muss.

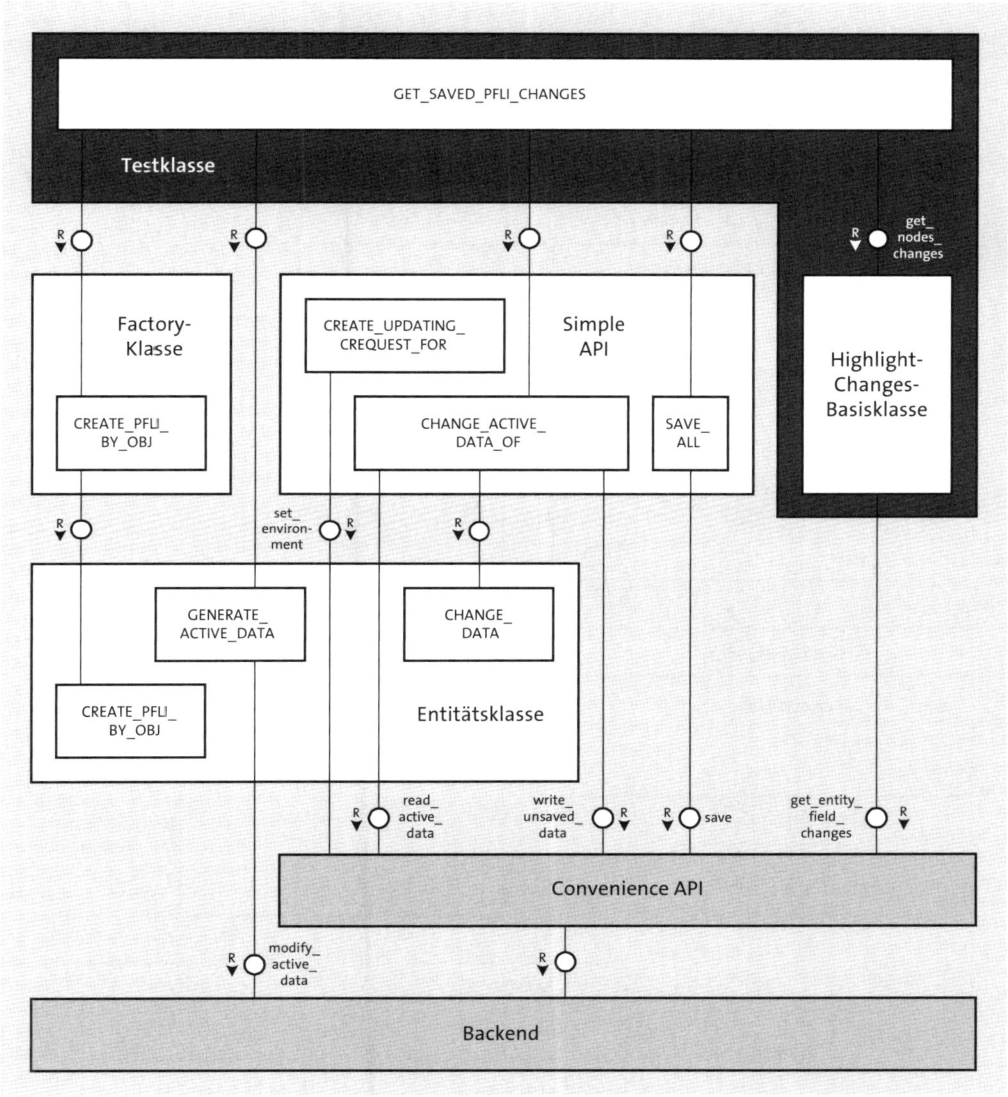

Abbildung 6.4 Testinfrastruktur zwischen Test- und Produktcode

Entkopplung der Testklasse von der Entitätsklasse

Die Factory-Klasse ist sowohl nach dem *Factory-Entwurfsmuster* als auch nach dem Singleton-Entwurfsmuster designt. Die Testklasse hängt hinsichtlich der Entitäten lediglich von einem abstrakten Interface und nicht mehr von einer konkreten Klasse ab (*Dependency-Inversion-Prinzip*).

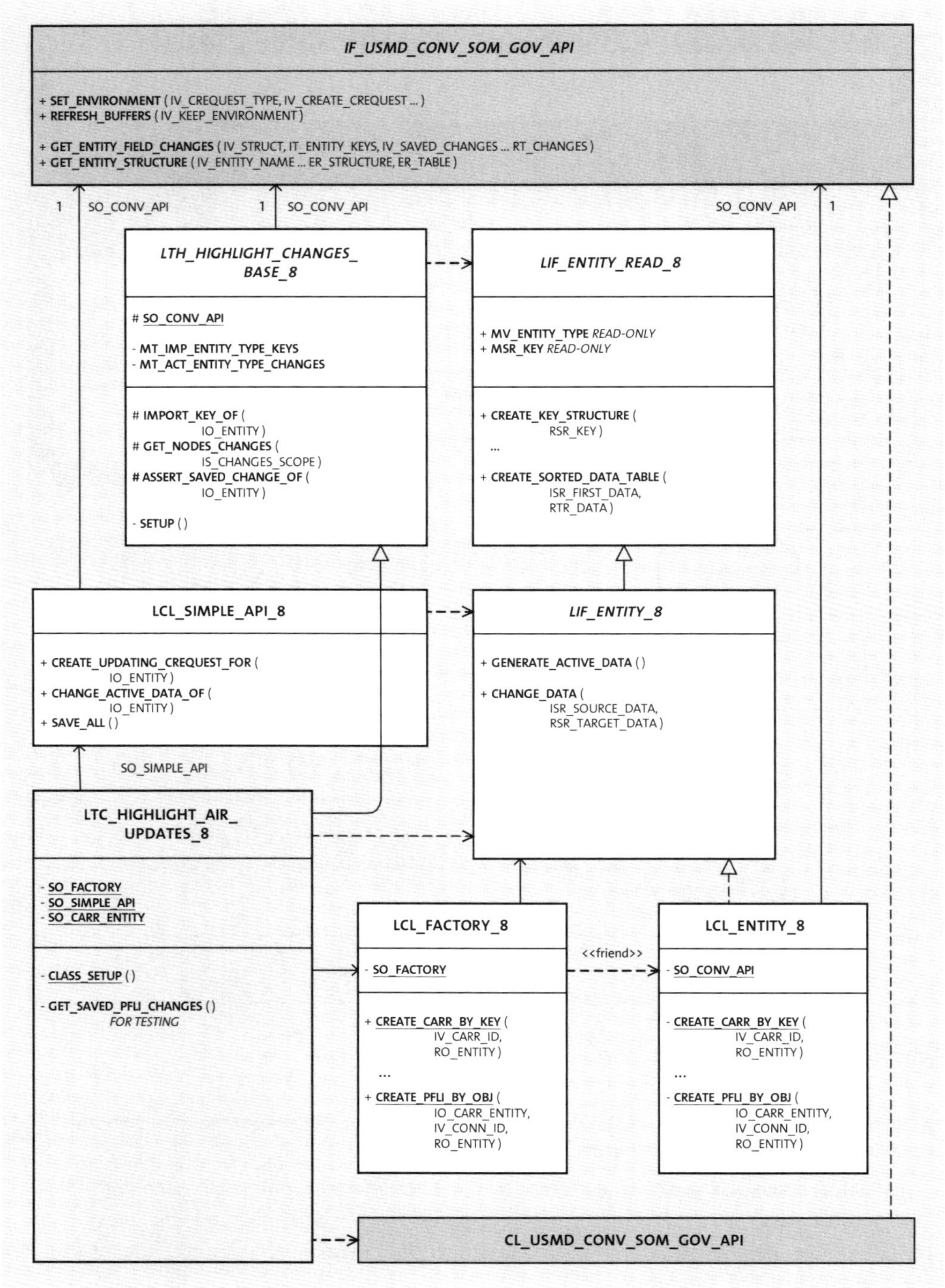

Abbildung 6.5 Testklasse ist kein Erzeuger von Entitäten mehr.

6.4 Unabhängigkeit von einer Erweiterung

Um Methoden und Attribute auszulagern, ist Vererbung nicht die erste Wahl. In vielen Fällen ist *Delegation* besser. Das gilt nicht nur für Programmiersprachen wie ABAP Objects, die höchstens eine Oberklasse zulassen. Für eine passende Vererbung sollte die Unterklasse in jeder Hinsicht eine Spezialisierung ihrer Oberklasse darstellen. Für die Basisklasse ist dies der Fall, weil sie eine abstrakte Testklasse ist.

Wenn es in diesem Abschnitt darum geht, die Erweiterbarkeit von Entitätstypen mit einer Vererbungshierarchie zu verbessern, muss sich folglich schon die Oberklasse wie eine Entitätsklasse verhalten. Das heißt, sie muss schon alle Methoden anbieten, die ein Verwender einer Entität benötigt. Es ist dabei unerheblich, wie viele ihrer Methoden die Oberklasse dabei als abstrakt definieren muss, weil die Implementierung nur bezogen auf einen konkreten Entitätstyp möglich ist.

6.4.1 Verbesserungsprozess

Version 9 löst einige der Probleme, die für Version 8 noch bestehen.

Stand der Vorgängerversion

Die Testmethode der Version 8 ist ein robuster Integrationstest. Nur noch die Factory-Klasse ist von der Entitätsklasse abhängig.

Probleme der Vorgängerversion

In der Testinfrastruktur gibt es einige Fallunterscheidungen nach dem Entitätstyp. All diese Methoden müssten für jeden neuen Entitätstyp erweitert werden.

Lösungswege zu einer Nachfolgeversion

Die Entitätsklasse sollte durch eine Vielzahl typspezifischer Entitätsklassen mit gemeinsamer Oberklasse ersetzt werden.

6.4.2 Abstrakte Oberklasse aller Entitäten

Die Entitätsklasse bietet seinen Verwendern zwei Interfaces an, von denen eines ein Teil-Interface des anderen ist. Da sich alle Klassen, außer der Factory-Klasse, auf diese Interfaces beschränken, ist für sie das große Entitäts-Interface mit einer *Entität* identisch. Für die Oberklasse aller Entitäten genügt es also, dieses große Interface zu implementieren.

Listing 6.9 zeigt, wie die Oberklasse `LCL_ENTITY_9` zwei Methoden dieses Interface und eine Instanzmethode der Klasse als *abstrakte Methoden* definiert. Folglich ist auch die Oberklasse selbst abstrakt. Es ist kein Zufall, dass die abstrakten Methoden genau die Methoden sind, die in Version 8 eine Fallunterscheidung nach dem Entitätstyp aufweisen, denn dieser typspezifische Code hat natürlich in der Oberklasse nichts zu suchen.

```
CLASS lcl_entity_9 DEFINITION ABSTRACT
CREATE PROTECTED FRIENDS lcl_factory_9.
  PUBLIC SECTION.
    INTERFACES lif_entity_9
      ABSTRACT METHODS
        get_updating_crequest_type
        generate_active_data.

  PROTECTED SECTION.
    TYPES:
      BEGIN OF s_default_attr_toggle_value,
        attr_name   TYPE usmd_attr_res,
        value_any   TYPE usmd_value,
        value_other TYPE usmd_value,
      END OF s_default_attr_toggle_value.

    METHODS constructor
      IMPORTING
        iv_entity_type TYPE usmd_entity.
    METHODS get_default_attribute ABSTRACT
      RETURNING
        VALUE(rs_def_attr) TYPE s_default_attr_toggle_value.

    ALIASES mv_entity_type FOR lif_entity_read_9~mv_entity_type.
    ALIASES msr_key        FOR lif_entity_read_9~msr_key.

    CLASS-DATA so_conv_api TYPE REF TO if_usmd_conv_som_gov_api.
ENDCLASS.
```

Listing 6.9 Abstrakte Oberklasse der Hierarchie von Entitätsklassen

Die Oberklasse muss die Factory-Klasse nur für das Setzen der Convenience API als Freundklasse definieren. In der Regel ist dies nicht notwendig.

Neu ist der *Konstruktor*. Er setzt den Entitätstyp und erzeugt damit eine leere Schlüsselstruktur, die von den Erzeugungsmethoden in den Unterklassen dann nur noch mit Schlüsselwerten belegt werden muss. Diese Konstruktormethode ist also keine Notwendigkeit, sondern ein Mittel, um Dopplungen in den Unterklassen zu vermeiden.

Die Oberklasse kann des Weiteren schon alle Methoden implementieren, die dynamische Strukturen und Tabellen für Schlüssel und Daten anbieten.

6.4.3 Konkrete Unterklasse für Flugverbindungen

Stellvertretend für alle Entitätstypen beschreibe ich in diesem Abschnitt die Entitätsklasse für Flugverbindungen.

Definition der Unterklasse

Listing 6.10 zeigt die Definition der Unterklasse für die Flugverbindungen. Sie definiert die Factory-Klasse als Freund, damit allein diese Factory-Klasse die *privaten* Erzeugungsmethoden der Unterklasse aufrufen kann. Die Erzeugungsmethoden haben die Unterklasse und nicht ihr Interface als Rückgabetyp. Das spielt für die Verwender der Entität keine Rolle, weil alle Erzeugungsmethoden der Factory-Klasse diesen Rückgabetyp wieder auf das Interface einschränken. Es erspart den Erzeugungsmethoden aber eine lokale Referenz auf die Unterklasse, der sie das erzeugte Objekt zuerst zuweisen müssen, bevor sie ein Attribut dieses Objekts setzen können.

```
CLASS lcl_entity_pfli_9 DEFINITION
INHERITING FROM lcl_entity_9 FINAL FRIENDS lcl_factory_9.
  PUBLIC SECTION.
    METHODS lif_entity_9~get_updating_crequest_type REDEFINITION.
    METHODS lif_entity_9~generate_active_data       REDEFINITION.
    CLASS-METHODS class_constructor.

  PROTECTED SECTION.
    METHODS get_default_attribute REDEFINITION.

  PRIVATE SECTION.
    ...
    CLASS-METHODS create_pfli_by_obj
      IMPORTING
        io_carr_entity TYPE REF TO lif_entity_read_9
        iv_conn_id     TYPE mdg_s_conn_id
      RETURNING
        VALUE(ro_entity) TYPE REF TO lcl_entity_pfli_9.

    CLASS-DATA ss_pfli_def_attr TYPE s_default_attr_toggle_value.
ENDCLASS.
```

Listing 6.10 Konkrete Entitätsklasse für Flugverbindungen

Jede Unterklasse muss alle von der Oberklasse als abstrakt definierten Methoden *redefinieren* (hier implementieren).

Implementierung der Unterklasse

Wie Listing 6.11 zeigt, enthalten die meisten Methoden der Unterklasse LCL_ENTITY_PFLI_9 genau die Anweisungen, die in Version 8 in der gleichen Methode den Fall des Entitätstyps PFLI repräsentieren. Nur die Methode GET_UPDATING_CREQUEST_TYPE ist neu. Sie steht in Version 9 der Methode CREATE_UPDATING_CREQUEST_FOR der Simple API zur Verfügung, damit diese nicht mehr nach dem Entitätstyp unterscheiden muss.

```
CLASS lcl_entity_pfli_9 IMPLEMENTATION.
  METHOD lif_entity_9~get_updating_crequest_type.
    rv_cr_type = 'SFP02'.
  ENDMETHOD.

  METHOD lif_entity_9~generate_active_data.
    ...
    ls_spfli-carrid      = <carr_id>.
    ls_spfli-connid      = <conn_id>.
    ...
    ls_spfli-arrtime     = lif_flight_model_9=>c_any_arr_time.
    MODIFY spfli FROM ls_spfli.
  ENDMETHOD.

  METHOD class_constructor.
    ss_pfli_def_attr-attr_name    =
      lif_flight_model_9=>c_arr_time_attr.
    ss_pfli_def_attr-value_any    =
      lif_flight_model_9=>c_any_arr_time.
    ss_pfli_def_attr-value_other =
      lif_flight_model_9=>c_other_arr_time.
  ENDMETHOD.

  METHOD get_default_attribute.
    rs_def_attr = ss_pfli_def_attr.
  ENDMETHOD.

  ...
ENDCLASS.
```

Listing 6.11 Für Flugverbindungen spezifische Implementierung

Die Definition und Implementierung der Fluggesellschaftsklasse erfolgt analog.

[o]

Einfache Erweiterbarkeit

Die Erweiterung der Testinfrastruktur um einen neuen Entitätstyp erfordert nun nur noch eine neue Unterklasse und eine oder mehrere Factory-Methoden, die den Verwendern Objekte dieser Unterklasse zur Verfügung stellen. Dazu muss weder die Oberklasse noch eine andere Entitätsklasse geändert werden (*Open-Closed-Prinzip*).

[«]

Geringer Anpassungsaufwand nach Umbau

Durch die vorangegangene Entkopplung der Entitätsklasse von allen Verwendern hat der Umbau der Entitätsklasse in eine Hierarchie nur Anpassungen an der Factory-Klasse nach sich gezogen. Die Testklasse und die anderen Hilfsklassen der Testinfrastruktur haben, da sie sich nur auf die Interfaces der Entitätsklasse verlassen haben, davon nichts mitbekommen.

Kapitel 7
Isolierter Komponententest

Geringe Laufzeit und gute Fehlerlokalisierung sind die wesentlichen Beweggründe für isolierte Tests. Warum sind sie so bedeutsam?

In Kapitel 3, »Codebasierte Verbesserung eines Tests«, und Kapitel 4, »Designbasierte Verbesserung des Tests«, haben wir den vorliegenden Integrationstest hinsichtlich seiner Lesbarkeit und zur Vermeidung von Dopplungen optimiert. Solche Verbesserungen lohnen sich schnell und sollten stets am Anfang eines Refactoring-Prozesses stehen. Anschließend haben wir diesen Test in Kapitel 5, »Robuster Integrationstest«, unter Zuhilfenahme der zu testenden Anwendung robuster gemacht. Das hat den Codeumfang etwa verdoppelt. In den ersten beiden Abschnitten von Kapitel 6, »Minimierung von Abhängigkeiten«, haben wir diesen zusätzlichen Code dann aufgeräumt. Aus all diesen Schritten ergibt sich der Gesamtaufwand für die Verbesserung des Integrationstests.

Wie ich in Abschnitt 7.1, »Transformation des Integrationstests«, demonstriere, hätten wir nach den Designverbesserungen in Kapitel 4 auch den Weg eines isolierten Tests einschlagen können. Diese Transformation des Integrationstests in einen isolierten Test kostet nicht nur Zeit, sondern erfordert erweiterte Kenntnisse der zu testenden Anwendung. Der Gesamtaufwand für diese Transformation ist allerdings nicht größer als der zur Sicherstellung der Unabhängigkeit und Wiederholbarkeit des Integrationstests. Für eine solche Transformation spricht außerdem, dass sie nicht nur robuste, sondern auch schnelle und flexible Tests hervorbringt. In Abschnitt 7.1 zeige ich Ihnen exemplarisch, wie Sie diese Transformation durchführen.

Die Einführung der Factory-Klasse und der Aufbau einer Hierarchie von typspezifischen Entitätsklassen in den letzten beiden Abschnitten von Kapitel 6 sind auch für isolierte Tests zielführend. Ich habe diese Schritte aber in diesem Kapitel weggelassen.

In Abschnitt 7.2, »Skalierung mit einer Testsprache«, geht es um eine schnelle und effiziente Ausweitung der *Testabdeckung*. Die Testabdeckung einer Testsuite entspricht dem Teil des Produktcodes, der von mindestens einem der Tests dieser Testsuite durchlaufen wird. Sie ist damit ein Maß für die Effektivität von Testautomatisierung. Spätestens im Zuge der Skalierung zahlen sich die bisherigen Investitionen in eine bessere Lesbarkeit und zur Vermeidung von Dopplung aus. Der testorientierte Verbesserungsprozess gleicht damit der Entwicklung eines Artikels. Wird dieser einzelne Artikel aufwendig ausgearbeitet und perfektioniert, zahlt sich dieser Aufwand aus, sobald der Artikel in die Massenproduktion geht.

In Abschnitt 7.3, »Testgetriebene Entwicklung«, führe ich aus, wie Sie von der Absicherung und Dokumentation von Legacy Code zur testgetriebenen Entwicklung einer neuen Funktionalität übergehen können. Dabei spielt die entwickelte Testinfrastruktur wieder eine entscheidende Rolle.

In Abschnitt 7.4, »Liskov-Substitution-Prinzip«, schließe ich die praxisnahe Erläuterung der SOLID- und FIRST-Prinzipien für effizientes Design mit einem Negativbeispiel für das Liskov-Substitution-Prinzip ab.

7.1 Transformation des Integrationstests

Abbildung 7.1 zeigt die Transformation des Integrationstests in einen isolierten Test: Die Ausgangssituation sehen Sie auf der linken Seite und die Endsituation auf der rechten. Beide Darstellungen sind vereinfacht. Unter anderem fehlt die Darstellung der Testinfrastruktur vollständig.

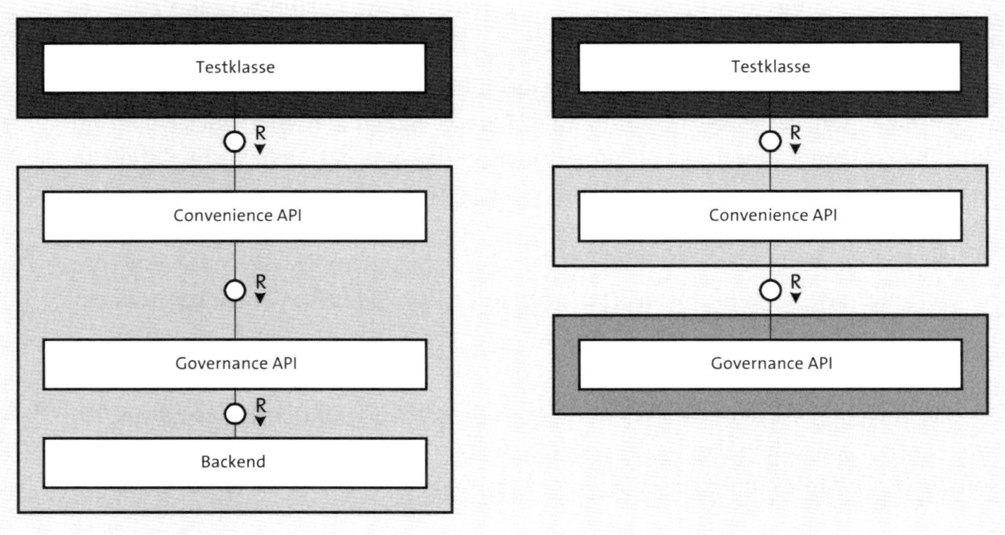

Abbildung 7.1 Ausgangs- und Endsituation der Transformation

Der Fokus von Abbildung 7.1 liegt auf dem Teil des Produktcodes, der getestet wird. Bei der Testklasse der Version 4, die auf der linken Seite dargestellt ist, gehört zu diesem Code neben der Convenience API auch die *Governance API*, über die die Convenience API auf das Backend zugreift. Bei der Testklasse der in diesem Abschnitt erzeugten Version 10, die auf der rechten Seite dargestellt ist, beinhaltet der zu testende Code ausschließlich die Convenience API.

7.1.1 Verbesserungsprozess

Version 10 löst einige der Probleme, die für Version 4 noch bestehen.

Stand der Vorgängerversion

Die Testmethode der Version 4 ist ein selbstüberprüfender Integrationstest mit manuellem Testaufbau.

Probleme der Vorgängerversion

Folgende Aspekte sind an der Testmethode noch problematisch:

- **Langsame Datenbankzugriffe**
  Vor allem die Zugriffe auf die Datenbank machen die Testmethode langsam. Um die Ausweitung der Testabdeckung nicht zu gefährden, sollte die Ausführungszeit der Methode deutlich gesenkt werden.
- **Aufwendige Fehlerlokalisierung**
  Wenn die Testmethode fehlschlägt, ist nicht unmittelbar klar, in welcher Komponente sich ein Fehler eingeschlichen hat. Vor allem bei verteilter Entwicklung kann die Fehlerlokalisierung nicht nur technisch, sondern auch organisatorisch aufwendig werden.

Lösungswege zu einer Nachfolgeversion

Für diese Probleme gibt es folgende Lösungen:

- **Langsame Datenbankzugriffe**
  Ein isolierter Test ist sehr schnell, weil er vollständig auf dem ABAP-Server ablaufen kann.
- **Aufwendige Fehlerlokalisierung**
  Der Einsatz von Testdoubles erlaubt es, sich von anderen Komponenten abzukoppeln. Wenn ein isolierter Test fehlschlägt, ist klar, welches Team nach dem Fehler suchen muss. Und da deutlich weniger Produktcode unter Test ist, lässt sich der Fehler meistens auch schnell lokalisieren.

7.1.2 Isolierung mit einem Governance-API-Double

In diesem Abschnitt führen wir die Transformation des Integrationstests in einen isolierten Komponententest in kleinen Schritten durch. Die gezeigte Vorgehensweise sollten Sie vom Prinzip her gut auf Ihre Integrationstests übertragen können.

Doubleklasse für die Governance API

Wie Listing 7.1 zeigt, ist der erste Schritt, ein *Testdouble* für die Governance API zu definieren. Ein Testdouble ist ein Objekt, das im Rahmen eines Tests ein produktives Objekt ersetzt, von dem die zu testende Methode abhängt. Das Verhalten eines Testdoubles wird vom Test kontrolliert. Da sich die Convenience API auf die Governance API ausschließlich über deren Interface IF_USMD_GOV_API bezieht, genügt es für die Ersetzung, wenn die Doubleklasse LTD_GOV_API_10 dieses Interface in möglichst einfacher Weise implementiert.

```
CLASS ltd_gov_api_10 DEFINITION FINAL CREATE PRIVATE FOR TESTING.
  PUBLIC SECTION.
    INTERFACES if_usmd_gov_api PARTIALLY IMPLEMENTED.
    CLASS-METHODS create_double
      IMPORTING
        iv_model_name TYPE usmd_model
      RETURNING
        VALUE(ro_gov_api) TYPE REF TO ltd_gov_api_10.
    ...
ENDCLASS.
```

Listing 7.1 Grundform eines Testdoubles für die Governance API

Aufgrund der Zusätze FOR TESTING zur Klasse und PARTIALLY IMPLEMENTED zum Interface ist diese Doubleklasse sogar ohne eine einzige Methodenimplementierung aktivierbar. Sie können sich folglich gleich darum kümmern, wie dieses Testdouble im Laufe des Tests ins Spiel kommt. Mit dem wiederholten Starten des Tests finden Sie zielsicher heraus, von welchen Methoden des Testdoubles der Test abhängt. Der tatsächliche Lauf des Tests wird Sie dann darauf hinweisen, welche Methoden der Doubleklasse Sie noch wie implementieren müssen. Ein solches *minimales Testdouble* ist aus den folgenden Gründen vorteilhaft:

- **Aufwand**
  Sie sparen sich die Implementierung von Interface-Methoden, die von den Verwendern der Doubleklasse nicht aufgerufen werden.
- **Dokumentation**
  Sie stellen mit den implementierten Methoden die Abhängigkeiten der Verwender klar.
- **Erweiterung**
  Sie müssen das Testdouble nicht anpassen, wenn Sie das produktive Interface um eine Methode erweitern. Das Testdouble bleibt syntaktisch korrekt. Die Methodenimplementierung im Testdouble ist erst dann notwendig, wenn diese neue Methode im Rahmen eines Tests aufgerufen wird.

Für die Erzeugungsmethoden einer Doubleklasse empfehle ich Ihnen, die Klasse als Rückgabetyp anzugeben, weil dann die Testklasse direkt auf weitere öffentliche Methoden (z. B. Assertion-Methoden zur Überprüfung des Zustandes) zugreifen kann.

Hilfsklasse für die Convenience API

Im zweiten Schritt der Transformation des Integrationstests in einen isolierten Test geht es darum, das Testdouble zu injizieren. Mit *Injektion* wird allgemein der Vorgang bezeichnet, mit dem ein Doubleobjekt im Rahmen eines Tests den Platz eines produktiven Objekts einnimmt. Im vorliegenden Fall soll die Injektion des Governance-API-Doubles mithilfe einer Unterklasse der Convenience API erfolgen. Listing 7.2 zeigt, dass diese Hilfsklasse dafür die Erzeugungsmethode CREATE mit dem Parameter IO_GOV_API anbietet.


```
CLASS lth_conv_api_10 DEFINITION
INHERITING FROM cl_usmd_conv_som_gov_api FINAL FOR TESTING.
  PUBLIC SECTION.
    CLASS-METHODS create
      IMPORTING
        io_gov_api TYPE REF TO if_usmd_gov_api
      RETURNING
        VALUE(ro_conv_api) TYPE REF TO lth_conv_api_10.
    ...
ENDCLASS.
```

Listing 7.2 Hilfsklasse für die Injektion in die Convenience API

Die Hilfsklasse LTH_CONV_API_10 ist notwendig, weil die produktive Convenience API die Governance API, von der sie abhängt, selbst erzeugt und deshalb ihren Verwendern keine Möglichkeit zur Übergabe zur Verfügung stellt. Als Unterklasse kann die Klasse LTH_CONV_API_10 diese Injektion durchführen, wenn das Attribut MO_GOV_API nicht privat definiert ist oder für die Tests in den geschützten Bereich verschoben wurde.

In den Tests überprüfen wir anstelle eines Objekts für die Convenience API ein Objekt der Hilfsklasse. Um das Testergebnis nicht zu beeinflussen, darf die Hilfsklasse keine Methode der produktiven Convenience API redefinieren. Auf die verschiedenen Möglichkeiten, eine Injektion durchzuführen, gehe ich in Kapitel 13, »Testdoubles«, ausführlich ein.

Isolierende Basisklasse

Listing 7.3 zeigt, wie Sie im dritten Schritt der Transformation die besprochene Isolierung bereits in der Setup-Methode der Basisklasse vollständig implementieren können – und damit für alle abgeleiteten Testklassen.

```
CLASS lth_highlight_changes_base_10 IMPLEMENTATION.
  ...
  METHOD setup.
    mo_gov_api_double =
      ltd_gov_api_10=>create_double( sv_model_name ).
    mo_conv_api = lth_conv_api_10=>create( mo_gov_api_double ).

    lcl_entity_10=>so_conv_api = mo_conv_api.
    mo_conv_api->set_environment(
        iv_crequest_id = c_any_crequest_id
    ).
  ENDMETHOD.
  ...
ENDCLASS.
```

Listing 7.3 Isolierung in der Setup-Methode der Basisklasse

Dies ist allerdings nur möglich, weil die ableitende Testklasse in ihrem Klassenkonstruktor das statische Attribut SV_MODEL_NAME der datenmodellunabhängigen Basisklasse rechtzeitig mit dem Namen des für sie relevanten Datenmodells belegt. Alternativ hätte die Testklasse für diese Belegung ihre Class-Setup-Methode anlegen können. Ihre schon existierende Setup-Methode hätte dafür nicht ausgereicht, weil diese vom ABAP-Unit-Framework erst nach der Setup-Methode der Basisklasse aufgerufen wird.

Im Gegensatz zur produktiven Convenience API ist deren Hilfsklasse LTH_CONV_API_10 kein Singleton mehr. Die Basisklasse erzeugt also für jede Testmethode ein neues Convenience-API-Objekt und muss deshalb dessen Puffer, wie Listing 7.3 im Vergleich zu Listing 5.2 zeigt, nicht mehr auffrischen. Des Weiteren dokumentiert die Basisklasse den Wegfall der Singleton-Eigenschaft, indem sie das zu testende Convenience-API-Objekt nicht mehr mit dem statischen Attribut SO_CONV_API, sondern mit dem Instanzattribut MO_CONV_API referenziert.

Für einen isolierten Test muss es ferner keinen echten Änderungsantrag geben. Eine nicht initiale Konstante, die durchgehend verwendet wird, genügt für einen robusten Testlauf vollkommen.

Das Blockdiagramm in Abbildung 7.2 veranschaulicht diese Isolierung durch die Basisklasse. Beachten Sie, dass die Basisklasse die Erzeugung einer produktiven Governance API deshalb nicht verhindern kann, weil diese Erzeugung vom Konstruktor der produktiven Convenience API durchgeführt wird. Die Erzeugungsmethode der Hilfsklasse kann dieses produktive Objekt der Governance API zwar mit dem importierten Doubleobjekt überschreiben, sauber und stabil ist dieser Ablauf aber nicht.

Im Sinne des Testens sollten Sie deshalb generell davon Abstand nehmen, ein verwendetes Objekt *direkt* im Konstruktor zu erzeugen. Eine indirekte Erzeugung mithilfe einer Factory ist dagegen in Ordnung, weil dann über die Factory eine Injektion des zugehörigen Testdoubles in einem Testlauf möglich ist (siehe auch Kapitel 13, »Testdoubles«). Auch Anwendungslogik hat im Konstruktor nichts zu suchen, weil diese sonst von jeder Testmethode ausgeführt würde, was sowohl die Abhängigkeiten als auch die Laufzeiten der Testmethoden vergrößert.

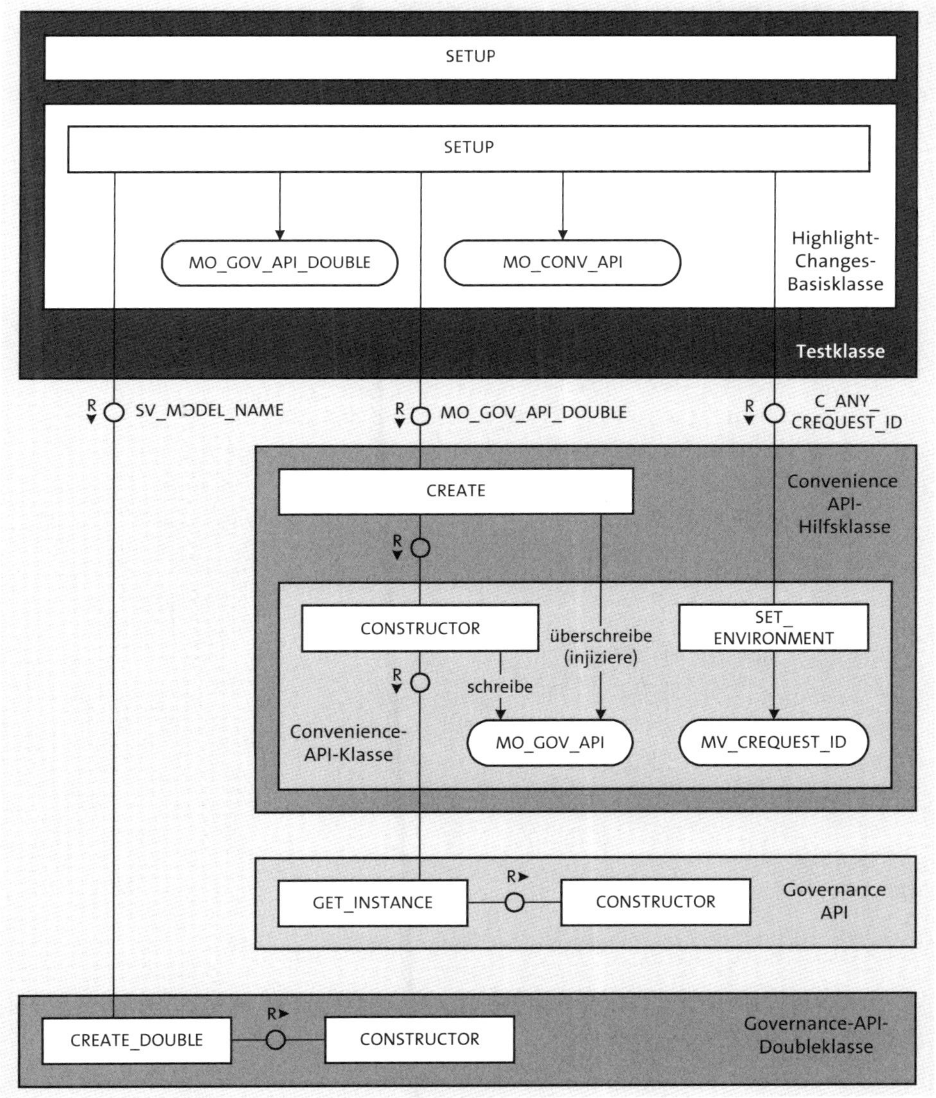

Abbildung 7.2 Isolierung durch die Basisklasse

7.1.3 Konfiguration des Governance-API-Doubles

In diesem Abschnitt geht es darum, das gewünschte Verhalten des Doubleobjekts aus der Testklasse heraus festzulegen. Dieser Schritt wird als *Konfiguration des Testdoubles* bezeichnet. Da das Testdouble für die Governance API auch das Backend samt Datenbank simulieren muss, benötigt es detaillierte Vorgaben dazu, welche Entitäten in welchen Zuständen vorliegen (ungesicherte, gesicherte und/oder aktive Daten).

Erzeugung und Berücksichtigung der Entitätsobjekte

Listing 7.4 zeigt die komplette Implementierung der Testklasse. Wie bereits erwähnt, registriert der Klassenkonstruktor der Testklasse das für die Testklasse spezifische Flugdatenmodell bei der Basisklasse.

```
CLASS ltc_highlight_updates_10 IMPLEMENTATION.
  METHOD class_constructor.
    sv_model_name = lif_flight_model_10=>c_name.
  ENDMETHOD.

  METHOD setup.
    mo_pfli_entity = lcl_entity_10=>create_pfli(
        iv_carr_id      = lif_flight_model_9=>c_any_carr_id
        iv_conn_id      = lif_flight_model_9=>c_any_conn_id
        iv_saved_value  = lif_flight_model_9=>c_other_arr_time
        iv_active_value = lif_flight_model_9=>c_any_arr_time
    ).
  ENDMETHOD.

  METHOD get_saved_pfli_changes.
    add_entity_to_api( mo_pfli_entity ).

    import_key_of( mo_pfli_entity ).
    get_nodes_changes( cs_only_saved_changes ).
    assert_saved_change_of( mo_pfli_entity ).
  ENDMETHOD.
ENDCLASS.
```

Listing 7.4 Testklasse, aufbauend auf der Isolierung der Basisklasse

In der Setup-Methode wird eine beliebige Flugverbindungsentität mit einem gesicherten und einem aktiven Datensatz erzeugt. Diese beiden Datensätze der Entität unterscheiden sich ausschließlich hinsichtlich des Wertes für die Ankunftszeit. Konkret erzeugt das Entitätsobjekt seinen gesicherten Datensatz, indem es den aktiven kopiert und beim Standardattribut ARRTIME den ANY-Wert durch den OTHER-Wert ersetzt.

Beliebige Testdaten

Der ANY-, der OTHER- und bei Bedarf auch der FURTHER-Wert eines Attributs sind beliebige, nicht initiale und untereinander verschiedene Werte dieses Attributs, die Sie mit entsprechend benannten Konstanten festschreiben. Diese Konstanten verwenden Sie immer dann in Testcode, wenn es nicht auf einen spezifischen Wert, sondern nur auf die Belegung an sich, eine Werteänderung oder die Unterschiedlichkeit von Werten ankommt, beispielsweise bei vergleichbaren Entitäten.

Die Testmethode in Listing 7.4 muss zur Verwendung dieser Entität durch die zu testende Methode dann lediglich noch die Methode ADD_ENTITY_TO_API aufrufen. Wie Listing 7.5 zeigt, stellt diese Methode der Basisklasse die gegebene Entität dem Governance-API-Double zur Verfügung. Im Gegensatz dazu musste der entsprechende Integrationstest sowohl einen Änderungsantrag als auch Entitäten mit der *zu testenden* Convenience API erzeugen und in der Datenbank sichern. Die Methode ADD_ENTITY_TO_API dokumentiert mit dem Methodenaufruf BUFFER_UNSAVED_CHANGES_OF ferner, dass die Convenience API einen separaten Puffer für ungesicherte Daten unterhält.

```
METHOD add_entity_to_api.
  mo_gov_api_double->add_entity_to_api(
      iv_crequest_id = mo_conv_api->mv_crequest_id
      io_entity      = io_entity
  ).
  mo_conv_api->buffer_unsaved_changes_of( io_entity ).
ENDMETHOD.
```

Listing 7.5 Bekanntgabe der Entität an die APIs durch die Basisklasse

Speicherung der Entitätsobjekte

Listing 7.6 zeigt, wie das Governance-API-Double die durch die Basisklasse bekannt gegebene Entität speichert. Mithilfe der beiden ADD_ENTITY_TO_API-Methoden ist es für die Testmethode also möglich, das Governance-API-Double so zu konfigurieren, dass dieses Double alle Entitäten enthält, die sich vor Aufruf der zu testenden Methode im System befinden sollen.

```
METHOD add_entity_to_api.
  DATA ls_cr_entity TYPE s_cr_entity.
```

```
  ls_cr_entity-crequest_id = iv_crequest_id.
  ls_cr_entity-entity_type = io_entity->mv_entity_type.
  ls_cr_entity-o_entity    = io_entity.
  INSERT ls_cr_entity INTO TABLE mt_cr_entity.
ENDMETHOD.
```

Listing 7.6 Konfiguration des Governance-API-Doubles

Für die Konfiguration des Governance-API-Doubles genügt also eine Standardtabelle, die Änderungsantrag und Entität zusammenbringt. Jede Zeile drückt aus, dass die ungesicherten und/oder gesicherten Daten der Entität mithilfe dieses Änderungsantrags erzeugt wurden.

Bereitstellung der Entitätsobjekte

Das Governance-API-Double ist erst einmal ohne Implementierung der Interface-Methoden aktivierbar. Doch lauffähige Tests sind damit noch nicht möglich. Welche Methodenimplementierungen dazu mindestens erforderlich sind, können Sie zielgerichtet und zuverlässig herausfinden, indem Sie die Testmethode wiederholt ausführen und immer gerade die Interface-Methode implementieren, bei der die Ausführung der Testmethode abbrach.

Listing 7.7 zeigt eine Interface-Methode zum Lesen von aktiven oder bestätigten Daten. Diese Interface-Methode wird mithilfe der privaten Methode READ_ENTITY_P implementiert. Diese Methode liest auch für andere Interface-Methoden den Entitätsspeicher MT_CR_ENTITY aus.

```
METHOD if_usmd_gov_api~read_entity.
  DATA lv_data_kind TYPE lif_entity_10=>data_kind.

  IF if_active_data = abap_true.
    lv_data_kind = lif_entity_10=>c_data_kind_active.
  ELSE.
    lv_data_kind = lif_entity_10=>c_data_kind_confirmed.
  ENDIF.

  read_entity_p(
    EXPORTING
      iv_data_kind   = lv_data_kind
      iv_entity_name = iv_entity_name
```

```
    it_key          = it_key
    iv_crequest_id = iv_crequest_id
  IMPORTING
      et_data         = et_data
  ).
ENDMETHOD.
```

Listing 7.7 Lesemethode des Governance-API-Doubles

7

Verbesserungswürdige Interface-Methode

Beachten Sie die prozedurale Signatur der Interface-Methode, die sich im Aufruf der privaten Methode widerspiegelt. Die Anzahl der Parameter und dass zusammenhängende Parameter nicht in Objekten gruppiert sind, sehe ich hier kritisch. Mehr Details dazu sowie Lösungsvorschläge finden Sie in Kapitel 8, »Redesign mit Unit-Tests«.

7.1.4 Diagramme

Die von der Testklasse ausgehenden Aktivitäten werden in dem Blockdiagramm in Abbildung 7.3 visualisiert. Die Governance-API-Doubleklasse steckt die gegebene Entität mithilfe der Methode ADD_ENTITY_TO_API in den eigenen Entitätsspeicher. Dagegen füllt die Methode BUFFER_UNSAVED_CHANGES_OF der Convenience-API-Hilfsklasse nur den Puffer ihrer produktiven Oberklasse. Dadurch kann sich die Oberklasse so verhalten, als gäbe es die gegebene Entität tatsächlich im System.

Das Klassendiagramm in Abbildung 7.4 zeigt, wie die Double- und die Hilfsklasse definiert und von der Basisklasse verwendet werden. In der Basisklasse hat sich lediglich die Setup-Methode geändert. Sie übernimmt nun die komplette Isolierung für alle von ihr abgeleiteten Testklassen. Die Testklassen können sich dadurch auf die Formulierung von Testfällen konzentrieren.

Wie schon erwähnt, fehlen in diesem Klassendiagramm aus Platzgründen die Factory-Klasse und die Hierarchie der typspezifischen Entitätsklassen.

Isolation des zu testenden Objekts

Der Komponententest isoliert die Convenience API mithilfe einer Doubleklasse von der produktiven Governance API und dem Rest des Backends. Dadurch wird nicht nur die Fehlerlokalisierung verbessert, sondern auch die Laufzeit beschleunigt (*Fast-Prinzip*).

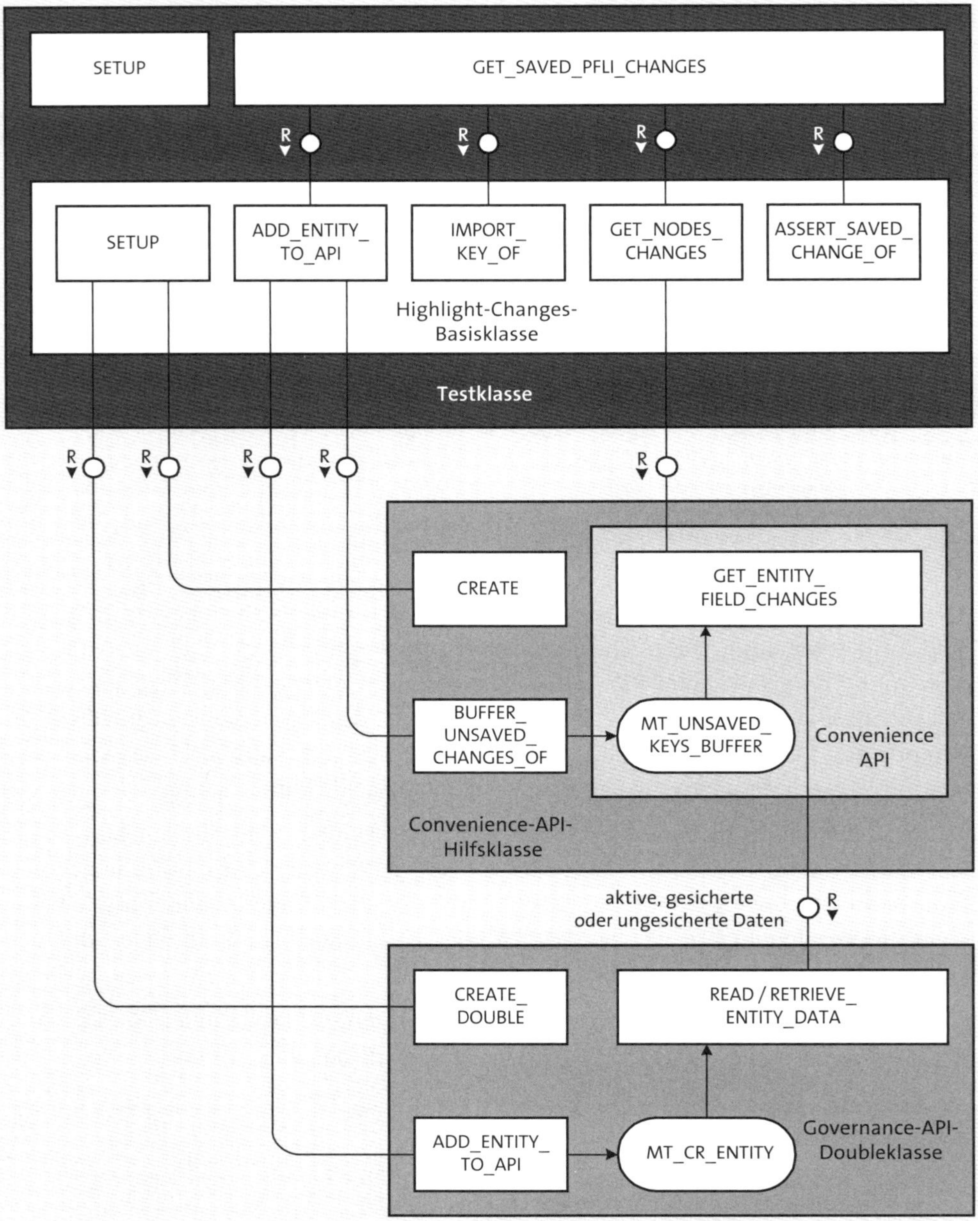

Abbildung 7.3 Berücksichtigung von Entitäten durch die API-Objekte

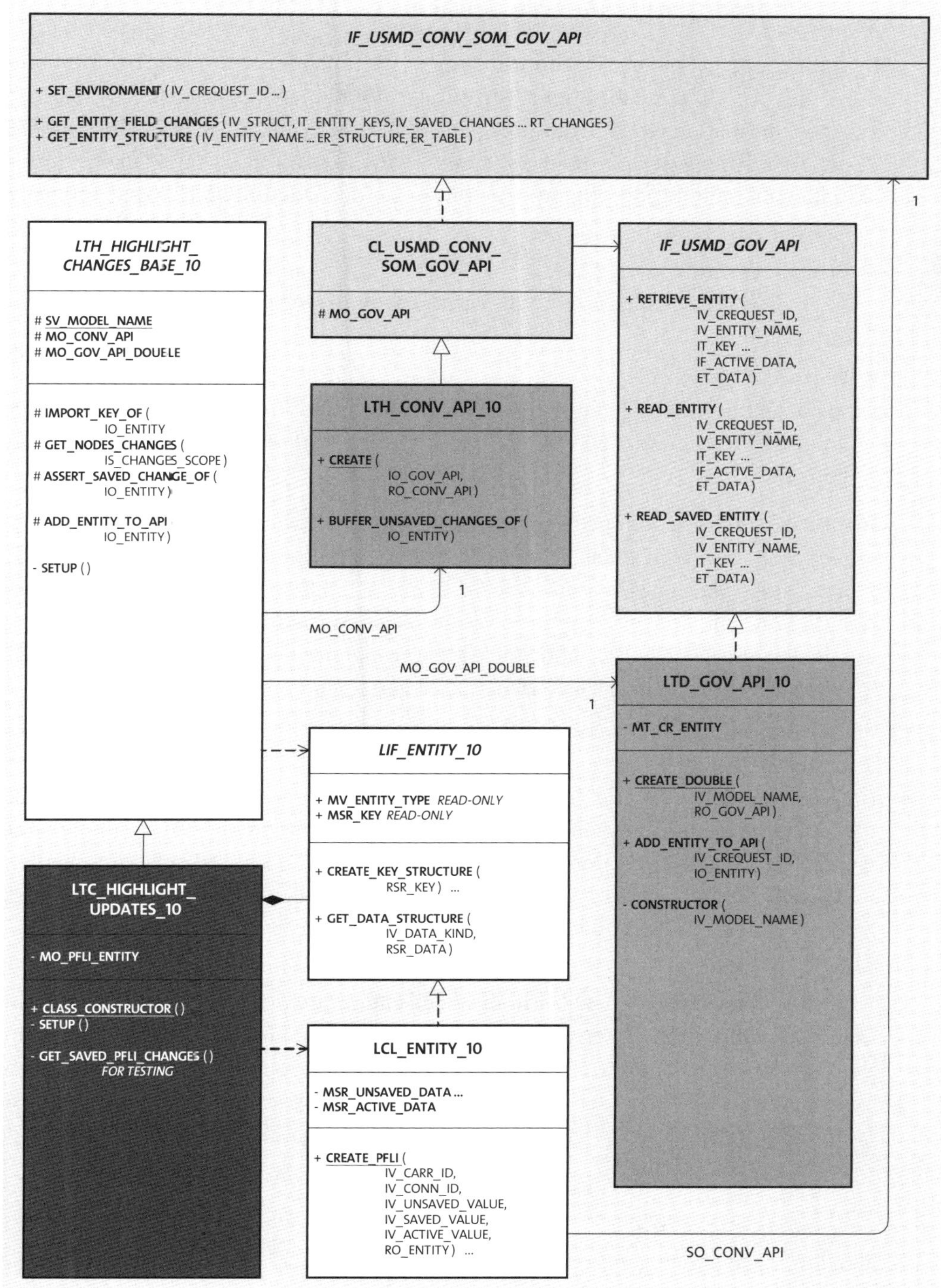

Abbildung 7.4 Design des isolierten Komponententests

7.2 Skalierung mit einer Testsprache

In den vorangegangenen Abschnitten ging es darum, die vorliegende Testmethode durch den Auf- bzw. Ausbau einer Testinfrastruktur zu verbessern. Diese Arbeit hat zugegebenermaßen viel Aufwand gekostet. Als Ertrag erhalten Sie nicht nur saubere Tests, die effizient wartbar sind. Es ist auch eine ausführbare und deshalb immer aktuelle Dokumentation entstanden. Diese Art der Dokumentation hat folgende Vorteile:

- **Wissensvermittlung**
  Als Verwender dokumentiert die Testinfrastruktur, wie der Produktcode aufzurufen ist.
- **Erkenntnisgewinn**
  Als objektorientierter Vermittler zwischen Test- und Produktcode dokumentiert die Testinfrastruktur, wie ein besseres Design für die Anwendung aussehen könnte.

In diesem Abschnitt demonstriere ich Ihnen, wie die Entwicklung einer *anwendungsspezifischen Testsprache* das Schreiben neuer Testmethoden unterstützt. Dadurch können nicht nur Sie selbst die Testabdeckung schnell erweitern, sondern Sie können diese Arbeit auch effizient an neue Kollegen, Auszubildende oder Werkstudenten delegieren. Ich habe das schon viele Male erfolgreich getan. Die Einarbeitungszeit liegt bei wenigen Tagen, bei erfahrenen Kollegen sogar bei wenigen Stunden.

Für eine solche Skalierung hinsichtlich der Arbeitskräfte muss die Testsprache zum einen über eine ausgereifte Grammatik verfügen. Das wird im Wesentlichen durch die Umsetzung des Testklassen-Entwurfsmusters sichergestellt. Zum anderen muss die Testsprache über so viel Vokabular verfügen, dass neue Testmethoden nur wenige neue Hilfsmethoden erfordern und diese größtenteils den bestehenden Methoden ähneln können. Diese Voraussetzungen erfüllen Sie am schnellsten, wenn Sie mit wenigen Testmethoden möglichst viele Aspekte der zu testenden Funktionalität überprüfen.

Um also von kurzfristig zur Verfügung gestellten Entwicklern nicht nur auf dem Papier zu profitieren, sollten Sie bei Zeitknappheit nicht an der Qualität, sondern an der Quantität der Tests sparen. Denn für die Entwicklung einer Testsprache brauchen Sie nur wenige, aber eben sehr gute Tests. Mit anderen Worten: Investieren Sie zuerst in die Testinfrastruktur und dann in die Testabdeckung.

7.2.1 Verbesserungsprozess

Version 11 löst einige der Probleme, die für Version 10 noch bestehen.

Stand der Vorgängerversion

Die Testmethode von Version 10 ist ein isolierter Komponententest, der nur noch vom Customizing für das Testdatenmodell abhängt. Die Basisklasse zentralisiert die Isolierung für alle von ihr abgeleiteten Testklassen.

Probleme der Vorgängerversion

Folgende Aspekte sind an der Testmethode noch problematisch:

- **Überprüfbarkeit aller Änderungen**
  Es können weder ungesicherte noch enthaltene Änderungen überprüft werden.
- **Verbreiterung der Testabdeckung**
  Mit nur einer Testmethode ist die Testabdeckung noch nicht gut.

Lösungswege zu einer Nachfolgeversion

Für diese Probleme gibt es folgende Lösungen:

- **Überprüfbarkeit aller Änderungen**
  Die Basisklasse kann in Anlehnung an die schon vorhandenen Hilfsmethoden ausgebaut werden. Ebenso kann die Entitätsklasse nach vorgezeichnetem Muster um den untergeordneten Entitätstyp `FLIGHT` erweitert werden.
- **Verbreiterung der Testabdeckung**
  Für Legacy Code sollte die Testabdeckung am Anfang noch nicht das Maß aller Dinge sein. Die Mächtigkeit und Flexibilität der Testinfrastruktur sollten Ihnen wichtiger sein. Die ersten Tests dazu können Sie gerne intuitiv entwickeln. Für eine vollständige Testabdeckung von Legacy Code sollten Sie dagegen den Aufwand eines *Testdesigns*, also einer strukturierten Bestimmung der relevanten Testfälle, nicht scheuen.

  Für neuen Code treffen diese Aussagen nicht zu. Dort gehen Testinfrastruktur und Testabdeckung Hand in Hand, wenn Sie eine testgetriebene Entwicklung umsetzen.

7.2.2 Zustand einer Entität

Der *Zustand* einer Entität beschreibt, ob und welche ungesicherten, gesicherten, aktiven und eventuell auch obsoleten (gelöschten) Daten zu dieser Entität im System vorhanden sind. Auf der Benutzeroberfläche eines SAP-Systems werden zu einer Entität die sogenannten *bestätigten Daten* (engl. *Confirmed Data*) angezeigt. Diese werden im Backend nach der in Abbildung 7.5 dargestellten Regel aus den anderen Daten der Entität berechnet.

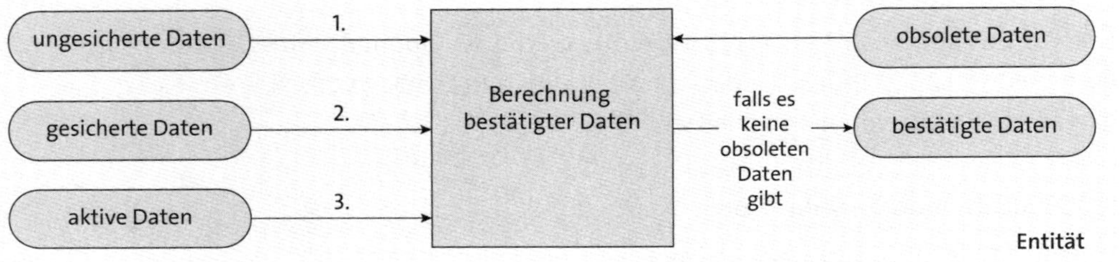

Abbildung 7.5 Unterschiedliche Arten von Entitätsdaten im Zusammenhang

Um beim Testen den Zustand einer Entität vollständig beschreiben zu können, habe ich eine anwendungsspezifische Notation entwickelt. Ihren Regeln zufolge muss die Objektreferenz auf die betrachtete Flugverbindungsentität mit `MO_ANY_AS_PFLI` bezeichnet werden. Diese Bezeichnung setzt sich aus den folgenden Namensbestandteilen zusammen:

- `MO`: Diese Objektreferenz ist ein Instanzattribut (engl. *Member Attribute*) einer Klasse. Handelt es sich bei der Referenz um ein statisches Attribut, sollten Sie die Objektreferenz mit `SO` bezeichnen.
- `ANY`: Das letzte Schlüsselattribut hat seinen `ANY`-Wert. Die Werte der führenden Schlüsselattribute sind nicht erwähnt, weil sie mit ihrem `ANY`-Wert jeweils ihren Standardwert haben. Dieser Notation zufolge lautet dieser Namensteil für eine andere Flugverbindung der gleichen Fluggesellschaft `OTHER` und für eine beliebige Flugverbindung einer anderen Fluggesellschaft `OTHER_ANY`.
- `AS`: Die Entität hat ausschließlich aktive (`A`) und gesicherte (`S`) Daten. Daneben wären noch ungesicherte (`U`) und obsolete (`O`) Daten möglich. Für die bestätigten Daten ist eine entsprechende Charakterisierung nicht notwendig, da sie ja aus den anderen Daten berechnet werden.
- `PFLI`: Es handelt sich um eine Entität mit dem Entitätstyp `PFLI` (Flugverbindung). Andere mögliche Werte an dieser Stelle des Referenznamens wären beispielsweise `CARR` (Fluggesellschaft) oder `FLIGHT` (Flug, also Realisierung einer Flugverbindung).

Das Standardattribut `ARRTIME` der Flugverbindungsentität weist den `ANY`-Wert in den aktiven Daten und den `OTHER`-Wert in den gesicherten Daten auf. In einem dritten Datensatz würde der `FURTHER`-Wert zum Einsatz kommen. Die Vergabe dieser Werte folgt immer der zeitlichen Abfolge. Das heißt, wenn es beispielsweise keine aktiven, aber gesicherte und ungesicherte Daten gibt, erhalten die früher erzeugten gesicherten Daten den `ANY`-Wert und die später erzeugten ungesicherten Daten den `OTHER`-Wert.

Grundsätzlich sollten Sie der Abkürzung von Namen kritisch gegenüberstehen. Die Erfahrung zeigt, dass solche Abkürzungen nicht von jedem sofort verstanden werden. Erhalten Sie Rückfragen zu Ihrem Code, deutet das generell auf eine eingeschränkte Lesbarkeit hin. Für unsere Beispielanwendung allerdings lohnt es sich, die Namenskonvention für die Entitäten zu lernen. Die Entitäten sind als Repräsentanten von Stammdaten in nahezu alle Vorgänge involviert. Die ganze Stammdatenanwendung dreht sich praktisch nur um sie. Außerdem sind weder unvollständige Beschreibungen noch Kommentare eine überzeugende Alternative.

Mit den folgenden drei Testmethoden möchte ich die Testabdeckung auch ohne Testdesign gezielt erweitern. Wir folgen dabei der Regel, dass jede weitere Testmethode möglichst nur einen neuen Aspekt aufgreifen sollte (*Baby-Step-Prinzip*). Damit bleibt der Aufwand für jede weitere Testmethode überschaubar, und Sie können bei der Implementierung der Testmethoden in einen Schreibfluss (*Flow*) kommen.

7.2.3 Testmethode: Ungesicherte Änderungen

Für die Flugverbindung `MO_OTHER_U_PFLI` möchten wir nur ungesicherte Änderungen berechnen. Diese neue Entität hat folglich den Schlüssel (`ANY`, `OTHER`) und ausschließlich ungesicherte Daten. Unsere Erwartung ist, dass die zu testende Methode ungesicherte Änderungen für diese Flugverbindung findet.

Die neue Flugverbindung muss nicht, wie in Listing 7.8 gezeigt, in der Setup-Methode erzeugt werden. Aber da der Name der Flugverbindungsentität alle Daten der Erzeugung widerspiegelt, kann ein Leser die Testmethode auch verstehen, wenn er nur sieht, wie sie verwendet wird.

Die in Listing 7.8 gewählte Aufteilung zwischen Erzeugung und Verwendung der Entität optimiert also die Lesbarkeit der Testmethode. Des Weiteren ermöglicht diese Aufteilung, dass andere Testmethoden diese Entität ebenfalls verwenden. Der Nachteil dieser Aufteilung ist allerdings, dass nicht jede Testmethode alle erzeugten Entitäten tatsächlich verwendet und damit der innere Zusammenhalt der Testklasse geringer ausfällt.

```
METHOD setup.
  ...
  mo_other_u_pfli = lcl_entity_11=>create_pfli(
      iv_carr_id        = lif_flight_model_11=>c_any_carr_id
      iv_conn_id        = lif_flight_model_11=>c_other_conn_id
      iv_unsaved_value = lif_flight_model_11=>c_any_arr_time
  ).
  ...
ENDMETHOD.

METHOD get_unsaved_pfli_node_changes.
  add_entity_to_api( mo_other_u_pfli ).
```

```
  import_key_of( mo_other_u_pfli ).
  get_nodes_changes( cs_only_unsaved_changes ).
  assert_only_unsaved_changes_of( mo_other_u_pfli ).
ENDMETHOD.
```

Listing 7.8 Erzeugung und Überprüfung einer neuen Flugverbindung

Beachten Sie, dass ich die Namen der Testmethoden etwas geschärft habe. Der Namensbestandteil `NODE` unterscheidet diese Testmethode von Methoden mit dem Namensbestandteil `TREE`, die beim Aufruf der zu testenden Methode `IV_CONTAINED_CHANGES = ABAP_TRUE` setzen und damit auch Änderungen enthaltener Entitäten berechnen.

Ferner hat sich die Grammatik der Testsprache durch die Testisolierung verändert. Allerdings nur im Gegeben-Teil des Tests (siehe auch die Erläuterungen zum Gegeben-Wenn-Dann-Entwurfsmuster in Abschnitt 3.2.3, »Verbesserung der Implementierung der Testklasse«). Während der Integrationstest den API-Objekten die betrachtete Entität über einen Datenbankeintrag zur Verfügung stellt, übergibt der isolierte Test diesen API-Objekten das zugehörige Entitätsobjekt mithilfe der Methode `ADD_ENTITY_TO_API` direkt. Der Wenn-Teil des Tests importiert wie bisher den Schlüssel der Entität und berechnet danach ausschließlich ungesicherte Änderungen. Der Dann-Teil des Tests überprüft, dass es für diese Entität ausschließlich ungesicherte Änderungen gibt.

Für die Berechnung der Änderungen muss das Vokabular der Testsprache um die in Listing 7.9 gezeigte Strukturkonstante erweitert werden.

```
CONSTANTS:
  BEGIN OF cs_only_unsaved_changes,
    saved   TYPE abap_bool VALUE abap_false,
    unsaved TYPE abap_bool VALUE abap_true,
  END OF cs_only_unsaved_changes.
```

Listing 7.9 Neue Strukturkonstante für die ausschließliche Berechnung von ungesicherten Änderungen

Für die abschließende Überprüfung, ob für diese Flugverbindung nur ungesicherte Änderungen berechnet werden, muss das Vokabular der Testsprache nochmals erweitert werden. Dazu ergänzen wir die Basisklasse um die Hilfsmethode aus Listing 7.10, die strukturgleich mit der von der ersten Testmethode verwendeten Assertion-Methode ist.

```
METHOD assert_only_unsaved_changes_of.
  DATA(ls_entity_changes) = find_changed_entity( io_entity ).
  cl_abap_unit_assert=>assert_true(
```

```
      ls_entity_changes-unsaved_change
  ).
  cl_abap_unit_assert=>assert_false(
      ls_entity_changes-saved_change
  ).
ENDMETHOD.
```

Listing 7.10 Neue Hilfsmethode für die Überprüfung von Änderungen

7

Beachten Sie, dass ich die Namen der Assertion-Methoden präzisiert habe. Durch Hinzunahme des Namensteils ONLY drückt die Assertion-Methode nun genauer aus, dass sie *ausschließlich* ungesicherte Änderungen berechnet.

[«]

Aufwand für die Implementierung neuer Testmethoden

Sowohl die Strukturkonstante und die Assertion-Methode in der Basisklasse als auch die Entität und Testmethode in der Testklasse können durch Kopieren und Editieren erstellt werden. Die neue Testmethode ist also nach ein paar Minuten schon fertig – und das, obwohl sie höchsten Ansprüchen an Schnelligkeit, Lesbarkeit und Wartbarkeit genügt.

7.2.4 Testmethode: Änderungen zu einem neuen Entitätstyp

Für den Flug MO_ANY_U_FLIGHT möchten wir sowohl ungesicherte als auch gesicherte Änderungen berechnen. Diese neue Entität hat folglich den Schlüssel (ANY, ANY, ANY) und ausschließlich ungesicherte Daten. Und obwohl wir auch gesicherte Änderungen berechnen lassen, erwarten wir doch, dass nur ungesicherte Änderungen für diesen eingegebenen Flug gefunden werden.

Wie Listing 7.11 zeigt, sind für diese neue Testmethode lediglich folgende strukturgleiche Erweiterungen notwendig:

- neue Strukturkonstante CS_BOTH_CHANGES in der Basisklasse
- neue Erzeugungsmethode CREATE_FLIGHT für Flugentitäten in der Entitätsklasse
- neue Entität MO_ANY_U_FLIGHT in der Testklasse

```
METHOD setup.
  ...
  mo_any_u_flight = lcl_entity_11=>create_flight(
      iv_carr_id       = lif_flight_model_11=>c_any_carr_id
      iv_conn_id       = lif_flight_model_11=>c_any_conn_id
      iv_flight_date   = lif_flight_model_11=>c_any_flight_date
      iv_unsaved_value = lif_flight_model_11=>c_any_payment_sum
  ).
```

```
ENDMETHOD.

METHOD get_both_flight_node_changes.
  add_entity_to_api( mo_any_u_flight ).

  import_key_of( mo_any_u_flight ).
  get_nodes_changes( cs_both_changes ).
  assert_only_unsaved_changes_of( mo_any_u_flight ).
ENDMETHOD.
```

Listing 7.11 Erzeugung und Überprüfung eines neuen Fluges

7.2.5 Testmethode: Enthaltene Änderungen

Für die Flugverbindung MO_ANY_AS_PFLI mit dem Flug MO_ANY_U_FLIGHT möchten wir nur ungesicherte Änderungen für alle enthaltenen Entitäten berechnen. Obwohl wir lediglich die Flugverbindung eingeben, die selbst keine ungesicherten Änderungen hat, erwarten wir doch, dass die ungesicherten Änderungen des untergeordneten Fluges gefunden werden.

Wie Listing 7.12 zeigt, können Sie für diese Testmethode bereits zur Verfügung gestellte Entitäten wiederverwenden. Sie müssen lediglich die Basisklasse um zwei Methoden erweitern. Dies können Sie jeweils schnell erledigen, indem Sie bestehende Methoden kopieren und editieren.

```
METHOD get_unsaved_pfli_tree_changes.
  add_entity_to_api( mo_any_as_pfli ).
  add_entity_to_api( mo_any_u_flight ).

  import_key_of( mo_any_as_pfli ).
  get_trees_changes( cs_only_unsaved_changes ).
  assert_both_changes_of( mo_any_as_pfli ).
ENDMETHOD.
```

Listing 7.12 Überprüfung einer Flugverbindung mit Flug

Mit der Assertion-Methode ASSERT_BOTH_CHANGES_OF dokumentiert die Testmethode GET_UNSAVED_PFLI_TREE_CHANGES, dass die Convenience API auch gesicherte Änderungen berechnet, obwohl die Testmethode lediglich den Berechnungsumfang CS_ONLY_SAVED_CHANGES vorgibt. Das ist eine Abweichung vom Design der Produktmethode, die mit den Schaltern IV_SAVED_CHANGES und IV_UNSAVED_CHANGES ihren Verwendern eine Begrenzung der Berechnungen und damit eine gesteigerte Performance verspricht.

Wie Listing 7.13 zeigt, müssen Sie zur Implementierung der Hilfsmethode GET_TREES_CHANGES nur den Argumentwert des Parameters IV_CONTAINED_CHANGES gegenüber der Kopiervorlage GET_NODES_CHANGES von ABAP_FALSE auf ABAP_TRUE ändern.

```
METHOD get_trees_changes.
  CLEAR mt_act_entity_type_changes.
  mt_act_entity_type_changes =
    mo_conv_api->get_entity_field_changes(
      iv_struct             = zif_usmd=>c_struct_key_attr
      it_entity_keys        = mt_imp_entity_type_keys
      iv_saved_changes      = is_changes_scope-saved
      iv_unsaved_changes    = is_changes_scope-unsaved
      iv_contained_changes = abap_true
  ).
ENDMETHOD.
```

Listing 7.13 Methode zur Berechnung von enthaltenen Änderungen

Schneller ROI durch anwendungsspezifische Testsprache

Eine anwendungsspezifische Testsprache zahlt sich für Sie auch kurzfristig aus, da sie hervorragende Skalierungsmöglichkeiten bietet. Zum einen können Sie Ihre Testsuite selbst schnell um weitere qualitativ hochwertige Testmethoden erweitern, zum anderen können Sie diese Arbeit auch an weniger erfahrene Entwickler delegieren. Jede von Ihnen vorgelegte Testmethode dokumentiert in effektiver Weise, wie weitere Testmethoden effizient geschrieben werden können und sollen. Eine aufwendige Einarbeitung und Kontrolle der weniger erfahrenen Entwickler ist in der Regel genauso wenig nötig wie die Erstellung eines ausführlichen Leitfadens. Verbesserungen von Testcode haben folglich einen schnellen *Return On Investment* (ROI).

7.3 Testgetriebene Entwicklung

Für die Funktionalität »Hervorheben von Änderungen« haben Sie nun einige Testmethoden vorliegen, und mithilfe der Testinfrastruktur könnten Sie schnell neue Testmethoden schreiben. Diesen Teil der Beispielanwendung haben Sie folglich in kurzer Zeit unter Kontrolle gebracht. Den Produktcode haben Sie zwar noch nicht gelesen, aber immerhin verstehen Sie nun besser, was er tut. Für Ihre weitere Arbeit am Produktcode dürfen Sie sich nun zu Recht abgesichert fühlen.

Damit können Sie sich nun das eigentliche Entwicklungsziel zur Brust nehmen. Es lautet, die Funktionalität der Stammdatenanwendung zur Hervorhebung von Änderungen an den Stammdaten um eine Funktionalität zur Hervorhebung von Löschungen zu ergänzen. Anstelle von charakterisierenden Tests schreiben Sie in diesem

Abschnitt nun Tests, die die Entwicklung voranbringen. Dazu sollten Sie sich der agilen Praktik der testgetriebenen Entwicklung (TDD) bedienen. Diese Praktik sieht vor, dass die folgenden Schritte iterativ durchgeführt werden:

1. Schreiben Sie nur so viel Testcode, bis Sie die Unvollständigkeit des Produktcodes offenbart haben.
2. Schreiben Sie anschließend nur so viel Produktcode, dass Ihr Testcode wieder läuft.
3. Verbessern Sie Test- und Produktcode in kleinen Schritten. Dabei sollte Ihr Testcode nach jedem Schritt laufen.

Dieser Vorgehensweise zufolge dürfen Sie also Produktcode nur schreiben, um Testcode ans Laufen zu bringen. Damit erreichen Sie ganz automatisch eine vollständige Testabdeckung.

7.3.1 Testklasse für das Hervorheben von Löschungen

Für die Neuentwicklung der Funktion zur Hervorhebung von Löschungen sollten Sie in jedem Fall eine neue Testklasse anlegen. Wie Listing 7.14 zeigt, werden Sie dabei von der Testinfrastruktur und der bisherigen Testklasse unterstützt. Die Basisklasse stellt die Testsprache bereit. Die in den vorangegangenen Abschnitten implementierten Testmethoden dienen als Beispiele für deren Grammatik (Teststruktur) und Vokabular (Hilfsmethoden, -attribute und -konstanten). Und zur Definition der neuen Testklasse können Sie einfach die alte Testklasse für die Funktion zum Hervorheben von Änderungen kopieren und editieren.

```
CLASS ltc_highlight_deletions_11 DEFINITION
INHERITING FROM lth_highlight_changes_base_11 FINAL
FOR TESTING RISK LEVEL HARMLESS DURATION SHORT.
  PUBLIC SECTION.
    CLASS-METHODS class_constructor.

  PRIVATE SECTION.
    METHODS setup.
    METHODS get_saved_flight_node_deletion FOR TESTING.

    DATA mo_any_ao_flight TYPE REF TO lif_entity_11.
ENDCLASS.
```

Listing 7.14 Definition der Testklasse für die neue Funktionalität

Auch für die Implementierung der neuen Testklasse, die Sie in Listing 7.15 sehen, können Sie die Implementierung der alten Testklasse kopieren und editieren. Damit sind

Sie schon nach wenigen Minuten in der Lage, mit der Arbeit am Produktcode zu beginnen. Diese Arbeit sollten Sie aber natürlich nur in dem Umfang in Angriff nehmen, wie es die erste Testmethode GET_SAVED_FLIGHT_NODE_DELETION einfordert.

```
CLASS ltc_highlight_deletions_11 IMPLEMENTATION.
  METHOD class_constructor.
    sv_model_name = lif_flight_model_11=>c_name.
  ENDMETHOD.

  METHOD setup.
    mo_any_ao_flight = lcl_entity_11=>create_flight(
        iv_carr_id        = lif_flight_model_11=>c_any_carr_id
        iv_conn_id        = lif_flight_model_11=>c_any_conn_id
        iv_flight_date    = lif_flight_model_11=>c_any_flight_date
        iv_obsolete_value = lif_flight_model_11=>c_any_payment_sum
        iv_active_value   = lif_flight_model_11=>c_any_payment_sum
    ).
  ENDMETHOD.

  METHOD get_saved_flight_node_deletion.
    add_entity_to_api( mo_any_ao_flight ).

    import_key_of( mo_any_ao_flight ).
    get_nodes_changes( cs_only_saved_changes ).
    assert_deletion_of( mo_any_ao_flight ).
  ENDMETHOD.
ENDCLASS.
```

Listing 7.15 Implementierung der Testklasse für die neue Funktionalität

Bei Bedarf kann nun ein Refactoring des Produktcodes erfolgen. Diese Maßnahmen müssen den Prinzipien des TDD zufolge keineswegs auf die gerade geschriebenen Zeilen beschränkt bleiben. Anschließend setzen Sie Ihre Entwicklungsarbeit mit dem Schreiben der zweiten Testmethode fort. Das im Normalfall erforderliche Verbessern des Testcodes entfällt in unserem Fall ganz, da Sie auf einer bereits vollständig ausgereiften Testinfrastruktur aufsetzen. So können Sie die in den Aufbau der Testinfrastruktur investierte Zeit schnell wieder hereinholen.

7.3.2 Diagramme

Das Klassendiagramm in Abbildung 7.6 umfasst sowohl die Verbesserung der Testabdeckung für die alte Funktionalität zum Hervorheben von Änderungen (siehe Abschnitt 7.2, »Skalierung mit einer Testsprache«) als auch die Entwicklung der neuen Funktionalität zum Hervorheben von Löschungen.

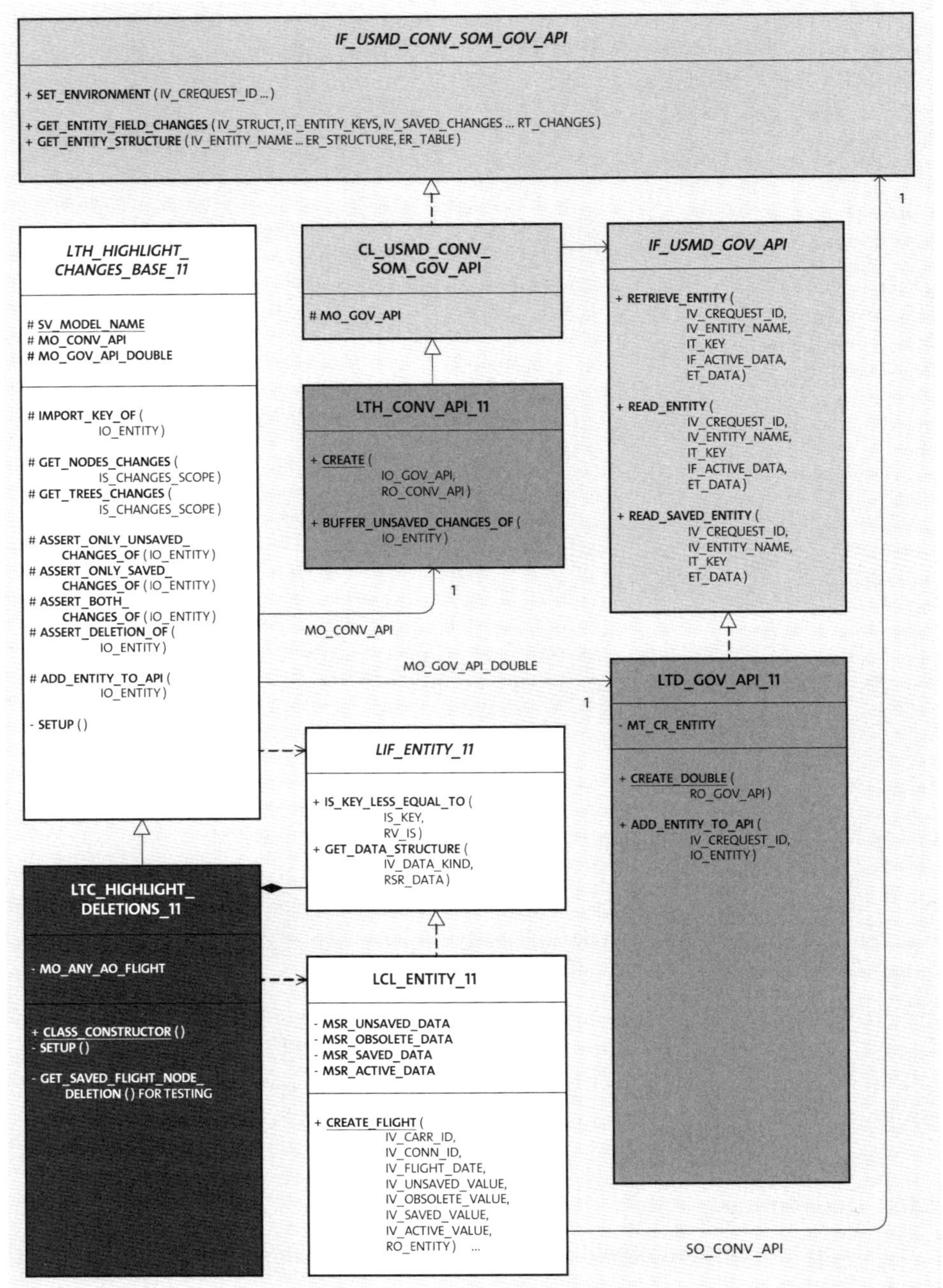

Abbildung 7.6 Neue Testklasse, ebenfalls aufbauend auf der Testinfrastruktur

Die Entitätsklasse repräsentiert nun den kompletten Zustand einer Entität im System. Mit der Methode GET_DATA_STRUCTURE können Sie sich von einer Entität nicht nur ihre ungesicherten, gesicherten, aktiven und obsoleten Daten geben lassen, sondern auch ihre bestätigten Daten berechnen lassen.

Zeitnahe Entwicklung von Tests

Mithilfe der Testinfrastruktur kann die neue Funktionalität der Stammdatenmanagement-Anwendung effizient testgetrieben entwickelt werden. TDD setzt das Prinzip der zeitnahen Entwicklung von Tests (*Timely-Prinzip*) bestmöglich um.

7.4 Liskov-Substitution-Prinzip

Von den SOLID- und FIRST-Designprinzipien, die ich in Abschnitt 1.3, »Effizienz: Einhaltung von Designprinzipien«, als effizienzsteigernd angeführt habe, ist allein das *Liskov-Substitution-Prinzip* in diesem ersten Teil des Buches noch nicht aufgetaucht. Es fordert ein, dass sich eine Unterklasse im Sinne ihrer Oberklasse verhält, es also im Zuge der Ableitung zu keiner Redefinition kommt, die das von der Oberklasse zugesicherte Verhalten invalidiert. Hintergrund ist, dass ein Objekt der Unterklasse ohne Typumwandlung als Objekt der Oberklasse referenziert werden kann und sich deshalb auch so verhalten sollte.

7.4.1 Beispielhafte Verletzung

Das Liskov-Substitution-Prinzip wurde für die Beispielanwendung eher zufällig relevant. Ich wollte zuerst Beispielcode einsparen und habe eine technisch richtige, aber semantisch falsche Vererbungsbeziehung implementiert.

In Listing 7.16 habe ich die Entitätsklasse der Version 10, die lediglich aktive, gesicherte und ungesicherte Daten für eine Entität kennt, mittels Vererbung zur Entitätsklasse der Version 11 erweitert, die auch obsolete Entitätsdaten kennt.

```
CLASS lcl_entity_11 DEFINITION INHERITING FROM lcl_entity_10 FINAL
CREATE PRIVATE.
  PUBLIC SECTION.
    CONSTANTS
      c_data_kind_obsolete TYPE lif_entity_10=>data_kind VALUE 'O'.
    METHODS lif_entity_10~get_data_structure REDEFINITION.
    ...
```

```
  PRIVATE SECTION.
    DATA msr_obsolete_data TYPE REF TO data.
ENDCLASS.
```

Listing 7.16 Neue Entitätsklasse als Erweiterung der alten

Wie Listing 7.17 zeigt, klappt das funktional auch gut. Mit der Interface-Methode GET_DATA_STRUCTURE der Version 11 kann eine Entität nicht nur ihre obsoleten Daten zurückgeben, sondern auch ihre bestätigten Daten berechnen.

```
CLASS lcl_entity_11 IMPLEMENTATION.
  METHOD lif_entity_10~get_data_structure.
    IF iv_data_kind = c_data_kind_obsolete.
       rsr_data      = msr_obsolete_data.
    ELSE.
      rsr_data =
        super->lif_entity_10~get_data_structure( iv_data_kind ).
      IF  iv_data_kind = lif_entity_10=>c_data_kind_confirmed
      AND rsr_data IS BOUND AND msr_obsolete_data IS BOUND.
        CLEAR rsr_data.
      ENDIF.
    ENDIF.
  ENDMETHOD.

  METHOD get_default_attribute.
    IF mv_entity_type = lif_flight_model_11=>c_flight_type.
      rs_def_attr = ss_flight_def_attr.
    ELSE.
      rs_def_attr = super->get_default_attribute( ).
    ENDIF.
  ENDMETHOD.

  ...
ENDCLASS.
```

Listing 7.17 Redefinierte Methoden bauen auf denen der Oberklasse auf.

Allerdings hat sich damit ein Teil des Vertrags geändert, den die Entitätsklasse über das Interface LIF_ENTITY_10 mit seinen Verwendern geschlossen hat. Während ein Verwender in Version 10 noch sicher sein konnte, dass diese Methode immer irgendwelche Daten liefert, kann derselbe Verwender in Version 11 davon nicht mehr ausgehen. Das heißt, auch wenn er weiterhin auf die Klasse LCL_ENTITY_10 oder eines ihrer Interfaces referenziert, könnte diese Referenz nun auf ein Objekt der Klasse LCL_ENTITY_11 verweisen. Dieses Entitätsobjekt liefert allerdings überhaupt keine bestätigten Daten, wenn sie auch obsolete Daten besitzt, also schon gelöscht wurde. Damit verletzt die Entitätsklasse der Version 11 das Liskov-Substitution-Prinzip, gemäß dem sich eine Unterklasse wie ihre Oberklasse verhalten soll.

7.4.2 Beispielhafte Erfüllung

Die Standardlösung für Probleme dieser Art ist ein neues Interface `LIF_ENTITY_11`, dessen Methoden so allgemein definiert sind, dass sie sowohl für die Implementierungen der Klasse `LCL_ENTITY_10` als auch für die Implementierungen der Klasse `LCL_ENTITY_11` passen. Dopplungen lassen sich entweder über Vererbung (von einer abstrakten Basisklasse) oder Delegation (an eine Hilfsklasse) vermeiden. Weder auf eine solche Basisklasse noch auf eine solche Hilfsklasse sollte ein Verwender referenzieren. Sie bleiben im Hintergrund und haben nur technische Bedeutung.

Kapitel 8
Redesign mit Unit-Tests

Wie können Sie die Erkenntnisse, die Sie beim Aufbau einer objektorientierten Testinfrastruktur gewonnen haben, auf die Anwendung übertragen?

8

In diesem Kapitel möchte ich Ihnen demonstrieren, wie viele positive Impulse das saubere Design einer Testinfrastruktur dem Redesign einer Komponente geben kann. Darüber hinaus möchte ich Ihnen vorführen, wie wenig die Testklassen von dem Redesign der zu testenden Komponente betroffen sind. Denn eine Testinfrastruktur kann die meisten Anpassungen zentral abfangen.

Abbildung 8.1 zeigt auf der linken Seite die Startsituation. Die Convenience API der Stammdatenmanagement-Anwendung implementiert die Funktionalität zur Hervorhebung von Änderungen und bezieht ihre Entitätsdaten von der Governance API.

Auf der rechten Seite ist die Zielsituation dargestellt. Der Vertragspartner der Einzelobjektpflege (SOM-Benutzeroberfläche) ist immer noch die Convenience API. Allerdings delegiert die Convenience API die Berechnungen an eine neue Klasse, die allein für die Funktionalität zur Hervorhebung von Änderungen zuständig ist, die *Highlight-Changes-Klasse*. Die Highlight-Changes-Klasse erhält ihrerseits ihre Daten von einer sogenannten *Entity API*. Im Gegensatz zur prozedural designten Governance API (die Signaturen mit vielen Datenparametern enthält) zeichnet sich die Entity API durch ein objektorientiertes Design (mit Signaturen mit wenigen Objektparametern) aus.

In Abschnitt 8.1, »Objektorientierte API für Entitäten«, stelle ich Ihnen die Entity API kurz vor. Bei der Entity API handelt es sich um eine objektorientierte Alternative zur Governance API, zumindest was das Lesen von Entitätsdaten betrifft.

In Abschnitt 8.2, »Hervorheben von Änderungen als eigenständige Einheit«, führe ich die objektorientierte Highlight-Changes-Klasse ein. Sie berechnet für die Methode `GET_ENTITY_FIELD_CHANGES` der prozedural geprägten Convenience API Entitätsänderungen auf Basis der Entity API.

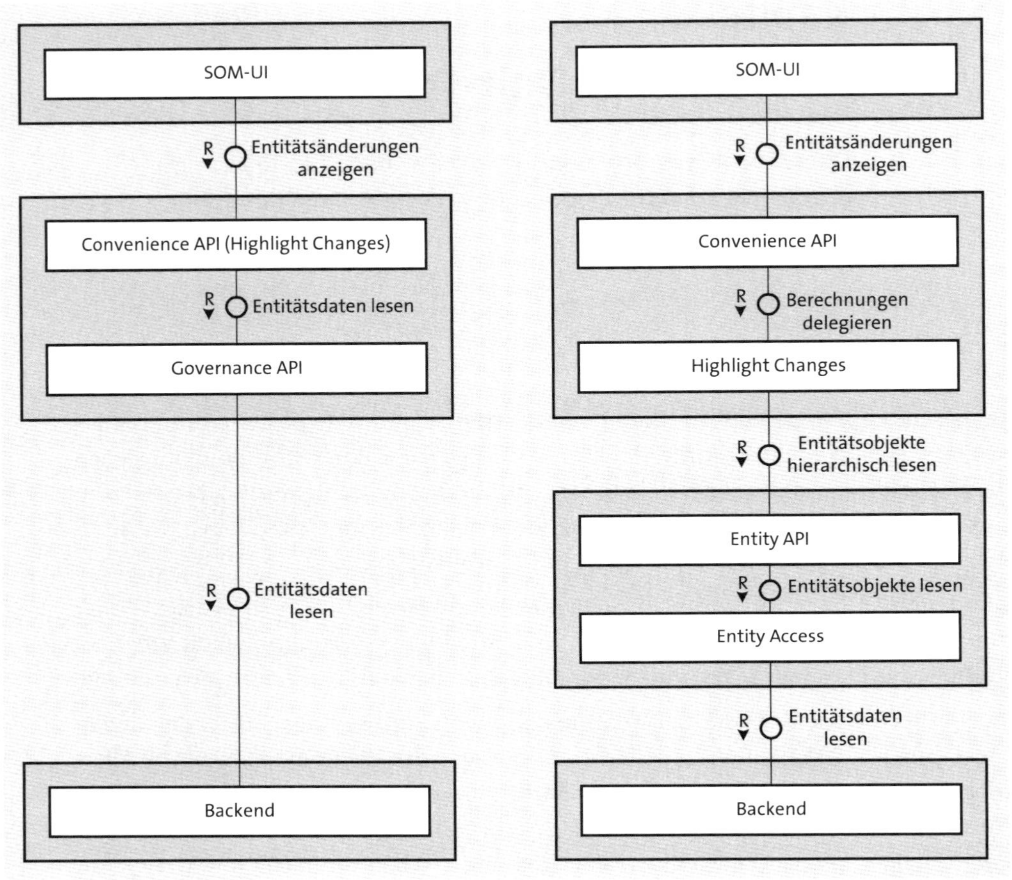

Abbildung 8.1 Design der Funktionalität zur Hervorhebung von Änderungen (vorher und nachher)

In Abschnitt 8.3, »Tests für die Highlight-Changes-Klasse«, liefere ich Ihnen die Testautomatisierung nach, mit der diese Entwicklungen im Sinne der testgetriebenen Entwicklung (TDD) »vorangetrieben« wurden. Dazu gehören zum einen die Unit-Tests für die Highlight-Changes-Klasse und zum anderen die Komponententests für deren Anbindung an die Convenience API. Diese Reihenfolge ist für das Lesen des Codes in diesem Buch einfacher. Beim Schreiben des Codes sollten Sie natürlich mit den Tests beginnen.

In Abschnitt 8.4, »Zusammenfassung des ersten Teils«, fasse ich den in Teil I dieses Buches demonstrierten Verbesserungsprozess von Bestandscode noch einmal zusammen.

8.1 Objektorientierte API für Entitäten

Die Entity API wird in diesem Kapitel ausschließlich zum Lesen von Entitätsdaten verwendet. In diesem Umfang ist sie eine objektorientierte Alternative zur prozedural geprägten Governance API. Das Entity-API-Objekt stellt benötigte Entitätsdaten allerdings nicht selbst zur Verfügung. Dies fällt in die Zuständigkeit eines Entitätsmengenobjekts. Dieses Entitätsmengenobjekt gibt das Entity-API-Objekt auf Anfrage für ein gegebenes *Selektionsobjekt* zurück.

8.1.1 Entitätstypklasse

Grundlage all dieser übergeordneten Objekte ist ein Objekt für den Entitätstyp, dessen Klasse das Interface `IF_USMD_ENTITY_TYPE` implementiert. In Abbildung 8.2 sehen Sie, dass diese Klasse unter anderem für die Erzeugung von Strukturen und Tabellen für Schlüssel bzw. Daten zuständig ist.

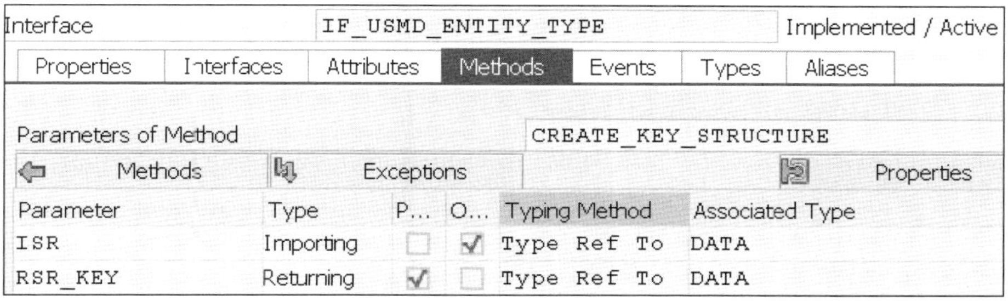

Abbildung 8.2 Erzeugung einer Schlüsselstruktur durch das Entitätstypobjekt

Des Weiteren erlaubt ein solches Entitätstypobjekt die Navigation zu den Objekten von über- und untergeordnete Entitätstypen (z. B. die Navigation des Objekts `PFLI` zu dessen direktem Vater `CARR` und dessen direktem Kind `FLIGHT` in der durch das Datenmodell festgelegten Hierarchie).

8.1.2 Selektionsklasse

Selektionsobjekte entsprechen in etwa den Eingabedaten von prozedural geprägten Lesemethoden. Als Beispiel für eine solche prozedurale Lesemethode zeigt Abbildung 8.3 die Signatur der Methode `READ_SAVED_ENTITY` der Governance API zum Lesen gesicherter Daten.

Objektorientierte Methoden importieren keine Daten über eine Vielzahl von Parametern, um sie dann selbst zu verarbeiten. Sie importieren vielmehr eine kleine Anzahl an Objekten, die diese Daten als Attribute in sich tragen und Methoden zu deren Verarbeitung anbieten.

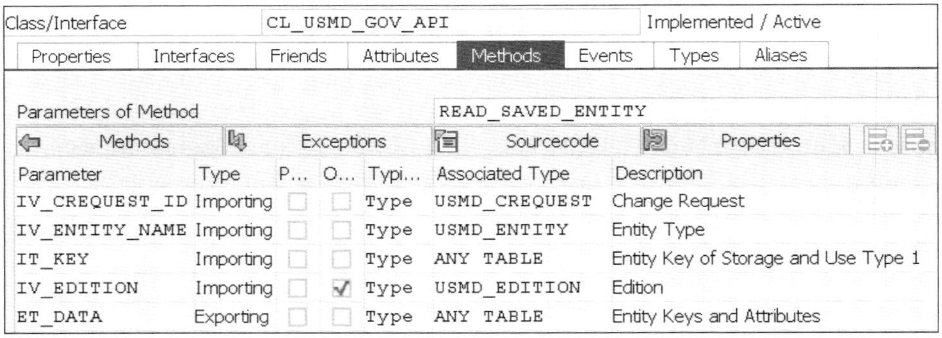

Abbildung 8.3 Lesemethode für gesicherte Entitätsdaten in der Governance API

Wie Abbildung 8.4 zeigt, umfasst und kapselt ein Selektionsobjekt mindestens die Attributwerte, die als Argumentwerte für den Aufruf einer prozeduralen Lesemethode nötig sind:

- IV_CREQUEST_ID: Attribut des Änderungsantragsobjekts MO_CR
- IV_ENTITY_NAME: Attribut des Entitätstypobjekts MO_ENTITY_TYPE
- IT_KEY: Dereferenzierung des Attributs MTR_KEY
- IV_EDITION: Attribut MV_EDITION (wird in diesem Buch nicht weiter betrachtet)

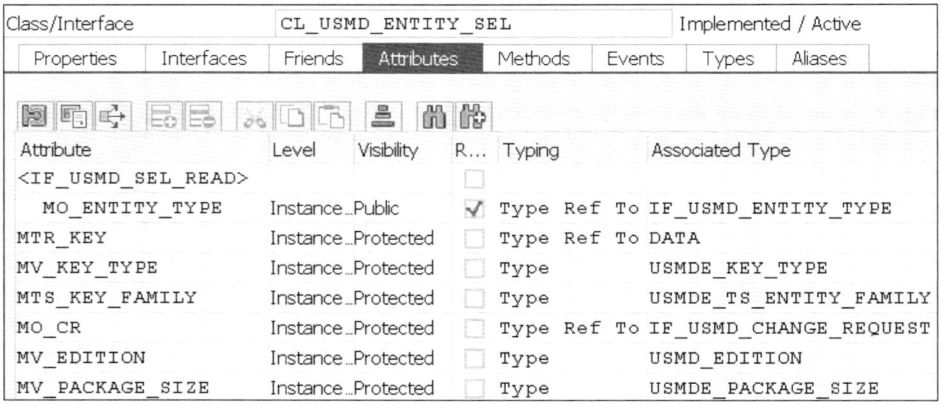

Abbildung 8.4 Selektieren von Entitäten mit einem einzigen Objekt

Ein Selektionsobjekt kann darüber hinaus viele weitere Attribute haben. In diesem Beispiel charakterisieren etwa die Attribute MV_KEY_TYPE und MTS_KEY_FAMILY die anonyme Schlüsseltabelle MTR_KEY genauer. Mit dem Attribut MV_PACKAGE_SIZE enthält das Selektionsobjekt ferner Informationen dazu, in welchen Einheiten die Entitätsdaten aus der Datenbank gelesen werden sollen.

8.1.3 Entitätsmengenklasse

Für die Entitätsmengenklasse sind mehrere Implementierungen denkbar. Da die Möglichkeit einer Tabelle von Entitätsobjekten aus Performancegründen ausscheidet, ist eine Implementierung naheliegend, die für jede Datenart (z. B. aktive Daten) eine Datentabelle für alle Entitäten vorhält.

Wie ich in Abschnitt 10.5.2, »Entitätsmengenklasse mit Objekten«, erläutere, ist eine Implementierung mit sogenannten *Datenobjekten* noch besser. Dabei verschalt jedes Datenobjekt die Datentabelle genau einer Datenart. Da die Beispielanwendung zwar viele Entitäten, aber nicht viele *Entitätsmengenobjekte* benötigt, spricht auch aus Performancesicht nichts gegen diese Vervielfachung der Objekte.

Abbildung 8.5 zeigt die Attribute dieser Entitätsmengenklasse. Das Attribut MO_SNAPSHOT_DATA repräsentiert die sogenannten Schnappschussdaten – eine Datenart, die den Stand der aktiven Daten zu einem bestimmten Zeitpunkt für spätere Vergleiche festhält.

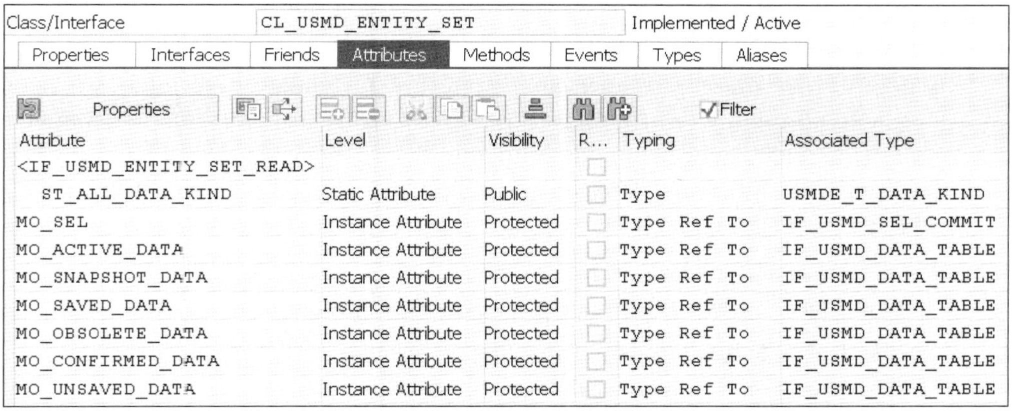

Class/Interface CL_USMD_ENTITY_SET Implemented / Active

Properties | Interfaces | Friends | Attributes | Methods | Events | Types | Aliases

Attribute	Level	Visibility	R...	Typing	Associated Type
<IF_USMD_ENTITY_SET_READ>					
ST_ALL_DATA_KIND	Static Attribute	Public		Type	USMDE_T_DATA_KIND
MO_SEL	Instance Attribute	Protected		Type Ref To	IF_USMD_SEL_COMMIT
MO_ACTIVE_DATA	Instance Attribute	Protected		Type Ref To	IF_USMD_DATA_TABLE
MO_SNAPSHOT_DATA	Instance Attribute	Protected		Type Ref To	IF_USMD_DATA_TABLE
MO_SAVED_DATA	Instance Attribute	Protected		Type Ref To	IF_USMD_DATA_TABLE
MO_OBSOLETE_DATA	Instance Attribute	Protected		Type Ref To	IF_USMD_DATA_TABLE
MO_CONFIRMED_DATA	Instance Attribute	Protected		Type Ref To	IF_USMD_DATA_TABLE
MO_UNSAVED_DATA	Instance Attribute	Protected		Type Ref To	IF_USMD_DATA_TABLE

Abbildung 8.5 Entitätsmengenklasse mit Datenobjekten als Attributen

8.1.4 Entity-API-Klasse

Entscheidend für das objektorientierte Design der Entity API ist, dass mit den Selektionsobjekten die *Polymorphie* Einzug hält. Um Selektionen um ein weiteres Kriterium zu erweitern, muss keine Signatur modifiziert werden. Unabhängig von Art und Umfang der Selektionen kommen alle Lesemethoden mit einem einzigen Parameter IO_SEL aus.

Damit erfüllt die Entity API das Open-Closed-Prinzip für die Eingabe ihrer Lesemethoden. Wie Abbildung 8.6 zeigt, erfüllt sie dieses Prinzip ebenso für die Ausgabe ihrer Lesemethoden. Denn die Verwender der Lesemethoden begnügen sich auch dann mit dem einzigen Rückgabeparameter RO_ENTITY_SET, wenn ein solches Entitätsmengenobjekt weitere Entitätsdaten (wie z. B. die Schnappschussdaten) oder die bestehenden Daten in anderer Form anbietet.

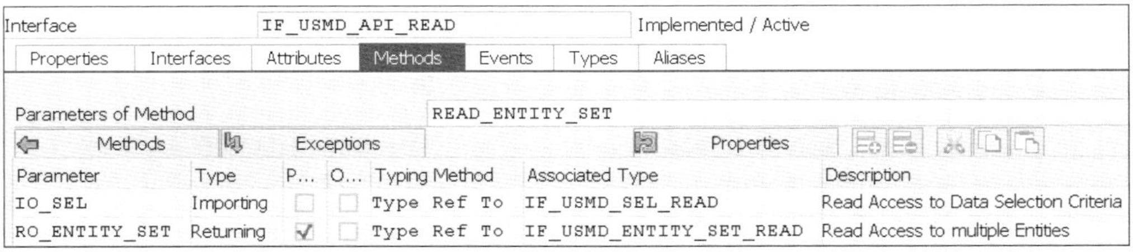

Abbildung 8.6 Abstraktion des Lesevorgangs

Des Weiteren erfüllt die Entity API das Dependency-Inversion-Prinzip, weil es ausschließlich die Interfaces der Entitätsmengenklasse verwendet. Diese Vermeidung konkreter Abhängigkeiten könnte sich beispielsweise auszahlen, wenn die Entitätsmengenklasse im Zuge gestiegener Performanceanforderungen einmal ausgetauscht werden muss. Im besten Fall kann dieser Austausch zentral von der zuständigen Factory-Klasse durchgeführt werden.

Die Entity API ändert sich auch nur, wenn ihre Zuständigkeit betroffen ist. Dem Single-Responsibility-Prinzip folgend ist sie nur dafür zuständig, die Beziehungen zwischen Entitätsmengen und Änderungsanträgen auf oberster Ebene zu regeln. Die nachträgliche Einführung der Schnappschussdaten für alle Entitäten betrifft sie beispielsweise überhaupt nicht.

Mit einem separaten Interface für schreibende Verwender trägt die Entity API ferner dem Interface-Segregation-Prinzip ausreichend Rechnung.

Da das Liskov-Substitution-Prinzip ohne Vererbung nicht relevant ist, steht die Entity API insgesamt mit den SOLID-Prinzipien im Einklang.

8.2 Hervorheben von Änderungen als eigenständige Einheit

Mit der objektorientierten API für Entitäten können Sie die neue Highlight-Changes-Klasse schnell und lesbar erstellen.

8.2.1 Highlight-Changes-Interface

Listing 8.1 definiert ein Highlight-Changes-Interface und übernimmt in dieses Interface die beiden Berechnungsmethoden von der Basisklasse der Testinfrastruktur.

```
INTERFACE zif_usmd_highlight PUBLIC.
  METHODS set_changes_scope
    IMPORTING
```

```
      is_changes_scope TYPE zusmd_s_changes_scope.
  METHODS get_nodes_changes
    IMPORTING
      io_sel TYPE REF TO if_usmd_sel_read
    RETURNING
      VALUE(rt_changed_node) TYPE usmd_t_changed_entity.
  METHODS get_trees_changes
    IMPORTING
      io_sel TYPE REF TO if_usmd_sel_read
    RETURNING
      VALUE(rt_changed_root) TYPE usmd_t_changed_entity.
ENDINTERFACE.
```


Listing 8.1 Zwei unterschiedliche Berechnungen von Änderungen

Die Methoden GET_NODES_CHANGES und GET_TREE_CHANGES erhalten allerdings eine abweichende Signatur. Zum einen ruft die Convenience API sie lediglich für einen Entitätstyp (denjenigen im Selektionsobjekt IO_SEL) auf. Der Aufruf mit mehreren Entitätstypen hatte sich wegen der geschachtelten Tabellen als unnötig kompliziert und performancemäßig nicht vorteilhaft herausgestellt. Vermutlich haben die Entwickler der Convenience API, unter Missachtung des Avoid-Premature-Optimizations-Prinzips, auf Verdacht und nicht aufgrund realer Messungen diese Funktionalität mit einem Massenaufruf laufzeitmäßig optimieren wollen.

Zum anderen haben diese Berechnungsmethoden keinen Eingabeparameter mehr für den Änderungsumfang IS_CHANGES_SCOPE. Da dieser Umfang für aufeinanderfolgende Aufrufe häufig gleich ist, erlaubt das Highlight-Changes-Interface stattdessen, ihn mit der Methode SET_CHANGES_SCOPE für alle nachfolgenden Aufrufe zu setzen.

8.2.2 Highlight-Changes-Klasse

Listing 8.2 zeigt die Definition der Highlight-Changes-Klasse. Ihre Erzeugungsmethode erlaubt nicht nur, den Änderungsumfang für die ersten Aufrufe der Berechnungsmethoden GET_NODES_CHANGES und GET_TREES_CHANGES zu setzen. Sie erlaubt ihren Verwendern auch, das von ihr zu verwendende Entity-API-Objekt festzulegen. Letzteres kommt den Unit-Tests der Highlight-Changes-Klasse entgegen, die diese Erzeugungsmethoden mit einem Testdouble für die Entity API starten wollen und es auf diese Weise leicht mit der Injektion dieses Doubles haben.

```
CLASS zcl_usmd_highlight DEFINITION PUBLIC FINAL CREATE PRIVATE.
  PUBLIC SECTION.
    INTERFACES zif_usmd_highlight.

    CLASS-METHODS create
```

```
      IMPORTING
        io_entity_api    TYPE REF TO if_usmd_api_read
        is_changes_scope TYPE zusmd_s_changes_scope OPTIONAL
      RETURNING
        VALUE(ro_highlight) TYPE REF TO zif_usmd_highlight.

  PRIVATE SECTION.
    ...

    DATA mo_entity_api    TYPE REF TO if_usmd_api_read.
    DATA ms_changes_scope TYPE zusmd_s_changes_scope.
    DATA mo_sel           TYPE REF TO if_usmd_sel_read.
ENDCLASS.
```

Listing 8.2 Übergabe der Entity API bei der Erzeugung

Wenn Sie noch einmal einen Blick zurück auf Listing 8.1 werfen, sehen Sie, dass die Berechnungsmethoden über das übergebene Selektionsobjekt erfahren, auf welche Entitäten und welchen Änderungsantrag sie sich konzentrieren sollen. Die Referenz auf dieses Selektionsobjekt speichern die Berechnungsmethoden in dem Attribut MO_SEL, damit die von ihnen aufgerufenen privaten Hilfsmethoden ebenfalls auf das Selektionsobjekt zugreifen können.

8.2.3 Berechnungsmethode für Entitätsknoten

Wie Listing 8.3 zeigt, startet die Interface-Methode GET_NODES_CHANGES ihre Berechnung, indem sie sich von der Entity API das zu dem gegebenen Selektionsobjekt passende Entitätsmengenobjekt geben lässt. Dieses Entitätsmengenobjekt kann wiederum alle Arten von Daten zu den selektierten Entitäten liefern.

```
METHOD zif_usmd_highlight~get_nodes_changes.
  DATA lsr_key TYPE REF TO data.
  FIELD-SYMBOLS <t_key> TYPE INDEX TABLE.

  mo_sel = io_sel.
  DATA(lo_entity_set) = mo_entity_api->read_entity_set( mo_sel ).
  IF lo_entity_set IS NOT BOUND.
    RETURN.
  ENDIF.

  DATA(ltr_unsaved_data) = lo_entity_set->get_unsaved_table( ).
  ...
  DATA(ltr_active_data)  = lo_entity_set->get_active_table( ).
```

```
  DATA(ltr_key) = collect_keys(
      itr_unsaved_data  = ltr_unsaved_data
      ...
      itr_active_data   = ltr_active_data
  ).
  ASSIGN ltr_key->* TO <t_key>.

  LOOP AT <t_key> REFERENCE INTO lsr_key.
    DATA(lsr_unsaved_data) = get_structure(
        itr_data = ltr_unsaved_data
        isr_key  = lsr_key
    ).
    ...
    DATA(lsr_active_data) = get_structure(
        itr_data = ltr_active_data
        isr_key  = lsr_key
    ).

    APPEND INITIAL LINE TO rt_changed_node
      ASSIGNING FIELD-SYMBOL(<s_changed_node>).
    <s_changed_node>-entity = lsr_key.

    ...

    IF ms_changes_scope-saved_changes = abap_true
    AND lsr_saved_data IS BOUND.
      IF lsr_active_data IS BOUND.
        <s_changed_node>-saved_change = are_different(
            isr_data_1 = lsr_active_data
            isr_data_2 = lsr_saved_data
        ).
      ELSE.
        <s_changed_node>-saved_change = abap_true.
      ENDIF.
    ENDIF.

    IF lsr_obsolete_data IS BOUND.
      <s_changed_node>-crud =
        if_usmd_conv_som_gov_api=>gc_crud_delete.
    ENDIF.
  ENDLOOP.
ENDMETHOD.
```

Listing 8.3 Berechnende Methode erfüllt alle bisherigen Testfälle.

Die Methode vergleicht bzw. analysiert dann für jede Entität der Menge (LOOP-Schleife über <T_KEY>) ihre Datenstrukturen und schreibt die Ergebnisse in ihre Rückgabestruktur <S_CHANGED_NODE>. Diese Implementierung ist noch nicht vollständig. Im Sinne der testgetriebenen Entwicklung genügt es aber, wenn sie alle bisherigen Testfälle erfüllt.

8.2.4 Berechnungsmethode für Entitätsbäume

Wie Listing 8.4 zeigt, führt die Interface-Methode GET_TREES_CHANGES selbst keine Berechnung durch. Sie ruft einfach die Berechnungsmethode GET_NODES_CHANGES für die gegebenen Entitäten und deren untergeordnete Entitäten auf und bringt die Ergebnisse zusammen.

```
METHOD zif_usmd_highlight~get_trees_changes.
  FIELD-SYMBOLS <s_changed_child> TYPE usmd_s_changed_entity.

  rt_changed_root =
    zif_usmd_highlight~get_nodes_changes( io_sel ).

  DATA(lt_type_child) = io_sel->mo_entity_type->get_children( ).
  LOOP AT lt_type_child INTO DATA(lo_type_child).
    DATA(lo_sel_child) = io_sel->get_child( lo_type_child ).
    DATA(lt_changed_child) =
      zif_usmd_highlight~get_nodes_changes( lo_sel_child ).

    LOOP AT lt_changed_child ASSIGNING <s_changed_child>.
      DATA(lv_index) = get_index_of_root(
          is_changed_child = <s_changed_child>
          it_changed_root  = rt_changed_root
      ).
      READ TABLE rt_changed_root INDEX lv_index
        ASSIGNING FIELD-SYMBOL(<s_changed_root>).
      IF <s_changed_child>-unsaved_change = abap_true.
        <s_changed_root>-unsaved_change = abap_true.
      ENDIF.
      IF <s_changed_child>-saved_change = abap_true.
        <s_changed_root>-saved_change = abap_true.
      ENDIF.
    ENDLOOP.
  ENDLOOP.
ENDMETHOD.
```

Listing 8.4 Delegierende Methode erfüllt ebenfalls alle bisherigen Testfälle.

Auch für die Methode GET_TREES_CHANGES steht die möglichst einfache Erfüllung der schon geschriebenen Testfälle im Vordergrund.

Einfacher Code

Einfachen Code erzielen Sie nur, wenn Sie den Umbau, den ein weiterer Bedarf erfordert, nicht scheuen. Denn ansonsten sind Sie versucht, sich gleich zu Beginn für alle Eventualitäten zu wappnen, von denen dann die Hälfte nicht oder nicht so, wie geplant, eintritt.

8.2.5 Verwendung der Highlight-Changes-Klasse

Prinzipiell kann die Highlight-Changes-Klasse direkt von der Einzelobjektpflege (SOM-Benutzeroberfläche) aufgerufen werden. Wenn diese Umstellung (noch) nicht gewünscht ist, muss die Methode GET_ENTITY_FIELD_CHANGES der Convenience API die prozeduralen Daten in passende Objekte überführen, wie Listing 8.5 zeigt.

```
METHOD if_usmd_conv_som_gov_entity~get_entity_field_changes.
  DATA ls_changes_scope TYPE zusmd_s_changes_scope.
  DATA ls_changes LIKE LINE OF rt_changes.

  ls_changes_scope-saved_changes   = iv_saved_changes.
  ls_changes_scope-unsaved_changes = iv_unsaved_changes.
  DATA(lo_highlight) = zcl_usmd_highlight=>create(
      io_entity_api     = mo_entity_api
      is_changes_scope = ls_changes_scope
  ).
  DATA(lo_crequest) =
    mo_entity_api->get_change_request( mv_crequest_id ).

  LOOP AT it_entity_keys ASSIGNING FIELD-SYMBOL(<s_entity_keys>).
    DATA(lo_entity_type) = mo_meta->get_entity_type(
        iv_entity_name = <s_entity_keys>-entity
        iv_struct_data = iv_struct
    ).
    DATA(lo_sel) = cl_usmd_entity_sel=>create_with_key(
        io_entity_type = lo_entity_type
        itr_key        = <s_entity_keys>-tabl
        io_cr          = lo_crequest
    ).

    ls_changes-entity_type = <s_entity_keys>-entity.
    ls_changes-struct      = iv_struct.
```

```
    IF iv_contained_changes = abap_true.
      ls_changes-changed_entities =
        lo_highlight->get_trees_changes( lo_sel ).
    ELSE.
      ls_changes-changed_entities =
        lo_highlight->get_nodes_changes( lo_sel ).
    ENDIF.
    APPEND ls_changes TO rt_changes.
  ENDLOOP.
ENDMETHOD.
```

Listing 8.5 Convenience-API-Methode als Adapter

8.2.6 Objektorientiertes Programmiermodell

Listing 8.5 ist ein kompaktes Beispiel für das neue, objektorientierte Programmiermodell der Beispielanwendung. Es setzt sich aus den folgenden Objekten zusammen:

- **Änderungsantragsobjekt**
  In diesem Programmiermodell ist der Änderungsantrag ein aktives Objekt, das selbst direkt auf Entitäten einwirkt. Das erspart vielen Methoden nicht nur den zusätzlichen Parameter `IV_CREQUEST_ID`, sondern vereinfacht auch die Kommunikation zwischen den Entwicklern. Die Aussage »Änderungsantrag Y ändert Entität X« ist kürzer und verständlicher als die Aussage »Entität X wird von Änderungsantrag Y geändert«.
- **Entitätstypobjekt**
  Der Strukturtyp `IV_STRUCT` spielt im neuen Programmiermodell immer noch eine Rolle. Allerdings nicht mehr auf Ebene der öffentlichen Methoden, sondern nur noch, wie die Erzeugungsmethode `GET_ENTITY_TYPE` in Listing 8.5 andeutet, als Attribut des Entitätstypobjekts.
- **Selektionsobjekt**
  Aber selbst Entitätstypobjekte spielen auf oberster Ebene der Anwendung keine Rolle. Diese Rolle nimmt das Selektionsobjekt, also die objektorientierte Anfrage nach Entitäten, ein. Dem Selektionsobjekt ist sogar das Änderungsantragsobjekt untergeordnet. Das Selektionsobjekt hilft Ihnen nicht nur, die Methodensignaturen klein zu halten, sondern auch, sie stabil zu halten. Denn bei einer Erweiterung der Anwendung müssen Sie nicht die Definitionen von vielen Methoden, sondern nur die Implementierungen von wenigen Methoden ändern.
- **Entitätsmengenobjekt**
  Beim Lesen steht einem Selektionsobjekt als Eingabe ein Entitätsmengenobjekt als Rückgabe gegenüber. Von diesem Entitätsmengenobjekt, und nicht von der Entity API, erhält ein Verwender die verschiedenen Arten von Entitätsdaten.

Erlernen objektorientierter Methoden durch testgetriebene Entwicklung

Objektorientierung ist für die Effizienz vieler Anwendungsentwicklungen von großer Bedeutung. Sie gelingt allerdings nur dann, wenn das Team das erforderliche Wissen und die Erfahrung besitzt. Der Aufbau einer objektorientierten Testinfrastruktur hilft gerade Teams, die die prozedurale Entwicklung gewöhnt sind. Sie können sich das entsprechende Wissen und die Erfahrung zielgerichtet und schrittweise erarbeiten. Im Testcode sind eben viel mehr Experimente möglich als im Produktcode, und diese Änderungsfreundlichkeit wirkt sich sowohl auf die Lernbereitschaft als auch auf die Innovationsfähigkeit eines Teams positiv aus.

8.3 Tests für die Highlight-Changes-Klasse

Wie Abbildung 8.7 zeigt, erfolgt das Redesign der Funktionalität zum Hervorheben von Änderungen in zwei Schritten. Im ersten Schritt entwickeln wir die neue Highlight-Changes-Klasse mit Unit-Tests. Dafür ist ein Testdouble für die Entity API nötig.

Im zweiten Schritt könnten wir die Anbindung der Highlight-Changes-Klasse an die Convenience API mit deren Unit-Tests realisieren. Dafür wäre ein Testdouble für die Highlight-Changes-Klasse nötig. Mit den Komponententests, die wir in Kapitel 7, »Isolierter Komponententest«, entwickelt haben, können wir diese Anbindung allerdings mit weniger Aufwand überprüfen. Wir müssen dazu lediglich die Abhängigkeit von der Governance API sinngemäß auf die Entity API übertragen.

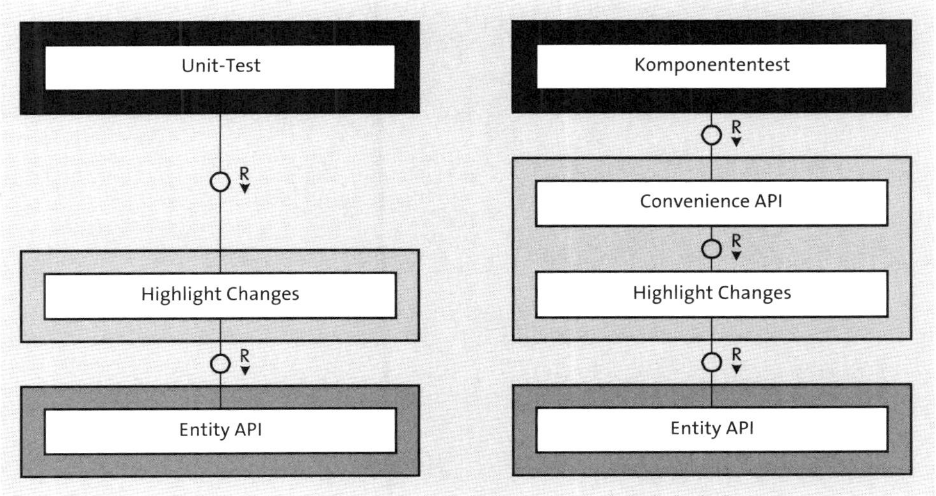

Abbildung 8.7 Testen der neuen Klasse (Funktion und Anbindung)

Im Folgenden erläutere ich diese beiden Schritte im Detail.

8.3.1 Unit-Tests

Für Unit-Tests der Highlight-Changes-Klasse ist eine Isolierung mithilfe eines Entity-API-Doubles notwendig. Darum kümmert sich wieder eine Basisklasse der Testklassen.

Entity-API-Double

Wie Listing 8.6 zeigt, speichert das Testdouble der Entity API die von der Testmethode ins Spiel gebrachten Entitäten ähnlich wie das Double für die Governance API (Listing 7.6 in Abschnitt 7.1.3, »Konfiguration des Governance-API-Doubles«). Der Entitätsspeicher des Entity-API-Doubles wird aber nicht direkt, sondern über Entitätsmengen ausgelesen, denen dieses Testdouble die selektierten Entitäten hinzufügt.

```
CLASS ltd_entity_api_12 IMPLEMENTATION.
  METHOD create_double.
    ro_entity_api = NEW ltd_entity_api_12( ).
    ro_entity_api->mo_creator = io_creator.
  ENDMETHOD.

  METHOD add_entity_to_api.
    DATA ls_cr_entity TYPE s_cr_entity.

    DATA(lo_entity_type) = io_entity->get_sel( )->mo_entity_type.
    ls_cr_entity-o_crequest    = io_crequest.
    ls_cr_entity-o_entity_type = lo_entity_type.
    ls_cr_entity-o_entity      = io_entity.
    APPEND ls_cr_entity TO mt_cr_entity.
  ENDMETHOD.

  METHOD if_usmd_api_read~read_entity_set.
    DATA lo_entity_set TYPE REF TO tif_usmd_entity_set.

    LOOP AT mt_cr_entity ASSIGNING FIELD-SYMBOL(<s_cr_entity>)
    WHERE o_crequest     = io_sel->get_change_request( )
    AND   o_entity_type = io_sel->mo_entity_type.
      DATA(lo_entity) = <s_cr_entity>-o_entity.
      DATA(lo_sel)     = lo_entity->get_sel( ).

      DATA(lv_match) = lo_sel->matches_keys( io_sel ).
      IF lv_match <> usmde_match-no.
        IF lo_entity_set IS BOUND.
          lo_entity_set->add_entity( lo_entity ).
```

```
        ELSE.
          lo_entity_set =
            mo_creator->create_entity_set_with_entity( lo_entity ).
        ENDIF.
      ENDIF.
    ENDLOOP.
    ro_entity_set = lo_entity_set.
  ENDMETHOD.
ENDCLASS.
```

Listing 8.6 Konfigurierbares Testdouble für die Entity API

Basisklasse

Listing 8.7 zeigt, dass die Basisklasse immer noch die gesamte Isolation für ihre Testklassen in ihrer Setup-Methode durchführt. Die Highlight-Changes-Klasse bietet für das Entity-API-Double eine sogenannte *Konstruktorinjektion* an. Eine Injektion über eine abgeleitete Hilfsklasse ist nicht mehr notwendig.

Die neue Methode CREATE_IMPORT_SEL erzeugt ein Selektionsobjekt aus dem gegebenen Änderungsantrag und allen bis dahin über die Methode IMPORT_KEY_OF gesammelten Entitäten. MO_IMP_ENTITY_TYPE ist der gemeinsame Typ dieser Entitäten. Nach dem Setzen des Änderungsumfangs ist das erzeugte Selektionsobjekt alles, was das Highlight-Changes-Objekt für die Methode GET_NODES_CHANGES benötigt.

```
CLASS lth_highlight_changes_base_12 IMPLEMENTATION.
  METHOD setup.
    mo_entity_api_double =
      ltd_entity_api_12=>create_double( so_creator ).
    mo_highlight =
       zcl_usmd_highlight=>create( mo_entity_api_double ).
    mo_crequest = so_creator->create_cr( ).
  ENDMETHOD.

  METHOD create_import_sel.
    ro_sel = so_creator->create_qualified_sel(
        io_entity_type = mo_imp_entity_type
        itr_key        = mtr_imp_key
    ).
    ro_sel->set( io_cr = mo_crequest ).
  ENDMETHOD.

  METHOD get_nodes_changes.
    mo_highlight->set_changes_scope( is_changes_scope ).
```

```
    mt_act_changes =
      mo_highlight->get_nodes_changes( create_import_sel( ) ).
  ENDMETHOD.

  ...
ENDCLASS.
```

Listing 8.7 Basisklasse, die auf der Highlight-Changes-Klasse aufsetzt

Testklasse

Wie Listing 8.8 zeigt, hat sich die Testklasse nur in Bezug auf die Erzeugung der Entitäten geändert. In der globalen Testinfrastruktur ist dafür die *Creator-Klasse* verantwortlich. Beispielsweise erzeugt ihre Methode `CREATE_AS_ENTITY` für das statische Selektionsobjekt `SO_ANY_PFLI_SEL` eine Flugverbindungsentität mit Schlüssel (`ANY`, `ANY`) sowie aktiven und gesicherten Daten.

```
CLASS ltc_highlight_modifications_12 IMPLEMENTATION.
  METHOD setup.
    mo_any_as_pfli = so_creator->create_as_entity(
        io_sel = so_creator_t1_r->so_any_pfli_sel
    ).
    ...
  ENDMETHOD.

  METHOD get_saved_pfli_node_changes.
    add_entity_to_api( mo_any_as_pfli ).

    import_key_of( mo_any_as_pfli ).
    get_nodes_changes( ss_only_saved_changes ).
    assert_only_saved_changes_of( mo_any_as_pfli ).
  ENDMETHOD.
  ...
ENDCLASS.
```

Listing 8.8 Testklasse, die auf der globalen Testinfrastruktur aufsetzt

Die Testmethoden müssen überhaupt nicht angepasst werden, was den hohen Grad der Entkopplung des Testcodes vom Produktcode noch einmal unterstreicht.

8.3.2 Komponententests

Das Klassendiagramm in Abbildung 8.8 gibt einen Überblick, wie die Komponententests mithilfe der globalen Testinfrastruktur umgesetzt werden.

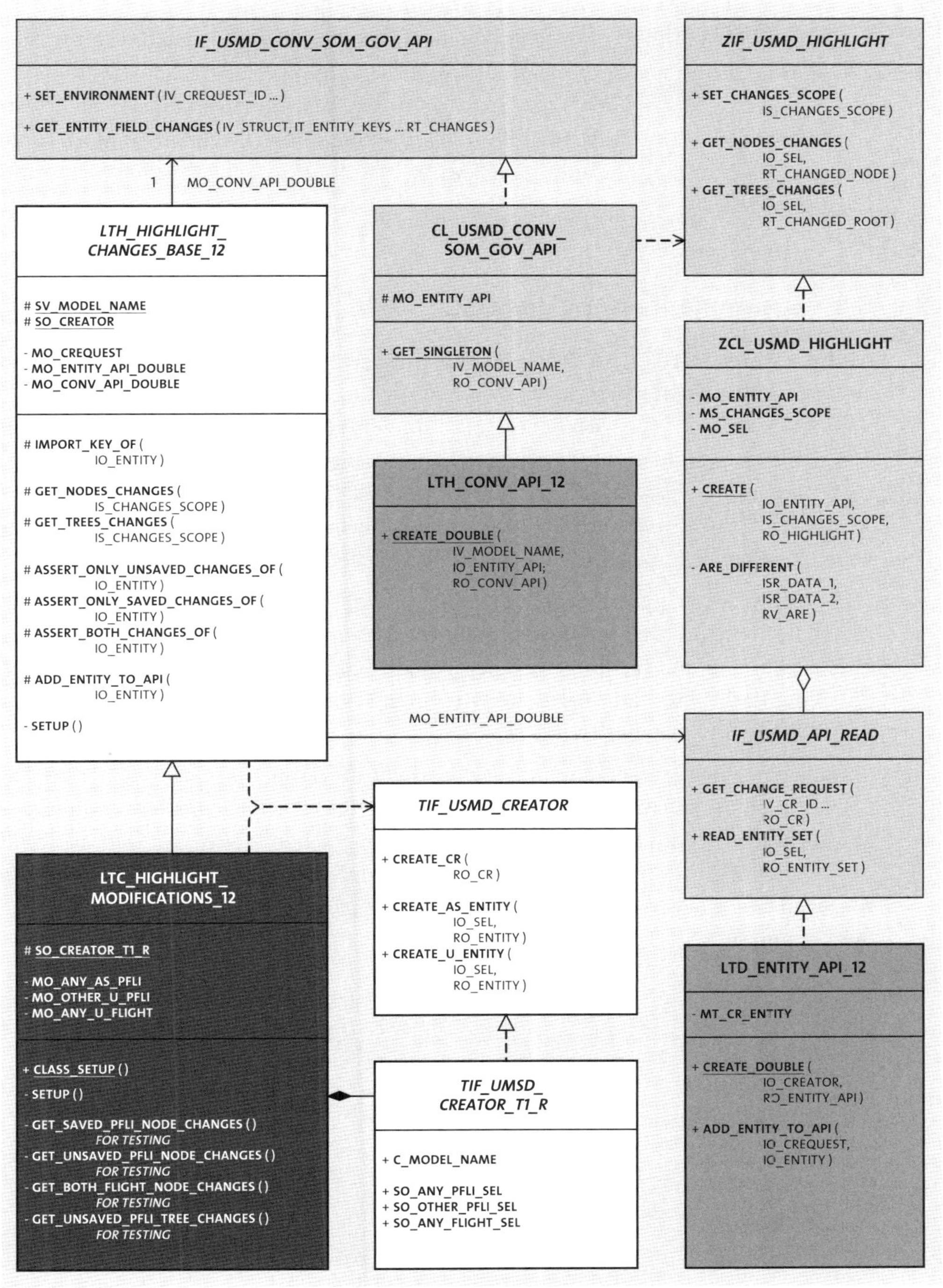

Abbildung 8.8 Komponententests mit globaler Testinfrastruktur

Die Creator-Klasse, von der nur die Interfaces abgebildet sind, ist nicht nur die Test-Factory für alle Entitäts- und Entitätsmengenobjekte, sondern auch die Factory für alle Änderungsantrags- und Selektionsobjekte. Häufig verwendete Selektionsobjekte hält die Creator-Klasse über statische Attribute für den sofortigen Einsatz bereit. Im Gegensatz zu den Unit-Tests muss bei den Komponententests das Entity-API-Double immer noch über die abgeleitete Hilfsklasse `LTH_CONV_API_12` in die Convenience API injiziert werden.

8.4 Zusammenfassung des ersten Teils

Ich habe Ihnen in Teil I, »Aufbau einer Testinfrastruktur«, den testorientierten Verbesserungsprozess für Bestandscode anhand einer realen Anwendung beispielhaft vorgeführt. Dieser Prozess beginnt mit dem Schreiben und zeitnahen Verbessern einer kleinen Anzahl an Testmethoden. Technische Anweisungen werden in Hilfsmethoden lesbar verschalt, diese wiederum in Hilfsklassen ausgelagert. Der weitere Ausbau der Testinfrastruktur wird dann maßgeblich von der Klärung von Zuständigkeiten und der Reduzierung von Abhängigkeiten getrieben.

Eine Testinfrastruktur sollte aber nicht nur aus einer Vielzahl von Hilfsklassen bestehen. Entscheidend für die Skalierung der Infrastruktur ist, dass für die Anwendung eine allgemeine und für ihre einzelnen Funktionalitäten eine spezielle Testsprache entsteht, die das Programmiermodell für einen Test festlegt und Kopiervorlagen für seine Anweisungen anbietet.

Eine Testsprache ist aber nicht nur wichtig für die effiziente Verbesserung der Testabdeckung. Sie ist auch ein objektorientierter Designvorschlag für den Umbau der abgesicherten Produktklassen. Abbildung 8.9 zeigt schematisch, wie sich Aufwand und Ertrag für Ihre Anwendung darstellen können, wenn Sie versuchen, so wenig Aufwand wie möglich in die Testautomatisierung zu stecken (z. B. in die Testklasse der Version 0).

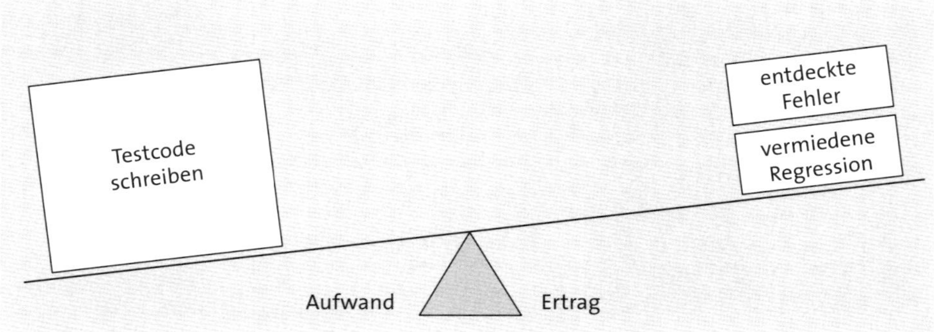

Abbildung 8.9 Minimierung des Aufwands als Strategie (schematisch)

Im Gegensatz dazu zeigt Abbildung 8.10 schematisch, wie sich Ihre Investitionen mittel- und langfristig auszahlen, wenn Sie zuerst Ihren Testcode (z. B. die Testklasse der Version 11), und dann ihren Produktcode (z. B. Produktklasse der Version 12) verbessern. Sie müssen dafür zwar beträchtlich mehr Aufwand betreiben, aber Ihr Ertrag ist auch um ein Vielfaches größer.

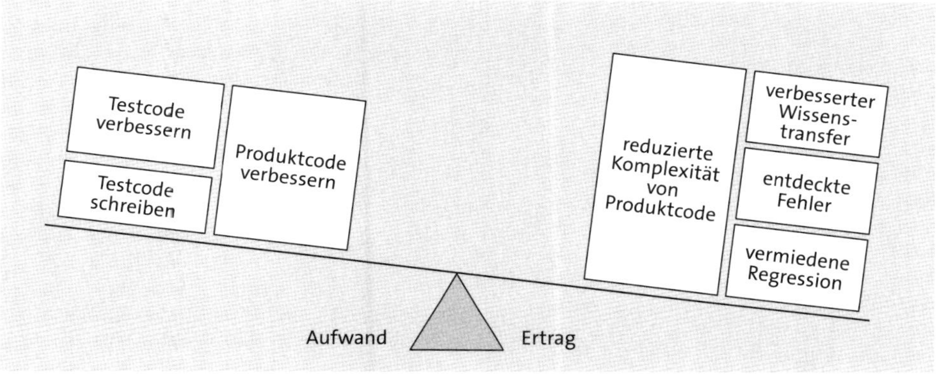

Abbildung 8.10 Maximierung des Ertrags als Strategie (schematisch)

Wenn Sie es schaffen, Ihren Produktcode durch Refactoring und Redesign nach und nach von seiner Komplexität zu befreien, erzielen Sie dafür neben einer schnelleren Wartung und Weiterentwicklung auch einen geringeren Aufwand für Dokumentation und Kommunikation.

TEIL II

Testorientiertes ABAP-Design

In Teil I dieses Buches bin ich dem Walking-Skeleton-Ansatz gefolgt. Ich habe den langen Prozess der Verbesserung des Testcodes und darauf aufbauend des Produktcodes zwar vollständig beschrieben, bin aber nicht ausführlich auf die diesem Prozess zugrunde liegenden Konzepte und Designempfehlungen eingegangen. In diesem zweiten Teil hole ich das nach. Ich erläutere zum einen die in Teil I angewendeten Regeln und Empfehlungen im Detail, zum anderen zeige ich Ihnen Alternativen zu den in der Beispielimplementierung gewählten Lösungswegen.

Kapitel 9

Design von Methoden

Eine Methode ist die kleinste anwendungsspezifische Einheit einer ABAP-Anwendung. Sie kann technische Details hinter einer Schnittstelle kapseln. In diesem Kapitel erfahren Sie, wie Sie Methoden so designen, dass sie die agile Entwicklung fördern.

In der Softwareentwicklung spricht man von einem *Walking Skeleton*, wenn man für die zentralen Komponenten eines wichtigen Geschäftsprozesses möglichst früh und mit wenig Aufwand eine schlanken Integration umsetzt. Wenn Sie diesen Ansatz verfolgen, implementieren Sie jede Komponente erst einmal nur so weit, dass Sie damit ein erstes einfaches Szenario ans Laufen bringen.

In Teil I, »Aufbau einer Testinfrastruktur«, habe ich diesen Ansatz auf die Vermittlung von Wissen übertragen. Bis einschließlich Abschnitt 7.1, »Transformation des Integrationstests«, habe ich Ihnen den Aufbau einer funktionierenden Testinfrastruktur für eine einzige Funktionalität einer einzigen Beispielanwendung anhand einer einzigen Testmethode demonstriert. Anschließend habe ich Ihnen in Abschnitt 7.2, »Skalierung mit einer Testsprache«, gezeigt, wie Sie die Testabdeckung punktuell verbreitern können. In Kapitel 8, »Redesign mit Unit-Tests«, habe ich vorgeführt, wie Sie eine große produktive Klasse verkleinern können. Ich habe Sie also bewusst zunächst noch mit tiefer gehenden Details und breiterem Wissen verschont, damit Sie erst einmal den Gesamtzusammenhang kennenlernen. Damit das Walking Skeleton auch wirklich laufen kann, ist es entscheidend, dass Sie das noch unvollständige Wissen schon früh produktiv anwenden können. Da ich Ihnen den Einsatz der Entwurfsmuster und Prinzipien für sauberes, objektorientiertes Design von Test- und Produktcode bereits anhand einer realen Anwendung vorgeführt habe, sollten Sie diesen Verbesserungsprozess schon jetzt nachahmen können. Vielleicht wollen Sie dies vor dem Weiterlesen erst einmal mit einer eigenen Anwendung ausprobieren. Aus didaktischer Sicht kann ich Ihnen das nur empfehlen.

Alternativ können Sie nun mit den Kapiteln dieses Teil II einige wichtige Aspekte testorientierten ABAP-Designs vertiefen. In diesem ersten Kapitel dieses Teils erkläre und begründe ich unter anderem Regeln, nach denen Sie sowohl die innere als auch die äußere Lesbarkeit Ihrer Produkt- und Testmethoden sicherstellen können.

9.1 Regeln zur Implementierung einer Methode

Es gibt viele Aspekte, die die Lesbarkeit einer Methode beeinflussen. In diesem Abschnitt konzentriere ich mich auf die Kommentierung und Formatierung des ABAP-Codes.

9.1.1 Kommentierung

Kommentare können dem Leser wichtige Zusatzinformationen zur Verfügung stellen. Allerdings sollte der erhöhte Leseaufwand auch mit einem verbesserten Verständnis belohnt werden. Aber nicht immer bringt der Schreiber des Kommentars die Zeit auf, die für das Verfassen eines aufschlussreichen Kommentars nötig ist. Sauberer Code soll ausschließlich Kommentare enthalten, die dem Leser erklären, *warum* die Methode so und nicht anders implementiert wurde. Ich finde allerdings oft Kommentare, die lediglich zusammenfassen, *was* mit diesen Anweisungen erreicht wird.

Während ein überflüssiger oder obsoleter Kommentar den Leseprozess nur stört, verwirrt ein falscher Kommentar und verlangsamt damit den Leseprozess nachhaltig. Ein Leser verliert erst einmal Zeit, weil er dem Kommentar traut und deshalb die Programmstelle und ihr Umfeld wiederholt prüft. Wenn er sich schließlich sicher ist, dass der Kommentar so nicht stimmen kann, wird er Kollegen konsultieren und eine Korrektur dieses nicht funktionalen Programmtextes durchführen oder in Auftrag geben. All dies kostet Zeit.

Diese Ausführungen machen hoffentlich klar, dass auch für einen Kommentar Verantwortung übernommen werden muss. Wenn ein Team eine geringe Bereitschaft hat, Kommentare zu warten und weiterzuentwickeln, sollte es möglichst erst gar keine Kommentare setzen. Aber selbst, wenn die Bereitschaft zur Wartung der Kommentare grundsätzlich vorhanden ist, werden diese Anpassungen leicht vergessen. Der Hauptgrund ist, dass Kommentare aus funktionaler Sicht nicht notwendig sind. Als Entwickler möchten Sie bei einer größeren Änderung verständlicherweise erst sicher sein, dass sich die Änderung in den Methoden bewährt, bevor Sie den zusätzlichen Aufwand auf sich nehmen, auch die Kommentare anzupassen. Vor allem unter Zeitdruck wird Ihnen dabei sicher der eine oder andere Kommentar durch die Lappen gehen.

Es gilt also, die Kommentierung auf das Wesentliche zu beschränken. Im Folgenden zeige ich Ihnen für häufig vorkommende Arten von Kommentaren, wie Sie ohne Informationsverlust auf sie verzichten können.

Überschriften

Ein Kommentar am Anfang eines Anweisungsblocks fasst zusammen, *was* in ihm gemacht wird. Die gleiche Kurzinformation liefert oft auch der Aufruf einer Hilfsmethode, nachdem Sie diesen Block und damit alle seine technischen Details extrahiert haben. Abschnitt 3.2.3, »Verbesserung der Implementierung der Testklasse«, hält mehrere Beispiele für solche Hilfsmethoden bereit, z. B. die Methoden CREATE_PFLI_KEY und FIND_CHANGED_PFLI in Listing 3.14.

Ein Spezialfall eines Überschriftenkommentars ist der Kommentar am Anfang einer Methode. Er ist aber oft nur so lange notwendig oder hilfreich, bis Sie diese Methode einem Refactoring unterzogen haben. Denn eine kurze Methode, deren aufgerufene Methoden sich durchweg auf einer Abstraktionsebene befinden, erklärt sich meistens selbst.

Viele überschriftartige Kommentare sind sogar völlig redundant. Warum, fragen Sie sich vielleicht, werden sie dann geschrieben? Meiner Ansicht nach liegt dies daran, dass es Entwicklern jahrelang eingebläut wurde, dass Kommentare gut sind, und es ihnen deshalb ein gutes Gefühl gibt, ein paar Kommentare geschrieben zu haben. Aber aufgrund des beschriebenen Wartungsproblems sind Kommentare eben nur dann gut, wenn sie qualitativ gut und nötig sind, und in allen anderen Fällen eben überhaupt nicht.

Bedingungen

Bei booleschen Ausdrücken, die entweder technisch oder kompliziert sind, ist es natürlich sinnvoll, die Interpretation und Schlussfolgerung nicht wiederholt den Lesern des Codes aufzubürden. Eine wiederverwendbare Alternative zu Kommentaren sind Hilfsmethoden mit aussagekräftigen Namen, die diese Ausdrücke kapseln und für ihre Aufrufer auswerten. Für Produkt- und Testcode haben diese oft die Form IS_XXX oder HAS_XXX, für Testcode die spezielle Form ASSERT_XXX. Listing 9.1 zeigt einen Assertion-Ausdruck für die Beispielanwendung aus Teil I.

```
METHOD assert_saved_change_of.
  DATA(ls_entity_changes) = find_changed_entity( io_entity ).
  cl_abap_unit_assert=>assert_true(
      ls_entity_changes-saved_change
  ).
ENDMETHOD.
```

Listing 9.1 Vereinfachung eines Ausdrucks mit einer Hilfsmethode

Diese Hilfsmethoden können Sie des Weiteren systemweit suchen und wiederverwenden.

Bedeutungen

Anstatt Festwerte mit einem Kommentar zu deuten, sollten Sie dafür Konstanten mit passenden Namen definieren und verwenden. Während dies für Produktcode schon Stand der Technik ist, sind Festwerte für Testcode leider immer noch nicht üblich.

Gute Beispiele für Konstanten, die diesen Zweck erfüllen, sind C_ANY_CREQUEST_ID und C_INVALID_CREQUEST_ID. Die erste Konstante drückt aus, dass der Test für jeden (validen) Wert das gleiche Ergebnis liefert. Die zweite Konstante spielt im Test die Rolle eines beliebigen ungültigen Wertes.

Berichtigungen

Statt missverständliche oder sogar falsche Bezeichner wiederholt mit einem Kommentar zu berichtigen, sollten Sie diese am besten korrigieren. Kritischer als der Aufwand für diese Korrekturen an sich ist, wo dieser Aufwand entsteht. Wenn Sie viele Stellen im Code innerhalb des von Ihnen betreuten Pakets korrigieren müssen, erfordert das zwar manchmal viel Fleißarbeit, Sie sind aber zumindest nicht auf die Bereitschaft und die Zeit eines anderen Teams angewiesen, diese Korrektur für Sie durchzuführen.

Das Ändern von Bezeichnern gehört zum Alltag eines agilen Entwicklers. Es ist einfacher, wenn diese Bezeichner nicht häufig und unkontrolliert verwendet werden. Sie sollten daher stets darauf bedacht sein, so viele Bezeichner wie möglich so gut wie möglich in Klassen und Paketen zu kapseln. Wenn eine Verbesserung eines Bezeichners entweder gar nicht mehr möglich ist oder (zurzeit) zu viel Aufwand erfordert, sollten Sie für die Lesbarkeit versuchen, diesen Bezeichner zentral mit einer Hilfsmethode zu verschalen. Für Testcode ist das ein Muss, für Produktcode aus Performancegründen eine Option. Listing 9.2 zeigt eine solche Verbesserung der Lesbarkeit für den Testcode der Beispielanwendung aus Teil I.

```
METHOD lif_entity_4~create_sorted_key_table.
  mo_conv_api->get_entity_structure(
    EXPORTING
      iv_entity_name = mv_entity_type
    IMPORTING
      er_table       = rtr_key
  ).
ENDMETHOD.
```

Listing 9.2 Verschalung eines missverständlichen Methodenbezeichners

9.1.2 Formatierung

In diesem Abschnitt beschäftige ich mich mit effizienter Formatierung. Dazu zählen für mich vor allem gute Lesbarkeit und aufwandsarme Anpassung nach Änderungen (z. B. Refactoring). Da Formatierung sehr viel mit Gewohnheit zu tun hat, präsentiere ich meine Erfahrungen bewusst als Vorschläge und nicht als Regeln.

Kettensätze

Kettensätze sind zwar an sich nur ein technisches Hilfsmittel, um einen gleichen Anfangsteil nicht wiederholen zu müssen, sie suggerieren dem Leser aber immer auch eine semantische Zusammengehörigkeit der eingeschlossenen Anweisungen. Wie Listing 9.3 zeigt, entsteht dadurch leicht der falsche Fokus. Thematisch gehören in diesem Beispielcode nicht alle Feldsymboldatendeklarationen, sondern nur die einzelne Datendeklaration und die drei folgenden Feldsymboldeklarationen zusammen. Eine getrennte Deklaration des Feldsymbols <S_CHANGED_ROOT> ist zwar mit einer zusätzlichen Zeile möglich, aber damit ist natürlich die unerwünschte Trennung zwischen DATA und FIELD-SYMBOLS noch lange nicht beseitigt.

```
DATA:
  lsr_key_root_of_child TYPE REF TO data.
FIELD-SYMBOLS:
  <s_key_child>         TYPE any,
  <s_key_root>          TYPE any,
  <s_key_root_of_child> TYPE any,
  <s_changed_root>      TYPE usmd_s_changed_entity.
```

Listing 9.3 Variablendeklaration mit Kettensatz und Ausrichtung

Ich persönlich bevorzuge eine Formatierung wie in Listing 9.4, um bei Bedarf Daten- und Feldsymboldeklarationen auch mischen zu können. Des Weiteren ist bei dieser Formatierung jede Deklaration autark, kann also schnell einmal auskommentiert oder im Zuge eines Refactorings in eine andere Methode verschoben werden.

```
DATA lsr_key_root_of_child          TYPE REF TO data.
FIELD-SYMBOLS <s_key_child>         TYPE any.
FIELD-SYMBOLS <s_key_root>          TYPE any.
FIELD-SYMBOLS <s_key_root_of_child> TYPE any.
FIELD-SYMBOLS <s_changed_root>      TYPE usmd_s_changed_entity.
```

Listing 9.4 Variablendeklaration ohne Kettensatz und Ausrichtung

Im Wesentlichen geht es mir bei diesem Beispiel darum, dass Sie ein Format, das Ihnen früher eventuell Vorteile geboten hat, nicht unreflektiert auf Ihre heutige agile ABAP-Entwicklung übertragen. Denn zugunsten einer besseren Testbarkeit werden Sie immer weniger lange Methoden schreiben. Für kurze Methoden ist aber der Deklarationsteil in der Regel deutlich kürzer und bedarf allein deshalb keiner ausgefeilten Formatierung. Darüber hinaus verkürzen auch Inline-Deklarationen den Deklarationsteil am Methodenanfang erheblich.

Horizontale Ausrichtung

Listing 9.3 und Listing 9.4 im vorangegangenen Abschnitt unterscheiden sich auch in Bezug auf die Ausrichtung des Codes. Wenn Sie sich für die spaltenorientierte Ausrichtung gemäß Listing 9.3 entscheiden, sind Sie fast schon dazu gezwungen, Kettensätze zu verwenden, weil der *Pretty Printer* nur für Kettensätze diese Ausrichtung automatisch anpasst.

Mit Refactoring treten folgende Störungen dieser Ausrichtung häufig auf, Ihre Formatierung sollte gegen diese Störungen also bestmöglich resistent sein:

- Hinzunahme einer Variablen mit längerem Namen
- Wegnahme der Variablen mit dem längsten Namen
- Umbenennung einer Variablen, d. h. Verkürzung oder Verlängerung ihres Namens

Die Deklaration von Variablen gemäß Listing 9.4 ist dagegen völlig frei von Anpassungen.

Vertikale Ausrichtung

Verwenden Sie Leerzeilen ausschließlich, um logisch zusammenhängende Anweisungsblöcke optisch voneinander zu trennen. Sehen Sie unter anderem in folgenden Fällen von einer Leerzeile ab:

- nach `METHOD` und vor `ENDMETHOD`
- nach dem Anfang und vor dem Ende einer Kontrollstruktur, also etwa nach `LOOP` und vor `ENDLOOP`
- zwischen logisch zusammenhängenden Methodenaufrufen

Sie können so nicht nur das Scrollen reduzieren, sondern auch deutlicher herausstellen, welche Anweisungen zusammengehören und welche nicht.

Methodenaufruf

Aus meiner Sicht ist die Formatierung eines Methodenaufrufes für die Effizienz sehr wichtig. Neben der Lesezeit sollten Sie dabei vor allem auf den Anpassungsaufwand nach einem Refactoring (z. B. einer Umbenennung) achten. Die drei folgenden Listings machen den Unterschied verschiedener Schreibweisen anhand einer einfachen Methode deutlich.

Listing 9.5 zeigt den klassischen Aufruf einer Methode, der sich am Aufruf eines Funktionsbausteins orientiert. Diese Schreibweise eines Methodenaufrufes benötigt viele Wörter und nimmt mit sieben Zeilen viel Platz auf Ihrer Bildschirmseite ein. Letzteres macht es dem Leser aufgrund des großen Zeilenabstandes schwer, logisch zusammenhängende Anweisungen auch als solche wahrzunehmen.

```
DATA ls_entity_changes TYPE usmd_s_changed_entity.
...
CALL METHOD find_changed_pfli
  EXPORTING
```

```
    isr_key                 = lsr_pfli_key
    it_entity_type_changes = lt_entity_type_changes
  RECEIVING
    rs_entity_changes       = ls_entity_changes.
```

Listing 9.5 Klassischer, ausschweifender Methodenaufruf

Wie Listing 9.6 zeigt, können Sie dank Inline-Deklaration und funktionaler Schreibweise auf viele Schlüsselwörter verzichten.

```
DATA(ls_entity_changes) = find_changed_pfli(
    isr_key = lsr_pfli_key
    it_entity_type_changes = lt_entity_type_changes
).
```

Listing 9.6 Moderner, kompakter Methodenaufruf

Im Detail weist die Schreibweise in Listing 9.6 die folgenden Vorteile auf:

- Mit der Inline-Deklaration entfällt die vorangestellte Deklaration.
- Die Umschließung aller Parameter mit runden Klammern macht die Einleitung `CALL METHOD` überflüssig (funktionale Schreibweise).
- Wenn es einen Rückgabeparameter gibt, also die Methode ihren einzigen Ausgabeparameter (als Wert) zurückgibt und nicht (per Referenz oder Wert) exportiert, dann kann diese Rückgabe als einfache Zuweisung erfolgen. Das Schlüsselwort `RECEIVING` und der Rückgabeparameter `RS_ENTITY_CHANGES` entfallen dann.
- Wenn die Methode ansonsten nur `IMPORTING`-Parameter hat, ist sogar das Schlüsselwort `EXPORTING` nicht notwendig.

Diese modernen Sprachelemente bescheren Ihnen nicht nur viel kompakteren Code und damit einen geringeren Scrollaufwand. Ihr Code wird auch robuster, da Sie etwa eine Namens- oder Typänderung des Rückgabeparameters nicht mehr nachziehen müssen.

Wie das Negativbeispiel in Listing 9.7 zeigt, sollten Sie bei Methoden mit mehr als einem Eingabeparameter jeden dieser Parameter in einer neuen Zeile nach vorn rücken. Ansonsten geraten die für das Verständnis wichtigen Argumente leicht aus dem Blickfeld. Bei der Arbeit mit dem Laptop kann es Ihnen sogar passieren, dass Sie diese erst sehen, wenn Sie horizontal im Code scrollen.

```
DATA(ls_entity_changes) = find_changed_pfli( isr_key
                                             it_entity_type_c
```

Listing 9.7 Moderner Methodenaufruf (mit Scrollaufwand)

Selbst eine separate Zeile für die Inline-Deklaration hilft nicht immer, weil die aufgerufene Methode auch zu einem anderen Objekt mit eventuell langem Namen gehören kann. Ferner kann es notwendig sein, das Interface der Methode anzugeben. Schließlich erlaubt die funktionale Schreibweise auch, dass das Argument eines Eingabeparameters die Rückgabe einer anderen Methode ist. Sie sollten also mit den Parametern vorn beginnen, wie es das Positivbeispiel in Listing 9.6 zeigt.

Für die Einrückung schlage ich vier Leerzeichen vor, damit die Hinzunahme bzw. Wegnahme der Schlüsselwörter (z. B. `EXPORTING`) keine Verrückung nötig machen. In keinem Fall sollten Sie mehrere Parameter in eine Zeile setzen.

In meiner Programmierpraxis weiche ich aber in folgenden Fällen von dieser beschriebenen Formatierung ab:

- Wenn eine Methode nur einen `EXPORTING`- oder `CHANGING`-Parameter hat, setze ich diesen nicht in eine separate Zeile, obwohl das Schlüsselwort obligatorisch ist.
- Wenn für Assertion-Methoden der Klasse `CL_ABAP_UNIT_ASSERT` ein einfacher Festwert wie 0 oder 1 erwartet wird, schreibe ich den zweiten Parameter mit dem aktuellen Wert auch einmal direkt dahinter, allerdings nur dann, wenn die Anweisung dadurch insgesamt nicht zu lang wird.

Kombination von Methodenaufrufen

Das mit Listing 9.6 vorgestellte Format setzt die abschließende Klammer und den Punkt des Methodenaufrufes in die nächste Zeile. Damit ist nicht nur jeder Parameter autark, sodass Sie ihn effizient auskommentieren oder sogar entfernen können, sondern diese Schreibweise stellt auch sicher, dass die Methodenaufrufe eines Anweisungsblocks auch ohne Leerzeile dazwischen nicht unleserlich aneinanderkleben.

Die funktionale Schreibweise erlaubt eine sehr weitreichende Schachtelung von Methodenaufrufen. Für die Lesbarkeit sollten Sie davon aber nur insoweit Gebrauch machen, als diese Schachtelung den Lesefluss verbessert. Im Sinne der Wartbarkeit sollten Sie bestimmte Zwischenergebnisse bewusst an lokale Variablen zuweisen, damit Sie diese Variablen im Debugger besser beobachten und im Bedarfsfall mit einem Breakpoint bzw. Watchpoint versehen können. Die Einführung einer zusätzlichen lokalen Variablen ist mittels Inline-Deklaration einfach und wartungsarm möglich.

Eine Methode mit mehr als einem Eingabeparameter sollten Sie höchstens an der innersten Stelle einer Schachtelung zulassen. Denn wie Listing 9.8 zeigt, ist nur dann die intuitive Zuordnung der Parameter richtig.

```
meth_a( meth_b(
    iv_par_1 = lv_arg_1
    iv_par_2 = meth_c( )
)).
```

Listing 9.8 Schachtelung von Methodenaufrufen

Das *Gesetz von Demeter* schreibt vor, auf welche anderen Methoden eine betrachtete Methode aus Gründen der Kapselung ausschließlich Zugriff haben darf. Dazu gehören neben eigenen und geerbten Methoden derselben Klasse nur Methoden von Klassen, deren Objekte von der betrachteten Methode entweder selbst erzeugt oder ihr mittels Attributen oder Parametern zur Verfügung gestellt werden.

Im Umkehrschluss bedeutet das, dass die betrachtete Methode von keiner dieser erlaubten Methoden ein Objekt erhalten sollte, um dann eine der Methoden dieses Objekts aufzurufen. Deshalb kann ich Ihnen die Verkettung von Methodenaufrufen auch nur für den Erhalt und die sofortige Verwendung eines Singletons empfehlen:

```
cl_factory=>get_singleton( )->create_object( ).
```


Im Fall eines Singletons gibt die statische Methode keine Interna bekannt. Von einem Aufbruch der Kapselung kann also nicht die Rede sein.

Kontrollstrukturen

Erstrecken sich Kontrollstrukturen wie `IF`- und `LOOP`-Schleifen über mehrere Zeilen, bevorzuge ich für all diese Zeilen die gleiche Einrückung. Ein Beispiel gibt der Pseudocode in Listing 9.9.

```
LOOP AT mt_line ASSIGNING <s_line>
WHERE attr_name_1 = lv_attr_value_1
AND attr_name_2 = lv_attr_value_2.
  READ TABLE <s_line>-t_data ASSIGNING <s_data>
  WITH TABLE KEY
      attr_name_3 = iv_attr_value_3
      attr_name_4 = iv_attr_value_4.
  IF sy-subrc = 0
  AND is_xxx( <s_data> ) = abap_true.
    execute( <s_data> ).
  ENDIF.
ENDLOOP.
```

Listing 9.9 Format für mehrzeilige Kontrollstrukturen

Zeilenumbrüche und Schreibweisen in diesem Buch

Für dieses Buch stehen mir in den ABAP-Listings pro Zeile nur 69 Zeichen zur Verfügung. Um unleserliche Zeilenumbrüche zu minimieren, bin ich in manchen Codebeispielen ein wenig von meinen Vorschlägen abgewichen. Ein Beispiel dafür ist die Verwendung eines Kettensatzes für die Deklaration von Attributen mit langen Namen und/oder Typen.

9.2 Regeln für die Signatur einer Methode

Allein aus Gründen der Lesbarkeit sollte eine Methode so wenige Parameter wie möglich haben. Am besten ist kein oder nur ein Parameter. Vielleicht erscheint Ihnen diese Vorgabe utopisch, da Sie in Ihrem Umfeld nicht lange nach Signaturen suchen müssen, die sogar zehn oder mehr Parameter haben. Das liegt aber meistens daran, dass der Entwickler es versäumt hat, semantisch zusammengehörende Parameter zu Objekten zusammenzufassen.

9.2.1 Einfaches Beispiel für die Verbesserung einer Methodensignatur

Listing 9.10 zeigt ausschnittsweise die Definition und Implementierung einer realen Methode mit einer datenorientierten Signatur. Mit diesem einfachen Beispiel möchte ich Sie auf generelle Probleme mit datenorientierten Signaturen hinweisen und eine objektorientierte Alternative präsentieren.

```
METHODS execute
  IMPORTING
    ...
    iv_date TYPE ...
    iv_time TYPE ...
    ...

METHOD execute.
  ...
  DATA(lv_timestamp) = cl_utility=>create_timestamp(
      iv_date = iv_date
      iv_time = iv_time
  ).
  IF lv_timestamp IS INITIAL.
    "möglich, wenn IV_DATE und IV_TIME nicht gültig sind
    MESSAGE e... WITH ... INTO DATA(lv_dummy_string).
    mo_log->add_sy_message( CHANGING ct_message = lt_message ).
    RETURN.
  ENDIF.

  work_with( lv_timestamp ).
  ...
```

Listing 9.10 Methode mit einem Paar zusammengehörender Parameter

Da die Methode EXECUTE nur die elementaren Werte für Datum und Uhrzeit erhält, muss sie sich den benötigten Zeitstempel selbst besorgen. Sie verwendet dafür die

Methode CREATE_TIMESTAMP einer beliebigen anderen Klasse, von der der Entwickler aber erst einmal wissen muss, dass sie existiert.

Da die Methode EXECUTE es mit ihrer Signatur nicht verhindern kann, dass sie über IV_DATE und IV_TIME ungültige Werte erhält, muss sie eine Fehlerbehandlung vorsehen und im Ernstfall sogar ihre Ausführung unmittelbar beenden. Eine Dokumentation befreit sie nicht von der Notwendigkeit dieser Vorkehrungen, denn da diese Dokumentation nicht Teil der Implementierung ist, kann sie leicht übergangen oder missverstanden werden. Noch schwerwiegender ist aber, dass auch die eventuell vielen Aufrufer der Methode EXECUTE für diesen vorzeitigen Ausstieg eine separate Verhaltensweise codieren müssen.

Listing 9.11 zeigt, dass diese Fehlerbehandlung gar nicht erst notwendig wird und deshalb auch nicht weiterpropagiert werden muss, wenn die Methode EXECUTE stattdessen ein Objekt für einen Zeitpunkt bestehend aus Datum und Uhrzeit erhält. Dessen Gültigkeit wird *einmal* bei seiner Erzeugung überprüft und kann von da an von allen Verwendern vorausgesetzt werden.

```
METHODS execute
  IMPORTING
    ...
    io_deadline TYPE REF TO if_point_in_time
    ...

METHOD execute.
  ...
  work_with( io_dealine->get_timestamp( ) ).
  ...
```

Listing 9.11 Methode mit Objektparameter

Auch die nützliche Methode zur Berechnung eines Zeitstempels ist in Listing 9.11 nicht mehr nötig. Sie ist im Interface IF_POINT_IN_TIME besser aufgehoben und wird dort auch leichter gefunden.

9.2.2 Tipps und Tricks für eine kompakte Methodensignatur

Neben der Möglichkeit, zusammengehörende Parameter durch Objekte zu repräsentieren, gibt es noch weitere Möglichkeiten, um die Anzahl der Parameter einer Methode zu reduzieren. Vor allem für Testcode sollten Sie von den folgenden umfangreich Gebrauch machen:

- **Struktur**
  Zusammengehörende Parameter können Sie auch mit einer Struktur bündeln. Diese Variante bietet sich für elementare Parameter an, denen kein eigenes Ver-

halten zugeordnet werden kann. In Abschnitt 3.2.3, »Verbesserung der Implementierung der Testklasse«, finden Sie in Listing 3.16 die Flag-Struktur `S_CHANGES_SCOPE` als Beispiel für eine solche Struktur.

- **Spezifische Methoden**
  Anstelle einer generischen Methode mit einem Flag-Parameter sollten Sie spezifische Methoden für die beiden Fälle anbieten. In Teil I, »Aufbau einer Testinfrastruktur«, habe ich dies für die Methode `GET_ENTITY_FIELD_CHANGES` und ihren Parameter `IV_CONTAINED_CHANGES` umgesetzt. Für den Testcode in Abschnitt 3.2.2, »Verbesserung der Definition der Testklasse«, habe ich es mit der Methode `GET_NODES_CHANGES` (Flag-Wert `ABAP_FALSE`) und in Abschnitt 7.2.5, »Testmethode: Enthaltene Änderungen«, mit der Methode `GET_TREES_CHANGES` (Flag-Wert `ABAP_TRUE`) umgesetzt. In Abschnitt 8.2.1, »Highlight-Changes-Interface«, habe ich mit diesen Methodennamen schließlich auch den Produktcode lesbarer gestaltet.
- **Verschalende Hilfsmethode**
  Wenn ein Parameter in einem bestimmten Kontext immer denselben Wert erhält, können Sie eine verschalende Hilfsmethode ohne diesen Parameter definieren und diesen Wert in der Implementierung der Hilfsmethode hart setzen. Einen solchen Kontext kann etwa eine Testklasse darstellen und durch ihren Namen dokumentieren. Beispielsweise übergibt in Abschnitt 3.2.3, »Verbesserung der Implementierung der Testklasse«, die Hilfsmethode `GET_NODES_CHANGES` immer den gleichen Wert an den Parameter `IV_STRUCT` der Produktmethode und nimmt diesen Wert deshalb nicht in ihre Signatur auf.
- **Funktor**
  Ein *Funktor* ist eine Klasse, dessen Objekte für den einmaligen oder wiederholten Aufruf einer einzigen Methode erzeugt werden. Ein Funktor erlaubt es Ihnen, die benötigten Argumente wahlweise bei der Erzeugung, bei der Vorbereitung oder beim Aufruf der Methode an geeignete Parameter zu übergeben:
  - Wählen Sie den Zeitpunkt der Objekterzeugung für die Argumentübergabe in dem Umfang, in dem Sie dem neuen Objekt aufgrund seines Zustandes einen sinnvollen Namen geben können.
  - Wählen Sie den Zeitpunkt der Vorbereitung, etwa für das schrittweise Befüllen von Tabellen.
  - Für alle anderen Argumente wählen Sie den Zeitpunkt des Methodenaufrufes.

  Übrigens ist jede nach dem Testklassen-Entwurfsmuster designte Testklasse im Grunde ein Funktor. Denn jedes Testklassenobjekt dient letztlich dem Aufruf genau einer Produktmethode. Für die Vorbereitung stellt die Testklasse neben der Setup-Methode auch Hilfsmethoden zum Setzen derjenigen Attribute zur Verfügung, die beim Aufruf der Produktmethode als Argumente für einige der Eingabeparameter dienen. Beispielsweise befüllt in Abschnitt 3.3.2, »Verbesserung der

Implementierung der Testklasse«, die Hilfsmethode IMPORT_PFLI_KEY die Attributtabelle MT_IMP_ENTITY_TYPE_KEYS, die beim Aufruf der Methode GET_ENTITY_FIELD_CHANGES an deren Parameter IT_ENTITY_KEYS übergeben wird.

Zusammenfassend lässt sich festhalten, dass sich ein Argument prinzipiell innerhalb eines Methodenaufrufes verschieben lässt. Listing 9.12 zeigt den Pseudocode für die unterschiedliche Übergabe der vier Argumente ARG_1 ... ARG_4 an die betrachtete Methode PREDICATE_FOR_ARG_3 der Klasse CL_SUBJECT.

```
lo_subject_with_arg_1 = cl_subject=>create( arg_1 ).
lo_object_with_arg_2  = cl_object=>create( arg_2 ).

lv_result = lv_subject_with_arg_1->predicate_for_arg_3(
    io_par_a = lo_object_with_arg_2
    iv_par_b = arg_4
).
```

Listing 9.12 Unterschiedliche Übergaben von Argumenten

Das Objekt LO_SUBJECT_WITH_ARG_1 erhält schon bei seiner Erzeugung das Argument ARG_1 und belegt damit eines seiner Attribute. Beim Aufruf der betrachteten Methode steht ihr ARG_1 als Wert dieses Attributs zur Verfügung. In gleicher Weise wird das Objekt LO_OBJECT_WITH_ARG_2 mit dem Argument ARG_2 erzeugt und kann dieses Argument der betrachteten Methode auf Anfrage übergeben oder es zumindest in seinem Verhalten berücksichtigen. Ferner drückt die Methode PREDICATE_FOR_ARG_3 schon durch ihren Namen aus, dass sie ARG_3 als Wert einsetzen wird, obwohl dieser nicht über einen ihrer Parameter übergeben wird. Und schließlich kann die Methode auf ARG_4 über einen ihrer Parameter zugreifen.

Möglichkeiten der Argumentübergabe an eine Methode

Ein Argument kann zum einen selbst oder als Teil eines größeren Objekts an eine Methode übergeben werden. Zum anderen kann ein Argument aber auch im Kontext einer spezifischen Methode als Konstante oder über den Zustand des Subjekts zum Einsatz kommen. Mit passenden Namen für Subjekt, Prädikat und Objekt des Methodenaufrufes verhindern Sie, dass das Nichterscheinen eines Arguments im Methodenaufruf obskur ist.

9.2.3 Anspruchsvolles Beispiel für die Verbesserung einer Methodensignatur

In diesem Abschnitt zeige ich Ihnen objektorientierte Signaturen anhand der im vorangegangenen Teil des Buches schon betrachteten Anwendung zum Stammdatenmanagement.

[»]

Designstudie

Bei dem in diesem Abschnitt gezeigten Beispiel handelt es sich nur um eine Designstudie. Das heißt, ich habe nicht überprüft, ob dieses objektorientierte Design in der Tat alle Anforderungen der Stammdatenmanagement-Anwendung erfüllt. Trotzdem ist es meiner Ansicht nach ein lehrreiches Beispiel dafür, wie positiv Design die Lesbarkeit beeinflussen kann.

Mit dieser Anwendung können auch Hierarchien unter den Stammdaten gepflegt werden. Die Entitäten, die Teil einer solchen Hierarchie sind, werden als Knoten (engl. *Nodes*) bezeichnet.

Abbildung 9.1 zeigt die Verbindung zwischen Governance API und Hierarchy API als Teil der Gesamtarchitektur der Anwendung.

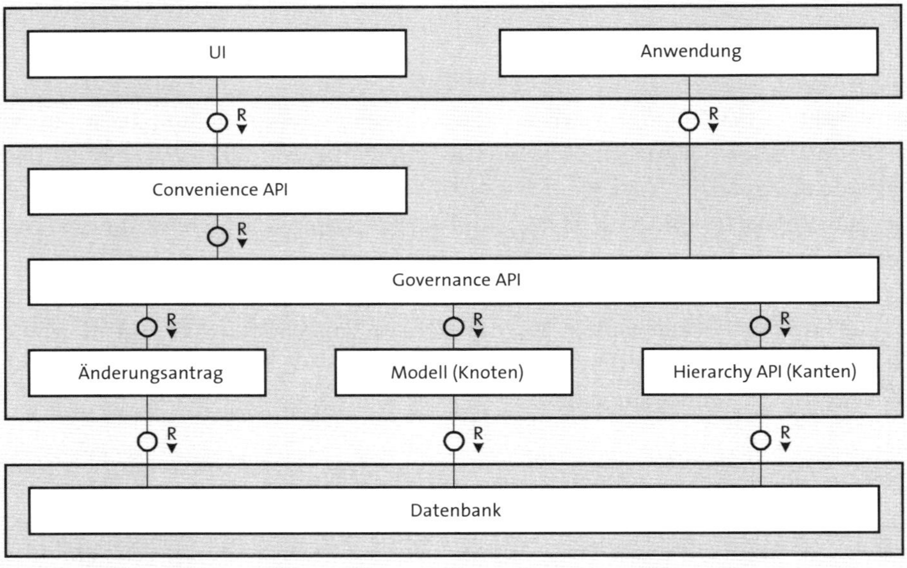

Abbildung 9.1 Beispielanwendung zum Stammdatenmanagement

Aufrufende Methode: Übergabe vieler Daten

In Listing 9.13 betrachte ich den Teil der Governance-API-Methode `ENQUEUE_ASSIGNMENT`, der die zwei Methoden `GET_CREQUEST_OF_NODE` und `ENQUEUE_EDGE` der Hierarchy API aufruft. Die Aufrufe beider Hierarchy-API-Methoden sind schwer lesbar, weil mit ihnen viele Daten in unstrukturierter Weise an viele Parameter übergeben werden. In diesem Kontext entspricht die Zuordnung (engl. *Assignment*) eines Knotens zu seinem Vaterknoten durch die Governance API der Bildung einer Kante (engl. *Edge*) zwischen diesen Knoten durch die Hierarchy API.

```
METHOD zif_usmd_gov_api~enqueue_assignment.
  DATA ls_hryname                        TYPE usmd_s_hry_node_rkey.
  DATA ls_parent_node                    TYPE usmd_s_hry_node_rkey.
  DATA lv_crequest_id                    TYPE usmd_crequest.
  DATA lv_not_assignable_to_crequest TYPE abap_bool.
  DATA lt_message                        TYPE usmd_t_message.

  MOVE-CORRESPONDING:
    is_assignment_key-hryname TO ls_hryname,
    is_assignment_key-parent  TO ls_parent_node.

  mo_hry_api->get_crequest_of_node(
    EXPORTING
      iv_lead_entity  = iv_leading_entity
      iv_hryvers      = is_assignment_key-hryvers
      iv_edition      = iv_edition
      is_hryname      = ls_hryname
      is_hrynode      = is_assignment_key-node
      is_parent       = ls_parent_node
    IMPORTING
      ev_crequest_id  = lv_crequest_id
      ev_no_unique_cr = lv_not_assignable_to_crequest
  ).

  IF lv_crequest_id IS INITIAL
  AND lv_not_assignable_to_crequest = abap_false
  OR lv_crequest_id = iv_crequest_id.
    mo_hry_api->enqueue_edge(
      EXPORTING
        iv_lead_entity = iv_leading_entity
        iv_hryvers     = is_assignment_key-hryvers
        iv_edition     = iv_edition
        is_hryname     = ls_hryname
        is_hrynode     = is_assignment_key-node
        is_parent      = ls_parent_node
        iv_lock_mode   = iv_lock_mode
      IMPORTING
        et_message     = lt_message
    ).
    IF contains_error( lt_message ) = abap_true.
      RAISE EXCEPTION TYPE cx_usmd_gov_api_hry_lock
        EXPORTING
          mt_messages = lt_message.
```

```
    ENDIF.
  ENDIF.
  ...
ENDMETHOD.
```

Listing 9.13 Implementierung einer Governance-API-Methode mithilfe zweier Hierarchy-API-Methoden

Aufgerufene Methode: Mögliche Ausgabedaten

Im Folgenden zeige ich für die Methode `GET_CREQUEST_OF_NODE` auf, wie die Zusammenarbeit von Governance API und Hierarchy API im Sinne der Objektorientierung deutlich verbessert werden kann. Grundlage für diese Verbesserungen ist die in Abbildung 9.2 aufgenommene Signatur und Dokumentation dieser Methode.

Parameter	Type spec.	Description
IV_LEAD_ENTITY	TYPE USMD_ENTITY	Leading Entity Type of Hierarchy
IV_HRYVERS	TYPE USMD_HRYVERS OPTIONAL	Hierarchy Version
IV_EDITION	TYPE USMD_EDITION OPTIONAL	Edition
IS_HRYNAME	TYPE USMD_S_HRY_NODE_RKEY OPTIONAL	Key of Hierarchy Name (as Data Reference)
IS_HRYNODE	TYPE USMD_S_HRY_NODE_RKEY	Key of Hierarchy Node (as Data Reference)
IS_PARENT	TYPE USMD_S_HRY_NODE_RKEY OPTIONAL	Key of Parent Node (as Data Reference)
EV_CREQUEST_ID	TYPE USMD_CREQUEST	Change Request
EV_ASSIGNED	TYPE ABAP_BOOL	Already Assigned to CR
EV_CHANGED	TYPE ABAP_BOOL	OBSOLETE - DO NOT USE!
EV_NO_UNIQUE_CR	TYPE ABAP_BOOL	Cannot be Assigned to Any CR due to Locks
EV_NODE_LOCKED	TYPE ABAP_BOOL	Node IS_HRYNODE is locked by CR EV_CREQUEST

ZIF_USMD_HRY_API~GET_CREQUEST_OF_NODE Active

```
METHOD zif_usmd_hry_api~get_crequest_of_node.
* ! This method checks whether node IS_HRYNODE (with parent node IS_PARENT)
*   of the hierarchy specified by IV_LEAD_ENTITY, IV_HRYVERS, IV_EDITION,
*   and IS_HRYNAME is already locked in a change request. The following
*   states are possible:
*
*                        (A)   (B)   (C)   (D)   (E)
*     EV_CREQUEST_ID:     -    <ID>   -    <ID>  <ID>
*     EV_ASSIGNED:        -     -     -     X     X
*     EV_CHANGED:         -     -     -     -     -
*     EV_NO_UNIQUE_CR:    -     -     X     -     -
*     EV_NODE_LOCKED:     -     -     X     -     X
*
*     (A) The node is not locked in a change request and could be assigned
*         to any change request.
*     (B) The node is not locked in a change request but could only be
*         assigned to change request <ID> (since the node is locked by
*         another node that is locked in this change request).
*     (C) The node is not locked in a change request but could not be
*         assigned to any change request (since the node is locked by
*         several other nodes that are locked in different change requests).
*     (D) The node is locked in change request <ID> but could still be
*         removed from it (since no changes were performed yet).
*     (E) In case of strict locking, not only the parent but also the node
*         itself must be checked. The node is locked in change request <ID>
*         and cannot be removed from it.
```

Abbildung 9.2 Definition und Dokumentation einer Methodensignatur

Gemäß der vorliegenden Dokumentation gilt für diese Methode:

- Auch für hierarchische Stammdaten werden Änderungsanträge verwendet. Anscheinend werden aber keine Kanten, sondern nur deren Endknoten zugeordnet.
- Solange ein Knoten nicht geändert wurde, kann seine Zuweisung zu einem Änderungsantrag wieder gelöst werden. Mit der ersten Änderung ist er allerdings an diesen Änderungsantrag gebunden und kann somit keinem anderen mehr zugewiesen werden.
- Die Zuweisung eines Knotens zu einem Änderungsantrag hängt davon ab, welchen Änderungsanträgen *andere* Knoten schon zugewiesen wurden. Vermutlich konzentriert sich dieses Knotenumfeld auf diejenigen Knoten, mit denen der betrachtete Knoten über eine Hierarchiekante verbunden ist. Hier wäre eine eingrenzendere Aussage wünschenswert.

Hierarchieobjekt

Anstelle weniger Objekte erhält die Methode `GET_CREQUEST_OF_NODE` viele einzelne Daten, deren partielle Zusammengehörigkeit nicht intuitiv klar ist. Erst der Kommentar in der Methodenimplementierung drückt aus, dass die Eingabeparameter `IV_LEAD_ENTITY`, `IV_HRYVERS`, `IV_EDITION` und `IS_HRY_NAME` zusammen eine Hierarchie von Knoten definieren. Zu dieser Hierarchie gehören der gegebene Knoten und sein Vaterknoten. Für die Hierarchie könnten Sie diesen Zusammenhang besser durch das Interface und die Klasse in Listing 9.14 definieren. Die Methode `GET_NODE` ist nur der Anfang; es werden sicherlich bald weitere Methoden folgen.

```
INTERFACE zif_usmd_hierarchy PUBLIC.
  METHODS get_node
    IMPORTING
      is_key TYPE usmd_s_hry_node_rkey
    RETURNING
      VALUE(ro_node) TYPE REF TO zif_usmd_hierarchy_node.
ENDINTERFACE.

CLASS zcl_usmd_hierarchy DEFINITION PUBLIC FINAL CREATE PRIVATE.
  PUBLIC SECTION.
    INTERFACES zif_usmd_hierarchy.

    CLASS-METHODS create
      IMPORTING
        iv_lead_entity_type TYPE usmd_entity
        iv_hry_version      TYPE usmd_hryvers
        iv_edition          TYPE usmd_edition
        is_hry_name         TYPE usmd_s_hry_node_rkey
```

```
      RETURNING
        VALUE(ro_hry) TYPE REF TO zcl_usmd_hierarchy.

  PRIVATE SECTION.
    DATA mv_lead_entity_type TYPE usmd_entity.
    DATA mv_hry_version TYPE usmd_hryvers.
    DATA mv_edition TYPE usmd_edition.
    DATA ms_hry_name TYPE usmd_s_hry_node_rkey.
ENDCLASS.
```

Listing 9.14 Eigene Klasse für die Hierarchie von Knoten

Knotenobjekt

Als Nächstes könnten Sie ein Knotenobjekt wie in Listing 9.15 definieren, das über Attribute sowohl auf sein Hierarchieobjekt als auch auf sein Vaterobjekt referenzieren kann.

```
INTERFACE zif_usmd_hierarchy_node PUBLIC.
  METHODS get_hierarchy
    RETURNING
      VALUE(ro_hierarchy) TYPE REF TO zif_usmd_hierarchy.
  METHODS get_parent_node
    RETURNING
      VALUE(ro_node) TYPE REF TO zif_usmd_hierarchy_node.
ENDINTERFACE.
```

Listing 9.15 Eigenes Interface für den Knoten einer Hierarchie

Kantenobjekt

Des Weiteren könnten Sie ein Kantenobjekt, das einen Knoten mit seinem Vater verbindet, wie in Listing 9.16 definieren.

```
INTERFACE zif_usmd_hierarchy_edge PUBLIC.
  METHODS get_node
    RETURNING
      VALUE(ro_node) TYPE REF TO zif_usmd_hierarchy_node.
  METHODS get_parent_node
    RETURNING
      VALUE(ro_node) TYPE REF TO zif_usmd_hierarchy_node.
ENDINTERFACE.
```

Listing 9.16 Eigenes Interface für die Kante einer Hierarchie

Objekte für den Änderungsantrag

Dem Problem der vielen Ausgabeparameter der Methode GET_CREQUEST_OF_NODE könnten Sie mit einem Objekt für den Änderungsantrag zu Leibe rücken. Wenn die aufrufende Methode ENQUEUE_ASSIGNMENT ein solches Objekt erhält, könnte sie dieses Objekt etwa befragen, ob der gegebene Knoten ihm nur zugewiesen oder auch durch ihn gesperrt ist. Das deckt bereits die in der Dokumentation in Abbildung 9.2 beschriebenen Fälle B, D und E ab, in denen die Methode GET_CREQUEST_OF_NODE einen konkreten Änderungsantrag benennt.

Wenn von dieser Methode kein solches Änderungsantragsobjekt zurückgegeben werden kann, bleibt für den Aufrufer offen, ob der gegebene Knoten jedem (Fall A) oder keinem (Fall C) Änderungsantrag zugewiesen werden kann. Eine Ausgabeschnittstelle mit den Ausgabeparametern EO_CREQUEST und EV_UNIQUE_CR erscheint deshalb naheliegend. Wenn man allerdings nicht nur reguläre Objekte für den Änderungsantrag vorsieht (also mit einer gültigen ID), sondern auch mögliche Objekte (mit einer temporären ID) und unmögliche Objekte (mit einer initialen ID), kommt man doch mit einem einzigen Rückgabeparameter RO_CREQUEST aus. Denn während sich mögliche Änderungsanträge vollständig offen für die Zuweisung von Knoten zeigen, sind an unmögliche Änderungsanträge überhaupt keine Zuweisungen möglich.

Listing 9.17 zeigt die objektorientierte Definition und Implementierung eines solch flexiblen Änderungsantrags. Das Interface beschreibt die Abfragemöglichkeiten für die Verwender, während die Klasse mit ihren Erzeugungsmethoden einen Überblick über die möglichen Arten von Änderungsantragsobjekten gibt.

```
INTERFACE zif_usmd_crequest PUBLIC.
  METHODS is_assignable
    IMPORTING
      io_node TYPE REF TO zif_usmd_hierarchy_node
    RETURNING
      VALUE(rv_is) TYPE abap_bool.
  METHODS is_assigned
    IMPORTING
      io_node TYPE REF TO zif_usmd_hierarchy_node
    RETURNING
      VALUE(rv_is) TYPE abap_bool.
  METHODS is_locked
    IMPORTING
      io_node TYPE REF TO zif_usmd_hierarchy_node
    RETURNING
      VALUE(rv_is) TYPE abap_bool.
ENDINTERFACE.
```

```
CLASS zcl_usmd_crequest DEFINITION PUBLIC FINAL CREATE PRIVATE.
  PUBLIC SECTION.
    INTERFACES zif_usmd_crequest.

    CLASS-METHODS c_regular
      IMPORTING
        iv_crequest_id TYPE usmd_crequest
      RETURNING
        VALUE(ro_crequest) TYPE REF TO zcl_usmd_crequest.
    CLASS-METHODS c_possible
      RETURNING
        VALUE(ro_crequest) TYPE REF TO zcl_usmd_crequest.
    CLASS-METHODS c_impossible
      RETURNING
        VALUE(ro_crequest) TYPE REF TO zcl_usmd_crequest.

  PRIVATE SECTION.
    DATA mv_crequest_id TYPE usmd_crequest.
    DATA mv_assignable  TYPE abap_bool.
ENDCLASS.

CLASS zcl_usmd_crequest IMPLEMENTATION.
  METHOD c_regular.
    CREATE OBJECT ro_crequest.
    ro_crequest->mv_crequest_id = iv_crequest_id.
    ro_crequest->mv_assignable  = abap_true.
  ENDMETHOD.

  METHOD c_possible.
    CREATE OBJECT ro_crequest. "leere ID
    ro_crequest->mv_assignable = abap_true.
  ENDMETHOD.

  METHOD c_impossible.
    CREATE OBJECT ro_crequest. "leere ID
    ro_crequest->mv_assignable = abap_false.
  ENDMETHOD.

  METHOD zif_usmd_crequest~is_assignable.
    IF mv_assignable = abap_false.
      rv_is = abap_false.
      RETURN.
    ENDIF.
```

```
*    ...
  ENDMETHOD.
  ...
ENDCLASS.
```

Listing 9.17 Neue Klasse für einen Änderungsantrag

Hierarchy-API-Objekt

Mit den in den vorangegangenen Abschnitten beschriebenen Abstraktionen lässt sich das Interface der Hierarchy API, wie in Listing 9.18 dargestellt, vereinfachen.

```
INTERFACE zif_usmd_hierarchy_api PUBLIC.
  METHODS get_crequest_of
    IMPORTING
      io_node TYPE REF TO zif_usmd_hierarchy_node
    RETURNING
      VALUE(ro_crequest) TYPE REF TO zif_usmd_crequest.
  METHODS enqueue_exclusively
    IMPORTING
      io_edge TYPE REF TO zif_usmd_hierarchy_edge
   RETURNING
      VALUE(rt_message) TYPE usmd_t_message.
  ...
ENDINTERFACE.
```

Listing 9.18 Vereinfachtes Interface für die Hierarchy API

Aufrufende Methode: Beziehung zwischen wenigen Objekten

Wie Listing 9.19 zeigt, wirken sich die vorangegangenen Definitionen sehr positiv auf die Kompaktheit und Lesbarkeit der Methode ENQUEUE_ASSIGNMENT der Governance API aus. Zur Erinnerung: Mit IO_ASSIGNMENT wird eine Hierarchiekante innerhalb der Governance API bezeichnet.

```
METHOD zif_usmd_governance_api~enqueue_assignment.
  DATA lt_message TYPE usmd_t_message.

  DATA(lo_node) = io_assignment->get_node( ).
  DATA(lo_crequest) = mo_hry_api->get_crequest_of( lo_node ).

  IF lo_crequest = io_crequest
  OR lo_crequest->is_assignable( lo_node ) = abap_true.
    lt_message = mo_hry_api->enqueue_exclusively( io_assignment ).
    raise_lock_exception_on_error( lt_message ).
```

```
  ENDIF.
  ...
ENDMETHOD.
```

Listing 9.19 Objektorientierte Implementierung einer Methode

Objekte sollen Objekte verwenden

Objektorientierung lebt sehr stark davon, dass Objekte nicht eine Vielzahl von Daten, sondern eine geringe Zahl an Objekten verwenden, die diese Daten kapseln und die für ihre Analyse und Manipulation benötigten Methoden zur Verfügung stellen.

Kapitel 10
Design von Klassen

Das richtige Design einer Klasse lässt sich nur schwer mit der ersten Implementierung erreichen. Refactoring ist die bewährte Methode zur fortwährenden Verbesserung einer Klasse. Wie aber legen Sie eine Klasse an, damit sie sich effizient verbessern lässt?

Für das Anlegen einer neuen Klasse habe ich folgenden Standard entwickelt. Er ist einfach umzusetzen und garantiert Ihnen in jedem Fall einen guten Ausgangspunkt für kommende Erweiterungen und Verbesserungen.

- **Interface**
  Definieren Sie ein Interface für Ihre neue Klasse. Ein Interface bietet einer oder mehreren Klassen, im Folgenden als *Verwender* bezeichnet, eine einfache Sicht auf die Funktionalität der Klasse. Dazu sollte das Interface stets nur die Methoden enthalten, die (gerade) benötigt werden. Da die Klasse nur im Umfang dieses Interface einen Vertrag mit seinen Verwendern eingeht, kann sie alle darüber hinausgehenden Details weiterhin frei ändern.
- **Erzeugungsmethode**
  Definieren Sie für Ihre Klasse gleich eine öffentliche, statische Erzeugungsmethode `CREATE`, mit der sich eine andere Klasse, im Folgenden als *Erzeuger* bezeichnet, gültige Objekte besorgen kann. Der Rückgabeparameter dieser Erzeugungsmethode sollte auf das Interface referenzieren, damit jeder Verwender der erzeugten Objekte von der Klasse entkoppelt ist.
- **Instanziierung**
  Definieren Sie Ihre Klasse mit dem Zusatz `CREATE PRIVATE`. Dieser Zusatz legt fest, dass nur die Klasse selbst den Konstruktor aufrufen kann. Jeder Erzeuger ist dann gezwungen, für ein Objekt eine der Erzeugungsmethoden aufzurufen.

In Abschnitt 10.1, »Erzeugung eines Objekts durch seine Klasse«, geht es darum, wie Sie objektspezifische Erzeugungsmethoden definieren können. In Abschnitt 10.2, »Erzeugung eines Objekts durch eine Factory-Klasse«, führe ich Factory-Klassen ein. Mit diesen Factory-Klassen können Sie Ihre Klasse nicht nur von ihren Verwendern, sondern auch von ihren Erzeugern entkoppeln.

Abschnitt 10.3, »Abhängigkeitsarten zwischen Klassen«, erörtert die Abhängigkeit zweier Klassen im Detail. Dieser Abschnitt bildet damit die Grundlage für die Arbeit mit Testdoubles in den folgenden Kapiteln. In Abschnitt 10.4, »Interfaces einer Klasse«, zeige ich Ihnen, wie Sie die Abhängigkeiten zwischen Klassen mithilfe mehrerer spezifischer Interfaces noch weiter reduzieren. Damit ist die lose Kopplung zwischen Klassen abgeschlossen.

In Abschnitt 10.5, »Abstraktionsebenen innerhalb einer Klasse«, fahren wir mit der Kapselung einer Klasse fort. Der Fokus dieses Abschnitts liegt auf der Verbergung technischer Details, sodass das Schreiben, Lesen, Verstehen und Testen einfach und effizient bleibt.

In Abschnitt 10.6 erkläre und begründe ich das Katalog-Entwurfsmuster. Mit diesem Entwurfsmuster können Sie die Anzahl globaler Klassen dadurch reduzieren, dass Sie einen zentralen Zugriff auf eine Vielzahl verwandter lokaler Klassen definieren.

In Abschnitt 10.7 steht der innere Zusammenhalt einer Klasse im Mittelpunkt. Er allein entscheidet darüber, ob eine Klasse durch Erweiterungen schon zu groß geworden ist und Sie die Klasse durch Refactoring in mehrere kleine Klassen zerlegen sollten.

10.1 Erzeugung eines Objekts durch seine Klasse

»Ein Objekt ist die Instanz einer Klasse.« Diese verbreitete Definition finde ich nicht hilfreich. Besser wäre aus meiner Sicht: Jede Instanz einer Klasse sollte ein Objekt sein. Das objektorientierte Ziel sollte doch sein, dass durch die Instanziierung nur gültige Objekte entstehen, also reale oder technische Entitäten einer Anwendung. Folglich muss das Design einer Klasse zuvorderst sicherstellen, dass die Erzeugung einer Klasseninstanz nicht nur den technischen, sondern auch den semantischen Anforderungen der Anwendung genügt.

10.1.1 Erzeugungsmethoden

In der Einleitung zu diesem Kapitel habe ich schon festgehalten, dass der Aufruf des Konstruktors mit den Anweisungen `CREATE OBJECT` oder `NEW` der Klasse selbst und ihren befreundeten Klassen und Unterklassen vorbehalten sein sollte. Für Erzeuger sollte diese Klasse stattdessen eine oder mehrere Erzeugungsmethoden pro Objekt bereitstellen. Dieser objektbasierte Ansatz führt dazu, dass optionale Parameter bei der Erzeugung nicht überhandnehmen. Zusammen mit der Möglichkeit, für jede Erzeugungsmethode einen Namen zu wählen, der das von dieser Methode erzeugte Objekt bestmöglich charakterisiert, reduziert diese klare Art, die Signaturen zu definieren, den Dokumentationsbedarf erheblich.

Die objektspezifische Implementierung der Erzeugungsmethoden ist zudem nicht nur einfacher, sondern bringt auch die Eigenheiten dieser erzeugten Objekte präzise zum Ausdruck. Im Grunde setzen Sie mit diesem Ansatz das Single-Responsibility-

Prinzip auf Objektebene um. Und ganz nebenbei bildet dieser Ansatz auch die Grundlage für einen objektspezifischen Verwendungsnachweis.

All diese Aussagen möchte ich Ihnen anhand der Beispielanwendung zum Stammdatenmanagement aus Teil I, »Aufbau einer Testinfrastruktur«, kurz verdeutlichen. In der realen Welt gibt es die Objekte Fluggesellschaft, Flugverbindung, Flug usw. Die Entitätsklasse kann all diese verschiedenen Objekte (Entitäten) mit generischen Attributen wie Entitätstyp und -schlüssel abbilden, aber nicht jede mögliche Kombination ist gültig. Der Entitätstyp `CARR` und die Schlüsselstruktur `(AIR,9999)` sind technisch nicht vereinbar, weil der Entitätstyp `CARR` nur ein Schlüsselfeld hat. Vielleicht halten aber auch der Entitätstyp `PFLI` und die Schlüsselstruktur `(AIR,9999)` einer semantischen Prüfung nicht stand, weil etwa die Fluggesellschaft `AIR` nur kleine Nummern für ihre Flugverbindungen verwendet. Mit ihren Erzeugungsmethoden stellt die Entitätsklasse sicher, dass ihre Objekte nur gültige Entitäten repräsentieren. Wie die Erzeugungsmethoden `CREATE_PFLI_BY_KEY` und `CREATE_PFLI_BY_OBJ` zeigen, kann es für das gleiche Objekt auch mehrere Erzeugungsmethoden geben.

Wenn jede Erzeugungsmethode einer Klasse nur die Parameter hat, die für die von ihr erzeugten Objekte notwendig sind, dokumentiert diese Klasse weitestgehend über ihr Design, wie ihre Objekte erzeugt werden können und sollen. Mit zunehmender Zahl von Erzeugungsmethoden kann die Zahl der optionalen Parameter des Konstruktors steigen. Dies können Sie aber problemlos in Kauf nehmen, da der Konstruktor nicht öffentlich ist. Auch Erzeugungsmethoden können optionale Parameter haben, allerdings keine, die mit einem anderen Objekt in Zusammenhang stehen.

10.1.2 Testbarkeit des Konstruktors

Ein Konstruktor ist dann testbar, wenn seine Ausführung im Rahmen von Tests ohne unerwünschte Seiteneffekte möglich ist. Die Testbarkeit des Konstruktors ist nicht nur beim Testen der Klasse selbst wichtig, wenn sein Aufruf natürlich unvermeidbar ist. Er kann auch beim isolierten Testen eines Verwenders der Klasse von Bedeutung sein, und zwar immer dann, wenn die Doubleklasse eine Unterklasse der betrachteten Klasse ist.

Das trifft zum einen immer dann zu, wenn die verwendete Methode zu keinem Interface gehört. Zum anderen tritt diese Situation häufig bei Komponententests auf. Diese Tests haben das Zusammenspiel mehrerer Klassen zum Ziel. Für Komponententests ist es oft interessant, sich nicht vom Eingang, sondern vom Ausgang einer abhängigen Klasse zu isolieren. Technisch ausgedrückt werden dann nicht die öffentlichen Interface-Methoden, sondern die geschützten Methoden am Ende der Aufrufkette als Isolationsebene verwendet. Unter Letzteren befinden sich auch ehemals private Methoden, deren Sichtbarkeit geändert wurde, um ihre Redefinition zu ermöglichen.

Abbildung 10.1 zeigt, wie Sie für eine Klasse die Erzeugung ihrer Objekte so designen können, dass ihrer Testbarkeit nichts im Weg steht.

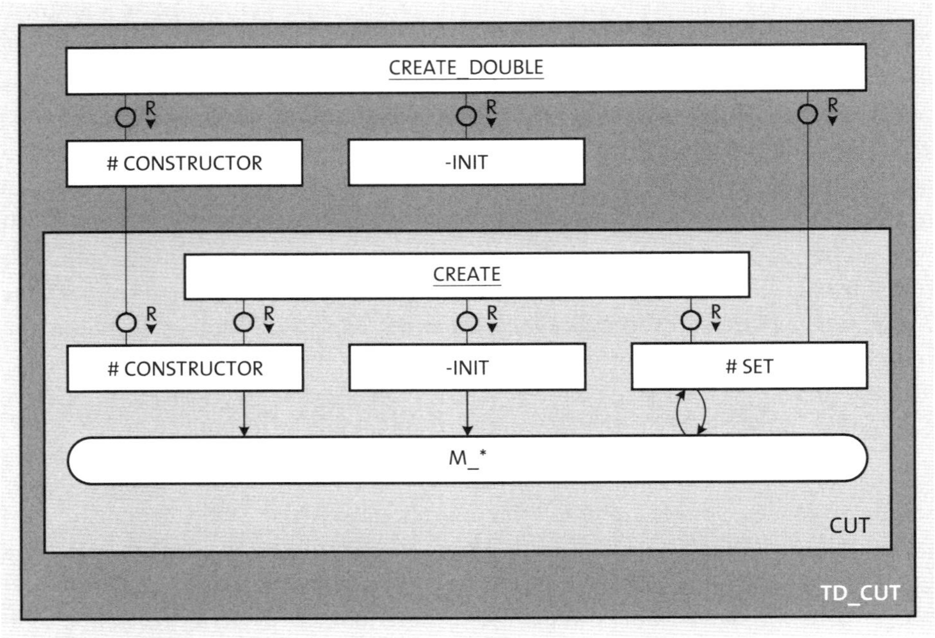

Abbildung 10.1 Minimale Abhängigkeit eines Testdoubles

Definieren Sie den produktiven Konstruktor als geschützte Methode, damit er von der Erzeugungsmethode CREATE_DOUBLE der Doubleklasse entweder direkt oder indirekt gerufen werden kann. In Abbildung 10.1 ist der indirekte Aufruf über den Konstruktor der Doubleklasse dargestellt. Im produktiven Konstruktor sollten sich genau die Anweisungen befinden, die von allen produktiven Erzeugungsmethoden wie CREATE gemeinsam benötigt werden. Anweisungen, die nicht von allen Erzeugungsmethoden geteilt werden, lagern Sie am besten in eine oder mehrere Methoden wie SET aus.

Außerdem sollten die Anweisungen im produktiven Konstruktor auch von allen Erzeugungsmethoden der abgeleiteten Doubleklassen gewünscht sein. Alle Anweisungen, die beim Testen Seiteneffekte oder lästige Abhängigkeiten mit sich bringen, sollten Sie deshalb in eine Methode INIT auslagern. Sie wird nur im produktiven Umfeld genutzt. Wie in Abbildung 10.1 dargestellt, steht es der Doubleklasse frei, eine eigene, harmlose Variante für diese Initialisierung zu definieren. Und auch der Aufruf der Methode SET ist für ihre Erzeugungsmethoden wie CREATE_DOUBLE optional.

Dieses Design basiert auch auf der Tatsache, dass der Konstruktor in ABAP keine Polymorphie unterstützt. Das heißt, bei der Erzeugung von Unterklassenobjekten wird aus dem Konstruktor der Oberklasse heraus immer nur die Methode der Oberklasse, und nicht die redefinierte Methode der Unterklasse gerufen.

Ein Konstruktor sollte am besten nur Zuweisungen an seine Attribute enthalten. Um direkte Abhängigkeiten zwischen Klassen zu vermeiden, sollten Sie in diesen Zuweisungen keine statischen Erzeugungsmethoden einer anderen Klasse rufen. Im folgenden Abschnitt stelle ich Ihnen Factory-Klassen als einfache Alternative vor.

10.2 Erzeugung eines Objekts durch eine Factory-Klasse

Gutes Design ist nicht nur theoretisch, sondern auch praktisch besser. Sie haben bereits gelernt, dass Factory-Klassen helfen, das Single-Responsibility-Prinzip zu erfüllen, indem sie die Verantwortung für die Erzeugung bestimmter Objekte übernehmen, wodurch sich die von ihnen abhängigen Objekte auf deren Verwendung konzentrieren können. Factory-Klassen kapseln darüber hinaus auch den Namen einer verwendeten Klasse. In der Praxis ist damit ein Austausch der verwendeten Klasse jederzeit effizient möglich. Damit können Sie etwa schnell überprüfen, ob eine neue Implementierung eines Interface wirklich performanter ist als eine bestehende Implementierung. Oder Sie können eine Doubleklasse für das isolierte Testen der Klasse ins Spiel bringen.

Factory-Klassen helfen auch, das *Dependency-Inversion-Prinzip* zu erfüllen. Dieses Prinzip besagt, dass Klassen nicht von anderen Klassen, sondern nur von deren Interfaces abhängen sollen. Eine Factory-Klasse bietet für jede Klasse, deren Instanziierung sie übernommen hat, eine oder mehrere Erzeugungsmethoden an, die ihren Verwendern nur eine Interface-Referenz zurückgeben. Wenn eine Komponente auch auf diese Factory nur über ein Interface zugreift und folglich von keiner Klasse mehr abhängt, dann ist diese Komponente ein *Framework*. Jede Anwendung, die dieses Framework wiederverwenden möchte, muss dann nur diese sogenannte *Abstract Factory* so konkretisieren, dass es die für diese Anwendung spezifischen Objekte erzeugt.

10.2.1 Erzeugung ohne Factory

Abbildung 10.2 zeigt zwei verschiedene Klassen `CL_USE` im Vergleich, die beide zugleich Erzeuger und Verwender von Objekten einer anderen Klasse `CL_DOC` sind. Als Erzeuger ruft die Klasse `CL_USE` eine (öffentliche und statische) Erzeugungsmethode der Klasse `CL_DOC` auf und hängt damit konkret von der Klasse `CL_DOC` ab. Dagegen ist die Klasse `CL_USE` als Verwender in der Regel nur von einem Interface der Klasse `CL_DOC` abhängig und somit von dieser Klasse entkoppelt.

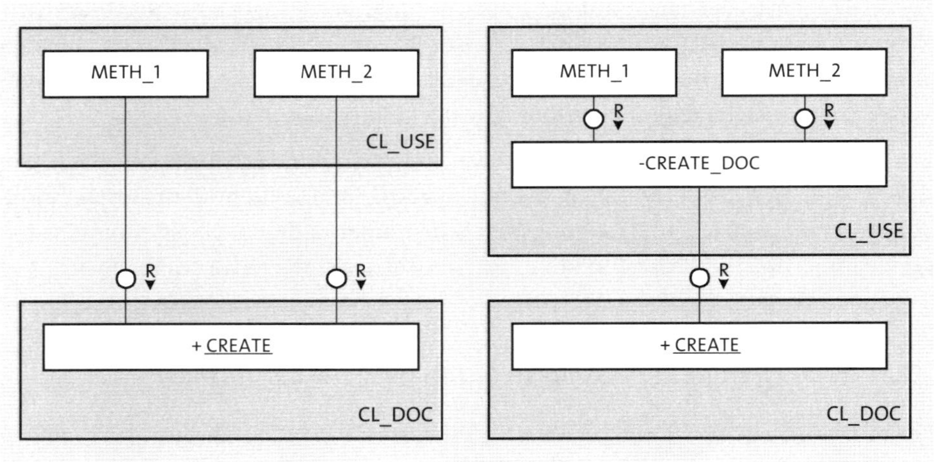

Abbildung 10.2 Klasse erzeugt verwendete Objekte selbst.

Das linke Diagramm in Abbildung 10.2 zeigt den Fall, dass die Abhängigkeit von der Klasse CL_DOC über die Methoden der Klasse CL_USE verteilt ist. Das heißt, mehrere Methoden treten als Erzeuger auf.

Das rechte Diagramm zeigt den günstigeren Fall, dass eine private Methode CREATE_DOC diese Abhängigkeit bündelt. Allerdings erfolgt diese Bündelung nur innerhalb dieser Klasse; weitere Erzeuger müssten eigene Methoden dieser Art vorhalten.

10.2.2 Erzeugung mit konkreter Factory

Abbildung 10.3 zeigt wiederum zwei verschiedene Klassen CL_USE im Vergleich, die nur noch Verwender der Klasse CL_DOC sind. Dazu muss allerdings jede von diesen Klassen als Erzeuger einer Factory-Klasse auftreten. Diese Factory-Klasse stellt ihr Monopol zur Erzeugung von Objekten der Klasse CL_DOC dadurch sicher, dass sie als einziger Freund der Klasse CL_DOC die nunmehr private Erzeugungsmethode CREATE aufrufen kann.

Das linke Diagramm in Abbildung 10.3 zeigt den Fall einer *Static Factory*, die mit ihrer statischen Methode GET_DOC als zentraler Erzeuger der Klasse CL_DOC auftritt. Da die Methode GET_DOC nicht redefinierbar ist, kann sie in Tests nur das im statischen Attribut hinterlegte Doubleobjekt zurückgeben. Aber immerhin tritt nun keine Methode der Klasse CL_USE mehr als Erzeuger auf.

Das rechte Diagramm zeigt den flexibleren Fall einer *Singleton-Factory*, also des gleichen Erzeugers, von dem es aber höchstens ein Objekt gibt. Ihre Instanzmethoden sind im Testumfeld redefinierbar und können somit beliebig viele Doubleobjekte zurückgeben.

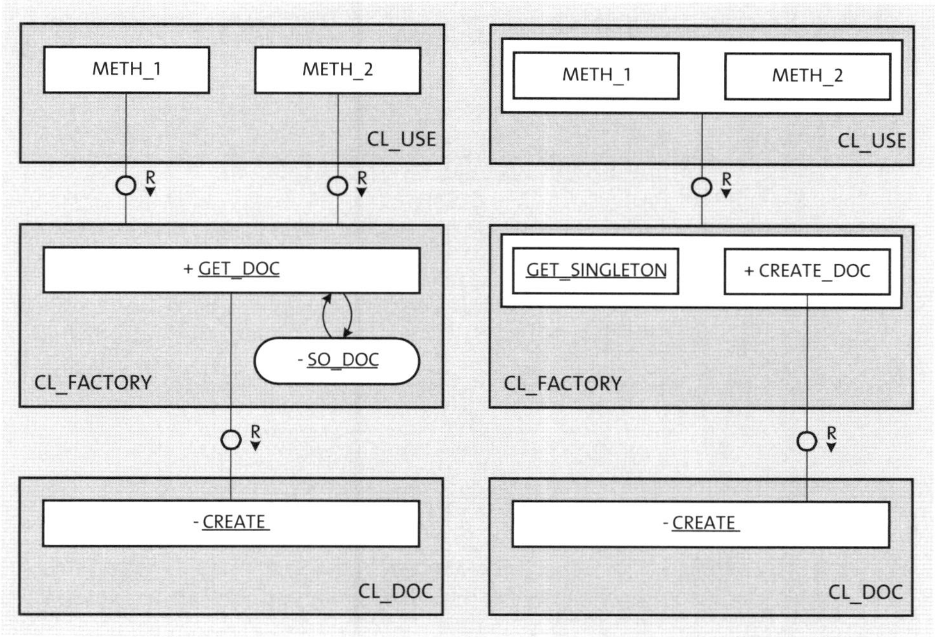

Abbildung 10.3 Klasse holt Factory zur Erzeugung verwendeter Objekte.

10.2.3 Erzeugung mit abstrakter Factory

Abbildung 10.4 zeigt eine Klasse CL_USE, die sowohl Verwender der Klasse CL_DOC als auch der Klasse CL_FACTORY ist. Da sie von keinen konkreten Details mehr abhängt, erfüllt sie die zentrale Forderung des Dependency-Inversion-Prinzips und kann somit als Teil eines (generischen) Frameworks dienen.

Die Klasse CL_APPL soll eine beliebige Anwendung repräsentieren, die dieses Framework nutzt. Mit ihrer Methode BUILD kümmert sich die Klasse CL_APPL unter anderem um das Zusammenspiel der Objekte der Klassen CL_USE und CL_DOC. Nachdem sich die Methode BUILD ein Factory-Objekt besorgt und an die Erzeugungsmethode der Klasse CL_USE übergeben hat, steht den Methoden METH_1 und METH_2 mit dem Attribut MO_FACTORY eine abstrakte Möglichkeit zur Erzeugung beliebig vieler DOC-Objekte zur Verfügung. Dass im Fall dieser Anwendung die konkreten Klassen CL_FACTORY und CL_DOC hinter den verwendeten Interface-Referenzen stecken, wissen die Methoden METH_1 und METH_2 nicht. Aber das müssen sie auch nicht wissen. Sie müssen sich nur darauf verlassen können, dass ihr Verwender CL_APPL nur solche Implementierungen ins Spiel bringt, die die Verträge der zugehörigen Interfaces erfüllen, auf die sie sich verlassen.

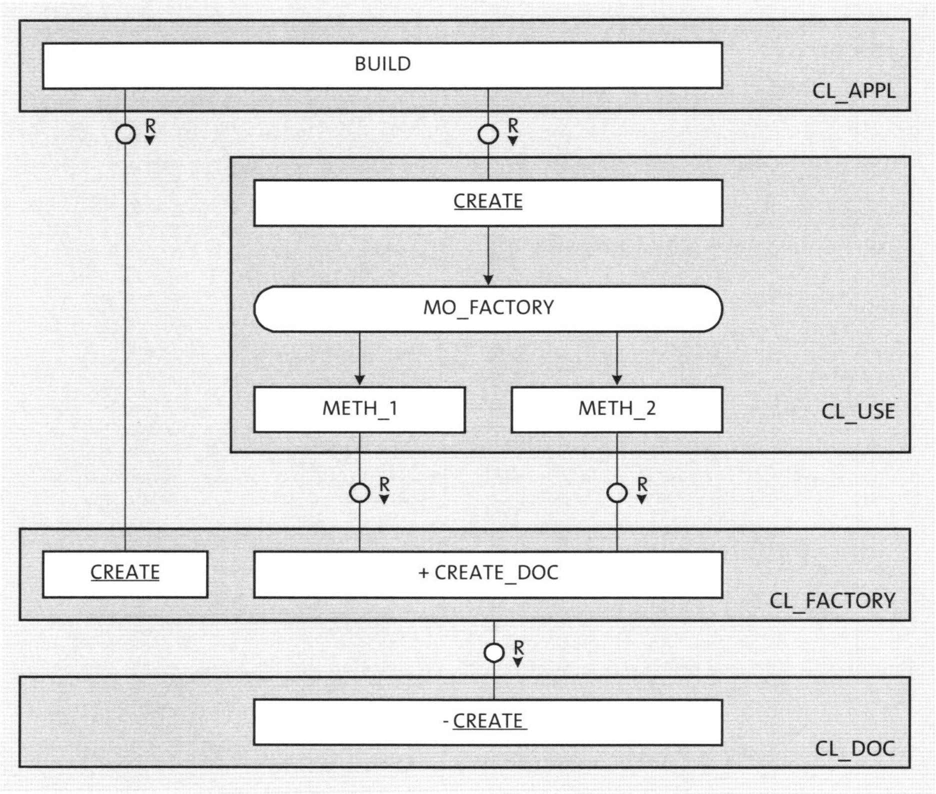

Abbildung 10.4 Klasse erhält Factory zur Erzeugung verwendeter Objekte.

Wenn die Klasse CL_USE nur genau ein DOC-Objekt für ihre Aufgaben benötigt, kann die Klasse CL_APPL dies natürlich auch ohne Factory in abstrakter Weise realisieren. Dazu genügt es, wenn die Klasse CL_USE ein Attribut MO_DOC besitzt, das etwa von ihrer Erzeugungsmethode CREATE mithilfe eines Eingabeparameters IO_DOC belegt wird. Dies ist in Abbildung 10.4 für das Factory-Objekt dargestellt.

In Abschnitt 13.4, »Injektion von Testdoubles«, führe ich im Detail aus, wie Sie DOC-Doubleobjekte für Ihre isolierten Tests mit oder ohne Factory in eine Klasse CL_USE injizieren können.

An dieser Stelle möchte ich nur kurz darauf hinweisen, dass isoliertes Testen die Entwicklung wiederverwendbarer Frameworks fördert, indem es polymorphe Mechanismen einfordert, die sich allein auf Interfaces und nicht auf deren Implementierungen verlassen.

10.3 Abhängigkeitsarten zwischen Klassen

Erzeugung bedeutet, dass eine Abhängigkeit zwischen Objekten aufgebaut wird. Im vorangegangenen Abschnitt haben Sie schon einige Erzeugungstechniken kennengelernt. In diesem Abschnitt führe ich aus, welche dieser Techniken Sie wann einsetzen sollten, um die Semantik einer bestimmten Abhängigkeitsbeziehung präzise abzubilden.

Wenn eine Klasse CL_APPL eine Klasse CL_USE verwendet und die Klasse CL_USE ihrerseits von einer Klasse CL_DOC abhängt, ist die entscheidende Frage, ob die Verwendung der Klasse CL_DOC durch die Klasse CL_USE eine innere oder eine äußere Angelegenheit sein soll. Im letzteren Fall kommt die Klasse CL_APPL als übergeordneter Koordinator der Abhängigkeitsbeziehung zwischen den Klassen CL_USE und CL_DOC ins Spiel.

Aus den folgenden Gründen sollten Sie es stets bei einer inneren Angelegenheit belassen, wenn es sich bei der Klasse CL_USE nicht um einen Teil eines Frameworks handelt:

- **An den Konsumenten orientieren**
  Die *Konsumenten* einer Klasse, also deren Erzeuger und Verwender, sollen es so einfach wie möglich haben. Da jeder weitere Eingabeparameter einer Erzeugungs- oder Instanzmethode den Aufruf dieser Methode aufwendiger und schwieriger macht, sollten Sie eine Abhängigkeit nur dann in die Signatur der Methode aufnehmen, wenn es der breiteren und/oder flexibleren Konsumierung der Klasse dient. Als weitere Vorteile der Konsumentenorientierung ergeben sich ein geringer Dokumentationsaufwand und eine effektive Vermeidung von Aufruffehlern.
- **Gesetz von Demeter einhalten**
  Die Kapselung einer Klasse wird nachhaltig beschädigt, wenn sie ihre Abhängigkeiten öffentlich macht. Des Weiteren macht eine höhere Vernetzung der beteiligten Klassen die Anwendung komplizierter. Für mich ist eine Parallele zum Subsidiaritätsprinzip in der Politik erkennbar: Was eine untergeordnete Klasse allein regeln kann, das soll sie auch allein entscheiden.
- **Pakete einfach halten**
  Das unsaubere Design einer Klasse ist nicht immer nur ein lokales Problem. Oftmals muss dieses Design auch weiterpropagiert werden. So muss etwa jede Abhängigkeit einer Klasse, die auch außerhalb eines Pakets konsumiert wird, mit in die Paketschnittstelle aufgenommen werden.

Für die Injektion eines Testdoubles ist es am einfachsten, wenn die Klasse CL_USE ihre Abhängigkeiten alle über eine öffentliche Schnittstelle erhält. Testen ist zwar wichtig und sollte auch im gewünschten Umfang einfach und effizient durchgeführt werden können, Sie sollten aber auch darauf achten, dass Sie das produktive Design für Ihre Tests nur im notwendigen Umfang anpassen. Wie das geht, zeige ich Ihnen in Kapitel 13, »Testdoubles«.

10.3.1 Innere Abhängigkeit

Innere Abhängigkeit bedeutet für das Beispiel am Anfang dieses Abschnitts, dass der Konsument CL_APPL nicht weiß, dass die Klasse CL_USE den Vertrag der Methode METH mithilfe der Klasse CL_DOC ausführt. Deren Methoden BUILD und RUN sind dabei als Repräsentanten für eine oder mehrere Methoden zu verstehen, die erzeugende und/oder verwendende Anweisungen enthalten.

Obwohl sich die Klasse CL_USE das DOC-Objekt selbst besorgt, ist sie durch die Zwischenschaltung der Klasse CL_FACTORY trotzdem nur ein DOC-Verwender. Abbildung 10.5 zeigt auf der linken Seite, dass sich die Klasse CL_USE schon in ihrer Erzeugungsmethode CREATE das für die Methode METH notwendige DOC-Objekt besorgt. Dieses Design ergibt Sinn, wenn die Beziehung zwischen den Klassen CL_USE und CL_DOC langfristig angelegt ist, also entweder die Methode METH mehrmals aufgerufen wird oder auch andere Methoden das gleiche DOC-Objekt verwenden sollen. Die rechte Seite in Abbildung 10.5 stellt dagegen den einmaligen Verwendungsfall dar.

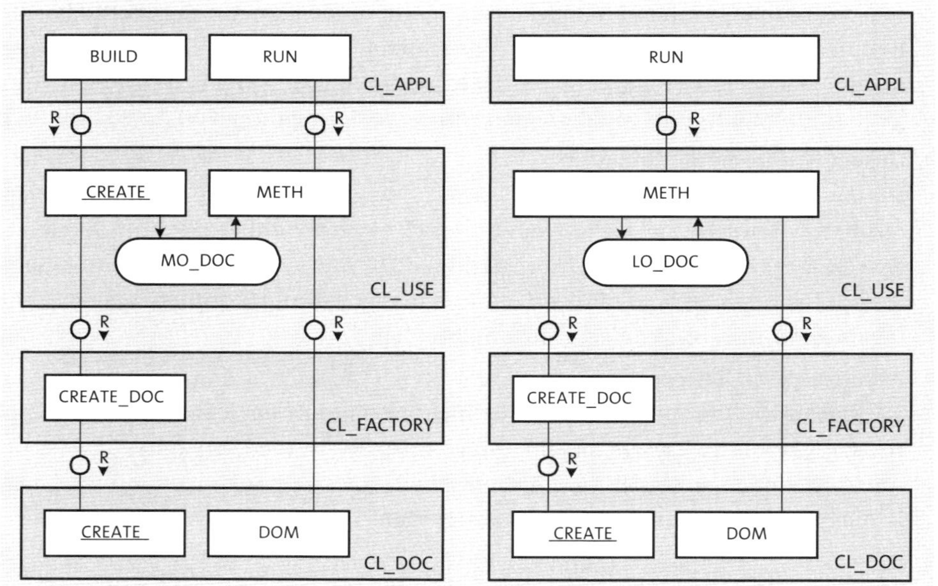

Abbildung 10.5 Klasse kümmert sich um ihre Abhängigkeit selbst.

10.3.2 Äußere Abhängigkeit

Äußere Abhängigkeit bedeutet, dass der Konsument CL_APPL weiß, dass die Klasse CL_USE den Vertrag der Methode METH mithilfe der Klasse CL_DOC ausführt. Er übergibt das DOC-Objekt an die Klasse CL_USE. Dieses Objekt soll unter anderem von der Methode METH verwendet werden.

Abbildung 10.6 stellt den umfangreichen Fall dar, dass der Konsument CL_APPL die Abhängigkeit zwischen den Klassen CL_USE und CL_DOC mit der Erzeugungsmethode CREATE aufbauen, mit der Methode SET_DOC zwischenzeitlich anpassen und mit der Methode METH sogar noch kurz vor der Verwendung ändern kann.

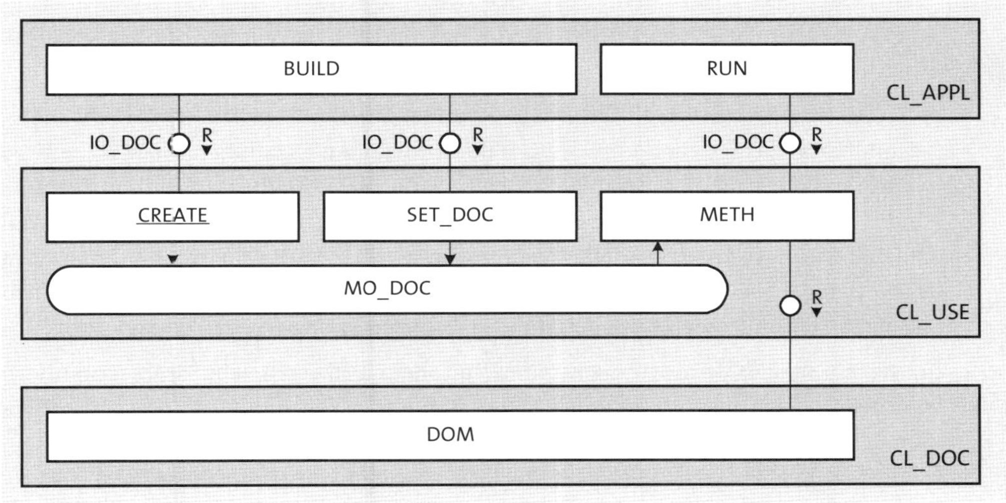

Abbildung 10.6 Klasse erhält ihre Abhängigkeit.

Wenn Sie den Eingabeparameter IO_DOC dieser drei Methoden nur als Möglichkeit betrachten, zeigt diese Abbildung auch alle anderen denkbaren Kombinationen. Ein wichtiges Beispiel dafür ist, dass die Klasse CL_USE nicht nur von der Klasse CL_DOC abhängt, sondern auch umgekehrt. Dann müssen Sie mit der Erzeugung eines der beiden sich auf gleicher Höhe befindenden Objekte beginnen. Das zuerst erzeugte Objekt kann dann zwar als Eingabe für die Erzeugungsmethode des anderen Objekts hergenommen werden, aber Sie müssen dann zusätzlich noch das gegenseitige Abhängigkeitsverhältnis beim ersten Objekt mithilfe einer Setter-Methode vervollständigen.

Wenn Sie frei von solchen Zwängen designen können, sollten Sie aus semantischen Gründen wie folgt vorgehen: Bieten Sie den Parameter IO_DOC bei der Methode CREATE für eine lebenslange, bei der Methode SET_DOC für eine zeitweise und bei der Methode METH für eine einmalige Verwendungsbeziehung an. Eine einmalige Verwendungsbeziehung ist auch dann sinnvoll, wenn sich das konkrete DOC-Objekt erst im Laufe des Programmablaufs ergibt, die Klasse `CL_APPL` also bis zum tatsächlichen Aufruf der Methode `METH` warten muss.

10.4 Interfaces einer Klasse

Mit einem Interface schließt eine Klasse einen Vertrag mit anderen Klassen über das Verhalten ihrer Objekte. Dieser soll sich auf das Wesentliche konzentrieren und Freiheiten bei der Erfüllung einräumen. Kurz gesagt: Er soll das Was, und nicht das Wie festlegen. In diesem Sinne ist er gut mit einem Mietwagenvertrag zu vergleichen, der nur die Fahrzeugklasse, aber nicht den Hersteller und auf keinen Fall das konkrete Auto benennt.

Eine Klasse kann mehrere Interfaces nebeneinander anbieten. Das ermöglicht es ihr, gegenüber verschiedenen Verwendern mehrere Rollen auszuüben. Ganz so, wie Sie vielleicht gleichzeitig Softwareentwickler, Vater und Mitglied eines Sportvereins sind. Um eine Duplikation zu vermeiden, können mehrere Interfaces auch das gleiche Teil-Interface besitzen, sodass sie dessen Methoden übernehmen können und nicht mehr selbst definieren müssen. Das würde Ihrer Bereitschaft entsprechen, sich zusätzlich ehrenamtlich als Schatzmeister in Ihrem Sportverein zu engagieren.

In diesem Abschnitt möchte ich Ihnen vor allem aufzeigen, wie Sie in semantisch sinnvoller Weise die öffentlichen Methoden ihrer Klasse auf Interfaces verteilen können.

10.4.1 Berechtigungsspezifische Interfaces

Sowohl für die Fehlersuche als auch für die designbasierte Dokumentation ist es vorteilhaft, die Verwender einer Klasse danach zu unterscheiden, wie sie auf ihre Objekte zugreifen. So besitzt etwa die in Abschnitt 8.1.3 eingeführte Entitätsmengenklasse neben den Interfaces `IF_USMD_ENTITY_SET_READ` und `IF_USMD_ENTITY_SET_WRITE` für die Entity-API-Klasse noch ein weiteres Interface `IF_USMD_ENTITY_SET_COMMIT` für eine *Entitätsmanagerklasse*. Die Entitätsmanagerklasse repräsentiert den Puffer der Entity API und muss für die Verwaltung der gepufferten Entitätsmengenobjekte auch Methoden von diesen Objekten aufrufen, die über den schreibenden Zugriff hinausgehen. Da ein schreibender Zugriff in der Regel auch einen lesenden Zugriff und ein verwaltender Zugriff in der Regel auch einen schreibenden Zugriff voraussetzen, sind diese Interfaces ineinander geschachtelt.

Wie Listing 10.1 zeigt, wird eine indirekte Schachtelung vom ABAP-Compiler aufgelöst.

```
INTERFACE if_usmd_entity_set_write.
  INTERFACES if_usmd_entity_set_read.
  ...
ENDINTERFACE.

INTERFACE if_usmd_entity_set_commit.
  INTERFACES if_usmd_entity_set_write.
  INTERFACES if_usmd_entity_set_read.
  ...
ENDINTERFACE.
```

Listing 10.1 Ineinander geschachtelte Interfaces einer Klasse

Auf eine Komponente eines untergeordneten Interface greifen Sie standardmäßig mit dem Interface-Komponentenselektor ~ zu. Alternativ können Sie dafür im übergeordneten Interface auch einen Alias definieren. Wie Listing 10.2 zeigt, verkürzt sich der Aufruf der Methode dadurch so, als gehörte sie zum übergeordneten Interface. Ein Alias im mittleren Interface IF_USMD_ENTITY_SET_WRITE genügt für das größte Interface IF_USMD_ENTITY_SET_COMMIT nicht. Es muss für Komponenten des kleinsten Interface seine Aliasse selbst definieren.

```
INTERFACES if_usmd_entity_set_commit.
  ALIAS get_key_table FOR if_usmd_entity_set_read~get_key_table.
  ...

DATA lo_entity_set_commit TYPE REF TO if_usmd_entity_set_commit.
DATA(ltr_data) = lo_entity_set_commit->get_key_table( ).
...
```

Listing 10.2 Definition und Verwendung eines Alias

10.4.2 Rollenspezifische Interfaces

Die Entitätsmengen der Beispielanwendung zum Stammdatenmanagement werden unter anderem zur Pufferung von Entitätsdaten eingesetzt. Der Puffer als Ganzes wird durch einen Entitätsmanager repräsentiert, der für eine bestimmte Selektionsanfrage die Entitätsdaten aus einer oder mehreren Entitätsmengen zusammensucht. Wie Listing 10.3 zeigt, stellt dieser Entitätsmanager die geforderte Entitätsmenge gar nicht wirklich zur Verfügung. Stattdessen schlüpft er für diese Anfrage nur in deren Rolle und wartet erst einmal ab, welche konkreten Daten (z. B. aktive Daten) der Aufrufer denn von dieser virtuellen Entitätsmenge wirklich haben möchte.

```
METHOD if_usmd_entity_mgr~get_entity_set.
  set_sel( io_sel ).
  ro_entity_set = me.
ENDMETHOD.
```

Listing 10.3 Verzögerte Bearbeitung einer Anfrage nach Entitätsdaten

Das geht, weil die Klasse `CL_USMD_ENTITY_MGR` neben ihrem ureigenen Interface `IF_USMD_ENTITY_MGR` auch die beiden Interfaces `IF_USMD_ENTITY_SET_READ` und `IF_USMD_ENTITY_SET_WRITE` implementiert. Das ist nicht nur technisch möglich, sondern auch semantisch in Ordnung, solange sich der Entitätsmanager an die von diesen Interfaces repräsentierten Verträge hält.

Genauso wie sich Rollen im sozialen Leben überlappen können, kann sich diese Art der Dopplung auch für Interfaces ergeben. Die Lösung dafür sind *Teil-Interfaces*, also Interfaces, die die gemeinsamen Vertragsbestandteile von anderen Interfaces repräsentieren. Ein Interface sollte aber niemals nur eine wahllose Zusammenfassung mehrfach genutzter Methoden und Attribute sein, sondern immer eine eigenständige Semantik haben.

10.4.3 Interface-Prinzipien

Das Interface-Segregation-Prinzip fordert, dass Sie die Interfaces einer Klasse verwenderorientiert designen. Dazu gehört, dass sie grundsätzlich nicht mehr Methoden enthalten, als der oder die Verwender benötigen. Für das Verständnis ist es aber auch wichtig, dass die angebotenen Methoden thematisch zusammengehören. Aus diesem Grund stelle ich immer die Frage, welche Mechanismen ein Interface unterstützen soll.

Besonders klar tritt dieser Fokus bei Frameworks hervor, weil diese die zur Bewerkstelligung ihrer generischen Mechanismen notwendigen Interfaces selbst definieren. Das ist übrigens auch der tiefere Sinn des Dependency-Inversion-Prinzips. Kernmechanismen eines Frameworks sollen keine vorgegebenen Interfaces implementieren, sondern selbst Interfaces zur Implementierung vorgeben. Damit ist nicht das Framework von unter ihm liegenden Objekten abhängig, sondern über ihm liegende Objekte sind von den Kernmechanismen abhängig (Umkehr der Abhängigkeit).

10.5 Abstraktionsebenen innerhalb einer Klasse

In diesem Abschnitt geht es mir darum, dass nicht nur die Architektur eines Softwareprodukts, sondern auch jede Klasse in Bezug auf ihre Methoden schichtweise aufgebaut sein soll. Konkret soll es in einer Methode aus Gründen der Lesbarkeit nur

Anweisungen auf einer einzigen Abstraktionsschicht geben. Elementare Anweisungen wie Rechenoperationen und ABAP-Befehle kommen dann nur in Methoden der untersten Schicht einer Klasse vor. Dagegen wird die Anwendungslogik im Wesentlichen von den Methoden der oberen Schichten ausgeführt.

Wie die überlagerte Raute in Abbildung 10.7 zeigt, ist jedes mit ABAP Objects geschriebene Softwareprodukt eine mithilfe einer *generischen* Programmiersprache realisierte *spezifische* Anwendung, die in den spezifischen Assembler Code des verwendeten Systems übersetzt wird.

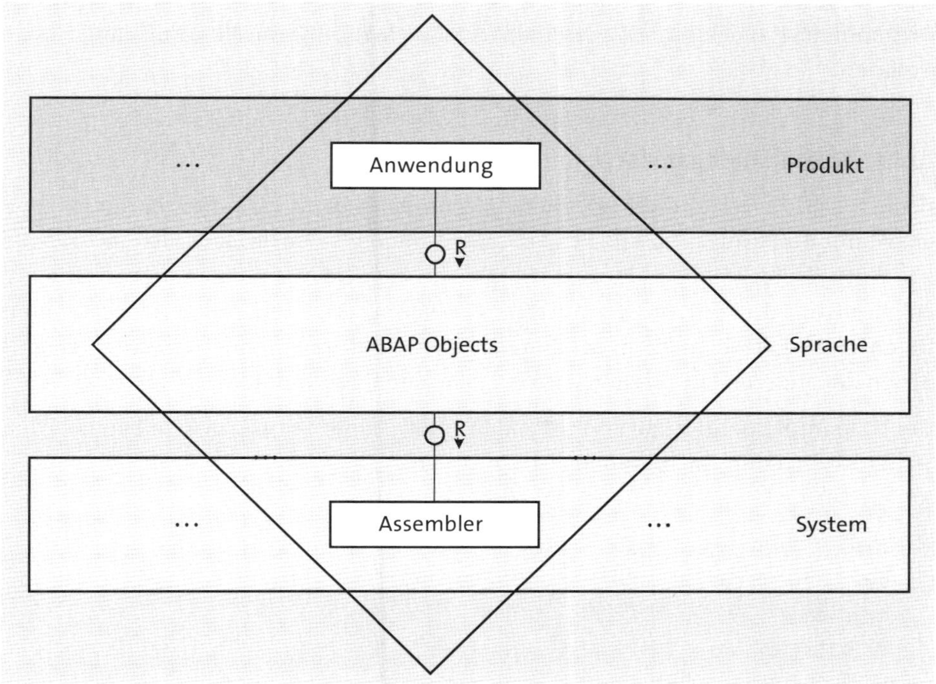

Abbildung 10.7 Allgemeine Sprache für spezielles Produkt und System

Die Sprache ABAP Objects kann für verschiedenste Anwendungen eingesetzt werden. Folglich kann es Ihnen nur bedingt gelingen, die Eigenheiten einer konkreten Anwendung mit ihren elementaren Sprachelementen wie READ TABLE oder LOOP einfach und klar auszudrücken. Um dies zu erreichen, benötigen Sie mindestens eine darüberliegende anwendungsspezifische Sprachschicht.

Genauso wie ABAP Objects den Maschinencode kapselt, sollten Sie mit der untersten Schicht Ihrer Anwendung die technischen Details von ABAP Objects verbergen. Sie sollten also beim Design von Klassen nicht nur darauf achten, dass die Klassen performante und wiederverwendbare Programmeinheiten bilden, sondern Ihre Methoden auch so definieren, dass Sie damit die zentralen Mechanismen der Klassen in für

Menschen einfachen und verständlichen Sätzen ausdrücken können. Einer Satzstruktur, bestehend aus Subjekt, Prädikat und Objekt, entspricht dabei eine Anweisung, die eine Methode mit einem Objekt als Argument aufruft. Ein typisches Beispiel dafür ist folgende Anweisung:

```
DATA(lo_crequest) = mo_hry_api->get_crequest_of( lo_node ).
```

In diesem Abschnitt möchte ich Ihnen anhand eines anspruchsvollen Beispiels zeigen, wie Sie die unterste anwendungsspezifische Schicht einer Klasse ausprägen können. In gleicher Weise können Sie Funktionsgruppen und Schnittstellen von Drittanbietern objektbasiert verschalen und sich somit von diesem Bestandscode isolieren.

10.5.1 Entitätsmengenklasse mit Tabellen

In der Beispielanwendung zum Stammdatenmanagement kann eine Entitätsmenge viele Entitäten umfassen. Aus Performancegründen ist sie deshalb nicht als Tabelle von Entitätsobjekten, sondern als Objekt für die gesamte Entitätsmenge designt. Folglich sind die aktiven, gesicherten, obsoleten, ungesicherten und bestätigten Daten einer Entität nicht in separaten Datenstrukturen, sondern zusammen mit denen der anderen Entitäten in jeweils einer Datentabelle der Menge abgelegt.

Die erste Implementierung CL_USMD_ENTITY_TABLE einer Entitätsmenge baut auf den Strukturtypen und Attributen in Listing 10.4 auf.

```
TYPES:
  BEGIN OF s_accessed_data,
    max_index_accessed TYPE i,
    tr_data            TYPE REF TO data,
    tr_data_family     TYPE REF TO data,
  END OF s_accessed_data.

TYPES:
  BEGIN OF s_valid_data,
    valid          TYPE abap_bool,
    tr_data        TYPE REF TO data,
    tr_data_family TYPE REF TO data,
  END OF s_valid_data.

DATA mt_sel_access TYPE if_usmd_sel_commit=>std_tab.
DATA ms_active     TYPE s_accessed_data.
DATA ms_saved      TYPE s_accessed_data.
DATA ms_obsolete   TYPE s_accessed_data.
```

```
DATA ms_unsaved    TYPE s_valid_data.
DATA ms_confirmed  TYPE s_valid_data.
...
```

Listing 10.4 Entitätsmengenklasse CL_USMD_ENTITY_TABLE

In beiden Strukturtypen S_ACCESSED_DATA und S_VALID_DATA gibt es eine für alle Entitätstypen geeignete Referenz TR_DATA auf eine dynamisch zu erzeugende Tabelle von Entitätsdaten. Nehmen Sie als Beispiel die Flugverbindungen aller deutschen Fluggesellschaften.

Mit der anderen Referenz TR_DATA_FAMILY werden die gleichen Entitätsdaten in sogenannten *Datenfamilien* vorgruppiert. Ein Beispiel für so eine Datenfamilie wären alle Flugverbindungen einer Fluggesellschaft. Diese separate Repräsentation einer Entitätsmenge steigert die Performance, wenn solche Teilmengen wiederholt auch einzeln selektiert werden.

Der Strukturtyp S_ACCESSED_DATA wird für aktive, gesicherte und (als zu löschen gekennzeichnete) obsolete Daten verwendet, also für alle Datentabellen, die mit einem Datenbankzugriff gefüllt werden. Um die Anzahl dieser Zugriffe zu minimieren, kann jede Datentabelle unabhängig von anderen gefüllt und aufgefüllt werden. Außerdem können die einen Datenbankzugriff spezifizierenden Selektionsobjekte auch in der von allen Datentabellen gemeinsam verwendeten Attributtabelle MT_SEL_ACCESS gesammelt werden. Jede Datentabelle merkt sich mit ihrem eigenen Feld MAX_INDEX_ACCESSED, auf welche dieser Selektionsobjekte sie schon zugriffen hat.

Der Strukturtyp S_VALID_DATA hingegen wird für alle Datentabellen verwendet, die entweder gefüllt (Feld VALID hat durchweg den Wert ABAP_TRUE) oder berechnet werden (Feld VALID hat den Wert ABAP_FALSE, wenn eine in die Rechnung einfließende Datentabelle verändert wurde).

Diese kurze Erläuterung verdeutlicht bereits, dass es sich bei den Strukturtypen um technische Details handelt, die nicht zur erwarteten Verantwortung einer Entitätsmengenklasse gehören. Im Abschnitt 10.5.2, »Entitätsmengenklasse mit Objekten«, werde ich Ihnen zeigen, wie Sie diese Details vor der Entitätsmengenklasse verbergen können.

Listing 10.5 zeigt, wie die Klasse CL_USMD_ENTITY_TABLE die Datenstruktur ISR_DATA einer neuen Entität in die passende Datentabelle der Entitätsmenge einfügt.

```
METHOD insert_line.
  DATA(lsr_data_obsolete) =
    cl_usmd_data_help=>retrieve_structure_from_table(
        isr = isr_data
        itr = if_usmd_entity_set_read~get_obsolete_table( )
    ).
```

```
  IF lsr_data_obsolete IS BOUND.
    cl_usmd_data_help=>delete_structure_from_table(
       isr = isr_data
       itr = if_usmd_entity_set_read~get_obsolete_table( )
    ).
    clear_data_families( usmde_data_kind-obsolete ).
  ENDIF.

  rsr_data = cl_usmd_data_help=>insert_structure_into_table(
      isr = isr_data
      itr = if_usmd_entity_set_read~get_unsaved_table( )
  ).
  clear_data_families( usmde_data_kind-unsaved ).

  ms_confirmed_data-valid = abap_false.
  clear_data_families( usmde_data_kind-confirmed ).
ENDMETHOD.
```

Listing 10.5 Einfügen einer Entität in eine Entitätsmenge mit Datentabellen

Falls die einzufügende Entität zum Löschen vorgemerkt wurde, wird dieser Eintrag erst einmal zurückgenommen und dann erst ein neuer ungesicherter Eintrag hinzugefügt. Die obsoleten und ungesicherten Datenfamilien sind dann nicht mehr aktuell und werden der Einfachheit halber gelöscht. Des Weiteren werden durch diese Änderung auch die beiden Tabellen der bestätigten Daten invalidiert.

10.5.2 Entitätsmengenklasse mit Objekten

Die zweite Implementierung CL_USMD_ENTITY_SET einer Entitätsmenge baut auf der Abstraktion einer Datentabelle auf. Für diese Implementierung genügen die in Listing 10.6 aufgeführten Attribute.

```
DATA mo_sel TYPE REF TO if_usmd_sel_commit.
DATA mo_active_data TYPE REF TO zif_usmd_data_table.
DATA mo_saved_data TYPE REF TO zif_usmd_data_table.
DATA mo_obsolete _data TYPE REF TO zif_usmd_data_table.
DATA mo_unsaved _data TYPE REF TO zif_usmd_data_table.
DATA mo_confirmed _data TYPE REF TO zif_usmd_data_table.
```

Listing 10.6 Entitätsmengenklasse CL_USMD_ENTITY_SET

Listing 10.7 zeigt, wie diese Abstraktion die betrachtete Methode von zahlreichen Implementierungsdetails befreit. Die Klasse für die Datentabellen kapselt vor allem die Existenz und Ausprägung der Datenfamilien. Die Methode wird dadurch nicht nur verständlich, sondern im Sinne des Open-Closed-Prinzips auch abgeschlossen, weil sich nicht mehr jede Änderung der Datenfamilien auf sie auswirkt.

```
METHOD insert_line.
  DATA(lsr_obsolete_data) =
    mo_obsolete_data->get_structure( isr_data ).

  IF lsr_obsolete_data IS BOUND.
    mo_obsolete_data->delete_structure( isr_data ).
  ENDIF.

  rsr_data = mo_unsaved->insert_structure( isr_data ).
  mo_confirmed->invalidate( ).
ENDMETHOD.
```


Listing 10.7 Einfügen einer Entität in eine Entitätsmenge mit Datentabellenobjekten

Die Entitätsmengenklasse als Ganzes befindet sich auf der zweituntersten Sprachschicht dieser Anwendung. Sie implementiert ihre Methoden schon mithilfe von objektbasierten Abstraktionen wie `IF_USMD_DATA_TABLE`, die nach und nach auf der untersten Schicht entstehen sollten. Ich kann Ihnen nicht empfehlen, mit dieser untersten Schicht zu starten. Vielmehr sollten Sie diese unterste Sprachschicht aus bestehenden Klassen bedarfsorientiert extrahieren.

Es ist nicht sinnvoll, jede interne Tabelle als Objekt zu verschalen. Sie sollten diese Möglichkeit aber kennen und immer wieder in Betracht ziehen. Denn solange im Fall der Entitätsmengenklasse für jede Datenart eine einfache interne Datentabelle genügt, ist der Vorteil einer Datentabellenklasse »nur« die kompaktere Implementierung und damit die bessere Lesbarkeit der Methoden. Aber spätestens mit der Einführung von Datenfamilien kommen auch die Reduzierung der Fehleranfälligkeit und die Änderungsfreundlichkeit durch bessere Entkopplung zu den Vorteilen hinzu.

10.5.3 Effizienz

In diesem Abschnitt möchte ich Aufwand und Ertrag der verstärkten Kapselung technischer Details beleuchten:

- **Schreiben**
  Die Klassen der untersten Anwendungsschicht sind in der Regel sehr einfach und können entsprechend schnell geschrieben werden. Im Zuge eines Refactorings kann die Implementierung ihrer Methoden darüber hinaus weitgehend aus der übergeordneten Klasse übernommen werden.

- **Lesen und Verstehen**
  Wie der Vergleich von Listing 10.5 und Listing 10.7 zeigt, können Sie mit so designten Klassen die Implementierung übergeordneter Methoden kürzer und verständlicher formulieren. Der Leseaufwand sinkt dadurch in vielen Fällen deutlich. Wie in Abschnitt 10.5.2, »Entitätsmengenklasse mit Objekten«, erwähnt, können Sie auf diese Weise abgeschlossene Methoden realisieren. Damit meine ich Methoden, die im Zuge der Weiterentwicklung nicht mehr verändert und deshalb in der Regel auch nicht mehr gelesen und verstanden werden müssen.
- **Ausführen**
  Die Kapselung technischer Anweisungen führt natürlich zu mehr Methodenaufrufen. Da diese in ABAP nicht so performant wie in anderen Programmiersprachen sind, ziehen viele ABAP-Entwickler solche untergeordneten Klassen erst gar nicht in Betracht. Ich rate Ihnen aus den folgenden Gründen von dieser generellen Ablehnung ab:
  - Entscheidend ist, dass Sie den Inhalt interner Tabellen nicht auf viele Objekte verteilen. Wenn die untergeordnete Klasse die interne Tabelle als Ganzes kapselt, geht von ihrem Potenzial, die Datenverarbeitung performant auszuführen, auch nichts verloren. Es kommt nur ein Methodenaufruf hinzu, der aber gerade bei performancekritischen Anwendungen mit großen internen Tabellen vernachlässigt werden kann.
  - Performanceprobleme treten in der Regel nur auf, wenn der verschalte Code schon solche Probleme aufwies. Ein Beispiel dafür ist ein Funktionsbaustein, der nicht massenfähig ist.
  - Vermeiden Sie gemäß dem Avoid-Premature-Optimizations-Prinzip vorschnelle Optimierungen. Sie führen oft zu Code- und Datendopplung. Die Datenfamilien der Entitätsmengen sind dafür ein Beispiel. Insgesamt erhöhen Optimierungen die Komplexität Ihrer Anwendung und damit auch den Aufwand für ihre Weiterentwicklung und Wartung. Sie sollten sich also nicht auf Vermutungen, sondern nur auf Laufzeitmessungen einer hinreichend reifen Version verlassen. Bis dahin sollten Sie gutem Design den Vorrang geben.
  - Des Weiteren gibt es meistens viele Möglichkeiten für eine Optimierung, und oft sind die besten nicht offensichtlich. In dieser Situation ist es sehr wichtig, dass Sie Ihre Anwendung gut durchdenken können. Deshalb sollten Sie von Anfang an viel Wert auf Einfachheit legen. Die Kapselung technischer Details ist nicht nur ein erster, sondern ein entscheidender Schritt in diese Richtung.
- **Testen**
  Wenn Sie Datenbankzugriffe und Funktionsgruppen kapseln, ist die Verbesserung der Testbarkeit offensichtlich, weil Sie mit Interfaces am flexibelsten isolieren können. Aber auch für das Testen der Entitätsmengenklasse ist der Einzug einer Datentabellenklasse von Vorteil. Sie müssen nicht aufwendig (etwa mit mehreren

INSERT-Anweisungen) oder kryptisch (mit dem Operator VALUE #) eine interne Tabelle füllen. Sie können ein Datentabellenobjekt mithilfe seiner Instanzmethoden auf lesbare Weise in den gewünschten Zustand bringen.

Die objektbasierte Kapselung technischer Details ist also in vielerlei Hinsicht entscheidend für die Effizienz von Softwareentwicklung.

10.6 Katalog-Entwurfsmuster

Viele Entwickler lehnen kleine Klassen ab, weil sie befürchten, dass ihre große Anzahl die Pakete unübersichtlich macht. Die Gefahr ist vor allem bei Klassenhierarchien nicht unbegründet, die anstelle vieler nach dem Typ unterscheidenden CASE-Anweisungen eine Unterklasse pro Typ ins Rennen schicken. Ein Beispiel dafür ist die in Abschnitt 6.4, »Unabhängigkeit von einer Erweiterung«, eingeführte Hierarchie von Entitätsklassen.

Eine Klassenhierarchie muss aber nicht zwingend aus globalen Klassen aufgebaut sein. Wenn alle Verwender sich mit dem Interface der Basisklasse begnügen, genügt eine globale Basisklasse mit lokalen Unterklassen. Erzeuger können sich über öffentliche Erzeugungsmethoden der Basisklasse Objekte dieser privaten Unterklassen verschaffen. Diesem Design habe ich den Namen *Katalog-Entwurfsmuster* gegeben, weil die Basisklasse mit ihren Erzeugungsmethoden eine Objektauswahl wie in einem Katalog anbietet. Wenn es nur von den Unterklassen Objekte geben darf, sollten Sie die Basisklasse als abstrakt definieren. Dabei kann die abstrakte Basisklasse bereits einige Methodenimplementierungen enthalten.

Abbildung 10.8 zeigt das Klassendiagramm für die Hierarchie von Datentabellen, wie sie die Entitätsmenge CL_USMD_ENTITY_SET verwendet.

Die drei Unterklassen in Abbildung 10.8 haben folgende Bedeutung:

- Die Unterklasse LCL_FILLING_DATA_TABLE dient dem Sammeln von Daten, im Fall der Entitätsmenge dem Sammeln ungesicherter Daten.
- Die Unterklasse LCL_ACCESSING_DATA_TABLE dient dem Zugriff auf die Datenbank, im Fall der Entitätsmenge dem Zugriff auf aktive, gesicherte und obsolete Daten.
- Die Unterklasse LCL_COMPUTING_DATA_TABLE dient dem rechnerischen Ableiten von Daten aus anderen Datentabellen, im Fall der Entitätsmenge der Ableitung bestätigter Daten.

Die tatsächliche Erzeugung delegieren die Erzeugungsmethoden der Basisklasse an schnittstellengleiche Erzeugungsmethoden der lokalen Unterklassen weiter.

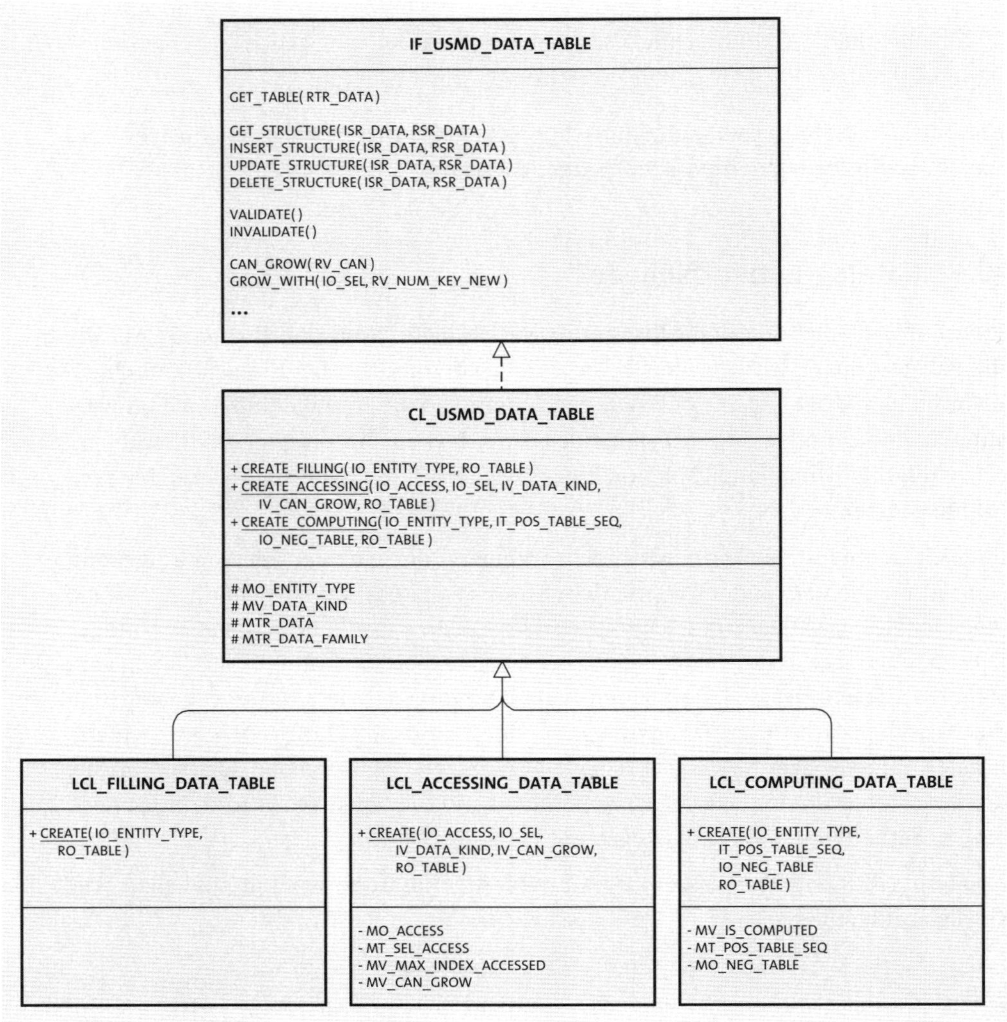

Abbildung 10.8 Klassenhierarchie für Datentabellen

Listing 10.8 zeigt auszugsweise, wie ein Entitätsmengenobjekt mit diesen spezifischen Datentabellenobjekten konstruiert wird.

```
METHOD constructor.
  ...
  mo_active_data   = zcl_usmd_data_table=>create_accessing( ... ).
  mo_saved_data    = zcl_usmd_data_table=>create_accessing( ... ).
  mo_obsolete_data = zcl_usmd_data_table=>create_accessing( ... ).
  mo_unsaved_data  = zcl_usmd_data_table=>create_filling( ... ).
```

```
  APPEND mo_unsaved_data TO lt_pos_table_seq.
  APPEND mo_saved_data   TO lt_pos_table_seq.
  APPEND mo_active_data  TO lt_pos_table_seq.
  mo_confirmed_data = zcl_usmd_data_table=>create_computing(
      io_entity_type   = io_sel->mo_entity_type
      it_pos_table_seq = lt_pos_table_seq
      io_neg_table     = mo_obsolete_data
  ).
ENDMETHOD.
```

Listing 10.8 Konstruktion einer Entitätsmenge mit Datentabellenobjekten

Der Paragraph, mit dem das Datentabellenobjekt `MO_CONFIRMED_DATA` erzeugt wird, dokumentiert in umfassender Weise die in Abschnitt 7.2.2, »Zustand einer Entität«, vorgestellte Berechnungsregel: Falls vorhanden, entsprechen die bestätigten Daten einer Entität zuerst ihren ungesicherten, dann ihren gesicherten und erst am Ende ihren aktiven Daten, allerdings nur dann, wenn die Entität keine obsoleten Daten hat, sie also noch nicht zum Löschen vorgemerkt wurde.

10.7 Innerer Zusammenhalt

Der *innere Zusammenhalt* einer Klasse drückt aus, inwieweit die Attribute einer Klasse von ihren Methoden *direkt* verwendet werden. Der innere Zusammenhalt einer Klasse ist dann stark, wenn fast jedes Attribut von fast allen Methoden direkt verwendet wird. Umgekehrt ist er schwach, wenn viele Methoden nur auf anderen Methoden der Klasse aufbauen und somit nur einen indirekten Bezug zu den Attributen der Klasse haben. Der innere Zusammenhalt ist aber auch schwach, wenn die Attribute und die sie verwendenden Methoden sich nicht oder nur geringfügig überlappen.

Das Problem bei Klassen mit schwachem Zusammenhalt ist, dass sie mehrere Zuständigkeiten besitzen. Im Fall der dazwischengeschalteten Methoden sind dies unter- und übergeordnete Aufgaben. Im Fall der disjunkten Verwendung sind dies mehrere Aufgaben nebeneinander. Die meisten größeren Klassen weisen beide Arten der Aufgabenhäufung auf.

In diesem Abschnitt zeige ich Ihnen zum einen, wie Sie den inneren Zusammenhalt Ihrer Klasse analysieren können. Zum anderen zeige ich Ihnen, wie Sie eine zu große Klasse so zerlegen können, dass alle entstehenden Klassen einen möglichst starken inneren Zusammenhalt haben. Wie erwähnt, entspricht dies wenigen Zuständigkeiten, am besten nur noch einer Zuständigkeit pro Klasse.

10.7.1 Komponentengraph

Für die Analyse des inneren Zusammenhaltes einer Klasse arbeite ich mit einem *Komponentengraphen* für diese Klasse, für den Sie im folgenden Abschnitt Beispiele sehen. Es handelt sich dabei um einen gerichteten Graphen mit folgenden Eigenschaften:

- Die Knoten repräsentieren die zentralen Komponenten einer Klasse, also ihre Methoden und Attribute.
- Jede Abhängigkeit einer Methode von einer anderen oder jede Abhängigkeit einer Methode von einem Attribut ist eine gerichtete Kante.

[»]

Begriffe der Graphentheorie

Wenn Sie sich schon einmal mit der Graphentheorie beschäftigt haben, können die folgenden Erläuterungen für Sie hilfreich sein. Für das Verständnis der folgenden Ausführungen sind sie nicht zwingend:

- Ein Knoten, von dem ausschließlich Kanten ausgehen, heißt *Quelle*. Der Komponentengraph einer Klasse hat in der Regel die Interface-Methoden als Quellen.
- Ein Knoten, zu dem ausschließlich Kanten hinführen, heißt *Senke*. Beim Komponentengraphen einer Klasse gehören zu den Senken neben den Attributen auch die Methoden, die eine äußere Abhängigkeit der Klasse verschalen.
- Eine Folge von Kanten, über die jeder beteiligte Knoten sich selbst erreichen kann, heißt *Zyklus*. Beim Komponentengraphen treten Zyklen durch rekursive Methoden auf.

Die Abhängigkeit einer Methode einer Klasse von einer Methode einer anderen Klasse können Sie bei der Betrachtung des inneren Zusammenhaltes vernachlässigen. Gleiches gilt für einen Datenbankzugriff oder den Aufruf eines Funktionsbausteins.

Beim Zeichnen eines Komponentengraphen fange ich meistens unten bei den Attributen an und arbeite mich dann mit dem Verwendungsnachweis nach oben. Prinzipiell können Sie aber auch mit den öffentlichen Methoden beginnen, indem Sie Ihren Code lesen und den Abhängigkeiten nach unten folgen. Für den Einstieg genügen mir Papier und Bleistift. Die erste Version ist oft ein Durcheinander sich überkreuzender oder gebogener Pfeile. Die zweite Version ist dann meist schon eine geschickt angeordnete Skizze mit geraden Pfeilen, die sich nur in Ausnahmefällen überkreuzen. Wenn ich die Klasse präsentieren oder dokumentieren muss, ist meine letzte Version ein gezeichnetes Diagramm.

10.7.2 Horizontale Zerlegung einer Klasse

Abbildung 10.9 zeigt auf der linken Seite eine Klasse mit einem Interface, deren (innerer) Zusammenhalt nicht sehr groß ist, weil die beiden Attribute nur von zwei der insgesamt acht Methoden direkt verwendet werden. Durch die auf der linken Seite angedeutete und auf der rechten Seite realisierte Zerlegung kann sich die betrachtete Klasse auf übergeordnete Aufgaben konzentrieren. Die neue Klasse übernimmt untergeordnete Aufgaben und hat ebenfalls einen hohen Zusammenhalt.

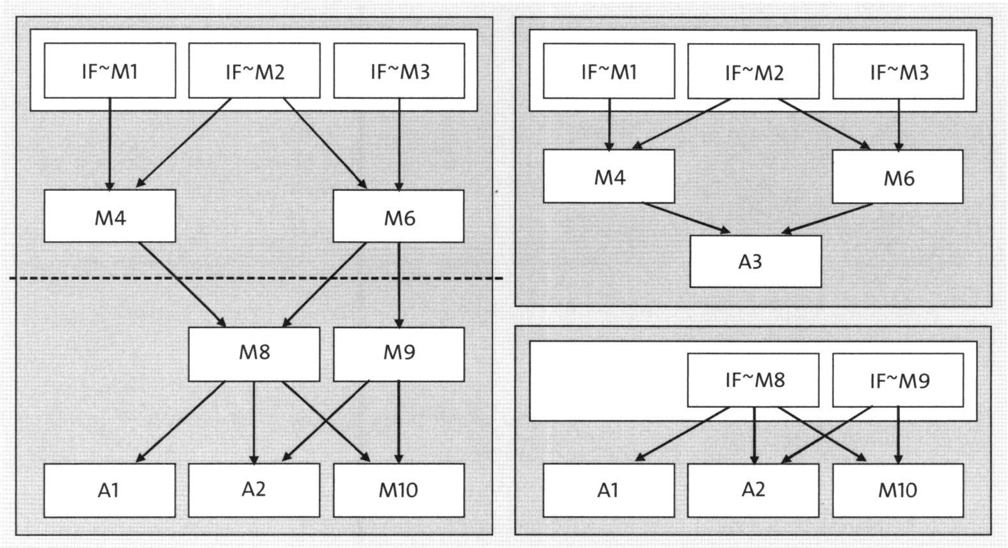

Abbildung 10.9 Komponentengraph vor und nach der horizontalen Zerlegung einer Klasse

Die horizontale Zerlegung sollte nicht nach technischen, sondern nach semantischen Gesichtspunkten erfolgen. Bei der Ausgangsklasse in Abbildung 10.9 befinden sich die Methoden ober- und unterhalb der Trennlinie auf verschiedenen Abstraktionsebenen. Die obere Klasse delegiert Aufgaben an die untere mithilfe des neuen Instanzattributs A3. Da der Fokus auf dem inneren Zusammenhalt von Klassen liegt, habe ich auf die äußeren Abhängigkeiten der oberen Klasse zur unteren Klasse verzichtet.

Im Fall einer horizontalen Zerlegung in eine Klassenhierarchie benötigt die Unterklasse kein separates Attribut, um Aufgaben an die Oberklasse delegieren zu können. Ein Beispiel für eine solche Zerlegung ist die Auslagerung der Basisklasse aus der Testklasse in Abschnitt 4.1, »Basisklasse von Testklassen«.

10.7.3 Vertikale Zerlegung einer Klasse

Abbildung 10.10 zeigt eine Klasse mit zwei Interfaces, deren Zusammenhalt ebenfalls klein ist, weil die drei Attribute mehr oder weniger von unterschiedlichen Methoden verwendet werden.

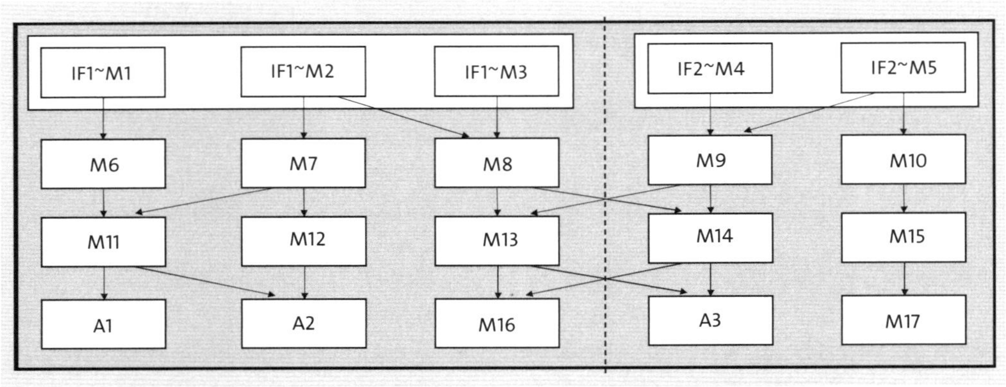

Abbildung 10.10 Komponentengraph vor der vertikalen Zerlegung einer Klasse

Die vertikale Zerlegung erfolgt in der Regel zwischen den Interfaces, weil diese unterschiedlichen Rollen und somit Zuständigkeiten der Klasse entsprechen. Wenn beide neuen Klassen auf die gleichen untergeordneten Komponenten zugreifen müssen, sollten Sie diese nicht verdoppeln, sondern extrahieren (horizontale Zerlegung). Abbildung 10.11 zeigt das Endergebnis dieser Zerlegungen.

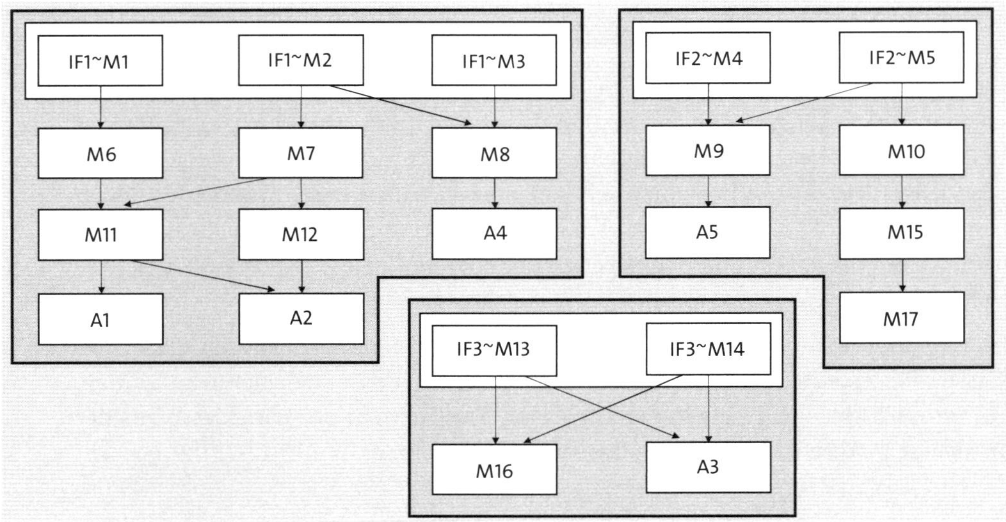

Abbildung 10.11 Komponentengraph nach der vertikalen Zerlegung einer Klasse

Die beiden übergeordneten Klassen greifen über die Instanzattribute A4 und A5 auf die untergeordnete Klasse zu.

10.7.4 Beispiel für die Zerlegung einer Klasse

Abschließend möchte ich Ihnen die Zerlegung einer Klasse anhand eines realen Beispiels demonstrieren. Der Komponentengraph der Entitätsmengenklasse CL_USMD_ENTITY_TABLE in Abbildung 10.12 ist aus Gründen der Übersichtlichkeit nicht vollständig. Zum einen fehlen einige Methoden, zum anderen sind zu den dargestellten Attributen nicht alle Verwendungsbeziehungen eingezeichnet. Letzteres habe ich mit Pfeilen ohne Anfangskomponente zum Ausdruck gebracht.

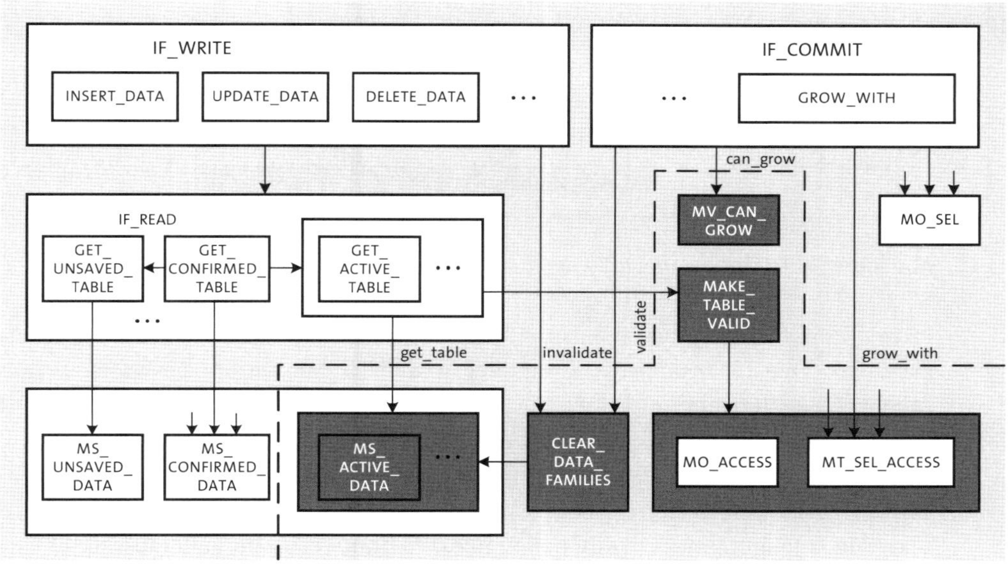

Abbildung 10.12 Geringer innerer Zusammenhalt der Klasse CL_USMD_ENTITY_TABLE

Das Attribut MO_ACCESS wird ausschließlich von der Methode MAKE_TABLE_VALID verwendet. Sie greift damit auf die aktiven, gesicherten und obsoleten Daten derjenigen Entitäten zu, die durch die Selektionsobjekte in der Tabelle MT_SEL_ACCESS beschrieben sind. Im Normalfall enthält diese Tabelle nur ein Selektionsobjekt. Nur im Spezialfall einer wachsenden Entitätsmenge können über die Methode GROW_WITH weitere Selektionsobjekte hinzukommen.

Mit einer Datentabellenklasse können Sie diese technischen Details kapseln. Der Umfang ihrer Unterklasse LCL_ACCESSING_DATA_TABLE ist in Abbildung 10.12 mit einer gestrichelten Linie umrissen. Die Überschneidungen mit Abhängigkeitspfeilen lösen Sie durch die Definition geeigneter Methoden für das Interface IF_USMD_DATA_TABLE auf. Vergleichen Sie dazu die Methodennamen in Abbildung 10.12 mit der Interface-Definition in Abbildung 10.8.

Die Klasse CL_USMD_ENTITY_SET baut auf der Datentabellenklasse auf. Wie Abbildung 10.13 zeigt, hat sie nur noch eine Abstraktionsebene. Mit dieser Ebene kümmert sie sich ausschließlich um das Lesen, Schreiben und Erweitern von Datentabellen. Beachten Sie auch, dass Listing 10.8 zufolge die Datentabelle MO_CONFIRMED_DATA nur noch indirekt von den anderen Datentabellen abhängt.

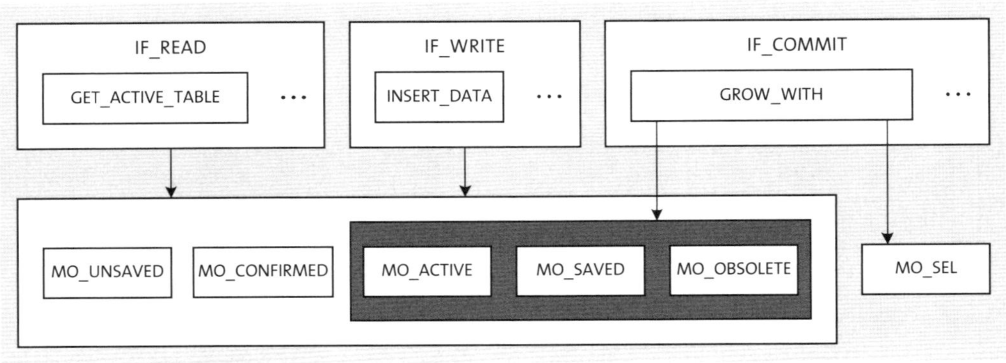

Abbildung 10.13 Hoher innerer Zusammenhalt der Klasse CL_USMD_ENTITY_SET

Ferner kapselt die Unterklasse LCL_ACCESSING_DATA_TABLE nicht nur die Details des Datenbankzugriffs, sondern auch den Begriff an sich. Mit diesem Design ist es nun möglich, die Verwendung einer Entitätsmenge ohne Bezug zur Datenbank und damit einfacher zu erklären. Einzig bei der Erzeugung taucht der Begriff noch auf, weil im Konstruktor die Erzeugungsmethode CREATE_ACCESSING der Datentabellenklasse mit dem Parameter IO_ACCESS dreimal gerufen wird. Das muss aber nicht so sein. Die Erzeugung der Datentabellenobjekte könnte etwa an eine (abstrakte) Factory mit einem Attribut MO_ACCESS delegiert werden. Die Minimierung der von einer Klasse verwendeten Begriffe ist für mich ein wichtiger Faktor für gutes Design.

Kapitel 11
Design von Paketen

Wie können Sie Ihre Anwendung so modularisieren, dass Ihre globalen Klassen übersichtlich gruppiert und bestmöglich voneinander entkoppelt sind? Pakete helfen Ihnen bei dieser Aufgabe.

Wenn Sie das Single-Responsibility-Prinzip konsequent befolgen, erhalten Sie eine große Anzahl globaler Klassen. Während dies für die Wiederverwendung gut ist, wird es Ihnen bei größeren Anwendungen schwerfallen, den Überblick zu bewahren. Diesen Überblick können Sie mit Paketen erhalten.

In Abschnitt 11.1 führe ich Sie in das Paketkonzept ein. In Abschnitt 11.2, »Produktpakete«, stelle ich Ihnen einen architektonischen Ansatz zur Entkopplung von produktiven Paketen vor. In Abschnitt 11.3 geht es um Testpakete. Mit der Trennung von Test- und Produktcode einer Klasse können Sie etwa verhindern, dass sich allein über Änderungen des Testcodes Abhängigkeiten zwischen Korrekturen und damit längere Hinweisketten ergeben.

11.1 Paketkonzept

Ein *Entwicklungsobjekt* (O) ist ein mit der ABAP Workbench oder den ABAP Development Tools für SAP NetWeaver (ADT) in Eclipse angelegtes Repository-Objekt. Aus objektorientierter Sicht liegt der Fokus bei diesen Entwicklungsobjekten auf Interfaces und Klassen.

Ein *Paket* ist eine Komposition von Entwicklungsobjekten, die in einem engeren betriebswirtschaftlichen oder technischen Zusammenhang stehen. Wie Abbildung 11.1 veranschaulicht, gibt es drei Arten von Paketen:

- Entwicklungspakete
- Hauptpakete
- Strukturpakete

Nur *Entwicklungspakete* (P) können Entwicklungsobjekte direkt enthalten. Mit den *Hauptpaketen* (M) und *Strukturpaketen* (S) können Sie eine Pakethierarchie bilden und damit eine Schichtarchitektur ausprägen: Ein Paket auf höherer Ebene implementiert einen übergeordneten Service und bedient sich dabei untergeordneter Services, die von Paketen auf niedrigeren Ebenen angeboten werden.

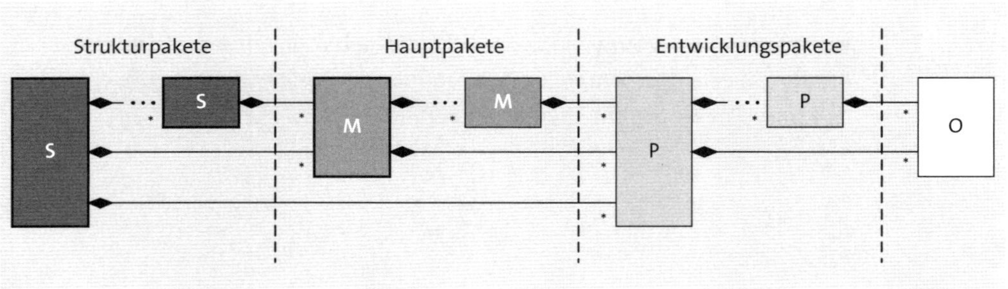

Abbildung 11.1 Baumartige Pakethierarchie

Entwicklungspakete können aber nicht nur Entwicklungsobjekte, sondern auch andere Entwicklungspakete und damit indirekt auch deren Entwicklungsobjekte enthalten. Ein Entwicklungsobjekt gehört zu genau einem Entwicklungspaket, während ein Entwicklungspaket zu genau einem übergeordneten Entwicklungs-, Haupt- oder Strukturpaket gehört.

Ein Hauptpaket kann nur Entwicklungs- oder andere Hauptpakete, aber keine Entwicklungsobjekte enthalten. Es gehört zu genau einem übergeordneten Haupt- oder Strukturpaket.

Ein Strukturpaket kann Entwicklungs-, Haupt- und andere Strukturpakete, aber ebenfalls keine Entwicklungsobjekte enthalten. Es kann zu einem übergeordneten Strukturpaket gehören.

Eine *Softwarekomponente* schließlich besteht aus einem oder mehreren Strukturpaketen, von denen jedes die Wurzel einer eigenen, baumartigen Pakethierarchie bildet.

Wie Abbildung 11.2 zeigt, können zwei Pakete aufgrund der Pakethierarchie in einer besonderen Beziehung zueinander stehen.

Das direkt übergeordnete Paket eines Pakets wird (falls vorhanden) als *Oberpaket* bezeichnet, und jedes direkt untergeordnete Paket wird (falls vorhanden) als *Unterpaket* bezeichnet. Zwei Pakete werden als *Geschwisterpakete* bezeichnet, wenn sie das gleiche Oberpaket haben. Folglich sind die Wurzelpakete einer Softwarekomponente untereinander keine Geschwisterpakete.

Paketbeziehungen sind sowohl für die Sichtbarkeit von Entwicklungsobjekten als auch für Verwendungserklärungen von Paketschnittstellen von Bedeutung.

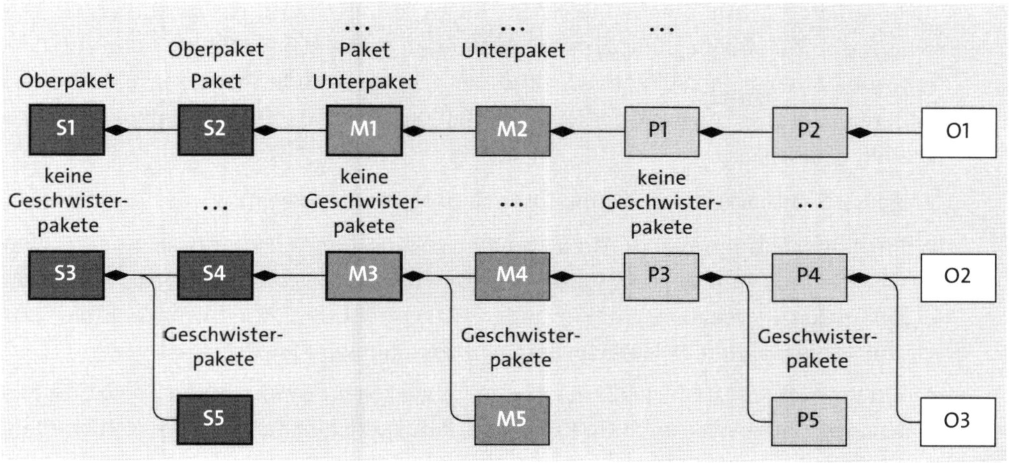

Abbildung 11.2 Beziehungen zwischen Paketen

11.1.1 Sichtbarkeit

Ein Entwicklungsobjekt ist für ein anderes *sichtbar*, wenn es von diesem Entwicklungsobjekt verwendet werden darf. Ein Paket ist *gekapselt*, wenn dies in der Paketdefinition auf der Registerkarte **Eigenschaften** so eingestellt ist. Ansonsten ist es *nicht gekapselt*. Ein Entwicklungsobjekt eines gekapselten Pakets ist genau dann sichtbar, wenn es in eine Paketschnittstelle des Pakets aufgenommen wurde. Von einem nicht gekapselten Paket sind alle Entwicklungsobjekte sichtbar.

Abbildung 11.3 stellt die Sichtbarkeitsregeln für Entwicklungsobjekte in Hierarchien gekapselter (durchgezogener Rand) und nicht gekapselter Pakete (gestrichelter Rand) kompakt dar.

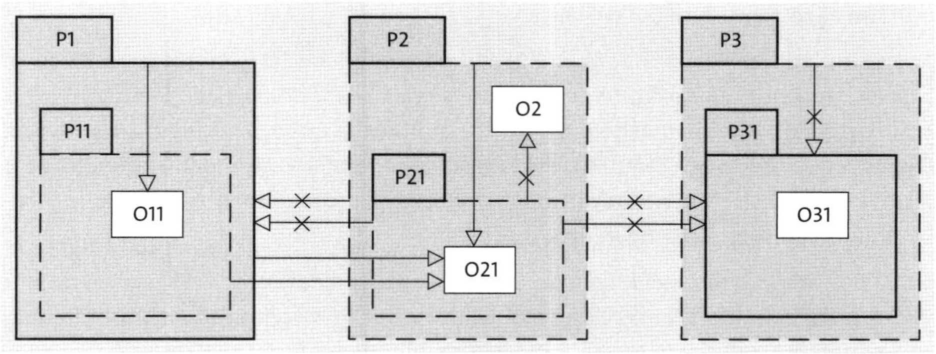

Abbildung 11.3 Sichtbarkeit bei gekapselten und nicht gekapselten Paketen

Sichtbarkeit ist mit einem Pfeil zum Entwicklungsobjekt, Nichtsichtbarkeit mit einem durchkreuzten Pfeil zum blockierenden Paket dargestellt. Da ein Entwicklungsobjekt eines Pakets entweder für alle oder für kein Entwicklungsobjekt eines anderen Pakets sichtbar ist, gehen diese Pfeile stets von den Rändern der konsumierenden Pakete aus.

Folgende Sichtbarkeitsregeln sind in Abbildung 11.3 dargestellt:

- Ein Entwicklungsobjekt O11 eines nicht gekapselten Pakets P11 ist nur für sein Oberpaket P1 und seine Geschwisterpakete (nicht dargestellt) sichtbar, wenn sein Oberpaket P1 gekapselt ist. Für andere Pakete P21 und P2 ist es unsichtbar. Das würde auch gelten, falls P2 ein Geschwisterpaket von P1 wäre.
- Ein Entwicklungsobjekt O21 in einer nicht gekapselten Pakethierarchie ist für alle Pakete sichtbar, also auch für P11 und P1, falls sie zu einer anderen Pakethierarchie gehören.
- Ein Paket P21 kann kein Entwicklungsobjekt O2 seines Oberpakets P2 sehen.
- Ein Entwicklungsobjekt O31 eines gekapselten Pakets P31 ist, auch wenn sein Oberpaket P3 nicht gekapselt ist, für keine anderen Pakete P21 und P2 sichtbar. Diese Nichtsichtbarkeit erstreckt sich auch auf sein Oberpaket P3 und seine Geschwisterpakete (nicht dargestellt).

11.1.2 Paketschnittstellen

Die *Paketschnittstelle* eines gekapselten Pakets macht ausgewählte Entwicklungsobjekte für verwendende Pakete sichtbar. Sie stellt damit eine Liste expliziter Ausnahmen von der Nichtsichtbarkeit dar. Eine Paketschnittstelle kann Entwicklungsobjekte und untergeordnete Paketschnittstellen von diesem oder einem seiner Unterpakete enthalten. Die Paketschnittstelle eines Haupt- oder Strukturpakets kann nur untergeordnete Paketschnittstellen enthalten.

Aus Gründen der Flexibilität und Einfachheit sollten Sie Ihre Pakete grundsätzlich kapseln und nur ausgewählte Entwicklungsobjekte über eine oder mehrere Paketschnittstellen sichtbar machen. Flexibler sind Sie als Entwickler eines gekapselten Pakets, weil nur wenige Ihrer Entwicklungsobjekte direkt verwendet werden und Sie somit bei der Weiterentwicklung und dem Refactoring der anderen Entwicklungsobjekte keinen Einschränkungen unterliegen.

Einfacher ist es für Sie als Verwender eines gekapselten Pakets, weil Sie sich dann nur mit den ausgewählten Entwicklungsobjekten einer Paketschnittstelle auseinandersetzen müssen. Alles in allem behalten Sie bei einem gekapselten Paket die Kontrolle über seine Verwendung.

Paketschnittstellen sind die Einheiten, mit denen eine Wiederverwendung auf Paketebene stattfindet. Sie sollten deshalb Pakete und Paketschnittstellen an folgendem Client-Server-Modell ausrichten:

- Ein *Serverpaket* bietet über eine Paketschnittstelle unbekannten Client-Paketen eine wohlbestimmte Menge an Dienstleistungen an.
- Ein *Client-Paket* konsumiert diese Dienstleistungen, nachdem es erklärt hat, dass es diese Paketschnittstelle verwenden will.
- Ein Client-Paket kann zugleich ein Serverpaket für andere Pakete sein.
- Client-Server-Beziehungen sollten einen gerichteten Graphen ohne Zyklen bilden.

Im Allgemeinen ist eine m:n-Beziehung zwischen Client-Paketen und den Paketschnittstellen von Serverpaketen möglich. Abbildung 11.4 zeigt den Spezialfall mehrerer Client-Pakete, die die Paketschnittstellen eines einzigen Serverpakets unterschiedlich verwenden. Auf der einen Seite verwendet das Client-Paket P2 mit IF1 und IF2 gleich zwei Paketschnittstellen des Serverpakets P1. Auf der anderen Seite wird die Paketschnittstelle IF2 nicht nur von P2, sondern auch von P3 verwendet. Schließlich gibt es zwischen P4 und IF3 eine 1:1-Beziehung.

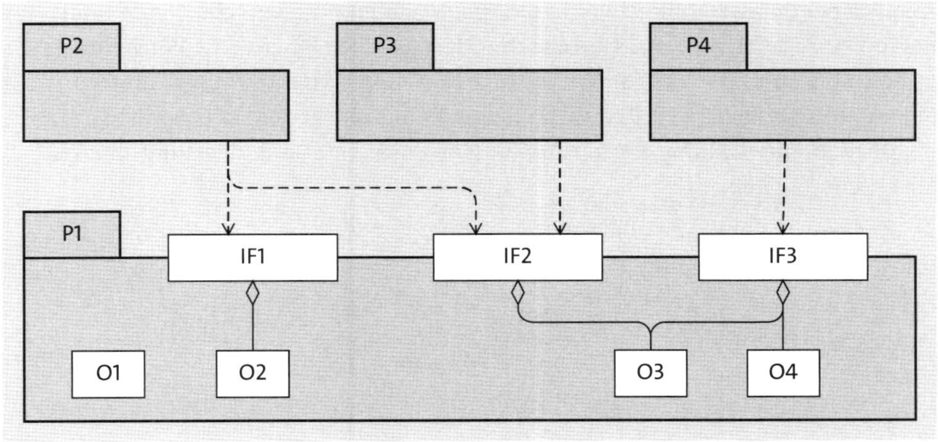

Abbildung 11.4 Definition und Verwendung von Paketschnittstellen

Wie Abbildung 11.5 zeigt, können Sie Paketschnittstellen auch hierarchisch definieren. Die Paketschnittstelle IF1 des Pakets P1 enthält die Paketschnittstelle IF11 seines Unterpakets P11 und das Entwicklungsobjekt O5, das ihm sein Unterpaket P12 über seine Paketschnittstelle IF12 unter anderem anbietet. Durch diese vollständige und teilweise *Propagierung* sind für einen Verwender von IF1 also die Entwicklungsobjekte O2, O3 und O5, aber nicht die Entwicklungsobjekte O1, O4 und O6 sichtbar. Dagegen sieht ein Verwender von IF2 alle Entwicklungsobjekte von IF12, also O5 und O6.

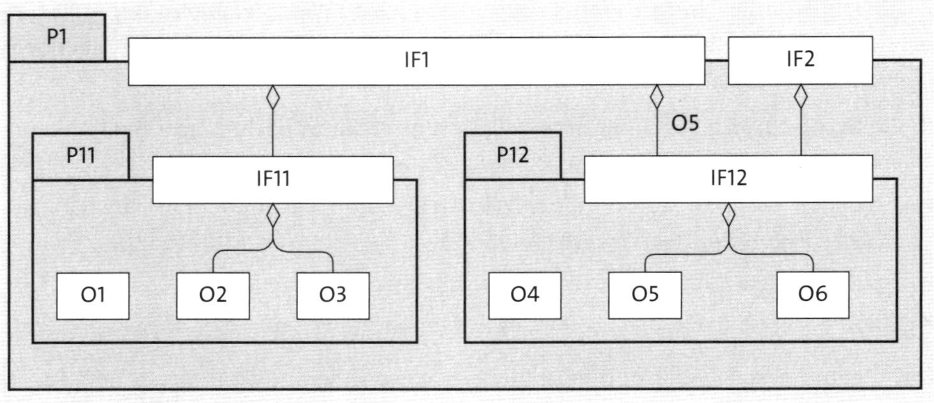

Abbildung 11.5 Teilweise und vollständige Propagierung von Entwicklungsobjekten

11.1.3 Verwendungserklärungen

Vor der Verwendung eines Entwicklungsobjekts eines gekapselten Serverpakets muss ein Client-Paket dessen Verwendung erst erklären. Wie Abbildung 11.6 zeigt, spielt dabei die Beziehung zwischen diesen Paketen eine entscheidende Rolle. Auf der linken Seite bezeichnet P1 ein Geschwisterpaket von P2. Für eine Verwendung des Entwicklungsobjekts O22 genügt für P1 schon eine Verwendungserklärung für die Paketschnittstelle IF2 von P2. Da das Entwicklungsobjekt O21 nicht in IF2 enthalten ist, ist dem Entwicklungsobjekt O11 eine Verwendung des Entwicklungsobjekts O21 aber nicht möglich.

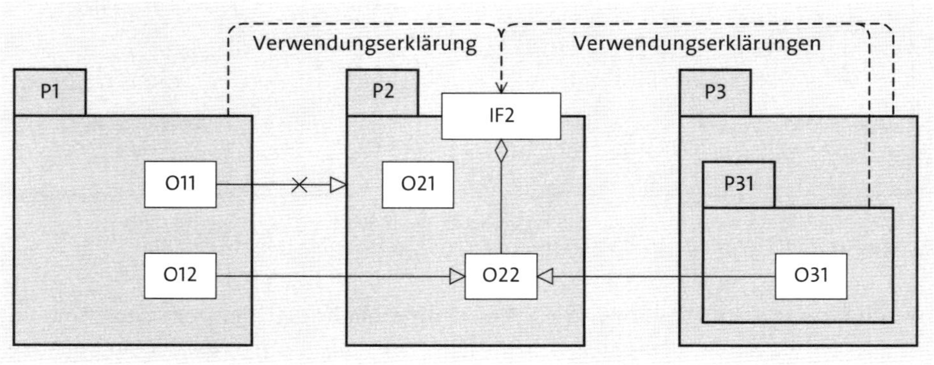

Abbildung 11.6 Verwendung = Sichtbarkeit + Verwendungserklärung

Auf der rechten Seite ist P3 ebenfalls ein Geschwisterpaket von P2. P31 ist folglich kein Geschwisterpaket. Für eine Verwendung von O22 durch O31 muss das Geschwisterpaket P3 von P2 involviert werden. Erst nachdem P3 die Verwendung von IF2 erklärt hat, ist eine Verwendungserklärung von IF2 auch für sein Unterpaket P31 möglich.

Häufig sind in eine Verwendung mehrere Oberpakete auf Client- und Serverseite involviert. Innerhalb einer Pakethierarchie gilt es, Geschwisterpakete zu finden, von denen eines das Client-Entwicklungsobjekt und das andere das Serverentwicklungsobjekt direkt oder indirekt enthält. Wie Abbildung 11.7 zeigt, sind für eine Verwendung über Pakethierarchiegrenzen hinweg sogar deren Wurzelpakete heranzuziehen.

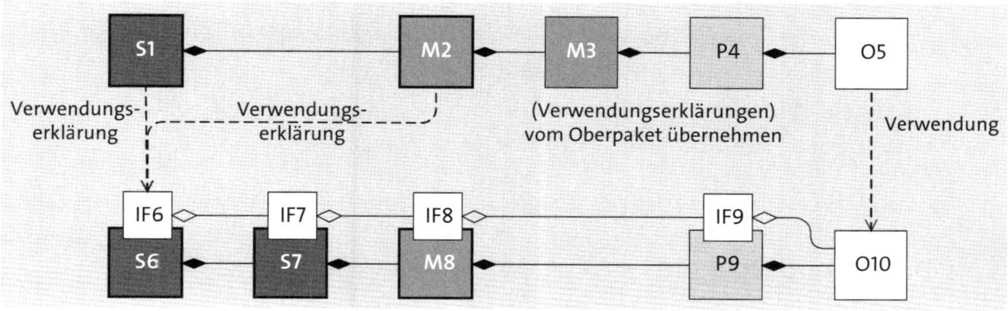

Abbildung 11.7 Verwendungserklärung auf höchster Ebene

Für eine Verwendung von O10 durch O5 müssen zuerst die Oberpakete von O10 über ihre Paketschnittstellen die Sichtbarkeit von O10 auf der Ebene des Strukturpakets S6 propagieren. Danach kann das Wurzelpaket S1 der anderen Pakethierarchie die Verwendung von IF6 und damit indirekt auch die Verwendung von O10 erklären. Schließlich müssen noch alle Unterpakete von S1 diese Verwendungserklärung übernehmen. Dies tun sie entweder wie das Hauptpaket M2 explizit oder wie M3 und P4 implizit, indem sie sich einmalig dazu bereit erklärt haben, alle Verwendungserklärungen ihres jeweiligen Oberpakets zu übernehmen.

Für die zusätzliche Verwendung eines weiteren Entwicklungsobjekts O11 (nicht dargestellt) aus P9 durch ein Entwicklungsobjekt aus P4 ist dann nur noch die Aufnahme von O11 in die Paketschnittstelle IF9 nötig.

Freigabe der Verwendung

Jede Paketschnittstelle kann auf der ihr zugehörigen Registerkarte **Einschränkung der Verwenderpakete** vorgeben, welche Pakete für sie überhaupt eine Verwendungserklärung abgeben dürfen.

Faustregeln für das Paketkonzept

Für das technische Regelwerk des Paketkonzepts habe ich mir folgende umgangssprachliche Faustregeln zurechtgelegt:

- Teilen unter Geschwistern ist grundsätzlich ohne Beteiligung von Eltern möglich (z. B. kann ein Paket selbst die Verwendung einer Paketschnittstelle eines Geschwisterpakets erklären).
- Für das Teilen mit anderen Verwandten oder sogar Fremden brauchen Kinder ihre Eltern (z. B. kann ein Paket seine Entwicklungsobjekte in diesem Fall nur über die Paketschnittstelle seines Oberpakets anbieten).
- Kinder dürfen nur mit Genehmigung ihrer Eltern etwas annehmen (z. B. kann ein Paket die Verwendung einer Paketschnittstelle nur erklären, wenn vorher sein Oberpaket ebenfalls diese Verwendung erklärt hat).
- Kinder dürfen sich grundsätzlich aussuchen, mit wem sie teilen wollen (z. B. kann ein Paket die zulässigen Client-Pakete explizit benennen).

11.2 Produktpakete

Viele globale Klassen sind für eine Komponente nur von lokaler Bedeutung. Entwicklungspakete, oder kurz Pakete, bieten eine Möglichkeit, diese technischen Details einer Komponente zu verbergen. Wenn Sie für das Paket einer Komponente die Eigenschaft **Paket gekapselt** aktivieren – und dies sollten Sie aus Gründen der Entkopplung bevorzugt tun –, sind für andere Komponenten nur diejenigen Klassen sichtbar, die Sie über eine Paketschnittstelle dieses Pakets explizit zur Verwendung anbieten. Aus Gründen der Kapselung sollten Sie aber keine regulären Klassen in Paketschnittstellen aufnehmen und damit anderen Paketen zur direkten Verwendung anbieten. Wie Abbildung 11.8 zeigt, sollten Sie stattdessen das Angebot eines Pakets auf Interfaces beschränken und die Objekterzeugung über eine Factory-Klasse anbieten. Damit verbergen Sie die Implementierungsdetails der Komponente und können sie unabhängig von anderen Komponenten ändern.

In Abbildung 11.8 ist die über die Paketschnittstelle des Serverpakets angebotene API schon über ihr Interface von DOC-Objekten abhängig. Das bedeutet, dass die Klasse `CL_USE` des Client-Pakets bestimmte API-Methoden erst aufrufen kann, nachdem sie sich ein DOC-Objekt über die Factory-Klasse des Serverpakets besorgt hat.

[»]

Wiederverwendung

Sie sollten Pakete als wiederverwendbare Einheiten betrachten und entwickeln. Eine Paketschnittstelle kann von mehreren anderen Paketen verwendet und somit die Funktionalität der enthaltenen Entwicklungsobjekte geteilt werden. Framework-Pakete sind dafür wichtige Beispiele.

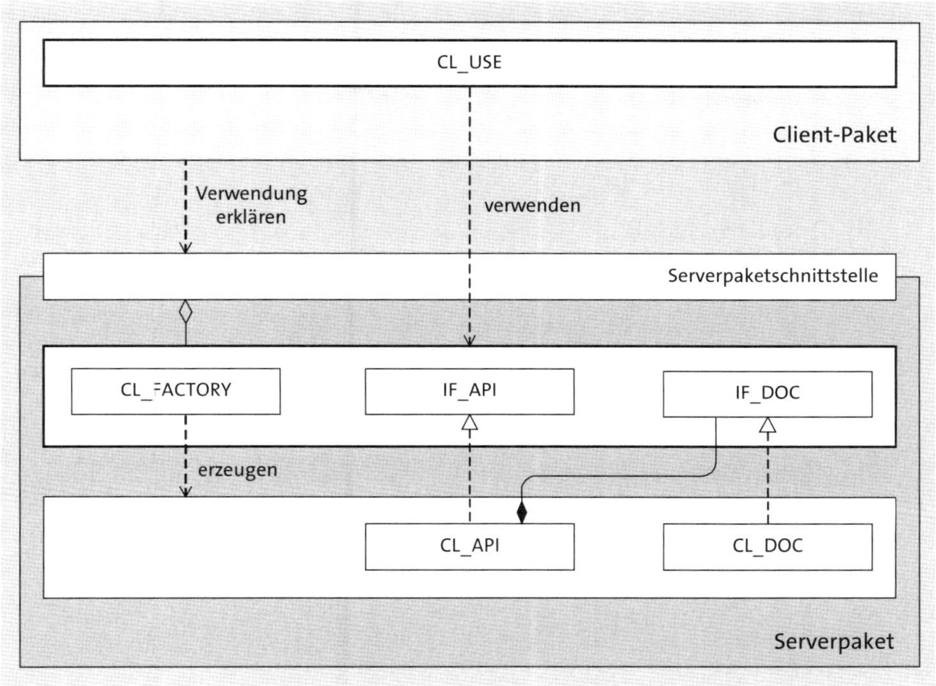

Abbildung 11.8 Verwendung einer API über eine Paketschnittstelle

Auch für Pakete sind wenige Zuständigkeiten und ein hoher innerer Zusammenhalt wichtig. Wenn dies für ein Paket nicht (mehr) der Fall ist, sollten Sie, wie bei Klassen, eine horizontale oder vertikale Zerlegung erwägen:

- Bei einer horizontalen Zerlegung lagern Sie grundlegende Klassen in ein (neues) Unterpaket aus.
- Bei einer vertikalen Zerlegung treten Sie eine der Paketschnittstellen an ein (neues) Geschwisterpaket ab.

Ferner sollten Sie Paketschnittstellen nach berechtigungs- oder rollenspezifischen Gesichtspunkten designen. Mit anderen Worten: Sie sollten auf Paketebene das Interface-Segregation-Prinzip beachten.

Schließlich hat auch das Dependency-Inversion-Prinzip für Pakete eine große Bedeutung. Ein Framework-Paket erfüllt dieses Prinzip nur dann, wenn seine Funktionalität nicht auf anderen Paketen aufbaut, also auch nicht auf dessen Interfaces. Eine Abhängigkeit nach unten soll ja vermieden werden. Vielmehr muss das Framework-Paket selbst all seine Abhängigkeiten mit eigenen Interfaces definieren, die dann von Klassen in anderen Paketen zu realisieren sind. Damit wird eine Abhängigkeit von oben ermöglicht (Umkehr der Abhängigkeiten).

[o]

Aufgaben eines Pakets

Die primären Aufgaben eines Pakets sind die Modularisierung, Kapselung und Entkopplung:

- Modularisierung bedeutet, dass es eine Art Behälter gibt, der alle Interfaces, Klassen usw. einer semantischen Komponente zusammenfasst.
- Die Kapselung schränkt die Verwendung eines Pakets auf bestimmte Entwicklungsobjekte ein. Damit schützt ein Paket seine Verwender vor technischen Details (unter anderem vielen kleinen Klassen mit einer einzigen Zuständigkeit) und gibt sich selbst erweiterte Möglichkeiten zum Refactoring und Redesign.
- Bei der Entkopplung geht es nicht nur um die Verwendung von Paketschnittstellen, sondern auch um deren Definition. Mit Ausnahme von Factory-Klassen sollte sich eine Paketschnittstelle auf wenige Interfaces beschränken. Zu diesen Interfaces sollten neben den Interfaces der API-Klasse, die die Zuständigkeit des Pakets repräsentieren, nur Interfaces gehören, die von diesen API-Interfaces direkt verwendet werden.

11.3 Testpakete

Für eine saubere Trennung von Zuständigkeiten sollten Sie für die Testinfrastruktur und die globalen Testklassen jeweils ein eigenes Paket vorsehen. Diese Pakete können Sie kapseln und mit eigenen Paketschnittstellen ausstatten.

Viel wichtiger ist eine präzise Kapselung und Entkopplung jedoch für Ihre produktiven Pakete. Deshalb sollten Sie, wie in Abbildung 11.9 dargestellt, für die Testinfrastruktur als speziellen Verwender eine separate Paketschnittstelle `IF_TEST` vorsehen.

In dieser Paketschnittstelle `IF_TEST` können Sie bei Bedarf auch produktive Klassen wie `CL_CUT` (`CUT` steht hier für Class Under Test) und `CL_DOC` (`DOC` steht hier für Depended-on Class) aufnehmen. Dieser Bedarf entsteht etwa, wenn Sie in der Testinfrastruktur eine globale Hilfsklasse `TH_CUT` oder eine globale Doubleklasse `TD_DOC` als Unterklasse definieren wollen.

Transportschichten

Wenn die produktiven Pakete und die Testpakete zur gleichen Transportschicht gehören, sollten Sie die Verwendung der Paketschnittstelle `IF_TEST` auf das Paket der Testinfrastruktur einschränken. Praktisch können Sie damit zwar eine Verwendung durch andere Pakete nicht verhindern, aber diese doch über die Paketprüfung innerhalb des ABAP Test Cockpits (kurz ATC) sichtbar machen und entsprechend nachverfolgen.

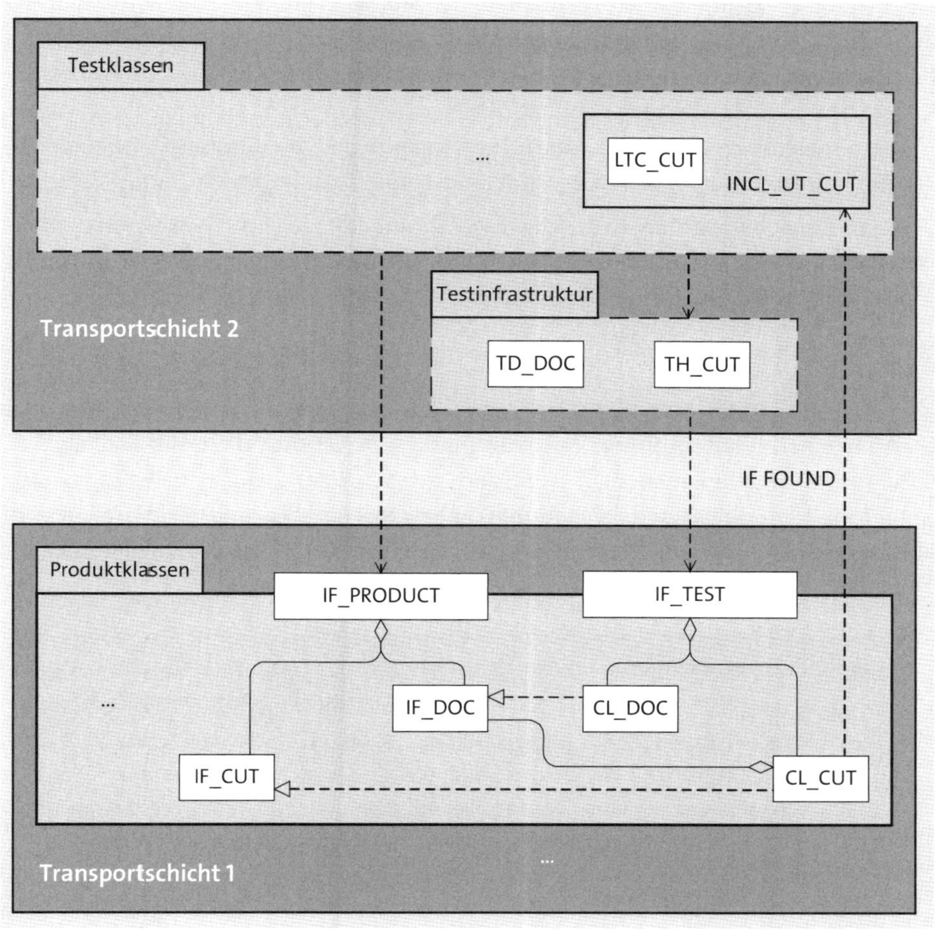

Abbildung 11.9 Pakete mit unterschiedlichen Zuständigkeiten

Wenn Sie allerdings, wie in Abbildung 11.9 dargestellt, die Testinfrastruktur und die Testklassen getrennt von den Produktklassen transportieren, ist eine solche Einschränkung nicht möglich. Ohne Einschränkung auf das Testinfrastruktur-Paket ist die Paketschnittstelle IF_TEST aber auch von anderen produktiven Paketen verwendbar. Die Paketprüfung kann einen solchen semantischen Verstoß nicht ermitteln, weshalb Sie eventuell auf die Paketschnittstelle IF_TEST verzichten und dafür die Paketfehler für das Testinfrastruktur-Paket in Kauf nehmen sollten.

Verkürzung von Hinweisketten

Abhängigkeiten zwischen Korrekturanleitungen ergeben sich oft nur über benachbarte Änderungen im lokalen Testinclude der produktiven Klasse. Eine Auslagerung des Testcodes kann also helfen, lange Hinweisketten zu vermeiden. Allerdings ist es für die testgetriebene Entwicklung und das Refactoring wichtig, die Unit-Tests einer Klasse direkt mit der Tastenkombination [Strg] + [⇧] + [F10] ausführen zu können. Ab ABAP-Release 7.53 können Sie dazu Testbeziehungen von den ausgelagerten Unit-Testklassen zur produktiven Klasse aufbauen (siehe auch Kapitel 26, »ABAP Unit«).

In niedrigeren Releases lagern Sie wie in Abbildung 11.9 die Unit-Testklassen der Produktklasse `CL_CUT` in ein Include `INCL_UT_CUT` aus und binden dieses mit folgender Anweisung ins lokale Testinclude der Klasse `CL_CUT` ein.

```
INCLUDE incl_ut_cut IF FOUND.
```

In Ihrem Entwicklungssystem wird das Include `INCL_UT_CUT` beim Ausführen der Unit-Tests gefunden. In Ihrem Auslieferungssystem ist dies nicht der Fall, aber da diese Anweisung dies auch nicht einfordert, tritt an dieser Stelle kein Fehler auf. Wie Abbildung 11.9 zeigt, ergibt sich dadurch eine zyklische Abhängigkeit zwischen dem Produktklassen- und dem Testklassenpaket. Allerdings ist diese Abhängigkeit in der nicht gewünschten Richtung wegen des Zusatzes `IF FOUND` nur schwach.

Organisation von Testcode

Eine Klasse und ihre Unit-Tests bilden eine semantische Einheit. Das wird vor allem bei der testgetriebenen Entwicklung einer Klasse deutlich. Deshalb bietet ABAP standardmäßig die Möglichkeit, diesen Testcode in einem lokalen Testinclude der Klasse zu platzieren und gemeinsam mit dem Produktcode zu transportieren. Wenn die gemeinsame Auslieferung zu Problemen beim Erstellen und Implementieren von SAP-Hinweisen führt, bieten Testbeziehungen und die Anweisung `INCLUDE ... IF FOUND` die Möglichkeit, Produkt- und Testcode auf verschiedene Softwarekomponenten zu verteilen und nur für die Ausführung der Tests zusammenzuführen.

Kapitel 12
Testfälle

Es geht nicht nur darum, dass Sie Ihre Tests richtig bauen. Zuallererst sollten Sie sicherstellen, dass Sie mit dem Design effektiver Testfälle die richtigen Tests bauen.

Die Forderung, Tests richtig zu bauen, bezieht sich nicht nur auf deren funktionale Korrektheit. Diese wird bei der Diskussion um effektive Testfälle vorausgesetzt. Die Forderung bezieht sich vielmehr auf die Effizienz beim Testen. Dazu gehört, dass der jeweils nächste Test schnell geschrieben werden kann. Aber nicht nur das, denn für jede Art von Code muss, bezogen auf dessen gesamte Lebenszeit, für das wiederholte Lesen und Verstehen viel mehr Aufwand betrieben werden als für das Schreiben und Korrigieren.

Das betrifft zunächst einmal Sie als Entwickler des Codes. In Zeiten der gemeinsamen Codeverantwortung und der häufigen Codeübergabe ist die Lesbarkeit Ihres Codes aber auch für Ihre Kollegen relevant. Dies gilt vor allem für neue Kollegen, denn für Sie ist richtig geschriebener Testcode eine ausführbare Dokumentation der Anwendung und ermöglicht damit einen effizienten Einstieg ins Projekt.

Dieses Kapitel setzt sich allerdings mit der Effektivität von Tests auseinander. Das heißt, es widmet sich der Frage, welche Tests die wichtigen und deshalb auch die richtigen sind. Dieser Fokus ist notwendig, denn eine vollständige Testabdeckung ist schon für mittelgroße Anwendungen aus kombinatorischen Gründen unmöglich. Letztendlich kommt es darauf an, dass Sie mit Ihren Tests das Risiko von Fehlern minimieren, also zum einen ihre Wahrscheinlichkeit, zum anderen ihre Auswirkungen.

In Abschnitt 12.1, »Testdesign«, stelle ich Ihnen die wichtigsten Verfahren zur Ermittlung effektiver Testfälle vor. In Abschnitt 12.2, »Testpyramide«, geht es dann darum, diese Testfälle mit ABAP Unit zu automatisieren. Auf manuelle Testansätze gehe ich in diesem Abschnitt nicht ein. Dafür empfehle ich Ihnen exploratives Testen und die einschlägige Literatur dazu. Abschnitt 12.3 dreht sich um die Messung und Ergänzung der Testabdeckung.

12.1 Testdesign

Der Begriff *Testdesign* bezeichnet das umfangreiche Verfahren, die richtigen Testfälle zu entwerfen. Dabei ist es generell ein Nachteil, wenn ein Testfall von seinem Testobjekt stark abhängt. Zum einen müssen Sie als Entwickler dann vor der Implementierung viel über das Testobjekt wissen oder lernen. Zum anderen ist Ihr Test von Änderungen des Testobjekts direkt betroffen, was immer wieder Anpassungen nach sich zieht.

In diesem Sinne ist ein *Black-Box-Test*, also ein Test, der das Testobjekt nur von außen betrachtet, einem *White-Box-Test*, also einem Test, der die innere Struktur kennt und ausnutzt, klar vorzuziehen. Das Problem mit Black-Box-Tests ist allerdings, dass sie per Definition den Teile-und-herrsche-Ansatz unterbinden. Die Anwendung muss als Ganzes getestet werden, und dafür gibt es quasi unendlich viele Möglichkeiten. Mit White-Box-Tests können Sie sich dagegen auf einen kleinen Teil Ihrer Anwendung konzentrieren und diesen in vielen Fällen vollständig abdecken.

Das Paradebeispiel ist ein *Unit-Test* für eine Methode. Um einen Unit-Test zu schreiben, müssen Sie nicht nur die Abhängigkeiten der Methode kennen. Für die Definition und Injektion von Testdoubles müssen Sie außerdem wissen, wie die zu testende Methode implementiert ist.

Die goldene Mitte innerhalb der Testverfahren stellt der isolierte Komponententest oder Akzeptanztest dar, weshalb ich ihn als *Grey-Box-Test* bezeichne. Bei diesem Test stehen wenige, zentrale Interfaces (z. B. APIs) im Scheinwerferlicht, während der Anwendungsteil zwischen diesen Interfaces im Dunkeln bleiben kann.

12.1.1 Parameterorientierte Testverfahren

Für die Effektivität von Tests ist die Auswahl der richtigen Testfälle entscheidend. In diesem Abschnitt konzentriere ich mich auf den wichtigen Fall der parameterorientierten Testfallerstellung. Wie Abbildung 12.1 zeigt, spielen dabei mehrere Teilverfahren zusammen, auf die ich in den folgenden Abschnitten detaillierter eingehe.

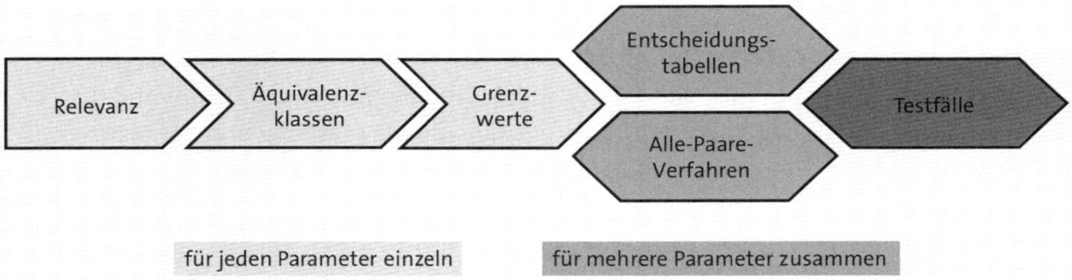

Abbildung 12.1 Parameterorientiertes Testdesign

Im ersten Schritt werden alle relevanten Parameter bestimmt. Für jeden Parameter werden über die Bildung von Äquivalenzklassen und die Betrachtung ihrer Grenzwerte Testwerte ermittelt. Für die Kombination dieser Testwerte, und damit zur Aufstellung der Testfälle, stehen dann mit Entscheidungstabellen und der Betrachtung aller Testwertpaare zwei alternative Teilverfahren zur Verfügung. Insgesamt zielt jedes in das Testdesign involvierte Teilverfahren darauf ab, das theoretisch Mögliche mit dem praktisch Ausführbaren zu verbinden.

Relevante Parameter

Im ersten Schritt sollten Sie sich einen Überblick über alle in diesem Anwendungsteil auftretenden Parameter verschaffen. Dazu gehören neben den Parametern der direkten Eingabe (z. B. UI, API ...) auch diejenigen der indirekten Eingabe (z. B. Customizing-, Stamm- und Bewegungsdaten). Aber nicht alle davon sind auch relevant (z. B. Telefonnummer eines Geschäftspartners). Entscheidend ist letzten Endes, ob ein Parameter den konkreten Ablauf eines Tests mitbestimmen kann.

Äquivalenzklassen eines Parameters

Die Menge aller möglichen Werte kann für einen Parameter sehr groß oder praktisch unendlich sein. Aber viele dieser Werte rufen für den betrachteten Anwendungsteil das gleiche Verhalten hervor. Fassen Sie diese Werte daher jeweils zu einer Äquivalenzklasse zusammen, und betrachten Sie nur einen beliebigen Repräsentanten. Die Definition gültiger Äquivalenzklassen ergibt sich oftmals schon aus der Spezifikation. Vergessen Sie aber nicht, auch für ungültige Eingaben Äquivalenzklassen zu bilden.

Grenzwerte einer Äquivalenzklasse

Die Wahrscheinlichkeit, dass ein Fehler auftritt, ist am Rand einer Äquivalenzklasse am höchsten. Bei der Äquivalenzklasse `[g,G[` eines ganzzahligen Parameters sollten Sie deshalb neben dem repräsentativen Wert aus der Mitte auch die Grenzwerte `g-1`, `g` und `G` betrachten. Aber natürlich berücksichtigen Sie gemeinsame Grenzwerte benachbarter Äquivalenzklassen nur einmal. Bei Gleitpunktparametern bewegen Sie sich mit der gegebenen Toleranz über den Randbereich hinaus.

Entscheidungstabellen für wenige Parameter

Wenn der Anwendungsteil nur wenige Parameter (<= 4) mit nicht allzu vielen Testwerten aufweist, können Sie für diesen Anwendungsteil noch eine vollständige Testabdeckung in Betracht ziehen. Sie können dazu eine Tabelle mit folgenden Eigenschaften erstellen:

- für jeden Testfall eine Zeile
- für jeden Parameter eine Spalte, die für jeden Testfall einen seiner Testwerte enthält (Gegeben)

- für jeden Ausgabeparameter eine Spalte, die für jeden Testfall den erwarteten Wert angibt (Dann)

Das Gegeben-Wenn-Dann-Entwurfsmuster wird durch den Aufruf der zu testenden Methode des Anwendungsteils vervollständigt (Wenn).

Alle-Paare-Verfahren für viele Parameter

Wenn der Anwendungsteil aber viele Parameter aufweist, sollten Sie sich darauf konzentrieren, dass Sie für jede Wertekombination zweier Parameter mindestens einen Testfall haben. Dieses Verfahren ist weit mehr als ein heuristisches Verfahren, denn es ist empirisch nachgewiesen, dass damit 70–90 % der Fehler entdeckt werden können.

Abbildung 12.2 vergleicht das Alle-Paare-Verfahren mit einem trivialen Verfahren und dem Brute-Force-Verfahren anhand eines einfachen Beispiels mit drei booleschen Parametern P1, P2 und P3.

P1	P2	P3
0	0	0
1	1	1

P1	P2	P3
0	0	0
0	0	1
0	1	0
0	1	1

P1	P2	P3
1	0	0
1	0	1
1	1	0
1	1	1

P1	P2	P3
0	0	0
0	1	1
1	0	1
1	1	0

Abbildung 12.2 Vergleich mehrerer Verfahren zur Wertekombination

Bezüglich ihrer Effizienz und Effektivität schneiden diese drei Verfahren wie folgt ab:

- Das Verfahren auf der linken Seite stellt nur sicher, dass von jedem Parameter jeder Wert einmal in den Testfällen auftritt. Dafür genügen ihm zwei (triviale) Testfälle. Es ist deshalb effizient, aber nicht effektiv.
- Das Verfahren in der Mitte stellt sicher, dass jede Wertekombination einmal vorkommt. Das führt schon für dieses einfache Beispiel zu acht Testfällen. Es ist deshalb effektiv, aber nicht effizient; bei einer größeren Anzahl an Parametern ist es sogar undurchführbar.
- Das Alle-Paare-Verfahren auf der rechten Seite fordert, dass für jedes Parameterpaar jedes Wertepaar einmal auftritt. Wenn ich Ihnen z. B. P1 und P3 mit den Werten 0 und 1 nenne, finden Sie dieses Wertepaar im zweiten der insgesamt vier Testfälle.

  Die Effektivität dieses Verfahrens wurde in der Praxis vielfach nachgewiesen (z. B. durch die NASA). Es ist aber auch sehr effizient, vor allem für eine große Anzahl an

Parametern. Beispielsweise können Sie auf diese Weise 500 boolesche Parameter mit nur 20 Testfällen in den Griff bekommen.

Die Microsoft Corporation hat zur Berechnung von Alle-Paare-Testfällen das Werkzeug PICT entwickelt. Mehr Informationen dazu finden Sie unter *https://github.com/Microsoft/pict/blob/master/doc/pict.md*.

12.1.2 Zustandsorientiertes Testverfahren

Wenn sich ein Anwendungsteil im Wesentlichen um die Frage dreht, in welcher Situation welche Veränderungen mit welchen Auswirkungen möglich sind, ist ein zustandsorientiertes Testverfahren die erste Wahl. Ein Beispiel dafür ist die Backend-Logik für die Navigationsmöglichkeiten auf einer Benutzeroberfläche. Mit einem zustandsorientierten Verfahren können Sie sicherstellen, dass ein Ereignis in einem bestimmten Zustand der Anwendung die richtige Aktion auslöst und zum richtigen Nachfolgezustand führt. Die zugehörigen Testfälle können Sie in einer Zustandsübergangstabelle wie folgt festhalten:

- erste Spalte: Zustand (Gegeben)
- zweite Spalte: Ereignis (Wenn)
- dritte Spalte: Aktion (Dann)
- vierte Spalte: Nachfolgezustand (Dann)

Damit ergibt sich pro Zeile ein Testfall nach dem Gegeben-Wenn-Dann-Entwurfsmuster.

12.2 Testpyramide

Die Testpyramide ist ein Ideal. Sie gibt durch ihre Breite anschaulich vor, in welchen Mengenverhältnissen die Testtypen (manuelle Tests, Unit-Tests, Integrationstests usw.) stehen sollten, um sowohl Effektivität als auch Effizienz sicherzustellen. Dagegen visualisiert die Höhe eines Testtyps innerhalb einer Testpyramide den Umfang der Tests; je höher seine Platzierung, desto mehr Produktcode wird durch ihn abgedeckt. Dabei gilt es, Testpyramiden für die Weiterentwicklung von Bestandscode von solchen für die Neuentwicklung einer Anwendung zu unterscheiden.

12.2.1 Weiterentwicklung von Bestandscode

Eine häufige Eigenschaft von Bestandscode ist, dass es keine ausreichende Testautomatisierung gibt. Die manuellen Tests haben eine überproportional große Bedeutung (siehe überbreiter Balken MT in Abbildung 12.3). Für die ersten Schritte mit

ABAP Unit in diesem Umfeld empfehle ich Ihnen den Aufbau einer umfangreichen Suite stabiler Integrationstests, die das aktuelle Verhalten der Anwendung charakterisiert (siehe überbreiter Balken IT).

Im Zuge der Weiterentwicklung von Bestandscode sollten Sie für die neuen Codeteile möglichst neue Klassen erstellen, damit Sie uneingeschränkt Unit-Tests für diese Teile schreiben können (siehe noch zu schmaler Balken UT). Um die Anbindung an den bestehenden Code zu testen, erweitern Sie entweder die bestehenden Integrationstests oder schreiben neue Integrationstests.

Des Weiteren sollten Sie auftretende Fehler dazu nutzen, den betroffenen Code in neue Klassen auszulagern, um ihn dort testgetrieben korrigieren zu können.

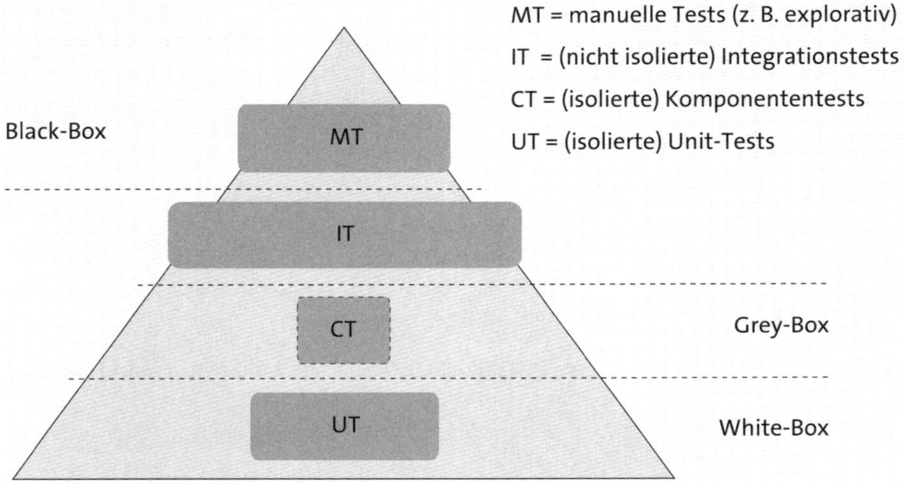

Abbildung 12.3 Testpyramide für die Weiterentwicklung des Bestandscodes

Komponententests kommen aufgrund der eingeschränkten Testbarkeit meistens erst dann ins Spiel, wenn Sie sich entschließen, einen größeren Teil des Bestandscodes neu zu schreiben. Ich habe den Balken CT für die Komponententests deshalb in Abbildung 12.3 nur gestrichelt eingezeichnet.

12.2.2 Neuentwicklung

Bei einer Neuentwicklung sollten Sie dem isolierten Testen von Anfang an den höchsten Stellenwert einräumen, damit Ihre Testsuite schnell und frei von Abhängigkeiten ist.

Abbildung 12.4 zeigt, wie Sie beispielsweise eine neue Anwendung mit drei übereinanderliegenden Komponenten testbar designen können.

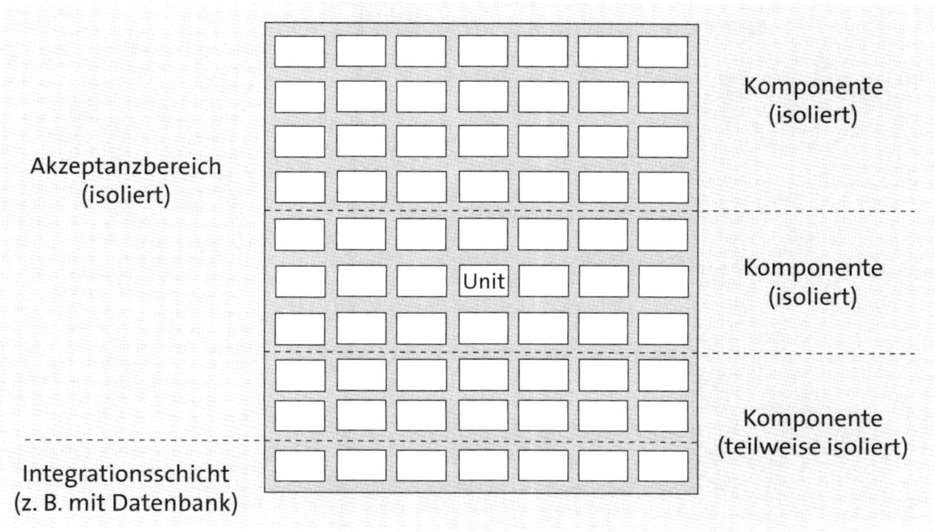

Abbildung 12.4 Testen einer neuen Anwendung mit drei Komponenten

Die oberen beiden Komponenten sind jeweils für sich testbar. Da bei verteilter Entwicklung die Arbeit oft komponentenweise aufgeteilt wird, sichert die vollständige Isolation einer Komponente auch die Unabhängigkeit des Teams, das für die Entwicklung dieser Komponente zuständig ist.

Um auch die unterste Komponente weitestgehend isoliert testen zu können, empfehle ich Ihnen, eine möglichst dünne Schicht von Zugriffsklassen (z. B. auf die Datenbank) auszuprägen. Da es sich bei dieser Zugriffsschicht um die Schicht handelt, in der die Integration mit einer externen Komponente stattfindet und die Tests für diese Schicht nicht isoliert sind, nenne ich diese Tests, ungeachtet ihres kleinen Umfangs, Integrationstests.

Dagegen bezeichne ich die großen, die Anwendung als Ganzes überprüfenden Tests als Akzeptanztests. Mit den Akzeptanztests können Sie die von Ihrem Kunden oder internen Produktverantwortlichen spezifizierten Szenarien der Anwendung isoliert testen. Jede Komponente besteht aus einer Vielzahl von Klassen, und jede dieser Klassen sollten Sie natürlich mit Unit-Tests entwickeln und absichern.

Zusammengefasst führt diese testorientierte Architektur zu der in Abbildung 12.5 dargestellten Testpyramide.

Da die Integrationstests vom Umfang her mit den Unit-Tests vergleichbar sind, habe ich sie auf unterster Ebene angeordnet. Nach oben hin steigt der Umfang der Tests immer weiter an. Am größten ist er bei den manuellen Tests, für die ich ein exploratives Testen, also das freie Testen mit vorgegebener Strategie, vorschlage.

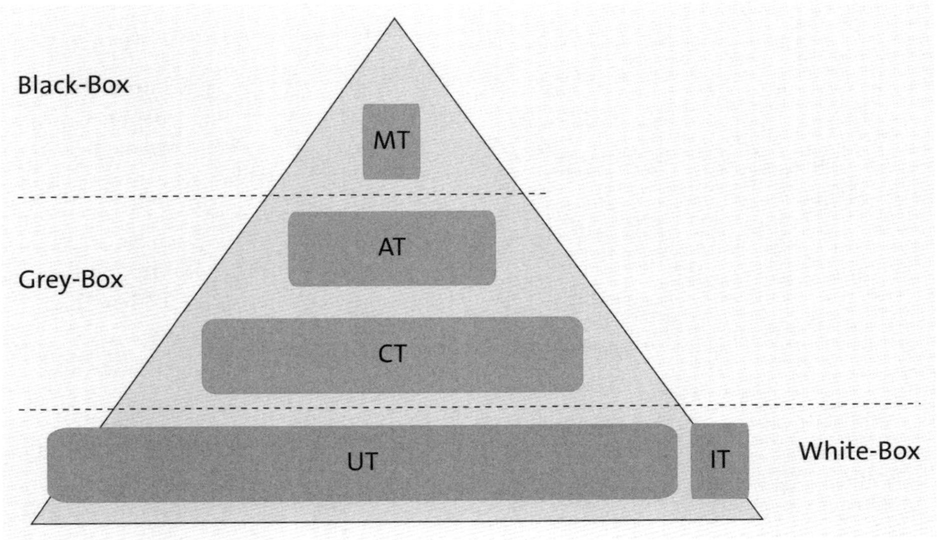

Abbildung 12.5 Testpyramide für eine Neuentwicklung

12.3 Testabdeckung

Für die Testabdeckung gibt es mehrere Maße. Die folgenden drei Kennzahlen können Sie für eine Klasse oder ein Paket ermitteln, indem Sie für diese Klasse oder dieses Paket die Kontextmenüfunktion **Ausführen • Modultests mit • Abdeckungsmessung** aufrufen.

- **Anweisungsabdeckung**
  Welche Anweisungen werden von mindestens einem Test ausgeführt? Welchem prozentualen Anteil entspricht das?
- **Zweigabdeckung**
  Welche Zweige einer Fallunterscheidung (z. B. `IF`, `CASE`) werden von mindestens einem Test ausgeführt? Welchem prozentualen Anteil entspricht das?
- **Prozedurabdeckung**
  Für welche Methoden gibt es mindestens einen Test? Welchem prozentualen Anteil entspricht das?

Eine einzelne Anweisung wird möglicherweise sowohl von Unit- und Komponenten- als auch von Akzeptanztests durchlaufen. Technisch ist dies eine Dopplung der Testabdeckung, aber semantisch nicht unbedingt. Denn diese Testtypen haben ganz unterschiedliche Zuständigkeiten.

12.3.1 Zuständigkeiten der Testtypen

Unit-Tests sollten sich einzig und allein um das Innere einer zu testenden Methode kümmern. Mit einer möglichst vollständigen Abdeckung des Parameterraumes garantieren sie eine funktional korrekte Einheit (engl. *Unit*). Sie können mit diesen Tests aber nicht überprüfen, ob die getestete Methode von einer übergeordneten Methode richtig aufgerufen wird.

Dieses Zusammenspiel benachbarter Einheiten zu testen, ist die Aufgabe von Komponententests. Eine vollständige Abdeckung ist nicht ihr Ziel. Komponententests müssen ihren Fokus auf die Massenfähigkeit und die korrekte Zusammenführung von Ergebnissen richten. Dafür bieten sich die in Abschnitt 12.1.1, »Parameterorientierte Testverfahren«, dargelegten Testverfahren in besonderer Weise an.

Der Fokus der Akzeptanztests sollte auf Kundenszenarien liegen oder auf Szenarien, die Ihr Produktverantwortlicher für die Koordination und Fokussierung der Teams vorgegeben hat. Akzeptanztests sind wichtige Indikatoren für die Regressionsfreiheit Ihrer Anwendung.

Wichtig ist, dass sich die unterschiedlichen Testtypen nicht gegenseitig ihr Revier streitig machen. Testabdeckung ist die alleinige Aufgabe von Unit-Tests. Mit anderen Worten darf es einem Komponenten- oder Akzeptanztest nicht gelingen, die Testabdeckung der Unit-Tests zu verbessern. Ein Entwicklungsteam sollte also nicht versuchen, die vorgegebenen Kenngrößen für die Testabdeckung (engl. *Key Performance Indicators*, kurz KPIs) mit möglichst wenigen, großen Tests zu erreichen. Das gilt in dieser Klarheit zumindest für Neuentwicklungen, denn für Bestandscode geht es anfangs in der Tat darum, schon mit wenigen Integrationstests viel Testabdeckung zu erreichen.

12.3.2 Schrittweise Vervollständigung der Testabdeckung

Wenn eine neue Klasse testgetrieben entwickelt wird, dann erhält sie dadurch per Definition eine vollständige Abdeckung mit Unit-Tests. Für testgetriebene Entwicklung (*TDD, test-driven development*) ist ein Testdesign zwar möglich, aber nicht üblich. Die meisten Entwickler überlegen sich intuitiv, mit welchem Testfall sie ihre Klasse um den nächsten Aspekt erweitern.

ABAP-Entwickler entwickeln in der Regel jedoch nicht testgetrieben. Sie entwickeln die Produktmethode und schreiben danach, entweder aus eigenem Antrieb oder um die KPIs für die Testabdeckung zu erfüllen, einige Testmethoden dazu. Aus den folgenden Gründen habe ich mit dieser Vorgehensweise zwar kein theoretisches, aber doch ein praktisches Problem:

- **Testbarkeit**
  TDD stellt sicher, dass die Klasse vollumfänglich testbar ist. Das heißt, dass Sie für diese Klasse jeden Testfall, der Ihnen relevant erscheint, auch präzise umsetzen können. Für Klassen, die erst einmal ohne Tests entwickelt werden, ist dies meist nicht oder nur eingeschränkt der Fall.
- **Refactoring**
  Die fortwährende Verbesserung von Code und Design ist ein integraler Bestandteil agiler Entwicklung. Dabei werden Sie von den schon geschriebenen Tests abgesichert. Wenn die Tests erst am Ende geschrieben werden, finden während der Entwicklung keine oder nur wenige (ungesicherte) Verbesserungen statt. Dadurch nimmt der Änderungsbedarf immer mehr zu, was die Motivation zur Verbesserung nicht gerade steigert.

  In Code, der über eine lange Zeit nicht mehr verbessert wurde, geht zudem der Überblick immer mehr verloren. Neben den Tests kommt es aber genau auf diesen Überblick an, wenn Code gezielt und sicher verbessert werden soll.

  Da viele Entwickler TDD wegen des vermeintlich hohen Aufwands meiden, ist die Wahrscheinlichkeit leider nicht sehr groß, dass sie den am Ende viel größeren Aufwand für eine Umstellung dann doch in Kauf nehmen.

Bei alten Klassen ist die Situation grundsätzlich anders. Für sie geht es zuerst darum, die Lücken in der Testabdeckung nach und nach zu schließen. Dafür empfehle ich Ihnen, frühzeitig eine (lokale) Testinfrastruktur zu entwickeln, da diese die effiziente Erstellung weiterer Testfälle unterstützt. Abgesichert durch eine effektive, aber wahrscheinlich nicht vollständige Testabdeckung können Sie dann beginnen, mit einer Vielzahl an Refactoring-Schritten letztendlich das Schreiben isolierter Tests zu ermöglichen.

Testdesign

Das Ziel eines Testdesigns ist nicht die strukturierte Ermittlung *aller* Testfälle. Das ist in den meisten Fällen schlichtweg unmöglich. Beispielsweise gibt es für einen Anwendungsteil mit 250 unabhängigen Verzweigungen (z. B. IF-Anweisungen) wohl mehr Ausführungspfade als Atome im gesamten Universum. Mit einem Testdesign müssen Sie sich in der Regel darauf konzentrieren, mithilfe von Testverfahren die theoretisch möglichen Testfälle so zu ermitteln, dass Sie die nach bestimmten Kriterien wichtigsten Testfälle auswählen können.

Kapitel 13
Testdoubles

Mit Testdoubles können Sie objektorientiert eine Methode isoliert von anderen testen. Mit Testdoubles können Sie auch die Abhängigkeiten Ihrer Tests maßgeblich reduzieren. Doch wie werden Testdoubles spezifiziert, designt und injiziert?

In diesem Kapitel dreht sich alles um isolierte Tests. Gemäß der in Abschnitt 12.2 beschriebenen Testpyramide sollten (isolierte) Unit-, Komponenten- und Akzeptanztests weit über die Hälfte Ihrer automatischen Tests ausmachen.

In Abschnitt 13.1, »Vorteile von Testdoubles«, führe ich aus, warum isolierte Tests unverzichtbar für die Effektivität und Effizienz beim Testen sind. Damit möchte ich Sie auch zur anspruchsvollen Arbeit mit Testdoubles motivieren. In Abschnitt 13.2, »Spezifikation von Testdoubles«, kläre ich, welche Rolle Testdoubles in den unterschiedlichen Testfällen einnehmen.

In Abschnitt 13.3, »Design von Testdoubles«, erfahren Sie, welche Möglichkeiten die Sprache ABAP Objects bietet, um Testdoubles zu designen. Abschnitt 13.4, »Injektion von Testdoubles«, beschäftigt sich schließlich damit, wie zu testende Objekte dazu gebracht werden können, statt produktiver Objekte Doubleobjekte zu verwenden.

Die letzten drei Abschnitte sind insofern voneinander unabhängig, als Sie jedes spezifizierte Testdouble prinzipiell auf jede gezeigte Weise designen und auf jede gezeigte Weise in das zu testende Objekt injizieren können.

13.1 Vorteile von Testdoubles

Ebenso wie die Effektivität und Effizienz eines produktiven Systems hängen die Effektivität und Effizienz einer Testsuite von der Kontrolle ihrer Abhängigkeiten ab. In diesem Abschnitt benenne ich unterschiedliche Abhängigkeitstypen und beschreibe diese kurz. Die Motivation für den Einsatz von Testdoubles ergibt sich dann ganz einfach daraus, dass die mithilfe von Testdoubles erreichbare Testisolierung hilft, diese Abhängigkeiten zu beherrschen.

13.1.1 Abhängigkeiten eines Tests

Ein Test ist nur dann wertvoll, wenn er regelmäßig ausgeführt wird. Außerdem ist er nur dann hilfreich, wenn ein Fehlschlagen des Tests in der Tat auf einen Fehler in dem zu testenden Programmteil hinweist. Das klingt selbstverständlich, ist es in der Praxis aber nicht. Denn wenn Sie nicht gezielt in die Qualität Ihrer Tests investieren (d. h. in ihre Zuverlässigkeit, Schnelligkeit usw.), gehen Ihnen über kurz oder lang diese Selbstverständlichkeiten verloren.

Konkret hilft Ihnen die Testisolierung, den folgenden Abhängigkeiten beim Testen erfolgreich zu begegnen:

- **Richtigkeit und Vollständigkeit von Daten**
  Wenn ein Test bestimmte Daten aus einer Datenbanktabelle benötigt, ist er nur dann zuverlässig wiederholbar, wenn die Änderung dieser Daten verhindert oder ihre Konsistenz automatisch wiederhergestellt werden kann. Beides ist in der Regel schwierig und aufwendig. In extremen Fällen kommt es sogar nicht nur auf die Existenz dieser Daten, sondern auch auf die Nichtexistenz anderer Daten an.
- **Existenz und Richtigkeit von anderen Programmteilen**
  Wenn ein zu testender Programmteil andere Programmteile aufruft, ist sein Test von diesen Programmteilen abhängig. Diese Abhängigkeit bezieht sich natürlich auf die Korrektheit der anderen Programmteile, aber ebenso auf ihre ständige Verfügbarkeit. Das ist z. B. für solche Programmteile nicht sichergestellt, die zur gleichen Zeit von anderen Teams (in anderen Lokationen) weiterentwickelt werden.

  Die Abhängigkeit bezieht sich darüber hinaus auch darauf, dass die anderen Programmteile überhaupt schon verfügbar sind. Wenn Sie Ihre Programmteile nicht wenigstens in Ihren Tests von denen anderer Entwickler und Teams isolieren können, laufen Sie unweigerlich Gefahr, wegen Verzögerungen, die andere zu verantworten haben, selbst nicht rechtzeitig fertig zu werden. Das ganze Problem verschärft sich noch, wenn ein grundlegender Programmteil zu einer anderen Organisation gehört.
- **Spezifisches Verhalten anderer Programmteile**
  Wenn Sie einen Programmteil vollständig testen wollen, müssen Sie in der Lage sein, das Verhalten von aufgerufenen Programmteilen zu kontrollieren. Wichtige Beispiele dafür sind die Wiederholbarkeit eines Zufallswertes, das vom Testausführer unabhängige Ergebnis einer Berechtigungsprüfung oder ein bestimmtes Fehlverhalten.
- **Kosten und andere Nebenwirkungen**
  Wenn die Ausführung eines Tests zu expliziten Kosten führt, wird dieser Test im Rahmen eines Refactorings wahrscheinlich nicht ausgeführt. Damit sinkt sein Wert. Ähnlich verhält es sich mit impliziten Kosten, also wenn eine Testausführung zu Nebenwirkungen führt, deren Behebung einen Teil Ihrer Arbeitszeit in Anspruch nimmt.

- **Ausführungszeit und Konzentrationsverlust**
  Der Einsatz eines Tests hängt von seiner Ausführungszeit ab. Vor allem bei der testgetriebenen Entwicklung, bei der eine Testsuite alle paar Minuten ausgeführt wird, können schon wenige zusätzliche Sekunden weniger Ausführungen zur Folge haben. Denn schon nach ein paar Sekunden Wartezeit besteht die Gefahr, dass ein Entwickler den Fokus verliert. Mit weniger Ausführungen wird ein Fehler nicht nur später entdeckt, er zwingt den Entwickler auch zu einem gedanklichen Rücksprung.
- **Aufwand für Entdeckung und Behebung eines Fehlers**
  Was passiert, wenn bei der zentralen Ausführung aller Tests einmal einer fehlschlägt? Machen Sie sich gleich daran, die Ursache zu finden? Das hängt wohl nicht nur davon ab, ob Sie gerade Zeit haben. Entscheidender ist eventuell, ob Sie davon ausgehen können, dass sich der Fehler in Ihrem Zuständigkeitsbereich befindet.

  Deshalb ist es ein Problem, wenn unterschiedliche Programmteile ausschließlich zusammen getestet werden. Es stellt sich stets die Frage, wer seine wertvolle Arbeitszeit für die Fehlerlokalisierung aufwendet. Wenn an dieser Stelle eine organisatorische Regelung fehlt, werden viele Entwickler erst einmal abwarten. Allerdings führt das dazu, dass immer mehr Tests immer länger negativ ausfallen.

  Wenn der Fehler lokalisiert ist, verläuft die Behebung meistens zügig und in geregelten Bahnen. Es ist also ein Vorteil, wenn nicht sogar eine Notwendigkeit für die agile Entwicklung, wenn Sie für alle gemeinsamen Tests auch noch isolierte Tests haben, die sich auf Ihren spezifischen Programmteil konzentrieren.

13.1.2 Überprüfung des Verhaltens einer Methode

Mit dem Testen einer Methode überprüfen Sie, ob deren Verhalten, also die Abfolge ihrer Anweisungen, für alle möglichen Verwendungen korrekt ist. Da eine Methode so etwas wie eine Dienstleistung in Sachen Datenverarbeitung ist, ist ihr Verhalten auch als Änderung der Zustände der beteiligten Datenspeicher definierbar. Zu einem solchen Gesamtzustand gehören nicht nur die Attribute des getesteten Objekts, sondern auch die Attribute direkt oder indirekt referenzierter Objekte und die zugehörigen Datensätze in der Datenbank.

Beim Gegeben-Wenn-Dann-Entwurfsmuster geht es in der Gegeben-Phase darum, einen bestimmten Ausgangszustand herzustellen. Der Aufruf der zu testenden Methode in der Wenn-Phase verändert diesen Zustand zu einem Endzustand. Dieser Endzustand wird dann in der Dann-Phase überprüft.

Der Gesamtzustand eines Tests kann durch Testisolierung auf den Zustand weniger Objekte begrenzt werden. Bei Unit-Tests sind die betrachteten Zustände beispielsweise der produktive Zustand des getesteten Objekts und die vereinfachten Zustände der Doubleobjekte. Bei Komponenten- und Akzeptanztests müssen zwar die Zustände von mehr produktiven Objekten und Doubleobjekten berücksichtigt werden, aber deren Menge ist trotzdem klar definiert.

Der Zustand eines Doubleobjekts repräsentiert dabei entweder Daten, die dieses Doubleobjekt der zu testenden Methode zur Verfügung stellt, oder Daten, die die zu testende Methode nach Ausführung einiger Anweisungen dem Doubleobjekt übergibt. Testisolierung kann Ihnen folglich helfen, sowohl die Erstellung des Ausgangszustandes als auch die Überprüfung des Endzustandes signifikant zu vereinfachen.

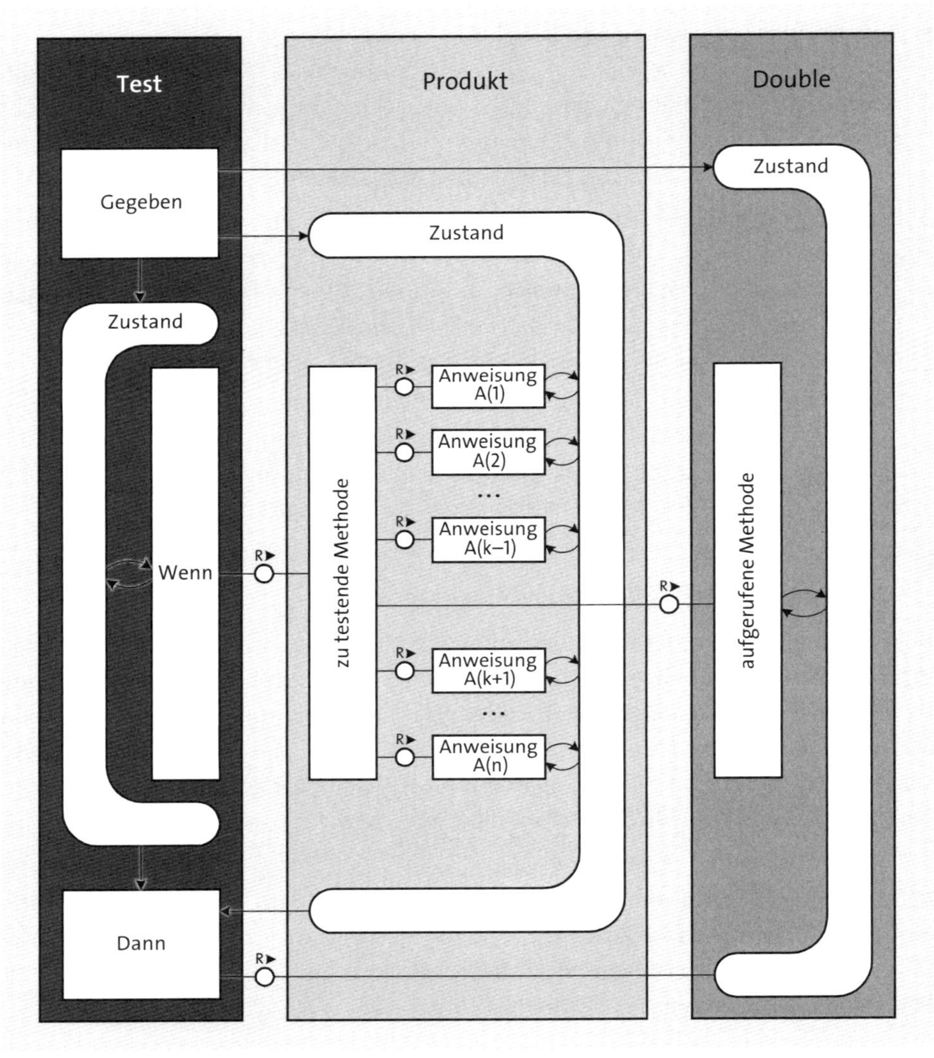

Abbildung 13.1 Zustände und Verhalten beim isolierten Testen

Der in Abbildung 13.1 dargestellte Unit-Test muss sich ausschließlich um die Zustände zweier Objekte kümmern. Bei einer großen Anzahl von n Anweisungen muss die Testmethode sehr lange warten, bis sie wieder einen prüfenden Blick auf die veränderten Zustände werfen kann. Sie können den Doubleaufruf also auch als Unterbrechung dieser Anweisungskette verstehen. Im folgenden Abschnitt stelle ich dafür geeignete Testdoubletypen vor.

13.2 Spezifikation von Testdoubles

Beim isolierten Testen haben aufgerufene Methoden entweder die Aufgabe, die zu testende Methode zu unterstützen oder sie zu überprüfen. Abbildung 13.2 zeigt die Grundsituation.

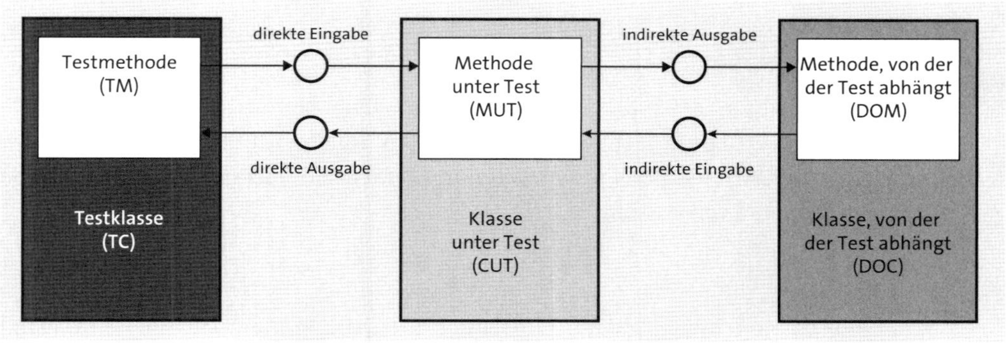

Abbildung 13.2 Grundvokabular beim Testen

Die Testmethode `TM` (Test Method) der Testklasse `TC` (Test Class) ruft die zu testende Methode `MUT` (Method Under Test) der zu testenden Produktklasse `CUT` (Class Under Test) *direkt* auf. Die MUT-Methode wiederum ruft die Methode `DOM` (Depended-On Method) der Produktklasse `DOC` (Depended-On Class) auf. Aus Sicht der Testmethode handelt es sich dabei um einen *indirekten* Aufruf, der vom Verhalten der MUT-Methode abhängt und von der Testmethode nur indirekt beeinflusst werden kann.

Der Datenfluss wird dagegen aus Sicht der zu testenden MUT-Methode betrachtet. Sie erhält von der Testmethode `TM` *direkte Eingabedaten* und übergibt *indirekte Ausgabedaten* an die DOM-Methode, von der sie abhängt. Umgekehrt erhält die MUT-Methode von der DOM-Methode *indirekte Eingabedaten* zurück und gibt ihrerseits *direkte Ausgabedaten* an die Testmethode `TM` weiter, die diese dann mit ihren Erwartungen abgleicht. Es kann sich bei all diesen Aufrufen natürlich auch um Aufrufe handeln, bei denen keine oder nur ein Teil dieser Daten übergeben werden.

13.2.1 Testdoubletypen

Mithilfe dieser Sprachregelung lassen sich die im Folgenden beschriebenen Testdoubletypen spezifizieren. Diese Unterscheidung geht auf Gerard Meszaros zurück (xUnit Test Patterns, 2009, S. 133 ff.).

[»]

Grafische Darstellung der Testdoubles

In den Abbildungen in diesem Abschnitt wird das jeweils betrachtete Testdouble mit höchstens einem Attribut dargestellt. Diese Vereinfachung ist zulässig, da sich das Verhaltensmuster der Testdoubles bei mehreren Attributen nicht ändert, sondern nur vervielfältigt. Bei jedem dieser Attribute kann es sich um ein Datenelement, eine Struktur, eine Tabelle, eine Objektreferenz oder eine beliebige Kombination dieser Elemente handeln.

Test-Stub

Der Testdoubletyp *Test-Stub* stellt eine indirekte Eingabe für die zu testende MUT-Methode zur Verfügung. Genauer handelt es sich um eine Doubleklasse, die für die aufgerufene DOM-Methode ein Verhalten implementiert, das sich auf die Übergabe von geeigneten Daten konzentriert.

Responder

Wenn diese übergebenen Daten für die aufgerufene DOM-Methode einen Erfolgsfall oder zumindest den Normalfall repräsentieren, wird ein Test-Stub genauer als *Responder* bezeichnet. Die Grundstruktur eines Responders sehen Sie in Abbildung 13.3. Hier wird das Attribut `M_VALUE` von der statischen und deshalb unterstrichenen Erzeugungsmethode `CREATE` mit einem spezifischen Wert initialisiert. Dieser Attributwert wird an die zu testende MUT-Methode übergeben, wenn diese die Methode `DOM` aufruft.

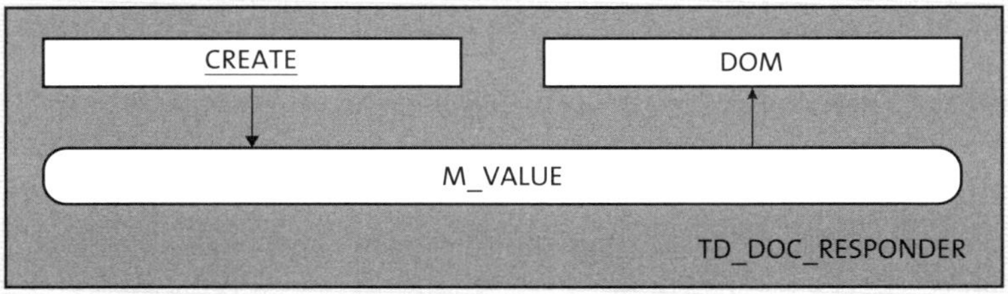

Abbildung 13.3 Grundstruktur eines Testdoubles vom Typ Responder

Alternativ kann der Responder auch codiert werden. Es ist dann kein Attribut `M_VALUE` notwendig, weil die aufgerufene Methode `DOM` den gewünschten Wert für die zu testende MUT-Methode während ihrer Ausführung erzeugt. In beiden Fällen lässt sich erreichen, dass die MUT-Methode im Rahmen der Testmethode von der Methode DOM einen spezifischen Wert erhält und ihr Verhalten bezüglich dieser indirekten Eingabe kontrolliert überprüft werden kann.

Saboteur

Wenn die übergebenen Daten einen Misserfolgsfall repräsentieren, wird ein Test-Stub genauer als *Saboteur* bezeichnet. Abbildung 13.4 visualisiert die Grundstruktur dieses Testdoubletyps.

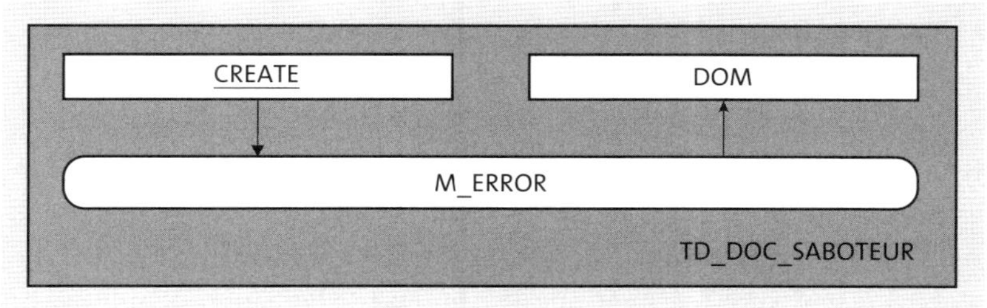

Abbildung 13.4 Grundstruktur eines Testdoubles vom Typ Saboteur

13

Ein Saboteur ist ein Doubleobjekt, das von der Erzeugungsmethode CREATE so instanziiert wird, dass das Attribut M_ERROR einen spezifischen Wert erhält. Dieser Wert, der etwa eine Fehlermeldung oder ein Ausnahmeobjekt sein kann, wird von der zu testenden MUT-Methode entweder entgegengenommen oder abgefangen.

Alternativ kann ein Saboteur auch codiert werden. Sowohl bei der Variante mit dem Attribut M_ERROR als auch bei der Codierung geht es darum, das Verhalten der MUT-Methode nach einer indirekten Eingabe eines Fehlerwertes kontrolliert zu überprüfen.

Test-Spy

Die folgenden beiden Testdoubletypen Test-Spy und Mock-Objekt nehmen die indirekte Ausgabe der zu testenden MUT-Methode an die aufgerufene DOM-Methode an und führen diese Ausgabe zumindest teilweise einer Überprüfung zu.

Wenn ein Testdouble diese Aufrufdaten nur zwischenspeichert, damit die Testmethode diese Daten nach dem Aufruf der MUT-Methode überprüfen kann, wird dieses Testdouble als *Test-Spy* bezeichnet. Ein Test-Spy ist ein Doubleobjekt, das von der Erzeugungsmethode CREATE ohne einen testspezifischen Zustand instanziiert wird. Wenn die Methode DOM aufgerufen wird, speichert der Test-Spy die indirekte Ausgabe der zu testenden MUT-Methode ganz oder teilweise im Attribut M_ACT_CALL ab. Die Testmethode lässt sich diese Werte entweder später vom Test-Spy geben, um sie selbst zu überprüfen, oder sie ruft die Überprüfungsmethode ASSERT_CALL_EQUALS des

Test-Spys auf und übergibt den erwarteten Wert dem Eingabeparameter I_EXP_CALL dieser Überprüfungsmethode. Letzterer Fall ist in Abbildung 13.5 dargestellt.

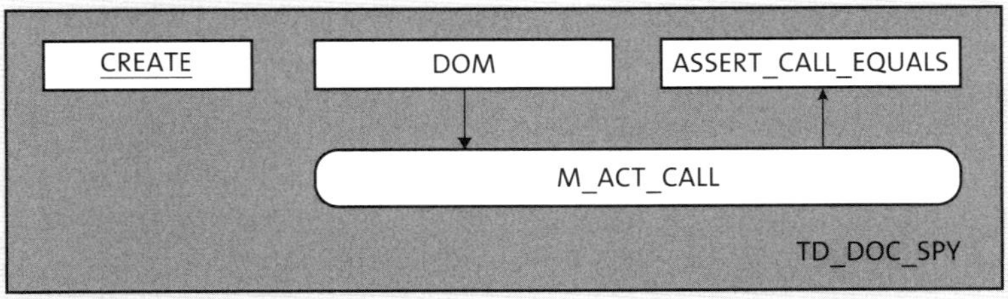

Abbildung 13.5 Grundstruktur eines Testdoubles vom Typ Test-Spy

Mock-Objekt

Im umgekehrten Fall, d. h., wenn einem Testdouble erwartete Aufrufdaten übergeben werden, sodass es damit den tatsächlichen Aufruf seiner Methode DOM sofort selbst überprüfen kann, wird dieses Testdouble als *Mock-Objekt* bezeichnet. Bei diesem Testdoubletyp delegiert die Testmethode also einen Teil der Überprüfung an das Doubleobjekt. Abbildung 13.6 zeigt die Grundstruktur dieses Testdoubletyps.

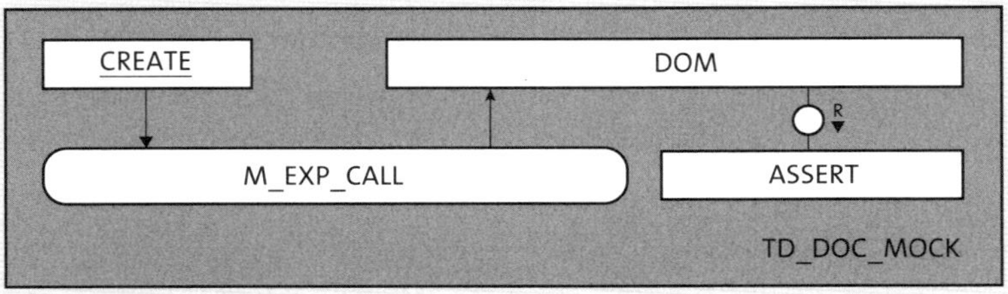

Abbildung 13.6 Grundstruktur eines Testdoubles vom Typ Mock-Objekt

Die Überprüfung geht von der Methode DOM aus, die nach Erhalt der tatsächlichen indirekten Ausgabe von der MUT-Methode diese Ausgabe mit der im Mock-Objekt hinterlegten Erwartung vergleicht. In der Regel wird das Doubleobjekt dazu ein Attribut M_EXP_CALL aufweisen, das von der Erzeugungsmethode CREATE mit den erwarteten Werten belegt wird. Eine Codierung ist für ein Mock-Objekt eher selten.

Fake-Objekt

Ein Doubleobjekt vom Typ *Fake-Objekt* verhält sich für alle Testmethoden wie die produktive DOM-Methode. Die Implementierung dieses Doubleobjekttyps ist aber entweder einfacher oder benötigt weniger Ressourcen. Abbildung 13.7 skizziert die Grundstruktur eines Fake-Objekts.

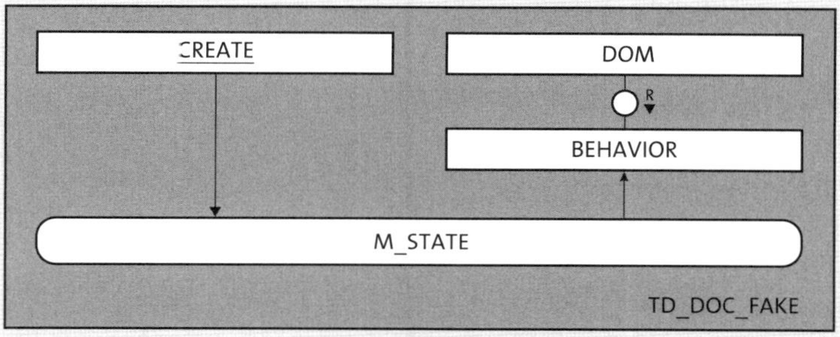

Abbildung 13.7 Grundstruktur eines Testdoubles vom Typ Fake-Objekt

Ein Fake-Objekt ist ein Doubleobjekt, das von der Erzeugungsmethode CREATE so instanziiert wird, dass sein Zustand M_STATE alle Abhängigkeiten des produktiven Objekts vollumfänglich abdeckt. Zu diesen Abhängigkeiten kann auch die Persistenz des produktiven Objekts gehören.

In vielen Fällen ist für diese umfangreiche Simulierung neben einem Zustand M_STATE auch ein spezielles Verhalten BEHAVIOR notwendig. Beide zusammen bilden oft eine Zuständigkeit für sich, sodass eine Auslagerung von M_STATE und BEHAVIOR in eine lokale Klasse zu empfehlen ist. Wenn die Simulierung (später) auch von anderen Doubleobjekten benötigt wird, können Sie diese lokale Klasse immer noch in eine globale Klasse umwandeln.

13

Dummy-Objekt

Ein Doubleobjekt vom Typ *Dummy-Objekt* wird im Rahmen der Testmethode gar nicht wirklich verwendet. Das heißt, das Dummy-Objekt wird zwar von der Testmethode erzeugt, weil die zu testende MUT-Methode etwa überprüft, dass die Referenz des Dummy-Objekts gebunden ist, aber die Methode DOM wird von der MUT-Methode gar nicht aufgerufen und ist deshalb in Abbildung 13.8 kursiv dargestellt.

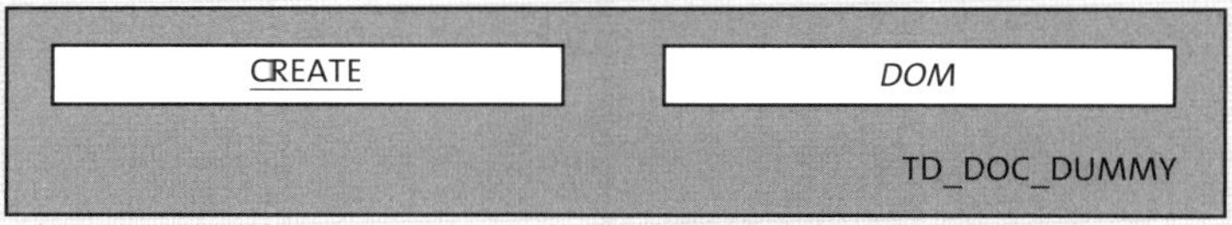

Abbildung 13.8 Grundstruktur eines Testdoubles vom Typ Dummy-Objekt

[«]

Beispiele für die Testdoubletypen

Für die meisten der in diesem Abschnitt beschriebenen Testdoubletypen gebe ich im folgenden Kapitel 14, »Globale Testdoubles«, Beispiele aus der Praxis.

13.2.2 Testdoubles verwenden

In diesem Abschnitt stelle ich den Kontext vor, in dem Sie die im vorangegangenen Abschnitt eingeführten Testdoubletypen einsetzen können. In Abbildung 13.9 ist der Block TD_DOC als Platzhalter zu verstehen, der für jeden Testdoubletyp (z. B. für ein Mock-Objekt) durch dessen spezifischen Block (z. B. TD_DOC_MOCK in Abbildung 13.6 im Fall des Mock-Objekts) zu ersetzen ist. Alle optionalen Methoden und Parameter sind in Abbildung 13.9 kursiv geschrieben.

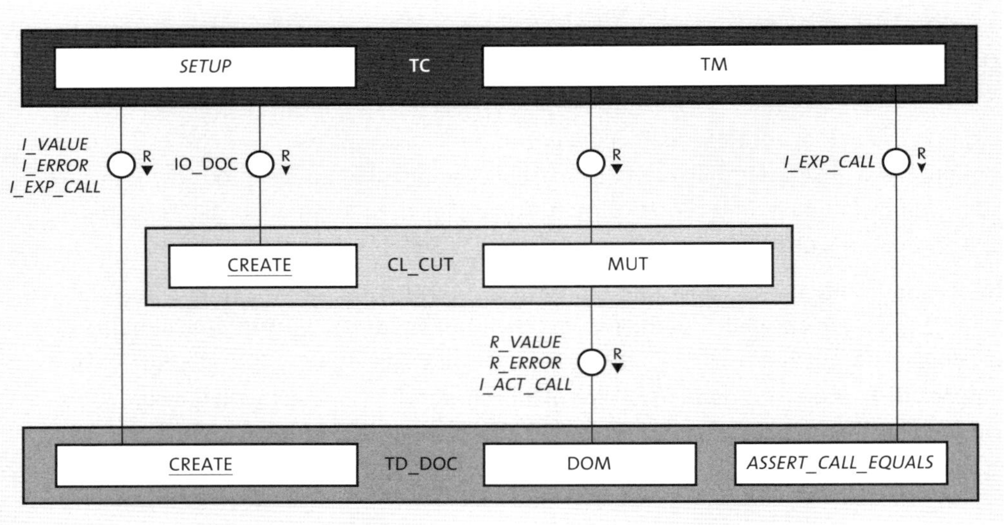

Abbildung 13.9 Erzeugung und Verwendung eines Testdoubles

Die Methode SETUP oder die Testmethode TM der Testklasse TC ruft erstens die Erzeugungsmethode CREATE der Doubleklasse TD_DOC auf. Mit dem zurückgegebenen Doubleobjekt ruft eine dieser beiden Methoden der Testklasse zweitens die Erzeugungsmethode CREATE der Produktklasse CL_CUT auf und injiziert das Doubleobjekt auf diese Weise im zu testenden Objekt. Drittens startet die Testmethode TM die zu testende Produktmethode MUT, die ihrerseits die Doublemethode DOM mit tatsächlichen Werten für den Eingabeparameter I_ACT_CALL aufruft. Dieser grundsätzliche Ablauf des Tests erfährt durch die Wahl der folgenden Testdoubletypen für TD_DOC spezifische Ergänzungen:

- Ein Responder kann beim Aufruf seiner Erzeugungsmethode CREATE einen Wert über einen Eingabeparameter I_VALUE erhalten, den seine Methode DOM später über einen Rückgabeparameter R_VALUE an die Methode MUT zurückgibt. Ein Responder berücksichtigt die indirekte Ausgabe I_ACT_CALL höchstens bei der Zusammenstellung seiner DOM-Rückgabe.

- In ähnlicher Weise kann ein Saboteur beim Aufruf seiner Erzeugungsmethode CREATE einen Fehlerwert über einen Eingabeparameter I_ERROR erhalten, den seine Methode DOM später über einen Rückgabeparameter R_ERROR an die Methode MUT zurückgibt. Ein Saboteur berücksichtigt die indirekte Ausgabe I_ACT_CALL ebenfalls höchstens bei der Zusammenstellung dieser DOM-Rückgabe.
- Ein Test-Spy speichert den von der Methode MUT an den Eingabeparameter I_ACT_CALL seiner Methode DOM übergebenen Wert und wartet darauf, dass die Testmethode TM ihre Überprüfungsmethode ASSERT_CALL_EQUALS aufruft und dabei dem Eingabeparameter I_EXP_CALL den erwarteten Wert zum Vergleich übergibt.
- Ein Mock-Objekt überprüft in seiner Methode DOM sofort den von der Methode MUT an den Eingabeparameter I_ACT_CALL übergebenen Wert mit dem erwarteten Wert, den es über den Eingabeparameter I_EXP_CALL seiner Erzeugungsmethode CREATE erhalten hat.

Da die Testdoubletypen Fake-Objekt und Dummy-Objekt seltener zum Einsatz kommen, habe ich diese in Abbildung 13.9 nicht berücksichtigt. Für die Verwendung dieser beiden Testdoubletypen gilt zusätzlich bzw. abweichend:

- Ein Fake-Objekt kann seinen Zustand M_STATE über seine Erzeugungsmethode CREATE erhalten. In der Regel ist dieser Zustand allerdings so umfangreich oder vielseitig, dass Sie das Doubleobjekt mit einer oder mehreren Instanzmethoden lesbarer konfigurieren können. Wenn die zu testende Methode MUT die Methode DOM aufruft, dann erhält sie entweder Teile des Zustandes M_STATE zurück oder erfährt ein DOM-Verhalten, das auf dem Zustand M_STATE indirekt aufbaut.
- Ein Dummy-Objekt wird nur über seine Erzeugungsmethode CREATE erzeugt. Seine Methode DOM wird aber von der zu testenden Methode MUT nicht aufgerufen.

13.3 Design von Testdoubles

Eine wichtige Eigenschaft von ABAP Objects ist *Polymorphie*. Eine Methode ist polymorph, wenn mehrere Klassen für sie ein unterschiedliches Verhalten anbieten. Ein Verwender der Methode kann also für den gleichen Aufruf ein unterschiedliches Verhalten dieser Methode erwarten. Das konkrete Verhalten der polymorphen Methode ist dabei abhängig vom Objekt, auf dem die Methode zur Laufzeit aufgerufen wird.

Der Einsatz von objektorientierten Testdoubles baut auf Polymorphie auf. Konkret nutzen Sie für eine Doubleklasse eine der folgenden zwei Möglichkeiten, um das Verhalten einer aufgerufenen DOM-Methode zu ändern, ohne dass die zu testende MUT-Methode etwas davon mitbekommt:

- Sie können das Interface der Methode neu implementieren.
- Sie können die Methode in einer Unterklasse redefinieren.

Eine Klasse mit Interface ist also im Vorteil, weil Ihnen damit prinzipiell beide Möglichkeiten offenstehen. Und ist diese Klasse final, steht ihr mit der Implementierung des Interface zumindest noch die erste Möglichkeit offen. Von einer finalen Klasse ohne Interface kann sich die zu testende Methode nur indirekt, also in nicht polymorpher Weise, isolieren.

In diesem Abschnitt stelle ich Ihnen für jeden dieser Fälle eine Möglichkeit zur Testisolation vor. Diese Designüberlegungen sind unabhängig vom Typ des Testdoubles, weil bei allen das spezifizierte Verhalten der aufgerufenen DOM-Methode irgendwie Wirklichkeit werden muss. Denn selbst ein Dummy-Objekt sollte die Erwartung, dass seine DOM-Methode nicht aufgerufen wird, überprüfen.

Die folgenden Designüberlegungen sind aber auch unabhängig von den verschiedenen Möglichkeiten, die Verbindung zwischen der zu testenden MUT-Methode und der aufgerufenen DOM-Methode zu etablieren. Diese sogenannten *Injektionsmechanismen* stelle ich Ihnen in Abschnitt 13.4, »Injektion von Testdoubles«, vor.

13.3.1 Interface- und Unterklassendoubles

In diesem Abschnitt gehe ich von einer testbaren Ausgangssituation aus. Das heißt, das Testdouble kann ohne Änderung der produktiven Klasse definiert werden.

Interface-Doubles

Abbildung 13.10 zeigt auf der linken Seite, dass die aufgerufene Methode `DOM` eine Instanzmethode eines Interface `IF_DOC` einer Klasse `CL_DOC` ist. Wie Abbildung 13.10 auf der rechten Seite zeigt, können Sie in diesem Fall eine Doubleklasse `TD_DOC` definieren, die das Interface `IF_DOC` und damit auch die Methode `DOM` implementiert. Das Pluszeichen vor der Methode `DOM` soll deren öffentliche Sichtbarkeit ausdrücken. Ist die Doubleklasse `TD_DOC` auf diese Weise designt, bezeichne ich sie als *Interface-Double*.

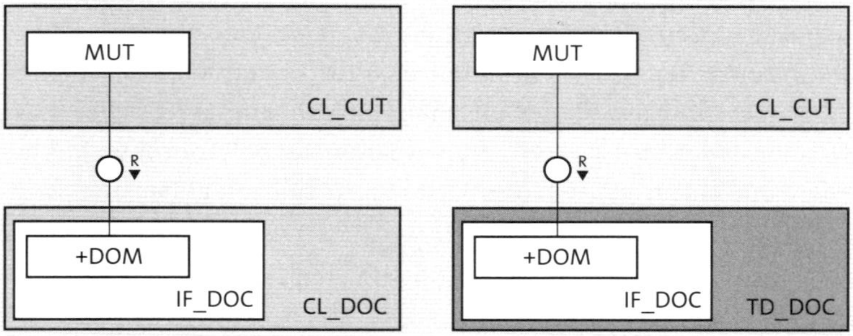

Abbildung 13.10 Testdouble implementiert Interface-Methode.

Unterklassendouble

Wenn die aufgerufene Methode DOM, wie in Abbildung 13.11, eine andere Methode der zu testenden Klasse CL_CUT ist, können Sie eine Unterklasse TD_CUT definieren, die die Methode DOM redefiniert. Das Doppelkreuzzeichen vor der Methode DOM soll deren geschützte Sichtbarkeit ausdrücken. In diesem Fall bezeichne ich TD_CUT als *Unterklassendouble*.

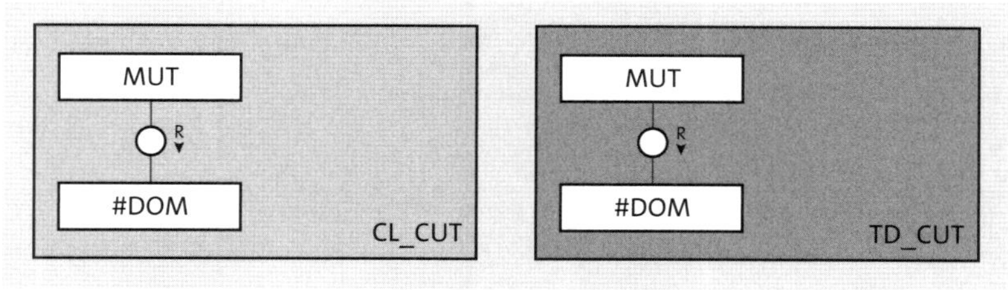

Abbildung 13.11 Double redefiniert Klassenmethode.

13.3.2 Proxydoubles

Dieser Abschnitt geht von der nicht testbaren und nicht änderbaren Situation aus, dass DOM eine Methode der *finalen* Klasse CL_DOC ist. Das heißt, die Methode DOM ist in keinem Interface enthalten. Folglich kann ein Testdouble nur indirekt definiert werden.

Proxymethode

Wie Abbildung 13.12 zeigt, können Sie der zu testenden Klasse CL_CUT eine geschützte Methode DOM* hinzufügen, die in der Regel die gleiche Signatur wie die aufgerufene Methode DOM hat und ihren Aufruf einfach an diese Methode DOM delegiert. Die geschützte Methode DOM* können Sie dann im Unterklassendouble TD_CUT redefinieren. In diesem Fall wird die geschützte Methode DOM* als *Proxymethode* bezeichnet.

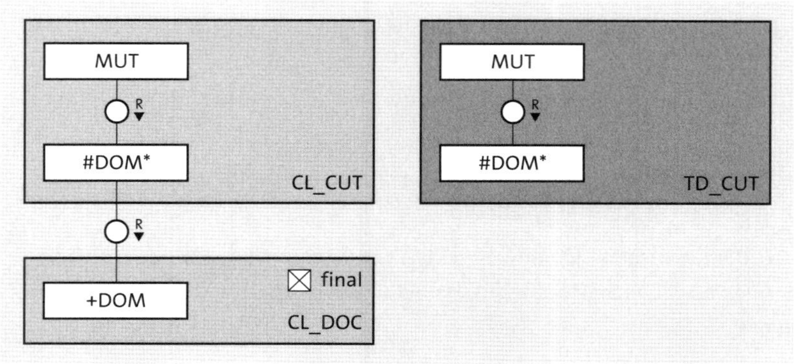

Abbildung 13.12 Double redefiniert zusätzliche Proxymethode.

Proxyklasse

Wie Abbildung 13.13 zeigt, können Sie ebenso ein neues Interface IF_DOC* mit einer Methode DOM* definieren und dieses in der Klasse CL_DOC* implementieren. Die Methode DOM* können Sie dann im Interface-Double TD_DOC* mit dem gewünschten Verhalten definieren. In diesem Fall wird CL_DOC* als *Proxyklasse* bezeichnet.

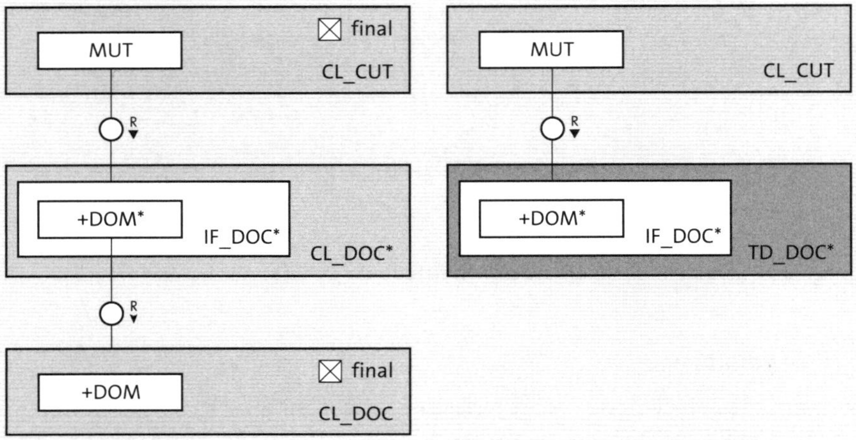

Abbildung 13.13 Double implementiert Interface Methode der Proxyklasse.

[»]

Proxydoubles

Proxymethode und Proxyklasse sind beides geeignete Mittel für die Isolierung von Legacy Code. Für die Vermeidung eines einzelnen Funktionsbausteinaufrufes etwa reicht zwar eine Proxymethode aus, aber in den meisten Fällen ist eine Proxyklasse die bessere Wahl:

- Erstens kann sich eine Klasse mit so einer Proxyklasse von mehreren Funktionsbausteinen der gleichen Funktionsgruppe isolieren, ohne ihren inneren Zusammenhalt zu schwächen.
- Zweitens können sich damit mehrere Klassen ohne Duplikation von der gleichen Funktionsgruppe isolieren.
- Drittens repräsentiert die Proxyklasse die Zuständigkeit einer Funktionsgruppe. Diese Zuständigkeit ganz oder teilweise einer bestehenden Klasse zuzuordnen, verletzt das Single-Responsibility-Prinzip.

Aus diesen Gründen betrachte ich im Folgenden von beiden Möglichkeiten der indirekten Isolierung nur die Proxydoubleklasse weiter und bezeichne ihre Objekte kurz als *Proxydoubles*.

13.3.3 Änderungen des Produktdesigns zugunsten der Testbarkeit

In diesem Abschnitt gebe ich Ihnen einen Überblick über alle Möglichkeiten, ein Testdouble zum Zwecke der Testisolierung zu definieren. Ich gehe auch auf nicht testbare, aber änderbare Ausgangssituationen ein. Für diese Ausgangssituationen kann die Doubleklasse nach Änderungen des Produktcodes direkt, also ohne Proxyklasse, definiert werden.

Das Aktivitätsdiagramm zur Bestimmung eines geeigneten Doubledesigns in Abbildung 13.14 beginnt oben links mit der Frage, ob die aufgerufene DOM-Methode als statische Methode definiert wurde. Da sie dadurch fest an ihre Produktklasse gebunden ist, also nur über diese Produktklasse aufgerufen werden kann, ist für die DOM-Methode ein polymorphes Verhalten ausgeschlossen.

Wenn möglich, sollten Sie aus der DOM-Methode eine Instanzmethode machen. Wenn dies nicht möglich ist, sollten Sie eine Proxyklasse mit einem Interface einbeziehen und die statische Methode nur noch indirekt aufrufen.

Wenn `DOM` eine Interface-Methode ist, können Sie ein Interface-Double definieren. Ansonsten sollten Sie für eine öffentliche DOM-Methode ein neues DOC-Interface anstreben. Wenn die DOC-Produktklasse dahingehend änderbar ist, können Sie für dieses Interface ein Interface-Double definieren. Wenn nicht, ist ein Unterklassendouble die Alternative. Aber dafür darf die DOC-Klasse natürlich nicht final sein. Wäre dies der Fall, sollten Sie, falls Sie die DOC-Klasse ändern können, sie nicht als final definieren. Ansonsten bleibt Ihnen nur das Proxydouble als Möglichkeit.

Für eine öffentliche und eine geschützte DOM-Methode können Sie ein Unterklassendouble definieren. Wenn `DOM` eine private Methode ist, kann es sich bei ihr um eine andere Methode der zu testenden CUT-Klasse handeln. Ist das der Fall, können Sie nach einer Änderung der Sichtbarkeit ein Unterklassendouble mit einer redefinierten DOM-Methode anlegen. Im anderen Fall muss die CUT-Klasse für den Aufruf der privaten DOM-Methode ein Freund der aufgerufenen DOC-Klasse sein. Sie können diese unangemessene Freundschaft mit einer Proxyklasse auflösen und darauf aufbauend ein Interface-Double definieren.

[«]

Testdoubles für Legacy Code

Dieser Überblick ist deshalb so umfangreich, weil er *Legacy Code* miteinschließt. Dabei verwende ich den Begriff Legacy Code im Sinne von Michael C. Feathers (Working Effectively With Legacy Code, 2010, Preface XVI) für Klassen mit keinen oder nur wenigen Tests. Das Zusammenspiel der MUT- und DOM-Methoden ist für Legacy Code deshalb oft nicht testbar, weil deren Klassen nicht für Unit-Tests designt wurden. Wenn Ihre neuen Klassen nur über Interfaces voneinander abhängen, können Sie das Testdoubledesign dagegen vergleichsweise einfach erledigen.

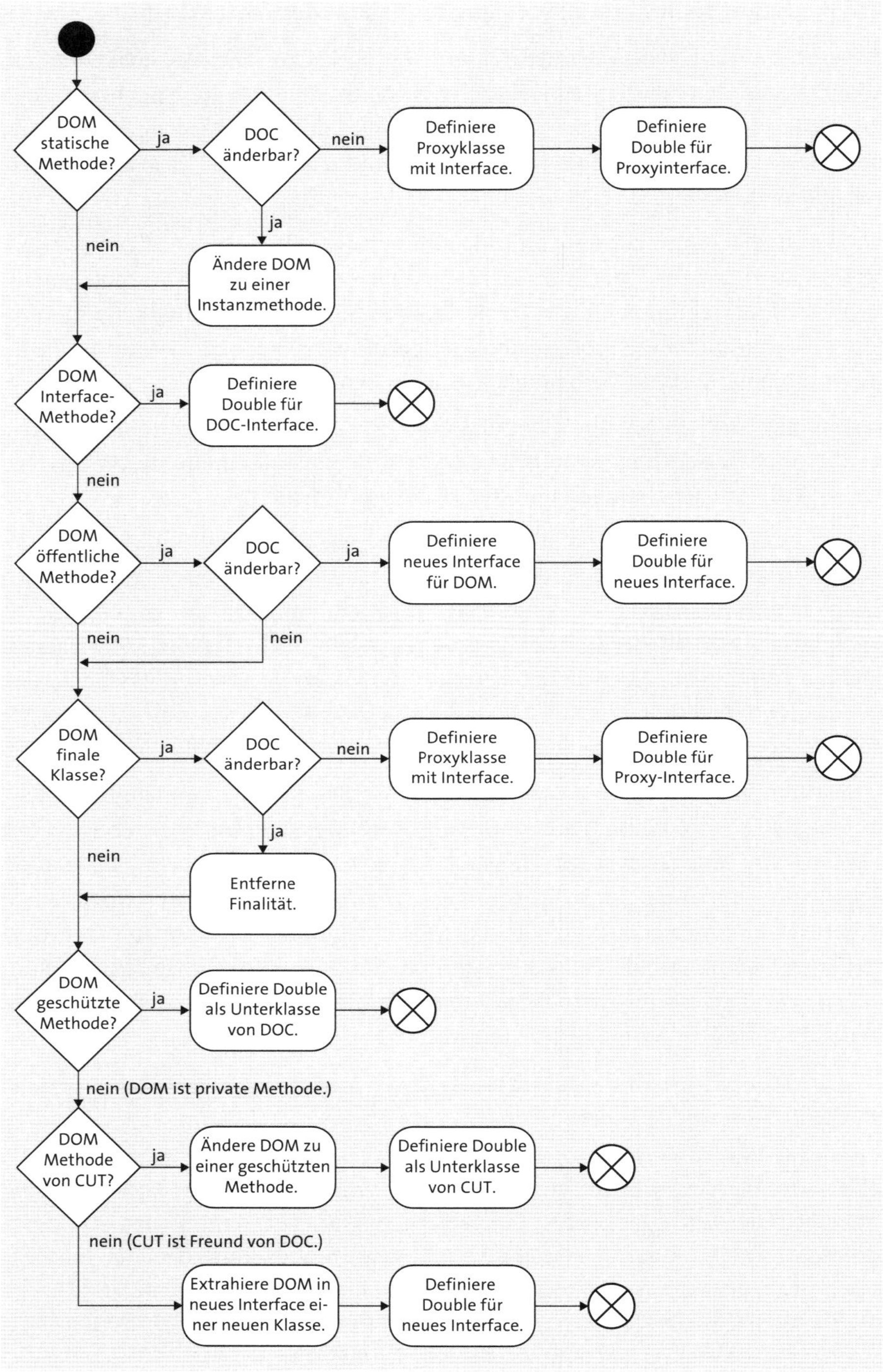

Abbildung 13.14 Bestimmung des Doubledesigns

13.4 Injektion von Testdoubles

In diesem Abschnitt zeige ich Ihnen die wichtigsten Möglichkeiten, um spezifizierte und designte Testdoubles zu injizieren. Die *Injektion* eines Testdoubles ist an sich eine einfache Anweisung, mit denen ein Test das CUT-Objekt dazu bringt, anstelle eines produktiven DOC-Objekts ein DOC-Doubleobjekt zu verwenden.

Ein Beispiel dafür ist die direkte Eingabe eines DOC-Doubleobjekts an eine CUT-Erzeugungsmethode, damit diese das Doubleobjekt in einem Attribut `MO_DOC` speichert. Die MUT-Methode verwendet das DOC-Doubleobjekt dann, wenn sie die DOM-Methode über das Attribut `MO_DOC` aufruft. Die Herausforderung liegt also im Design eines solchen *Injektionsmechanismus*.

Die Abbildungen in diesem Abschnitt zeigen deshalb jeweils den Weg, den ein dem Test zur Verfügung stehendes DOC-Doubleobjekt bis zu seiner Verwendung durch die zu testende MUT-Methode geht. Dem geht natürlich die Erzeugung und eventuelle Zwischenspeicherung dieses DOC-Doubleobjekts voraus. Und ihm folgt die Überprüfung des Verhaltens oder des Zustandes des CUT-Objekts während oder nach dem Aufruf der MUT-Methode.

13.4.1 Von der CUT-Produktklasse angebotene Injektionsmechanismen

Isoliertes Testen ist am einfachsten, wenn schon das Design der CUT-Klasse die Zusammenarbeit mit verschiedenen DOC-Klassen vorsieht. Es genügt, dass sich die CUT-Klasse ausschließlich auf ein DOC-Interface bezieht und die DOC-Klassen dieses Interface implementieren.

Diese entkoppelte Zusammenarbeit wird ganz allgemein als *Polymorphie* bezeichnet. Polymorphie begünstigt die Testbarkeit, weil Sie über die Polymorphie auch DOC-Doubleklassen einklinken und bei Bedarf störende Nebeneffekte vermeiden können.

Abbildung 13.15 zeigt drei Injektionsmechanismen, die die CUT-Klasse selbst anbietet, weil ihre Verwender das DOC-Objekt bestimmen, mit dem ihr CUT-Objekt zusammenarbeiten soll. Solche polymorphen Anforderungen sind typisch für Frameworks.

Parameterinjektion

Auf der linken Seite von Abbildung 13.15 ist die Injektion des DOC-Doubles über die Schnittstelle der zu testenden Methode `MUT` dargestellt. Da die Methode `MUT` die Injektion mit einem Parameter ermöglicht (z. B. `IO_DOC`), wird sie auch als *Parameterinjektion* bezeichnet.

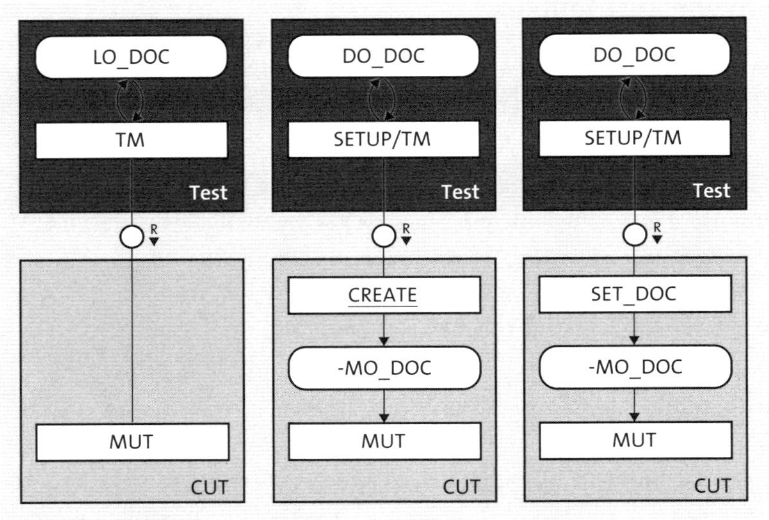

Abbildung 13.15 Injektion eines DOC-Doubles über einen MUT-Parameter, eine CUT-Erzeugungsmethode oder eine CUT-Setter-Methode

Die lokale Variable LO_DOC ist nicht obligatorisch. Ein Testklassenattribut DO_DOC ist genauso möglich. Aber da ein DOC-Objekt in diesem Fall zur Eingabe der Methode MUT gehört, ist es unwahrscheinlich, dass alle Testmethoden das gleiche DOC-Double verwenden und dieses deshalb schon von der Methode SETUP erzeugt und einem Attribut DO_DOC zugewiesen wird. Ebenso ist bei allen anderen gezeigten Injektionsmechanismen das Testklassenattribut DO_DOC prinzipiell durch eine lokale Variable LO_DOC ersetzbar.

Konstruktorinjektion

In der Mitte von Abbildung 13.15 ist die Injektion des DOC-Doubles über die Schnittstelle einer CUT-Erzeugungsmethode CREATE dargestellt. Diese Art der Injektion wird ganz allgemein als *Konstruktorinjektion* bezeichnet und kann entweder von einer Setup-Methode oder der Testmethode selbst ausgeführt werden. Das Minuszeichen vor dem Attribut MO_DOC soll ausdrücken, dass es sich dabei um ein privates Attribut handeln kann.

Um Ihnen die Interpretation der Blockdiagramme in Abbildung 13.15 zu erleichtern, zeige ich Ihnen mit Listing 13.1 (Produktklasse) und Listing 13.2 (Testklasse) ausschnittsweise die Implementierung einer Konstruktorinjektion. Es handelt sich dabei um den häufigsten Fall einer Injektion.

```
CLASS cl_cut_by_constructor IMPLEMENTATION.
  METHOD create.
    DATA lo_cut TYPE REF TO cl_cut_by_constructor.
```

```
    ro_cut = lo_cut = NEW cl_cut_by_constructor( ).
    lo_cut->mo_doc = io_doc.
  ENDMETHOD.

  METHOD if_cut~mut.
    mo_doc->dom( ).
  ENDMETHOD.
ENDCLASS.
```

Listing 13.1 CUT-Objekt erhält DOC-Objekt über CUT-Erzeugungsmethode.

Die zu testende CUT-Klasse unterstützt Polymorphie, indem sie sich in Bezug auf ihr Attribut MO_DOC und den Parameter IO_DOC ihrer Erzeugungsmethode CREATE allein auf das DOC-Interface verlässt.

```
CLASS ltc_cut_by_constructor IMPLEMENTATION.
  METHOD setup.
    do_doc = ltd_doc=>create_double( ).
    mo_cut = cl_cut_by_constructor=>create( do_doc ).
  ENDMETHOD.

  METHOD tm.
    mo_cut->mut( ).
  ENDMETHOD.
ENDCLASS.
```

Listing 13.2 Testobjekt übergibt DOC-Double an CUT-Erzeugungsmethode.

Diese Polymorphie kann beim Testen direkt ausgenutzt werden. Die Doubleklasse LTD_DOC implementiert ebenfalls das DOC-Interface. Deshalb kann das DOC-Doubleobjekt von der Testklasse LTC_CUT_BY_CONSTRUCTOR direkt bei der Erzeugung des produktiven CUT-Objekts übergeben werden.

Setter-Injektion

Die rechte Seite von Abbildung 13.15 zeigt, wie Sie dieselbe Injektion über eine Methode SET_DOC realisieren können. Deshalb wird diese Variante auch als *Setter-Injektion* bezeichnet. Auch die Methode SET_DOC ist produktiv im Einsatz und wird vom Test nur wiederverwendet.

13.4.2 Von der CUT-Klasse ermöglichte Injektionsmechanismen

Wenn die zu testende CUT-Klasse ihre Abhängigkeit von der aufgerufenen DOC-Klasse vor ihren Verwendern verbirgt, muss ein Test anstelle der produktbasierten

Injektionsmechanismen einen alternativen Weg für die Injektion des DOC-Doubles finden. Hier bietet sich eine Unterklassen- oder Hintertürinjektion an.

Unterklasseninjektion

Auf der linken Seite von Abbildung 13.16 ist die Injektion des DOC-Doubles über eine Erzeugungsmethode einer CUT-Unterklasse dargestellt. Deshalb wird sie auch als *Unterklasseninjektion* bezeichnet. Das Doppelkreuzzeichen vor dem Attribut MO_DOC soll ausdrücken, dass dieses Attribut für diesen Zweck mindestens eine geschützte Sichtbarkeit haben muss.

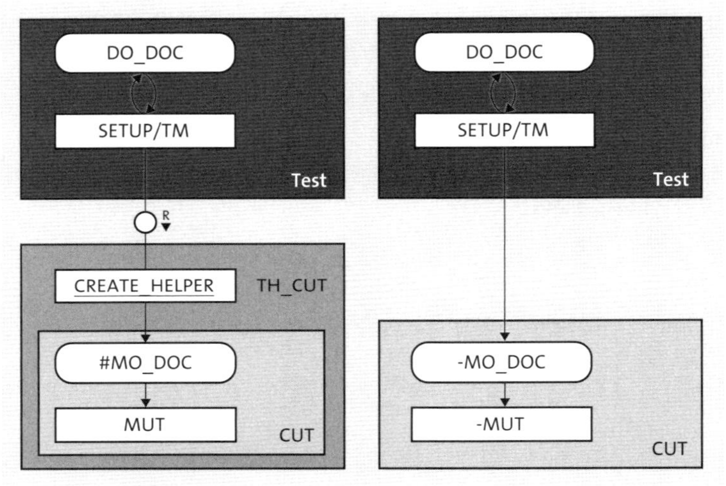

Abbildung 13.16 Injektion eines DOC-Doubles über eine CUT-Unterklasse oder über eine lokale Freundschaft der Klasse CUT zu einer lokalen Testklasse

Listing 13.3 zeigt, wie die Testklasse in ihrer Setup-Methode ihr DOC-Double bei der Erzeugung des CUT-Unterklassenobjekts übergibt. Die CUT-Unterklasse redefiniert keine Methoden und hat somit das gleiche Verhalten wie die CUT-Klasse. Das ist wichtig, weil die Testklasse nicht die CUT-Klasse selbst überprüft, sondern stellvertretend ihre abgeleitete Unterklasse.

```
CLASS lth_cut_by_subclass IMPLEMENTATION.
  METHOD create_helper.
    ro_helper = NEW lth_cut_by_subclass( ).
    ro_helper->mo_doc = io_doc_double.
  ENDMETHOD.
ENDCLASS.

CLASS ltc_cut_subclass IMPLEMENTATION.
  METHOD setup.
```

```
    do_doc = ltd_doc=>create_double( ).
    mo_cut = lth_cut_by_subclass=>create_helper( do_doc ).
  ENDMETHOD.
  ...
ENDCLASS.
```

Listing 13.3 CUT-Unterklassenobjekt erhält DOC-Double.

Hintertürinjektion

Die rechte Seite von Abbildung 13.16 zeigt, wie Sie dieselbe Injektion mithilfe einer *lokalen* Freundschaft zwischen der CUT-Klasse und ihrer lokalen Testklasse realisieren können. Da die Injektion in diesem Fall aus dem lokalen Testinclude heraus erfolgt, wird sie auch als *Hintertürinjektion* bezeichnet. Das Minuszeichen vor der zu testenden Methode MUT soll ausdrücken, dass Sie mithilfe einer lokalen Freundschaft auch eine private Methode MUT testen können.

Auf den ersten Blick erscheint dieser Testaufbau verlockend einfach und zugleich mächtig. Allerdings führt diese lokale Freundschaft zu einem Bruch der Kapselung der CUT-Klasse und damit zu einer höheren Abhängigkeit der Testklasse von der Produktklasse. Sie sollten deshalb per Konvention festlegen, dass die Testklasse diese lokale Freundschaft nur für die Injektion eines Testdoubles oder den Aufruf einer nicht öffentlichen, aber zu testenden Methode MUT ausnutzen darf. Ein Zugriff auf weitere Attribute, etwa zur Überprüfung des CUT-Endzustandes, sollte tabu sein.

Listing 13.4 zeigt, wie sich die Testklasse diese lokale Freundschaft zur Produktklasse CL_CUT_FRIEND sozusagen im Nachhinein selbst beschafft. Dies erlaubt ABAP Unit allerdings nur für lokale Testklassen, also für Testklassen im lokalen Testinclude der Produktklasse.

```
CLASS ltc_cut_by_local_friend DEFINITION DEFERRED.
CLASS cl_cut_friend DEFINITION
  LOCAL FRIENDS ltc_cut_by_local_friend.

CLASS ltc_cut_by_local_friend DEFINITION FINAL
FOR TESTING RISK LEVEL HARMLESS DURATION SHORT.
  PRIVATE SECTION.
    METHODS setup.
    METHODS tm FOR TESTING.

    DATA mo_cut TYPE REF TO if_cut.
    DATA do_doc TYPE REF TO td_doc.
ENDCLASS.

CLASS ltc_cut_by_local_friend IMPLEMENTATION.
  METHOD setup.
```

```
    DATA lo_cut TYPE REF TO cl_cut_friend.

    do_doc = td_doc=>create_double( ).
    lo_cut ?= cl_cut_friend=>create( ).
    lo_cut->mo_doc = do_doc.
    mo_cut = lo_cut.
  ENDMETHOD.
  ...
ENDCLASS.
```

Listing 13.4 Testobjekt setzt DOC-Double bei CUT-Objekt selbst.

13.4.3 Von einem DOC-Singleton ermöglichte Injektionsmechanismen

Wenn die aufgerufene DOC-Klasse ein Singleton ist, muss die zu testende CUT-Klasse dafür kein Attribut MO_DOC bereithalten, weil die zu testende MUT-Methode bei Bedarf die statische DOC-Methode GET_SINGLETON aufrufen kann. Der Fokus der Injektion verlagert sich also von der CUT-Klasse auf die DOC-Klasse.

Singleton-Injektion

Auf der linken Seite von Abbildung 13.17 ist die Injektion des DOC-Doubles über die Methode INJECT_DOC_SINGLETON eines DOC-Unterklassendoubles dargestellt. Wenn die Doubleklasse TD_DOC die einzige DOC-Doubleklasse ist, ist alternativ eine Injektion über eine Erzeugungsmethode INJECT_ITSELF ohne Eingabeparameter möglich.

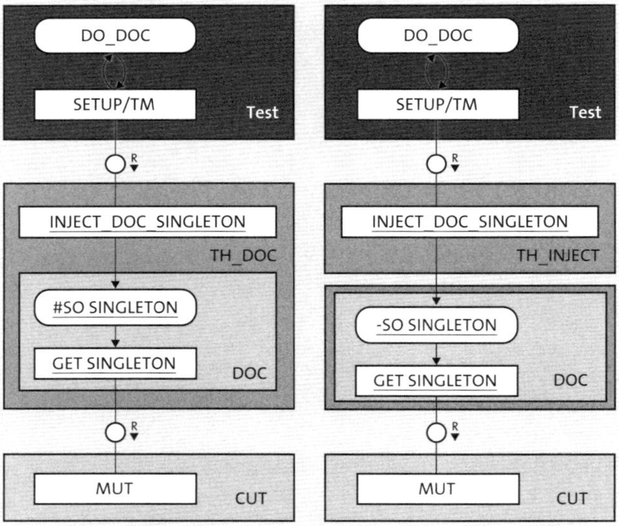

Abbildung 13.17 Injektion des DOC-Doubles über eine DOC-Unterklasse oder eine befreundete Injektorklasse

Da dieser Injektionsmechanismus nur für ein Singleton funktioniert, bezeichne ich ihn als *Singleton-Injektion*. Es handelt sich um einen wichtigen Spezialfall der Unterklasseninjektion.

Listing 13.5 zeigt, wie die CUT-Klasse ihre Abhängigkeit zur DOC-Klasse kapseln kann, weil sie selbst Zugriff auf das DOC-Singleton hat. Wenn die zu testende Methode MUT mehrfach aufgerufen wird oder andere CUT-Methoden das DOC-Singleton benötigen, sollten Sie die CUT-Klasse um ein Attribut MO_DOC erweitern und dieses Attribut schon in der Erzeugungsmethode setzen.

```
CLASS cl_cut_by_single_doc IMPLEMENTATION.
  METHOD create.
    ro_cut = NEW cl_cut_by_single_doc( ).
  ENDMETHOD.

  METHOD if_cut~mut.
    DATA(lo_doc) = cl_single_doc=>get_singleton( ).
    lo_doc->dom( ).
  ENDMETHOD.
ENDCLASS.
```

Listing 13.5 CUT-Klasse besorgt das DOC-Singleton-Objekt selbst.

Listing 13.6 zeigt, dass sich die Injektionsmethode der DOC-Doubleklasse selbst ein Doubleobjekt besorgt, wenn sie keines über ihre Schnittstelle erhält.

```
CLASS ltd_single_doc IMPLEMENTATION.
  METHOD create_double.
    ro_doc_double = NEW ltd_single_doc( ).
  ENDMETHOD.

  METHOD inject_doc_singleton.
    IF io_doc_double IS BOUND.
      so_singleton = io_doc_double.
    ELSE.
      so_singleton = create_double( ).
    ENDIF.
  ENDMETHOD.
ENDCLASS.
```

Listing 13.6 Unterklassendouble der DOC-Singleton-Klasse

Listing 13.7 zeigt, wie sich die Testklasse in ihrer Setup-Methode zuerst ein eigenes DOC-Double erzeugt, es in ihrem Attribut DO_DOC hält und dieses dann erst injiziert. Das ist sinnvoll, wenn die Testmethoden das DOC-Double vor dem Aufruf der

Methode MUT weiter konfigurieren wollen (z. B. im Fall eines Test-Stubs oder Mock-Objekts) und/oder nach dem Aufruf der Methode MUT noch überprüfen wollen (z. B. im Fall eines Test-Spys).

```
CLASS ltc_cut_by_single_doc IMPLEMENTATION.
  METHOD setup.
    do_doc = ltd_single_doc=>create_double( ).
    ltd_single_doc=>inject_doc_singleton( lo_doc_double ).
    mo_cut = cl_cut_by_single_doc=>create( ).
  ENDMETHOD.
  ...
ENDCLASS.
```

Listing 13.7 Testklasse realisiert Testisolierung.

Freundinjektion

Die rechte Seite von Abbildung 13.17 zeigt, wie Sie dieselbe Injektion mithilfe einer Klasse TH_INJECT realisieren können, wenn Sie diese Klasse als Freund der DOC-Klasse definieren. Um diese Freundschaft auf ABAP-Unit-Tests einzuschränken, sollten Sie den *Injektor*, also die Klasse TH_INJECT, mit dem Zusatz FOR TESTING definieren. Das entspricht in der formbasierten Sicht des Class Builders der Klassenkategorie **Testklasse (ABAP Unit)** auf der Registerkarte **Eigenschaften**.

Da dieser Injektionsmechanismus auf einer Freundschaft der CUT-Klasse zu einer auf Tests ausgerichteten Hilfsklasse basiert, bezeichne ich diesen Mechanismus als *Freundinjektion*. Die Zuständigkeit der Klasse TH_INJECT sollte sich, ihrem Namen gemäß, auf die Injektion des DOC-Doubles in die CUT-Klasse beschränken.

Listing 13.8 zeigt, dass die DOC-Injektion die einzige Zuständigkeit der Klasse TH_INJECT ist. ABAP Objects bietet keine Möglichkeit, diese Beschränkung der Freundschaft zu erzwingen. Es liegt also an Ihnen, den Gefahren einer Freundschaft mit einem konsistenten Design zu begegnen.

```
CLASS th_inject DEFINITION FINAL ABSTRACT FOR TESTING.
  PUBLIC SECTION.
    CLASS-METHODS inject_doc_singleton
      IMPORTING
        io_doc TYPE REF TO if_doc.
ENDCLASS.

CLASS cl_single_doc_final DEFINITION FINAL
CREATE PRIVATE FRIENDS th_inject.
  ...
ENDCLASS.
```

```
CLASS th_inject IMPLEMENTATION.
  METHOD inject_doc_singleton.
    cl_single_coc_final=>so_singleton = io_doc.
  ENDMETHOD.
ENDCLASS.
```

Listing 13.8 Statischer Zugriff der Injektorklasse auf Singleton-Attribut

Listing 13.9 zeigt, wie die Testklasse die Injektion des DOC-Doubles an die Injektorklasse delegiert.

```
CLASS ltc_cut_by_doc_injector IMPLEMENTATION.
  METHOD setup.
    do_doc = ltd_doc=>create_double( ).
    th_inject=>inject_doc_singleton( do_doc ).
    mo_cut = cl_cut_by_doc_injector=>create( ).
  ENDMETHOD.
  ...
ENDCLASS.
```

Listing 13.9 Injektorklasse übernimmt Injektion des lokalen DOC-Doubles.

13.4.4 Von einer statischen Factory ermöglichte Injektionsmechanismen

Mithilfe einer Factory-Klasse kann die aufgerufene DOC-Klasse ein Singleton sein, ohne selbst die Erzeugung von Objekten einzuschränken. Das hat den Vorteil, dass die lokalen Testklassen der DOC-Klasse für jede Testmethode ein neues Objekt erzeugen und somit die Unabhängigkeit der Testmethoden besser sicherstellen können. Allerdings muss die lokale Testklasse für die Objekterzeugung als lokaler Freund definiert werden, weil es bei Verwendung einer Factory nur noch private Erzeugungsmethoden geben sollte.

Um sicherzustellen, dass es höchstens ein DOC-Objekt gibt, muss die Factory-Klasse mit einem statischen Attribut `SO_DOC_SINGLETON` arbeiten. Ein eigenes Objekt benötigt die Factory-Klasse nicht unbedingt. Sie kann auch als sogenannte *statische Factory* allein mit statischen Methoden und Attributen auskommen.

Auf der linken Seite von Abbildung 13.18 ist die Injektion eines DOC-Doubles `DO_DOC` über die statische Methode `INJECT_DOC_SINGLETON` einer Factory-Unterklasse `TD_FACTORY` dargestellt. Um die Unabhängigkeit von Testmethoden sicherzustellen, muss diese Injektion entweder in der Setup-Methode oder am Anfang jeder Testmethode erfolgen, denn einmal dem Attribut `SO_DOC_SINGLETON` zugewiesen, stellt die produktive Factory-Klasse dieses DOC-Double jedem Aufrufer der Methode `GET_DOC_SINGLETON` zur Verfügung.

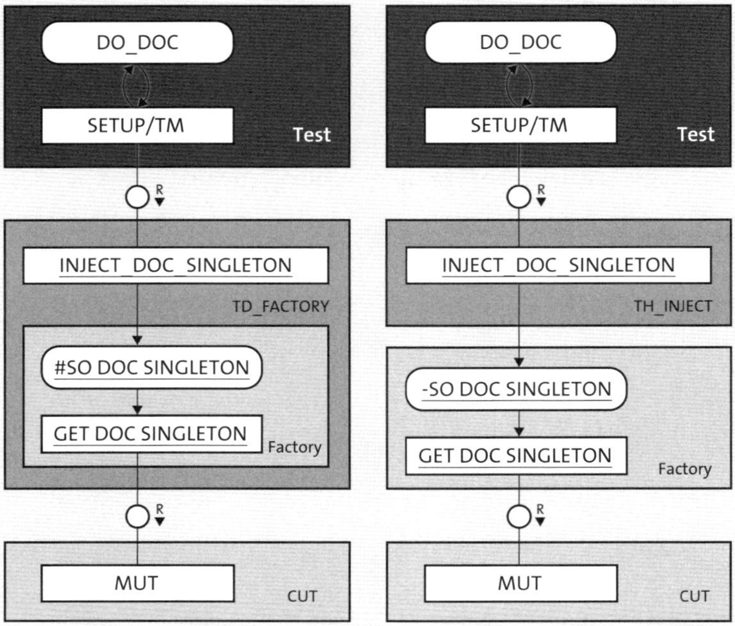

Abbildung 13.18 Injektion des DOC-Doubles über eine Factory-Unterklasse oder eine befreundete Injektorklasse

Die rechte Seite von Abbildung 13.18 zeigt, wie Sie eine ähnliche Injektion mithilfe einer Injektorklasse TH_INJECT realisieren können.

13.4.5 Von einer Singleton-Factory ermöglichte Injektionsmechanismen

Eine Factory, die selbst das Singleton-Entwurfsmuster erfüllt, bezeichne ich als *Singleton-Factory*. Der Vorteil gegenüber einer Static Factory ist der, dass die Instanzmethoden einer Singleton-Factory in einer Unterklasse redefiniert werden können. Das ist notwendig, wenn die aufgerufene DOC-Klasse kein Singleton ist, weil dann die Erzeugungsmethode für DOC-Objekte der Factory-Doubleklasse beliebig viele DOC-Doubles zurückgeben können muss.

Auf der linken Seite von Abbildung 13.19 ist die Injektion eines Factory-Doubles DO_FACTORY über die statische Methode INJECT_SINGLETON einer Factory-Unterklasse TD_FACTORY dargestellt. Es handelt sich dabei wieder um eine Singleton-Injektion.

Die rechte Seite von Abbildung 13.19 zeigt, wie Sie eine ähnliche Injektion mithilfe einer Injektorklasse TH_INJECT realisieren können.

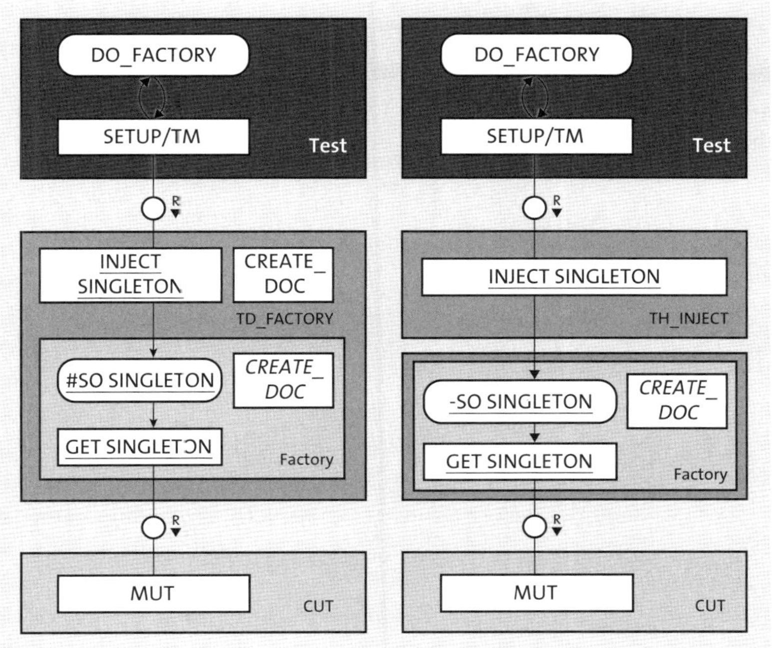

Abbildung 13.19 Injektion des DOC-Factory-Doubles über eine Unterklasse oder eine befreundete Injektorklasse

13.4.6 Von einer abstrakten Factory ermöglichte Injektionsmechanismen

Eine polymorphe Factory-Klasse wird als *abstrakte Factory* bezeichnet. Von einer abstrakten Factory kann es mehrere Objekte geben. Die Zuständigkeit dieser Factory-Klasse ist es, beliebig viele DOC-Objekte zu erzeugen. Anstelle eines DOC-Doubles müssen Sie nun ein Double der DOC-Factory injizieren. Das ist vergleichbar mit dem trojanischen Pferd, aus dem dann die DOC-Doubles erst im Innern der CUT-Klasse herauskommen.

In Abbildung 13.20 ist die DOC-Factory als CUT-Abhängigkeit dargestellt, auf die die zu testende Methode `MUT` über ein Attribut `MO_FACTORY` zugreift. Alternativ könnte die Methode `MUT` dieses Factory-Objekt auch über einen eigenen Parameter erhalten.

Listing 13.10 zeigt, dass die abstrakte Factory zurzeit nur für die Erzeugung von DOC-Objekten zuständig ist. Technisch kann man ihre Zuständigkeit leicht auf Objekte anderer Klassen ausweiten. Sie sollten allerdings immer darauf achten, dass die Objekte auch semantisch zusammenpassen, und den Namen der Factory entsprechend anpassen.

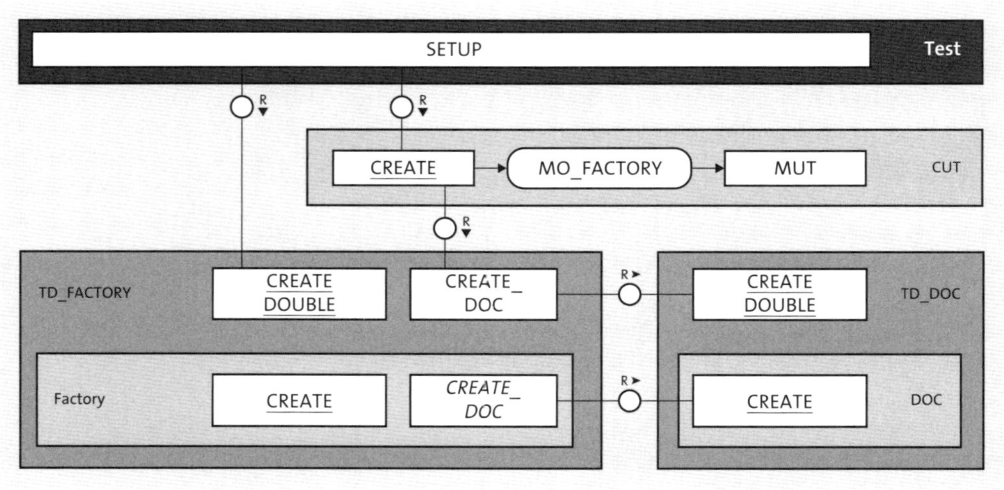

Abbildung 13.20 Injektion eines DOC-Factory-Doubles über eine CUT-Erzeugungsmethode

```
CLASS cl_abstract_factory IMPLEMENTATION.
  METHOD create.
    ro_factory = NEW cl_abstract_factory( ).
  ENDMETHOD.

  METHOD if_factory~create_doc.
    ro_doc = cl_doc=>create( ).
  ENDMETHOD.
ENDCLASS.

CLASS cl_cut_by_abstr_factory IMPLEMENTATION.
  METHOD create.
    DATA lo_cut TYPE REF TO cl_cut_by_abstr_factory.

    lo_cut = NEW cl_cut_by_abstr_factory( ).
    lo_cut->mo_factory = io_factory.
    ro_cut = lo_cut.
  ENDMETHOD.

   METHOD if_cut~mut.
     DATA(lo_doc) = mo_factory->create_doc( ).
     lo_doc->dom( ).
  ENDMETHOD.
ENDCLASS.
```

Listing 13.10 CUT-Klasse erzeugt DOC-Objekt mit eigenem Factory-Objekt.

Listing 13.11 zeigt, wie das Factory-Unterklassendouble implementiert und verwendet wird.

```
CLASS ltd_abstract_factory IMPLEMENTATION.
  METHOD create_double.
    ro_factory_double = NEW ltd_abstract_factory( ).
  ENDMETHOD.

  METHOD if_factory~create_doc.
    ro_doc = ltd_doc=>create_double( ).
  ENDMETHOD.
ENDCLASS.

CLASS ltc_cut_by_abstract_factory IMPLEMENTATION.
  METHOD setup.
    mo_cut = cl_cut_by_abstr_factory=>create(
      ltd_abstract_factory=>create_double( )
    ).
  ENDMETHOD.
  ...
ENDCLASS.
```

Listing 13.11 Testklasse übergibt CUT-Objekt ein Factory-Double.

[o]

Abhängigkeit des Testcodes von Produktcode

Bei Injektionen sollten Sie nicht nur die technische Machbarkeit im Blick haben. Je weniger Implementierungsdetails die Testmethode von der zu testenden MUT-Methode wissen muss, desto besser. Zu diesem Detailwissen gehören in sehr starkem Maße auch die DOC-Objekte, von denen die MUT-Methode abhängt. Dabei sind alle über die Schnittstelle der MUT-Methode importierten DOC-Doubles unkritisch, denn deren Verwendung durch die MUT-Methode ist sozusagen öffentlich bekannt. Gleiches gilt für DOC-Doubles, die über Erzeugungsmethoden oder Setter-Methoden importiert werden. Meszaros spricht in diesen drei Fällen von einer Injektion »durch die Vordertür« (xUnit Test Patterns, 2009, S. 40–41). In allen anderen Fällen dürfte die Testmethode streng genommen gar nichts von den DOC-Objekten wissen, für die sie Doubleobjekte quasi »durch die Hintertür« in das zu testende CUT-Objekt einschleust. Das kann dann zum Problem werden, wenn Sie im Zuge eines größeren Umbaus der zu testenden MUT-Methode auch ihre Abhängigkeiten verändern. Denn dann müssen Sie auch die Testmethoden im größeren Maße anpassen.

Dieses potenzielle Problem sollte Sie aber nicht von dem Einsatz von Testdoubles und damit isolierten Tests abhalten, weil die Abhängigkeiten von Integrationstests um ein Vielfaches höher sind (siehe Abschnitt 13.1.1, »Abhängigkeiten eines Tests«).

Kapitel 14
Globale Testdoubles

Mit globalen Testdoubles können Entwicklungsteams unabhängig voneinander arbeiten. Daneben ist es für die Effizienz des Testens wichtig zu wissen, wie Testdoubles wiederverwendet werden können.

Im vorangegangenen Kapitel haben wir uns darauf konzentriert, wie sich eine zu testende Methode (MUT) im Rahmen *einer* Testmethode von *einer* Methode isolieren kann, die sie direkt aufruft und von der sie folglich abhängt (DOM). In diesem Kapitel zeige ich Ihnen, wie sich eine MUT-Methode von *mehreren* aufgerufenen DOM-Methoden isolieren kann und wie sich das Verhalten jeder DOM-Methode über *mehrere* Testmethoden hinweg verändern kann.

Wenn die MUT-Methode mehrere DOM-Methoden verschiedener Objekte aufruft, können Sie die im vorangegangenen Kapitel gezeigte Vorgehensweise in Bezug auf Spezifikation, Design und Injektion des Testdoubles einfach mehrfach hintereinander anwenden. Wenn die MUT-Methode mehrere DOM-Methoden ein und desselben Objekts aufruft, müssen Sie die Doubleklasse dieser Methoden nur in kohärenter Weise implementieren. Eine Änderung der Vorgehensweise ist dagegen nicht notwendig.

Die Problemstellung ändert sich aber, wenn Sie mehrere Testmethoden für dieselbe MUT-Methode betrachten. Im einfachsten Fall gibt es für die MUT-Methode nur eine aufgerufene DOM-Methode. Der Unterschied zwischen zwei Testmethoden kann unter anderem im unterschiedlichen Verhalten der DOM-Methoden begründet sein, auf das die MUT-Methode jeweils unterschiedlich reagieren sollte.

Um nicht für jede dieser Testmethoden eine eigene Doubleklasse anlegen zu müssen, liegt es nahe, dass Sie das DOM-Verhalten der Doubleklasse mithilfe von Parametern jeweils passend konfigurieren. Ein Saboteur (siehe Abschnitt 13.2.1, »Testdoubletypen«) könnte etwa bei seiner Erzeugung eine Tabelle an Fehlermeldungen erhalten, die er beim Aufruf zurückgeben soll. Diese Tabelle könnte dann von verschiedenen Testmethoden unterschiedlich befüllt werden. Allerdings kann diese Situation schnell unübersichtlich werden, wenn die DOM-Methode viele Parameter hat oder wenn einzelne Parameter viele relevante Testwerte haben.

Die Erzeugung und Überprüfung der Testdoubles sollte aber möglichst einfach sein. Da es für Doubleklassen in der Regel keine Testabdeckung gibt, verbietet sich jede komplizierte Logik in diesem Bereich von selbst. Denn eine Testmethode für die MUT-Methode soll nur dann Fehler ausgeben, wenn die MUT-Methode, und nicht das von ihr verwendete Testdouble fehlerhaft ist.

Ferner ist die Lesbarkeit von Testdoubles wichtig, weil deren Methoden in Testmethoden aufgerufen werden. Konkret rufen Testmethoden die Erzeugungsmethoden von Testdoubles in der Gegeben- und deren Assertion-Methoden in der Dann-Phase auf. Während die Signatur der DOM-Methode vom Produktcode vorgegeben ist, können Sie die Signaturen der Erzeugungs- und Assertion-Methoden frei festlegen. Für einen Responder (siehe Abschnitt 13.2.1, »Testdoubletypen«) sind Sie z. B. nicht gezwungen, die Ausgabeparameter der DOM-Methode als Eingabeparameter der Responder-Erzeugungsmethode zu übernehmen.

In Abschnitt 14.1, »Testdouble für eine DOM-Methode«, führe ich Doubleobjekte ein, die sich auf die Simulation einer einzigen DOM-Methode konzentrieren. In Abschnitt 14.2, »Testdouble für zwei DOM-Methoden«, zeige ich zuerst, wie Sie die Zuständigkeit einer Doubleklasse auf mehrere DOM-Methoden erweitern. Dann führe ich vor, wie Testmethoden dieses erweiterte Testdouble verwenden. Mit dieser Reihenfolge möchte ich verdeutlichen, dass Sie Doubleklassen auch unabhängig von den zu testenden Methoden spezifizieren und designen können.

In Abschnitt 14.3, »Kombination zweier Methodendoubles«, führe ich Methodendoubles ein. Ferner zeige ich ein Entwurfsmuster, das die verschiedenen Verhaltensweisen der Methodendoubles flexibel und lesbar kombinieren kann. In Abschnitt 14.4, »Globalisierung von Testdoubles«, zeige ich Ihnen, wie ein globales Testdouble für eine API-Klasse aussehen könnte. In Abschnitt 14.5, »Design globaler Testdoubles«, und Abschnitt 14.6, »Anpassung globaler Testdoubles«, erörtere ich einige Designalternativen und Vereinfachungen dieses Entwurfsmusters.

14.1 Testdouble für eine DOM-Methode

Für eine schrittweise und praxisorientierte Einführung in das Entwurfsmuster für globale Testdoubles bediene ich mich wieder der Beispielanwendung zum Stammdatenmanagement. Konkret betrachte ich in diesem Kapitel die Governance-API-Methode `ENQUEUE_ASSIGNMENT`, die die zwei Methoden `GET_CREQUEST_OF_NODE` und `ENQUEUE_EDGE` der Hierarchy API aufruft. In diesem Abschnitt erörtere ich für die aufgerufene Methode `GET_CREQUEST_OF_NODE`, wie ein lesbares Testdouble aussehen könnte.

Beginnen möchte ich mit der in Abbildung 14.1 dargestellten Signatur dieser DOM-Methode.

Parameter	Type spec.	Description
IV_LEAD_ENTITY	TYPE USMD_ENTITY	Leading Entity Type of Hierarchy
IV_HRYVERS	TYPE USMD_HRYVERS OPTIONAL	Hierarchy Version
IV_EDITION	TYPE USMD_EDITION OPTIONAL	Edition
IS_HRYNAME	TYPE USMD_S_HRY_NODE_RKEY OPTIONAL	Key of Hierarchy Name (as Data Reference)
IS_HRYNODE	TYPE USMD_S_HRY_NODE_RKEY	Key of Hierarchy Node (as Data Reference)
IS_PARENT	TYPE USMD_S_HRY_NODE_RKEY OPTIONAL	Key of Parent Node (as Data Reference)
EV_CREQUEST_ID	TYPE USMD_CREQUEST	Change Request
EV_ASSIGNED	TYPE ABAP_BOOL	Already Assigned to CR
EV_CHANGED	TYPE ABAP_BOOL	OBSOLETE - DO NOT USE!
EV_NO_UNIQUE_CR	TYPE ABAP_BOOL	Cannot be Assigned to Any CR due to Locks
EV_NODE_LOCKED	TYPE ABAP_BOOL	Node IS_HRYNODE is locked by CR EV_CREQUEST

ZIF_USMD_HRY_API~GET_CREQUEST_OF_NODE Active

Abbildung 14.1 DOM-Signatur mit Verbesserungspotenzial

Die Signatur der Methode `GET_CREQUEST_OF_NODE` ist aus den folgenden Gründen verbesserungswürdig und sollte deshalb nicht 1:1 vom Testdouble übernommen werden:

- `EV_CHANGED` ist obsolet und sollte entfallen.
- `EV_UNIQUE_CREQUEST` anstelle von `EV_NO_UNIQUE_CR` wäre nicht nur wegen `EV_CREQUEST_ID` einheitlicher, sondern vermeidet auch eine doppelte Negation.
- `EV_ASSIGNED` und `EV_NODE_LOCKED` sollten beide auf den Knoten Bezug nehmen. Ferner wäre diese Signatur lesbarer, wenn diese beiden verwandten Parameter benachbart wären.
- Für eine gute Lesbarkeit sind es insgesamt zu viele Parameter.

Abbildung 14.2 zeigt die aufwendige Dokumentation der Methode `GET_CREQUEST_OF_NODE`.

Da es sich um eine Dokumentation für Entwickler handelt, ist sie am Anfang der Methode besser aufgehoben als in einer Textdatei. Zum einen entfällt für den Leser der Methode so die Suche nach der passenden Textdatei, zum anderen erhöht diese Platzierung auch die Wahrscheinlichkeit, dass diese Dokumentation aktuell gehalten wird. Eine Garantie für die Aktualität der Dokumentation gibt es trotzdem nicht, weil Abweichungen weder im produktiven Betrieb noch im Testbetrieb zutage treten. In dieser Hinsicht bietet eine *ausführbare Dokumentation*, also eine Suite von relevanten und lesbaren Testmethoden, einen klaren Vorteil. In diesem Abschnitt liegt der Fokus auf der lesbaren Erzeugung von Doubleobjekten.

```
ZIF_USMD_HRY_API~GET_CREQUEST_OF_NODE                                    Active
METHOD zif_usmd_hry_api~get_crequest_of_node.
* ! This method checks whether node IS_HRYNODE (with parent node IS_PARENT)
*   of the hierarchy specified by IV_LEAD_ENTITY, IV_HRYVERS, IV_EDITION,
*   and IS_HRYNAME is already locked in a change request. The following
*   states are possible:
*
*                            (A)   (B)   (C)   (D)   (E)
*     EV_CREQUEST_ID:         -   <ID>    -   <ID>  <ID>
*     EV_ASSIGNED:            -     -     -     X     X
*     EV_CHANGED:             -     -     -     -     -
*     EV_NO_UNIQUE_CR:        -     -     X     -     -
*     EV_NODE_LOCKED:         -     -     X     -     X
*
*     (A) The node is not locked in a change request and could be assigned
*         to any change request.
*     (B) The node is not locked in a change request but could only be
*         assigned to change request <ID> (since the node is locked by
*         another node that is locked in this change request).
*     (C) The node is not locked in a change request but could not be
*         assigned to any change request (since the node is locked by
*         several other nodes that are locked in different change requests).
*     (D) The node is locked in change request <ID> but could still be
*         removed from it (since no changes were performed yet).
*     (E) In case of strict locking, not only the parent but also the node
*         itself must be checked. The node is locked in change request <ID>
*         and cannot be removed from it.
```

Abbildung 14.2 Ausführliche Dokumentation einer Methode

14.1.1 Doubleklasse mit vielen Erzeugungsmethoden

Für eine gute Lesbarkeit sollte eine Erzeugungsmethode vor allem wenig Parameter haben. Ansonsten muss der Leser erst mehrere Detailinformationen kombinieren und wird dadurch in seinem Lesefluss unterbrochen. Eine geringere Anzahl an Parametern können Sie häufig dadurch erreichen, dass Sie für einen oder mehrere Parameter anstelle einer Argumentübergabe den Argumentwert so in den Namen der Erzeugungsmethode integrieren, dass er von dieser Methode folgerichtig dem passenden Attribut zugewiesen werden kann. Für einen anderen Wert ist dann natürlich eine weitere Erzeugungsmethode nötig.

Listing 14.1 verdeutlicht dieses Vorgehen für eine Doubleklasse der Hierarchy API, die sich erst einmal auf die Methode `GET_CREQUEST_OF_NODE` konzentriert. Technisch ist diese Konzentration, also die Implementierung nur dieser einen Methode, für eine Doubleklasse mit dem Zusatz `PARTIALLY IMPLEMENTED` hinter dem zugehörigen Interface möglich.

```
CLASS ltd_hry_api DEFINITION FINAL CREATE PRIVATE FOR TESTING.
  PUBLIC SECTION.
    INTERFACES zif_usmd_hry_api PARTIALLY IMPLEMENTED.
```

```
    CLASS-METHODS crt_assignable_to_any_creq        "A
      RETURNING
        VALUE(ro_double) TYPE REF TO ltd_hry_api.
    CLASS-METHODS crt_assignable_to_this_creq       "B
      IMPORTING
        iv_crequest_id TYPE usmd_crequest
      RETURNING
        VALUE(ro_double) TYPE REF TO ltd_hry_api.
    CLASS-METHODS crt_not_assignable_to_any_creq    "C
      RETURNING
        VALUE(ro_double) TYPE REF TO ltd_hry_api.
    CLASS-METHODS crt_assigned_to_this_creq         "D
      IMPORTING
        iv_crequest_id TYPE usmd_crequest
      RETURNING
        VALUE(ro_double) TYPE REF TO ltd_hry_api.
    CLASS-METHODS crt_locked_by_this_creq           "E
      IMPORTING
        iv_crequest_id TYPE usmd_crequest
      RETURNING
        VALUE(ro_double) TYPE REF TO ltd_hry_api.

  PRIVATE SECTION.
    DATA mv_crequest_id   TYPE usmd_crequest.
    DATA mv_no_unique_cr  TYPE abap_bool.
    DATA mv_node_assigned TYPE abap_bool.
    DATA mv_node_locked   TYPE abap_bool.
ENDCLASS.

CLASS ltd_hry_api IMPLEMENTATION.
  METHOD zif_usmd_hry_api~get_crequest_of_node.
    CLEAR ev_changed.
    ev_crequest_id  = mv_crequest_id.
    ev_no_unique_cr = mv_no_unique_cr.
    ev_assigned     = mv_node_assigned.
    ev_node_locked  = mv_node_locked.
  ENDMETHOD.

  METHOD crt_assignable_to_any_creq.
    CREATE OBJECT ro_double.
    CLEAR ro_double->mv_crequest_id.
    ro_double->mv_no_unique_cr  = abap_false.
    ro_double->mv_node_assigned = abap_false.
```

```
    ro_double->mv_node_locked   = abap_false.
  ENDMETHOD.
  ...
  METHOD crt_locked_by_this_creq.
    CREATE OBJECT ro_double.
    ro_double->mv_crequest_id    = iv_crequest_id.
    ro_double->mv_no_unique_cr   = abap_false.
    ro_double->mv_node_assigned = abap_true.
    ro_double->mv_node_locked    = abap_true.
  ENDMETHOD.
ENDCLASS.
```

Listing 14.1 Doubleklasse mit vielen Erzeugungsmethoden

Beachten Sie folgende Anmerkungen zur Doubleklasse in Listing 14.1:

- Der Namensanfang CRT der Erzeugungsmethoden ist eine Abkürzung für CREATE. Diese Abkürzung ist an dieser Stelle notwendig, damit mehr Buchstaben für eine konsistente Beschreibung und Unterscheidung der Methodenaufgaben zur Verfügung stehen.
- Der einzelne Buchstabe im Zeilenkommentar (z. B. A) verweist auf den betreffenden Fall in der Dokumentation der produktiven Methode.
- Die Attribute der Doubleklasse und die Implementierung der Interface-Methode GET_CREQUEST_OF_NODE entsprechen einer vierfachen Anwendung des in Abbildung 13.3 dargestellten Entwurfsmusters für ein Testdouble vom Typ Responder.

14.1.2 Doubleklasse mit einer Erzeugungsmethode

Falls Sie sich an der großen Anzahl an Erzeugungsmethoden stören, sollten Sie sich die Designalternative in Listing 14.2 vor Augen führen.

```
CLASS-METHODS create_double  "A,B,C,D,E
  IMPORTING
    iv_crequest_id   TYPE usmd_crequest OPTIONAL
    iv_unique_creq   TYPE abap_bool OPTIONAL
    iv_node_assigned TYPE abap_bool OPTIONAL
    iv_node_locked   TYPE abap_bool OPTIONAL
  RETURNING
    VALUE(ro_double) TYPE REF TO ltd_hry_api_2.

METHOD create_double.
  CREATE OBJECT ro_double.
  ro_double->mv_crequest_id = iv_crequest_id.
```

```
  ro_double->mv_node_assigned = iv_node_assigned.
  ro_double->mv_node_locked   = iv_node_locked.
  IF iv_unique_creq = abap_true.
    ro_double->mv_no_unique_cr = abap_false.
  ELSE.
    ro_double->mv_no_unique_cr = abap_true.
  ENDIF.
ENDMETHOD.
```

Listing 14.2 Doubleklasse mit nur einer Erzeugungsmethode

Diese Erzeugungsmethode bietet jedoch dem Testschreiber keinen Anhaltspunkt, welche Kombinationen der optionalen Parameter im Produktivbetrieb möglich und deshalb für das Testen sinnvoll sind. Außerdem unterstützt sie den Testleser nicht dabei, die Bedeutung der verwendeten Parameterargumente schnell zu verstehen.

14.2 Testdouble für zwei DOM-Methoden

In diesem Abschnitt möchte ich mich dem anspruchsvolleren Fall zuwenden, dass die zu testende Methode von mehreren Methoden des gleichen Interface bzw. der gleichen Klasse abhängt. Als Beispiel verwende ich die Methode ENQUEUE_ASSIGNMENT der Governance API. Diese Methode ruft in der Beispielanwendung zum Stammdatenmanagement die beiden Methoden GET_CREQUEST_OF_NODE und ENQUEUE_EDGE der Hierarchy API für das bedingte Sperren einer Hierarchiekante auf. Ein Blockdiagramm und weitere Detailinformationen finden Sie in Abschnitt 9.2.3, »Anspruchsvolles Beispiel für die Verbesserung einer Methodensignatur«.

14.2.1 Doubleklasse für mehrere DOM-Methoden

In diesem Abschnitt führe ich Ihnen vor, wie Sie eine MUT-Methode isolieren können, die zwei Methoden einer DOC-Klasse aufruft.

In Listing 14.3 ist die Methode ENQUEUE_ASSIGNMENT auf die wesentlichen Anweisungen reduziert. Für eine Implementierung mit weniger Lücken verweise ich auf Listing 9.13.

```
METHOD zif_usmd_gov_api~enqueue_assignment.
  ...
  mo_hry_api->get_crequest_of_node(
    ...
    IMPORTING
      ev_crequest_id   = lv_crequest_id
      ev_no_unique_cr = lv_not_assignable_to_crequest
  ).
```

```
  IF lv_crequest_id IS INITIAL
  AND lv_not_assignable_to_crequest = abap_false
  OR lv_crequest_id = iv_crequest_id.
    mo_hry_api->enqueue_edge(
      ...
      IMPORTING
        et_message = lt_message
    ).
    IF contains_error( lt_message ) = abap_true.
      RAISE EXCEPTION TYPE cx_usmd_gov_api_hry_lock
        EXPORTING
          mt_messages = lt_message.
   ENDIF.
  ENDIF.
  ...
ENDMETHOD.
```

Listing 14.3 Die zu testende MUT-Methode ruft zwei DOM-Methoden des gleichen Interface auf.

Die Methode `ENQUEUE_ASSIGNMENT` ruft nach der Methode `GET_CREQUEST_OF_NODE` genau dann die Methode `ENQUEUE_EDGE` auf, wenn für den gegebenen Knoten noch mehrere Änderungsanträge möglich sind oder der einzig mögliche dem importierten entspricht (und damit wohl auch dem gewünschten). Gemäß Abbildung 14.2 kommt es zum Aufruf der Methode `ENQUEUE_EDGE` in den folgenden, in der Dokumentation der Methode `GET_CREQUEST_OF_NODE` genannten Fällen:

- sicher für Fall A, denn jeder beliebige Änderungsantrag, also auch der gegebene `IV_CREQUEST_ID`, kann gewählt werden
- nur bedingt für die Fälle B, D und E, weil unter anderem der mögliche Änderungsantrag nicht notwendigerweise dem gegebenen entsprechen muss
- sicher nicht für Fall C, weil es gar keinen möglichen Änderungsantrag gibt

Um den tatsächlichen Aufruf der Methode `ENQUEUE_NODE` zu überprüfen, soll sich die Doubleklasse der Hierarchy API für die Methode `ENQUEUE_EDGE` wie ein Test-Spy verhalten (siehe Abschnitt 13.2.1, »Testdcubletypen«). Dazu implementiere ich die zweite Methode `ENQUEUE_EDGE` des Interface `ZIF_USMD_HRY_API` mit einer Anweisung, die lediglich registriert, dass diese Methode im Test gerufen wurde. Außerdem füge ich der Doubleklasse in Listing 14.4 zwei Assertion-Methoden hinzu, damit die Testmethoden ihre Erwartung bezüglich des Aufrufes in lesbarer Weise überprüfen können.

```
CLASS ltd_hry_api DEFINITION FINAL CREATE PRIVATE FOR TESTING.
  PUBLIC SECTION.
    INTERFACES zif_usmd_hry_api PARTIALLY IMPLEMENTED.

    CLASS-METHODS crt_assignable_to_any_creq        "A
      RETURNING
        VALUE(ro_double) TYPE REF TO ltd_hry_api.
    ...
    CLASS-METHODS crt_locked_by_this_creq           "E
      IMPORTING
        iv_crequest_id TYPE usmd_crequest
      RETURNING
        VALUE(ro_double) TYPE REF TO ltd_hry_api.

    METHODS assert_was_enqueued.
    METHODS assert_was_not_enqueued.

  PRIVATE SECTION.
    DATA mv_crequest_id   TYPE usmd_crequest.
    DATA mv_no_unique_cr  TYPE abap_bool.
    DATA mv_node_assigned TYPE abap_bool.
    DATA mv_node_locked   TYPE abap_bool.
    DATA mv_was_enqueued  TYPE abap_bool.
ENDCLASS.

CLASS ltd_hry_api IMPLEMENTATION.
  METHOD zif_usmd_hry_api~get_crequest_of_node.
    ...
  ENDMETHOD.

  METHOD zif_usmd_hry_api~enqueue_edge.
    mv_was_enqueued = abap_true.
  ENDMETHOD.
  ...
  METHOD assert_was_enqueued.
    cl_abap_unit_assert=>assert_true( mv_was_enqueued ).
  ENDMETHOD.

  METHOD assert_was_not_enqueued.
    cl_abap_unit_assert=>assert_false( mv_was_enqueued ).
  ENDMETHOD.
ENDCLASS.
```

Listing 14.4 Hierarchy-API-Double, das zwei Methoden implementiert

CUT-Hilfsklasse für die Injektion

Das Hierarchy-API-Double soll über eine Unterklasse in die zu testende Governance API injiziert werden. Wie Listing 14.5 zeigt, benötigt diese Hilfsklasse LTH_GOV_API dazu nur eine Erzeugungsmethode CREATE_DOUBLE.

```
CLASS lth_gov_api DEFINITION
INHERITING FROM zcl_usmd_gov_api_2 FINAL
CREATE PRIVATE FOR TESTING.
  PUBLIC SECTION.
    CLASS-METHODS create_double
      IMPORTING
        io_hry_api TYPE REF TO zif_usmd_hry_api
      RETURNING
        VALUE(ro_double) TYPE REF TO lth_gov_api.
ENDCLASS.
```

Listing 14.5 Unterklasse mit Erzeugungsmethode für Injektion

Da diese Hilfsklasse keine Methode redefiniert, verhält sie sich wie die produktive Governance API. Folglich kann eine Testklasse die produktive Governance API stellvertretend auch mit dieser Hilfsklasse testen.

14.2.2 Definition und Implementierung der Testklasse

Die Testklasse in Listing 14.6 soll für alle real möglichen Fälle testen, ob die zu testende Methode ENQUEUE_ASSIGNMENT die gegebene Hierarchiekante mithilfe der aufgerufenen Methode ENQUEUE_EDGE sperrt oder nicht. Dabei gibt es nur für die in der Dokumentation genannten Fälle B, D und E beide Möglichkeiten, weil genau für diese Fälle ein Vergleich zwischen dem importierten und dem von der Methode GET_CREQUEST_OF_NODE exportierten Änderungsantrag durchgeführt wird.

```
CLASS ltc_enqueue_assignment DEFINITION FINAL
FOR TESTING RISK LEVEL HARMLESS DURATION SHORT.
  PRIVATE SECTION.
    METHODS assignable_to_any_crec FOR TESTING.        "A
    METHODS assignable_to_same_creq FOR TESTING.       "B1
    METHODS assignable_to_different_creq FOR TESTING.  "B2
    METHODS not_assignable_to_any_creq FOR TESTING.    "C
    METHODS assigned_to_same_creq FOR TESTING.         "D1
    METHODS assigned_to_different_creq FOR TESTING.    "D2
    METHODS locked_by_same_creq FOR TESTING.           "E1
    METHODS locked_by_different_creq FOR TESTING.      "E2
```

```
    METHODS enqueue_assignment
      IMPORTING
        iv_crequest_id TYPE usmd_crequest
      RAISING
        cx_usmd_gov_api.

    CONSTANTS c_creq_id_1 TYPE usmd_crequest VALUE '1'.
    CONSTANTS c_creq_id_2 TYPE usmd_crequest VALUE '2'.

    DATA mo_gov_api TYPE REF TO zif_usmd_gov_api.
    DATA do_hry_api TYPE REF TO ltd_hry_api.
ENDCLASS.
```

Listing 14.6 Testklasse für die Hilfsklasse der Governance API

[«]

Namenskonvention

Für Doubleattribute empfehle ich Ihnen das Präfix DO anstelle eines Suffixes DOUBLE. Beispielsweise ist der Attributbezeichner DO_HRY_API gegenüber dem Attributbezeichner MO_HRY_API_DOUBLE allein dadurch leichter lesbar, dass die entscheidende Doubleeigenschaft gleich zu Beginn herausgestellt wird.

Listing 14.7 zeigt die Implementierung der Testklasse. Mit der vorgeschlagenen Notation für Doubleattribute ist auch schneller erkennbar, welche Abhängigkeit in dem jeweiligen Testfall simuliert wird.

```
CLASS ltc_enqueue_assignment IMPLEMENTATION.
  ...
  METHOD locked_by_same_creq.
    do_hry_api =
      ltd_hry_api=>crt_locked_by_this_creq( c_creq_id_1 ).
    mo_gov_api = lth_gov_api=>create_double( do_hry_api ).
    enqueue_assignment( c_creq_id_1 ).
    do_hry_api->assert_was_enqueued( ).
  ENDMETHOD.

  METHOD locked_by_different_creq.
    do_hry_api =
      ltd_hry_api=>crt_locked_by_this_creq( c_creq_id_1 ).
    mo_gov_api = lth_gov_api=>create_double( do_hry_api ).
    enqueue_assignment( c_creq_id_2 ).
    do_hry_api->assert_was_not_enqueued( ).
  ENDMETHOD.
```

```
  METHOD enqueue_assignment.
    DATA ls_any_assignment_key TYPE usmd_s_assignment_key.

    mo_gov_api->enqueue_assignment(
        iv_crequest_id     = iv_crequest_id
        iv_edition         = gc_any_edition
        iv_leading_entity  = gc_any_entity_type
        is_assignment_key  = ls_any_assignment_key
        iv_lock_mode       = gc_lock_mode_exclusive
    ).
  ENDMETHOD.
ENDCLASS.
```

Listing 14.7 Testmethoden sowie Hilfsmethode für den Aufruf der MUT-Methode

Die Testmethoden in Listing 14.7 folgen dem Gegeben-Wenn-Dann-Entwurfsmuster. Jede dieser Methoden erzeugt ein Hierarchy-API-Double und injiziert es in die Governance API (Konstruktorinjektion). Damit ist ein isolierter Test *gegeben*. *Wenn* die Testmethode die zu testende Methode (über eine Hilfsmethode der Testklasse) aufruft, ruft diese möglicherweise eine bestimmte Methode der Hierarchy API auf. Da sich das Hierarchy-API-Double als Test-Spy einen solchen Aufruf merkt, kann es *dann* auf Verlangen der Testmethode überprüfen, ob dieser Aufruf stattgefunden hat.

[»]

Schwacher Zusammenhalt einer Doubleklasse

Das Hierarchy-API-Double LTD_HRY_API kann nun zwei Interface-Methoden simulieren. Allerdings weist es folgende Mängel auf:

- Sein innerer Zusammenhalt hat sich mit der zusätzlichen Implementierung der Methode ENQUEUE_EDGE verschlechtert. Konkret greifen GET_CREQUEST_OF_NODE und die Erzeugungsmethoden auf der einen Seite und ENQUEUE_EDGE und die Hilfsmethoden ASSERT_WAS_ENQUEUED und ASSERT_WAS_NOT_ENQUEUED auf der anderen Seite auf völlig unterschiedliche Attribute zu. Mit weiteren Interface-Methoden wird sich dieser Mangel verstärken, weil diese Methoden für ihre Implementierung weitere Attribute benötigen werden.
- Diese zusätzlichen Attribute werden entweder zu weiteren Eingabeparametern für die Erzeugungsmethoden oder zu entsprechenden Setter-Methoden führen. Damit wird aber die auf die Methode GET_CREQUEST_OF_NODE ausgerichtete Benennung der Erzeugungsmethoden nur schwer zu halten sein. Letzten Endes wird es dann auf eine einzige Erzeugungsmethode CREATE_DOUBLE hinauslaufen, die sehr viele Eingabeparameter als optional deklariert (siehe Listing 14.2). Für die korrekte Verwendung dieser einen Methode ist dann aber wieder eine umfangreiche Dokumentation nötig.

- Die Injektion des Hierarchy-API-Doubles in die Governance API wird in allen Testmethoden in gleicher Weise wiederholt. Da jede Testmethode mit einem anderen Doubleobjekt arbeitet, lässt sich diese Anweisung aber nicht in eine Methode SETUP auslagern.

14.3 Kombination zweier Methodendoubles

Als Antwort auf die im vorangegangenen Abschnitt aufgeführte Mängelliste stelle ich Ihnen nun ein sauberes und flexibles Design für ein Testdouble vor, das beliebig viele Methoden eines Interface oder einer Klasse simulieren kann. Grundlage dafür sind *Methodendoubles*, also Doubleobjekte, die sich jeweils auf eine produktive Methode konzentrieren.

14.3.1 Starker Zusammenhalt einer Doubleklasse

Für ein Methodendouble zur Methode GET_CREQUEST_OF_NODE kehre ich zu der stark zusammenhaltenden Doubleklasse aus Listing 14.1 zurück. Ich bezeichne diese Klasse nun aber mit LTD_GET_CREQ, damit sie als *Methodendoubleklasse* erkennbar ist. LTD_GET_CREQUEST_OF_NODE würde ich als Namen für eine solche Klasse bevorzugen, aber dieser hätte wegen der geringen Zeilenbreite des Buches zu zahlreichen unleserlichen Zeilenumbrüchen geführt.

Für die Methode ENQUEUE_EDGE schlage ich die Methodendoubleklasse LTD_ENQUEUE_EDGE in Listing 14.8 vor. Sie weist ebenfalls einen starken Zusammenhalt auf.

```
CLASS ltd_enqueue_edge DEFINITION FINAL
CREATE PRIVATE FOR TESTING.
  PUBLIC SECTION.
    INTERFACES zif_usmd_hry_api PARTIALLY IMPLEMENTED.

    CLASS-METHODS crt_can_be_locked_no_msg      "Responder
      RETURNING
        VALUE(ro_double) TYPE REF TO ltd_enqueue_edge.
    CLASS-METHODS crt_already_locked_error      "Saboteur
      RETURNING
        VALUE(ro_double) TYPE REF TO ltd_enqueue_edge.
    CLASS-METHODS crt_only_exclusive_locking    "Mock
      RETURNING
        VALUE(ro_double) TYPE REF TO ltd_enqueue_edge.

    METHODS assert_was_enqueued.
    METHODS assert_was_not_enqueued.
```

```
  PRIVATE SECTION.
    DATA mv_was_enqueued  TYPE abap_bool.
    DATA ms_message       TYPE usmd_s_message.
    DATA mv_exp_lock_mode TYPE enqmcde.
ENDCLASS.

CLASS ltd_enqueue_edge IMPLEMENTATION.
  METHOD zif_usmd_hry_api~enqueue_edge.
    CLEAR et_message.
    IF ms_message IS NOT INITIAL.
      APPEND ms_message TO et_message.
    ENDIF.

    mv_was_enqueued = abap_true.
    cl_abap_unit_assert=>assert_equals(
        exp = gc_lock_mode_exclusive
        act = iv_lock_mode
    ).
  ENDMETHOD.

  METHOD crt_can_be_locked_no_msg.
    CREATE OBJECT ro_double.
    CLEAR ro_double->ms_message.
  ENDMETHOD.

  METHOD crt_already_locked_error.
    CREATE OBJECT ro_double.
    ro_double->ms_message-msgid = 'USMD1A'.
    ro_double->ms_message-msgno = '023'.
    ro_double->ms_message-msgty = 'E'.
    ro_double->ms_message-msgv1 = gc_any_entity_type.
    ro_double->ms_message-msgv2 = gc_other_user.
  ENDMETHOD.

  METHOD crt_only_exclusive_locking.
    CREATE OBJECT ro_double.
    ro_double->mv_exp_lock_mode = gc_lock_mode_exclusive.
  ENDMETHOD.
  ...
ENDCLASS.
```

Listing 14.8 Methodendoubleklasse

Beachtenswert an Listing 14.8 ist die aufgerufene Methode ENQUEUE_EDGE. Sie zeigt, wie eine Doubleklasse verschiedene Testdoubletypen implementieren kann. Am Anfang kümmert sich diese Methode der Doubleklasse um ihre Rolle als Test-Stub:

- Sie agiert als Saboteur, wenn das Attribut MS_MESSAGE während der Erzeugung mit einer Fehlermeldung belegt wurde.
- Sie agiert als Responder, wenn das Attribut MS_MESSAGE mit keiner oder einer Erfolgsmeldung ausgestattet wurde.

Danach kommt die schon erwähnte Test-Spy-Anweisung, ohne die die Testmethode nicht wissen kann, ob dieser Aufruf der Methode ENQUEUE_EDGE überhaupt stattgefunden hat. Am Ende wendet sich die Doublemethode ihrer Mock-Objekt-Rolle zu, indem sie überprüft, ob der Aufrufer in der Tat nach einer exklusiven Sperre verlangte.

14.3.2 Decorator-Doubleklasse

Diese beiden Methodendoubles LTD_GET_CREQ und LTD_ENQUEUE_EDGE werden in der folgenden lokalen Doubleklasse LTD_HRY_API mithilfe des Decorator-Entwurfsmusters zusammengeführt. Diese sogenannte *Decorator-Doubleklasse* delegiert den Aufruf von Interface-Methoden über entsprechende Attribute an Methodendoubleklassen, die das gleiche Interface implementieren.

Im Beispiel von Listing 14.9 handelt es sich ausschließlich um eine Delegation des Interface-Methodenaufrufes, aber die Implementierung einer Decorator-Doubleklasse kann auch weitere Anweisungen enthalten, wenn beispielsweise mehrere Methodendoubleobjekte in einem Test zum Einsatz kommen sollen.

```
CLASS ltd_hry_api DEFINITION FINAL CREATE PRIVATE FOR TESTING.
  PUBLIC SECTION.
    INTERFACES zif_usmd_hry_api PARTIALLY IMPLEMENTED.

    CLASS-METHODS create_decorator
      RETURNING
        VALUE(ro_double) TYPE REF TO ltd_hry_api.
    METHODS inj_get_crequest_of_node
      IMPORTING
        io_method_double TYPE REF TO ltd_get_creq.
    METHODS inj_enqueue_edge
      IMPORTING
        io_method_double TYPE REF TO ltd_enqueue_edge.

    METHODS assert_was_enqueued.
    METHODS assert_was_not_enqueued.
```

14

```
  PRIVATE SECTION.
    DATA mo_get_creq_of_node TYPE REF TO ltd_get_creq.
    DATA mo_enqueue_edge     TYPE REF TO ltd_enqueue_edge.
ENDCLASS.

CLASS ltd_hry_api IMPLEMENTATION.
  METHOD zif_usmd_hry_api~get_crequest_of_node.
    mo_get_creq_of_node->zif_usmd_hry_api~get_crequest_of_node(
      EXPORTING
        iv_lead_entity  = iv_lead_entity
        iv_hryvers      = iv_hryvers
        iv_edition      = iv_edition
        is_hryname      = is_hryname
        is_hrynode      = is_hrynode
        is_parent       = is_parent
      IMPORTING
        ev_crequest_id  = ev_crequest_id
        ev_assigned     = ev_assigned
        ev_changed      = ev_changed
        ev_no_unique_cr = ev_no_unique_cr
        ev_node_locked  = ev_node_locked
    ).
  ENDMETHOD.

  METHOD zif_usmd_hry_api~enqueue_edge.
    mo_enqueue_edge->zif_usmd_hry_api~enqueue_edge(
      EXPORTING
        iv_lead_entity = iv_lead_entity
        iv_hryvers     = iv_hryvers
        iv_edition     = iv_edition
        is_hryname     = is_hryname
        is_hrynode     = is_hrynode
        is_parent      = is_parent
        iv_lock_mode   = iv_lock_mode
      IMPORTING
        et_message     = et_message
    ).
  ENDMETHOD.

  METHOD create_decorator.
    CREATE OBJECT ro_double.
  ENDMETHOD.
```

```
  METHOD inj_get_crequest_of_node.
    mo_get_creq_of_node = io_method_double.
  ENDMETHOD.

  METHOD inj_enqueue_edge.
    mo_enqueue_edge = io_method_double.
  ENDMETHOD.

  METHOD assert_was_enqueued.
    mo_enqueue_edge->assert_was_enqueued( ).
  ENDMETHOD.

  METHOD assert_was_not_enqueued.
    mo_enqueue_edge->assert_was_not_enqueued( ).
  ENDMETHOD.
ENDCLASS.
```

Listing 14.9 Decorator-Doubleklasse für die Hierarchy API

Die lokale Doubleklasse LTD_HRY_API hat für jede aufgerufene Methode (z. B. ENQUEUE_EDGE) ein Attribut (MO_ENQUEUE_EDGE), das mit einer speziellen Injektionsmethode (INJ_ENQUEUE_EDGE) mit einem Methodendoubleobjekt (der Klasse LTD_ENQUEUE_EDGE) belegt wird. Als Decorator-Doubleklasse delegiert LTD_HRY_API jeden DOM-Aufruf (z. B. der Methode ENQUEUE_EDGE) an das DOM-Methodendoubleobjekt (z. B. MO_ENQUEUE_EDGE) weiter. Die entsprechende Delegation findet für die methodenspezifischen Assertion-Methoden statt.

Listing 14.10 zeigt beispielhaft, wie Sie ein Decorator-Double in einer Testklasse verwenden können

```
CLASS ltc_enqueue_assignment DEFINITION FINAL
FOR TESTING RISK LEVEL HARMLESS DURATION SHORT.
  PRIVATE SECTION.
    METHODS setup.
    METHODS assignable_to_any_creq FOR TESTING.        "A
    METHODS assignable_to_same_creq FOR TESTING.       "B1
    METHODS assignable_to_different_creq FOR TESTING. "B2
    METHODS not_assignable_to_any_creq FOR TESTING.    "C
    METHODS assigned_to_same_creq FOR TESTING.         "D1
    METHODS assigned_to_different_creq FOR TESTING.    "D2
    METHODS locked_by_same_creq FOR TESTING.           "E1
    METHODS locked_by_different_creq FOR TESTING.      "E2
    METHODS already_locked_error_msg FOR TESTING.
```

```
    METHODS enqueue_assignment
      IMPORTING
        iv_creq_id TYPE usmd_crequest
      RAISING
        cx_usmd_gov_api.

    CONSTANTS c_creq_id_1 TYPE usmd_crequest VALUE '1'.
    CONSTANTS c_creq_id_2 TYPE usmd_crequest VALUE '2'.

    DATA mo_gov_api TYPE REF TO zif_usmd_gov_api.
    DATA do_hry_api TYPE REF TO ltd_hry_api.
ENDCLASS.

CLASS ltc_enqueue_assignment IMPLEMENTATION.
  METHOD setup.
    do_hry_api = ltd_hry_api=>create_decorator( ).
    do_hry_api->inj_enqueue_edge(
        ltd_enqueue_edge=>crt_only_exclusive_locking( )
    ).
    mo_gov_api = lth_gov_api=>create_double( do_hry_api ).
  ENDMETHOD.
  ...
  METHOD locked_by_same_creq.
    do_hry_api->inj_get_crequest_of_node(
        ltd_get_creq=>crt_locked_by_this_creq( c_creq_id_1 )
    ).
    enqueue_assignment( c_creq_id_1 ).
    do_hry_api->assert_was_enqueued( ).
  ENDMETHOD.

  METHOD locked_by_different_creq.
    do_hry_api->inj_get_crequest_of_node(
        ltd_get_creq=>crt_locked_by_this_creq( c_creq_id_1 )
    ).
    enqueue_assignment( c_creq_id_2 ).
    do_hry_api->assert_was_not_enqueued( ).
  ENDMETHOD.

  METHOD already_locked_error_msg.
    do_hry_api->inj_get_crequest_of_node(
        ltd_get_creq=>crt_assignable_to_any_creq( )
    ).
    do_hry_api->inj_enqueue_edge(
```

```
        ltd_enqueue_edge=>crt_already_locked_error( )
    ).
    TRY.
        enqueue_assignment( c_creq_id_1 ).
        cl_abap_unit_assert=>fail( 'Exception expected' ).
      CATCH cx_usmd_gov_api_hry_lock.
        RETURN.
    ENDTRY.
  ENDMETHOD.
ENDCLASS.
```

Listing 14.10 Testklasse mit Isolierung in der SETUP-Methode

Die Testisolierung wird in Listing 14.10 in mehreren Schritten vollzogen. Den Anfang macht die neue Methode SETUP, indem sie ein initiales Decorator-Doubleobjekt für die Hierarchy API erzeugt. Bei sofortiger Ausführung würde für beide Interface-Methoden GET_CREQUEST_OF_NODE und ENQUEUE_EDGE ein Laufzeitfehler auftreten, da die zugehörigen Methodendoubleattribute MO_GET_CREQ_OF_NODE und MO_ENQUEUE_EDGE noch initial sind.

Danach erzeugt und injiziert die Methode SETUP ein Methodendoubleobjekt für die Methode ENQUEUE_EDGE, das als Mock-Objekt die ausschließliche Verwendung von exklusiven Sperren überprüft. Zuletzt injiziert die Methode SETUP dieses Hierarchy-API-Double in das Hilfsobjekt für die Governance API.

In den Testmethoden wird die Testisolierung mit unterschiedlichen Doubles für die Methode GET_CREQUEST_OF_NODE vervollständigt. Eine Testmethode kann aber auch das in der Methode SETUP gesetzte, oftmals harmlose Doubleobjekt für eine Interface-Methode ersetzen. Ein Beispiel dafür ist die neu hinzugekommene Testmethode ALREADY_LOCKED_ERROR_MSG, die die Fehlerbehandlung der zu testenden Methode ENQUEUE_ASSIGNMENT testen soll, wenn die aufgerufene Methode ENQUEUE_EDGE eine Fehlermeldung exportiert. Da die Methode SETUP für die Gemeinsamkeiten der Testmethoden steht, sollte dies aber die Ausnahme und nicht die Regel sein. Daneben dokumentieren die Testmethoden nun in sehr lesbarer Weise das Verhalten der beteiligten Doubles der aufgerufenen Methode.

14.4 Globalisierung von Testdoubles

Die lokale Definition eines Testdoubles führt vor allem bei zentralen Klassen zu Dopplung. Beispielsweise benötigen die vielen Verwender einer API in ihren lokalen Testklassen typischerweise das gleiche oder ein ähnliches Doubleverhalten einer DOM-Methode. Wenn die Decorator-Doubleklasse für eine produktive DOC-Klasse also global wäre, könnte sich jede Testmethode das von ihr benötigte Doubleobjekt zusammenstellen.

Die globale Doubleklasse für die Hierarchy API in Listing 14.11 ist der lokalen Doubleklasse im vorangegangenen Abschnitt ähnlich. Der größte Unterschied ist der, dass die globale Doubleklasse die zu ihr gehörenden Methodendoubleklassen lokal definiert und implementiert. Dem Katalog-Entwurfsmuster folgend bietet sie aber die Möglichkeit an, Objekte dieser Methodendoubles mit einem Aufruf zu erzeugen und zu injizieren. Des Weiteren bietet die globale Doubleklasse Assertion-Methoden noch einmal an, damit sie von den Testmethoden in ihrer Dann-Phase aufgerufen werden können. Trotz dieses Delegationsaufwands empfehle ich Ihnen die Lokalität der Methodendoubleklassen, weil ansonsten das betreffende Paket leicht mit globalen Methodendoubleklassen überschwemmt wird.

```
CLASS ztd_usmd_hry_api DEFINITION PUBLIC FINAL
CREATE PRIVATE FOR TESTING.
  PUBLIC SECTION.
    INTERFACES zif_usmd_hry_api PARTIALLY IMPLEMENTED.

    CLASS-METHODS create_decorator
      RETURNING
        VALUE(ro_double) TYPE REF TO ztd_usmd_hry_api.
    METHODS inj_assignable_to_any_creq.
    ...
    METHODS inj_already_locked_error
      IMPORTING
        is_msg TYPE usmd_s_message.
    METHODS get_already_locked_error_msg
      RETURNING
        VALUE(rs_msg) TYPE usmd_s_message.
    METHODS assert_was_enqueued.

  PRIVATE SECTION.
    DATA mo_get_creq      TYPE REF TO zif_usmd_hry_api.
    DATA mo_enqueue_edge TYPE REF TO zif_usmd_hry_api.
ENDCLASS.

CLASS ztd_usmd_hry_api IMPLEMENTATION.
  ...
  METHOD inj_assignable_to_any_creq.
    mo_get_creq = ltd_get_creq=>cr_assignable_to_any_creq( ).
  ENDMETHOD.
  ...
```

```
  METHOD inj_already_locked_error.
    mo_enqueue_edge =
      ltd_enqueue_edge=>crt_already_locked_error( is_msg ).
  ENDMETHOD.
  ...
  METHOD get_already_locked_error_msg.
    rs_msg = ltd_enqueue_edge=>get_already_locked_error_msg( ).
  ENDMETHOD
  ...
  METHOD assert_was_enqueued.
    DATA lo_enqueue_edge TYPE REF TO ltd_enqueue_edge.
    lo_enqueue_edge ?= mo_enqueue_edge.
    lo_enqueue_edge->assert_was_enqueued( ).
  ENDMETHOD.
ENDCLASS.
```

Listing 14.11 Globale Doubleklasse für die Hierarchy API

Das Design der Hierarchy-API-Doubleklasse in Listing 14.11 weist darüber hinaus folgende Besonderheiten in Bezug auf das Open-Closed-Prinzip auf:

- **Injizierende Erzeugungsmethoden**
  Ein Testdouble wird in der Regel erzeugt, um es zu injizieren. Methoden wie `INJ_ASSIGNABLE_TO_ANY_CR` vereinigen diese beiden Schritte in kompakter Weise, allerdings zu dem Preis, dass Verwender keine eigenen Methodendoubles mehr definieren und injizieren können.

  Diese Verletzung des Open-Closed-Prinzips ist so lange nicht kritisch, wie Verwender die zusätzlich benötigte Methode einfach hinzufügen (lassen) können. In allen anderen Fällen wird ein Verwender entweder seine Testmethoden dem Angebot an Methodendoubles anpassen oder aber auf den Einsatz des globalen Doubles ganz verzichten. Folglich sollten Sie diese Vor- und Nachteile bei Ihrer Designentscheidung gut abwägen.

- **Konfigurierbare Doubles**
  Eine Testmethode, die sich von der Methode `ENQUEUE_EDGE` isolieren möchte, kann nun noch die Fehlermeldung konfigurieren, mit der der entsprechende Saboteur reagieren soll. Die schon verwendete Fehlermeldung wird nun über eine separate Hilfsmethode öffentlich angeboten. Nach dem Open-Closed-Prinzip könnten weitere Meldungen durch andere Hilfsmethoden bereitgestellt und ohne Änderung mit der Methodendoubleklasse kombiniert werden. Das ist somit ein einfaches Beispiel für den Unterschied zwischen einem codierten und einem konfigurierten Double.

Die Testklasse in Listing 14.12 drückt durch ihren Namen genauer aus, dass ihre Testmethoden ausschließlich mit exklusiven Sperren arbeiten. Des Weiteren fällt die viel kompaktere Formulierung der Testmethoden in Bezug auf die Erzeugung und Injektion von Methodendoubles auf.

```
CLASS ltc_enqueue_assignment_excl IMPLEMENTATION.
  METHOD setup.
    do_hry_api = ztd_usmd_hry_api=>create_decorator( ).
    do_hry_api->i_can_be_locked_no_msg( ).
    mo_gov_api = zth_usmd_gov_api=>create_helper( do_hry_api ).
  ENDMETHOD.

  METHOD assignable_to_any_creq.
    do_hry_api->i_assignable_to_any_creq( ).
    enqueue_assignment( c_creq_id_1 ).
    do_hry_api->assert_was_enqueued( ).
  ENDMETHOD.
  ...
ENDCLASS.
```

Listing 14.12 Testklasse mit globaler Doubleklasse

14.5 Design globaler Testdoubles

Die globale Doubleklasse im vorangegangenen Abschnitt hat ein Interface der produktiven Klasse implementiert. Das ist empfehlenswert, weil dadurch ihre Rolle klarer definiert ist. Sie kann prinzipiell auch von der produktiven Klasse abgeleitet werden, wenn diese nicht final ist. Das ist nötig, wenn die produktive Klasse kein Interface besitzt und auch keines eingeführt werden soll, was für ältere Anwendungen immer wieder der Fall ist. Es ist auch nötig, wenn die DOM-Methode eine geschützte Methode der zu testenden CUT-Klasse ist.

Die Ableitung von der Produktklasse kann aber auch sinnvoll sein, wenn viele DOC-Methoden im Sinne des Testens harmlos sind, also gar nicht gedoubelt werden müssen oder zumindest nicht sofort. Dies trifft typischerweise auf Funktionen zu, also Berechnungs- oder Verarbeitungsmethoden ohne Abhängigkeiten. Aber auch Methoden für den Zugriff auf das Customizing können dazugehören, wenn dieses mit organisatorischen Mitteln zum einen stabil gehalten und zum anderen automatisch in nachgelagerte Systeme eingespielt werden kann. Das Entscheidende ist, dass der Weg zu einer vollständigen Testisolierung jederzeit offensteht.

Das Blockdiagramm in Abbildung 14.3 zeigt den Fall, in dem sowohl das globale Decorator-Double als auch dessen Methodendoubles Unterklassen der produktiven Klasse sind.

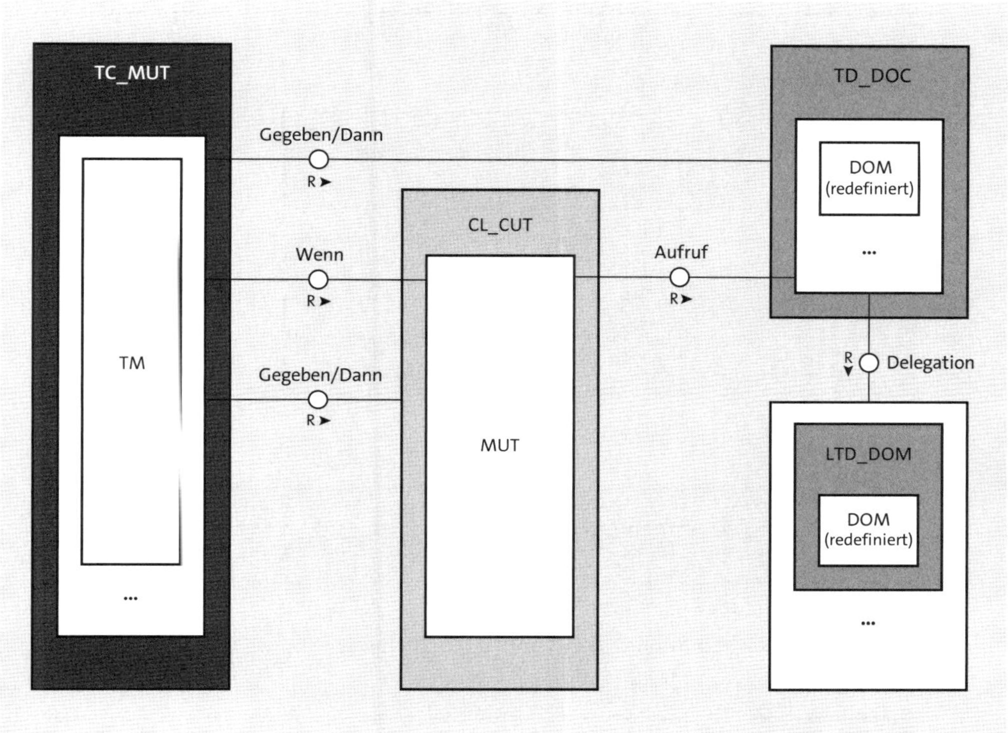

Abbildung 14.3 Verwendung eines globalen Decorator-Doubles für die DOC-Produktklasse

Die produktive Implementierung der aufgerufenen DOM-Methode wird in der globalen Decorator-Doubleklasse `TD_DOC` mit einer Delegation zur DOM-Methode der lokalen Methodendoubleklasse `LTD_DOM` und in der DOM-Methode der Doubleklasse `LTD_DOM` mit dem gewünschten Doubleverhalten redefiniert. Abbildung 14.3 illustriert darüber hinaus mit der Testklasse `TC_MUT` das Entwurfsmuster für methodenspezifische Testklassen.

Das Klassendiagramm in Abbildung 14.4 zeigt, dass prinzipiell jedes Methodendouble individuell designt und in das globale Testdouble integriert werden kann.

`LTD_DOM1` ist ein Unterklassendouble und `LTD_DOM2` ist ein Interface-Double, und das, obwohl die Methoden `DOM1` und `DOM2` vom gleichen Interface `IF_DOC` definiert werden.

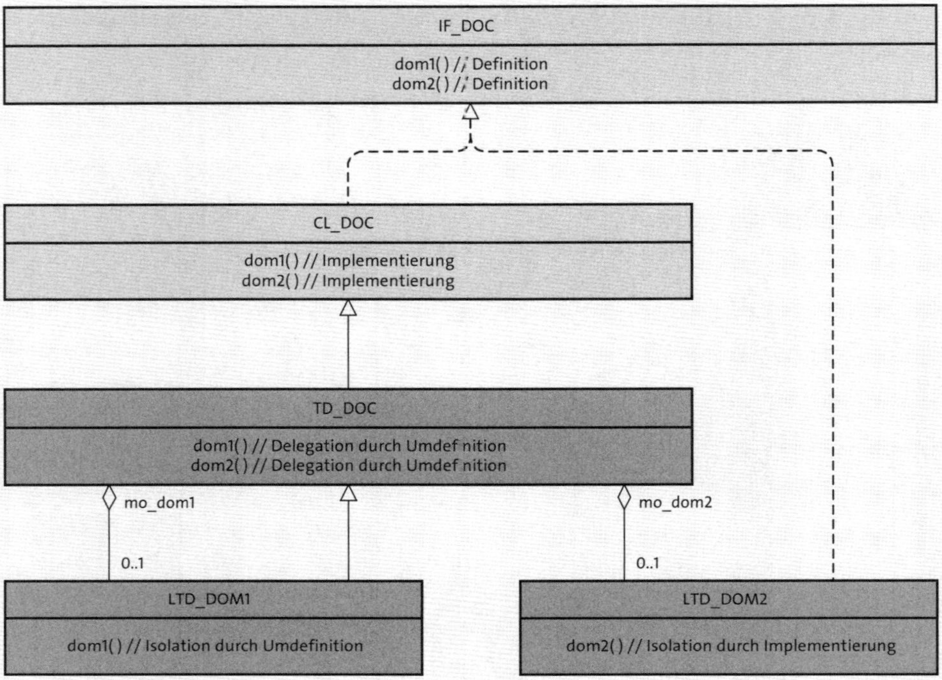

Abbildung 14.4 Kombination von Methodendoubleklassen

Einsatz von globalen Testdoubles

Zusammenfassend lässt sich festhalten:

- **Bedarfsgetriebene Testisolierung**
  Sie müssen nicht unbedingt alle DOC-Methoden doubeln, und schon gar nicht von Anfang an. Solange eine DOC-Methode keinen negativen Einfluss auf das Testen hat, investieren Sie lieber in die Testautomatisierung an einer anderen Stelle. Umgekehrt sollten Sie aber die ersten Anzeichen, dass durch fehlende Testisolierung etwa Falschmeldungen auftreten, sehr ernst nehmen und die Isolierungslücke umgehend schließen.
- **Aufwand und Ertrag**
  Dieses *Globale-Testdoubles-Entwurfsmuster* ist mächtig. Während es die Definition von Doubleklassen zentralisiert und eine größtmögliche Lesbarkeit der Testmethoden sicherstellt, ist für die Umsetzung dieses Entwurfsmusters doch einiger Aufwand notwendig. Deshalb empfiehlt es sich vor allem für Klassen mit vielen Verwendern, wie etwa einer API.

Mit globalen Testdoubles eröffnet sich aber auch ein ganz neues Zusammenarbeitsmodell zwischen Entwicklungsteams. Wenn die produktive API zusammen mit ihrem globalen Testdouble in die Paketschnittstelle aufgenommen wird, können sich andere Teams in effektiver und effizienter Weise von dieser API isolieren.

14.6 Anpassung globaler Testdoubles

In diesem Abschnitt möchte ich einige Möglichkeiten aufzeigen, wie das Globale-Testdoubles-Entwurfsmuster für eine Anwendung angepasst oder variiert werden kann. Einige der folgenden Anpassungen sind Vereinfachungen, die unter anderem den Implementierungsaufwand reduzieren. Andere sind Erweiterungen, um mit zusätzlichen Anforderungen zurechtzukommen.

Um beispielsweise einen Anwendungsteil von einer Funktionsgruppe zu isolieren, die für die Einplanung und Ausführung von Jobs zuständig ist, verstecke ich sie hinter einem neuen Interface. Neben der besseren Testbarkeit ist mir wichtig, dass andere Anwendungen ebenfalls auf verständlicheren Schnittstellen aufbauen können.

14.6.1 Job-Interface

Das Job-Interface `ZIF_JOB` in Listing 14.13 bietet im Wesentlichen folgende Funktionalität:

- Nach dem Öffnen eines Jobs können ihm ein oder mehrere Reports (oder Varianten davon) als sogenannte *Jobschritte* übergeben werden.
- Mit dem Schließen wird der Job entweder umgehend oder zu einem späteren Zeitpunkt gestartet.
- Über den ganzen Zeitraum hinweg kann sein augenblicklicher Status abgefragt werden.

Listing 14.13 zeigt außerdem, dass die Interfaces `ZIF_JOB_STEP` und `ZIF_JOB_TRIGGER` jeweils mehrere Eingabeparameter der verschalten Funktionsbausteine gruppieren.

```
INTERFACE zif_job PUBLIC.
  METHODS open
    IMPORTING
      iv_jobname TYPE tbtcjob-jobname
    RAISING
      zcx_job.
  METHODS submit_step
    IMPORTING
      io_job_step TYPE REF TO zif_job_step
```

```
    RAISING
      zcx_job.
  METHODS close
    IMPORTING
      io_trigger TYPE REF TO zif_job_trigger OPTIONAL
    RAISING
      zcx_job.
  METHODS get_status
    RETURNING
      VALUE(rv_status) TYPE tbtcjob-status
    RAISING
      zcx_job.

  CONSTANTS c_status_ready     TYPE tbtco-status VALUE 'Y'.
  CONSTANTS c_status_scheduled TYPE tbtco-status VALUE 'P'.
  CONSTANTS c_status_running   TYPE tbtco-status VALUE 'R'.
  CONSTANTS c_status_finished  TYPE tbtco-status VALUE 'F'.
ENDINTERFACE.

INTERFACE zif_job_step PUBLIC.
  DATA mv_report  TYPE sy-repid READ-ONLY.
  DATA mv_variant TYPE raldb-variant READ-ONLY.
  DATA mv_user    TYPE sy-uname READ-ONLY.
ENDINTERFACE.

INTERFACE zif_job_trigger PUBLIC.
  METHODS is_to_be_started_asap
    RETURNING
      VALUE(rv_is) TYPE abap_bool.

  DATA mv_date TYPE tbtcjob-sdlstrtdt READ-ONLY.
  DATA mv_time TYPE tbtcjob-sdlstrttm READ-ONLY.
ENDINTERFACE.
```

Listing 14.13 Job, Jobschritt und Jobauslöser

14.6.2 Globale Jobdoubleklasse

Die globale Doubleklasse der Jobklasse in Listing 14.14 zeigt einige Vereinfachungen und Erweiterungen zum allgemeinen Entwurfsmuster, das ich in den vorangegangenen Abschnitten hergeleitet habe.

```
CLASS ztd_job DEFINITION PUBLIC FINAL CREATE PRIVATE FOR TESTING.
  PUBLIC SECTION.
    INTERFACES zif_job.

    CLASS-METHODS create_harmless_decorator
      RETURNING
        VALUE(ro_double) TYPE REF TO ztd_job.

    METHODS inj_open_failure.
    METHODS inj_close_failure.
    METHODS inj_submit_step_success
      IMPORTING
        iv_times TYPE i DEFAULT 1.
    METHODS inj_submit_step_failure
      IMPORTING
        iv_times_success TYPE i DEFAULT 0.
    METHODS inj_status
      IMPORTING
        iv_act_status TYPE tbtcjob-status.

  PRIVATE SECTION.
    TYPES t_job          TYPE STANDARD TABLE OF REF TO zif_job.
    DATA mo_open         TYPE REF TO zif_job.
    DATA mt_submit_step  TYPE t_job.
    DATA mo_close        TYPE REF TO zif_job.
    DATA mv_act_status   TYPE tbtcjob-status.
ENDCLASS.
```

Listing 14.14 Globales Testdouble für die Jobklasse

Wie beim Globale-Testdoubles-Entwurfsmuster üblich, orientieren sich die Bezeichner der Attribute MO_OPEN, MT_SUBMIT_STEP und MO_CLOSE an den Interface-Methoden, für die sie Methodendoubleobjekte referenzieren.

Die Erzeugungsmethode CREATE_HARMLESS_DECORATOR in Listing 14.15 stammt aus der Implementierung dieser Doubleklasse. Sie ist auf den Erfolgsfall ausgelegt und kann deshalb als harmlos angesehen werden. Mit ihrem Aufruf kann schon fast eine vollständige Testisolierung von allen Jobmethoden mit einer Anweisung realisiert werden. Nur die Jobmethode SUBMIT_STEP ist nicht vertreten, weil für sie mit der Attributtabelle MT_SUBMIT_STEP eine Queue von Methodendoubles aufgebaut wird, die nicht in jedem Testfall mit einem Erfolg starten soll.

```
METHOD create_harmless_decorator.
  ro_double = NEW ztd_job( ).
  ro_double->mo_open = ltd_action=>crt_success( ).
  ro_double->mo_close = ltd_action=>crt_success( ).
  ro_double->mv_act_status = zif_job~c_status_ready.
ENDMETHOD.
```

Listing 14.15 Erzeugung injiziert mehrere Methodendoubleobjekte.

Beachtenswert ist, dass beide Methoden OPEN und CLOSE das gleiche lokale Methodendouble LTD_ACTION verwenden. Für die Jobmethode GET_STATUS wurde sogar überhaupt kein Double erstellt. Die Decorator-Doubleklasse übernimmt diese Aufgabe mit dem Attribut MV_ACT_STATUS, das über die Injektionsmethode INJ_STATUS direkt gesetzt werden kann.

14.6.3 Testklasse für eine Jobverwenderklasse

Listing 14.16 zeigt eine Testklasse eines möglichen Jobverwenders ZCL_JOB_USER. Für sie kommt das globale Testdouble für die Jobklasse zum Einsatz.

```
CLASS ltc_job_user IMPLEMENTATION.
  METHOD setup.
    do_job = ztd_job=>create_harmless_decorator( ).
    mo_job_user = zcl_job_user=>create( do_job ).
  ENDMETHOD.

  METHOD open_submit_close_ok_status.
    do_job->inj_submit_step_success( ).
    do_job->inj_status( zif_job=>c_status_finished ).
    assert_use_job_successfully( ).
  ENDMETHOD.

  METHOD open_3_submit_ok_close_ko.
    do_job->inj_submit_step_success( iv_times = 3 ).
    do_job->inj_close_failure( ).
    assert_use_job_unsuccessfully( ).
  ENDMETHOD.

  METHOD open_ok_2nd_submit_ko.
    do_job->inj_submit_step_failure( iv_times_success = 1 ).
    assert_use_job_unsuccessfully( ).
```

```
  ENDMETHOD.
  ...
ENDCLASS.
```

Listing 14.16 Testklasse eines Verwenders der Jobklasse

In der Testmethode OPEN_3_SUBMIT_OK_CLOSE_KO sollen nach dem Öffnen eines Jobs drei Reports als Jobschritte erfolgreich überreicht werden können, bevor das Schließen des Jobs fehlschlägt. Danach wird noch der in der SETUP-Methode schon gesetzte CLOSE-Responder durch die Injektion eines CLOSE-Saboteurs überschrieben. Die abschließende Assertion-Methode umfasst sowohl die *Wenn*- als auch die *Dann*-Phase des Tests.

Technisch werden nur zwei SUBMIT_STEP-Doubleobjekte benötigt. Das Methodendoubleobjekt für den Erfolgsfall wird dreimal wiederverwendet. Es kümmert sich selbst um das Herunterzählen. Für das rechtzeitige Herauswerfen aus der Queue ist das Objekt des globalen Testdoubles zuständig. Das ist wichtig, damit auch der Fehlerfall eintreten kann.

Kapitel 15
Testklassen

In diesem Kapitel geht es um das Design von Testklassen. Wie können Sie Ihre Testfälle so auf Testklassen verteilen, dass Sie einen guten Überblick über die Testabdeckung haben und dass keine Dopplungen auftreten?

Eine Testklasse ist eine Klasse. Das bedeutet, dass sie wie jede andere Klasse auch eine einzige Zuständigkeit und einen starken Zusammenhalt haben sollte. Allerdings kann eine Testklasse nicht konsumiert werden. Nur das ABAP-Unit-Testframework ist in der Lage, ein *Testobjekt*, also ein Objekt der Testklasse, zu erzeugen und somit dessen Methoden zu rufen. Neben den Testmethoden gehören dazu auch namentlich festgelegte Methoden, die Sie optional für den dopplungsfreien Aufbau (engl. *Setup*) und Abbau (engl. *Teardown*) eines Testfalls definieren können.

Abbildung 15.1 nennt die Namen dieser privaten, parameterlosen Methoden und gibt an, wie oft und in welcher Reihenfolge sie pro Testklasse vom Testrunner ausgeführt werden:

1. Die statische Class-Setup-Methode wird einmal am Anfang aufgerufen.
2. Pro Testmethode wird dann zuerst ein Testobjekt erzeugt.
3. Auf diesem Testobjekt werden in der Folge die Setup-Methode, die Testmethode selbst und die Teardown-Methode aufgerufen.
4. Wie alle anderen festgelegten Methoden kann auch die statische Class-Teardown-Methode als letzte nur aufgerufen werden, wenn Sie diese Methode definiert haben.
5. Am Ende führt der Testrunner noch ein `ROLLBACK WORK` aus. Wenn also weder der getestete Produktcode noch Ihr Testcode ein `COMMIT WORK` durchführen, werden selbst schreibende Datenbankzugriffe rückgängig gemacht. Die Definition einer Teardown-Methode ist in der Regel nur dann notwendig, wenn ein `COMMIT WORK` durchgeführt wurde.

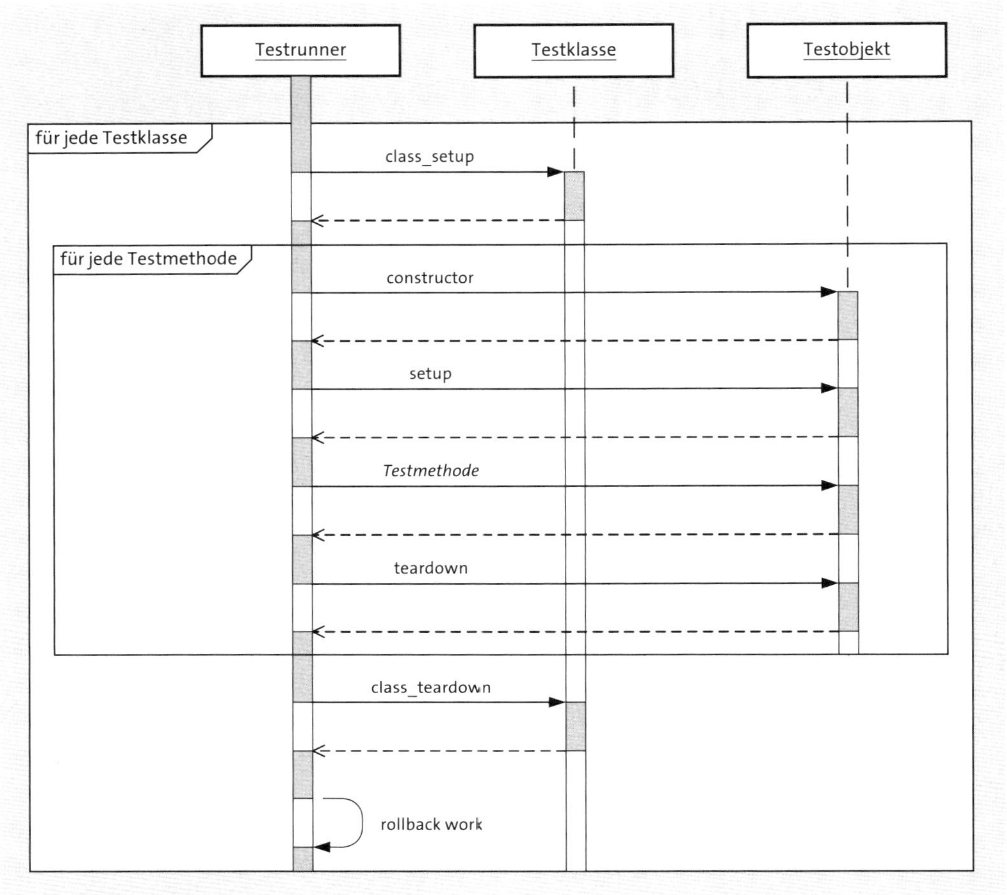

Abbildung 15.1 Ausführung einer ABAP-Unit-Testklasse

Die Reihenfolge, in der die Testmethoden in Schritt 3 ausgeführt werden, ist nicht weiter festgelegt. Sie sollten also Abhängigkeiten zwischen Ihren Testmethoden unbedingt vermeiden. Das ABAP-Unit-Testframework unterstützt Sie dabei, indem es für jede Testmethode ein neues Testobjekt verwendet. Das bedeutet, Sie können die Instanzattribute der Testklasse bedenkenlos verwenden. Sie müssen aber bei den statischen Attributen der Testklasse und der zu testenden Klassen Vorsicht walten lassen.

Testklassen befinden sich in der Regel im lokalen Testinclude einer Produktklasse. Auf diese sogenannten *lokalen Testklassen* gehe ich in Abschnitt 15.1 ein. In Abschnitt 15.2 führe ich Sie in zwei Entwurfsmuster für Testklassen ein, die unter anderem für die Lesbarkeit der Testmethoden wichtig sind.

Basisklassen helfen, Dopplungen unter Testklassen zu vermeiden. In Abschnitt 15.3 stelle ich Ihnen Testklassenhierarchien als Erweiterung dieses Ansatzes vor. Abschnitt 15.4 beschäftigt sich mit globalen Testklassen, die ich vor allem für Komponenten- und Akzeptanztests einsetze. In Abschnitt 15.5 fasse ich die verwendeten Namenskonventionen noch einmal für Sie zusammen.

15.1 Lokale Testklassen

Testklassen sind als lokale Klassen konzipiert. Bei Unit-Tests bilden die globale Produktklasse und die Testklassen in ihrem lokalen Testinclude eine Einheit. Dies zeigt sich zum einen durch den gemeinsamen Transport der Klassen, zum anderen durch die Möglichkeit, diese Testklassen von jedem beliebigen Ort der Klasse aus zu starten.

Im Folgenden möchte ich Ihnen vorführen, wie Sie Produktmethoden mit ihren unterschiedlichen Sichtbarkeiten testen können. Dazu betrachte ich eine Produktklasse `ZCL_CUT` mit einer (öffentlichen) Interface-Methode `METH_1`, einer geschützten Methode `METH_2` sowie einer privaten Methode `METH_3`.

[«] 15

Testen nicht öffentlicher Methoden

Beim Testen sollten Sie sich zwar nach Möglichkeit auf das Testen von Interface-Methoden beschränken, weil nur diese einen verbindlichen Vertrag darstellen, der von der Produktklasse nicht nach Belieben geändert werden kann. Trotzdem kann es vor allem für Bestandscode auch einmal sinnvoll sein, nicht öffentliche Methoden direkt zu überprüfen.

Listing 15.1 zeigt, wie Sie die Interface-Methode `METH_1` testen können. Die Spezialisierung der Testklasse `LTC_CUT_PUBLIC` auf Methoden des Interface `ZIF_CUT_1` können Sie dadurch zum Ausdruck bringen, dass Sie das Attribut `MO_CUT` als Referenz auf das Interface definieren.

```
CLASS ltc_cut_public DEFINITION FINAL
FOR TESTING RISK LEVEL HARMLESS DURATION SHORT.
  PRIVATE SECTION.
    METHODS meth_1 FOR TESTING.

    DATA mo_cut TYPE REF TO zif_cut_1.
ENDCLASS.

CLASS ltc_cut_public IMPLEMENTATION.
  METHOD meth_1.
    mo_cut = zcl_cut=>create( ).
```

```
    mo_cut->meth_1( ).
  ENDMETHOD.
ENDCLASS.
```

Listing 15.1 Testen einer öffentlichen Methode

Listing 15.2 zeigt, wie Sie die geschützte Methode METH_2 testen können. Die Hilfsunterklasse LTH_CUT verschafft der Testklasse LTC_CUT_PROTECTED eine Möglichkeit, die zu testende Methode METH_2 zu rufen. Voraussetzung dafür ist natürlich, dass die Produktklasse ZCL_CUT nicht final ist. Das Attribut MO_CUT sollte in diesem Fall auf die delegierende Hilfsklasse referenzieren.

```
CLASS lth_cut DEFINITION INHERITING FROM zcl_cut FINAL
CREATE PRIVATE FOR TESTING.
  PUBLIC SECTION.
    CLASS-METHODS create_helper
      RETURNING
        VALUE(ro_cut) TYPE REF TO lth_cut.

    METHODS delegate_to_meth_2.
ENDCLASS.

CLASS lth_cut IMPLEMENTATION.
  METHOD create_helper.
    ro_cut = NEW lth_cut( ).
  ENDMETHOD.

  METHOD delegate_to_meth_2.
    meth_2( ).
  ENDMETHOD.
ENDCLASS.


CLASS ltc_cut_protected DEFINITION FINAL
FOR TESTING RISK LEVEL HARMLESS DURATION SHORT.
  PRIVATE SECTION.
    METHODS meth_2 FOR TESTING.

    DATA mo_cut TYPE REF TO lth_cut.
ENDCLASS.

CLASS ltc_cut_protected IMPLEMENTATION.
  METHOD meth_2.
    mo_cut = lth_cut=>create_helper( ).
```

```
    mo_cut->delegate_to_meth_2( ).
  ENDMETHOD.
ENDCLASS.
```

Listing 15.2 Testen einer geschützten Methode

Listing 15.3 zeigt, wie Sie die private Methode METH_3 testen können. Die Testklasse definiert sich in gewisser Weise nachträglich als Freund der Produktklasse. Lokale Freundschaft ist allerdings nur im lokalen Testinclude der Produktklasse möglich. Für den lesbaren Aufruf in der Testmethode sollte das Attribut MO_CUT auf die Produktklasse referenzieren. Da die Erzeugungsmethode eine Interface-Referenz zurückgibt, ist dafür in der Setup-Methode ein *Downcast* notwendig, also ein expliziter Wechsel von der Interface- zur Klassenreferenz mithilfe der Operatoren ?= oder CAST.

```
CLASS ltc_cut_private DEFINITION DEFERRED.
CLASS zcl_cut DEFINITION LOCAL FRIENDS ltc_cut_private.

CLASS ltc_cut_private DEFINITION FINAL
FOR TESTING RISK LEVEL HARMLESS DURATION SHORT.
  PRIVATE SECTION.
    METHODS setup.
    METHODS meth_3 FOR TESTING.

    DATA mo_cut TYPE REF TO zcl_cut.
ENDCLASS.

CLASS ltc_cut_private IMPLEMENTATION.
  METHOD setup.
    mo_cut ?= zcl_cut=>create( ).
  ENDMETHOD.

  METHOD meth_3.
    mo_cut->meth_3( ).
  ENDMETHOD.
ENDCLASS.
```

Listing 15.3 Testen einer privaten Methode

Sie können die geschützte Methode METH_2 in Listing 15.2 auch über lokale Freundschaft testen und sich dadurch die zusätzliche Methode DELEGATE_TO_METH_2 sparen, aber nicht umgekehrt, weil eine private Methode wie METH_3 in Listing 15.3 für eine Unterklasse nicht sichtbar ist.

Hilfsunterklasse vs. lokale Freundschaft

Die Indirektion über eine Hilfsunterklasse ist aufwendiger als lokale Freundschaft, aber sie bietet folgende Vorteile:

- Die Hilfsunterklasse kontrolliert den nicht öffentlichen Zugriff auf die Produktklasse. Die lokale Freundschaft öffnet dagegen Tür und Tor. Die Testklasse könnte also neben dem Aufruf der zu testenden Methode auch noch unbemerkt weitere Abhängigkeiten schaffen (z. B. eine Attributtabelle füllen).
- Die Hilfsunterklasse kann eigene Assertions zur entkoppelten Überprüfung des CUT-Zustandes anbieten und damit sowohl die Lesbarkeit fördern als auch Dopplung vermeiden.

15.2 Entwurfsmuster

Testklassen sichern das Verhalten des Produkts gegen Regression ab. Zusätzlich können und sollen sie dieses Verhalten mit ihren Testmethoden dokumentieren. Da diese Testmethoden ausführbar sind und damit Abweichungen von der Spezifikation nicht so geduldig hinnehmen wie Textdateien oder sogar Papier, wird vielfach auch von einer *lebendigen Dokumentation* gesprochen.

Für Testmethoden ist Lesbarkeit folglich ein wichtiges Qualitätskriterium. Und diese Lesbarkeit wird durch die standardisierte Implementierung der Testfälle stark unterstützt. In diesem Abschnitt erläutere ich Ihnen zuerst ein bekanntes Entwurfsmuster für die Struktur von Testmethoden. Danach mache ich Sie dann mit einem neuen Entwurfsmuster vertraut, das ich zur Maximierung der Lesbarkeit von Testmethoden entwickelt habe.

15.2.1 Gegeben-Wenn-Dann-Entwurfsmuster

Jede Testmethode implementiert einen Testfall. Für diesen Testfall gibt es bestimmte Voraussetzungen, d. h., eine spezielle Ausgangssituation muss gegeben sein. Wenn in dieser Situation die zu testende Methode aufgerufen wird, dann tritt ein bestimmtes Verhalten auf, und/oder es kommt zu einer speziellen Endsituation. Abbildung 15.2 gibt einen Überblick, wie Sie eine Testmethode nach diesem Entwurfsmuster implementieren können.

Das Gegeben-Wenn-Dann-Entwurfsmuster schreibt einen Ablauf mit den folgenden Phasen vor:

1. In der Gegeben-Phase geht es primär um den objektbasierten Zusammenbau der Ausgangssituation: Das Objekt der zu testenden Klasse muss mit den Doubleobjekten verbunden werden. Bei einem nicht isolierten Test ist in der Regel noch

die Datenbank zu präparieren: Bestimmte Customizing-, Stamm- und/oder Bewegungsdaten müssen in Datenbanktabellen vorliegen.

2. In der Wenn-Phase dreht sich alles um den Aufruf der zu testenden Methode: Eingabedaten müssen gefertigt und übergeben sowie Ausgabedaten abgelegt werden.
3. In der Dann-Phase gilt es, die Erwartungen des Testfalls zu überprüfen. Dazu gehört neben der Ausgabe der zu testenden Methode auch der Endzustand der beteiligten Objekte sowie das von den Test-Spy-Objekten aufgezeichnete Aufrufverhalten der zu testenden Methode.

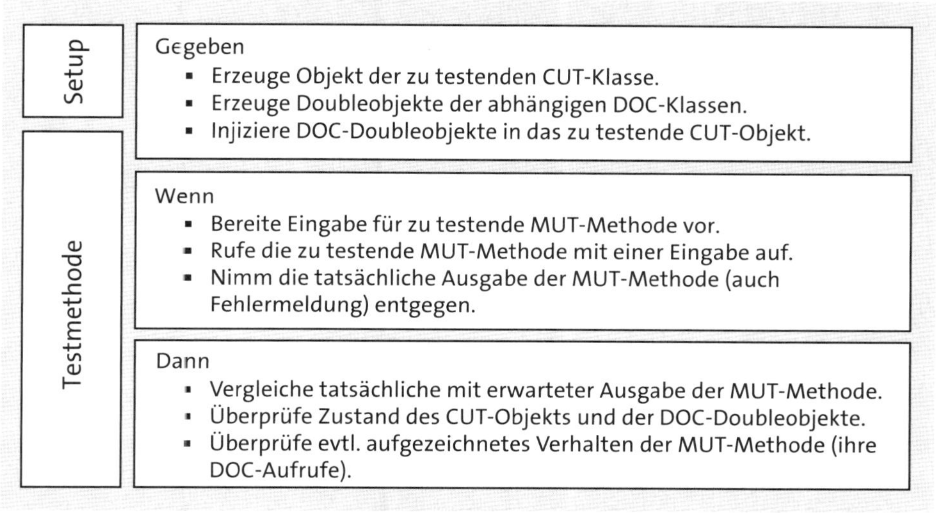

Abbildung 15.2 Gegeben-Wenn-Dann-Entwurfsmuster

Alternativ hätte die Testmethode in der Gegeben-Phase auch Mock-Objekte ins Spiel bringen können, die noch während der Wenn-Phase das Verhalten überprüfen. Details zu den erwähnten Doubletypen finden Sie in Abschnitt 13.2.1, »Testdoubletypen«.

15.2.2 Testklassen-Entwurfsmuster

Der innere Zusammenhalt einer Testklasse ist dann am größten, wenn sie sich auf das Testen einer einzigen Produktmethode beschränkt. Denn jedes Attribut, das die Testklasse für die Vorbereitung der Eingabe oder die Entgegennahme der Ausgabe definiert, wird von allen Testmethoden verwendet. Und jede Hilfsmethode, mit der die Testklasse den Aufruf der zu testenden Methode verschalt, wird in der Regel von mehreren Testmethoden verwendet.

Wie Abbildung 15.3 für eine zu testende Methode MUT mit den Eingabeparametern IV_A (Variable), IS_B (Struktur), IT_C (Tabelle) und IO_D (Objekt) sowie dem Ausgabeparametern EV_E (Variable) und ET_F (Tabelle) exemplarisch zeigt, schlägt das Testklassen-Entwurfsmuster vor, für viele dieser Parameter typgleiche Attribute an der Testklasse zu definieren.

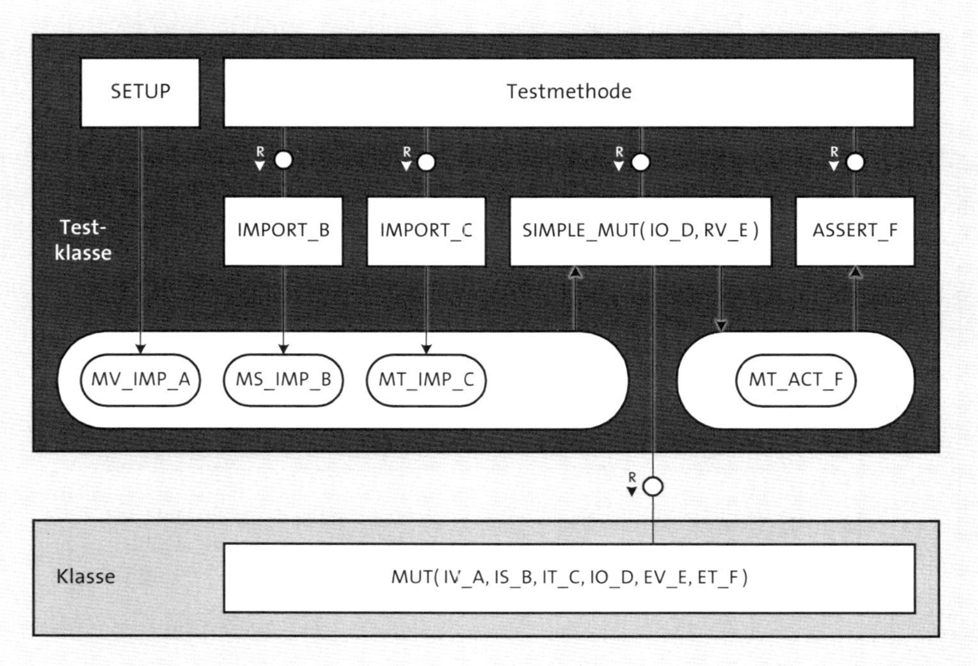

Abbildung 15.3 Entwurfsmuster für Testklassen

Die Eingabeattribute sollen über Setup- und Hilfsmethoden mit den Daten belegt oder gefüllt werden, die für den betrachteten Testfall an die zu testende Methode zu übergeben sind. Um diese zeitversetzte Verwendung für den Leser verständlich zu halten, empfiehlt dieses Entwurfsmuster ferner, dass die Namen dieser Hilfsmethoden mit IMPORT beginnen und die zugehörigen Attribute den Namensteil IMPORT oder kurz IMP haben. Die objektorientierte oder auf andere Weise vereinfachende Verschalung SIMPLE_MUT der zu testenden Methode schreibt die Ausgabe zum Teil in Ausgabeattribute oder gibt sie direkt an die Testmethode zurück.

Für die Überprüfung der Ausgabeattribute schlägt das Entwurfsmuster schließlich *Custom-Assertions* vor, also Hilfsmethoden der Testklasse mit mindestens einer Methode der Klasse CL_ABAP_UNIT_ASSERT. Entgegen der verkürzten Darstellung in Abbildung 15.3 sollen diese Hilfsmethoden, die zusammen eine eigene Abstraktionsebene unter den Testmethoden bilden, dem Leser mit ihren Namen in möglichst sprechender Weise klarmachen, welche Daten sie setzen bzw. welche Erwartung sie überprüfen. Insgesamt führt dieses Entwurfsmuster nicht nur zu einer verständlichen und dopplungsfreien Implementierung der Testfälle, sondern auch zu einer maximalen Entkopplung von der Signatur der zu testenden Methode.

15.3 Testklassenhierarchien

Die Beschränkung von Testklassen auf jeweils eine Produktmethode führt bei Methoden einer Produktklasse zu einer teilweisen Dopplung der Attribute und Hilfsmethoden. Um dies zu vermeiden, bietet ABAP Unit auch für Testklassen eine Vererbung an.

Abbildung 15.4 zeigt die sinnvolle Gestaltung einer solchen Testklassenhierarchie exemplarisch anhand der Produktklasse `CL_CUT`. Diese hat neben einer geschützten und privaten Methode auch mehrere öffentliche Methoden in zwei Interfaces, die ihrer Signatur und Implementierung zufolge als einfach oder komplex eingestuft werden können. Die Annahme ist, dass für einfache Methoden eventuell eine Testmethode genügt, während es zur Absicherung einer komplexen Methode vieler Testmethoden bedarf.

15

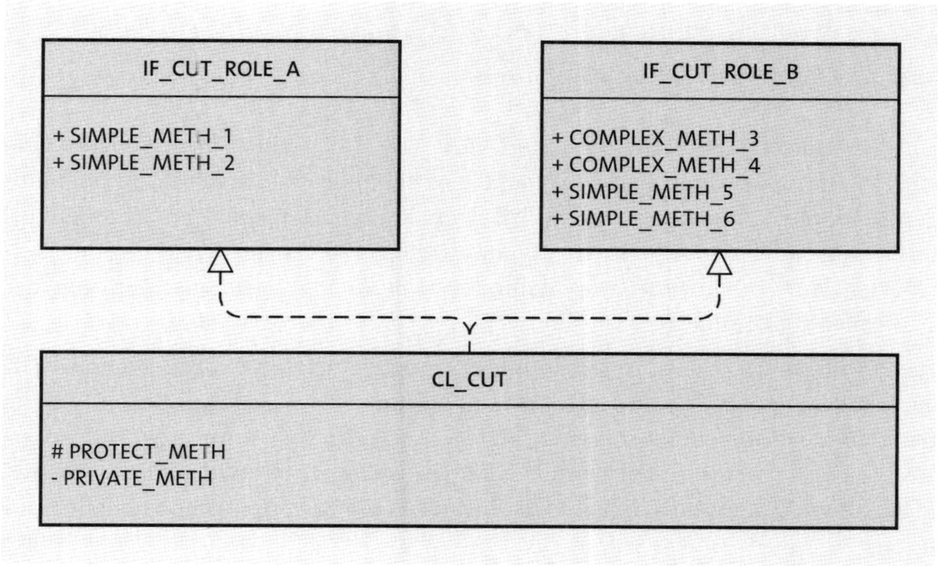

Abbildung 15.4 Produktklasse mit zwei rollenspezifischen Interfaces

Abbildung 15.5 zeigt die zu dieser Beispielklasse passende Testklassenhierarchie. Da das Interface `IF_CUT_ROLE_A` für die Rolle A nur wenige einfache Methoden hat, ist für seine Absicherung nur eine einzige Testklasse nötig. Dagegen sind für jede der komplexen Methoden des anderen Interface `IF_CUT_ROLE_B` mehrere Testmethoden in einer separaten Testklasse sinnvoll. Diese Testklasse sollte dann am besten nach der von ihr getesteten Produktmethode benannt werden.

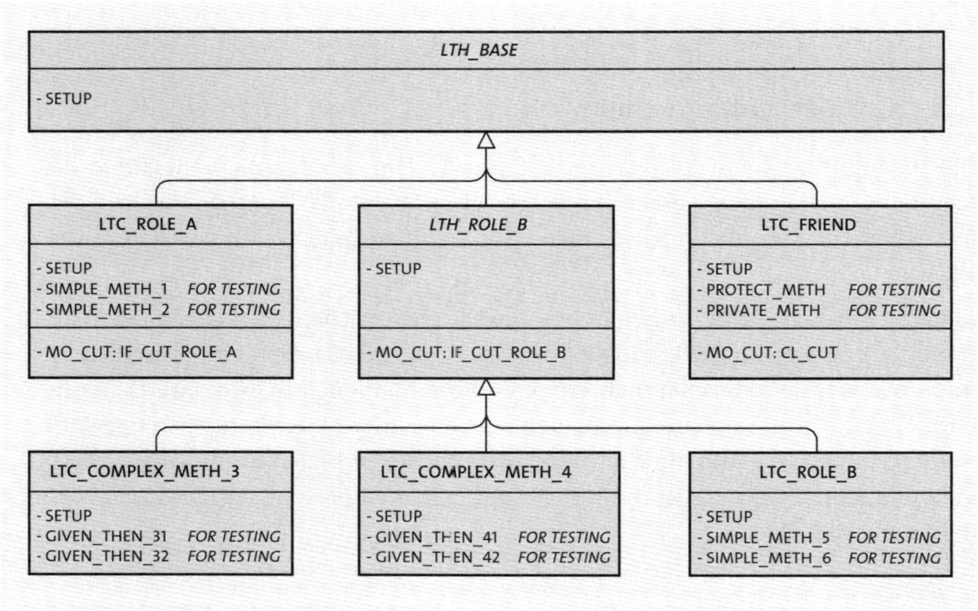

Abbildung 15.5 Lokale Testklassenhierarchie

Für die einfachen Methoden des Interface IF_CUT_ROLE_B empfehle ich wieder eine einzige Testklasse, deren Name sich auf die betreffende Rolle bezieht. Um Dopplungen zu vermeiden, sollte es für die Vielzahl an konkreten Testklassen zu diesem Interface eine abstrakte Superklasse LTH_ROLE_B geben. Neben der Erzeugung des Testobjekts kann sich deren Setup-Methode auch um den gemeinsamen Teil der Testisolierung kümmern.

Die Testklasse LTC_FRIEND in Abbildung 15.5 ist die einzige, die lokale Freundschaft ausnutzt, um geschützte und private Methoden der Produktklasse zu testen. Theoretisch könnte die geschützte Methode ohne lokale Freundschaft mit einer Hilfsunterklasse getestet werden, aber bei nur einer geschützten Methode ist dies praktisch nicht sinnvoll. Allerdings sollte LTC_FRIEND in keinem Fall öffentliche Methoden mit testen.

In vielen Fällen ist auch eine abstrakte Basisklasse LTH_BASE zur Vermeidung von Dopplungen über die Interfaces hinweg sinnvoll. Deren Setup-Methode kann z. B. benutzt werden, um allgemein notwendige Testdoubles zu erzeugen und zu injizieren.

Listing 15.4 zeigt die Definition der Testklassenhierarchie für eine Produktklasse mit nur einer einfachen Interface-Methode.

```
CLASS lth_base DEFINITION ABSTRACT
FOR TESTING RISK LEVEL HARMLESS DURATION LONG.
  PRIVATE SECTION.
    METHODS setup.
ENDCLASS.

CLASS lth_role DEFINITION ABSTRACT
INHERITING FROM lth_base
FOR TESTING RISK LEVEL DANGEROUS DURATION MEDIUM.
  PROTECTED SECTION.
    DATA mo_cut TYPE REF TO zif_cut_1.

  PRIVATE SECTION.
    METHODS setup.
ENDCLASS.

CLASS ltc_mut DEFINITION
INHERITING FROM lth_role FINAL
FOR TESTING RISK LEVEL CRITICAL DURATION SHORT.
  PRIVATE SECTION.
    METHODS meth_1 FOR TESTING.
ENDCLASS.
```

Listing 15.4 Definition einer lokalen Testklassenhierarchie

Aus didaktischen Gründen habe ich hier die Risikostufe, also den Wert hinter den Schlüsselwörtern RISK LEVEL, mit zunehmender Spezialisierung immer weiter verschärft: von HARMLESS (Testen ohne Datenbankänderungen) über DANGEROUS (Testen mit Stammdatenänderungen) bis hin zu CRITICAL (Testen mit Customizing-Änderungen). Eine Lockerung der Risikostufe innerhalb einer Testklassenhierarchie, also von einer Klasse im Vergleich zu ihrer Oberklasse, ist dagegen nicht zulässig.

Für die Zeitdauer, also den Wert hinter dem Schlüsselwort DURATION, gibt es keine solche strikt einzuhaltende Regel. Das System erlaubt es etwa einer Testklasse, ihre Zeitvorgabe gegenüber ihrer Oberklasse zu lockern.

Beachten Sie ferner, dass die Setup-Methode der Unterklasse diejenige der Oberklasse nicht aufruft. Wie Abbildung 15.6 zeigt, wird dies vom Testrunner erledigt. Gleiches gilt für die anderen Paare aus festgelegten Methoden. Die Ausführungsreihenfolge ist für die Setup- und Teardown-Methoden entgegengesetzt: von Basis- vor Testklasse zu Test- vor Basisklasse.

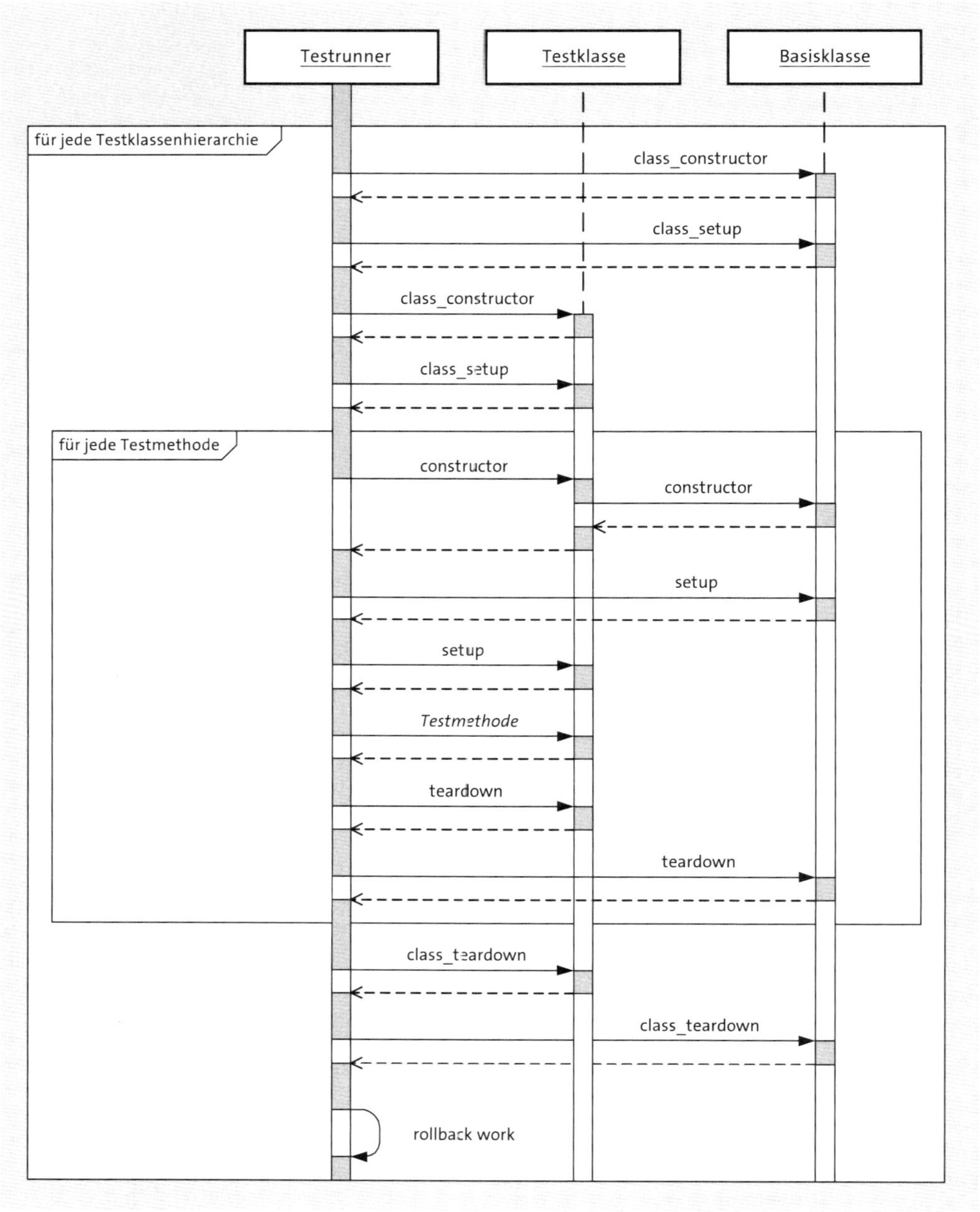

Abbildung 15.6 Ausführung einer hierarchisch definierten Testklasse

Das Sequenzdiagramm in Abbildung 15.6 zeigt ferner, dass der Klassenkonstruktor, falls er für die Basis- oder Testklasse definiert wird, jeweils als Erstes aufgerufen wird. Damit kann etwa eine Testklasse ein geschütztes, statisches Attribut der Basisklasse noch vor Aufruf ihrer Class-Setup-Methode mit einem spezifischen Wert belegen. In Abschnitt 7.1.2, »Isolierung mit einem Governance-API-Double«, hat die abgeleitete Testklasse einen solchen Klassenkonstruktor beispielsweise verwendet, um die datenmodellunabhängige Basisklasse auf ihr Datenmodell auszurichten.

15.4 Globale Testklassen

Sie können Testklassen auch global definieren. Für Komponenten-, Akzeptanz- und Integrationstests ist dies sinnvoll, da die Testfälle nicht nur eine einzelne Produktklasse umfassen.

Abbildung 15.7 zeigt, wie eine übergeordnete Komponente (engl. *High-Level Component*, hier kurz High Comp) isoliert von einer untergeordneten Komponente (engl. *Low-Level Component*, hier kurz Low Comp) getestet wird. Jede der beiden Komponenten ist hier eine Ansammlung von Klassen, deren Funktionalität jeweils über eine einzige API-Klasse angeboten wird.

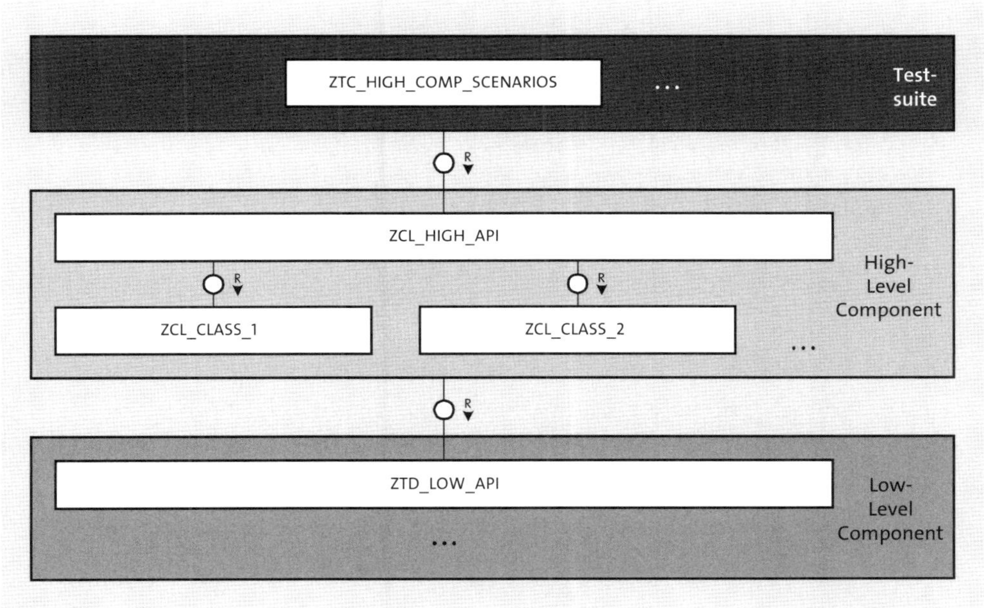

Abbildung 15.7 Isoliertes Testen einer Komponente

Listing 15.5 zeigt die abstrakte Basisklasse für diese Suite von Komponententests. Sie erzeugt die API der übergeordneten Komponente und isoliert sie schon von der API der untergeordneten Komponente. Im Blockdiagramm in Abbildung 15.7 ist diese abstrakte Basisklasse nicht sichtbar, da es nur für ihre konkrete Unterklasse `ZTC_HIGH_COMP_SCENARIOS` Objekte gibt.

```
CLASS zth_high_comp_base DEFINITION PUBLIC ABSTRACT CREATE PUBLIC
FOR TESTING RISK LEVEL HARMLESS DURATION SHORT.
  PROTECTED SECTION.
    DATA mo_high_api TYPE REF TO zif_high_api.
    DATA do_low_api  TYPE REF TO ztd_low_api.

  PRIVATE SECTION.
    METHODS setup.
ENDCLASS.

CLASS zth_high_comp_base IMPLEMENTATION.
  METHOD setup.
    do_low_api  = ztd_low_api=>create_double( ).
    mo_high_api = zcl_high_api=>create( do_low_api ).
  ENDMETHOD.
ENDCLASS.
```

Listing 15.5 Basisklasse für die Testklassen einer Komponente

Wie Listing 15.6 zeigt, müssen die Testmethoden der abgeleiteten Testklasse dieses generische Testdouble nur noch in ihrem Sinne konfigurieren.

```
CLASS ztc_high_comp_scenarios DEFINITION PUBLIC
INHERITING FROM zth_high_comp_base ABSTRACT CREATE PROTECTED
FOR TESTING RISK LEVEL HARMLESS DURATION SHORT.
  PROTECTED SECTION.
    METHODS responder_scenario FOR TESTING.
    METHODS saboteur_scenario  FOR TESTING.
ENDCLASS.

CLASS ztc_high_comp_scenarios IMPLEMENTATION.
  METHOD responder_scenario.
    do_low_api->inj_low_meth_responder( ).
    ...
  ENDMETHOD.

  METHOD saboteur_scenario.
    do_low_api->inj_low_meth_saboteur( ).
    ...
  ENDMETHOD.
ENDCLASS.
```

Listing 15.6 Testklasse einer Komponente

Die globale Testklasse ist ebenfalls abstrakt definiert, weil für ABAP Unit nur lokale Testklassen konkret sein dürfen. Listing 15.7 zeigt, wie Sie dies für die Definition einer Testsuite aus globalen Testklassen ausnutzen können.

```
CLASS zts_high_comp DEFINITION PUBLIC FINAL
  CREATE PUBLIC FOR TESTING.
ENDCLASS.

CLASS ltc_scenarios DEFINITION
  INHERITING FROM ztc_high_comp_scenarios FINAL
  FOR TESTING RISK LEVEL HARMLESS DURATION SHORT.
ENDCLASS.
```

Listing 15.7 Testsuite einer Komponente

Wie Listing 15.7 zeigt, genügt es dazu, eine leere Klasse mit dem Zusatz `FOR TESTING` zu definieren und in ihrem lokalen Testinclude die geschützten Testmethoden einfach an eine lokale Testklasse zu vererben.

15.5 Namenskonventionen für Testcode

Mit Tabelle 15.1 möchte ich Ihnen abschließend noch einen Überblick der üblichen Namenskonventionen für Testcode geben.

Klasse	Lokal (Testinclude)	Global (Paket)
Testklasse A	LTC_A	TC_APPL_A
Testdoubleklasse B	LTD_B	TD_APPL_B
Testhilfsklasse C	LTH_C	TH_APPL_C
Testsuiteklasse D	LTS_D	TS_APPL_D

Tabelle 15.1 Namenskonventionen für das Testen einer Anwendung mit dem Namensraum APPL

Da sich eine lokale Klasse stets im Kontext einer globalen Klasse befindet, bietet für eine lokale Klasse die Angabe des Namensraumes keine zusätzliche Information. Zugunsten von aussagekräftigeren Namen sollten Sie darauf genauso verzichten wie auf das Präfix `TEST` bei Testmethoden.

Anstatt eine Testklasse direkt in das lokale Testinclude einer Produktklasse zu schreiben, können Sie diese auch in einem separaten Include `INCL_X` platzieren und mit der Anweisung `INCLUDE incl_x` in dieses lokale Testinclude einbinden.

Wenn Sie Testcode zudem nicht ausliefern möchten, etwa damit Korrekturanleitungen nicht allein aufgrund von Änderungen im Testcode in Abhängigkeit geraten, sollten Sie ein solches Include `INCL_Y` auf eine andere Transportschiene setzen und im lokalen Testinclude der Produktklasse die Anweisung `INCLUDE incl_y IF FOUND` verwenden (siehe auch Abschnitt 11.3, »Testpakete«).

Kapitel 16
Testdaten

Ein Test sollte immer mit so wenigen Daten wie möglich arbeiten. Nur so ist für den Leser klar erkennbar, von welchen Daten die zu testende Methode in welcher Weise abhängt.

Jeder Test braucht Daten. Das sind zum einen Daten, die der Test der zu testenden Methode `MUT` beim Aufruf übergibt (direkte Eingabe). Zum anderen sind das Daten, die ein Testdouble oder eine Datenbanktabelle der Methode `MUT` während ihrer Ausführung zur Verfügung stellt (indirekte Eingabe).

Sie können Testdaten entweder bedarfsorientiert erzeugen oder längerfristig vorhalten. Testdatencontainer, auf die ich in Abschnitt 16.1 eingehe, setzen eine Variante der Testdatenerzeugung um, die irgendwo zwischen diesen Polen liegt. Ihre persistierten Daten können Vorlage sowohl für Hauptspeicherobjekte als auch für Datenbankeinträge sein.

In Abschnitt 16.2 stelle ich Ihnen mit den Testdatenobjekten die codierte Erzeugung von Testdaten im Hauptspeicher vor.

16.1 Testdatencontainer

Sie können in einem Testdatencontainer (TDC) beliebige Testdaten speichern und auch transportieren. Neben einfachen Werten und Strukturen gehören dazu auch Tabellen und sogar BLOBs, also große binäre Datenkonstrukte (engl. *Binary Large Objects*).

16.1.1 Verwendung von Testdatencontainern in ABAP Unit

In diesem Abschnitt möchte ich den Fokus auf den Einsatz von TDCs für ABAP Unit setzen. Dabei gilt es, zwei Arten der Verwendung zu unterscheiden:

- **Allgemeine Daten für viele Testklassen**
  Wenn Sie für verschiedene Testklassen die gleichen Customizing-, Stamm- oder Bewegungsdaten brauchen, sollten Sie einen TDC mit einer Variante für jeden benötigten Eintrag anlegen. In einer Testmethode lesen Sie dann eine oder meh-

rere Varianten von einem oder mehreren TDCs aus und bauen daraus die Daten für ihre direkte oder indirekte Eingabe auf.

- **Spezielle Daten für eine Testklasse**
  Wenn Sie für das Testen einer Produktmethode sowohl die gegebene Eingabe als auch die erwartete Ausgabe einer Vielzahl von Testfällen in tabellarischer Form festlegen und ohne Änderung des Testcodes erweitern oder ändern wollen, sollten Sie dafür einen separaten TDC anlegen. In der Testklasse für diese Produktmethode lesen Sie dann alle Varianten aus und prüfen für jede die definierte Beziehung zwischen Ein- und Ausgabedaten.

Prinzipiell können Sie diese beiden Arten der Verwendung von TDCs auch kombinieren. Dann definiert der TDC für eine Testklasse seine Ein- und Ausgabedaten über Verweise auf Varianten, die Sie in grundlegenden TDCs für die beteiligten Datenstrukturen angelegt haben.

Technisch gesehen ist mit TDCs vieles möglich. Aus Gründen der Lesbarkeit mache ich von diesen Möglichkeiten aber nur Gebrauch, wenn es zu einem standardisierten Prozess viele Testfälle gibt. Auch die kontinuierliche Erweiterung der Testsuite durch Nichtentwickler ist ein sinnvoller Anwendungsfall. Im Umkehrschluss heißt das, dass ein Einsatz von TDCs für Unit-Tests selten angebracht ist. Auch für isolierte Komponenten- und Akzeptanztests komme ich gut ohne TDCs aus.

Für mich sind ABAP-Unit-Tests weit mehr als eine Absicherung gegen Regression. Sie sind für mich vor allem eine ausführbare Dokumentation der Anwendung, die in sehr effektiver und effizienter Weise den Kommunikationsbedarf bei der (verteilten) Softwareentwicklung befriedigt. Für die Lesbarkeit ist aber ganz entscheidend, dass eine Testmethode nicht nur technisch auf irgendwelche Testdaten zugreift, sondern dass sie diese in für den Leser semantisch nachvollziehbarer Weise zusammenstellt.

16.1.2 Vor- und Nachteile von Testdatencontainern

Anhand einer einfachen Testklasse für die Beispielanwendung zum Stammdatenmanagement möchte ich das Testen mit und ohne TDC vergleichen. Konkret soll die in Abbildung 16.1 dargestellte Berechnung des bestätigten (engl. *confirmed*, Abkürzung C) Datensatzes einer Entität eines beliebigen Entitätstyps überprüft werden.

Für jede Entität kann es jeweils einen aktiven (A), gesicherten (S), ungesicherten (U) und obsoleten (O) Datensatz geben oder eben nicht. Rechnerisch gibt es also $2^4 = 16$ verschiedene Konstellationen für eine Entität. Es sind jedoch nur die in Tabelle 16.1 aufgeführten Testfälle relevant, weil alle anderen praktisch nicht vorkommen können. Zum Beispiel ergibt die Berechnung des bestätigten Datensatzes keinen Sinn, wenn es nur einen obsoleten Datensatz gibt, weil für eine Löschung immer ein aktiver, gesicherter oder ungesicherter Datensatz vorhanden sein muss.

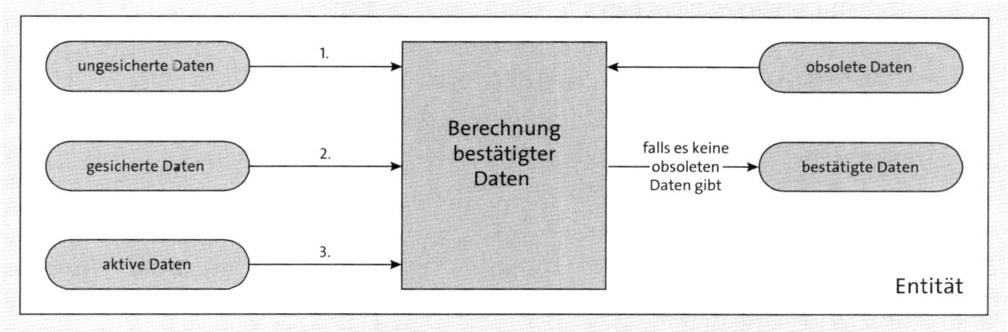

Abbildung 16.1 Berechnung der bestätigten Daten einer Entität

Testfall (Name)	A	S	U	O	C
ACTIVE_2_ACTIVE	1	–	–	–	1
SAVED_2_SAVED	–	2	–	–	2
UNSAVED_2_UNSAVED	–	–	3	–	3
ACTIVE_SAVED_2_SAVED	1	2	–	–	2
ACTIVE_UNSAVED_2_UNSAVED	1	–	3	–	3
ACTIVE_OBSOLETE_2_NULL	1	–	–	4	–
SAVED_UNSAVED_2_UNSAVED	–	2	3	–	3
SAVED_OBSOLETE_2_NULL	–	2	–	4	–
ACTIVE_SAVED_UNSAVED_2_UNSAVED	1	2	3	–	3
ACTIVE_SAVED_OBSOLETE_2_NULL	1	2	–	4	–

Tabelle 16.1 Entscheidungstabelle mit allen relevanten Testfällen

Es genügt, wenn sich die verschiedenen Datensätze einer Entität hinsichtlich eines beliebigen Attributs unterscheiden. Der Einfachheit halber gibt jedes Tabellenfeld nur seinen Wert für das in Tests standardmäßig geänderte Attribut des Entitätstyps an.

Ein Strich in einem Tabellenfeld soll bedeuten, dass es für diesen Testfall (Zeile) diesen Wert, und damit auch den Datensatz für diese Datenart (Spalte), nicht gibt. Im Namen des Testfalls kommt ein fehlender Datensatz entweder nicht vor (Eingabe) oder wird durch `NULL` repräsentiert (Ausgabe). Die `2` im Namen eines Testfalls ist im Englischen ein phonetischer Ersatz für »to« und trennt die Ein- von der Ausgabe.

Testen mit Testdatencontainer

Der zugehörige TDC hat neben den Parametern für die Spalten in Tabelle 16.1 auch noch die Parameter ENTITY_TYPE und DEFAULT_ATTR_NAME, um die Werte richtig zu interpretieren. Für die Verwendung dieser Testdaten im lokalen Testinclude der Entitätsklasse bietet sich eine TDC-Zugriffsklasse an. Listing 16.1 zeigt ausschnittsweise, wie Sie diese Hilfsklasse definieren können.

```
CLASS lth_tdc_variant DEFINITION CREATE PRIVATE FOR TESTING.
  PUBLIC SECTION.
    TYPES t_variant TYPE STANDARD TABLE OF
      REF TO lth_tdc_variant WITH DEFAULT KEY.

    CLASS-METHODS
      get_variants
        RETURNING
          VALUE(rt_variant) TYPE t_variant
        RAISING
          cx_ecatt_tdc_access.

    METHODS get_entity_type
      RETURNING
        VALUE(rv_entity_type) TYPE usmd_entity.
    ...

  PRIVATE SECTION.
    METHOD constructor
      IMPORTING
        iv_name TYPE csequence.

    CLASS-DATA so_tdc_api TYPE REF TO cl_apl_ecatt_tdc_api.
    DATA mv_name TYPE etvar_id.
ENDCLASS.
```

Listing 16.1 Definition der Hilfsklasse für den TDC-Zugriff

Jedes Objekt der Hilfsklasse repräsentiert eine TDC-Variante. Listing 16.2 zeigt ausschnittsweise, wie diese Hilfsklasse implementiert ist.

```
CLASS lth_tdc_variant IMPLEMENTATION.
  METHOD get_variants.
    so_tdc_api = cl_apl_ecatt_tdc_api=>get_instance(
        i_testdatacontainer = 'CONFIRMED_ENTITY_STRUCTURE'
    ).
    DATA(lt_variant) = so_tdc_api->get_variant_list( ).
```

```
    LOOP AT lt_variant INTO DATA(lv_variant)
    WHERE table_line <> 'ECATTDEFAULT'.
      APPEND NEW lth_tdc_variant( lv_variant ) TO rt_variant.
    ENDLOOP.
  ENDMETHOD.

  METHOD get_entity_type.
    TRY.
        so_tdc_api->get_value(
          EXPORTING
            i_param_name = 'ENTITY_TYPE'
            i_variant_name = mv_name
          CHANGING
            e_param_value = rv_entity_type
        ).
      CATCH cx_ecatt_tdc_access.
        cl_abap_unit_assert=>fail(
            msg = 'Error reading test data for ENTITY_TYPE'
            quit = if_aunit_constants=>no
        ).
    ENDTRY.
  ENDMETHOD.

  ...
ENDCLASS.
```

Listing 16.2 Implementierung der Hilfsklasse für den TDC-Zugriff

ECATTDEFAULT ist die Variante, die bei der Erzeugung eines TDC vom System angelegt wird. Listing 16.3 zeigt die Testklasse für die Überprüfung der Testfälle in diesem Testdatencontainer.

```
CLASS ltc_data_driven_test DEFINITION
FOR TESTING RISK LEVEL HARMLESS DURATION SHORT.
  PRIVATE SECTION.
    METHODS test_loop FOR TESTING
      RAISING
        cx_ecatt_tdc_access.
    METHODS parameterized_test
      IMPORTING
        io_variant TYPE REF TO lth_tdc_variant.
    ...
ENDCLASS.
```

Listing 16.3 Definition der Testklasse zur TDC-Überprüfung

Wie Listing 16.4 zeigt, führt die generische Testmethode TEST_LOOP alle Varianten hintereinander aus.

```
CLASS ltc_data_driven_test IMPLEMENTATION.
  METHOD test_loop.
    DATA(lt_variant) = lth_tdc_variant=>get_variants( ).
    LOOP AT lt_variant INTO DATA(lo_variant).
      parameterized_test( lo_variant ).
    ENDLOOP.
  ENDMETHOD.

  METHOD parameterized_test.
    DATA lo_entity TYPE REF TO if_usmd_entity_read.

    DATA(lo_entity_type) = so_meta->get_entity_type(
        iv_entity_name = io_variant->get_entity_type( )
    ).
    DATA(lo_sel) = so_creator->create_any_sel( lo_entity_type ).

    lo_entity = so_creator->create_entity_with_values(
        io_sel             = lo_sel
        iv_attr_name       = io_variant->get_default_attr_name( )
        iv_value_active    = io_variant->get_active_value( )
        iv_value_saved     = io_variant->get_saved_value( )
        iv_value_unsaved   = io_variant->get_unsaved_value( )
        iv_value_obsolete  = io_variant->get_obsolete_value( )
    ).

    DATA(lt_attr) = VALUE if_usmd_meta=>t_attr_name_value( (
        name  = io_variant->get_default_attr_name( )
        value = io_variant->get_confirmed_value( )
    ) ).
    DATA(lsr_exp_confirmed_structure) =
      lo_entity_type->create_data_structure(
          isr_key = lo_sel->get_key_structure( )
          it_attr = lt_attr
    ).
    DATA(lv_equal) = are_equal(
        isr1 = lsr_exp_confirmed_structure
        isr2 = lo_entity->get_confirmed_structure( )
        iv_attr_name = io_variant->get_default_attr_name( )
    ).
```

```
    cl_abap_unit_assert=>assert_true(
        act  = lv_equal
        msg  = io_variant->get_name( )
        quit = if_aunit_constants=>no
    ).
  ENDMETHOD.

  ...
ENDCLASS.
```

Listing 16.4 Implementierung der Testklasse zur TDC-Überprüfung

Die Hilfsmethode PARAMETERIZED_TEST verwendet die Testdaten der Variante wie folgt:

1. Mit dem Namen des Entitätstyps erzeugt die Hilfsmethode PARAMETERIZED_TEST ein Entitätstypobjekt.
2. Mithilfe der abstrakten Factory SO_CREATOR der Testinfrastruktur baut sie ein Selektionsobjekt für den vorgegebenen Entitätstyp auf. Der Namensteil ANY deutet an, dass der intern erzeugte Entitätsschlüssel in jedem Schlüsselfeld den vordefinierten ANY-Wert hat.
3. Das mit diesem Selektionsobjekt erzeugte Entitätsobjekt greift nicht mehr auf die Datenbank zu, weil es alle dort gespeicherten Daten schon erhält.
4. Mit den zwei folgenden Anweisungen baut die Testmethode die erwartete Struktur für die bestätigten Daten auf. In der ersten Anweisung erzeugt sie mit dem VALUE-Operator eine Tabelle des angegebenen Typs und trägt ein Name-Wert-Paar für das Standardattribut ein. Mit der zweiten Anweisung wird eine Entitätsstruktur aus dem Schlüssel der betrachteten Entität und dem vorbereiteten Wert für das Standardattribut erstellt.
5. Schließlich vergleicht die Testmethode mit einer lokalen Hilfsmethode die berechneten mit den erwarteten Daten und führt das Resultat dieses Vergleichs dem ABAP-Unit-Testframework zu. Wenn die Assertion-Methode fehlschlägt, wird von ihr eine Fehlermeldung mit dem Namen der Variante ins Protokoll geschrieben.

   In der Regel wird eine Testmethode im Fehlerfall sofort verlassen, weil der Parameter QUIT den Standardwert IF_AUNIT_CONSTANTS=>TEST hat. Da die übergeordnete Testmethode die nachfolgenden Varianten aber auch noch ausführen soll, übergibt die Testmethode in diesem Fall an den Parameter QUIT den Wert IF_AUNIT_CONSTANTS=>NO, der keinen Abbruch herbeiführt.

Dieses parametrisierte Testskript ist deshalb so aufwendig, weil es mit den feld-, struktur- und tabellenartigen Daten des TDC nicht nur die Objekte der Anwendung erzeugen, sondern diese auch noch untereinander in Beziehung setzen muss. Wie der folgende Abschnitt zeigt, entfällt dieser Wechsel in der Datenrepräsentierung bei der codierten Erzeugung durch die Testinfrastruktur.

Testen ohne Testdatencontainer

Die Testklasse ohne TDC muss zwar für jeden Testfall mit einer Testmethode aufwarten, wie Listing 16.5 zeigt. Diese Methodenliste ist aber wichtig, damit die Testklasse ihrer Aufgabe als lesbarer Dokumentation nachkommen kann.

```
CLASS ltc_get_confirmed_structure DEFINITION FINAL
FOR TESTING RISK LEVEL HARMLESS DURATION SHORT.
  PRIVATE SECTION.
    CLASS-METHODS class_setup.

    METHODS active_2_active FOR TESTING.
    METHODS saved_2_saved FOR TESTING.
    METHODS unsaved_2_unsaved FOR TESTING.
    METHODS active_saved_2_saved FOR TESTING.
    METHODS active_unsaved_2_unsaved FOR TESTING.
    METHODS active_obsolete_2_null FOR TESTING.
    METHODS saved_unsaved_2_unsaved FOR TESTING.
    METHODS saved_obsolete_2_null  FOR TESTING.
    METHODS active_saved_unsaved_2_unsaved FOR TESTING.
    METHODS active_saved_obsolete_2_null FOR TESTING.

    METHODS assert_confirmed_is_initial.
    METHODS assert_confirmed_equals
      IMPORTING
        isr_exp_data TYPE REF TO data.

    DATA mo_entity TYPE REF TO if_usmd_entity_read.
    CLASS-DATA so_creator TYPE REF TO tif_usmd_creator.
ENDCLASS.
```

Listing 16.5 Definition der Testklasse für die Produktmethode

Listing 16.6 zeigt, wie einfach die Testmethoden mithilfe der speziellen Assertion-Methoden implementiert werden können.

```
CLASS ltc_get_confirmed_structure IMPLEMENTATION.
  METHOD class_setup.
    so_creator = th_usmd_test_factory=>get_creator_t1_reuse( ).
  ENDMETHOD.
```

```
  METHOD active_2_active.
    mo_entity = so_creator->create_a_entity( ).
    assert_confirmed_equals( mo_entity->get_active_structure( ) ).
  ENDMETHOD.

  ...

  METHOD active_saved_obsolete_2_null.
    mo_entity = so_creator->create_aso_entity( ).
    assert_confirmed_is_initial( ).
  ENDMETHOD.

  METHOD assert_confirmed_is_initial.
    cl_abap_unit_assert=>assert_initial(
        act = mo_entity->get_confirmed_structure( )
    ).
  ENDMETHOD.

  METHOD assert_confirmed_equals.
    cl_abap_unit_assert=>assert_equals(
        act = mo_entity->get_confirmed_structure( )
        exp = isr_exp_data
    ).
  ENDMETHOD.
ENDCLASS.
```

Listing 16.6 Implementierung der Testklasse für die Produktmethode

Grundlage dafür ist die Testinfrastruktur. Sie stellt das Objekt SO_CREATOR bereit, mit der Selektionsobjekte und Entitäten einfach und flexibel erzeugt werden können. Da für diese Testfälle sowohl der Typ als auch der konkrete Schlüssel der Entität keine Rolle spielen, geben die Testmethoden weder das eine noch das andere an. Die bei der Erzeugung einer Entität intern aufgerufene Hilfsmethode CREATE_ANY_SEL garantiert, dass beide mit beliebigen, aber gültigen Werten versorgt werden. Die zwei Assertion-Methoden sind so schnell geschrieben, dass sie sich auch für weniger Testfälle lohnen, um die Lesbarkeit zu verbessen und eine Dopplung zu vermeiden.

16.2 Testdatenobjekte

Ein *Testdatenobjekt*, also ein Objekt, das Testdaten repräsentiert, kann Ihnen helfen, Ihre Tests mit weniger Dopplungen lesbarer zu gestalten. In diesem Abschnitt präsentiere ich Ihnen nicht nur ein anschauliches Beispiel. Ich gebe Ihnen damit auch ein Entwurfsmuster an die Hand, wie Sie Ihre produktiven Datenobjekte designen und daraus Ihre Testdatenobjekte entwickeln können.

Gegeben sei eine vereinfachte Anwendung, die Aufträge (engl. *Orders*) mit Positionen (engl. *Items*) in zwei Datenbanktabellen verarbeitet. Das Schema der beiden Datenbanktabellen ist in Abbildung 16.2 ausschnittsweise dargestellt.

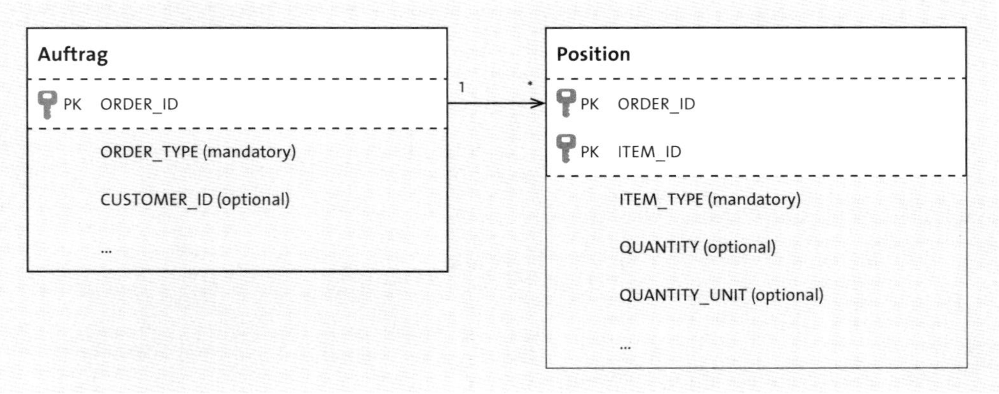

Abbildung 16.2 Datenbankschema einer auftragsbasierten Anwendung

Zu einem Auftrag kann es beliebig viele Positionen geben. Sowohl der Typ eines Auftrags (Standard oder Express) als auch der Typ einer Position (Produkt oder Service) sind Pflichtfelder. Daneben gibt es noch weitere, optionale Felder in beiden Datenbanktabellen.

Abbildung 16.3 zeigt das Klassendiagramm dieser Anwendung, die unter anderem das Anlegen eines Auftrags über eine API ermöglicht.

Im Innern der API werden sowohl Aufträge als auch Positionen objektbasiert repräsentiert. Die API-Klasse muss also Datenselektionen und -manipulationen nicht selbst durchführen, sondern kann diese Aufgaben an die Auftragsklasse delegieren, die ihrerseits Teilaufgaben an die Positionslistenklasse weitergibt. Folglich kann sich die API-Klasse darauf konzentrieren, das interne Objektmodell zu kapseln und die Ein- und Ausgabe für dieses Objektmodell zu managen.

Da ein Auftrag möglicherweise viele Positionen hat, ist aus Gründen der Performance nicht eine einzelne Position, sondern nur die Liste aller Positionen eines Auftrags als Objekt abgebildet. Mithilfe einer Factory-Klasse ist es möglich, dass alle Klassen, dem Dependency-Inversion-Prinzip folgend, nur von Abstraktionen (also anderen Interfaces) und nicht von konkreten Details (also anderen Klassen) abhängen. Die geschützten Attribute in den verschiedenen Klassen könnten aus Sicht des Produkts zwar privat definiert werden, aber in diesem Fall könnte, wie im Folgenden gezeigt, die Testinfrastruktur nicht mehr über Unterklassen auf diese Attribute zugreifen.

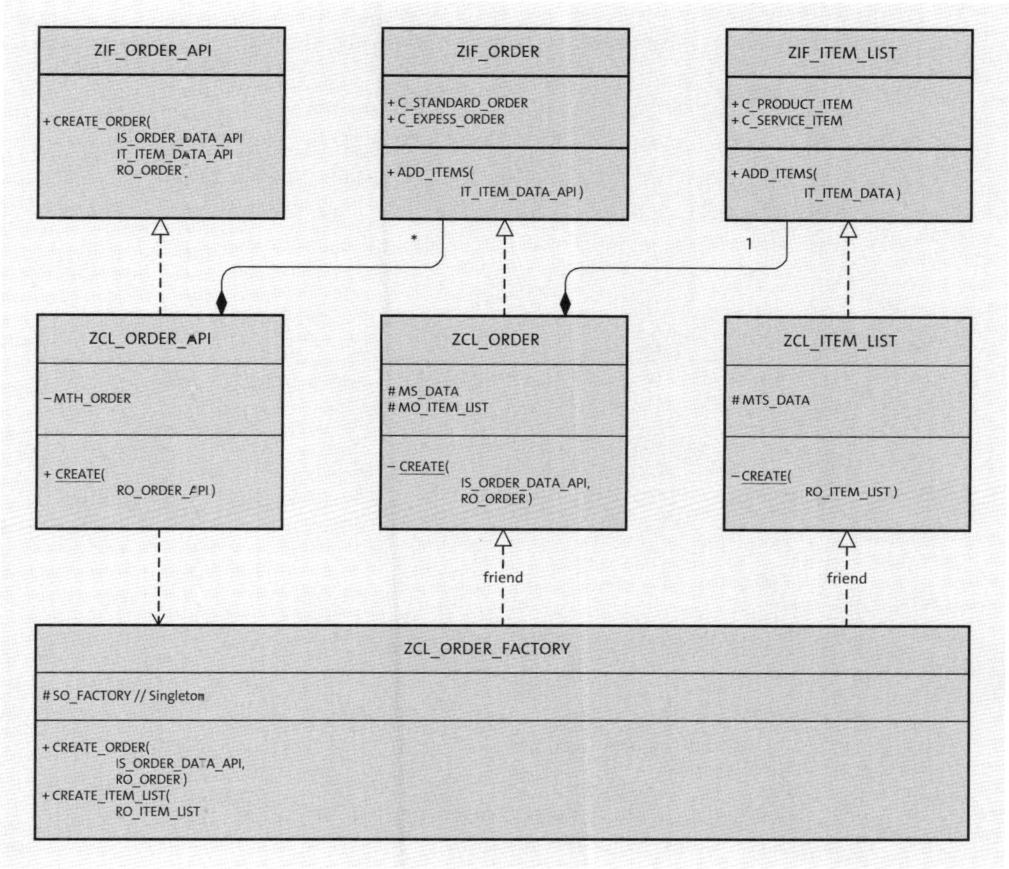

Abbildung 16.3 Klassendiagramm einer auftragsbasierten Anwendung

Um die Bedeutung von Testdatenobjekten zu verdeutlichen, implementieren wir das Testszenario »Erzeuge Auftrag mit zwei typverschiedenen Positionen« zuerst ohne diese Objekte. Listing 16.7 zeigt die zugehörige Testklasse.

```
CLASS ltc_create_order_wo_test_obj IMPLEMENTATION.
  METHOD setup.
    mo_api = zcl_order_api=>create( ).
  ENDMETHOD.

  METHOD mixed_items.
    DATA ls_order_data_api TYPE zappl_s_order_data_api.
    DATA ls_item_data_api  TYPE zappl_s_item_data_api.
    DATA lt_item_data_api  TYPE zappl_tt_item_data_api.

    ls_order_data_api-order_id    = ztif_c=>any_order_id.
```

```
    ls_order_data_api-order_type  = zif_order=>c_standard_order.
    ls_order_data_api-customer_id = ztif_c=>any_customer_id.

    ls_item_data_api-order_id      = ztif_c=>any_order_id.
    ls_item_data_api-item_id       = ztif_c=>any_item_id.
    ls_item_data_api-item_type     = zif_item_list=>c_product_item.
    ls_item_data_api-quantity      = ztif_c=>any_quantity.
    ls_item_data_api-quantity_unit = ztif_c=>any_quantity_unit.
    APPEND ls_item_data_api TO lt_item_data_api.

    ls_item_data_api-order_id  = ztif_c=>any_order_id.
    ls_item_data_api-item_id   = ztif_c=>other_item_id.
    ls_item_data_api-item_type = zif_item_list=>c_service_item.
    APPEND ls_item_data_api TO lt_item_data_api.

    mo_act_order = mo_api->create_order(
        is_order_data_api = ls_order_data_api
        it_item_data_api  = lt_item_data_api
    ).

*    cl_abap_unit_assert=>assert_equals(
*        exp = map_order_ext_to_int( ls_order_data_api )
*        act = mo_act_order->get_data( )
*    ).
*    DATA(lo_act_item_list) = mo_act_order->get_item_list( ).
*    cl_abap_unit_assert=>assert_equals(
*        exp = map_items_ext_to_int( lt_item_data_api )
*        act = lo_act_item_list->get_data( )
*    ).
  ENDMETHOD.
ENDCLASS.
```

Listing 16.7 Datenbasierte Implementierung einer Testklasse

Die Testmethode MIXED_ITEMS hat keine Gegeben-Phase. Ihre Wenn-Phase beginnt mit der Datenstruktur für einen beliebigen Auftrag und einer Datentabelle für eine Produkt- und eine Serviceposition. Schlüsselfelder spielen keine Rolle, ihre Werte müssen nur gültig und verschieden sein. Genau das wird mit den Konstanten ANY_ORDER_ID, ANY_ITEM_ID und OTHER_ITEM_ID nicht nur erreicht, sondern auch sprachlich präzise ausgedrückt. Auch andere Felder sind mit beliebigen Werten ausreichend definiert.

Entscheidend im Sinne des Testszenarios sind eigentlich nur die verschiedenen Typwerte der beiden Positionen, aber leider geht das in der Datenflut leicht unter.

Der Aufruf der zu testenden API-Methode CREATE_ORDER liefert ein Auftragsobjekt zurück, dessen Zustand nun mit den Erwartungen verglichen werden muss. Aber das ist aus den folgenden Gründen weder einfach noch sauber möglich:

- Der Zustand des Auftragskopfes ist für die Testmethode nur verfügbar, wenn die Auftragsklasse ihre Kapselung mit einer Methode GET_DATA aufgibt.
- Die Testmethode kann den restlichen Zustand des Auftrags nur überprüfen, wenn die Positionslistenklasse ihre Kapselung mit einer eigenen Methode GET_DATA bricht. Zusätzlich muss die Auftragsklasse eine Methode GET_ITEM_LIST anbieten.
- In jedem Fall ist der Zustand des tatsächlichen Auftrags nur im internen Format erhältlich. Die Testmethode muss also vor einem Vergleich entweder diese tatsächlichen Daten ins externe Format oder die eingangs erzeugten API-Daten ins interne Format umrechnen. Beides ist aufwendig, fehleranfällig und lenkt vom eigentlichen Testszenario ab.

Abbildung 16.4 skizziert den Ablauf dieses Testfalls mit Testdatenobjekten.

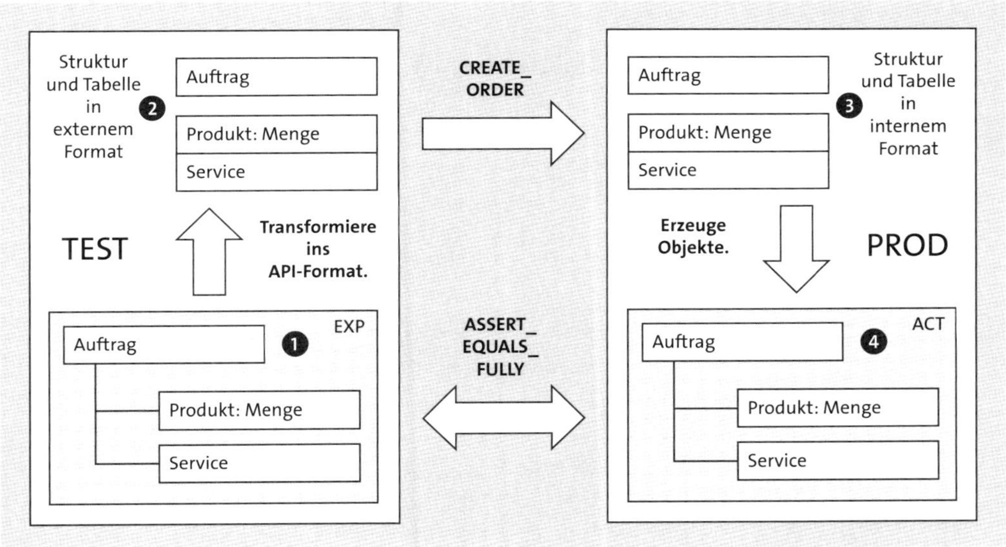

Abbildung 16.4 Auftragserzeugung mit Testdatenobjekten überprüfen

Die Testmethode beginnt mit der Erzeugung der Testdatenobjekte für die erwartete Auftragsstruktur ❶. Dann lässt sie sich von diesen Testdatenobjekten die API-Daten für die direkte Eingabe liefern ❷. Die zu testende Methode CREATE_ORDER wandelt diese API-Daten zuerst ins interne Format um ❸ und erstellt damit die Datenobjekte der tatsächlichen Auftragsstruktur ❹. Die erwartete Auftragsstruktur ❶ und die tatsächliche Auftragsstruktur ❹ haben Daten im gleichen internen Format. Das Testdatenobjekt für den Auftrag bietet für den vollständigen Vergleich dieser Daten die Methode ASSERT_EQUALS_FULLY an.

Listing 16.8 zeigt die deutlich verkürzte, objektbasierte Implementierung.

```
CLASS ltc_create_order_with_test_obj IMPLEMENTATION.
  METHOD class_setup.
    zth_order_factory=>inject_itself( ).
  ENDMETHOD.

  METHOD setup.
    mo_api = zcl_order_api=>create( ).
    mo_exp_order = zth_order=>create_any( ).
  ENDMETHOD.

  METHOD mixed_items.
    mo_exp_order->add_item(
      zth_item=>create_product( ztif_c=>any_quantity )
    ).
    mo_exp_order->add_item( zth_item=>create_service( ) ).

    mo_act_order = create_order_with_api_like( mo_exp_order ).
    mo_exp_order->assert_equals_fully( mo_act_order ).
  ENDMETHOD.

  METHOD create_order_with_api_like.
    io_order->transform_to_api(
      IMPORTING
        es_order_data_api = DATA(ls_order_data_api)
        et_item_data_api  = DATA(lt_item_data_api)
    ).
    ro_order ?= mo_api->create_order(
        is_order_data_api = ls_order_data_api
        it_item_data_api  = lt_item_data_api
    ).
  ENDMETHOD.
ENDCLASS.
```

Listing 16.8 Objektbasierte Implementierung einer Testklasse

In der Class-Setup-Methode übernimmt die Test-Factory ZTH_ORDER_FACTORY die Kontrolle über die Objekterzeugung, indem sie intern eines ihrer Factory-Objekte in die produktive Factory-Klasse injiziert. Das führt dazu, dass selbst die produktive API die tatsächliche Auftragsstruktur mit Testdatenobjekten aufbaut. Jede Testdatenklasse verhält sich wie die zugehörige produktive Datenklasse, weil die Testdatenklasse zwar von der produktiven Datenklasse erbt, aber keine ihrer Methoden redefiniert. Die Hilfsmethode CREATE_ORDER_WITH_API_LIKE ruft, nachdem der Testauftrag IO_ORDER seine Daten für sie ins API-Format transformiert hat, die zu testende Methode mit diesen API-Daten auf.

Im Folgenden gebe ich Ihnen mithilfe ausgewählter Methoden noch einen Einblick in die Implementierung der Testdatenobjekte. Wie Listing 16.9 zeigt, erhält das ANY-Auftragsobjekt die gleichen Werte wie zuvor.

```
METHOD create_any.
  DATA ls_data TYPE zappl_s_order_data.

  ls_data-order_id    = ztif_c=>any_order_id.
  ls_data-order_type  = zif_order=>c_standard_order.
  ls_data-customer_id = ztif_c=>any_customer_id.
  ro_order = zth_order=>create_by_data( ls_data ).
ENDMETHOD.
```

Listing 16.9 Erzeugung eines beliebigen Auftrags

Die Methode CREATE_PRODUCT in Listing 16.10 lenkt den Fokus auf den Positionstyp und die Menge, während die optionale Mengeneinheit mit einem Standardwert versorgt wird.


```
METHOD create_product.
  ro_item = NEW zth_item( ).
  ro_item->ms_data-item_type     = zif_item_list=>c_product_item.
  ro_item->ms_data-quantity      = iv_quantity.
  ro_item->ms_data-quantity_unit = iv_quantity_unit.
ENDMETHOD.
```

Listing 16.10 Erzeugung einer speziellen Position

Die Methode ADD_ITEM in Listing 16.11 ordnet ein frei erzeugtes Positionsobjekt dem Auftrag und seiner Positionsliste zu. Letztere liest die Daten der Position aus und fügt sie in ihre Datentabelle aller Positionen ein.

```
METHOD add_item.
  io_item->set_order( ms_data-order_id ).
  get_item_list( )->add_item( io_item ).
ENDMETHOD.
```

Listing 16.11 Zuordnung einer einzelnen Position zu einem Auftrag

Listing 16.12 zeigt, dass die Transformation von jedem Testdatenobjekt selbst durchgeführt wird.

```
METHOD transform_to_api.
  CLEAR: es_order_data_api, et_item_data_api.

  MOVE-CORRESPONDING ms_data TO es_order_data_api.
  et_item_data_api = get_item_list( )->transform_to_api( ).
ENDMETHOD.
```

Listing 16.12 Umwandlung der Objektdaten in API-Daten

Wie Listing 16.13 zeigt, wird auch die Überprüfung der gesamten Auftragsstruktur nach dem Subsidiaritätsprinzip durchgeführt. Das Auftragsobjekt kümmert sich nur um seine Daten und überlässt alles Weitere der Positionsliste.

```
METHOD assert_equals_fully.
  assert_equals( io_act_order ).
  get_item_list( )->assert_equals_fully(
      io_act_item_list = io_act_order->get_item_list( )
  ).
ENDMETHOD.
```

Listing 16.13 Überprüfung des gesamten Zustandes eines Auftrags

Das Klassendiagramm in Abbildung 16.5 zeigt, wie die Testdatenklassen über Vererbung aus den produktiven Datenklassen hervorgehen. Die Testdatenklassen haben Zugriff auf den Zustand ihrer produktiven Oberklasse, kapseln diesen aber mit Methoden wie ASSERT_EQUALS.

Ein Objekt für eine einzelne Position gibt es nur in der Testinfrastruktur. Generell sollten Sie für jede Datenbanktabelle eine Testdatenklasse und für jeden Datensatz ein Testdatenobjekt vorsehen. Das führt bei funktionalen Tests nicht zu einem Performanceproblem, da für diese Tests in der Regel nur zwei oder drei Datensätze benötigt werden.

Für die hierarchische Verknüpfung der Testdatenobjekte gibt es prinzipiell drei Varianten, die ich Ihnen beispielhaft anhand der Klassen für Auftrag und Position darstelle:

- **Trennung von Erzeugung und Zuordnung**
  Die Positionsklasse bietet eine Vielzahl statischer Erzeugungsmethoden wie CREATE_PRODUCT an. Einem Auftrag wird eine so erzeugte Position mittels seiner Instanzmethode ADD_ITEM nachträglich zugeordnet. Damit erfüllt die Auftragsklasse das Open-Closed-Prinzip, weil sie bei Einführung eines neuen Positionstyps nicht geändert werden muss.

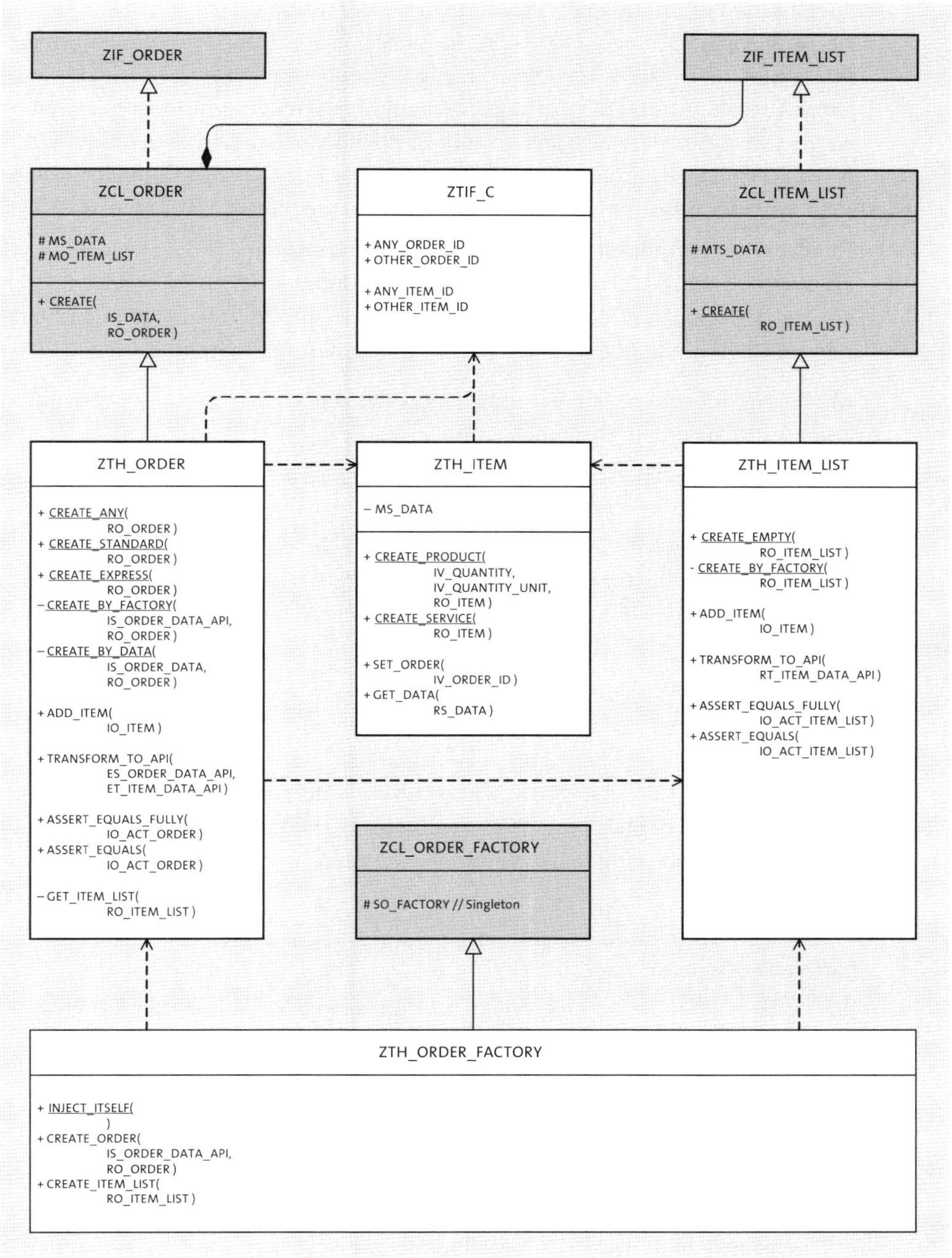

Abbildung 16.5 Testdatenobjekte einer auftragsbasierten Anwendung

- **Spezifische Verbindung von Erzeugung und Zuordnung**
  Die Auftragsklasse bietet für jeden spezifischen Positionstyp eine Instanzmethode wie CREATE_PRODUCT_ITEM an. Erzeugung und Zuordnung sind dann ein Vorgang. Allerdings muss die Auftragsklasse für jeden neuen Positionstyp erweitert werden, und durch die Vielzahl an Methoden wird sie nach und nach unübersichtlich werden. Dieses Problem verschärft sich sogar noch, wenn es zu einer Testdatenklasse mehrere untergeordnete Testdatenklassen gibt.
- **Generische Verbindung von Erzeugung und Zuordnung**
  Die Auftragsklasse bietet nur eine generische Methode CREATE_ITEM an. Dadurch bleibt die Klasse zwar übersichtlich, allerdings verschlechtert der zusätzliche Parameter IV_ITEM_TYPE die Lesbarkeit der Aufrufe in den Testmethoden.

In Abbildung 16.5 ist die erste Variante dargestellt, die ich Ihnen aus den genannten Gründen auch allgemein empfehle.

[»]

Testdatenklassen sind keine Doubleklassen

Das Entwurfsmuster für Testdatenklassen schreibt vor, dass diese das gleiche Verhalten wie ihre produktiven Oberklassen haben. Es dürfen also keine ihrer Methoden redefiniert werden. Mit anderen Worten, die Testisolierung gehört nicht zu ihren Zuständigkeiten.

Abbildung 16.6 zeigt, wie Sie Doubleklassen ohne und mithilfe einer Testdatenklasse definieren können.

Bei LTD_ORDER_TH handelt es sich um ein Unterklassendouble. Dieses sollten Sie einsetzen, wenn Sie beispielsweise die geschützte Methode DERIVE_CUSTOMER_ID_FROM redefinieren müssen, damit Sie die Interface-Methode ADD_ITEMS isoliert von ihr testen können.

[»]

Suffixe der Doubleklassen

Die Suffixe der Doubleklassen gehören nicht zur vorgegebenen Notation. Sie dienen ausschließlich der besseren Unterscheidung der Doubleklassen in Abbildung 16.6.

Die Ableitung von der Testdatenklasse bietet der Doubleklasse LTD_ORDER_TH zusätzlich die Möglichkeit, den Zustand des Auftrags ohne lokale Freundschaft zu überprüfen. In diesem Beispiel könnten Sie mit der Methode ASSERT_CUSTOMER_HAS_ID sicherstellen, dass ADD_ITEMS die aus den Positionsdaten abgeleitete Kunden-ID tatsächlich in das zugehörige Feld des Attributs MS_DATA übernommen hat. Wenn Sie die Assertion-Methoden der Testdatenklasse für Ihr Unterklassendouble nicht benötigen, können Sie das Double auch direkt von der produktiven Klasse ableiten (ohne Darstellung in Abbildung 16.6).

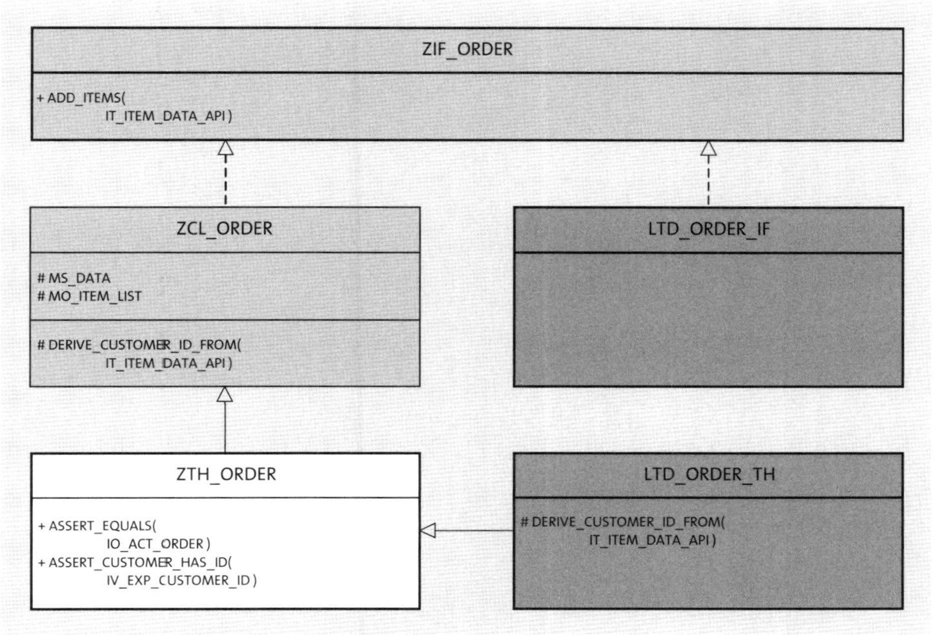

Abbildung 16.6 Doubleklassen im Umfeld einer Testdatenklasse

Das Interface-Double `LTD_ORDER_IF` sollten Sie dagegen immer dann einsetzen, wenn Sie Klassen isoliert testen wollen, die die Auftragsklasse verwenden.

Vor- und Nachteile der Testdatenklasse

Ein Nachteil dieses Designs der Testdatenklassen ist, dass Sie die produktiven Klassen nicht final und zumindest ihre Zustandsattribute nur geschützt definieren können. Wenn Sie aber nur Interfaces und keine Klassen in Ihre Paketschnittstellen aufnehmen, kann ein anderes Paket nur um den Preis eines Paketfehlers von diesen Klassen ableiten und auf diese Weise auf diese Attribute zugreifen.

Auf der anderen Seite hat dieses Design die folgenden Vorteile:

- Der Zustand einer Testdatenklasse deckt sich weitgehend mit dem der zugehörigen produktiven Datenklasse. Durch die Vererbungsbeziehung wird Dopplung vermieden.
- Ihre Objekte passen in jede Schnittstelle, die Objekte ihrer produktiven Oberklasse akzeptiert.
- Das Entwurfsmuster für Testdatenklassen schreibt vor, dass diese das gleiche Verhalten wie ihre produktiven Oberklassen haben. Eine Testdatenklasse darf also keine Methode redefinieren. Sie kann folglich ersatzweise für Tests der zugehörigen Datenklasse genutzt werden. Das kann die Definition von lokaler Freundschaft für die Injektion von Testdoubles vermeiden.

Kapitel 17

Testinfrastruktur

Was ist eine Testinfrastruktur? Eine Testinfrastruktur ist alles, was Sie benötigen, um auch mit mehreren Teams gut lesbaren Testcode ohne Dopplungen effizient zu erstellen!

Für eine gute Testabdeckung müssen Sie mit mindestens so viel Testcode wie Produktcode rechnen. Eine frühzeitig entwickelte Testinfrastruktur kann Ihnen helfen, diese große Menge an Testcode effizient zu schreiben und in der Folge auch zu warten. Während die bessere Lesbarkeit des Testcodes bei Neuentwicklungen vor allem für die Weitergabe von Wissen an neue Entwickler wichtig ist, ist sie bei der Weiterentwicklung von Legacy Code von zentraler Bedeutung, um das mühsam wiedergewonnene Wissen für das Team zu dokumentieren.

Gemäß der Testpyramide sollten Sie für ein Produkt Unit-, Komponenten-, Akzeptanz- und Integrationstests im passenden Verhältnis schreiben. In diesem Teil des Buches, Teil II, »Testorientiertes ABAP-Design«, haben Sie die zentralen Komponenten einer Testinfrastruktur kennengelernt, um dies effizienter zu tun. Abbildung 17.1 stellt diese Komponenten im Gesamtzusammenhang dar.

Die einzelnen Komponenten haben folgende Bedeutung:

- **Erzeugung**
  Wenn Sie für eine Testmethode Testdaten im Hauptspeicher benötigen, können Sie diese entweder vorher in einem Testdatencontainer speichern oder sie zur Laufzeit codebasiert erzeugen. In beiden Fällen sollten Sie zuerst Testdatenobjekte erzeugen.

  Da Testdatenklassen von den produktiven Datenklassen abgeleitet sind, können Sie diese Testdatenklassen beim Testen einer objektbasierten Schnittstelle meistens direkt als Eingabe verwenden. Beim Testen einer datenbasierten Schnittstelle können Sie die Testdatenobjekte einsetzen, um die einzugebenden Tabellen und Strukturen in lesbarer Weise bereitzustellen.
- **Generierung**
  Die Generierungskomponente besteht aus Klassen, die im Hauptspeicher befindliche Testdaten in Datenbanktabellen schreiben und so die Unabhängigkeit und Wiederholbarkeit von Integrations- und eventuell auch von Performancetests sicherstellen.

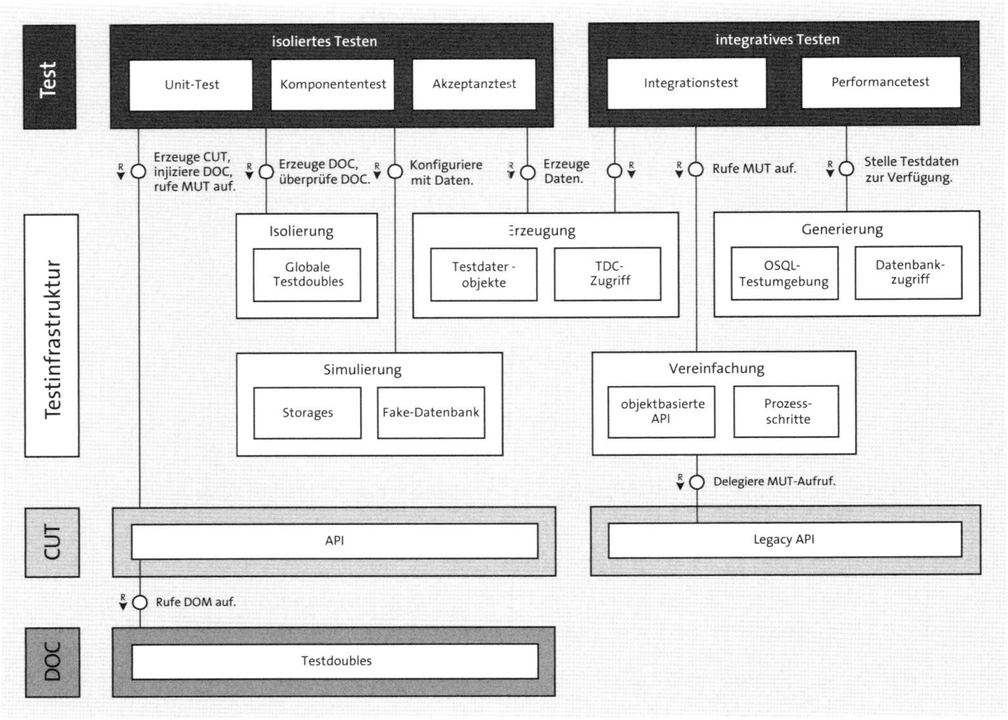

Abbildung 17.1 Zentrale Komponenten einer Testinfrastruktur

- **Vereinfachung**

  Die Vereinfachungskomponente besteht aus Klassen, die zentrale Klassen der Anwendung objektorientiert verschalen. Damit können Sie die Lesbarkeit Ihrer Testmethoden auf zwei Arten verbessern:

  - Aufruf verschalender Methoden mit wenigen Objektparametern anstelle von Bestandsmethoden mit vielen Datenparametern
  - Aufruf weniger verschalender Methoden, weil durch viele von diesen Methoden mehrere Bestandsmethoden zu einem Prozessschritt zusammengefasst werden

  Mit der testorientierten Verschalung von Bestandsklassen können Sie schnell und sicher zu einer neuen produktiven API kommen. Wenn sich diese neue API stark an der Verschalung orientiert, ist durch die gute Lesbarkeit der Testmethoden eine gute Konsumierbarkeit der neuen API garantiert. Die Testsuite sichert Sie beim Refactoring der API gegen Regression ab und erlaubt Ihnen beim Redesign der API eine testgetriebene Entwicklung (siehe Abschnitt 17.2.1, »Entwicklung einer API für Legacy-Komponenten«).

- **Isolierung**
  Die Isolierungskomponente besteht aus globalen Doubleklassen, die Sie entweder direkt verwenden oder über Unterklassen lokal erweitern.
- **Simulierung**
  Die Simulierungskomponente besteht aus Hilfsklassen, die Daten oder Testdatenobjekte für Doubleobjekte im Hauptspeicher halten. Sie dienen auch der datenbasierten Orchestrierung von Doubleobjekten, indem sie etwa einen bestimmten Datenstand zentral vorhalten.
- **Organisierung**
  Die Organisierungskomponente enthält Basisklassen für Testklassen. Diese Komponente ist in Abbildung 17.1 nicht zu sehen, weil die Basisklassen nur das Design der konkreten Testklassen betreffen. Mit diesen Basisklassen sollten Sie eine allgemeine Isolierung bereitstellen, sodass sich abgeleitete Testklassen nur noch um die Konfiguration dieser Doubleobjekte kümmern müssen.

Grundsätzlich sollten Sie die Zuständigkeiten so aufteilen, dass sich die Testklassen auf die Semantik der Testfälle konzentrieren können, weil ihnen die Klassen der Testinfrastruktur die technische Umsetzung weitgehend abnehmen.

Sie können eine globale Testinfrastruktur auf verschiedene Arten verwenden. In Abschnitt 17.1 stelle ich Ihnen testtypspezifische Anwendungsszenarien vor. In Abschnitt 17.2, »Entwicklungsprozesse mithilfe einer Testinfrastruktur«, führe ich Sie in zwei strategische Entwicklungsprozesse ein, bei denen die Testinfrastruktur im Mittelpunkt steht. Abschnitt 17.3 enthält eine Zusammenfassung dieses von Theorie und Standards geprägten Teil II.

17.1 Anwendungsszenarien für eine globale Testinfrastruktur

Große Tests profitieren von einer globalen Testinfrastruktur generell mehr als kleine Tests. Große Tests umfassen nicht nur mehrere Klassen, sondern decken häufig auch mehrere zentrale Klassen gemeinsam ab. In diesem Abschnitt zeige ich Ihnen anhand von Beispielen die unterschiedliche Verwendung einer globalen Testinfrastruktur durch die Testtypen.

17.1.1 Komponententests

In Abschnitt 10.5, »Abstraktionsebenen innerhalb einer Klasse«, habe ich das Design von Entitätsmengen für die Beispielanwendung zum Stammdatenmanagement diskutiert. In diesem Abschnitt führe ich dieses Beispiel nun fort und behandle den *Entitätsmanager* als Entitätspuffer, der eine Vielzahl an Entitätsmengenobjekten als Pufferеinheiten verwaltet. Dabei holt sich jede Puffereinheit ihre Entitätsdaten bei

Bedarf selbst über ein gemeinsam genutztes Zugriffsobjekt. Um die gesamte Pufferkomponente zu isolieren, bietet sich deshalb eine globale Doubleklasse für diese Zugriffsklasse an.

Wie Abbildung 17.2 zeigt, hält diese globale Doubleklasse die Entitäten, die sich gemäß den Testfällen in der Datenbank befinden sollen, nicht selbst vor. Diese Aufgabe hat sie an eine Entitätsspeicherklasse der Testinfrastruktur abgegeben, die auch von anderen Doubleklassen eingesetzt wird.

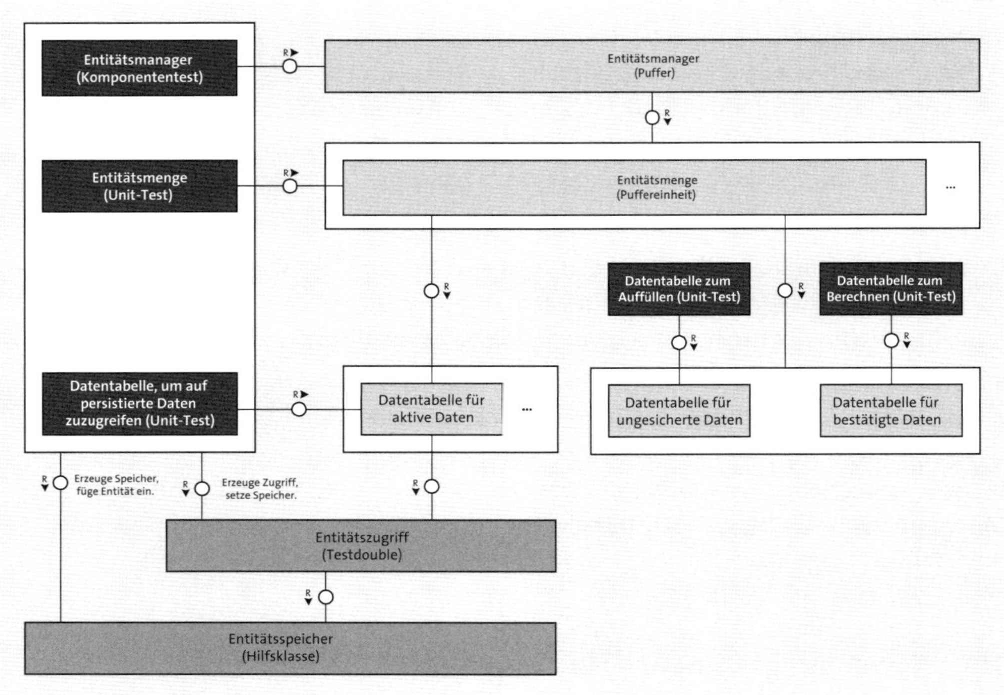

Abbildung 17.2 Testdaten des Zugriffsdoubles liegen im Entitätsspeicher.

Wie Listing 17.1 zeigt, kann schon die Basisklasse der Komponententests die Verbindung zwischen dem Zugriffsdouble und dem Entitätsspeicher herstellen.

```
METHOD setup.
  mo_entity_storage = so_creator->create_entity_storage( ).
  do_access = td_usmd_entity_access=>create_decorator( ).
  do_access->inject_read_data_from( mo_entity_storage ).
  ...
ENDMETHOD.
```

Listing 17.1 Setup-Methode der Basisklasse

In Listing 17.2 sind die Setup-Methode und eine Testmethode abgebildet.

```
METHOD setup.
  mo_any_entity   = so_creator->create_a_entity( mo_any_sel ).
  mo_other_entity = so_creator->create_a_entity( mo_other_sel ).
  mo_entity_storage->add_entity( mo_any_entity ).
  mo_entity_storage->add_entity( mo_other_entity ).
ENDMETHOD.

METHOD ins_any_del_other_read_all.
  modify_data( mo_any_sel ).
  delete_data( mo_other_sel ).
  so_test->assert_one_line( read_confirmed_data( mo_all_sel ) ).
ENDMETHOD.
```

Listing 17.2 Setup- und Testmethode der Testklasse

Da die Datenbasis für alle Testmethoden aus zwei aktiven Entitäten besteht, kann das Erzeugen und Speichern dieser Entitäten schon in der Setup-Methode erfolgen. Die Testmethode selbst kann sich auf den Testfall konzentrieren, der nach dem Ändern der ersten und dem Löschen der zweiten Entität als bestätigte Daten nur noch eine von beiden Entitäten (genauer die erste) erwartet.

Diese Komponententests setzen somit die Testinfrastrukturkomponenten Erzeugung, Isolierung und Simulierung ein.

17.1.2 Integrationstests

Ein robuster Integrationstest kümmert sich um die Daten, die er auf der Datenbank erwartet, selbst. Dabei ist es seit SAP NetWeaver 7.52 nicht mehr zwingend notwendig, diese Daten tatsächlich in Datenbanktabellen zu schreiben. Mit dem Open SQL Test Double Framework, das ich Ihnen in Abschnitt 28.2 vorstelle, können Sie diesen Datenbankinhalt ebenso im ABAP-Server simulieren.

Wie Listing 17.3 zeigt, delegieren die Integrationstests der Beispielanwendung zum Stammdatenmanagement diese Aufgabe an eine globale Generierungsklasse der Testinfrastruktur. Des Weiteren benutzen sie die globale Verschalungsklasse TH_GOV_API_SIMPLE, um den Zugriff auf die produktive Governance API zu vereinfachen. Eine solche vereinfachende Verschalung haben Sie in Abschnitt 6.1, »Vereinfachung einer Verwendung«, schon für die Convenience API kennengelernt.

```
METHOD setup.
  mo_creator = th_creator=>create( c_tdc ).
  mo_generator = th_generator=>create( ).
```

```
  mo_simple_gov_api = th_gov_api_simple=>create_simple(
      io_gov_api = cl_usmd_gov_api=>get_instance( c_model_name )
      iv_cr_desc_default = c_any_crequest_description
  ).
ENDMETHOD.
```

Listing 17.3 Setup-Methode erzeugt Komponenten der Testinfrastruktur.

Die Testmethode in Listing 17.4 beschäftigt sich mit Änderungsanträgen, die unterschiedliche Entitätstypen des gleichen Flugverbindungsobjekts parallel ändern. Der Testfall überprüft, dass keiner der beiden parallelen Änderungsanträge (engl. *Parallel Change Requests*, kurz PCRs) bis zur Aktivierung etwas von den jeweils anderen Änderungen mitbekommt.

```
METHOD read_entity.
  DATA lo_pcr_pfli   TYPE REF TO th_change_request.
  DATA lo_pcr_flight TYPE REF TO th_change_request.

  provide( iv_tdc_variant = 'READ_ENTITY' ).

  lo_pcr_pfli =
    mo_simple_gov_api->create_cr( c_pcr_type_change_pfli ).
  lo_pcr_pfli->update_entity( mo_pfli ).
  mo_simple_gov_api->save( ).

  lo_pcr_flight =
    mo_simple_gov_api->create_cr( c_pcr_type_change_flight ).
  lo_pcr_flight->update_entity( mo_flight1 ).
  mo_simple_gov_api->save( ).

  lo_pcr_pfli->assert_equals_active( mo_flight1 ).
  lo_pcr_flight->assert_equals_active( mo_pfli ).
ENDMETHOD.
```

Listing 17.4 Integrationstest für das Lesen paralleler Änderungsanträge

Zur Vereinfachung der Governance API gehört auch, dass Änderungsanträge Objekte sind, die Änderungen an Entitäten aktiv durchführen. Listing 17.5 zeigt anhand der Methode ENQUEUE_REQUEST, dass die produktive Governance API noch auf einem (passiven) Datenparameter basiert.

```
METHOD create_cr.
  DATA lv_cr_id TYPE usmd_crequest.
  DATA lx_gov_api TYPE REF TO cx_usmd_gov_api.

  TRY.
      lv_cr_id = mo_gov_api->create_crequest(
          iv_crequest_type = iv_cr_type
          iv_description   = mv_cr_desc_default
      ).
      cl_abap_unit_assert=>assert_not_initial( lv_cr_id ).
      mo_gov_api->enqueue_crequest( lv_cr_id ).
    CATCH cx_usmd_gov_api INTO lx_gov_api.
      assert_errors( lx_gov_api->mt_messages ).
  ENDTRY.

  ro_cr = th_change_request=>create(
      io_cr_access     = mo_cr_access
      io_entity_access = me
      io_cr_type       = mo_meta->get_cr_type( iv_cr_type )
      iv_cr_id         = lv_cr_id
      iv_is_saved      = abap_false
  ).
  INSERT ro_cr INTO TABLE mt_cr.
ENDMETHOD.
```

Listing 17.5 Prozessschritt einer objektbasierten API-Vereinfachung

Ferner stellt die Vereinfachungsmethode `CREATE_CR` einen Prozessschritt dar, der nicht nur die technischen Details der Fehlerbehandlung kapselt, sondern auch die produktiven Methoden `CREATE_CREQUEST` und `ENQUEUE_CREQUEST` zusammenfasst.

Da die Daten für die erzeugten Flugverbindungsentitäten `MO_PFLI` und `MO_FLIGHT1` aus einem Testdatencontainer kommen, setzen diese Integrationstests die Testinfrastrukturkomponenten Erzeugung, Generierung und Vereinfachung ein.

Unit-Tests

Für Unit-Tests ist vor allem der Einsatz von Testdatenklassen und damit die Komponente Erzeugung der globalen Testinfrastruktur wichtig. Beispielsweise hat die Testklasse `LTC_GET_CONFIRMED_STRUCTURE` im Abschnitt »Testen ohne Testdatencontainer« in Abschnitt 16.1.2 in großem Maße von der zentralen Erzeugung von Entitätsobjekten profitiert. Testisolierung spielt bei Unit-Tests zwar eine zentrale Rolle, wird in der Regel aber von lokalen und nicht von globalen Testdoubles bewerkstelligt.

17.2 Entwicklungsprozesse mithilfe einer Testinfrastruktur

In diesem Abschnitt möchte ich anhand zweier Entwicklungsprozesse die strategische Bedeutung einer globalen Testinfrastruktur hervorheben.

17.2.1 Entwicklung einer API für Legacy-Komponenten

Eine Testinfrastruktur kann für Sie ein wichtiges Hilfsmittel bei der Arbeit mit Legacy Code sein. Dieser Bestandscode zeichnet sich häufig dadurch aus, dass er komplex, unbekannt und ungesichert ist. Das Allheilmittel gegen diese Probleme sind verständliche Tests.

Wie auf der linken Seite von Abbildung 17.3 dargestellt, wird es sich bei Ihren ersten Tests in der Regel um Integrationstests handeln. Erstens ermöglichen Ihnen Integrationstests, die Legacy-Anwendung als Ganzes zu begreifen, bevor Sie sich mit ihren Details auseinandersetzen. Zweitens kommen Sie mit Integrationstests schneller zu einer signifikanten Testabdeckung. Und drittens kann Legacy Code oft erst nach Umbauten isoliert getestet werden. Bevor Sie diese Umbauten für die Testbarkeit vornehmen, sollten Sie zumindest die wichtigsten Geschäftsfälle schon irgendwie abgesichert haben.

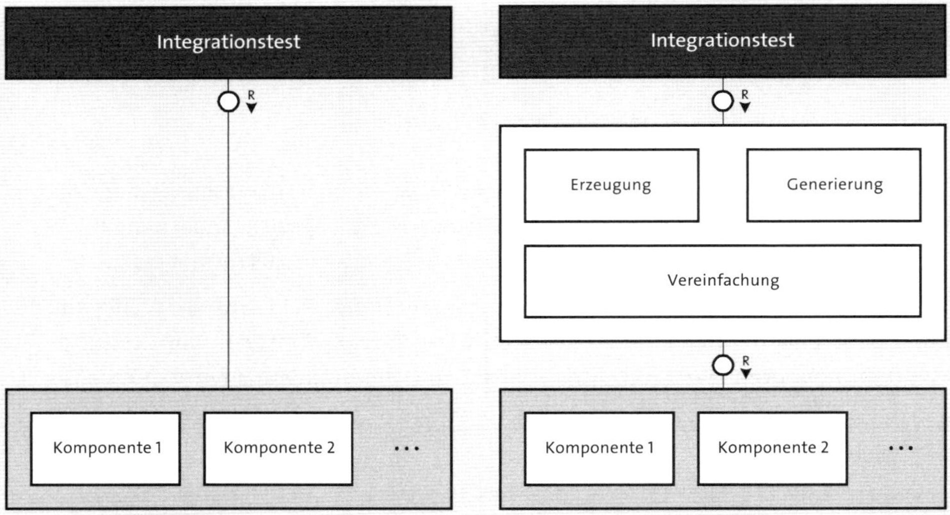

Abbildung 17.3 Aufbau einer Testinfrastruktur für das testgetriebene Design einer API

Um stabil zu sein, sollten diese Integrationstests ihre Testdaten entweder selbst generieren oder diese Aufgabe an die Testinfrastruktur delegieren (Generierung). Zur Sicherstellung der Lesbarkeit sollten die Integrationstests ferner nicht direkt auf dem gegebenen »Zoo« an technischen Komponenten aufsetzen (Programme, Funktionsgruppen, statische Klassen ...). Wie die rechte Seite von Abbildung 17.3 zeigt, sollten Sie vielmehr eine semantische Verschalung (Vereinfachung) in Betracht ziehen. Diese kann Ihnen auch als objektorientierter Prototyp dienen, wenn Sie für diese Legacy-Anwendung eine neue API erstellen wollen.

Wie die linke Seite von Abbildung 17.4 zeigt, unterstützt Sie diese Verschalung des Weiteren dabei, diese API inkrementell zu entwickeln. Denn die Anpassungen der Tests an die neue API müssen Sie dann nur einmal in dieser Testinfrastrukturkomponente und nicht viele Male in verschiedensten Testklassen durchführen.

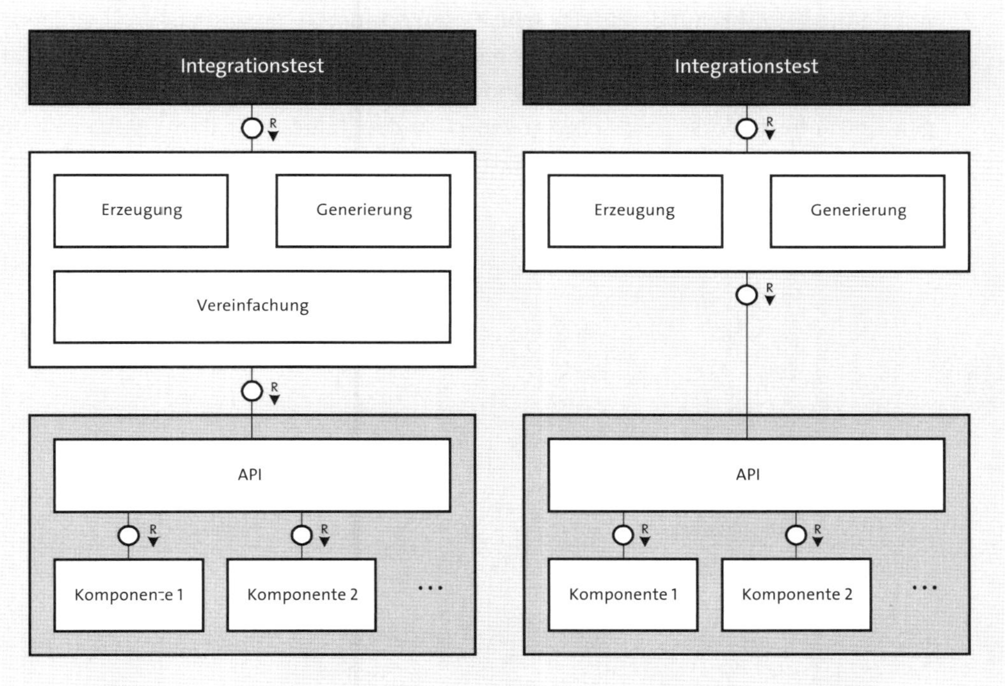

Abbildung 17.4 Einsatz und Abbau einer Testinfrastruktur für das testgetriebene Design einer API

Auf der rechten Seite von Abbildung 17.4 ist der ideale Fall dargestellt, dass die neue produktive API die Verschalung komplett ersetzt. In der Regel wird die neue API diese Verschalung zwar zum großen Teil ausdünnen, aber eben nicht obsolet machen. Ein Grund dafür sind anwendungsspezifische Assertion-Methoden.

17.2.2 Teamübergreifende Testinfrastruktur für ein Produkt

In Teil I dieses Buches habe ich demonstriert, wie Sie eine Testinfrastruktur Schritt für Schritt über Refactoring aufbauen können. Zielführende Anforderungen waren dabei Lesbarkeit, Vermeidung von Dopplungen und Minimierung von Abhängigkeiten. Das Ergebnis war eine lokale Testinfrastruktur.

Die Testinfrastruktur eines Teams wird gebildet, indem in Absprache Teile dieser lokalen Infrastruktur globalisiert und danach von mehreren Entwicklern wiederverwendet werden. Dabei geht es um das Refactoring von lokalen Klassen hin zu globalen und von spezifischen Klassen hin zu generischen.

Abbildung 17.5 führt auf der linken Seite diesen *Bottom-up-Prozess* auf Produktebene fort. Testinfrastrukturen einzelner Teams werden zugunsten einer Testinfrastruktur für das gemeinsame Produkt ausgedünnt. Dieser Prozess erfordert einen regelmäßigen und intensiven Wissenstransfer zwischen den Teams, der durch gemeinsame Reviews, den Austausch von Entwicklern und einen gemeinsamen Coach gefördert werden kann.

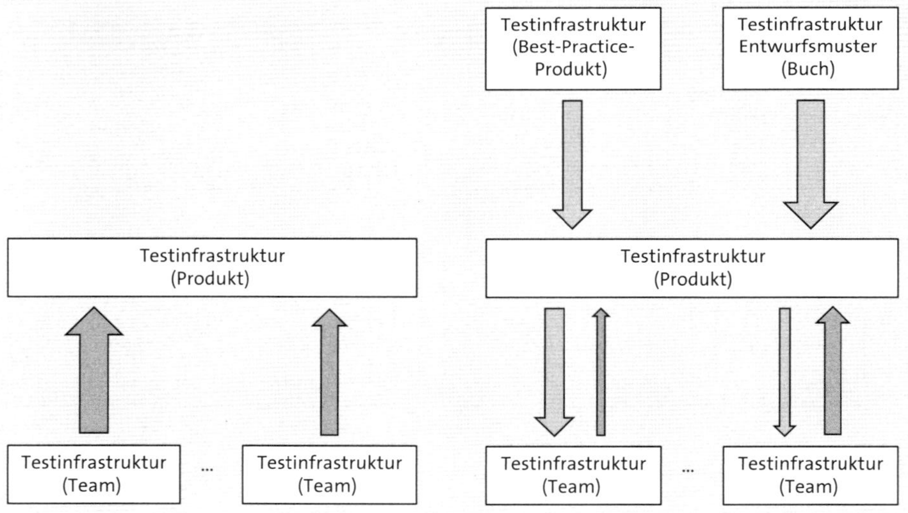

Abbildung 17.5 Entwicklungsprozesse für die Testinfrastruktur eines Produkts

In Teil III dieses Buches, »Agile Neuentwicklung«, führe ich den umgekehrten *Top-down-Prozess* anhand eines Anwendungsbeispiels vor. Der Top-down-Prozess ist gekennzeichnet durch das Designen von wenigen, aber zentralen Klassen der Testinfrastruktur am Anfang der Produktentwicklung. Dafür ist allerdings viel Wissen und Erfahrung notwendig. Wissen können Sie hoffentlich mit diesem Buch gewinnen. Erfahrung müssen Sie sammeln. Da die Komponenten einer globalen Testinfrastruktur weitgehend standardisiert sind, sollte es Ihnen allerdings nicht allzu schwerfallen, diese Erfahrungen von einer Produktentwicklung auf die nächste zu übertragen.

Das rechte Schaubild in Abbildung 17.5 deutet die beiden Möglichkeiten für den Top-down-Prozess mit Pfeilen von oben an. Der Top-down-Prozess kann aber nur den Rahmen für eine schnellere Entwicklung bieten. Für die Konkretisierung der Testinfrastruktur ist immer auch ein Bottom-up-Prozess notwendig, also eine Weiterentwicklung, die vom spezifischen Bedarf der Testmethoden getrieben wird. Dieser Teilprozess ist im rechten Schaubild von Abbildung 17.5 mit Pfeilen von unten dargestellt.

17.3 Zusammenfassung des zweiten Teils

Die ersten drei Kapitel von Teil II, »Testorientiertes ABAP-Design«, beschäftigen sich mit sauberem Code und Design. Bei einer Methode sollten Sie besonders auf ihre objektbasierte Signatur Wert legen. Datenbasierte Parameter sollten bei öffentlichen Methoden die Ausnahme und nicht die Regel sein.

Für Klassen führt kein guter Weg an Interfaces und Erzeugungsmethoden vorbei. Mit Factory-Klassen erreichen Sie darüber hinaus, dass sich Klassen überhaupt nicht mehr gegenseitig referenzieren. Damit schaffen Sie die Grundlage, um eine Klasse im Testumfeld vorübergehend und im Produktumfeld dauerhaft durch eine andere Klasse zu ersetzen. Des Weiteren sollte sich eine Klasse entweder nur um technische Details kümmern oder auf Klassen aufbauen, die dies für sie tun.

Die Hauptaufgabe eines Pakets ist die Kapselung von Klassen. Andere Pakete sollen über möglichst wenige, über Paketschnittstellen angebotene Interfaces auf die gesamte Funktionalität der zugehörigen Komponente zugreifen.

Beim Testen kommt es auf Effektivität und Effizienz an, also darauf, die richtigen Tests richtig zu bauen. Effektive Tests minimieren sowohl die Wahrscheinlichkeit als auch das Risiko von Fehlern. Effiziente Tests minimieren den Aufwand kurz- und langfristig. Der nächste Test soll nicht nur schnell geschrieben, sondern auch wartungsarm sowie schnell lesbar und ausführbar sein. Um eine solche hohe Effizienz sicherzustellen, führt meiner Erfahrung nach kein Weg an einer Testinfrastruktur vorbei. Diese bietet Komponenten zur Erzeugung und Generierung von Testdaten, zur Testisolierung mit oder ohne Simulierung sowie zur Vereinfachung von Produktcode an.

Folgende Entwurfsmuster kommen bei der testgetriebenen Entwicklung verstärkt zum Einsatz:

- **Methodenspezifische und globale Doubleklasse**
  Eine methodenspezifische Doubleklasse ist ausschließlich für eine Produktmethode verantwortlich. Eine globale Doubleklasse erlaubt die Injektion methodenspezifischer Doubles nach dem Katalog-Entwurfsmuster.
- **Methodenspezifische Testklasse**
  Die Parameter der zu testenden Methode sind Attribute einer methodenspezifischen Testklasse. Hilfsmethoden der Testklasse erzeugen die Eingabe und überprüfen die Ausgabe der zu testenden Methode.
- **Testdatenklasse**
  Jeder Testdatensatz wird durch ein Objekt einer Testdatenklasse repräsentiert. Eine Testdatenklasse kann als Unterklasse einer produktiven Datenklasse definiert sein. Durch die Vernetzung dieser Objekte wird die Übergabe von vielen Testdaten an eine produktive Schnittstelle durch ein einziges Testdatenobjekt möglich.

TEIL III

Agile Neuentwicklung

Zentrale Forderungen agiler Entwicklung sind Iteration und Feedback. Iteration bedeutet, dass Sie Ihren Kunden bzw. Testern schon sehr früh und in der Folge regelmäßig eine lauffähige Version der Anwendung vorlegen können. Feedback bedeutet, dass Sie auf die Verbesserungsvorschläge Ihrer Kunden bzw. Tester zeitnah reagieren können.

Testautomatisierung bildet das Fundament agiler Entwicklung. Sie unterstützt alle Weiterentwicklungen der Anwendung, indem sie Regression effektiv und effizient verhindert. In diesem Teil des Buches zeige ich Ihnen nicht nur, wie Sie Ihre Neuentwicklung mit Tests vorantreiben können, sondern auch, wie Sie Ihre Testinfrastruktur designen und die Entwicklung damit frühzeitig skalieren können.

Kapitel 18
Planung und Vorarbeit

Eine ausgearbeitete Architektur und das vollständige Design zentraler Schnittstellen gehören zur klassischen Art, eine Anwendungsentwicklung zu beginnen. Agilität setzt dagegen auf ein sich entwickelndes Design. Wie könnte eine Synergie dieser Entwicklungsansätze aussehen?

Ein Vorteil iterativer Entwicklung ist, dass Sie zum Start kein detailliertes Design der gesamten Anwendung benötigen. Sie müssen sich also am Anfang noch keine Gedanken um Details machen, die im Laufe der Entwicklung häufig sowieso ihre Relevanz verlieren. Diese mangelnde Stabilität von Details hängt nicht nur davon ab, ob Ihr Auftraggeber Ihren Plan mit neuen Wünschen durcheinanderbringt. Softwareanwendungen sind in der Regel so komplex, dass sie schlichtweg nicht auf einmal vollständig durchdacht werden können. Sie müssen sich also mit einem lückenhaften Plan sicher auf den Weg machen können. Ihr Erfolg hängt letztlich davon ab, wie gut Sie auf Änderungen, die sich aus neuen Anforderungen und Erkenntnissen ergeben, reagieren können. Die beste Voraussetzung dafür sind saubere ABAP-Unit-Tests, denn mit diesen Tests können Sie effizient sicherstellen, dass Sie gerade wirklich nur das ändern, was Sie sich vorgenommen haben.

Ich vergleiche den Entwicklungsprozess gerne mit dem Schachspiel: Wohlüberlegte Zugfolgen können durch einen einzigen Überraschungszug des Gegners zunichtegemacht werden. Außerdem kann selbst ein Großmeister nicht beliebig weit vorausdenken. Auch er muss also ohne absolute Gewissheit weiterziehen. Seine Agilität bewahrt er sich mit einer guten Stellung, weshalb er auch immer wieder einen Zug in diese Positionierung seiner Figuren investiert. Diese Stellung erlaubt ihm letztlich, auf Änderungen flexibel und sicher zu reagieren. Der planvolle Aufbau einer guten Stellung steht für den Schachgroßmeister deshalb anfangs im Mittelpunkt.

Sie sollten sich aber auch nicht dazu verleiten lassen, ganz ohne ein grobes Design im Vorfeld zu starten. Für größere Anwendungen ist auch ein Architekturdokument wichtig, das Aussagen zu den grundlegenden funktionalen und nicht funktionalen Anforderungen macht sowie geeignete Technologien und Frameworks benennt. Diese Vorarbeit ist umso wichtiger, je größer und unbekannter die Anwendung und je verteilter und inhomogener die Entwicklungsmannschaft ist. Gerade Anfänger brauchen Leitbilder sowie ein Programmiermodell, um sich orientieren zu können. Und nicht jeder erfahrene Entwickler ist schon in der Lage, ein Design codebasiert über viele Refactoring-Schritte zu entwickeln (*emergentes Design*).

In diesem Kapitel zeige ich Ihnen anhand einer Beispielanwendung aus dem Finanzbereich, wie viel Vorabdesign und -entwicklung für ein agiles Projekt sinnvoll sind. Kurz gesagt: Um auch in großen Projekten testgetrieben entwickeln zu können, sollte eine Testinfrastruktur zum Entwicklungsstart schon in Grundzügen vorhanden sein. In Abschnitt 18.1, »Spezifikation der Beispielanwendung«, und Abschnitt 18.2, »Architektur und Design der Beispielanwendung«, führe ich Sie in die Beispielanwendung ein. Sie finden in diesen Abschnitten Ausschnitte aus ihrer Spezifikation sowie ihrer Architektur und ihrem Design. Darauf aufbauend präsentiere ich Ihnen in Abschnitt 18.3 eine Teststrategie für diese Anwendung. In Abschnitt 18.4, »Vorbereitung der testgetriebenen Entwicklung«, schließlich demonstriere ich Ihnen, wie Sie die akzeptanztestgetriebene Entwicklung (engl. *Acceptance Test-Driven Development*, kurz ATDD) vorbereiten können, die Thema des folgenden Kapitels ist.

ATDD wiederholt die Methoden der testgetriebenen Entwicklung (TDD) auf höherer Ebene. Sie automatisiert dazu ein Anwendungsszenario mit einem umfassenden ABAP-Unit-Test und konzentriert sich in der Folge darauf, diesen Test so schnell wie möglich ans Laufen zu bringen. TDD ermöglicht es dabei, schnellstmöglich sicherzustellen, dass die einzelnen Klassen ihre jeweiligen Teilaufgaben erfüllen.

18.1 Spezifikation der Beispielanwendung

Die Beispielanwendung beschäftigt sich damit, wann ein Unternehmen einen Erlös in welcher Höhe buchen darf. Wikipedia zufolge ist ein *Erlös* der Gegenwert, der einem Unternehmen durch den Verkauf von Waren oder Dienstleistungen zufließt. Der Erlös ist eine wichtige Kennzahl in der Gewinn-und-Verlust-Rechnung eines Unternehmens (kurz GuV). Deshalb ist die Periode, für die ein Erlös ermittelt wird, entscheidend. Dem bisherigen internationalen Standard IAS 18 zufolge gilt:

- Bei Auftragsanlage erfolgt keine Buchung des Erlöses.
- Bei Leistungserbringung (z. B. Warenausgang) werden Kosten gebucht.
- Bei Rechnungsstellung werden Erlöse gebucht.

Der neue internationale Standard IFRS 15 bringt vor allem für gemischte Verträge Änderungen. Diese Verträge kombinieren verschiedenartige Leistungen, wobei aus verkaufstaktischen Gründen oft eine Leistung zulasten einer anderen preiswerter angeboten wird. Beispielsweise entspringt ein Mobilfunkvertrag in der Regel einer Mischkalkulation für den Erlös aus dem Verkauf eines Geräts (Produkt) und den Nutzungsmöglichkeiten eines Tarifs (Service). Ein höher angesetzter, monatlicher Tarifbetrag subventioniert über die gesamte Tariflaufzeit von 24 Monaten den symbolischen Einmalbetrag für das Gerät.

Wie Tabelle 18.1 zeigt, hält mit dem Standard IFRS 15 auch für den Beispielvertrag eine realistischere Erlösrechnung Einzug.

Position	Vertragspreis (€)	Erlös 1. Monat (IAS 18) (€)	Einzelverkaufspreis (€)	Einzelverkaufspreis (%)	Transaktionspreis (€)	Erlös 1. Monat (IFRS 15) (€)
Smartphone	1,00	1,00	180,00	33,33	160,00	160,00
Tarif	479,00	19,95	360,00	66,67	320,00	13,33
Summe	480,00	20,95	540,00	100,00	480,00	173,33

Tabelle 18.1 Alte und neue Erlösrechnung für einen gemischten Vertrag (Beispiel aus der Spezifikation der Beispielanwendung)

Wie die dritte Spalte zeigt, hat der bisherige Standard IAS 18 die kundenorientierte Preisbildung direkt in die Erlösrechnung übernommen. Wie die vierte Spalte verdeutlicht, entstand dadurch eine große Diskrepanz zwischen gebuchtem Erlös und dem realen Wert der ausgelieferten Waren und erbrachten Dienstleistungen. Der neue Standard IFRS 15 löst diese Diskrepanz wie folgt auf:

- Zu jeder Position des Vertrags wird zuerst ein Einzelverkaufspreis ermittelt (Spalte 4).
- Das prozentuale Verhältnis der Einzelverkaufspreise (Spalte 5) aller Vertragspositionen wird auf den gesamten Vertragspreis angewendet. Die sich daraus ergebenden Transaktionspreise (Spalte 6) für die einzelnen Positionen müssen in der Summe wieder den gesamten Vertragspreis ergeben.
- Der Erlös des ersten Monats (Spalte 7) ist die Summe aus dem Transaktionspreis des Smartphones und dem Vierundzwanzigstel des Transaktionspreises des Verbindungstarifs. Letzterer entspricht auch dem Erlös für jeden weiteren Monat.

Die Beispielanwendung hat die Aufgabe, den neuen Standard IFRS 15 für die Erlösrechnung umzusetzen.

18.2 Architektur und Design der Beispielanwendung

Die in diesem Teil betrachtete Beispielanwendung führt diese Erlösrechnung für beliebige erlösrelevante Vorgänge eines Unternehmens aus. Wie Abbildung 18.1 zeigt, können die dabei zu verarbeitenden Vorgänge aus verschiedenen operativen Systemen (SAP ERP, SAP CRM ...) stammen.

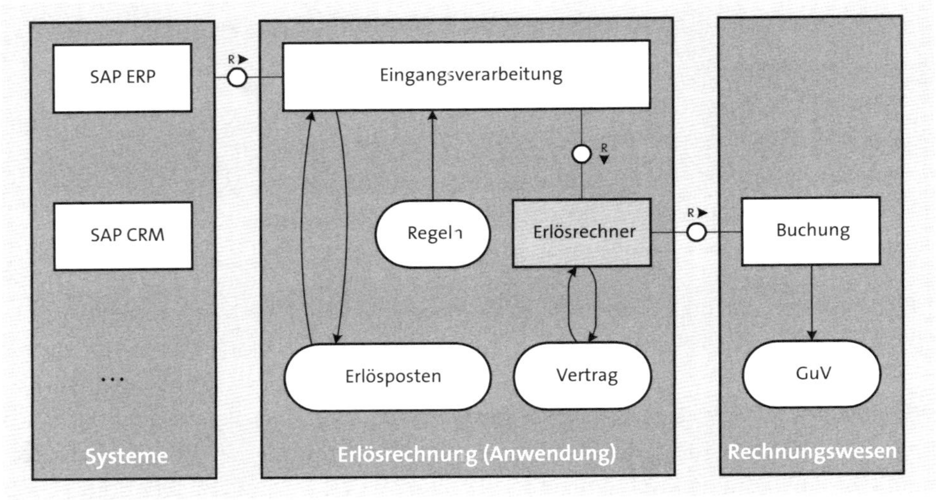

Abbildung 18.1 Anwendung mit dem neu zu entwickelnden Erlösrechner

Im ersten Schritt speichert die Eingangsverarbeitung die Erlösposten, die in den angeschlossenen operativen Systemen anfallen, in einem einheitlichen Format ab. Unter Berücksichtigung kundenspezifischer Regeln startet sie im zweiten Schritt den *Erlösrechner*. Der Erlösrechner erzeugt (interne) Verträge, berechnet mithilfe dieser Verträge die Erlöse nach dem neuen Standard und führt für diese Erlöse eine GuV-relevante Buchung aus.

18.2.1 Paketstruktur

Im Folgenden beschränke ich mich auf die Neuentwicklung des Erlösrechners. Das Blockdiagramm in Abbildung 18.2, das ich im Vergleich zur realen Architekturübersicht vereinfacht und sprachlich angepasst habe, zeigt eine Übersicht der anvisierten Architektur.

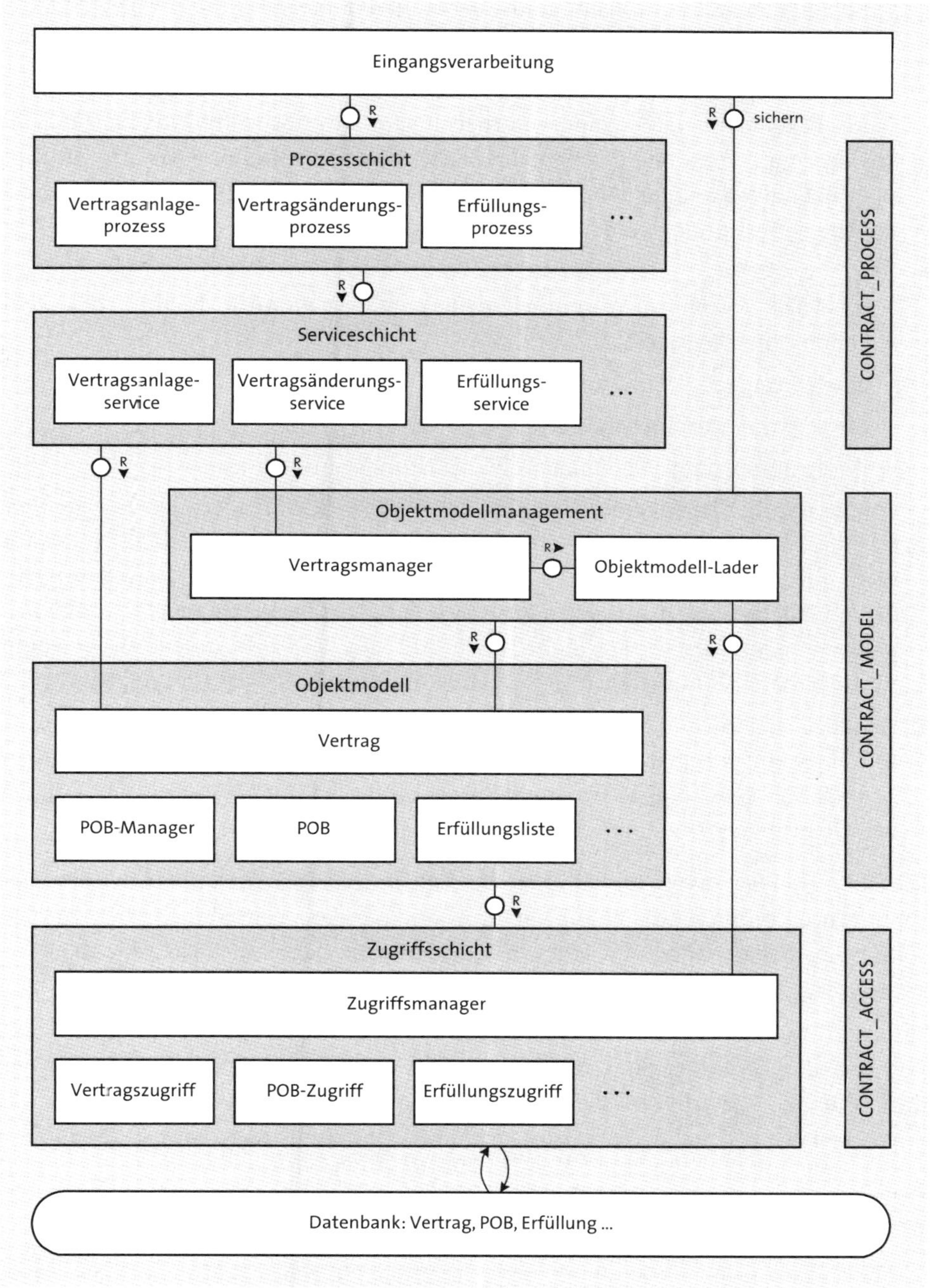

Abbildung 18.2 Architekturübersicht des Erlösrechners

Der Erlösrechner soll mit folgenden drei übereinandergeschichteten Paketen strukturiert werden:

- CONTRACT_PROCESS
  Dieses Paket bietet der Eingangsverarbeitung für die Erlösposten eine Vielzahl von Prozessen an, von denen jeder sequenziell einen oder mehrere Services aufruft. Die Unabhängigkeit der Services ermöglicht, dass sie in unterschiedlichen Prozessen wiederverwendet werden.
- CONTRACT_MODEL
  Dieses Paket besteht im Wesentlichen aus dem *Objektmodell*, das unter anderem folgende Objekte vorsieht:
  - den Vertrag (engl. *Contract*)
  - die Leistungsverpflichtung (engl. *Performance Obligation*, kurz POB)
  - die Erfüllung (engl. *Fulfillment*) einer Leistungsverpflichtung

  Für das darüberliegende Prozesspaket CONTRACT_PROCESS ist allerdings nur der Vertrag als Objekt sichtbar. Der Vertragsmanager (engl. *Contract Manager*) verwaltet nicht nur die Vertragsobjekte, sondern speichert sie auch in der Datenbank, wenn die Eingangsverarbeitung dies nach Abschluss eines Prozesses möchte. Das komplizierte Laden der Verträge inklusive des Aufbaus des Objektmodells ist aus dem Vertragsmanager ausgelagert.
- CONTRACT_ACCESS
  Dieses Paket verschalt die Persistenz des Objektmodells. Es wird von einem *Zugriffsmanager* (engl. *Access Manager*) repräsentiert, der für Verträge, Leistungsverpflichtungen usw. einen objektspezifischen Zugriff gewähren kann.

Die Definition der Pakete und ihrer Zuständigkeiten ist auch für agile Entwicklungen wichtig, um Komponenten zu kapseln und voneinander zu entkoppeln. Demzufolge sollten Sie bei der Erzeugung einer Klasse bewusst das passende Paket wählen.

Ein Paket muss nicht unbedingt einer anwendungsspezifischen Komponente entsprechen. Aber eine solche eineindeutige Beziehung ist sinnvoll, weil dann die Komponente die semantische Gruppierung der Entwicklungsobjekte und das der Komponente zugeordnete Paket die technische Gruppierung der gleichen Entwicklungsobjekte ermöglichen.

18.2.2 Datenmodell

Mit Abbildung 18.3 stelle ich Ihnen das Datenmodell für die erwähnten Objekte auszugsweise vor. Ein Vertrag ist eine einfache Klammer für eine oder mehrere Leistungsverpflichtungen. Jede Leistungsverpflichtung (POB) kann entweder für sich stehen oder Teil einer Hierarchie (Felder DISTINCT_TYPE und HIGH_LEVEL_POB_ID) oder Sequenz (Felder POB_ROLE und LEADING_POB_ID) sein.

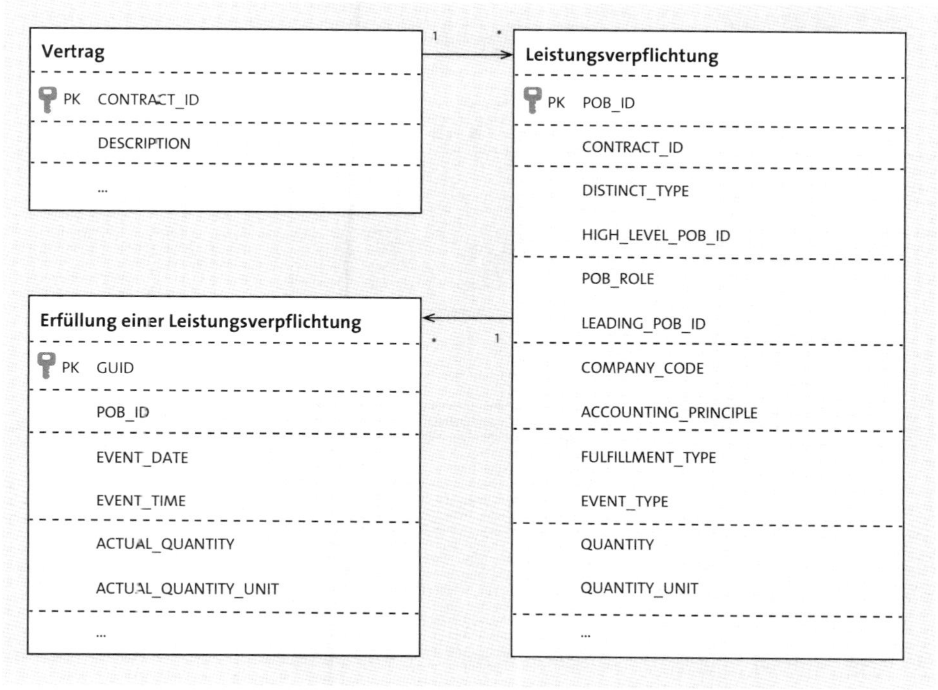

Abbildung 18.3 Auszug aus dem Datenbankdesign

Neben buchungsrelevanten Daten (Felder COMPANY_CODE und ACCOUNTING_PRINCIPLE) legt eine Leistungsverpflichtung auch fest, welche Größen (Felder QUANTITY und QUANTITY_UNIT) wie erfüllt werden müssen (Felder FULFILLMENT_TYPE und EVENT_TYPE). Die (partielle) Erfüllung einer Leistungsverpflichtung enthält unter anderem Daten dazu, wann (Felder EVENT_DATE und EVENT_TIME) welcher Anteil einer Größe erfüllt ist (Felder ACTUAL_QUANTITY und ACTUAL_QUANTITY_UNIT).

18.2.3 Objektmodell

Jeder Vertrag hat einen eigenen POB-Manager. Abbildung 18.4 zeigt, dass sich dieser um die POBs an sich (Attribut MTS_POB) sowie um die POB-Strukturen kümmert, in die sie eingegliedert sind (Attribut MT_POB_STRUCTURE).

Das Klassendiagramm in Abbildung 18.4 ist trotz der vielen Informationen kein detailliertes Design, weil es sich auf die Struktur und nicht auf das Verhalten der dargestellten Objekte konzentriert. Konkret wird mit diesem Diagramm die Verwendung des Composite-Entwurfsmusters für die verschiedenen POB-Strukturen festgelegt. Ferner drückt es die architektonische Einschätzung aus, dass ein eigenes POB-Objekt für jede Leistungsverpflichtung eines Vertrags nicht zu einem Performanceproblem führen wird.

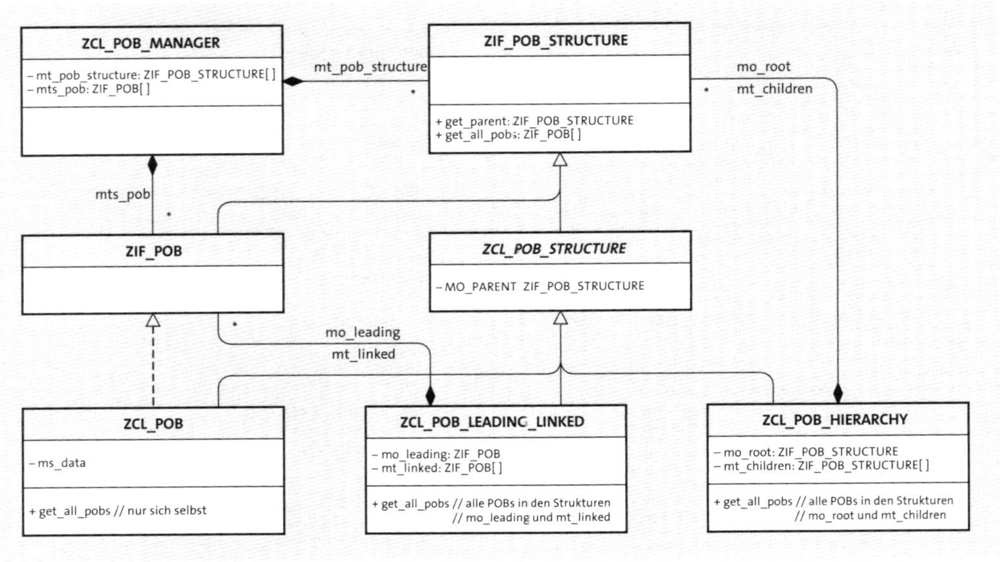

Abbildung 18.4 Objektmodell für das POB-Management

Auch das Klassendiagramm in Abbildung 18.5 konzentriert sich mit seinem Design auf grundlegende Entscheidungen. Dazu gehört, dass alle Erfüllungen einer Leistungsverpflichtung in einem Objekt der Klasse `ZCL_FULFILLMENT_LIST` zusammenzufassen sind.

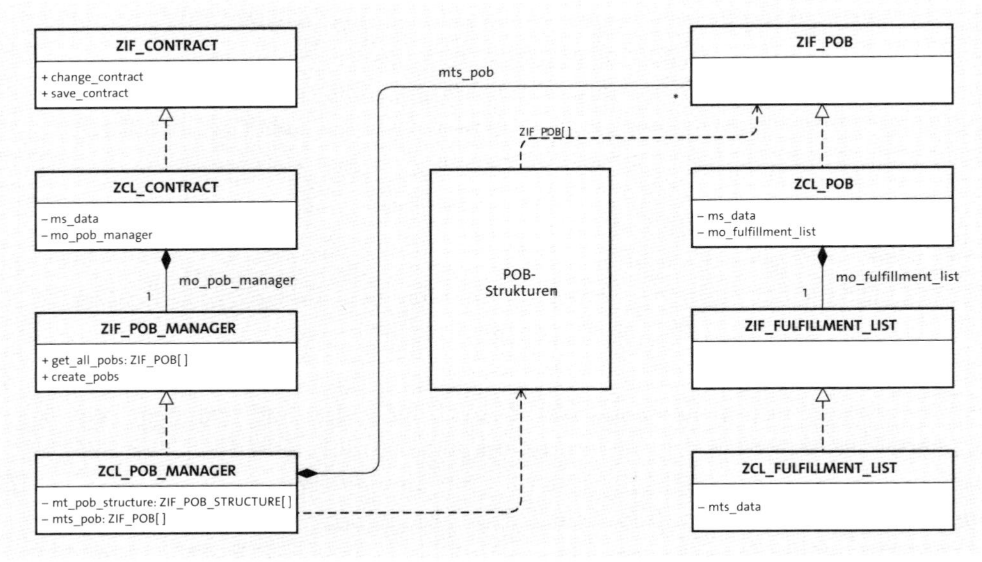

Abbildung 18.5 Objektmodell ober- und unterhalb der POB-Strukturen

Die Details dieser Diagramme sind für das Verständnis der folgenden Abschnitte nicht von Bedeutung. Sie sollen Ihnen lediglich einen Eindruck vermitteln, welche Designentscheidungen vor dem Start einer agilen Entwicklung in etwa getroffen und adäquat visualisiert werden sollten.

18.3 Teststrategie für die Beispielanwendung

Ein wesentlicher Teil der Teststrategie ist die Umsetzung der Testpyramide (siehe Abschnitt 12.2). In diesem Abschnitt stelle ich Ihnen Umfang und Isolierung der Akzeptanz-, Komponenten- und Integrationstests vor. Diese ergeben sich für die Beispielanwendung unmittelbar aus der gewählten Paketstruktur. Die folgenden Blockdiagramme bauen deshalb nicht zufällig auf dem Übersichtsdiagramm in Abbildung 18.2 auf.

[«]

Rolle von Unit-Tests

Unit-Tests für die Funktionalität des Erlösrechners stehen bewusst nicht im Fokus dieses Abschnitts. Sie sind nicht Teil der Teststrategie, die für alle Teams die grundsätzliche Richtung beim Testen festlegen soll. Erfahrene Entwickler treffen die einzelnen Entscheidungen von Unit-Tests beim Programmieren; für weniger erfahrene Entwickler kann zu einer Programmieraufgabe ein Testdesign vorab erstellt werden.

18.3.1 Akzeptanztests

Wie Abbildung 18.6 zeigt, sieht die Teststrategie vor, dass die *Zugriffskomponente*, also die Komponente des Pakets `CONTRACT_ACCESS`, nicht in die Akzeptanztests einbezogen wird. Ein Grund dafür ist, dass die Zugriffskomponente keine betriebswirtschaftliche Logik enthält. Ihre relativ kleine Menge an Code wird von den meisten Prozessen in der gleichen Weise durchlaufen. Es ist folglich angemessen, den Zugriff auf die gespeicherten Objektdaten aus den Akzeptanztests herauszunehmen und separat mit Integrationstests zu überprüfen (siehe Abschnitt 18.3.4, »Zugriffsintegrationstests«). Ein weiterer Grund ist, dass mit dem Zugriffsmanager eine vollständige Isolierung effizient möglich ist.

Abbildung 18.6 verdeutlicht ferner, dass die Akzeptanztests den von ihnen erzeugten Testdatenobjekten die Überprüfung der vom Objektmodellmanagement angelegten bzw. geänderten Datenobjekte übertragen sollen. Die Umsetzung dieser Überprüfung zeige ich Ihnen in Abschnitt 19.4.2, »Objektbasierter Vergleich«.

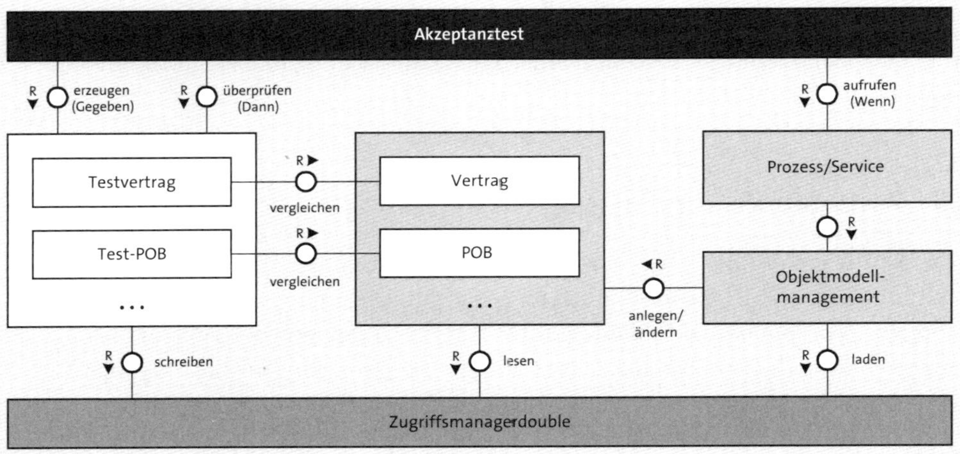

Abbildung 18.6 Umfang der isolierten Akzeptanztests

18.3.2 Prozesskomponententests

Wie Abbildung 18.7 zeigt, soll die *Prozesskomponente*, also die Komponente des Pakets `CONTRACT_PROCESS`, mit dem globalen Double für den Vertragsmanager isoliert werden.

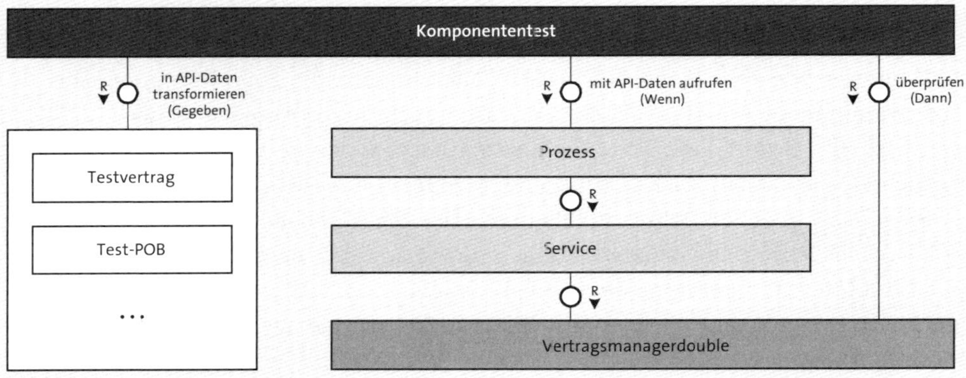

Abbildung 18.7 Umfang der isolierten Komponententests für die Prozesse

Dieses Vertragsmanagerdouble soll global definiert und für die verschiedenen Testfälle unterschiedlich konfiguriert werden können. Eine wichtige Form der Konfiguration ist das Befüllen mit Testdaten. Die Testinfrastruktur soll bei der Erzeugung dieser Testdaten helfen, indem die Testdatenklassen ihre eigenen Daten in das von den Prozessen jeweils gewünschte API-Format transformieren. Des Weiteren können die Komponententests das Verhalten von Services überprüfen, wenn das Vertragsmanagerdouble als Test-Spy deren Aufrufverhalten aufzeichnet.

18.3.3 Modellkomponententests

Wie Abbildung 18.8 zeigt, soll die *Modellkomponente*, also die Komponente des Pakets `CONTRACT_MODEL`, mit dem globalen Double für den Zugriffsmanager isoliert werden.

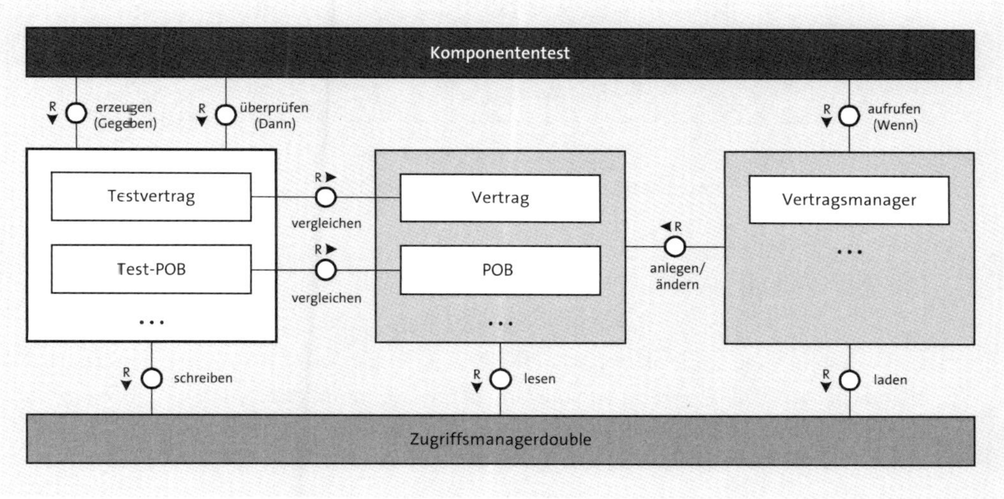

Abbildung 18.8 Umfang der isolierten Komponententests für das Modell

Die Komponententests sollen das Verhalten des Vertragsmanagers hauptsächlich über die von ihm durchgeführten Änderungen an den Datenobjekten Vertrag, POB usw. überprüfen. Ihre Erwartung sollen die Komponententests dabei mit Hilfe von vergleichbaren Testdatenobjekten ausdrücken (siehe Abschnitt 19.4.2, »Objektbasierter Vergleich«).

18.3.4 Zugriffsintegrationstests

Wie Abbildung 18.9 zeigt, soll die Zugriffskomponente mit Integrationstests überprüft werden, die auf dem Objektmodellmanagement aufsetzen. Die Integrationstests sollen dabei ausschließlich das Laden und Sichern von Verträgen umfassen.

Für die Überprüfung des Objektmodell-Laders sollen die Integrationstests beispielsweise Testdatenobjekte erzeugen, damit diese vor dem Laden die betreffenden Datenbanktabellen modifizieren und sich nachher mit den geladenen Datenobjekten vergleichen.

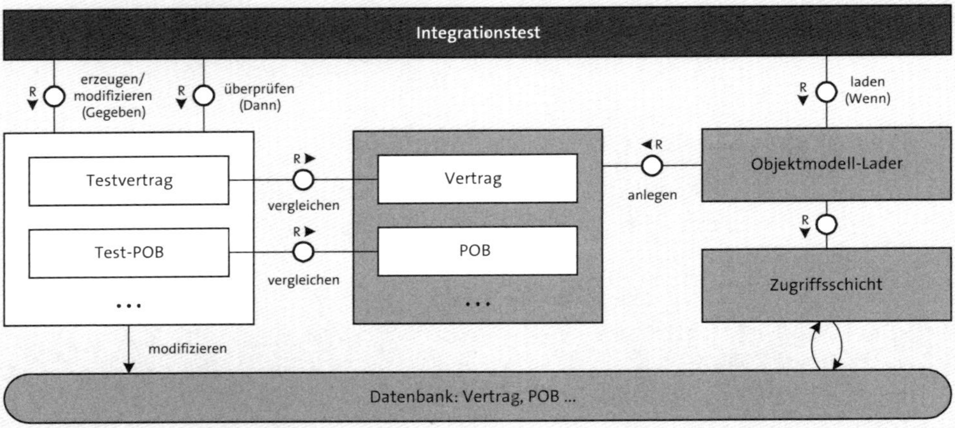

Abbildung 18.9 Umfang der Integrationstests für den Datenzugriff

Pakete mit kleinen Schnittstellen

Für Akzeptanz- und Komponententests sind Pakete mit kleinen Paketschnittstellen von Vorteil. Im besten Fall umfasst die API eines Pakets nur ein einziges Interface. Für eine vollständige Isolierung von diesem Paket ist dann folglich auch nur ein einziges globales Double notwendig. Für das Paket `CONTRACT_ACCESS` ist dies mit dem Zugriffsmanager der Fall. Beim Paket `CONTRACT_MODEL` ist neben dem Vertragsmanager nur noch der Vertrag nach außen hin sichtbar.

18.4 Vorbereitung der testgetriebenen Entwicklung

Dieser Abschnitt beschreibt alle Vorarbeiten, die bereits vor dem Start der testgetriebenen Entwicklung gemacht werden können. Grundlage dafür sind die Architekturvorgaben, die ich Ihnen in den vorangegangenen Abschnitten präsentiert habe.

18.4.1 Skelett aller Komponenten

Abbildung 18.10 zeigt, welche Pakete, Paketschnittstellen (PIFs) und zentralen Klassen auf der Produktseite und welche Pakete und zentralen Klassen auf der Testseite zur Vorarbeit gehören. Ohne Methodenimplementierungen betrachte ich diese Klassen und ihre Verbindungen als Skelett der Komponenten.

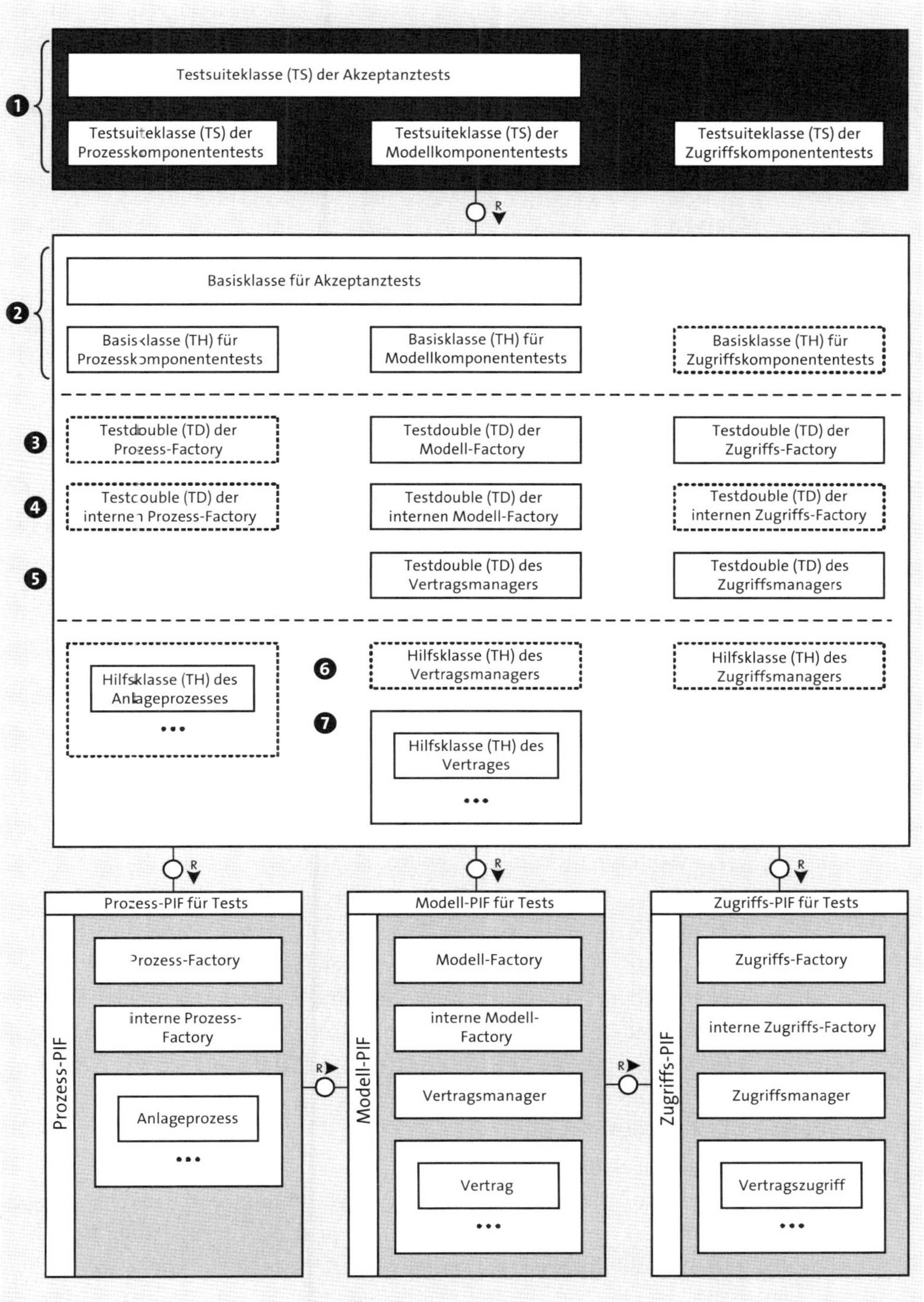

Abbildung 18.10 Pakete und ihre Entwicklungsobjekte

Da ich die Details der Umsetzung erst mit den nachfolgenden Listings dieses Kapitels liefere, sollten Sie sich durch kleinere Unklarheiten nicht aufhalten lassen. Für ein umfassendes Verständnis empfehle ich Ihnen, nach dem Studium der Listings noch einmal zu diesem Übersichtsdiagramm und den einführenden Erklärungen zurückzukehren.

Die folgenden Komponenten sollten im Zuge der Vorarbeit erstellt werden:

➊ **Testsuiteklassen**
ABAP Unit sieht im Grunde nur lokale Testklassen vor. Das bedeutet, dass Sie jede globale Testklasse abstrakt definieren und dann in einer Testsuiteklasse mit einer lokalen Testklasse konkretisieren sollten. Für diese Beispielanwendung erscheint eine Testsuiteklasse pro Testtyp als ausreichend. Da noch keine Testklasse existiert, sind diese Testsuiteklassen erst einmal leer.

➋ **Basisklassen für Testklassen**
Um eine Dopplung zu vermeiden, sollte es eine Basisklasse für alle Testklassen eines Testtyps geben. Diese Basisklasse soll mit ihren Setup-Methoden schon eine vollständige Isolierung mit globalen Testdoubles erreichen. Es ist dann lediglich ein kleiner Aufwand, für jede Funktionalität des Erlösrechners eine separate Testklasse zu erstellen. Da für die Integrationstests eventuell eine einzige Testklasse ausreicht, ist die zugehörige Basisklasse optional (gestricheltes Rechteck).

➌ **Externe Factory eines Pakets**
Für jedes Produktpaket gibt es eine (externe) Factory-Klasse. Ihre globale Doubleklasse erlaubt es übergeordneten Paketen, sich von ihren sichtbaren Klassen zu isolieren. So erhält die Prozesskomponente etwa das Testdouble für den Vertragsmanager vom Testdouble der Modell-Factory. Das Testdouble für die Prozess-Factory ist optional, weil für die Neuentwicklung des Erlösrechners die Isolierung von der Prozesskomponente nicht benötigt wird.

➍ **Interne Factory eines Pakets**
Gleiches gilt für die internen Factory-Klassen, mit denen Sie innerhalb eines Pakets direkte Abhängigkeiten vermeiden können. So verlässt sich der Vertragsmanager in der Modellkomponente etwa nur auf das Interface des Vertrags; von der implementierenden Klasse ist er mithilfe der internen Factory vollständig entkoppelt. Dieser Umstand spielt beim Testen eine große Rolle, denn für eine Ersetzung der Vertragsklasse ist dann nur eine Ersetzung der internen Factory durch deren Testdouble notwendig.

➎ **Globale Doubleklasse für eine API-Klasse**
Für die Isolierung soll die Basisklasse einer übergeordneten Komponente die globalen Doubleklassen der untergeordneten Komponenten verwenden. Beispielsweise isoliert sich die Prozesskomponente von der Modellkomponente mit der globalen Doubleklasse für den Vertragsmanager. Eine globale Doubleklasse kann entweder ein Interface- oder ein Unterklassendouble sein.

❻ **Hilfsklasse für eine API-Klasse**
Für Modellkomponententests könnte eine Hilfsklasse für den Vertragsmanager sinnvoll sein. Mit so einer Hilfsklasse kann auf einfache und saubere Weise auf Attribute des Vertragsmanagers zugegriffen werden. Beispiele dafür sind die Injektion eines Vertragsobjekts in den Puffer des Vertragsmanagers am Anfang oder die Überprüfung des Vertragsmanagerzustandes am Ende eines Tests. Eine Hilfsklasse darf das Verhalten der zu testenden Klasse nicht ändern. Das heißt, als Unterklasse darf sie nicht redefinieren und als Proxyklasse darf sie nur delegieren.

❼ **Testdatenklassen**
Die Testdatenklassen haben das Präfix TH, weil sie das Verhalten ihrer produktiven Unterklasse erhalten und nicht verändern sollen. Des Weiteren helfen sie bei der Überprüfung von Objektzuständen.

18.4.2 Skelett der Modellkomponente

Anhand der Modellkomponente, die in der mittleren Spalte in Abbildung 18.10 dargestellt ist, möchte ich Ihnen beispielhaft demonstrieren, welche Klassen dieses Pakets und der zugehörigen Testinfrastruktur aufgrund der architektonischen Vorgaben bereits im Rahmen der Vorarbeiten angelegt werden können. Wie Abbildung 18.11 andeutet, geht es dabei primär um die Erzeugung von Objekten und den Aufbau von Beziehungen zwischen diesen Objekten. Die in diesem Diagramm dargestellten Interfaces sind also noch leer. Es handelt sich also um eine Art Skelett dieser Komponente. Erst die testgetriebene Entwicklung im folgenden Kapitel wird das gemeinsame Skelett aller Erlösrechner-Komponenten ans Laufen bringen (*Walking Skeleton*).

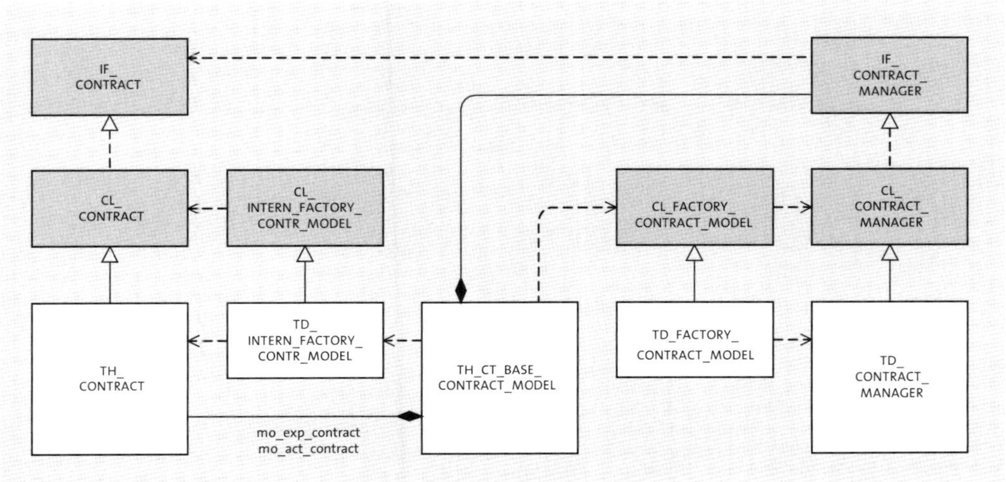

Abbildung 18.11 Design der vorbereiteten Klassen der Modellkomponente

Abbildung 18.11 zeigt ferner, wie die Factory-Klassen dieser Komponente die eigentlich enge Beziehung zwischen dem Vertragsmanager und dem Vertrag vollständig entkoppeln. Dazu müssen für diese beiden Klassen nicht notwendigerweise verschiedene Factory-Klassen zuständig sein. Im Fall der Modellkomponente ist das so, weil auf den Vertragsmanager direkt von anderen Komponenten zugegriffen wird, während dies für den Vertrag nur indirekt (über den Vertragsmanager) der Fall ist. Für eine effektive Kapselung eines Pakets sollten Sie stets danach streben, die externe Factory des Pakets so klein wie möglich zu halten und die Entkopplung seiner Klassen hauptsächlich mithilfe seiner internen Factory zu bewerkstelligen.

18.4.3 Externe Factory eines Pakets

Beginnend mit diesem Abschnitt präsentiere ich Ihnen auszugsweise die Definitionen und Implementierungen der in Abbildung 18.11 aufgeführten Klassen der Modellkomponente.

Den Anfang macht Listing 18.1 mit der externen Factory-Klasse dieses Pakets. Diese Klasse ist ein Singleton und verwaltet auch den Vertragsmanager als Singleton.

```
CLASS zcl_factory_contract_model DEFINITION PUBLIC
CREATE PROTECTED.
  PUBLIC SECTION.
    CLASS-METHODS get
      RETURNING
        VALUE(ro_factory) TYPE REF TO zcl_factory_contract_model.
    METHODS get_contract_manager
      RETURNING
        VALUE(ro_contract_manager) TYPE REF TO zif_contract_manager.

  PROTECTED SECTION.
    CLASS-DATA so_factory TYPE REF TO zcl_factory_contract_model.
    DATA mo_contract_manager TYPE REF TO zif_contract_manager.
ENDCLASS.

CLASS zcl_factory_contract_model IMPLEMENTATION.
  METHOD get.
    IF so_factory IS NOT BOUND.
      CREATE OBJECT so_factory.
    ENDIF.
    ro_factory = so_factory.
  ENDMETHOD.

  METHOD get_contract_manager.
```

```
    IF mo_contract_manager IS NOT BOUND.
      mo_contract_manager = zcl_contract_manager=>create( ).
    ENDIF.
    ro_contract_manager = mo_contract_manager.
  ENDMETHOD.
ENDCLASS.
```

Listing 18.1 (Externe) Factory für das Modellpaket

Listing 18.2 zeigt die Doubleklasse der externen Factory. Als Unterklasse hat sie Zugriff auf das produktive Singleton-Attribut SO_FACTORY und kann es mit ihrer Methode GET_NEW mit einem eigenen Doubleobjekt belegen. Auf diese Weise kann eine Testklasse der Erzeugung eines produktiven Factory-Objekts zuvorkommen (Singleton-Entwurfsmuster).

```
CLASS ztd_factory_contract_model DEFINITION PUBLIC
INHERITING FROM zcl_factory_contract_model FINAL
 CREATE PRIVATE FOR TESTING.
  PUBLIC SECTION.
    CLASS-METHODS get_new
      RETURNING
        VALUE(ro_factory) TYPE REF TO ztd_factory_contract_model.
    CLASS-METHODS inject_itself_with
      IMPORTING
        io_contract_manager TYPE REF TO ztd_contract_manager.
ENDCLASS.

CLASS ztd_factory_contract_model IMPLEMENTATION.
  METHOD get_new.
    so_factory = ro_factory = NEW ztd_factory_contract_model( ).
  ENDMETHOD.

  METHOD inject_itself_with.
    DATA(lo_factory) = ztd_factory_contract_model=>get_new( ).
    lo_factory->mo_contract_manager = io_contract_manager.
  ENDMETHOD.
ENDCLASS.
```

Listing 18.2 Testdouble der (externen) Modell-Factory

Mit der Methode GET_NEW ist es möglich, das Singleton-Objekt der Factory, und damit auch das Singleton-Objekt des Vertragsmanagers, zu ersetzen. Wenn also eine Testklasse die Methode GET_NEW in ihrer Setup-Methode aufruft, kann sie die Unabhängigkeit ihrer Testmethoden bestmöglich garantieren. Daneben bietet die Methode INJECT_ITSELF_WITH die Injektion eines speziellen Vertragsmanagerdoubles an.

18.4.4 Interne Factory eines Pakets

Die interne Factory-Klasse ist ebenfalls ein Singleton. Sie ist für all diejenigen Klassen zuständig, von denen Objekte nur innerhalb einer Komponente erzeugt werden.

```
CLASS zcl_intern_factory_contr_model DEFINITION PUBLIC
CREATE PROTECTED.
  PUBLIC SECTION.
    CLASS-METHODS get
      RETURNING
        VALUE(ro_factory)
          TYPE REF TO zcl_intern_factory_contr_model.
    METHODS create_contract
      IMPORTING
        iv_contract_id TYPE farr_contract_id
      RETURNING
        VALUE(ro_contract) TYPE REF TO zif_contract.

  PROTECTED SECTION.
    CLASS-DATA so_factory
      TYPE REF TO zcl_intern_factory_contr_model.
ENDCLASS.

CLASS zcl_intern_factory_contr_model IMPLEMENTATION.
  METHOD get.
    IF so_factory IS NOT BOUND.
      so_factory = NEW zcl_intern_factory_contr_model( ).
    ENDIF.
    ro_factory = so_factory.
  ENDMETHOD.

  METHOD create_contract.
    ro_contract = zcl_contract=>create( iv_contract_id ).
  ENDMETHOD
ENDCLASS.
```

Listing 18.3 Interne Factory für das Modellpaket

Die interne Factory ist zunächst für die Vertragsklasse zuständig. Deren Objekte werden zwar außerhalb des Modellpakets verwendet, aber eben nur innerhalb des Vertragsmanagers erzeugt. Des Weiteren soll die interne Factory für alle anderen Objekte (z. B. Leistungsverpflichtungen) zuständig sein, die im Laufe der iterativen Entwicklung dem Modell hinzugefügt werden.

Wie Listing 18.4 zeigt, setzt das Unterklassendouble der internen Factory ein eigenes Objekt als Singleton ein. Die von dem Unterklassendouble redefinierte Objekterzeugungsmethode CREATE_CONTRACT bringt anstelle produktiver Verträge Objekte der Testdatenklasse ZTH_CONTRACT in den Umlauf.

```
CLASS ztd_intern_factory_contr_model DEFINITION PUBLIC
INHERITING FROM zcl_intern_factory_contr_model FINAL
CREATE PRIVATE FOR TESTING.
  PUBLIC SECTION.
    CLASS-METHODS inject_itself.

    METHODS create_contract REDEFINITION.
ENDCLASS.

CLASS ztd_intern_factory_contr_model IMPLEMENTATION.
  METHOD inject_itself.
    so_factory = NEW ztd_intern_factory_contr_model( ).
  ENDMETHOD.

  METHOD create_contract.
    ro_contract = zth_contract=>create_helper( iv_contract_id ).
  ENDMETHOD.
ENDCLASS.
```

Listing 18.4 Testdouble für die (interne) Modell-Factory

18.4.5 API eines Pakets

Die API-Klasse der Modellkomponente ist der Vertragsmanager. Einzig und allein die externe Factory kann als globaler Freund ein Objekt von dieser API erzeugen. Die Vertragsmanagerklasse ist selbst kein Singleton. Die externe Factory stellt für die Vertragsmanagerklasse sicher, dass es höchstens ein Vertragsmanagerobjekt gibt.

```
CLASS zcl_contract_manager DEFINITION PUBLIC CREATE PROTECTED
GLOBAL FRIENDS zcl_factory_contract_model.
  PUBLIC SECTION.
    INTERFACES zif_contract_manager.

  PRIVATE SECTION.
    CLASS-METHODS create
```

```
      RETURNING
        VALUE(ro_contract_manager) TYPE REF TO zif_contract_manager.
ENDCLASS.

CLASS zcl_contract_manager IMPLEMENTATION.
  METHOD create.
    ro_contract_manager = NEW zcl_contract_manager( ).
  ENDMETHOD.
ENDCLASS.
```

Listing 18.5 Modell-Factory macht Vertragsmanager zum Singleton.

Listing 18.6 zeigt die globale Doubleklasse für den Vertragsmanager. Diese Doubleklasse benötigt die Prozesskomponente für die Testisolierung. Da das Interface der Vertragsmanagerklasse noch leer ist, kann ihr Double auch noch keine Methoden anbieten, um ihr Verhalten zu ändern.

```
CLASS ztd_contract_manager DEFINITION PUBLIC
INHERITING FROM zcl_contract_manager FINAL
CREATE PRIVATE FOR TESTING.
  PUBLIC SECTION.
    CLASS-METHODS create_double
      RETURNING
        VALUE(ro_contract_manager) TYPE REF TO ztd_contract_manager.
ENDCLASS.

CLASS ztd_contract_manager IMPLEMENTATION.
  METHOD create_double.
    ro_contract_manager = NEW ztd_contract_manager( ).
  ENDMETHOD.
ENDCLASS.
```

Listing 18.6 Vertragsmanagerdouble (kein Singleton)

18.4.6 Datenklasse in einem Paket

Listing 18.7 führt die Vertragsklasse als produktive Datenklasse ein. Wie schon erwähnt, werden die Objekte dieser Klasse von der internen Factory mittels globaler Freundschaft erzeugt.

```
CLASS zcl_contract DEFINITION PUBLIC CREATE PROTECTED
GLOBAL FRIENDS zcl_intern_factory_contr_model.
  PUBLIC SECTION.
    INTERFACES zif_contract.
```

```
  PROTECTED SECTION.
    METHODS constructor
      IMPORTING
        iv_contract_id TYPE farr_contract_id.

    DATA ms_data TYPE farr_s_contract_ws.

  PRIVATE SECTION.
    CLASS-METHODS create
      IMPORTING
        iv_contract_id TYPE farr_contract_id
      RETURNING
        VALUE(ro_contract) TYPE REF TO zif_contract.
ENDCLASS.
```

Listing 18.7 Definition der produktiven Vertragsklasse

Listing 18.8 zeigt die Testklasse, die dem aktuellen Entwicklungsstand dieser Produktklasse entspricht. Das für die Erzeugung eines Vertrags notwendige Objekt der internen Factory ist unveränderlich. Die Testklasse erzeugt dieses Objekt deshalb nur einmal für alle Testmethoden in ihrer Class-Setup-Methode. Jedes Testobjekt verwendet dieses Factory-Objekt in seiner Setup-Methode, um in seiner Testmethode auf einem neuen Vertragsobjekt aufbauen zu können. Mit ihrer einzigen Testmethode SETUP_OK überprüft die Testklasse erst einmal nur, ob die Erzeugung des Vertragsobjekts wie gedacht funktioniert.

18

```
CLASS ltc_contract DEFINITION FINAL
FOR TESTING RISK LEVEL HARMLESS DURATION SHORT.
  PRIVATE SECTION.
    CLASS-METHODS class_setup.
    METHODS setup.
    METHODS setup_ok FOR TESTING.

    CLASS-DATA so_factory
      TYPE REF TO zcl_intern_factory_contr_model.
    DATA mo_contract TYPE REF TO zif_contract.
ENDCLASS.

CLASS ltc_contract IMPLEMENTATION.
  METHOD class_setup.
    so_factory = zcl_intern_factory_contr_model=>get( ).
  ENDMETHOD.

  METHOD setup.
```

```
    mo_contract = so_factory->create_contract( ztif_c=>any_contract_id ).
  ENDMETHOD.

  METHOD setup_ok.
    cl_abap_unit_assert=>assert_bound( mo_contract ).
  ENDMETHOD.
ENDCLASS.
```

Listing 18.8 Erster Unit-Test für die Vertragsklasse

ZTIF_C=>ANY_CONTRACT_ID ist eine globale Konstante für die ID eines beliebigen Vertrags, die im Test-Interface ZTIF_C der Testinfrastruktur definiert ist. Das Suffix C dokumentiert, dass dieses Interface nur Konstanten enthält. Deshalb ist eine weitere Kennzeichnung der Konstante selbst redundant und sollte aus Gründen der Lesbarkeit auch vermieden werden.

Wie Listing 18.9 zeigt, hat die Testdatenklasse für den Vertrag zwei Erzeugungsmethoden. CREATE_ANY erzeugt ein Testdatenobjekt mit dem beliebigen ID-Wert ZTIF_C=>ANY_CONTRACT_ID. CREATE_HELPER erzeugt für die Doubleklasse der internen Factory ein Testdatenobjekt, das sich wie das entsprechende produktive Vertragsobjekt verhält. Damit gehören die während eines Testlaufs vom Produktcode tatsächlich erzeugten Vertragsobjekte zur Testdatenklasse und können so technisch korrekt mit den erwarteten Testdatenobjekten verglichen werden (siehe auch Abschnitt 19.4.2, »Objektbasierter Vergleich«).

```
CLASS zth_contract DEFINITION PUBLIC
INHERITING FROM zcl_contract FINAL
CREATE PRIVATE FOR TESTING
GLOBAL FRIENDS zcl_intern_factory_contr_model.
  PUBLIC SECTION.
    CLASS-METHODS create_helper
      IMPORTING
        iv_contract_id TYPE farr_contract_id
      RETURNING
        VALUE(ro_contract) TYPE REF TO zth_contract.
    CLASS-METHODS create_any
      RETURNING
        VALUE(ro_contract) TYPE REF TO zth_contract.
    METHODS get_id
      RETURNING
        VALUE(rv_contract_id) TYPE farr_contract_id.
ENDCLASS.
```

```
CLASS zth_contract IMPLEMENTATION.
  METHOD create_helper.
    ro_contract = NEW zth_contract( iv_contract_id ).
  ENDMETHOD.

  METHOD create_any.
    ro_contract = NEW zth_contract( ztif_c=>any_contract_id ).
  ENDMETHOD.

  METHOD get_id.
    rv_contract_id = ms_data-contract_id.
  ENDMETHOD.
ENDCLASS.
```

Listing 18.9 Testdatenklasse für die Vertragsklasse

Wie Listing 18.10 zeigt, verbessert die Testdatenklasse den auf Erzeugung fokussierten Unit-Test der Vertragsklasse, indem sie eine vollständige Überprüfung des Zustandes eines Vertrags ermöglicht.

```
CLASS ltc_contract DEFINITION FINAL
FOR TESTING RISK LEVEL HARMLESS DURATION SHORT.
  PRIVATE SECTION.
    METHODS setup.
    METHODS setup_ok FOR TESTING.

    DATA mo_contract TYPE REF TO zth_contract.
ENDCLASS.

CLASS ltc_contract IMPLEMENTATION.
  METHOD setup.
    mo_contract =
      zth_contract=>create_helper( ztif_c=>any_contract_id ).
  ENDMETHOD.

  METHOD setup_ok.
    cl_abap_unit_assert=>assert_equals(
        exp = ztif_c=>any_contract_id
        act = mo_contract->get_id( )
    ).
  ENDMETHOD.
ENDCLASS.
```

Listing 18.10 Unit-Test mit der Testdatenklasse

18.4.7 Basisklasse für die Komponententests eines Pakets

Wie Listing 18.11 zeigt, injiziert die Basisklasse das leere Vertragsmanagerdouble für alle von ihr abgeleiteten Testklassen. Über das geschützte Attribut DO_CONTRACT_MANAGER ist jede Testmethode in der Lage, dieses Doubleobjekt ihrem Testfall entsprechend zu konfigurieren.

```
CLASS zth_ct_base_contract_process DEFINITION PUBLIC
ABSTRACT CREATE PROTECTED
FOR TESTING DURATION SHORT RISK LEVEL HARMLESS.
  PROTECTED SECTION.
    DATA do_contract_manager TYPE REF TO ztd_contract_manager.

  PRIVATE SECTION.
    METHODS setup.
ENDCLASS.

CLASS zth_ct_base_contract_process IMPLEMENTATION.
  METHOD setup.
    do_contract_manager = ztd_contract_manager=>create_double( ).
    ztd_factory_contract_model=>inject_itself_with(
        io_contract_manager = do_contract_manager
    ).
  ENDMETHOD.
ENDCLASS.
```

Listing 18.11 Basisklasse für die Prozesskomponententests

Geplantes und emergentes Design

Das geplante Design konzentriert sich auf das Skelett einer Entwicklung. Dieses Skelett umfasst die Erzeugung und Verknüpfung weniger, zentraler Objekte, zu denen die API-Objekte der Komponenten und alle von diesen Objekten zur Verfügung gestellten Objekte gehören. Zu den Vorarbeiten einer Entwicklung gehören neben dem produktiven Skelett auch die Testinfrastruktur mit ihren Testsuiteklassen, Basisklassen der Testklassen sowie den Testdatenklassen für die schon eingeführten Datenobjekte.

Das emergente Design, also das über Refactoring entstehende Design der Komponenten, beginnt mit der testgetriebenen Entwicklung der geforderten Funktionalität. Wenn bei dieser Entwicklung die Integration der Komponenten im Vordergrund steht, lernt das Skelett als Ganzes am schnellsten und sichersten laufen, wird also zu einem Walking Skeleton.

Kapitel 19
Testgetriebene Entwicklung

Wie gelingt Ihnen eine teamübergreifende und ortsunabhängige Zusammenarbeit am effizientesten? Sie definieren einen gemeinsamen Akzeptanztest und treiben damit die verteilte Entwicklung der Komponenten gezielt voran.

Im vorangegangenen Kapitel habe ich das Skelett für die Neuentwicklung des Erlösrechners der Beispielanwendung aufgebaut. In diesem Kapitel zeige ich Ihnen, wie Sie ein solches Skelett so schnell und umfassend wie möglich ans Laufen bringen können. Bei einem größeren, vielleicht sogar internationalen Projekt wird die Planung und Vorarbeit in der Regel von einer kleinen Gruppe erfahrener Architekten und Entwickler durchgeführt, die an einem Ort tätig sind. Erst im Anschluss beginnen dann mehrere Teams mit der akzeptanztestgetriebenen Entwicklung, die ich in Abschnitt 19.1 für den Prozess zum Anlegen eines Vertrags beschreibe.

Mit Abschnitt 19.2, »Komponententestgetriebene Entwicklung«, und Abschnitt 19.3, »Unit-Test-getriebene Entwicklung«, demonstriere ich Ihnen, wie Sie die Anforderungen dieses Akzeptanztests mit Komponenten- und Unit-Tests umsetzen können. In Abschnitt 19.4, »Objektbasierte Überprüfung«, erläutere ich zuerst, wie Sie Testfälle mithilfe von Testdatenobjekten effizient und lesbar überprüfen können, bevor ich die Iterationen in Abschnitt 19.5, »Testen des Änderns und Sicherns eines Vertrags«, mit einem weiteren Akzeptanztest fortsetze. In Abschnitt 19.6 fasse ich Teil III des Buches, »Agile Neuentwicklung«, noch einmal zusammen.

19.1 Akzeptanztestgetriebene Entwicklung

Testgetriebene Entwicklung (TDD) als grundlegende Praktik zur sauberen Entwicklung einer einzelnen Klasse erkläre ich in Abschnitt 21.2. In diesem Abschnitt fokussiere ich mich darauf, einen ersten Akzeptanztest vorzulegen. In den folgenden Abschnitten werde ich die nächsten Entwicklungsschritte an diesem Akzeptanztest ausrichten.

19.1.1 Basisklasse für die Akzeptanztests

Die Basisklasse für die Akzeptanztests in Listing 19.1 kann bereits im Rahmen der Vorarbeit erstellt werden und gehört deshalb thematisch zum vorangegangenen Kapitel. Da sie aber die Grundlage für die im Folgenden beschriebenen Akzeptanztests bildet, ist sie zum besseren Verständnis hier abgedruckt.

```
CLASS zth_at_base DEFINITION PUBLIC ABSTRACT CREATE PUBLIC
FOR TESTING DURATION SHORT RISK LEVEL HARMLESS.
  PROTECTED SECTION.
    DATA mo_contract_manager TYPE REF TO zif_contract_manager.
    DATA do_access_manager   TYPE REF TO ztd_access_manager.
    DATA mo_exp_contract     TYPE REF TO zth_contract.
    DATA mo_act_contract     TYPE REF TO zif_contract.

  PRIVATE SECTION.
    CLASS-METHODS class_setup.
    METHODS setup.
ENDCLASS.

CLASS zth_at_base IMPLEMENTATION.
  METHOD class_setup.
    ztd_intern_factory_contr_model=>inject_itself( ).
  ENDMETHOD.

  METHOD setup.
    DATA(lo_factory) = ztd_factory_contract_model=>get_new( ).
    mo_contract_manager = lo_factcry->get_contract_manager( ).

    do_access_manager = ztd_access_manager=>create_double( ).
    ztd_factory_contract_access=>inject_itself_with(
        io_access_manager = do_access_manager
    ).
  ENDMETHOD.
ENDCLASS.
```

Listing 19.1 Basisklasse für die Akzeptanztestklassen

Das Testdouble der internen Factory-Klasse für die Modellkomponente des Erlösrechners hat keinen Zustand. Es kann folglich schon in der Class-Setup-Methode injiziert und von allen Testmethoden benutzt werden. Dagegen hält die externe Modell-Factory ZTD_FACTORY_CONTRACT_MODEL den Vertragsmanager als Singleton vor. Da sich der Zustand des Vertragsmanagers wahrscheinlich in jeder Testmethode ändert, muss die Setup-Methode diese Factory dazu bringen, dieses Singleton-Objekt vor jeder Testmethode zu entfernen. Am einfachsten und sichersten ist dies möglich, wenn das Factory-Double, wie in Listing 19.1 gezeigt, eine Methode GET_NEW anbietet, mit der ihr eigenes Singleton-Objekt verworfen werden kann.

19.1.2 Akzeptanztest (Gegeben- und Wenn-Phase)

Die Erfahrung zeigt, dass man den ersten Akzeptanztest gar nicht einfach genug wählen kann, weil er in der Regel viele Entwicklungen nach sich zieht. Das einfachste Szenario für den Erlösrechner ist das Anlegen eines Vertrags. Dieses Szenario spielt sich komplett im Hauptspeicher ab. Sie können den ersten Akzeptanztest sogar noch weiter vereinfachen, wenn Sie statt des Anlegens eines kompletten Vertrags anfangs nur seine Kopfdaten anlegen, und von diesen auch nur so viele Felder wie nötig betrachten. Schließlich können Sie noch schneller einen ersten Erfolg verzeichnen, wenn Sie zuerst ein Zwischenergebnis anstreben und den Akzeptanztest später erweitern. Alle diese Techniken kommen bei diesem ersten Akzeptanztest zum Einsatz.

Listing 19.2 zeigt eine Akzeptanztestklasse, die auf dem Prozess-Interface zum Anlegen von Verträgen aufsetzt. Sie ist über ihre Oberklasse ZTH_AT_BASE von der Zugriffskomponente isoliert.

```
CLASS ztc_at_create_contracts DEFINITION PUBLIC
INHERITING FROM zth_at_base ABSTRACT CREATE PROTECTED
FOR TESTING DURATION SHORT RISK LEVEL HARMLESS.
  PROTECTED SECTION.
    METHODS create_any_contract FOR TESTING.

  PRIVATE SECTION.
    METHODS setup.

    DATA mo_process TYPE REF TO zif_process_contract_create.
ENDCLASS.
```

Listing 19.2 Definition der abstrakten Akzeptanztestklasse

Da in ABAP Unit lokale Testklassen bevorzugt werden, ist diese globale Testklasse nur abstrakt definiert. Wie Listing 19.3 zeigt, wird sie erst mithilfe einer (praktisch gleichnamigen) lokalen Testklasse der Testsuiteklasse ZTS_AT_CONTRACT_ENGINE konkretisiert.

```
CLASS ltc_create_contracts DEFINITION
  INHERITING FROM ztc_at_create_contracts FINAL
  FOR TESTING DURATION SHORT RISK LEVEL HARMLESS.
ENDCLASS.
```

Listing 19.3 Konkretisierung der Testklasse in der Suite der Akzeptanztests

Listing 19.4 zeigt die initiale Implementierung dieser ersten Testmethode. Für einen schnellen Abschluss des ersten Akzeptanztests wird mit dem betrachteten Prozess der denkbar einfachste Vertrags angelegt. Auch die Anforderungen an das Ergebnis sind so niedrig wie möglich gewählt. Trotzdem genügt der Aufruf der Methode CREATE_CONTRACTS, um zuerst Tests und dann die Produktentwicklung auf Komponentenebene anzustoßen.

```
CLASS ztc_at_create_contracts IMPLEMENTATION.
  METHOD create_any_contract.
    DATA lth_contract_api TYPE farr_th_contract_creation_api.
    DATA ls_contract_api LIKE LINE OF lth_contract_api.

    mo_exp_contract = zth_contract=>create_any( ).

    ls_contract_api-contract_id = mo_exp_contract->get_id( ).
    INSERT ls_contract_api INTO TABLE lth_contract_api.

    mo_process->create_contracts(
      EXPORTING
        ith_contract_api  = lth_contract_api
      IMPORTING
        et_error_contract = DATA(lt_error_contract)
    ).
    cl_abap_unit_assert=>assert_initial( lt_error_contract ).
  ENDMETHOD.

  METHOD setup.
    DATA(lo_factory) = zcl_factory_contract_process=>get( ).
    mo_process = lo_factory->create_process_contract_create( ).
  ENDMETHOD.
ENDCLASS.
```

Listing 19.4 Teilweise Implementierung der ersten Akzeptanztestmethode

19.2 Komponententestgetriebene Entwicklung

Der Akzeptanztest durchläuft zuerst die Prozesskomponente des Erlösrechners komplett und taucht dann teilweise in die Modellkomponente ein. In diesem Abschnitt bilde ich die Anforderungen des Akzeptanztests an die Prozesskomponente in einem separaten Komponententest ab und konzentriere mich zuerst darauf, diesen zu erfüllen.

19.2.1 Komponententestklasse für den Erzeugungsprozess

Die Testklasse für die Prozesskomponente testet das gleiche Interface wie der Akzeptanztest. Von der unter der Prozesskomponente liegenden Modellkomponente isoliert sich diese Testklasse mithilfe ihrer komponentenspezifischen Basisklasse. Wie Listing 19.5 zeigt, hat die Testmethode der Komponententestklasse den gleichen Namen wie die Akzeptanztestmethode, aus der sie hervorgegangen ist.

```
CLASS ztc_ct_proc_create_contracts DEFINITION PUBLIC
INHERITING FROM zth_ct_base_contract_process
ABSTRACT CREATE PROTECTED
FOR TESTING DURATION SHORT RISK LEVEL HARMLESS.
  PROTECTED SECTION.
    METHODS create_any_contract FOR TESTING.

  PRIVATE SECTION.
    METHODS setup.

    DATA mo_process TYPE REF TO zif_process_contract_create.
ENDCLASS.
```

Listing 19.5 Definition der abstrakten Komponententestklasse

Wie Listing 19.6 zeigt, erwartet das Vertragsmanagerdouble, das schon in der Setup-Methode der Basisklasse erzeugt wurde, die gleichen Eingabedaten wie die gleichnamige Methode des Anlageprozesses. Es verhält sich also beim Aufruf seiner Methode CREATE_CONTRACTS wie ein Mock-Objekt (siehe auch Abschnitt 13.2.1, »Testdoubletypen«). Es verhält sich gleichzeitig aber auch wie ein Responder, weil es eine (leere) Teilmenge an Verträgen als fehlerhaft zurückmeldet. Im Test geht es ganz einfach darum, dass diese Information korrekt wieder auf Ebene der Prozesskomponente ankommt.

```
CLASS ztc_ct_proc_create_contracts IMPLEMENTATION.
  METHOD create_any_contract.
    DATA lth_contract_api TYPE farr_th_contract_creation_api.
    DATA ls_contract_api LIKE LINE OF lth_contract_api.

    ls_contract_api-contract_id = ztif_c=>any_contract_id.
    INSERT ls_contract_api INTO TABLE lth_contract_api.
    do_contract_manager->inj_create_contracts(
        ith_exp_contr_to_create = lth_contract_api
        it_act_error_contract   = VALUE #( )
    ).
    mo_process->create_contracts(
      EXPORTING
```

```
        ith_contract_api  = lth_contract_api
      IMPORTING
        et_error_contract = DATA(lt_act_error_contract)
    ).
    cl_abap_unit_assert=>assert_initial( lt_act_error_contract ).
  ENDMETHOD.

  METHOD setup.
    DATA(lo_factory) = zcl_factory_contract_process=>get( ).
    mo_process = lo_factory->create_process_contract_create( ).
  ENDMETHOD.
ENDCLASS.
```

Listing 19.6 Implementierung des zugehörigen Komponententests

19.2.2 Globales Double für den Vertragsmanager

Listing 19.7 zeigt die Implementierungsdetails des globalen Testdoubles für den Vertragsmanager. Dieses Doubleobjekt wird mit der statischen Methode CREATE_DOUBLE erzeugt und mit der Instanzmethode INJ_CREATE_CONTRACTS für den Aufruf der Methode CREATE_CONTRACTS konfiguriert.

```
CLASS ztd_contract_manager IMPLEMENTATION.
  METHOD create_double.
    ro_contract_manager = NEW ztd_contract_manager( ).
  ENDMETHOD.

  METHOD inj_create_contracts.
    mo_create_contracts = ltd_create_contracts=>create_double(
        ith_exp_contr_to_create = ith_exp_contr_to_create
        it_act_error_contract   = it_act_error_contract
    ).
  ENDMETHOD.

  METHOD zif_contract_manager~create_contracts.
    mo_create_contracts->create_contracts(
      EXPORTING
        ith_contract_api  = ith_contract_api
      IMPORTING
        et_error_contract = et_error_contract
    ).
  ENDMETHOD.
ENDCLASS.
```

Listing 19.7 Konfigurationsmechanismus des Vertragsmanagerdoubles

Die Konfiguration greift indirekt auf die lokale Methodendoubleklasse für die Interface-Methode CREATE_CONTRACTS zu. Diese Doubleklasse wird in Listing 19.8 als Mock-Objekt und Responder definiert und implementiert.

```
CLASS ltd_create_contracts DEFINITION FINAL
CREATE PRIVATE FOR TESTING.
  PUBLIC SECTION.
    INTERFACES zif_contract_manager PARTIALLY IMPLEMENTED.

    CLASS-METHODS create_double
      IMPORTING
        ith_exp_contr_to_create TYPE farr_th_contract_creation_api
        it_act_error_contract   TYPE farr_tt_contract_id
      RETURNING
        VALUE(ro_double) TYPE REF TO ltd_create_contracts.

  PRIVATE SECTION.
    DATA mth_exp_contr_to_create TYPE farr_th_contract_creation_api.
    DATA mt_act_error_contract   TYPE farr_tt_contract_id.
ENDCLASS.

CLASS ltd_create_contracts IMPLEMENTATION.
  METHOD create_double.
    CREATE OBJECT ro_double.
    ro_double->mth_exp_contr_to_create = ith_exp_contract_to_create.
    ro_double->mt_act_error_contract = it_act_error_contract.
  ENDMETHOD.

  METHOD zif_contract_manager~create_contracts.
    CLEAR et_error_contract.
    et_error_contract = mt_act_error_contract.

    cl_abap_unit_assert=>assert_equals(
        exp = mth_exp_contr_to_create
        act = ith_contract_api
    ).
  ENDMETHOD.
ENDCLASS.
```

Listing 19.8 Lokale Doubleklasse für die Methode CREATE_CONTRACTS

19.2.3 Entwicklungstaktik

Die durch diesen Komponententest getriebene Entwicklung können Sie mit den folgenden zwei Taktiken zu Ende bringen.

- **Vollständig**
  Das Prozessobjekt greift über mindestens ein Serviceobjekt indirekt auf das Vertragsmanagerobjekt zu. Ziel ist eine vollständige Erfüllung des Komponententests gemäß der in Abbildung 18.2 dargestellten Architektur.
- **Schnell**
  Das Prozessobjekt greift erst einmal direkt auf das Vertragsmanagerobjekt zu. Ziel ist es, den Akzeptanztest so schnell und einfach wie möglich ans Laufen zu bringen. Es bleiben klar umrissene Restaufgaben, an denen sich auch Anfänger, abgesichert durch den erfolgreichen Komponententest, risikofrei versuchen können.

Zum Abschluss zeigt Abbildung 19.1 die an diesem Komponententest beteiligten Klassen im Überblick. In diesem Klassendiagramm ist gut zu erkennen, wie schon die Basisklasse die Beziehungen zu und zwischen den globalen Testdoubles aufbaut. Die spezifische Konfiguration erfolgt jeweils in den Testmethoden oder den Setup-Methoden der abgeleiteten Testklassen.

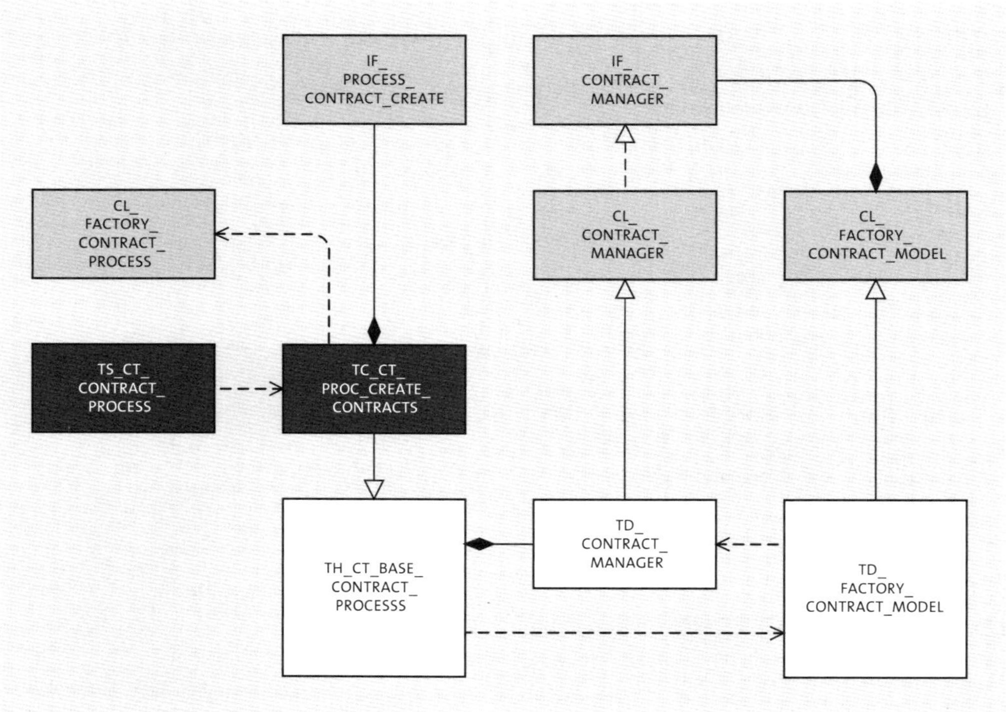

Abbildung 19.1 Komponententests für das Anlegen von Verträgen

19.3 Unit-Test-getriebene Entwicklung

Für die Modellkomponente des Erlösrechners durchläuft der Akzeptanztest nur den Vertragsmanager und den von ihm erzeugten Vertrag. Listing 19.9 konzentriert sich auf die Testklasse für den Vertragsmanager, weil das Erzeugen eines Vertragsobjekts mit einer bestimmten ID schon in Abschnitt 18.4.6, »Datenklasse in einem Paket«, getestet wurde. Da der Vertragsmanager eine einzelne Klasse ist, kann seine Entwicklung mit Unit-Tests getrieben werden.

```
CLASS ltc_contract_manager DEFINITION FINAL
FOR TESTING RISK LEVEL HARMLESS DURATION SHORT.
  PRIVATE SECTION.
    CLASS-METHODS class_setup.
    METHODS setup.
    METHODS get_created_contract FOR TESTING.

    CLASS-DATA so_factory    TYPE REF TO zcl_factory_contract_model.
    DATA mo_contract_manager TYPE REF TO zif_contract_manager.
ENDCLASS.

CLASS ltc_contract_manager IMPLEMENTATION.
  METHOD class_setup.
    so_factory = zcl_factory_contract_model=>get( ).
  ENDMETHOD.

  METHOD setup.
    mo_contract_manager = so_factory->get_contract_manager( ).
  ENDMETHOD.

  METHOD get_created_contract.
    DATA lth_contract_api TYPE farr_th_contract_creation_api.
    DATA ls_contract_api LIKE LINE OF lth_contract_api.

    ls_contract_api-contract_id = ztif_c=>any_contract_id.
    INSERT ls_contract_api INTO TABLE lth_contract_api.

    mo_contract_manager->create_contracts(
      EXPORTING
        ith_contract_api   = lth_contract_api
      IMPORTING
        et_error_contract = DATA(lt_error_contract)
    ).
    cl_abap_unit_assert=>assert_initial( lt_error_contract ).
```

```
    DATA(lo_act_contract) =
      mo_contract_manager->get_contract( ztif_c=>any_contract_id ).
    cl_abap_unit_assert=>assert_bound( lo_act_contract ).
  ENDMETHOD.
ENDCLASS.
```

Listing 19.9 Unit-Test-Klasse für den Vertragsmanager

Ein Test geht für mich auf Rundreise (*Round Trip*), wenn er das Verhalten einer MUT-Methode mit einer oder mehreren anderen Methoden der zu testenden Klasse überprüft. Da bei einem Unit-Test das Zusammenspiel mehrerer Produktmethoden nicht im Fokus steht, sollten Sie einen Round Trip für einen Unit-Test nur wählen, wenn es anders nicht geht oder unnötig kompliziert wäre.

In diesem Sinne führt die Testmethode `GET_CREATED_CONTRACT` einen kleinen Round Trip durch: Auf einen mit der Methode `CREATE_CONTRACTS` erzeugten Vertrag soll über die Methode `GET_CONTRACT` zugegriffen werden können.

In Listing 19.10 sehen Sie eine Implementierung der Vertragsmanagerklasse, die die Testmethode in Listing 19.9 erfüllt.

```
CLASS zcl_contract_manager IMPLEMENTATION.
  METHOD create.
    ro_contract_manager = NEW zcl_contract_manager( ).
  ENDMETHOD.

  METHOD zif_contract_manager~create_contracts.
    DATA ls_contract LIKE LINE OF mth_contract.
    FIELD-SYMBOLS <s_contract_api> LIKE LINE OF ith_contract_api.

    CLEAR et_error_contract.

    DATA(lo_factory) = zcl_intern_factory_contr_model=>get( ).

    LOOP AT ith_contract_api ASSIGNING <s_contract_api>.
      DATA(lo_contract) =
        lo_factory->create_contract( <s_contract_api>-contract_id ).
      lo_contract->init( <s_contract_api> ).

      ls_contract-id  = <s_contract_api>-contract_id.
      ls_contract-obj = lo_contract.
      INSERT ls_contract INTO TABLE mth_contract.
    ENDLOOP.
  ENDMETHOD.
```

```
  METHOD zif_contract_manager~get_contract.
    DATA ls_contract LIKE LINE OF mth_contract.

    READ TABLE mth_contract ASSIGNING FIELD-SYMBOL(<s_contract>)
      WITH TABLE KEY id = iv_contract_id.
    IF sy-subrc = 0.
      ro_contract = <s_contract>-obj.
    ENDIF.
  ENDMETHOD.
ENDCLASS.
```

Listing 19.10 Implementierung des Vertragsmanagers gemäß Unit-Test

Wenn eine Klasse von einer Factory verwaltet wird, dann ist es sinnvoll, wenn die Factory nur ein Grundobjekt erzeugt und dieses dann mit einer Instanzmethode wie INIT in Listing 19.10 vervollständigt wird.

Testgetriebener Entwicklungszyklus

Der testorientierte Top-down-Prozess beginnt mit einem Akzeptanztest und endet mit vielen Unit-Tests. Die produktorientierte Entwicklung verläuft genau entgegengesetzt. Das heißt, die Erfüllung der Unit-Tests führt zu einer Erfüllung der Komponententests und diese schließlich zur Erfüllung des Akzeptanztests. Die akzeptanztestgetriebene Entwicklung folgt also dem Teile-und-herrsche-Verfahren.

Danach starten Sie mit der Erweiterung eines gegebenen oder der Vorlage eines weiteren Akzeptanztests eine neue Iteration des Entwicklungszyklus.

19.4 Objektbasierte Überprüfung

Mit der testgetriebenen Entwicklung der vorangegangenen Abschnitte durchläuft der Akzeptanztest die Gegeben- und Wenn-Phasen des zugrunde liegenden Testfalls mit Erfolg. Es fehlt noch die Dann-Phase mit der objektbasierten Überprüfung, dass der angelegte Vertrag auch den Erwartungen entspricht.

19.4.1 Akzeptanztest (Dann-Phase)

Wie Listing 19.11 zeigt, führt der Akzeptanztest CREATE_ANY_CONTRACT den Vergleich zwischen dem tatsächlichen Vertrag MO_ACT_CONTRACT und dem erwarteten Vertrag MO_EXP_CONTRACT nicht selbst durch. Er ruft den Testvertrag MO_EXP_CONTRACT auf, um sich um diesen vollständigen (engl. *fully*) Vergleich zu kümmern.

```
METHOD create_any_contract.
  DATA lth_contract_api TYPE farr_th_contract_creation_api.
  DATA ls_contract_api LIKE LINE OF lth_contract_api.

  mo_exp_contract = zth_contract=>create_any( ).
  DATA(lv_contract_id) = mo_exp_contract->get_id( ).

  ls_contract_api-contract_id = lv_contract_id.
  INSERT ls_contract_api INTO TABLE lth_contract_api.
  mo_process->create_contracts(
    EXPORTING
      ith_contract_api  = lth_contract_api
    IMPORTING
      et_error_contract = DATA(lt_error_contract)
  ).
  cl_abap_unit_assert=>assert_initial( lt_error_contract ).

  mo_act_contract =
    mo_contract_manager->get_contract( lv_contract_id ).
  mo_exp_contract->assert_equals_fully( mo_act_contract ).
ENDMETHOD.
```

Listing 19.11 Vollständige Implementierung des Akzeptanztests

Die Überprüfung ASSERT_INITIAL kann nun entweder entfernt werden oder als Guard-Assertion verbleiben.

19.4.2 Objektbasierter Vergleich

Listing 19.12 zeigt, dass ein Vergleich zweier Vertragsobjekte zurzeit nur den Vergleich ihrer Kopfdaten umfasst.

```
  METHOD assert_equals_fully.
*   Auf geschützte Komponenten kann nicht mehr über eine
*   Referenz der Oberklasse zugegriffen werden
    DATA(lo_act_contract) = CAST zth_contract( io_act_contract ).
    cl_abap_unit_assert=>assert_equals(
        exp = ms_data
        act = lo_act_contract->ms_data
    ).
  ENDMETHOD.
```

Listing 19.12 Vergleich zweier Verträge

Für den Vergleich ist ein Downcast von der Interface-Referenz IO_ACT_CONTRACT zu der Testvertragsreferenz LO_ACT_CONTRACT nötig, weil nur über diese Referenz die Kopfdaten zu erhalten sind. Der Kommentar soll daran erinnern, dass ein Downcast zur Referenz des produktiven Vertrags dafür nicht ausreicht, weil der den Vergleich durchführende Testvertrag ansonsten die geschützte Sichtbarkeit des produktiven Attributs MS_DATA nicht respektieren würde. Für einen Downcast zu einer Referenz eines Testvertrags ist es allerdings notwendig, dass der tatsächliche Vertrag schon vom Produktcode als solcher angelegt wird. Genau das leistet das Testdouble der internen Factory, nachdem es von der Class-Setup-Methode der Akzeptanztest-Basisklasse injiziert wird (siehe Listing 19.1).

Abbildung 19.2 zeigt, wie ein vollständiger Vergleich zweier Testverträge in Zukunft aussieht, wenn die untergeordneten Objekte mitberücksichtigt werden. Da jedes Objekt von der ihm gestellten Vergleichsaufgabe nur einen kleinen Teil erledigt und den Rest an das nächstuntergeordnete Objekt weiterreicht, bezeichne ich diesen Vergleich als *kaskadierend*.

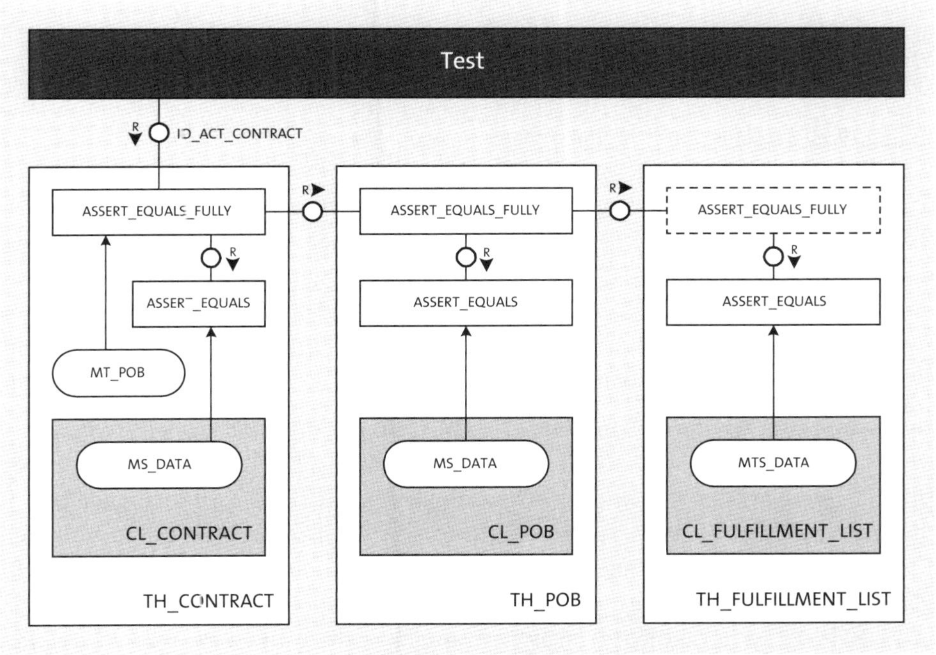

Abbildung 19.2 Kaskadierender Gesamtvergleich zweier Verträge

Konkret ruft die öffentliche Methode ASSERT_EQUALS_FULLY des Testvertrags sowohl seine private Methode ASSERT_EQUALS als auch die öffentlichen Methoden ASSERT_EQUALS_FULLY seiner untergeordneten Objekte auf. Die gestrichelte Umrandung der

Methode ASSERT_EQUALS_FULLY deutet an, dass auf unterster Ebene im Grunde nur die Methode ASSERT_EQUALS notwendig ist.

19.4.3 Refactoring des Akzeptanztests

Refactoring ist eine wesentliche Phase der testgetriebenen Entwicklung. In diesem Abschnitt werde ich den Akzeptanztest aus Listing 19.11 mit Refactoring exemplarisch verbessern. Die Verbesserung in Listing 19.13 ergibt sich im Wesentlichen aus einer objektbasierten Kapselung der zu testenden Methode.

```
METHOD create_any_contract.
  mo_exp_contract = zth_contract=>create_any( ).

  create_contract_by_process( mo_exp_contract ).

  mo_act_contract = mo_contract_manager->get_contract(
      iv_contract_id = mo_exp_contract->get_id( )
  ).
  mo_exp_contract->assert_equals_fully( mo_act_contract ).
ENDMETHOD.
```

Listing 19.13 Besser lesbarer Akzeptanztest

Anstatt mit Tabellen zu hantieren, drückt die Testmethode kompakt aus, dass der zu testende Prozess mit den Daten eines gegebenen Vertrags MO_EXP_CONTRACT einen tatsächlichen Vertrag anlegt, der dem gegebenen Vertrag vollständig gleicht. Das erscheint mir hinreichend verständlich. Gerne können Sie aber die Rolle des Vertrags MO_EXP_CONTRACT als Datenlieferanten mit dem Hilfsmethodennamen CREATE_CONTR_BY_PROCESS_LIKE noch deutlicher zum Ausdruck bringen.

In Listing 19.14 baut die Hilfsmethode CREATE_CONTRACT_BY_PROCESS der Testklasse auf der Methode TRANSFORM_TO_CREATE_API der Testvertragsklasse auf. Diese Methode transformiert die Daten des Testvertragsobjekts IO_CONTRACT in das Eingabeformat des zu testenden Prozesses. Die Testklasse muss sich also nicht um die technischen Details dieser Transformation kümmern. Außerdem muss diese Hilfsmethode nicht geändert werden, wenn die Struktur LS_CONTRACT_API später auch Daten zu untergeordneten Objekten wie Leistungsverpflichtungen enthält (Open-Closed-Prinzip). Mit dieser Hilfsmethode hat nun auch die Guard-Assertion einen passenden Platz unterhalb der Testmethode gefunden.

```
METHOD create_contract_by_process.
  DATA lth_contract_api TYPE farr_th_contract_creation_api.

  DATA(ls_contract_api) = io_contract->transform_to_create_api( ).
```

```
  INSERT ls_contract_api INTO TABLE lth_contract_api.

  mo_process->create_contracts(
    EXPORTING
      ith_contract_api  = lth_contract_api
    IMPORTING
      et_error_contract = DATA(lt_error_contract)
  ).
  cl_abap_unit_assert=>assert_initial( lt_error_contract ).
ENDMETHOD.
```

Listing 19.14 Hilfsmethode der Testklasse kapselt technische Details.

19.5 Testen des Änderns und Sicherns eines Vertrags

Nach der codebasierten Entwicklung eines ersten, einfachen Akzeptanztests ist es sinnvoll, eine Strategie für das weitere Vorgehen zu entwickeln. Für eine frühzeitige Integration möglichst vieler Klassen bietet sich als nächster Akzeptanztest das Testen des Änderns und Sicherns eines existierenden Vertrags an. Dieses Testszenario hat folgende Vorteile:

- Erstens können Sie damit den Weg für einen weiteren Prozess des Erlösrechners vorzeichnen.
- Zweitens können Sie so auch für das Modellpaket einen ersten Komponententest vorlegen.
- Drittens können Sie mit diesem Akzeptanztest auch einen ersten Integrationstest anstoßen.

Abbildung 19.3 zeigt in der oberen Hälfte das gegenüber Abbildung 18.2 vereinfachte Architekturdiagramm. In der unteren Hälfte stellt Abbildung 19.3 dar, welche Komponententests (CTs) und Unit-Tests (UTs) der bisherige und der nächste Akzeptanztest anstoßen (symbolisiert mit nach unten gerichteten Pfeilen). Die Breite eines Tests (in der unteren Hälfte) drückt im Zusammenhang mit den Paketen und Schichten (in der oberen Hälfte) aus, von wo aus und wie tief dieser Test in den Erlösrechner eindringt. Beispielsweise durchdringt der Akzeptanztest `CREATE_ANY_CONTRACT` zur Anlage eines Vertrags nicht nur die Schichten für die Prozesse und die von ihnen verwendeten Services. Durch den Test des Vertragsmanagers dringt er auch noch bis zum Vertrag vor.

In Abbildung 19.3 bezieht sich die Breite eines Tests ausschließlich auf den Produktcode unter Test. Die Testisolation wird also nicht mit einbezogen. Aus diesem Grund reicht der Akzeptanztest `SAVE_CHANGED_CONTRACT` (in der unteren Hälfte) auch nicht in die Zugriffskomponente (in der oberen Hälfte) hinein, obwohl dieser Test mit dem

19

globalen Double des Zugriffsmanagers zu tun haben wird. Der Integrationstest LOAD_CONTRACT deckt im Wesentlichen die Zugriffsschicht ab, von der sich die Akzeptanztests isolieren. Wie ein Vergleich mit Abbildung 18.2 zeigt, reicht er nur deshalb in die Schicht Objektmodellmanagement hinein, weil sich die Klasse Objektmodell-Lader dort befindet.

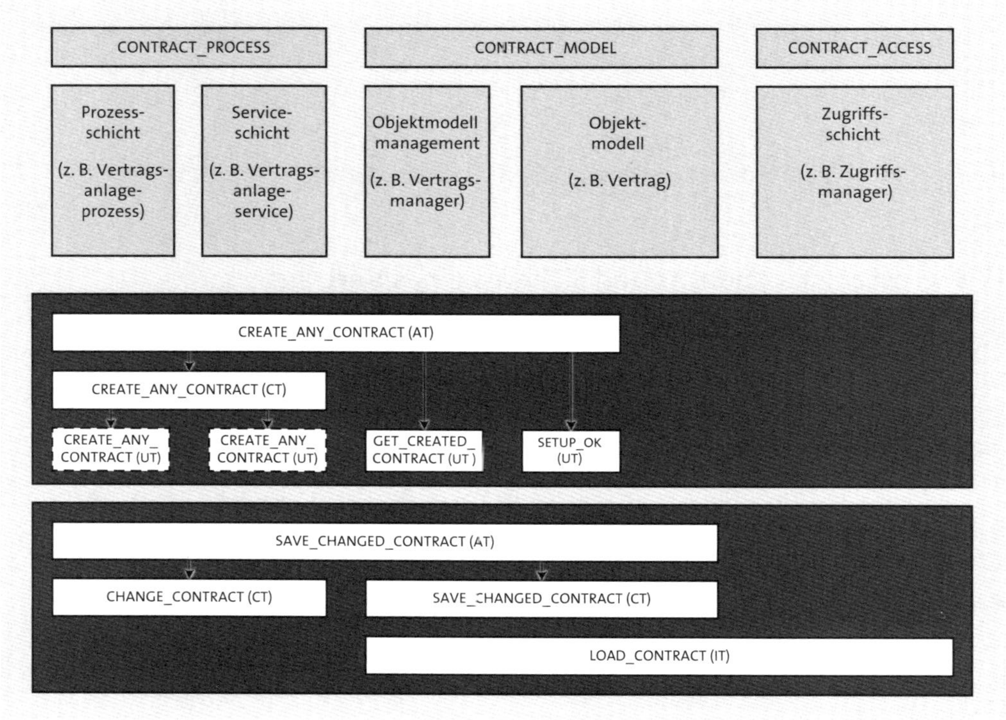

Abbildung 19.3 Testgetriebene Entwicklung im Überblick

Den zweiten Akzeptanztest für die Funktionalität SAVE_CHANGED_CONTRACT sehen Sie in Listing 19.15. Er ähnelt dem ersten Akzeptanztest für die Funktionalität CREATE_ANY_CONTRACT. Er erzeugt einen beliebigen Testvertrag, ruft mit seinen Daten die zu testende Prozessmethode auf, lässt sich vom Vertragsmanager den tatsächlichen Vertrag geben und vergleicht diesen mit dem Testvertrag. Da der betrachtete Vertrag aber schon in der Datenbank existieren soll, muss er gleich am Anfang in der durch das Testdouble des Zugriffsmanagers repräsentierten Fake-Datenbank angelegt werden. Von dort aus wird er im Zuge des Änderungsprozesses geladen und in der Hilfsmethode CHANGE_CONTRACT_BY_PROCESS in Bezug auf ein beliebiges Attribut geändert. Auf die in der Struktur LS_ATTR_CHANGE festgehaltenen Attributänderungen muss der Testvertrag vor dem Vergleich mit der Methode CHANGE_ATTRIBUTE angepasst werden.

```
METHOD save_changed_contract.
  mo_exp_contract = zth_contract=>create_any( ).
  mo_exp_contract->write_fully_into_fake_db( do_access_manager ).

  DATA(ls_attr_change) =
    change_contract_by_process( mo_exp_contract ).
  mo_contract_manager->save_contracts( ).

  mo_act_contract = mo_contract_manager->get_contract(
      iv_contract_id = mo_exp_contract->get_id( )
  ).
  mo_exp_contract->change_attribute( ls_attr_change ).
  mo_exp_contract->assert_equals_fully( mo_act_contract ).
ENDMETHOD.
```

Listing 19.15 Erste Akzeptanztestmethode für das Ändern von Verträgen

Listing 19.16 zeigt das Schreiben der Daten eines Testvertrags in die Fake-Datenbank im Detail. Über den Zugriffsmanager IO_ACCESS_MANAGER erhält der Testvertrag den spezifischen Zugriff LO_CONTRACT_ACCESS, um ihm seine Vertragsdaten MS_DATA im Datenbankformat LS_DATA_DB für den nächsten Lesezugriff zu überreichen.

```
METHOD write_fully_into_fake_db.
  DATA ls_data_db TYPE farr_s_contract_db.

  MOVE-CORRESPONDING ms_data TO ls_data_db.

  DATA(lo_contract_access) = CAST ztif_contract_access(
    io_access_manager->get_contract_access( )
  ).
  lo_contract_access->set_actual_data_of_read( ls_data_db ).
ENDMETHOD.
```

Listing 19.16 Füllen des Speichers des Testdoubles für den Vertragszugriff

Wie Listing 19.17 zeigt, transformiert die Hilfsmethode CHANGE_CONTRACT_BY_PROCESS der Testklasse die Daten des Testvertrags zuerst in das API-Format des Änderungsprozesses, ändert sie dann in Bezug auf das Beschreibungsattribut und gibt die Information über diese Änderung an die Testmethode zurück. Das zu ändernde Attribut kann auch ein mit einem Standardwert belegter Eingabeparameter sein. Um Festwerte in Ihrem Testcode zu vermeiden und die Beliebigkeit dieser Änderung zum Ausdruck zu bringen, ist diese Änderung mit dem Any- und dem Other-Wert des Attributs formuliert.

```
METHOD change_contract_by_process.
  DATA lth_contract_api TYPE farr_th_contract_change_api.

  DATA(ls_contract_api) = io_contract->transform_to_change_api( ).
  rs_attr_change-attr_name = ztif_c=>attr_name_contr_descr.

  ASSIGN COMPONENT ztif_c=>attr_name_contr_descr
    OF STRUCTURE ls_contract_api TO FIELD-SYMBOL(<attr_value>).
  rs_attr_change-value_from = <attr_value>.

  IF <attr_value> = ztif_c=>other_contract_description.
     <attr_value> = ztif_c=>any_contract_description.
  ELSE.
    <attr_value> = ztif_c=>other_contract_description.
  ENDIF.
  rs_attr_change-value_to = <attr_value>.

  INSERT ls_contract_api INTO TABLE lth_contract_api.

  mo_process->change_contracts(
    EXPORTING
      ith_contract_api   = lth_contract_api
    IMPORTING
      et_error_contract = DATA(lt_error_contract)
  ).
  cl_abap_unit_assert=>assert_initial( lt_error_contract ).
ENDMETHOD.
```

Listing 19.17 Beliebige Änderung des Vertrags durch Hilfsmethode

Am Ende wird mit der Guard-Assertion wieder die Erwartung zum Ausdruck gebracht, dass es in diesem Testszenario zu keiner Fehlersituation kommt.

19.5.1 Komponententest

Dieser zweite Akzeptanztest stößt sowohl einen Prozess- als auch einen Modellkomponententest an. Da der Prozesskomponententest für eine Vertragsänderung analog zu dem in Abschnitt 19.2, »Komponententestgetriebene Entwicklung«, beschriebenen Komponententest für eine Vertragsanlage abläuft, gehe ich in diesem Abschnitt nur auf den Modellkomponententest ein. Abbildung 19.4 gibt dazu einen Überblick in Form eines Klassendiagramms.

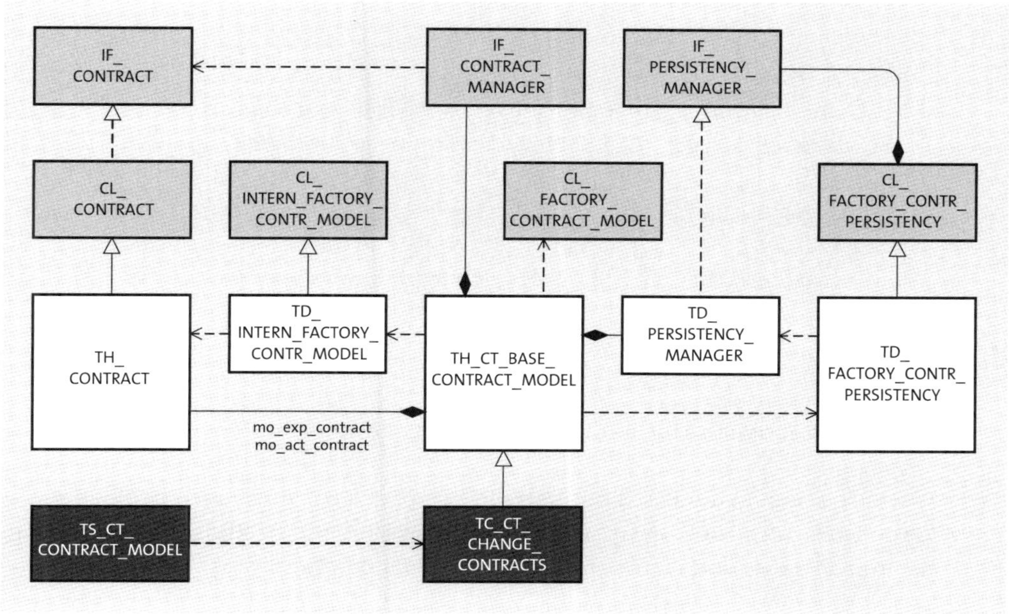

Abbildung 19.4 Komponententests für die Änderung von Verträgen

Auch für Modellkomponententests sollte die Testisolierung schon in der Basisklasse erfolgen, damit das Anlegen einer neuen Testklasse kaum Aufwand mit sich bringt.

Listing 19.18 zeigt, dass die Basisklasse der Modellkomponententests für die Testisolierung nur das globale Testdouble des Zugriffsmanagers benötigt.

19

```
CLASS zth_ct_base_contract_model DEFINITION PUBLIC
ABSTRACT CREATE PROTECTED
FOR TESTING DURATION SHORT RISK LEVEL HARMLESS.
  PROTECTED SECTION.
    DATA mo_contract_manager TYPE REF TO zif_contract_manager.
    DATA do_access_manager   TYPE REF TO ztd_access_manager.
    DATA mo_exp_contract     TYPE REF TO zth_contract.
    DATA mo_act_contract     TYPE REF TO zif_contract.

  PRIVATE SECTION.
    CLASS-METHODS class_setup.
    METHODS setup.
ENDCLASS.

CLASS zth_ct_base_contract_model IMPLEMENTATION.
  METHOD class_setup.
    ztd_intern_factory_contr_model=>inject_itself( ).
```

```
  ENDMETHOD.

  METHOD setup.
    DATA(lo_factory) = ztd_factory_contract_model=>get_new( ).
    mo_contract_manager = lo_factory->get_contract_manager( ).

    do_access_manager = ztd_access_manager=>create_double( ).
    ztd_factory_contract_access=>inject_itself_with(
        io_access_manager = do_access_manager
    ).
  ENDMETHOD.
ENDCLASS.
```

Listing 19.18 Basisklasse für die Modellkomponententests

Wie auch schon in der Basisklasse für die Akzeptanztests muss auch in dieser Basisklasse eine Unterscheidung getroffen werden, welche Factory-Klassen einen Zustand hat und ob dieser von Testmethoden geändert werden kann.

19.5.2 Integrationstest

Gemäß der Teststrategie für den Erlösrechner sparen die Akzeptanztests die Zugriffskomponente aus. Ihre funktionale Richtigkeit soll mit Integrationstests überprüft werden, die für alle Prozesse des Erlösrechners repräsentativ sind. Listing 19.19 zeigt die Definition dieser Testklasse. Für diese Testklasse gibt es bislang noch keine Basisklasse, weil eine Aufteilung der Testfälle auf mehrere Testklassen wahrscheinlich nicht nötig ist.

```
CLASS ztc_it_load_contract_model DEFINITION PUBLIC
ABSTRACT CREATE PUBLIC
FOR TESTING DURATION SHORT RISK LEVEL DANGEROUS.
  PROTECTED SECTION.
    METHODS load_contract FOR TESTING.

    METHODS load_fully
      IMPORTING
        io_contract TYPE REF TO zth_contract
      RETURNING
        VALUE(ro_contract) TYPE REF TO zif_contract.

  PRIVATE SECTION.
    METHODS setup.
```

```
    DATA mo_contract_manager TYPE REF TO zif_contract_manager.
    DATA mo_exp_contract     TYPE REF TO zth_contract.
    DATA mo_act_contract     TYPE REF TO zif_contract.
ENDCLASS.
```

Listing 19.19 Integrationstestklasse für das Laden von Verträgen

Wie Listing 19.20 zeigt, deckt die Testmethode LOAD_CONTRACT genau den Produktcode ab, von dem sich die Akzeptanztests isolieren.

```
METHOD load_contract.
  mo_exp_contract = zth_contract=>create_given( ).
  mo_exp_contract->modify_db_fully( ).

  mo_act_contract = load_fully( mo_exp_contract ).

  mo_exp_contract->assert_equals_fully( mo_act_contract ).
ENDMETHOD.
```

Listing 19.20 Integrative Ergänzung des isolierten Akzeptanztests

Die Erzeugungsmethode CREATE_GIVEN des Testvertrags gibt bei jedem Aufruf ein Objekt mit einer anderen ID zurück. Damit sind die Testmethoden unabhängiger voneinander. Für die Implementierung der Methode MODIFY_DB_FULLY empfiehlt sich ebenfalls eine Kaskade, wie sie in Abbildung 19.2 dargestellt ist.

19.6 Zusammenfassung des dritten Teils

Die Frage, welches Akzeptanztestszenario Sie als Nächstes anlegen oder erweitern sollten, lässt sich nicht allgemein beantworten. Die Antwort hängt unter anderem von der Anzahl der Entwickler ab. Ist diese Anzahl klein, sind durch die beiden in den vorangegangenen Abschnitten vorgestellten Akzeptanztests schon so viele Klassen entstanden, dass sich diese Entwickler bis auf Weiteres nicht gegenseitig in ihrer Arbeit behindern. Eine Vertiefung der Funktionalität mithilfe der bestehenden Akzeptanztestszenarien ist also möglich. Bei einer großen Anzahl an Entwicklern wird dagegen eine Verbreiterung der Funktionalität mit neuen Akzeptanztestszenarien und damit neuen Klassen nicht lange auf sich warten lassen.

Ein Beispiel für eine Vertiefung der Funktionalität des Erlösrechners wäre die Überprüfung der Prozesseingabedaten und die damit verbundene Fehlerbehandlung. Die Fehlerbehandlung kann dabei sowohl das Erzeugen und Verwalten von Fehlermeldungen für ein Protokoll als auch das Werfen und Behandeln von Ausnahmeobjekten beinhalten.

Ein Beispiel für eine Verbreiterung der Funktionalität des Erlösrechners wäre der Ausbau seines Objektmodells. Dieses Objektmodell besteht bislang nur aus vereinfachten Verträgen. Eine Verbreiterung kann somit sowohl die Vervollständigung des Vertragsobjekts als auch die Mitbetrachtung der untergeordneten Objekte Leistungsverpflichtung und Erfüllung einer Leistungsverpflichtung bedeuten.

Testgetriebene Entwicklung

Die Planung und Vorarbeit, wie ich sie in Kapitel 18 beschrieben habe, und die testgetriebene Entwicklung in diesem vorgearbeiteten Rahmen, die ich in diesem Kapitel demonstriert habe, können Ihrem Projekt viel Aufwand für Dokumentation und Abstimmung ersparen. Mit dieser Vorarbeit implementieren wenige erfahrene Entwickler Programmierrichtlinien und ein anwendungsspezifisches Programmiermodell, an dem sich viele weniger erfahrene Entwickler konkret orientieren können. Im besten Fall gibt es immer schon ein Programmierbeispiel zum Abschauen bzw. Kopieren und Editieren. Mit der akzeptanztestgetriebenen Entwicklung ist zudem für die gesamte Entwicklungsmannschaft klar und einsehbar, wo das Projekt zurzeit steht und was die höchste Priorität hat.

TEIL IV

Agile Methoden

In diesem Teil stelle ich Ihnen eine Auswahl von Methoden vor, die die testorientierten Entwicklungs- und Verbesserungsprozesse unterstützen. Ich bezeichne diese Methoden als agil, weil sie ein hohes Maß an Lernbereitschaft und Anpassungsfähigkeit erfordern.

Scrum ist eine Methode, die den Ablauf eines agilen Entwicklungsprojekts mit seinen Artefakten, Rollen und Meetings dominiert und für viele Entwickler auch ausmacht. Theoretisch basiert Scrum in großem Maße auf Lean, und praktisch führt meiner Meinung nach erst Agile Software Engineering (ASE) Scrum zum Erfolg. Diese drei prominenten agilen Methoden bilden die Grundlage für die agile Entwicklung eines Produkts.

Kapitel 20
Scrum

Wie können Sie iterativ, adaptiv und kommunikativ ein Produkt entwickeln? Mit Scrum stelle ich Ihnen hierzu eine bewährte Methode vor.

Scrum ist ein Projekt-Framework, mit dem Sie iterativ und inkrementell Softwareprodukte entwickeln können. Es setzt auf eine regelmäßige Kommunikation zwischen Entwicklern und Auftraggeber, damit die Entwickler die Anforderungen im Detail verstehen und Feedback zu den Zwischenergebnissen erhalten. Daneben fördert Scrum die Abstimmung unter den Entwicklern. Das Ziel von Scrum ist es, früh und dann kontinuierlich die Nutzbarkeit von Software zu erweitern, also einen Mehrwert zu schaffen.

Scrum wurde von Ken Schwaber und Jeff Sutherland entwickelt und populär gemacht. Für dieses Kapitel habe ich im Wesentlichen auf die Abhandlung »Scrum Primer« von Pete Deemer und Gabrielle Benefield im Buch »Scaling Lean & Agile Development« von Craig Larman und Bas Vodde (2009, S. 305–326) zurückgegriffen.

Scrum teilt die Entwicklungszeit für ein Release in aufeinanderfolgende Zeiträume gleicher Länge, sogenannte *Sprints*, ein. Die Sprintlänge, üblicherweise ein, zwei oder vier Wochen, kann zwar frei festgelegt werden, ist aber während eines Sprints nicht verhandelbar. Das heißt, ein Sprint endet auch dann, wenn ein Teil des Entwicklungsvorhabens noch nicht abgeschlossen ist. Sprints geben den Takt für den Entwicklungsprozess vor. Die Rollen und Meetings, die Scrum definiert, richten sich an diesem Takt aus. Zur Steuerung des Entwicklungsprozesses sieht Scrum verschiedene Hilfsmittel vor, die sogenannten *Artefakte*. Ein *Sprintziel* beschreibt den betriebswirtschaftlichen Vorteil, der sich aus den Entwicklungstätigkeiten eines Sprints ergibt.

20.1 Artefakte

Die zentralen Artefakte von Scrum sind das Produkt- und die Sprint-Backlogs. Wichtige Anforderungen dafür sind die Ready- und Done-Kriterien. Für die regelmäßige Darstellung des Entwicklungsstandes können zudem Burndown-Charts für das Release und die Sprints hilfreich sein. Die einzelnen Artefakte beschreibe ich in diesem Abschnitt.

20.1.1 Produkt-Backlog

Das *Produkt-Backlog* besteht aus einer priorisierten Liste von Backlog-Items. Ein *Backlog-Item* kann nicht nur eine von Kunden gewünschte Produkteigenschaft (*Feature*), sondern auch eine Verbesserung oder Korrektur sein. Des Weiteren kann es sich bei einem Backlog-Item um eine vorbereitende (z. B. Forschung betreiben, Prototyp erstellen, Grobdesign schreiben) oder eine nachbereitende Tätigkeit (z. B. Performance verbessern, Demo vorbereiten, detailliertes Design schreiben) handeln. Entscheidend ist, dass die Tätigkeit direkt der Entwicklung des Produkts zugeordnet werden kann (z. B. keine Schulungen).

Für die *Priorisierung* des Produkt-Backlogs hat jedes Backlog-Item einen *Geschäftswert* und einen *Aufwandswert*. Die Priorisierung des Produkt-Backlogs entspricht dann im Wesentlichen einer Maximierung des Returns on Investment (ROI). Backlog-Items, die trotz eines großen Geschäftswertes nur einen kleinen Aufwandswert haben, werden bevorzugt. Die Priorisierung kann aber auch eine zusätzliche Risikobewertung berücksichtigen.

Als *Release-Backlog*, oder kurz *Backlog*, wird der Teil des Produkt-Backlogs bezeichnet, der für die aktuelle Auslieferung des Produkts (engl. *Release*) relevant ist. Abbildung 20.1 stellt ein Release-Backlog schematisch dar.

	Geschäftswert	Aufwandswert
1. XXX	20	5
2. YYY	10	4
3. …		

Abbildung 20.1 Release-Backlog (schematische Darstellung)

Scrum sieht genau ein Backlog für ein Produkt vor. Es liegt in der Regel in elektronischer Form (z. B. in Jira) vor. Jeder der in die Entwicklung dieses Produkts involviert ist, sollte lesenden Zugriff auf das Backlog haben.

20.1.2 Ready-Kriterien

Die *Ready-Kriterien* sind eine Liste von Anforderungen, die darüber entscheiden, ob ein Backlog-Item in einem der nächsten Sprints bearbeitet werden darf. Das übergeordnete Ziel ist, dass die Arbeit an dem Backlog-Item zügig voranschreitet, es also in einem Sprint erledigt werden kann. Das misslingt regelmäßig, wenn die Aufgabenstellung nicht klar ist oder die technischen und organisatorischen Voraussetzungen nicht gegeben sind. Es gilt also, solche Unklarheiten und Abhängigkeiten im Vorfeld aus dem Weg zu räumen. Wenn dies nicht oder nur teilweise gelingt, sollte für den nächsten Sprint ein risikoärmeres Backlog-Item ausgewählt werden.

Die Ready-Kriterien sind nicht verpflichtend, aber hilfreich für den Scrum-Prozess. Demzufolge müssen sie vor dem ersten Sprint noch nicht (vollständig) vorliegen. Sie sollten die Ready-Kriterien in jedem Fall während Ihres Scrum-Projekts anpassen und erweitern, wenn Sie feststellen, dass es häufig an der Vorbereitung lag, wenn Sie ein Backlog-Item nicht wie geplant erledigen konnten. In jedem Fall sollten Sie vermeiden, mit vielen und anspruchsvollen Ready-Kriterien ins Projekt zu starten und diese dann nur auf die Hälfte der Backlog-Items ernsthaft anzuwenden.

Die Ready-Kriterien in Tabelle 20.1 wurden in ähnlicher Form für eine Produktentwicklung bei SAP aufgestellt. Sie sollen Ihnen als reale Beispiele für mögliche Anforderungen dienen. Der größere Teil der Liste wurde in einem Qualitätsworkshop am Anfang erstellt; der kleinere Teil wurde während der Entwicklung ergänzt.

Kriterium	Details
Spezifikation	Sind die geschäftlichen Anforderungen verständlich? Sind Akzeptanzkriterien (z. B. Szenarien) vorhanden?
technisches Design	Ist klar, wie die APIs definiert werden sollen? Beschreibt das Grobdesign die nicht funktionalen Anforderungen?
Design des User Interface (UI)	Ist klar, wie das UI aussehen und funktionieren soll? Sind Bildschirmattrappen und -texte vorhanden?
Teststrategie	Ist klar, was wie getestet werden soll? Ist Wissen und Kapazität zur Umsetzung vorhanden?
Abhängigkeiten	Sind die technischen Voraussetzungen erfüllt? Und falls nötig, ist personelle Unterstützung zugesichert?
Schätzung	Liegt der Aufwandswert unter dem bekannten Wert, der in einem Sprint erledigt werden kann?

Tabelle 20.1 Ready-Kriterien (beispielhafte Liste)

Bei den Ready-Kriterien steht nicht die Messbarkeit im Mittelpunkt. Sie stellen vielmehr eine Liste von Fragen dar, deren Beantwortung vor der Bearbeitung stehen sollte.

20.1.3 Done-Kriterien

Die *Done-Kriterien* sind eine Liste von Anforderungen, die ein erledigtes Backlog-Item erfüllen muss. Ein übergeordnetes Ziel ist, dass das Produkt stets auslieferbar ist, weil keine Restarbeiten mehr offen sind. Ein anderes Ziel ist, dass keine der folgenden Schulden in größerem Maße angehäuft werden:

- technische Schulden des Produkts (z. B. geringe Testabdeckung, unsauberer Code, eingeschränkte Performance)
- Wissensschulden des Teams (z. B. Singularität von Fähigkeiten, mangelnde technische Expertise)

Dahinter steckt der Anspruch von Scrum, Arbeit verteilen und somit eine gleichbleibende *Entwicklungsgeschwindigkeit* beibehalten zu können.

Die Done-Kriterien sind verpflichtend für Scrum. Sie sollten sich also schon vor dem ersten Sprint eine Liste erarbeiten, die zumindest die wichtigsten Garanten für nachhaltige Qualität umfasst. Diese Liste sollten Sie bei Bedarf anpassen und erweitern. Um jedes Backlog-Item genau unter die Lupe nehmen zu können, sollten es aber auch nicht zu viele Kriterien werden.

Die Done-Kriterien in Tabelle 20.2 gehen auf die gleiche Produktentwicklung bei SAP zurück wie die Ready-Kriterien aus dem vorangegangenen Abschnitt. Auch sie wurden zum größten Teil in dem Qualitätsworkshop am Anfang erstellt und kontinuierlich verbessert.

Kriterium	Details
Testautomatisierung	Tests gemäß Testpyramide erstellt (Testabdeckung hat sich nicht verschlechtert).
Wissenstransfer	Paarweise programmiert oder Designabsprache und Code Review durchgeführt.
sauberer Code	Statische Fehler (z. B. ATC, SLIN) behoben, Refactoring für Produkt- und Testcode durchgeführt.
funktionale Tests	Testfälle im Qualitätsmanagementsystem erstellt und erfolgreich ausgeführt.
explorative Tests	Ausgewählte Touren im Paar ausgeführt und protokolliert, Korrekturen/Verbesserungen erledigt.
Dokumentation	Kurz- und Langtexte für alle neuen Entwicklungsobjekte im System eingepflegt.
technisches Design	Detailliertes Design ergänzt, Review von Architekt oder anderem Entwickler durchgeführt.

Tabelle 20.2 Done-Kriterien (beispielhafte Liste)

Die Done-Kriterien in Tabelle 20.2 sind noch nicht vollständig. Sie sollten darauf achten, dass die Erfüllung der Done-Kriterien, wo immer dies möglich ist, messbar ist. Dies ist etwa bei der Testabdeckung mit Prozentwerten möglich. Wo eine Messbarkeit schwierig umzusetzen ist, sollten Sie durch genaue Nachfragen prüfen, ob das Kriterium erfüllt wurde, und die Einhaltung punktuell durch Reviews überprüfen.

20.1.4 Sprint-Backlog

Für jeden Sprint gibt es ein separates *Sprint-Backlog*. Dieses umfasst die detaillierten Entwicklungsaufgaben (*Tasks*) zu den Backlog-Items. Ein Backlog-Item ist *erledigt* (engl. *done*), wenn dies für alle seine Tasks der Fall ist.

Jeder Task ist eine Aufwandsschätzung zugeordnet, wie viele Stunden oder Tage für ihre *vollständige* Erledigung nötig ist. Die Vollständigkeit bezieht sich dabei auf die Erfüllung aller Done-Kriterien.

Das Spring-Backlog liegt entweder in elektronischer Form vor (z. B. in Jira oder MS-Excel) oder in Form eines Taskboards. Ein *Taskboard* ist eine Tafel (z. B. Pinboard oder Whiteboard), auf der *Taskzettel* (z. B. kleine Ausdrucke oder Klebezettel) befestigt werden. In der Regel handelt es sich dabei um eine Tabelle mit den Spalten »Neu«, »In Arbeit« und »Erledigt«. Die Tasks werden ihrem Bearbeitungsstand gemäß im Laufe des Sprints von links nach rechts verschoben.

Ich empfehle Ihnen, für jedes Backlog-Item des Sprints eine neue Reihe in dieser Tabelle aufzumachen. So behalten Sie leichter den Überblick. Bei Bedarf können Sie auf den Taskzetteln mit einem Stift zusätzliche Informationen vermerken und aktualisieren: z. B. bearbeitende Entwickler, geschätzter und verbleibender Aufwand usw. Abbildung 20.2 stellt ein Sprint-Backlog in Form eines Taskboards schematisch dar.

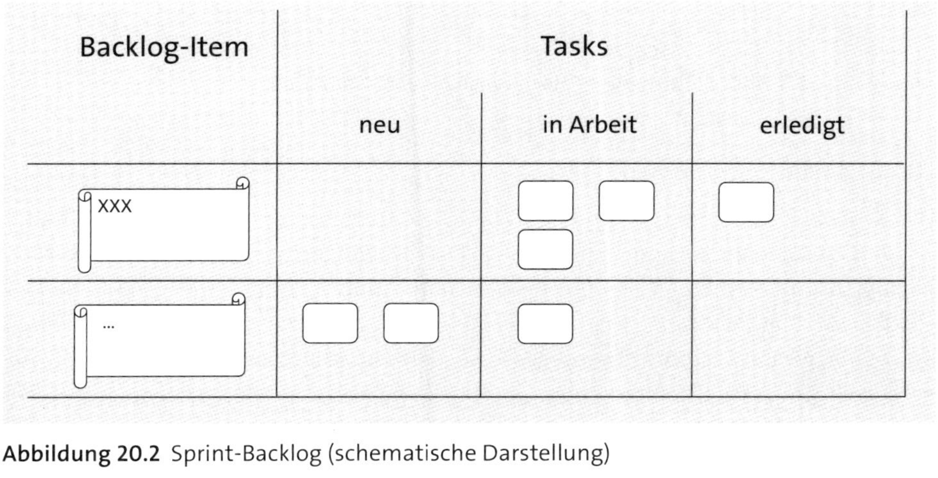

Abbildung 20.2 Sprint-Backlog (schematische Darstellung)

20.1.5 Sprint-Burndown-Chart

Scrum soll Transparenz innerhalb des Entwicklungsprozesses schaffen. Unter anderem sollte jeder während eines Sprints informiert sein, wie viel Zeit realistischerweise noch benötigt wird, um die versprochenen Backlog-Items fertigzustellen. Das *Sprint-Burndown-Chart* ist ein zweidimensionales Diagramm, das für jeden Tag den gesamten Restaufwand des Sprint-Backlogs festhält und mit einer Kurve verbindet. Idealerweise ist die Kurve nach unten gerichtet und erreicht zum Sprintende die Nulllinie. Die Kurve kann aber zwischenzeitlich auch nach oben ansteigen, wenn die praktische Arbeit an den Tasks eine höhere Aufwandsschätzung hervorbringt. Das Sprint-Burndown-Chart ist keine Darstellung der schon investierten Zeit, sondern der noch verbleibenden zeitlichen Distanz bis zum Sprintziel. Abbildung 20.3 stellt ein Sprint-Burndown-Chart schematisch dar.

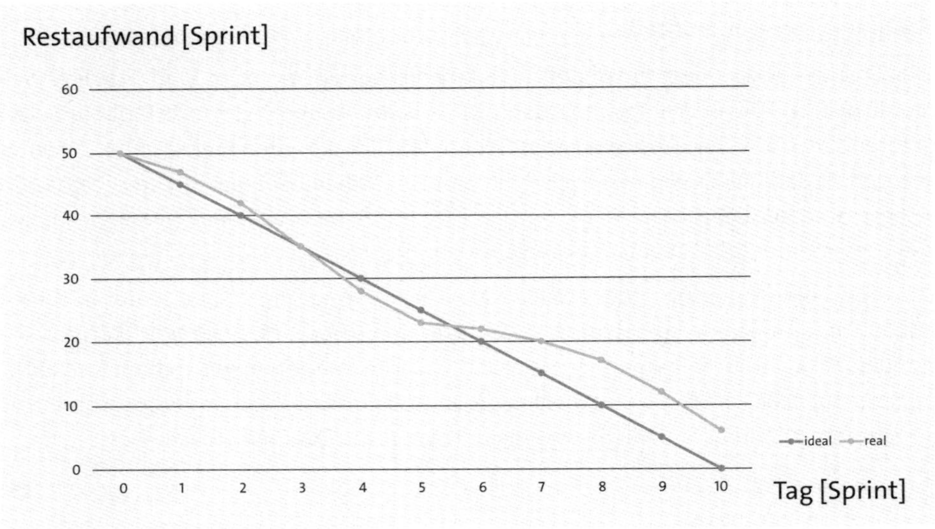

Abbildung 20.3 Sprint-Burndown-Chart (beispielhafte Darstellung)

20.1.6 Release-Burndown-Chart

Das Release-Backlog ist im ständigen Wandel: Alte Backlog-Items sind erledigt oder werden obsolet, neue kommen hinzu. Die verbleibenden Backlog-Items werden bezüglich ihres Umfangs sowie ihres Geschäfts- und Aufwandswertes aktualisiert. Ein *Release-Burndown-Chart* ist ein zweidimensionales Diagramm, das nach jedem Sprint den gesamten Restaufwand des Release-Backlogs festhält und mit einer Kurve verbindet. Es verschafft damit einen Überblick, wie weit das Releaseziel noch entfernt ist und ob es dieser Schätzung nach noch erreicht werden kann. Notwendige Anpassungen des Releaseziels wirken sich häufig schon auf das nächste Sprint-Backlog aus. Abbildung 20.4 stellt ein Release-Burndown-Chart schematisch dar.

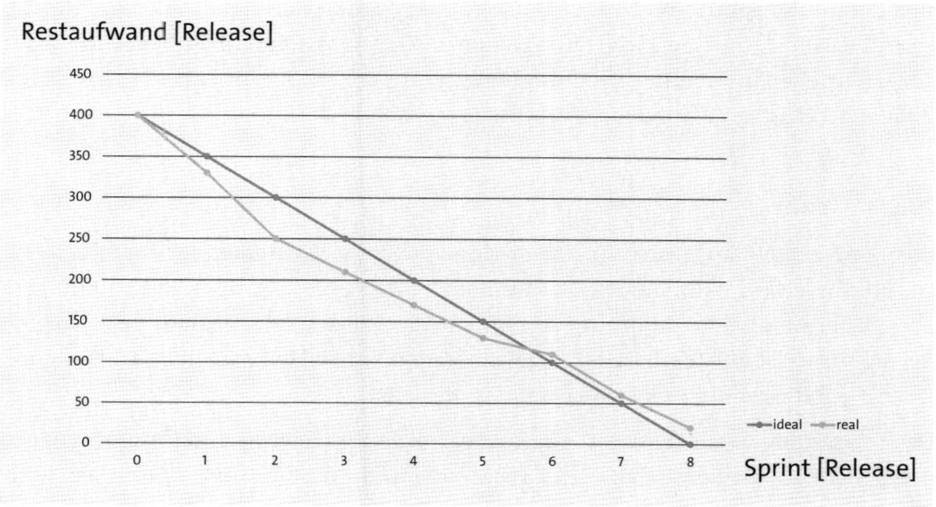

Abbildung 20.4 Release-Burndown-Chart (beispielhafte Darstellung)

20.2 Rollen

Ein *Scrum-Team* besteht aus einem Product Owner, einem Scrum Master und einem Team. Kunden, Manager usw. werden als Interessenvertreter (*Stakeholder*) bezeichnet.

20.2.1 Product Owner

Der *Product Owner* (kurz PO) ist für den wirtschaftlichen Erfolg des Produkts verantwortlich. Er sammelt und konsolidiert die Anforderungen von internen und externen Kunden und erstellt daraus das Produkt-Backlog. Er legt zudem den Geschäftswert eines Backlog-Items fest, während das Team seinen Aufwandswert schätzt. Im Laufe des Scrum-Projekts aktualisiert er dieses Produkt-Backlog, wenn sich Anforderungen oder Voraussetzungen ändern oder Erkenntnisse gewonnen werden.

Für das Team ist der Product Owner der alleinige Auftraggeber, mit dem es im regelmäßigen Austausch steht. Der Product Owner stellt dem Team die zu entwickelnden Backlog-Items selbst vor, beantwortet vor und während der Entwicklung alle Fragen dazu und nimmt die Entwicklung nach Fertigstellung auch wieder ab.

20.2.2 Scrum Master

Der *Scrum Master* (kurz SM) ist für die korrekte und vollständige Umsetzung von Scrum verantwortlich. Er unterstützt den Product Owner und das Team, damit diese sich darauf konzentrieren können, das Produkt attraktiv und qualitativ hochwertig zu entwickeln. Zu seinen Tätigkeiten zählen die Organisation und die Moderation der vorgeschriebenen Meetings und die Beseitigung von Hindernissen aller Art. Seine Weisungsbefugnis ist auf den Scrum-Prozess beschränkt.

20.2.3 Team

Das Team besteht aus ungefähr sieben Mitgliedern. Zwei Mitglieder mehr oder weniger sind noch im Rahmen. Die Zusammenstellung eines Teams sollte so erfolgen, dass es über genügend Erfahrung verfügt, um das Backlog selbstständig zu erledigen. Bei SAP umfasst ein Team in der Regel die Rollen Entwickler, Architekt, UI-Designer, Dokumentationsentwickler und Qualitätsspezialist.

Das Team sollte so ausgerichtet sein, dass es bei der Umsetzung eines Features in der Regel nicht auf die Zuarbeit anderer Teams angewiesen ist (*Feature-Team*). Die Alternative dazu ist die Aufstellung eines Teams nach Komponenten (*Component-Team*), was allerdings häufig zu sequenzieller Entwicklung und damit längeren Entwicklungszeiten führt.

Das Team organisiert sich selbst. Es ist ferner autonom in seinen Entscheidungen. Im Gegenzug ist es dafür verantwortlich, dass es die versprochenen Backlog-Items rechtzeitig erledigt. Die Voraussetzung dafür ist, dass die Zusammensetzung des Teams langfristig stabil ist und das Team während seiner Sprints ungestört an den geplanten Backlog-Items arbeiten kann.

20.3 Meetings

Die im Folgenden beschriebenen Meetings sind für jeden Sprint relevant. Sie beschreiben, wie ein Sprint im Sinne von Effektivität und Effizienz perfekt ablaufen kann.

20.3.1 Backlog-Grooming

Im *Backlog-Grooming* kümmert sich das Scrum-Team darum, dass für die nächsten Sprints ausreichend Backlog-Items im Release-Backlog sind, die die Ready-Kriterien erfüllen. Dieses Meeting findet entweder einmal pro Sprint oder jede Woche statt. In beiden Fällen sollte es eine feste Zeitdauer haben.

Der Priorisierung des Release-Backlogs folgend, werden in jedem Meeting ein oder mehrere Backlog-Items behandelt. Der Product Owner beginnt mit der Vorstellung eines Backlog-Items. Die anschließende Diskussion sollte darauf ausgerichtet sein, dass das Team sowohl den Inhalt (z. B. Anforderungen) als auch den Kontext (z. B.

Bedeutung, Abhängigkeiten) des Backlog-Items so gut versteht, dass es einen Wert für den Aufwand schätzen kann.

Der Aufwandswert ist kein absoluter, sondern ein relativer Wert. Der Grund dafür ist nicht nur, dass ein absoluter Wert aufwendig zu bestimmen ist, sondern auch, dass er ein falsches Gefühl von Genauigkeit vermittelt. Für die relative Schätzung benötigt das Team den geschätzten Aufwandswert (*Pivot-Wert*) eines schon erledigten Backlog-Items (*Pivot-Items*), für das das Team einen bekannten Bruchteil eines Sprints in Anspruch genommen hat. Für jedes neue Backlog-Item berechnet das Team den geschätzten Wert, indem es sich überlegt, in welchem Aufwandsverhältnis es zum Pivot-Item steht. Da Menschen Vergleiche gut und schnell durchführen können, fällt diese vergleichende Schätzung dem Team in der Regel leicht.

Wirft die Diskussion über ein Backlog-Item zu viele Fragen auf, wird die Schätzung verschoben. Es ergeben sich Nacharbeiten für den Product Owner und zusätzliche Tasks für das Team, die das Team in der nächsten Planung berücksichtigt. In der Regel ist es das Ziel, dieses Backlog-Item schon im nächsten Backlog-Grooming klären, schätzen und damit priorisieren zu können.

20.3.2 Sprintplanung – Teil 1

Die Sprintplanung findet am Anfang eines Sprints statt und besteht aus zwei separaten Meetings. Im ersten Meeting, *Sprintplanung Teil 1* genannt, gewinnt das Team einen Überblick über die Backlog-Items, die der Product Owner für diesen Sprint vorsieht. Idealerweise hängen diese Backlog-Items zusammen, und es lässt sich ein gemeinsames Sprintziel dafür formulieren.

Um Fragen und Diskussionen zu vermeiden, sollte der Product Owner nur Backlog-Items vorsehen, die das Backlog-Grooming erfolgreich passiert haben, die also die Ready-Kriterien erfüllen. Kommen zu einem solchen Backlog-Item doch noch kritische Fragen auf, sollte das Team es für diesen Sprint ablehnen.

Für jedes einzelne Backlog-Item sollten der Product Owner und das Team klar vereinbaren, welche Done-Kriterien dafür keinen Sinn ergeben.

20.3.3 Sprintplanung – Teil 2

Im zweiten Meeting der Sprintplanung, *Sprintplanung Teil 2* genannt, spaltet das Team die vorgesehenen Backlog-Items in Tasks auf. Jede Task sollte in sich abgeschlossen sein und einen geschätzten Aufwand von einem halben bis zwei Tagen haben. Die Taskbildung beginnt mit den am höchsten priorisierten Backlog-Items und endet, wenn die *Kapazität* des Teams für diesen Sprint aufgebraucht ist. Die Kapazität ist die Summe der Tage, die die einzelnen Teammitglieder in diesem Sprint für dieses Produkt aufbringen können.

Am Ende des Meetings sollten die ersten Tasks schon auf die Teammitglieder verteilt sein. Eine Verteilung aller Tasks kann ich Ihnen nicht empfehlen, weil dies die Flexibilität des Teams einschränkt und dem Silodenken unnötig Vorschub leistet.

Der Scrum Master hilft dem Team dabei, die zeitintensive Erstellung der Tasks fokussiert über die Bühne zu bringen. Die Anwesenheit des Product Owners in diesem Meeting ist optional; für kurze Rückfragen sollte er allerdings erreichbar sein. Der Scrum Master teilt ihm im Nachgang mit, wozu sich das Team verpflichtet hat, und bringt das Sprint-Backlog in seine endgültige Form (z. B. Taskzettel schreiben und auf das Taskboard bringen).

20.3.4 Daily Scrum

Das *Daily Scrum* sollte täglich zur gleichen Zeit stattfinden und nicht mehr als 15 Minuten dauern. Jedes Teammitglied sollte in diesem Meeting kurze, informative Antworten auf die folgenden drei Fragen geben:

- An welchen Tasks hast du gearbeitet?
- An welchen Tasks wirst du als Nächstes arbeiten?
- Brauchst du Hilfe?

Wichtige Informationen für das Team sind ungeplante Aufwände und Hemmnisse (engl. *Blocks*). Kurze Nachfragen zum Verständnis sind erlaubt. Diskussionen sollte der Scrum Master aber mit dem Vorschlag einer separaten Besprechung unterbinden.

Es wird empfohlen, das Daily-Scrum-Meeting im Stehen abzuhalten: Die Zeit ist so deutlicher spürbar, die Aufmerksamkeit bleibt besser erhalten und die Teammitglieder sind schneller am Taskboard, um Tasks zu bewegen oder zu aktualisieren.

20.3.5 Sprint-Review

Im *Sprint-Review* beleuchtet das Scrum-Team den Produktfortschritt. Dazu überprüft es zuerst, welche Backlog-Items gemäß den Done-Kriterien fertig sind. Ein Backlog-Item ist erst erledigt, wenn es in dieser Form auslieferbar ist, also keine Nacharbeiten mehr erforderlich sind. Die Überprüfung sollte hauptsächlich am System durchgeführt werden. Wenn Interessenvertreter (z. B. Kunden, Manager, Product Owner anderer Teams) teilnehmen, sollte das Team mit einer vorbereiteten Demo alle Teilnehmer in die Lage versetzen, Feedback zu geben.

Scrum sieht vor, dass der Product Owner die Schließung eines Backlog-Items und die Erreichung des Sprintziels explizit kundtut.

20.3.6 Sprint-Retrospektive

Während das Sprint-Review die Verbesserung des Produkts kontrolliert, stellt die *Sprint-Retrospektive* die kontinuierliche Verbesserung des Scrum-Prozesses sicher. Die Teilnahme an diesem Meeting, das das Ende des Sprints markiert, ist für den Scrum Master und das Team verpflichtend. Der Product Owner darf teilnehmen und sollte dies immer tun, wenn er darum gebeten wird. Da der Scrum Master in der Sprint-Retrospektive keine neutrale Rolle einnimmt, ist es gute Praxis, dass dieses Meeting von einem anderen Scrum Master moderiert wird.

Der Standardablauf sieht vor, dass zuerst die Verbesserungsmaßnahmen der letzten Sprint-Retrospektive beleuchtet werden: Welche von ihnen sind hilfreich und sollten deshalb beibehalten werden?

Danach wird positives und negatives Feedback zum abgelaufenen Sprint auf einer Tafel mit den Spalten »Was lief gut?« und »Was kann verbessert werden?« zuerst gesammelt und dann zusammengefasst. Für häufig genannte und wichtige Problembereiche wird eine kurze Ursachenanalyse betrieben. Anschließend wird eine kleine Anzahl an Verbesserungsmaßnahmen als Experiment für den nächsten Sprint beschlossen.

20.3.7 Zyklus

Wie Abbildung 20.5 zeigt, folgt dem Ende eines Sprints unmittelbar der Anfang des nächsten. Der Scrum-Prozess baut darauf, dass alle als erledigt gekennzeichneten Backlog-Items auch vollumfänglich abgearbeitet sind. Das bedeutet, dass am Produkt keine Nacharbeiten mehr nötig sein sollten. Zu solchen Nacharbeiten zählen nicht nur die sichtbaren Mängel, die eventuell während des Sprint-Reviews aufgefallen sind. Der Product Owner muss sich auch darauf verlassen können, dass das Team keine für ihn unsichtbaren Restarbeiten (z. B. Refactoring, Performanceoptimierung) mitschleppt. Denn diese technischen Schulden führen im Laufe der Zeit dazu, dass das Team immer weniger für den nächsten Sprint bereit ist.

Die vollumfängliche Abarbeitung eines Backlog-Items bezieht sich aber auch auf die Menge und die Verteilung von Wissen. Ein Defizit in diesem Bereich müssen das Team und der Scrum Master ebenfalls transparent machen, damit der Product Owner darauf mit Backlog-Items zur Wissensverteilung reagieren kann. Denn diese Wissensschulden führen ebenfalls dazu, dass die Entwicklungsgeschwindigkeit, also die durchschnittliche Summe der Geschäftswerte der erledigten Backlog-Items pro Sprint, in den folgenden Sprints nicht mehr gehalten werden kann.

Wenn Sie Ihre Sprints an den Kalenderwochen ausrichten, können Sie bei mindestens zweiwöchigen Sprints das Sprint-Review auf den Freitagmorgen, die Sprint-Retrospektive auf den Freitagnachmittag und die Sprintplanungs-Meetings auf den darauffolgenden Montag legen. Das bietet jedem Scrum-Teammitglied die Möglichkeit, an den beiden Tagen zwischen den jeweiligen Meetings sonstige Arbeiten (z. B. Verwaltung, Kommunikation) zu erledigen und damit für den nächsten Sprint bereit zu sein.

Was die Anzahl und die Reihenfolge der restlichen Meetings anbetrifft, liefert Abbildung 20.5 nur eine schematische Darstellung. Statt eines längeren Backlog-Grooming-Meetings könnten Sie sich bei einem mehrwöchigen Sprint auch auf ein kürzeres jede Woche verständigen. Und wenn Sie sich täglich zum Daily Scrum treffen, werden Ihnen natürlich drei pro Sprint nicht ausreichen.

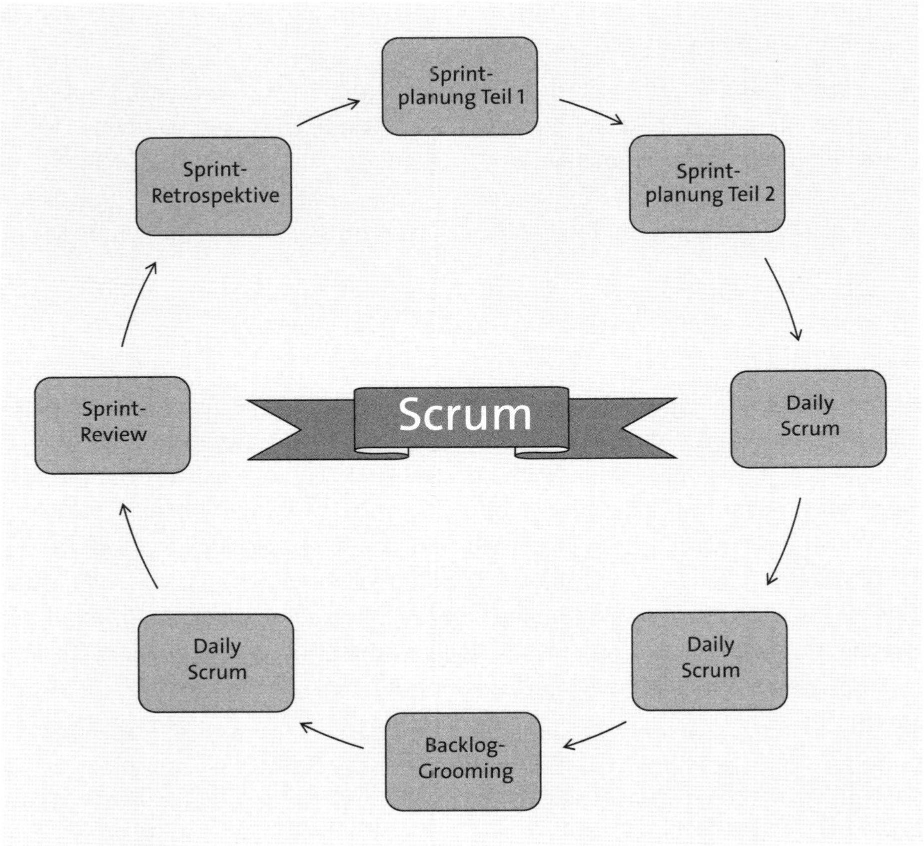

Abbildung 20.5 Zyklus der Scrum-Meetings (schematische Darstellung)

Für den Start mit Scrum empfehle ich Ihnen zweiwöchige Sprints. Bei einer längeren Sprintdauer haben Sie zu wenig Iterationen zur Verfügung, um Ihren Scrum-Prozess frühzeitig und regelmäßig zu verbessern. Und für eine Sprintdauer von nur einer Woche laufen die Meetings anfangs oft nicht effizient genug ab, sodass zu wenig Zeit für die eigentliche Entwicklung bleibt.

20.4 Eigenschaften

Scrum ist ein Framework für die iterative, inkrementelle und evolutionäre Entwicklung von Softwareprodukten in einem festen Zeitrahmen. Sein Einsatz führt allerdings nur dann zu einem agilen Projektmanagement, wenn seine Anpassungsfähigkeit für Verbesserungen und zur Weiterbildung genutzt wird. Die folgenden Eigenschaften sind dabei wichtig:

- **Anpassungsfähigkeit**
  Scrum besteht auf stabilen Sprints, d. h., es darf kein Austausch und keine Änderung der Backlog-Items erfolgen, und auf stabilen Teams, d. h., es erfolgt kein temporärer Zu- oder Abgang von Teammitgliedern. Für jeden neuen Sprint kann jedoch sowohl das Produkt als auch das Team neu ausgerichtet werden. Allerdings sollte es keine Neuausrichtung ohne gemeinsame Überprüfung geben. Für das Produkt findet diese Überprüfung im Sprint-Review statt: Stakeholder geben zu einer Softwaredemo Feedback.

  Für das Team steht diese Überprüfung in der Sprint-Retrospektive auf der Agenda: Das Scrum-Team reflektiert selbstständig seine Arbeitsweise. Optional erhält es dazu Feedback von außen (z. B. von einem kooperierenden Team).
- **Verlässlichkeit**
  Die Stabilität von Sprints ist für den Erfolg von Scrum von großer Bedeutung. Das Team erlebt dadurch, dass die Verpflichtung, die es im Zuge der Sprintplanung eingegangen ist, auch am Ende des Sprints noch gilt. Es ist also für den Erfolg des Sprints maßgeblich selbst verantwortlich. Über das Backlog-Grooming und die Ready-Kriterien kann es ja Einfluss darauf nehmen, welche Backlog-Items ihm zur Planung überhaupt vorgesetzt werden. Und schließlich profitiert das Team von der Qualität der Backlog-Items. Wenn der Product Owner diese nach der Sprintplanung nicht mehr ändern oder erweitern darf, wird er danach streben, sie vorher so gut wie möglich auszuarbeiten.

  Aber auch für den Product Owner bietet Scrum maßgebliche Vorteile. Zum einen kann er sich recht sicher sein, dass das Team die geplanten Backlog-Items tatsächlich erledigt. Immerhin hat es selbst deren Anzahl und Größe bestimmt. Ein neues Scrum-Team wird anfangs noch Schwierigkeiten haben, sich realistisch einzuschätzen. Aber schon nach ein paar Sprints wird dem Team das immer besser gelingen. Zum anderen bietet Scrum dem Product Owner die Sicherheit, dass er sich für Änderungen am Produkt, die er über das Backlog-Grooming in die Sprintplanung einbringt, nicht vor dem Team rechtfertigen muss. Änderungen stehen ihm schlicht und einfach zu.

  Für den hoffentlich seltenen Fall, dass das Sprintziel während eines Sprints seine Bedeutung vollständig verliert, schlägt Scrum den Abbruch des Sprints vor. Es folgt dann eine erneute Planung, d. h., der Scrum-Prozess beginnt ganz von vorn.

Wenn ein Team ein neues Produkt beginnt oder ein bestehendes Produkt übernimmt, sollte es vor dem Beginn des Scrum-Projekts Zeit bekommen, um sich grundsätzlich in die Betriebswirtschaft und die Technologie einzuarbeiten. Es ist dann nicht sinnvoll, eine so große Lernmaßnahme mit Sprints abzuwickeln.

Kommt allerdings während des Projekts ein neues Teammitglied dazu, kann dieses nach ein paar grundlegenden Schulungen problemlos in den Scrum-Prozess einsteigen. Für die Erledigung von Tasks benötigt das neue Teammitglied in der Regel nur Unterstützung und mehr Zeit. Unterstützung kann es am effizientesten über paarweise Programmierung erhalten. Mehr Zeit kann dem neuen Teammitglied schon in der Planung gegeben werden, indem seine Kapazität (also seine angesetzte zeitliche Verfügbarkeit) einfach halbiert wird.

Auch für die Weiterbildung eines Teammitglieds bietet die individuelle Kapazitätsangabe für jeden Sprint eine einfache Stellschraube. Und die produktbezogene Erforschung neuer Technologien können Sie einfach über ein separates Backlog-Item abbilden.

Für den nachhaltigen Erfolg von Scrum sind kontinuierliche Weiterbildung und Wissenstransfer wichtige Faktoren. Sie sollten deshalb nicht im Entwickleralltag untergehen. Bei der Einarbeitung in eine neue Technologie ist das schwerlich möglich, denn diese Technologie wird ja schon bald zur Entwicklung benötigt. Aber *Wissenssilos* innerhalb des Produkts entstehen schleichend. Es erscheint erst einmal sinnvoll, wenn der Entwickler, der sich mit einer Komponente schon gut auskennt, auch die weiteren Arbeiten an ihr ausführt. Allerdings ist das nur kurzfristig der Fall. Es erscheint vielleicht auch nicht nötig, dem erfahrenen Entwickler einen zweiten Entwickler an die Seite zu stellen. Auch dies gilt allerdings nur, solange er da ist und die anfallende Arbeit seine Kapazität nicht übersteigt.

Eine Streckung eines Backlog-Items über mehrere Sprints ist in vielerlei Hinsicht Gift für den Scrum-Prozess. Zuerst erodiert das gemeinsame Sprintziel, was sich unmittelbar auf die Daily-Scrum-Meetings auswirkt. Wenn im Extremfall jeder Entwickler über einen langen Zeitraum seinem eigenen Backlog-Item nachhängt, ist es kein Wunder, dass für den Rest des Teams nur noch die Information interessant ist, wann er damit (endlich) fertig ist. Dieser unbewusste und unbeabsichtigte Wegfall empathischer Unterstützung bekommt jeder zu spüren, und unweigerlich verwandeln sich die Informationen in Rechtfertigungen. Bald fühlt sich dann keiner mehr richtig wohl, was selten der eigenen Abweichung von Scrum, sondern meistens Scrum selbst angelastet wird.

Die Streckung eines Backlog-Items, und damit die Bearbeitung mehrerer Backlog-Items zur gleichen Zeit, ist ferner Gift für die Verlässlichkeit eines Teams. Wenn mehr und mehr Entwickler an Spezialentwicklungen gebunden sind, fällt es dem Team immer schwerer, ein neues Backlog-Item innerhalb eines Sprints zu erledigen. Genau an dieser Stelle erodiert dann meistens der Rückhalt für das Team und seine Selbstständigkeit. Product Owner und vielleicht sogar Manager fühlen sich auf den Plan gerufen, die Produktivität des Teams wiederherzustellen. Und unter diesem Druck kann das Team dann noch weniger in sich investieren, denn kurzfristig sichtbar sind nur die Erweiterungen des Produkts. Es entsteht ein Teufelskreis, aus dem sich die gesamte Produktentwicklung nur schwerlich selbst befreien kann.

Kapitel 21
Agile Software Engineering

Scrum ist ein Framework für agile Entwicklung. Mit welchen Praktiken können Sie ein solches Framework erfolgreich implementieren?

Scrum fordert das Team auf, eine nachhaltige Entwicklungsgeschwindigkeit einzuhalten. Dazu darf das Team weder *technische Schulden* (Defizite in der Code- und Designqualität) noch *Wissensschulden* (Defizite beim Aufbau und der Verteilung von Kenntnissen) aufbauen. Agile Software Engineering (ASE) umfasst eine ganze Reihe von Praktiken, mit denen beide Arten von Schulden vermieden bzw. abgebaut werden können. Diese sind Thema dieses Kapitels. Ich gehe in den folgenden Abschnitten jeweils auf die Durchführung sowie die Vor- und Nachteile der einzelnen Praktiken ein, gebe Empfehlungen zu ihrer Umsetzung und grenze sie von anderen Praktiken ab.

Mit dem in Abschnitt 21.1 vorgestellten Refactoring können Sie Verbesserungen von Code und Design in kleinen, sicheren Schritten erreichen. Refactoring erfordert allerdings eine ausreichende Absicherung durch harmlose und schnell ausführbare Tests. In Abschnitt 21.2 geht es deshalb darum, wie Sie eine solche Suite von isolierten Tests mit testgetriebener Entwicklung (TDD) rechtzeitig und zielgerichtet erstellen können.

In Abschnitt 21.3 zeige ich Ihnen, wie Sie mit paarweiser Programmierung (PP) effektiv gegen Wissensschulden ins Feld ziehen können. Diese ASE-Praktik verschont die Entwickler mit zusätzlichen Meetings; ein Großteil der Wissensvermittlung findet während des Programmierens statt.

In Abschnitt 21.4 erkläre ich Ihnen, wie Sie mit einem Walking Skeleton Komponenten und Teams integrieren können. In Abschnitt 21.5 stelle ich Ihnen Wege zur gemeinsamen Codeverantwortung (engl. *Shared Code Ownership*) vor.

In Abschnitt 21.6 erörtere ich dann noch, was kontinuierliche Integration (engl. *Continuous Integration*) für die ABAP-Entwicklung bedeutet.

21.1 Refactoring

Refactoring ist eine ASE-Praktik, die die innere Struktur einer Anwendung ändert, während sie das äußere Verhalten beibehält. Um Fehler zu vermeiden, werden dabei Verbesserungen an Code und Design in kleinen Schritten ausgeführt, wie Sie es in Teil I dieses Buches, »Aufbau einer Testinfrastruktur«, bereits anhand des Testcodes für eine Beispielanwendung gesehen haben. Beispiele für Codeverbesserungen sind ein verständlicherer Name für eine Variable oder die Extraktion zusammenhängender Anweisungen in eine neue Methode. Beispielhaft für die Verbesserung des Designs ist die Zerlegung einer großen Klasse mit vielen Zuständigkeiten in mehrere kleine Klassen mit jeweils nur einer Zuständigkeit.

21.1.1 Durchführung

Refactoring setzt auf kontinuierliche Verbesserungen als Teil einer Task oder einer Korrektur. Mit anderen Worten: Eine planungsrelevante Verbesserung, wie z. B. eine Performanceoptimierung, ist kein Refactoring.

Refactoring setzt strikt voraus, dass es ausreichend Tests gibt und dass diese alle erfolgreich durchgeführt werden können. Ansonsten könnten Sie lediglich für die Teilmenge der erfolgreichen Tests sicher sein, dass Sie keinen Fehler eingebaut haben. Sie könnten Ihre automatischen Tests theoretisch um manuelle Tests ergänzen. Da Sie jeden Refactoring-Schritt aber so klein möglich wählen sollten, ist dies wegen der großen Anzahl an Schritten praktisch nicht durchführbar. Damit Refactoring zu keiner Verschlimmbesserung führt, sollten Sie ferner nur damit beginnen, wenn Sie den Code, den Sie verbessern wollen, hinreichend verstehen.

21.1.2 Vor- und Nachteile

Durch die umfassende Absicherung mit Tests und die Strategie der kleinen Schritte ergeben sich folgende Vorteile des Refactorings:

- **Fokussierung**
  Sie müssen sich vorab lediglich in einen kleinen Themenbereich einarbeiten oder diesen vertiefen. Das ist gerade im komplexen Legacy-Code-Umfeld wichtig, damit Sie überhaupt anfangen können.
- **Überprüfung**
  Sie sind stets nur eine kurze Zeitspanne von der nächsten Ausführung Ihrer Tests entfernt.
- **Fehlerlokalisierung**
  Sie verändern nur einen kleinen Teil des Codes. Wenn danach ein Test fehlschlägt, dann müssen Sie nicht lange debuggen, um den Fehler zu finden.

- **Unterbrechbarkeit**
  Sie sind nur für kurze Zeiträume gebunden. Nach jedem Verbesserungsschritt können Sie prinzipiell unterbrechen und später fortfahren.
- **Durchführbarkeit**
  Es bieten sich Ihnen häufig Gelegenheiten für ein Refactoring. Und selbst unter Zeitdruck können Sie immer noch die wichtigsten Verbesserungen durchführen.
- **Unabhängigkeit**
  Sie minimieren die Anzahl der Klassen, die Sie anfassen müssen, und damit die Wahrscheinlichkeit, mit ihrer Arbeit an diesen Klassen einen anderer Entwickler zu behindern.
- **Motivation**
  Sie können mit Refactoring die sogenannte *Pfadfinderregel* umsetzen. Diese lautet: »Hinterlasse einen Ort immer in einem besseren Zustand als du ihn vorgefunden hast«. Mit der Pfadfinderregel können Sie einen Ausgleich zwischen Eigen- und Teaminteressen finden. Denn es ist Ihnen als Entwickler nicht zuzumuten, sämtliche Versäumnisse von Teammitgliedern zu bereinigen; aber ein einzelnes Versäumnis schon.
- **Automatisierung**
  Elementare Refactoring-Schritte sind so weit standardisiert, dass sie von Entwicklungswerkzeugen wie ABAP in Eclipse ausgeführt werden können.

Eventuell empfinden Sie es als Nachteil, dass Sie während eines Refactoring-Schritts andere Verbesserungen nicht gleich mit erledigen dürfen. Aber es ist eben genau diese Disziplin, die viele Fehler vermeidet bzw. die hilft, sie schnell wieder zu beseitigen.

Regressionsfreiheit ist das oberste Gebot, wenn Sie Stress vermeiden wollen. Denn dieser kann leicht aufkommen, wenn alle anderen darauf warten, dass die Anwendung (endlich) wieder läuft. So lange das nicht der Fall ist, ist in der Regel keiner dankbar, dass Sie die Verbesserung in Angriff genommen haben.

21.1.3 Abgrenzungen

Refactoring grenzt sich von der Neu- oder Weiterentwicklung einer Funktionalität wie folgt ab:

- Refactoring ändert das Verhalten Ihrer Anwendung nicht. Vor und nach dem Refactoring verlaufen alle Ihre Tests erfolgreich.
- Bei einer Neu- oder Weiterentwicklung ändern oder erweitern Sie das Verhalten Ihrer Anwendung. Die testgetriebene Entwicklung startet mit einem noch nicht erfolgreichen Test. Nach der Entwicklung verlaufen dieser Test und alle anderen Tests erfolgreich.

Für Refactoring bzw. Neu- oder Weiterentwicklung schlüpfen Sie jeweils in eine andere Rolle. Sie können beliebig oft und schnell zwischen diesen beiden Rollen wechseln. Es ist nur wichtig, dass Sie sie nicht vermischen. Beispielsweise sollten Sie nicht während einer Entwicklung noch schnell ein paar Verbesserungen machen, die Ihnen gerade auffallen. Schließen Sie zuerst die Entwicklung ab (alle Tests sind erfolgreich), und wenden Sie sich erst danach den Verbesserungen zu (alle Tests bleiben erfolgreich).

Des Weiteren unterscheidet sich Refactoring wie folgt von *Redesign*:

- Die Struktur einer Klasse ist vor dem Refactoring grundsätzlich in Ordnung. Sie wollen sie aber aufräumen, um etwa ihre Lesbarkeit zu verbessern oder sie von Dopplungen zu befreien. Sie nutzen die zugehörigen Tests zur Absicherung.
- Vor dem Redesign ist das Verhalten einer Klasse in Ordnung. Aber sie hat zu viele Zuständigkeiten und sollte deshalb in mehrere kleine Klassen zerlegt werden. Oder Sie wollen sie mit weiteren Interfaces besser von ihren Verwendern entkoppeln. Dann benutzen Sie die alten Tests, die den neu zu strukturierenden Anwendungsteil voll umfassen, und treiben damit die Entwicklung neuer Klassen und ihrer Unit-Tests.

Auch Refactoring und *Optimierung* sind nicht dasselbe, auch wenn sie beide das funktionale Verhalten beibehalten.

- Beim Refactoring verbessern Sie die Lesbarkeit und Wartbarkeit Ihrer Anwendung und vereinfachen sie dadurch.
- Bei der Optimierung erhöhen Sie die Leistungsfähigkeit Ihrer Anwendung, etwa um die Performance zu steigern oder um den Speicherverbrauch zu verkleinern. Sie akzeptieren dafür, dass Ihre Anwendung komplizierter wird.

[»]

Literatur und Werkzeuge

Inzwischen hat sich eine ganze Reihe von konkreten Prozeduren und Werkzeugen etabliert, um solche Refactoring-Schritte sicher auszuführen. Für eine vollständige Liste und Erläuterung der Standardprozeduren verweise ich auf die Standardwerke »Refactoring« von Martin Fowler (Addison-Wesley, 2018) und »Working Effectivly with Legacy Code« von Michael C. Feathers (Prentice Hall, 2011).

Die Entwicklungsumgebung ABAP Development Tools for SAP NetWeaver, auch kurz ABAP in Eclipse oder ADT genannt, bietet viele dieser Refactoring-Prozeduren an. In Kapitel 27 gebe ich Ihnen zu den ADT einen Überblick. Weitere Details dazu finden Sie in der SAP-Hilfe zu dieser Entwicklungsumgebung.

21.2 Testgetriebene Entwicklung

Mit testgetriebener Entwicklung (TDD) können Sie gleichzeitig ein einfaches und sauberes Produktdesign sowie eine vollständige und qualitativ hochwertige Testsuite entwickeln. Aber diese ASE-Praktik erfordert ein hohes Maß an Disziplin. Konkret stellt TDD die folgenden Forderungen:

- Schreiben Sie Produktcode erst, wenn es einen fehlgeschlagenen Test dafür gibt.
- Schreiben Sie nur so viel Produktcode, bis alle Tests erfolgreich sind.
- Schreiben Sie erst dann weiteren Testcode, wenn der schon geschriebene Test- und Produktcode sauber ist.

21.2.1 Durchführung

Wie die meisten ASE-Praktiken ist TDD einfach. Diese Praktik kann mit den wenigen Forderungen beschrieben werden, die ich in der Einleitung dieses Abschnitts aufgeführt habe. Abbildung 21.1 visualisiert TDD.

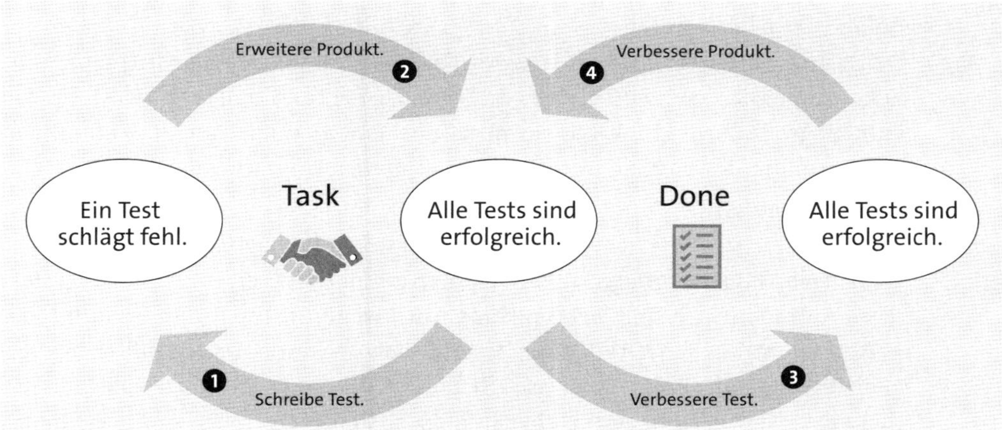

Abbildung 21.1 Testgetriebene Entwicklung (schematisch)

Um eine Task zu bearbeiten, beginnen Sie im ersten Schritt mit dem Schreiben eines Tests ❶. Es soll ein möglichst einfacher Test sein. Bei einer neuen Klasse bietet sich eine Testmethode `SETUP_OK` an, mit der Sie lediglich überprüfen, dass die in der Setup-Methode aufgerufene Erzeugungsmethode eine gebundene Referenz zurückgibt. Da es diese Erzeugungsmethode noch nicht gibt, schlägt dieser Test fehl.

Im zweiten Schritt definieren und implementieren Sie diese Erzeugungsmethode so einfach wie möglich ❷. Nun ist dieser Test (und damit sind es alle Tests) erfolgreich. Da Sie noch keine Möglichkeit für ein Refactoring sehen, fahren Sie im linken Zyklus mit dem Schreiben eines neuen Tests fort ❶. Wieder begegnen Sie dem fehlschlagenden Test mit einer möglichst einfachen Erweiterung des Produktcodes ❷. Das kann bei einer Methode mit booleschem Rückgabeparameter beispielsweise eine Hartcodierung mit dem Wert ABAP_TRUE sein. Es gibt ja noch keine Testmethode, die von der Methode mit dem booleschen Rückgabeparameter den Wert ABAP_FALSE erwartet.

Im Anschluss an diesen Umlauf im linken Zyklus können Sie nun mit einem Refactoring des Testcodes fortfahren ❸. Erst danach kümmern Sie sich darum, inwieweit der Produktcode verbessert werden kann ❹. Es kann hier eine Vielzahl von Refactoring-Schritten erforderlich sein. Wichtig ist, dass alle Ihre Tests vor und nach jedem Schritt erfolgreich verlaufen.

Um der Erledigung Ihrer Task näher zu kommen, setzen Sie die testgetriebene Entwicklung mit dem Schreiben eines neuen Tests fort ❶. So gehen Sie weiter vor, bis Sie mit allen Entwicklungsschleifen (linker Kreis des achtförmigen TDD-Zyklus) alle funktionalen Anforderungen der Task und mit allen Refactoring-Schleifen (rechter Kreis) alle nicht funktionalen Anforderungen der Done-Kriterien erfüllt haben.

Die folgenden Anmerkungen und Empfehlungen sollten Ihnen helfen, Ihr Verständnis für TDD noch weiter zu vertiefen:

- **Ausdauer**
  Der TDD-Zyklus wird allein für eine einzelne Task unzählige Male durchlaufen. Da er kontinuierlich sauberen Code hervorbringt, ist er für die agile Entwicklung von ähnlich großer Bedeutung wie das Atmen bei einem Marathonlauf. Wenn Ihnen die Disziplin für TDD fehlt, werden Sie unweigerlich langsamer werden.
- **Position der Stärke**
  TDD möchte, dass Sie nach dem Schreiben eines fehlschlagenden Tests diesen so schnell wie möglich erfolgreich durchlaufen können. Sie zeigen damit zügig, dass diese Anforderung erfüllt werden kann. Auch wenn Ihr Produktcode noch nicht perfekt ist, bringt Sie TDD dadurch in eine Siegerposition. Das ist ein wenig vergleichbar mit einer Fußballmannschaft, die ein Spiel gewonnen hat. Selbst die Tatsache, dass sie nicht gut gespielt hat, mindert ihr Selbstvertrauen kaum. Es fällt ihr danach viel leichter, ihr Spiel noch weiter zu verbessern. In der Softwareentwicklung entspricht das dem Refactoring des Test- und Produktcodes, bis Sie alle Qualitätsanforderungen erfüllen.
- **Gleichschritt**
  Produktcode darf Testcode nicht überholen, sonst haben Sie nicht mehr den *einfachsten* Code und das *einfachste* Design für die bisherigen Anforderungen. Ebenso darf Testcode dem Produktcode nicht vorauseilen, denn sonst benötigen Sie zu lange, um für alle Tests positive Ergebnisse zu erzielen.
- **Offenheit für Verbesserungen**
  Der Blick ins Produkt-Backlog darf Sie nicht verleiten, schon heute für die Zukunft vorzuarbeiten. Dabei geht es nicht nur um den vergeudeten Aufwand, wenn das

im Voraus bearbeitete Backlog-Item (in diesem Release) doch nicht kommt. Sie werden auch dem Verbesserungsvorschlag eines Kollegen lieber folgen, wenn Sie noch nicht so viel in Ihren Code und in Ihr Design investiert haben.

21.2.2 Vor- und Nachteile

Durch die vollständige Testabdeckung des Produktcodes und die kurzen Entwicklungszyklen ergeben sich für TDD folgende Vorteile:

- **Fokussierung**
  Sie müssen sich jeweils nur auf einen neuen Aspekt der Funktionalität einlassen oder einen schon betrachteten vertiefen.
- **Überprüfung**
  Sie sind stets nur eine kurze Zeitspanne von der nächsten Ausführung Ihrer Tests entfernt. Der Test gibt Ihnen schnell eine Rückmeldung, ob Sie mit Ihrer kleinen Erweiterung des Produktcodes richtig liegen. Schlagen die vormals erfolgreichen Tests nach ihrer Anpassung fehl, wissen Sie schnell, dass es dabei zu einer Regression kam.
- **Fehlerlokalisierung**
  Sie erweitern nur einen kleinen Teil des Codes. Wenn danach ein Test fehlschlägt, dann müssen Sie nicht lange analysieren bzw. den Code debuggen, um den Fehler zu finden.
- **Einfachheit**
  Sie haben zu jeder Zeit das einfachste Design und die einfachste Implementierung.
- **Testbarkeit**
  Sie müssen nicht separat sicherstellen, dass Ihr Design alle relevanten Tests ermöglicht.
- **Dokumentation**
  Sie erstellen für sich und andere eine vollständige, ausführbare Spezifikation.
- **Vollständigkeit**
  Sie widmen sich allen Done-Kriterien bezüglich der Testautomatisierung und der Sauberkeit des Codes auf einmal.

Neben einem hohen Maß an Disziplin erfordert TDD aber auch eine andere Wahrnehmung und ein anderes Denken. Wie jede Änderung einer gewohnten Arbeitsweise wird dies anfangs oft als nachteilig empfunden. Konkret treten anfangs häufig die folgenden Hindernisse auf:

- **Brechen mit der Gewohnheit**
  Für jüngere Entwickler mag es kein Problem sein, aber für viele ältere Entwickler stellt TDD ihre bisherige Entwicklungspraxis auf den Kopf. Wie kann etwas getestet werden, das noch gar nicht vorhanden ist? Die Lösung ist in der Tat noch nicht

vorhanden, aber die Anforderungen an sie schon. Es geht also vor allem darum, die Tests als codierte Spezifikation der Anforderungen zu begreifen.

- **Schrittweise Fertigstellung**
  Es scheint, als ob die Entwicklung einer Produktmethode nie wirklich abgeschlossen ist. Mehr noch: Was ein Entwickler gerade implementiert hat, muss er manchmal schon mit der nächsten Testmethode wieder umgestalten. Allerdings fällt diese Umgestaltung meistens strukturiert aus. Wenn beispielsweise die erste Testmethode die Einzelbearbeitung und die zweite Testmethode die Massenbearbeitung von Daten treibt, dann findet sich der erste Produktcode mit nur wenigen Änderungen in einer `LOOP`-Schleife wieder.
- **Indirektion**
  Genauso wie einige Entwickler sich mit Abstraktion schwertun, gibt es auch einige Entwickler, denen die Indirektion von TDD nicht liegt. Obwohl man das Ziel des Produktcodes vor Augen hat, erlaubt es TDD einem Entwickler nicht, ihn so hinzuschreiben, wie er den Code im Kopf hat. Stattdessen muss er sich mühsam kleine Tests ausdenken, mit denen er nach und nach zum gleichen Ziel kommt.
- **Behinderung**
  Mit TDD entstehen viele Tests kleinen Umfangs, beispielsweise für eine einzelne Methode. Das macht es wahrscheinlich, dass Sie diese Tests bei Änderungen und Verbesserungen anpassen oder sogar ersetzen müssen. Allerdings sind die alten Tests nicht wertlos. Teile von ihnen können Sie für die neuen Tests oft wiederverwenden. Und wenn Sie mithilfe einer Testsprache Test- und Produktcode entkoppeln, wie in Abschnitt 7.2, »Skalierung mit einer Testsprache«, gezeigt, müssen Sie die Ersetzung einer Methode nicht in vielen Testmethoden, sondern nur in einer Hilfsmethode der Testinfrastruktur durchführen.

Generell sollten Sie sich klarmachen, dass Testcode langlebiger als Produktcode ist. Die Entwicklung einer Testsprache und die mit ihr formulierten Tests überleben nicht nur das Redesign einer Klasse oder Komponente, sondern möglicherweise sogar einen Wechsel der Technologie (z. B. der Programmiersprache). Bei TDD handelt es sich also gar nicht wirklich um eine Indirektion. Der Testcode ist Ihre primäre Aufgabe! Folglich sollten Sie auf ihn mindestens so viel Wert legen wie auf Ihren Produktcode.

21.2.3 Alternativen

Damit keine Missverständnisse aufkommen, möchte ich mich gleich am Anfang dieses Abschnitts voll und ganz zu TDD bekennen. Es ist die effektivste und effizienteste Methode, um sauberen Test- und Produktcode zu entwickeln. Allerdings kann ich als ASE Coach meine Augen nicht vor der Tatsache verschließen, dass TDD selbst in Teams, die eine gute ASE-Ausbildung genossen haben, keine weite Verbreitung gefunden hat. Vor allem für Entwickler mit langjähriger Erfahrung scheint die Umstellung doch schwieriger zu sein, als es eine so einfache Praktik vermuten lässt. Ich habe mir deshalb die Frage gestellt, welche Zwischenschritte eventuell helfen könnten. Aus diesen Überlegungen ist ein pragmatischer Ansatz entstanden, der sich beispielsweise für die Task, eine neue Methode mit Tests zu entwickeln, wie folgt darstellt.

Wenn es Ihnen wichtig ist, beginnen Sie mit der Produktmethode (*Test-Last-Ansatz*, im Gegensatz zum *Test-First-Ansatz* bei TDD). Beim Schreiben der Testmethoden legen Sie allerdings großen Wert auf deren Sauberkeit. Im Grunde wenden Sie so den testorientierten Verbesserungsprozess an, den ich in Teil I dieses Buches beschrieben habe. Er führt Sie unmittelbar zu einer Testinfrastruktur mit einer methodenspezifischen Testsprache, nur mit dem großen Unterschied, dass Sie Unsauberkeiten des Produktcodes nicht mit der Testinfrastruktur kaschieren, sondern diese im Produktcode umgehend beheben.

Gleiches gilt, wenn Sie auf Schwierigkeiten stoßen, Ihre Tests zu isolieren. Um diesen Mangel an Testbarkeit zu beheben, dürfen Sie auch vor einer Änderung des Klassendesigns nicht zurückschrecken. Dieser Ansatz erlaubt es Ihnen, Ihre ersten Gedanken zur Definition und Implementierung dieser Methode ins System zu bringen, allerdings lediglich, damit Ihr Kopf frei wird, den zweiten und dritten Gedanken in Angriff zu nehmen und Code und Design entsprechend nachzubessern. In keinem Fall dürfen Sie Ihre Task auf erledigt setzen, wenn Sie noch nicht ausreichend Tests geschrieben oder den Produkt- und Testcode nicht verbessert haben.

Der Test-Last-Ansatz ist nicht ganz so effektiv und effizient wie TDD. Aber er passt meiner Erfahrung nach zu mehr ABAP-Entwicklern und ihrer individuellen Historie. Auf TDD zu bestehen, ist in meinen Augen falscher Dogmatismus. Ich setze vielmehr darauf, dass die Entwickler, je mehr sie sich mit sauberen Tests beschäftigen, irgendwann selbst erkennen, dass TDD der direktere Weg zum Ziel ist.

21.3 Paarweise Programmierung

Auf den ersten Blick erscheint paarweise Programmierung (PP) als ineffizient. Immerhin fordert diese ASE-Praktik nicht nur, dass Sie und ein anderer Entwickler (*PP-Partner*) sich gemeinsam um eine Task kümmern, sondern dass tatsächlich immer nur einer von Ihnen programmiert, während der andere danebensitzt. Es stehen Ihnen, wenn Sie dieser ASE-Praktik folgen, auch nur ein Rechner, eine Tastatur und eine Maus zur Verfügung.

21.3.1 Durchführung

Als Entwickler an Tastatur und Maus werden Sie bei der paarweisen Programmierung *Fahrer* genannt, als Beisitzer *Navigator*. Dies sind jedoch nur vorübergehende Rollen, denn Sie sind aufgefordert, diese regelmäßig mit Ihrem PP-Partner zu tauschen. Als Fahrer unterhalten Sie sich mit dem Navigator darüber, was Sie als Nächstes programmieren wollen. Sie können dem Navigator auch Fragen stellen, wenn Sie gerade nicht weiterwissen.

Als Navigator lassen Sie Ihren Gedanken freien Lauf. Sie nutzen die Zeit allerdings auch, um gleich ein Review für den entstehenden Code durchzuführen. Da Sie sich nicht auf das Tippen konzentrieren müssen, fallen Ihnen Fehler und Möglichkeiten zur Verbesserung leichter auf. Diese teilen Sie dem Fahrer zeitnah mit. Auf der anderen Seite können als Navigator das Gespräch mit dem Fahrer jederzeit unterbrechen, um etwa über das Design und andere größere Zusammenhänge nachzudenken.

Prinzipiell steht es Ihnen und Ihrem PP-Partner frei, wann Sie die Rollen wechseln. Am besten verständigen Sie sich mit Ihrem Partner vor einer PP-Sitzung, wie Sie Rollenwechsel grundsätzlich angehen wollen. Ungeachtet dieser Festlegung sollten Sie einen Wechsel aber in einem der beiden folgenden Fälle zeitnah durchführen:

- **Nachlassende Aufmerksamkeit**
  Der Fahrer ist übermüdet, oder dem Navigator wird langweilig.
- **Hilfe**
  Der Fahrer weiß nicht mehr weiter und kann den Erklärungen des Navigators nicht leicht folgen. Es ist einfacher, wenn der Navigator ihm seine Ideen als neuer Fahrer vorprogrammiert.

Für die Zusammenstellung der Paare bieten sich beispielsweise die folgenden Möglichkeiten an:

- **Planung im Rahmen der Sprintvorbereitung**
  In der Sprintplanung kann das Team festlegen, welche Tasks von zwei Entwicklern zu bearbeiten sind. Für die ersten Tasks findet dann oft schon eine konkrete Bildung dieser PP-Paare statt. Dabei sollten der Scrum Master und das Team darauf achten, dass sich nicht immer die gleichen zwei Entwickler zusammentun. Das mag zwar für die kurzfristige Fertigstellung der Task (*Produktfortschritt*) am besten sein, aber für die Qualität und Verteilung des Wissens im Team (*Wissensfortschritt*) ist ein regelmäßiger Wechsel klar zu bevorzugen.
- **Kurzfristige Besprechung**
  Während des Sprints sucht sich ein Entwickler einen anderen, wenn er eine neue Task übernimmt. Praktisch bietet sich das Daily Scrum an, um sich nach einem geeigneten Partner umzusehen. Wieder gilt es, Wissenssilos in der Größe von zwei Entwicklern zu vermeiden.

- **Ad hoc**
  Ein Entwickler kommt nicht weiter und bittet einen Kollegen, mit ihm eine schwierige Programmieraufgabe zu meistern.

Nachfolgend stelle ich Ihnen zwei extreme Paarbildungsansätze vor. Reale PP-Paare sollten diese beiden Pole in geeigneter Weise vereinen.

- **Produktfortschritt als Ziel**
  Zwei erfahrene Entwickler programmieren zusammen, um die Entwicklung eines kritischen Anwendungsteils zügig voranzutreiben. Aufgrund ihres Wissens und ihrer Fähigkeiten ist es unwahrscheinlich, dass sie stecken bleiben oder falsch abbiegen.
- **Wissensfortschritt als Ziel**
  Ein erfahrener Entwickler (Lehrer) und ein weniger erfahrener Entwickler (Schüler) programmieren zusammen. Der Lehrer erklärt als Fahrer nicht nur, was er gerade tut, sondern auch ausführlich das Warum. Er überlässt seinem Schüler kleinere Programmieraufgaben und beobachtet als Navigator genau, welches Wissen der Schüler als Fahrer schon umzusetzen vermag. Ein solches PP-Paar garantiert nicht nur ein effektives Training für den Schüler an seinem Arbeitsplatz, es gibt dem Lehrer auch die einzigartige Chance, die Verständlichkeit des Codes zu überprüfen und die unvoreingenommene Meinung eines Neulings (*Beginner's Mind*) zu hören.

TDD bietet eine gute Möglichkeit, die PP-Rollen in einem klaren Rhythmus zu wechseln. Partner A beginnt mit einem Test, den Partner B mit einer Erweiterung des Produkts und einem möglichen Refactoring erfüllt. Dann schreibt Partner B den nächsten Test und überlässt die Produktentwicklung Partner A usw. Diese Tauschregel garantiert nicht nur regelmäßige Rollenwechsel zwischen den Partnern, sondern ist auch herausfordernd und macht viel Spaß. Allerdings sollten die beiden Partner auch jederzeit tauschen, wenn der Fahrer festsitzt und der Navigator eine Idee hat, wie es weitergehen kann.

Mit den folgenden Anmerkungen möchte ich Ihr Verständnis für PP weiter vertiefen:

- **Lernen im Entwicklungsprozess**
  Aus Sicht eines Scrum-Teams ist »Softwareprodukt« kein passender Begriff für sein Erzeugnis. Denn Software kann in der Regel nicht nach einem vorgegebenen Plan oder Muster produziert werden. Es gibt höchstens einen Entwicklungsprozess, an dem sich das Scrum-Team orientieren kann. Dabei muss nicht nur der Code entwickelt werden, sondern auch die Programmierer müssen ihr Wissen über den Geschäftsbereich, die zugrunde liegende Architektur und die verwendete Technologie fortlaufend erweitern. PP fördert dieses Lernen mit intensiver, arbeitsbezogener Kommunikation. Mit anderen Worten: PP entwickelt Code und Menschen.

- **Integrierte Entwicklung**
  Nachhaltige Entwicklung muss einen Produkt- und einen Wissensfortschritt in gleichem Maße erzielen. Dabei schließt der Wissensfortschritt die fortwährende Beherrschung der in Größe und Komplexität stetig wachsenden Codebasis ein. Letzten Endes ist der Produktfortschritt wichtig, um die Ziele des aktuellen Sprints zu erreichen, während der Wissensfortschritt einer notwendigen Investition in die kommenden Sprints entspricht. PP erscheint als der kleinste und einfachste Prozess, um sich diesen dualen Zielen integriert zu nähern.
- **Effizienz**
  PP kann als unbürokratisches Rückgrat agiler Softwareentwicklung angesehen werden. Diese ASE-Praktik ist einfach, flexibel und leicht zu organisieren. Sie hilft dem Team, sich personellen Veränderungen (Zu- und Abgängen, Urlaub, Krankheit ...) anzupassen. Auch inhaltlichen Veränderungen (z. B. der massiven Erweiterung einer Randkomponente) kann ein Team nach regelmäßiger Praktizierung von PP offen begegnen. Und schließlich unterstützt PP kontinuierliches Lernen (z. B. über eine andere Komponente, eine Programmiersprache).

21.3.2 Vor- und Nachteile

Durch die stetige Überprüfung des Codes und den intensiven Austausch zwischen den Entwicklern ergeben sich für PP folgende Vorteile:

- **Unterschiedliche Designvarianten**
  Sie diskutieren intensiv verschiedene Designansätze. Wenn Sie sich mit Ihrem PP-Partner einmal nicht einigen können, ist es diese Diskussion höchstwahrscheinlich wert, im ganzen Team geführt zu werden. Je früher, desto besser!
- **Produktfortschritt**
  Sie kommen beim Programmieren weniger oft ins Stocken und biegen seltener falsch ab. Damit kommen Sie verlässlicher voran. Wahrscheinlich sogar auch schneller, wenn Sie den gesamten Lebenszyklus von Code und Design betrachten.
- **Refactoring**
  Sie führen mehr Verbesserungen durch, weil schlechte Lesbarkeit und Dopplungen eher erkannt und bekämpft werden.
- **Richtlinien**
  Mit einem aufmerksamen Navigator an Ihrer Seite wird es Ihnen leichter gelingen, Standards und Vorgaben einzuhalten. Sie können auch viele Tipps und Tricks kennenlernen bzw. weitergeben.
- **Fehlerentdeckung**
  Sie können Fehler jeder Art früher finden oder sogar ganz verhindern. Während der Fahrer sich auf die Programmstelle konzentriert, die er gerade bearbeitet, kön-

nen Sie als Navigator die ganze Programmseite überblicken und sogar das zugrunde liegende Design reflektieren.

- **Review**
  Das Vieraugenprinzip wird ohne Verwaltungsaufwand praktiziert. Formalisierte Codeinspektionen sind gut, aber da sie in der Regel erst nach der Entwicklung stattfinden, liegt ihr Fokus auf der Stabilisierung der Anwendung. Mit anderen Worten: Codeinspektionen beheben Codefehler, aber wegen einer möglichen Destabilisierung werden Designfehler in ihrer Folge in der Regel nicht behoben.
- **Feedback**
  Eine Rückmeldung Ihrer Kollegen (*Peer-Feedback*) können Sie mit PP oft und einfach erhalten. Damit können Sie vor allem Ihre technischen Fähigkeiten einschätzen und weiterentwickeln.
- **Personelles Backup**
  Für jede Codezeile ist nicht nur ein Entwickler, sondern sofort auch ein geeigneter Vertreter (engl. *Backup*) verantwortlich. Eine separate Organisation von Wissenstransfer-Meetings ist nicht erforderlich, und es fällt somit auch kein Aufwand für deren Vorbereitung, Teilnahme und Nachbereitung an.
- **Keine Unterbrechungen**
  Mit PP müssen Sie keinen Kollegen in seiner Arbeit unterbrechen, um eine Frage zu stellen. Ihr Partner ist dafür da, sie Ihnen zu beantworten. Deshalb spielt es auch keine Rolle, ob Ihre Frage trivial oder anspruchsvoll ist. Und wenn selbst Ihr Partner sie nicht beantworten kann, können Sie sich sicherer sein, dass die Unterbrechung eines anderen Entwicklers wirklich gerechtfertigt ist. Sollte sich Ihr Problem dann doch als so einfach herausstellen, dass Sie es eigentlich selbst hätten lösen können, können Sie sich immerhin damit beruhigen, dass Sie nicht der einzige waren, der diese Lösung nicht gesehen hat.

Die Nachteile von PP ranken sich fast ausschließlich um die Autonomie beim Arbeiten:

- **Scheinbare Hilfsbedürftigkeit**
  Einige Entwickler verbinden PP stark mit Hilfe, die sie nicht brauchen, um ihre Arbeit zu erledigen. Es geht aber nicht in erster Linie um konkrete Hilfe für diese konkrete Task, sondern um die Möglichkeit, diesen Entwickler zukünftig einmal unterstützen oder ersetzen zu können.
- **Zurückgezogenheit**
  Einige Entwickler möchten sich eine Aufgabe erst in Ruhe durch den Kopf gehen lassen, bevor sie mit jemand anderem darüber sprechen. Mit PP befürchten sie schon jemanden neben ihnen, sobald sie diese Aufgabe ausgewählt haben. Tatsache ist aber, dass Sie über den Start der gemeinsamen Programmierung frei entscheiden können.

- **Vertrauen**
  Genauso wie Brainstorming baut PP auf Vertrauen und Verständnis auf. Ein Entwickler muss sicher sein, dass sein Partner seinen ersten Vorschlag als erste Annäherung an das Thema betrachtet und nicht als das Beste, was er zu diesem Thema beitragen kann. Vertrauen und Verständnis sind allerdings für die Softwareentwicklung im Team grundsätzlich wichtig. PP macht einen Mangel nur schneller transparent.
- **Effizienz**
  Das Hauptargument gegen PP zielt darauf ab, dass man für die allermeisten Aufgaben keinen zweiten Entwickler braucht. Ich stimme zu, dass es einfache und geradlinige Aufgaben gibt, die ein Entwickler allein sicher und zuverlässig erledigen kann. Ich rate Ihnen allerdings davon ab, bereits in der Planung diese vermeintliche Einfachheit zum Anlass zu nehmen, der Task nur einen Entwickler zuzuordnen. Denn diese Einschätzung unterliegt der gleichen Unsicherheit wie die Aufwandsschätzung. Und bei der liegen selbst erfahrene Teams immer wieder gehörig daneben. Wenn sich eine Aufgabe später doch als anspruchsvoller herausstellt, findet häufig kein Übergang zu PP mehr statt. Ein Entwickler, der sich in der Planung gegen PP ausgesprochen hat, wird später wahrscheinlich nicht um einen Partner bitten.

21.3.3 Alternativen

Anstatt die ganze Zeit zusammenzusitzen, kann es aus den folgenden Gründen sinnvoll sein, PP nur von Zeit zu Zeit einzusetzen:

- **Überbrückung**
  Der Navigator geht vorübergehend in ein Meeting. Wenn er zurückkommt, steigt er wieder als Navigator ein. Nachdem der Fahrer ihm kurz erzählt hat, was er in der Zwischenzeit gemacht hat, können die beiden mit dem Wechseln der Rollen fortfahren. Dieser flexible Ansatz ist besonders hilfreich, wenn die PP-Partner an unterschiedlichen Meetings teilnehmen müssen.
- **Gemeinsame Verantwortung**
  Entscheidend für die zügige und saubere Erledigung einer Task sind die Designbesprechung der PP-Partner am Anfang, mindestens eine PP-Session in der Mitte und das Code-Review am Ende. In der Designbesprechung werden die Ideen und Erwartungen ausgetauscht und diskutiert. Die PP-Session in der Mitte dient dazu, dass die Designentscheidungen und deren Umsetzung gemeinsam überprüft werden. Das Code-Review schließlich ist sowohl für die Überprüfung der Vollständigkeit (Testabdeckung etc.) und Qualität (Fehlerfreiheit etc.) als auch für den Wissenstransfer wichtig.

Sie sollten dabei allerdings darauf bestehen, dass Designverbesserungen noch möglich sind. Falls Ihren Partner der Aufwand schmerzt, ist er sicherlich bei der nächsten Task gerne bereit, von Anfang an und durchgehend PP zu betreiben. PP selbst muss also nicht aufgezwungen, sondern lediglich wiederholt angeboten werden.

21.4 Walking Skeleton

Bei den ASE-Praktiken Refactoring, TDD und PP kann man von *Mikropraktiken* sprechen, da sie sich über einen abgegrenzten Zeitraum auf nur wenig Code konzentrieren. Dagegen ist das Walking Skeleton eine *Makropraktik*, da sie zu jedem Zeitpunkt viel Design im Blick hat.

Technisch gesehen ist ein *Skeleton* ein Objektgerüst. Es besteht aus einer überschaubaren Menge an Objekten und ihren Beziehungen, wobei jedes Objekt nur so wenig Verhalten wie nötig aufweist. Anfangs haben alle Klassen dieser Objekte sogar ein leeres Interface und lediglich eine Erzeugungsmethode, die eine Referenz auf das Interface zurückgibt. *Walking* dagegen bezieht sich auf die ersten Methoden in diesen Interfaces, die mit minimalen Signaturen erste Anwendungsprozesse in stark vereinfachter Form ans Laufen bringen.

Aus betriebswirtschaftlicher Sicht ist ein Walking Skeleton die frühzeitige, auf das Wesentliche beschränkte Realisierung von wenigen, durchgehenden (engl. *End-to-End*) Geschäftsprozessen. Walking bezieht sich dabei auf den Aspekt, dass das System bereits ausführbar ist, d. h., dass es sich um brauchbare oder zumindest funktionsfähige Software handelt. Skeleton weist darauf hin, dass die meisten Merkmale (das Fleisch) noch fehlen, aber die wichtigsten Komponenten (Knochen und Gelenke) des Systems bereits existieren und interagieren.

Diese einleitende Beschreibung gilt für eine Neuentwicklung oder ein größeres Redesign. Für diesen wichtigen Fall beschreibt Teil III dieses Buches, »Agile Neuentwicklung«, beispielhaft, welche Schritte in der Planung und Vorarbeit anfallen. Prinzipiell können Sie die ASE-Praktik Walking Skeleton auch für eine Feature-Entwicklung einsetzen. In diesem Fall ist es Ihre Aufgabe, das Objektgerüst und einige der Interfaces zu erweitern.

21.4.1 Durchführung

Dieser Abschnitt stellt beispielhaft das Walking Skeleton für eine Anwendung vor, die aus drei Komponenten aufgebaut ist. Abbildung 21.2 zeigt einen bestimmten Geschäftsprozess. Dessen mittlere Komponente enthält nur Logik, während die Komponenten am Anfang und am Ende zusätzlich Datenbankzugriffe benötigen.

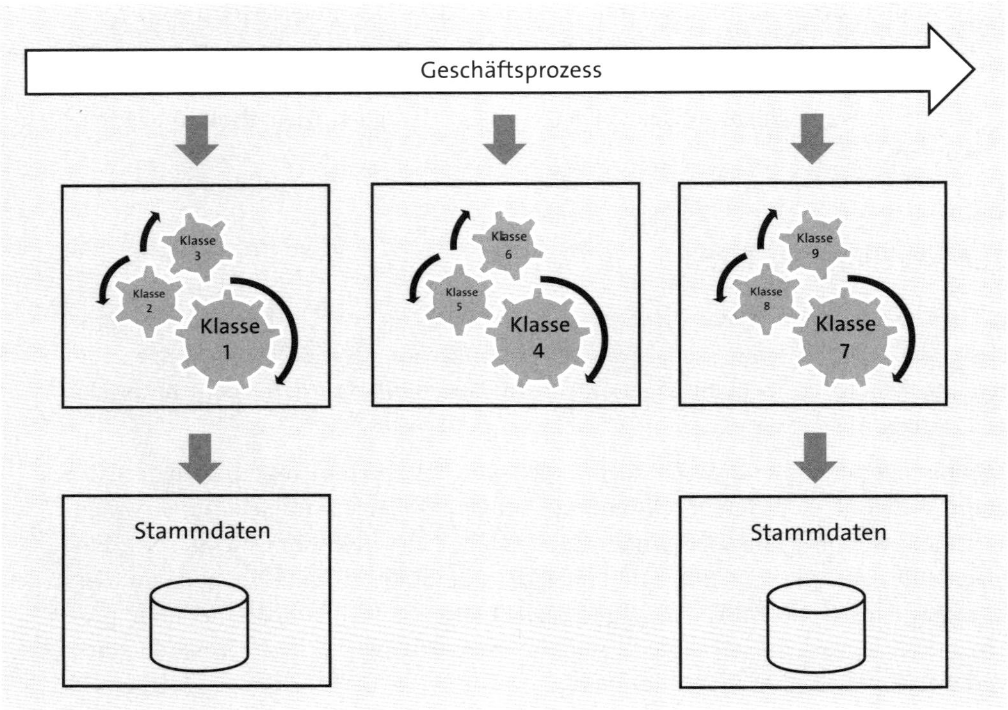

Abbildung 21.2 Geschäftsprozess, der drei Komponenten verbindet

Die Entwicklung der Geschäftsanwendung zur Umsetzung dieses Prozesses steht noch ganz am Anfang. Es existiert von jeder dieser drei Komponenten lediglich das Interface ihrer API-Klasse. Dieses Interface definiert lediglich die Methoden, die der Geschäftsprozess benötigt.

Wie Abbildung 21.3 zeigt, wird die Implementierung des Geschäftsprozesses von einem Akzeptanztest getrieben, der für alle Komponenten erst einmal ein Testdouble für die API-Klasse einsetzt. Das ist das minimale Walking Skeleton. Das Skelett besteht aus der Klasse, die die Aggregationsbeziehungen zu den Komponenten als Attribute und den Geschäftsprozess als Methode enthält. Es läuft, wenn der Akzeptanztest diese durch den Pfeil dargestellte Geschäftsprozessmethode startet, nachdem es dem Objekt der Klasse die Doubleobjekte der API-Klassen der Komponenten injiziert hat.

Der gesamte Produktcode steckt folglich in der Geschäftsprozessmethode. Diese enthält nur wenig mehr Anweisungen, als sie für den Aufruf der Komponentenmethoden benötigt. Der größte Aufwand, um den Stand von Abbildung 21.3 zu erreichen, liegt also im Testcode. Für einen sauberen Akzeptanztest müssen Sie globale Testdoubles für die API-Klassen der Komponenten definieren und das Testklassen-Entwurfsmuster auf die Geschäftsprozessmethode anwenden, wie in Teil I dieses Buches, »Aufbau einer Testinfrastruktur«, beschrieben.

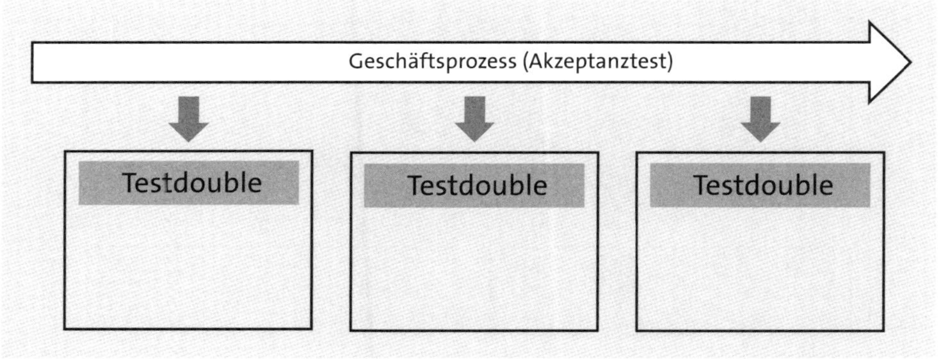

Abbildung 21.3 Vollisolierter Akzeptanztest des Geschäftsprozesses

An dieser Stelle haben Sie zwei Möglichkeiten, die Entwicklung der Anwendung voranzutreiben:

- **In die Breite**
  Sie können mit einem weiteren vollisolierten Akzeptanztest einen neuen Geschäftsprozess ans Laufen bringen. Es entstehen dadurch noch mehr API-Methoden, die noch zu implementieren sind. Dieses Vorgehen empfiehlt sich, wenn Sie unerfahrene Teams im Projekt haben und jedem dieser Teams eine Komponente zur Implementierung übertragen wollen. Die Spezifikation der zu erledigenden Aufgaben ist dann zum einen durch das API-Interface und zum anderen durch den Akzeptanztest gegeben. Dieses Vorgehen geht in die Breite Ihrer Anwendung, weil es neue Features auf oberster Ebene spezifiziert. Es zielt darauf ab, einen Arbeitsvorrat unkritischer Implementierungen aufzubauen.
- **In die Tiefe**
  Sie können mit der testgetriebenen Entwicklung der Komponenten den Umfang des bestehenden Akzeptanztests erweitern. Dabei können Sie sich, abhängig von der Anzahl der Entwickler, zwischen sequenzieller und paralleler Abarbeitung der Komponenten entscheiden. Dieses Vorgehen geht in die Tiefe Ihrer Anwendung, weil es bestehende Features auf unteren Ebenen designt und implementiert. Es zielt darauf ab, einen Arbeitsvorrat kritischer Implementierungen abzubauen.

Abbildung 21.4 zeigt die zweite Möglichkeit für eine der betrachteten Komponenten.

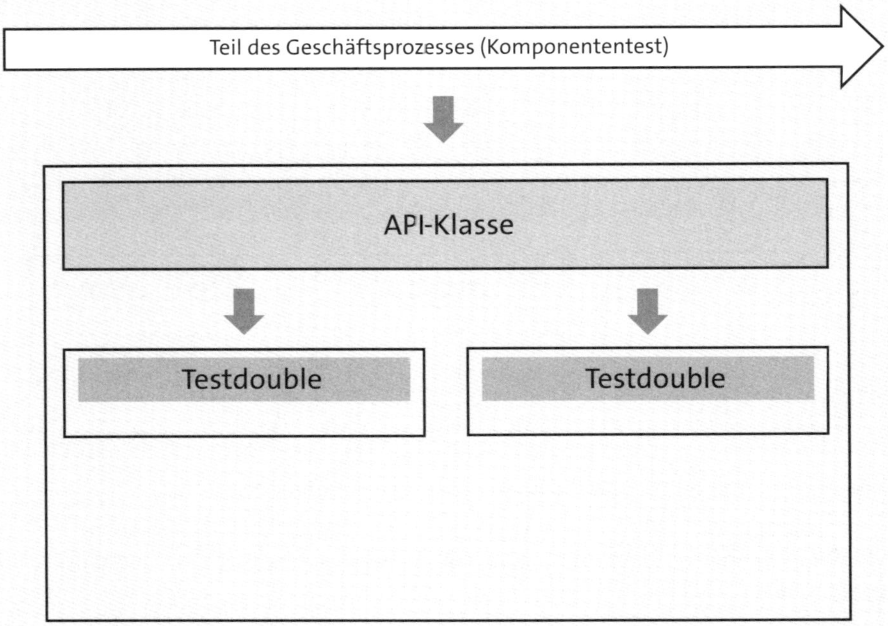

Abbildung 21.4 Implementierung der API-Klasse einer Komponente

Die Implementierung der Methoden der API-Klasse sollten Sie mit Komponententests lediglich so weit treiben, wie es der Akzeptanztest vorgibt. Dabei arbeiten Sie mit Testdoubles für alle Klassen, von denen die API-Klasse im Rahmen dieser speziellen Komponententests abhängt. Diese untergeordneten Klassen müssen noch nicht vorab bekannt sein. Sie können diese auch im Zuge dieser Implementierung definieren, um etwa technische Details von der API-Klasse fernzuhalten. Den Umfang der Akzeptanztests können Sie zu diesem Zeitpunkt noch nicht ausweiten, weil sowohl die untergeordneten Klassen als auch ihre Testdoubles in der Regel von der Paketschnittstelle der Komponente nicht angeboten werden.

Wie Abbildung 21.5 zeigt, kann sich die Vertiefung des Komponententests über mehreren Ebenen hinziehen. Die Entwicklung der dabei entstehenden neuen Klassen sollten Sie mit lokalen Unit-Tests treiben.

Nach der Vervollständigung des Komponententests können Sie auch den zugehörigen Akzeptanztest erweitern. Im Fall der mittleren Komponente, die selbst keine Abhängigkeiten aufweist, können Sie dafür einfach auf die Testisolation verzichten. Abbildung 21.6 zeigt den interessanteren Fall der vorderen oder hinteren Komponente, deren Abhängigkeiten in ein anderes Paket ausgelagert sind, damit auch das Paket für die Akzeptanztests darauf zugreifen kann.

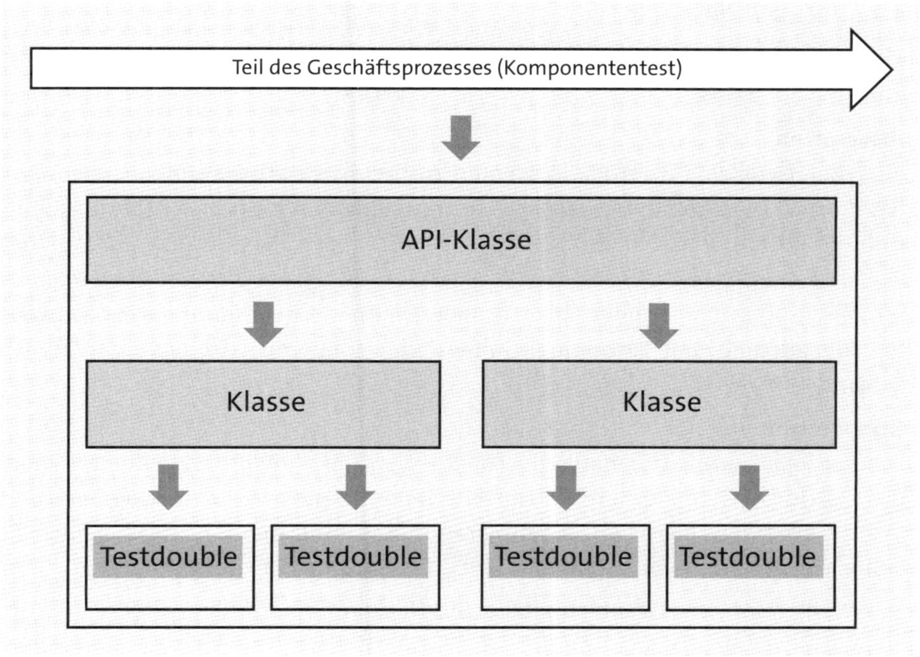

Abbildung 21.5 Implementierung anderer Klassen der Komponente

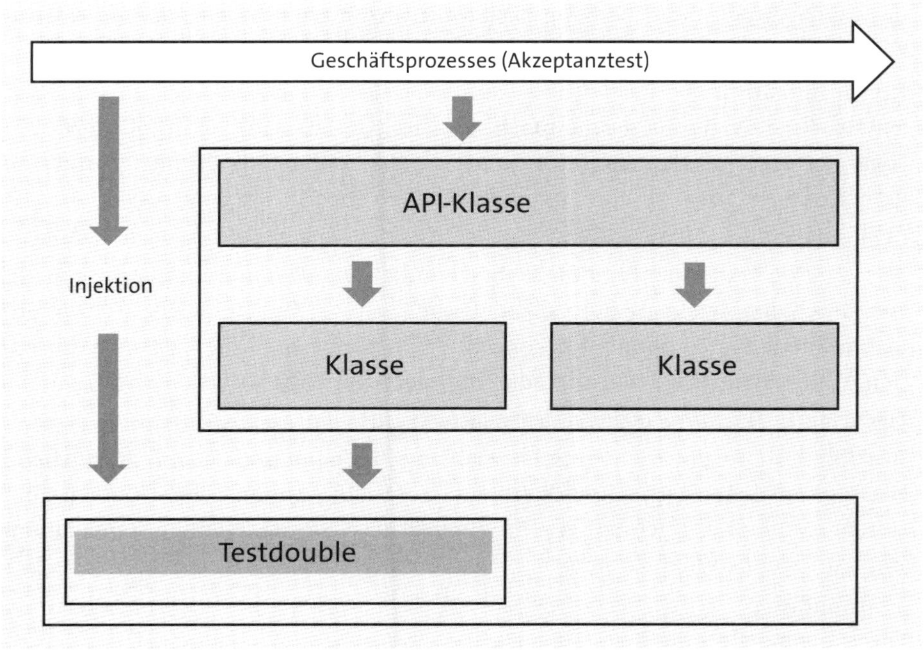

Abbildung 21.6 Ausweitung des Akzeptanztests um eine Komponente

21.4.2 Vor- und Nachteile

Für Ihre agile Entwicklung ist ein Walking Skeleton aus den folgenden Gründen vorteilhaft.

- **Integration**
  Ein Walking Skeleton ermöglicht einen frühen Integrationserfolg. Es erfordert bereits die Definition der wichtigsten Schnittstellen und legt die Zuständigkeiten und die Zusammenarbeit der sie implementierenden Klassen fest. Ein Walking Skeleton zeigt, dass die Teams den Kern des Geschäftsprozesses verstehen und ihn technisch umsetzen können. Insbesondere wenn ein neues Framework verwendet oder auf eine neue Technologie umgestellt werden muss, ist dies ein wichtiger Schritt vorwärts.
- **Kooperation**
  Mit der Realisierung der ersten durchgehenden Geschäftsprozesse demonstriert das Walking Skeleton ferner, dass die Entscheidungsprozesse in und zwischen den Teams funktionieren. Wenn sich Integration nur mühsam und langsam einstellt, sollte jedes Team in sich gehen und sich die folgenden Fragen stellen:
  - Welche fachlichen Gespräche sollten als Nächstes intensiviert werden?
  - Welche persönlichen Konflikte gilt es in der nächsten Sprint-Retrospektive offen zu besprechen?

  Wenn Schwierigkeiten von einem Team allein nicht gelöst werden können, hat das Management beim Walking Skeleton frühzeitig die Möglichkeit, unterstützend einzugreifen.
- **Kommunikation**
  Das Walking Skeleton ist so einfach, dass es von allen Projektmitgliedern und sogar den Stakeholdern überblickt werden kann. Es bildet die Grundlage und eine gemeinsame Sprache für Diskussionen auf allen Ebenen.
- **Skalierung**
  Das Walking Skeleton erhöht die Wahrscheinlichkeit, dass mehrere Teams am selben Geschäftsprozess arbeiten können. Auch wenn sich die einzelnen Teams auf unterschiedliche Komponenten konzentrieren, bleibt ihre Arbeit über die führenden Akzeptanztests doch hochgradig integriert und orchestriert.

  Des Weiteren fördert das Walking Skeleton die Arbeit des ganzen Teams am selben Backlog-Item. Es gibt nach einer Entwicklung in die Breite nicht nur ausreichend Klassen, an denen sich Entwicklerpaare tummeln können. Diese Klassen sind durch Testdoubles auch so weit entkoppelt, dass sie unabhängig voneinander implementiert werden können.
- **Teambildung**
  Die sequenzielle Erledigung von Backlog-Items beim Walking-Skeleton-Ansatz unterstützt Scrum umfassend. Im Backlog-Grooming kennen sich alle aus, was

unter anderem die Schätzungen verbessert. In der Sprintplanung fällt es dem Team leichter, an alle Tasks zu denken. Im gesamten Sprint kann das Team die Tasks flexibler verteilen. Damit ist die Wahrscheinlichkeit größer, dass alle Tasks bis zum Sprintende erledigt sind. Im Daily Scrum ist jeder Bericht für alle interessant. Im Sprint-Review schließlich können die erledigten Backlog-Items im Kontext von Geschäftsprozessen vorgeführt werden. Das ermöglicht es selbst Stakeholdern, konstruktives Feedback zu geben.

- **Optimierung**
  Mit einem Walking Skeleton kann die Architektur frühzeitig evaluiert werden. Es können etwa Performancemessungen viel früher durchgeführt werden, wenn laufzeitunkritische Komponenten erst einmal durch Testdoubles ersetzt werden.

Für die Anwendbarkeit des Walking Skeletons gelten jedoch die folgenden Einschränkungen:

- **Erfahrung**
  Die Planung und Vorarbeit eines Walking Skeletons erfordert viel betriebswirtschaftliche und technische Erfahrung.
- **Testbarkeit**
  Ein Walking Skeleton mit isolierten Akzeptanztests zu bauen erfordert, dass die Komponenten testbar designt sind.

Primäre Eigenschaften eines Walking-Skeleton

Ein Walking Skeleton fokussiert sich zuerst auf Prozesse und dann erst auf Komponenten. Mithilfe der Testisolierung können Komponenten nach taktischen Überlegungen implementiert werden. Des Weiteren ist ein Walking Skeleton ein großartiger Vermittler. Es bringt Menschen aus verschiedenen Teams frühzeitig zusammen, um das Wesentliche der Anwendung zielgerichtet zu diskutieren.

21.5 Gemeinsame Codeverantwortung

Gemeinsame Codeverantwortung (engl. *Shared Code Ownership*, kurz *SCO*) ist eine grundsätzliche Vereinbarung der Mitglieder eines Scrum-Teams, dass für die Wartung und Weiterentwicklung ihrer Komponenten alle zuständig sind.

Die meisten Teams kommen zu einer SCO-Vereinbarung, nachdem sie wiederholt nicht in der Lage waren, Backlog-Items innerhalb eines Sprints zu erledigen. Abbildung 21.7 macht anhand von drei Backlog-Items klar, dass daran nicht die Größe der Backlog-Items schuld sein muss.

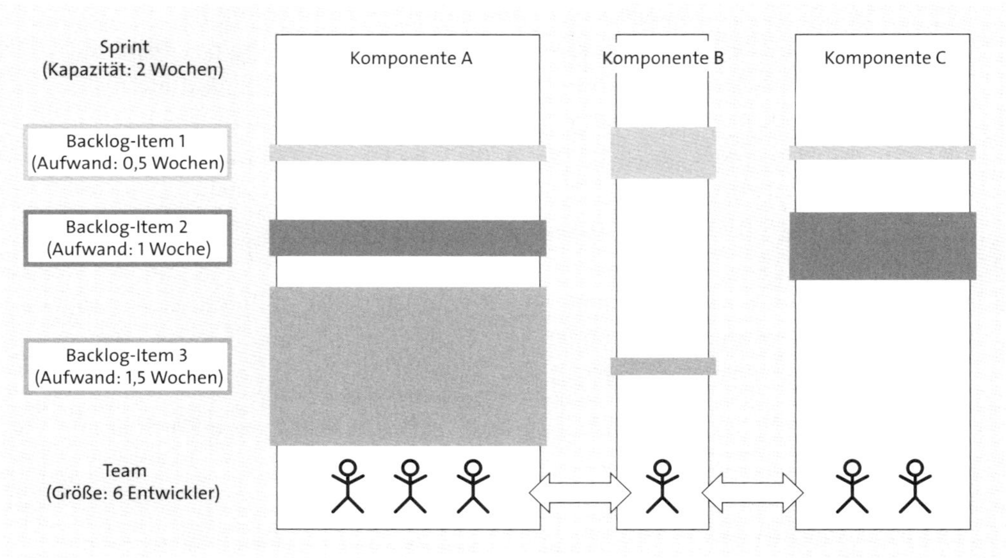

Abbildung 21.7 Aufbrechen der Wissenssilos

Jedes in Abbildung 21.7 skizzierte Backlog-Item kann nur dann in einem Sprint erledigt werden, wenn der Wissenstransfer innerhalb des Teams so weit fortgeschritten ist, dass ein gegenseitiges Aushelfen (weiße Doppelpfeile) unter den Experten für die einzelnen Komponenten funktioniert.

- Backlog-Item 1 bringt einen zu großen Aufwand für die kleine Komponente B mit sich, als dass ihn ein einziger Experte innerhalb eines Sprints stemmen könnte. Der geringe Aufwand für die beiden anderen Komponenten sollte eine Unterstützung möglich machen.
- Bei Backlog-Item 2 ist der Aufwand für Komponente C zu hoch. Da die Komponente B gar nicht und die Komponente A relativ wenig weiterentwickelt wird, sollte eine Aushilfe durch die Experten dieser Komponenten kapazitätsmäßig kein Problem sein.
- Obwohl sich in Komponente A gleich drei Entwickler auskennen, benötigen sie für dieses große Backlog-Item trotzdem mehr Zeit, als ein Sprint ihnen zugesteht. Die Experten für Komponente C sollten Zeit zur Mitarbeit haben.

Weitere Motivation für SCO könnte sich für ein Team durch eine hohe Fluktuation (viele Zu- und Abgänge, auch von Experten), eine Überalterung (viele Entwickler gehen bald in Rente) und eine hohe Wartungslast (viele Kundenmeldungen in kurzer Zeit) ergeben. Daneben ist die Gesundheit der Entwickler ein wichtiger Faktor: Meiner Erfahrung nach geraten Entwickler schneller und häufiger in Stress, wenn ihre Kollegen ihnen aufgrund mangelnder Fachkenntnis nicht helfen können.

21.5.1 Durchführung

Da das produktorientierte Umfeld (Product Owner, Stakeholder etc.) und das Streben der Entwickler nach Effizienz (Stärken einsetzen, Schwächen vermeiden etc.) der Verbreiterung des übergeordneten Wissens im Team entgegenlaufen, muss ein Team für SCO eine Strategie haben und dieser dann diszipliniert folgen.

Eine mögliche SCO-Strategie ist es, mithilfe von PP zu mehr gemeinsamer Codeverantwortung zu kommen. Diese Strategie ist in Abbildung 21.8 skizziert.

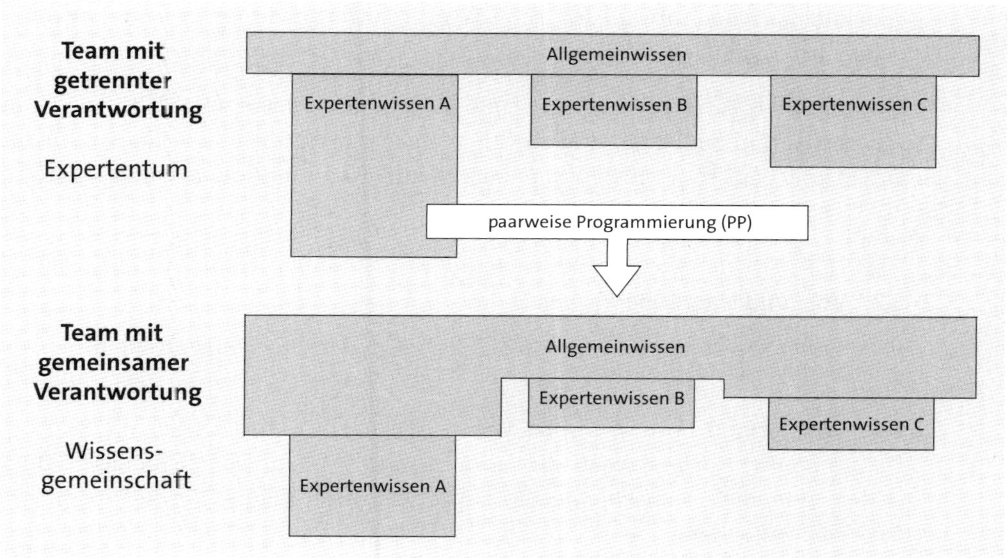

Abbildung 21.8 Verbesserung der Wissensverteilung in einem Team mit PP

Das Team betraut dazu bei möglichst vielen Gelegenheiten einen Experten für eine Komponente mit der Lehrerrolle und einen Nichtexperten mit der Schülerrolle. Gelegenheiten dafür bieten die Bearbeitung einer Task (Weiterentwicklung), die Verbesserung eines Programmteils (Refactoring) und die Behebung eines Fehlers (Wartung).

Die Strategie eines Teams sollte sich der aktuellen Verbreitung des Wissens innerhalb des Teams wie folgt anpassen:

- **Nur ein Experte**
  Gibt es nur einen Experten für eine Komponente, ist es höchste Zeit, dass ihn mindestens ein anderer Entwickler unterstützt und absichert. Bis dieses Ziel erreicht ist, bilden diese beiden das Standardpaar für Aufgaben an der entsprechenden Komponente.

- **Mindestens zwei Experten**
  Gibt es zwei oder mehr Experten für eine Komponente, kann sich das Team darauf einlassen, dass das Komponentenwissen auf insgesamt vier Entwickler ausgedehnt wird. Zwei feste Paare sind in diesem Fall suboptimal. Wenigstens ab und zu sollten sich die Teammitglieder in anderen Konstellationen zusammenfinden.
- **Mindestens zwei Entwicklerpaare**
  Für zentrale Komponenten macht eine weitere Verbreiterung des Wissens hin zu einem Allgemeinwissen Sinn. Für alle Komponenten, die nur selten geändert werden, lohnt sich der Aufwand für die Wissenserhaltung in dieser Breite wahrscheinlich nicht.

Für die Disziplin, die Paare in erster Linie nach dem Wissens- und nicht nach dem Produktfortschritt zu bilden, sind alle im Team verantwortlich. Allerdings kann der Scrum Master das Team bei diesem Thema besonders gut mit Übersichtsplänen und Statistiken unterstützen.

21.5.2 Vor- und Nachteile

Gemeinsame Codeverantwortung ist aus den folgenden Gründen vorteilhaft:

- **Sprintziel**
  Ein gemeinsames Sprintziel setzt voraus, dass der Product Owner die Backlog-Items für einen Sprint danach wählen kann, welchen Mehrwert sie für das Produkt bilden, und nicht danach, wie die Kapazitäten des Teams (Verfügbarkeit von Experten) aussehen.
- **Skalierung**
  Wenn Sie die Entwicklung zu einem späteren Zeitpunkt des Projekts forcieren wollen, sollten möglichst viele Entwickler für die Einarbeitung der neuen Kollegen zur Verfügung stehen.
- **Arbeitsbelastung**
  SCO verhindert, dass die Arbeitsbelastung für den Einzelnen zu groß wird. Ihr Team kann Sie beispielsweise unterstützen, wenn kurz vor Sprintende eine sehr hoch priorisierte Kundenmeldung auftaucht.
- **Backup**
  PP stellt schon zu einem gewissen Grade sicher, dass Sie auch einmal länger in Urlaub gehen können. Mit SCO müssen Sie sich mit großer Wahrscheinlichkeit auch bei der Wahl des Urlaubszeitraumes nicht nach anderen richten.

Es gibt allerdings auch gewichtige Gründe, SCO nicht allzu breit anzulegen:

- **Komponentenvielfalt**
  Einige Teams sind mit so vielen unterschiedlichen Komponenten betraut, dass schon der Aufbau und Erhalt eines einzigen Vertreters (Backup) das Team voll aus-

lastet. SCO mit einem hohen Grad an Allgemeinwissen würde ein solches Team zeitlich und inhaltlich überfordern.

- **Relevanz**
  Für Komponenten, die nur selten im Mittelpunkt stehen, ist ein Backup meistens ausreichend.

21.5.3 Alternativen

SCO bezieht sich auf die Fähigkeit des Teams, im Bedarfsfall ausreichend Wissensträger zu haben, um eine Codeänderung sicher und zügig durchführen zu können. SCO schreibt nicht vor, wie und wann dieses Wissen erworben wird. Abbildung 21.9 skizziert die alternative SCO-Strategie, mit Hilfe von Visualisierung des Designs und Verbesserung der Testautomatisierung zu mehr gemeinsamer Codeverantwortung zu kommen. Anstatt Wissen vorausschauend aufzubauen und fortwährend zu aktualisieren, setzt diese Strategie auf den schnellen, bedarfsorientierten Aufbau von Wissen. Ich bezeichne sie deshalb als *Just-in-time-Strategie* für gemeinsame Codeverantwortung.

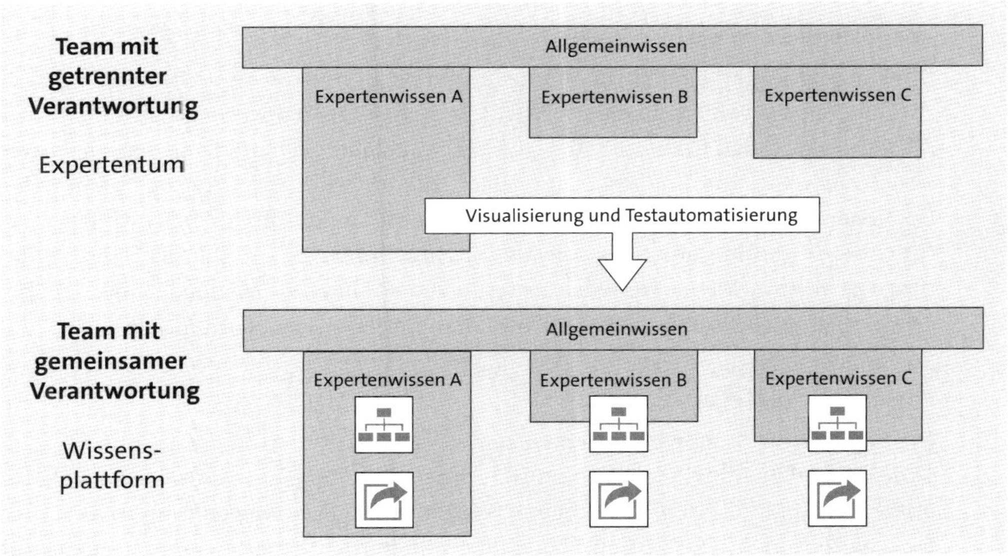

Abbildung 21.9 Beschleunigung des bedarfsorientierten Wissensaufbaus

Effiziente Einarbeitung in eine Komponente

Stellen Sie sich vor, Sie sollen eine Komponente bearbeiten, mit der Sie sich nur oberflächlich auskennen. Was benötigen Sie, um die Änderung zügig und sicher durchzuführen, wenn Sie keinen Experten hinzuziehen sollen, können oder wollen? Ich nehme an, dass Sie vor allem einen guten Überblick und einfache, konkrete Beispiele benötigen:

- **Überblick**
  Den nötigen Überblick könnte Ihnen ein Grobdesign mit Diagrammen geben: Blockdiagramme für die Architektur, Klassendiagramme für das Design und Sequenz- oder Aktivitätsdiagramme für den Ablauf zentraler Prozesse. Für die Testautomatisierung können Sie wahrscheinlich Diagramme über den Umfang der Akzeptanz- und Komponententests gut gebrauchen.
- **Beispiele**
  Eine Suite lesbarer Testmethoden bietet Ihnen einen guten Einstieg in den Code. Denn ihre Testmethoden können Sie nicht nur lesen, sondern auch ausführen und damit die Anwendung bedarfsorientiert debuggen.

Meine Einführung in die Finanzanwendung von Teil III, »Agile Neuentwicklung«, genauer die ersten drei Abschnitte von Kapitel 18, »Planung und Vorarbeit«, sind nach diesem Prinzip gestaltet, damit Sie als Leser sich mit der Beispielanwendung und ihren Herausforderungen schnell vertraut machen können.

Just-in-time-Strategie

Die Einarbeitung in eine Komponente dauert bei der Just-in-time-Strategie für SCO zwar länger, als wenn Sie dieses Wissen schon im Vorfeld erworben hätten (z. B. mit PP bei wechselnden Partnern). Aber mit einem dichten Sicherheitsnetz aus lesbaren Tests trauen Sie sich eine Änderung auch dann zu, wenn Sie sich noch nicht jedes Detail der Komponente angeschaut haben. Außerdem hilft Ihnen die Testinfrastruktur dabei, Ihre Änderung testgetrieben durchzuführen. Im Anschluss an Ihre Änderung ist kein großer Wissenstransfer an die anderen Mitglieder des Teams erforderlich, weil Sie alles Relevante mit Ihren neuen Tests dokumentiert haben.

Anwendung für Legacy Code

Die Just-in-time-Strategie für gemeinsame Codeverantwortung ist auch für Legacy Code einsetzbar. Mit einem testorientierten Verbesserungsprozess holen Sie sich das unter Umständen verloren gegangene Wissen zu der alten Anwendung zurück. Und Sie schaffen ein Sicherheitsnetz, das es auch einem Nichtexperten erlaubt, zügig und ohne Regression eine Änderung durchzuführen.

Noch sicherer und einfacher ist das Ganze, wenn Ihnen für die Einarbeitung und Änderung ein Partner zur Verfügung steht. Was sich Ihnen nicht so schnell erschließt, hat Ihr Partner möglicherweise schon erfasst. Und was Ihr Partner übersieht, das rutscht Ihnen nicht durch. Außerdem ist bei zwei Entwicklern die Wahrscheinlichkeit deutlich höher, dass einer von beiden erst vor Kurzem mit der betreffenden Komponente gearbeitet hat.

21.6 Kontinuierliche Integration

Kontinuierliche Integration (engl. *Continuous Integration*, kurz CI) ist für alle Entwicklungssysteme von großer Bedeutung, die lokale Codeversionen unterstützen. Dabei wird der Code erst ausgecheckt, dann lokal geändert und danach zur allgemeinen Verfügbarkeit wieder eingecheckt. Daneben gibt es ein System, das alle eingecheckten Änderungen regelmäßig zusammenfasst (integriert) und Tests darauf ausführt.

CI fordert die Entwickler auf, ihre Änderungen diesem Integrationsprozess zügig zur Verfügung zu stellen. Mit anderen Worten: Sie sollen große Änderungen in kleine zerlegen und jede dieser kleinen Änderungen zuerst integrieren, bevor sie mit der nächsten fortfahren.

21.6.1 Kontinuierliche Integration mit ABAP

Mit ABAP integrieren Sie in der Regel zweimal. Zum ersten Mal im Entwicklungssystem, wenn Sie die Aktivierung starten. Zum zweiten Mal, wenn Sie Ihren Transport ins nachgelagerte Testsystem abschicken.

Entwicklungssystem

Ein ABAP-Entwicklungssystem bietet Ihnen standardmäßig keine Möglichkeit, Ihre Programmänderung lokal in Ruhe zu testen. Denn für die Ausführung Ihrer Tests müssen Sie die Änderung aktivieren. Und mit der Aktivierung wird Ihre Programmänderung sofort für alle anderen Entwickler sichtbar und spürbar.

Falls Ihnen also einmal ein Fehler unterläuft, kommt es darauf an, dass Sie diesen bemerken und beheben, bevor andere auf ihn stoßen. Sie sollten also schon mit der Aktivierung Ihres Codes einen Test zur Hand haben, den Sie zügig ausführen können. Denn falls Sie Ihren Fehler nicht rechtzeitig entdecken, wird Sie bald der freundliche Hinweis von gleich mehreren Kollegen ereilen, dass diese durch Ihren Fehler blockiert wurden.

Mit TDD können Sie diese Problematik abmildern: Sie nehmen sich für jeden Zyklus nur eine kleine Programmänderung vor, Sie schreiben den zugehörigen Test zuerst, und Sie können bei einem fehlgeschlagenen Test meistens schon ohne Debugger sagen, was schieflief.

Testsystem

Die Integration im Testsystem ist dann kritisch, wenn dort Tests laufen, auf die Sie im Entwicklungssystem keinen Zugriff haben. Meistens sind das Integrations- oder Szenariotests, die eine bestimmte Datenbasis benötigen. Für die Ausführbarkeit spielt es dabei keine Rolle, ob diese übergreifenden Tests auf dem Framework ABAP Unit oder auf dem *Extended Computer Aided Test Tool* (eCATT) aufbauen. In jedem Fall müssen

Sie Ihren Transport im Entwicklungssystem losschicken und hoffen, dass neben Ihren Unit-Tests auch diese Integrations- und Szenariotests die enthaltene Programmänderung verkraften.

Mit Testisolation können Sie diese Problematik abmildern: Wenn Sie Ihre Test-Reports und ABAP-Unit-basierten Integrationstests mit globalen Testdoubles in isolierte Akzeptanztests umbauen, können Sie diese auch stabil im Entwicklungssystem laufen lassen. Damit jeder Entwickler Erweiterungen durchführen und Fehler analysieren kann, sollten Sie eCATT-basierte Tests vermeiden bzw. existierende bei Schwierigkeiten durch ABAP-Unit-basierte Akzeptanztests ersetzen.

21.6.2 Quasilokale Änderung

In den Releases SAP NetWeaver 7.52 oder höher steht Ihnen die Klasse `CL_FEATURE_TOGGLE` für das Ein- und Ausschalten einer neuen Produkteigenschaft zur Verfügung. In diesem Abschnitt stelle ich Ihnen eine einfache Alternative für alle älteren Releases vor. Sie können damit den Integrationszeitpunkt in Ihrem Entwicklungs- und Testsystem so lange hinauszögern, bis Sie Ihre Programmänderungen in Ruhe testen konnten.

Dieses Verfahren baut auf dem ABAP Memory, genauer seinen *SET-/GET-Parametern* auf. Im Object Navigator (Transaktion SE80) legen Sie einen SET-/GET-Parameter an, indem Sie das Kontextmenü eines Pakets aufrufen und dem Pfad **Anlegen • Weitere (1) • SET/GET-Parameter-ID** folgen. Nach erfolgreicher Anlage können Sie dem SET-/GET-Parameter einen zeichenbasierten Standardwert zuweisen. Dazu rufen Sie die Registerkarte **Parameter** Ihres Benutzerprofils auf, das Sie über den Pfad **System • Benutzervorgaben • Benutzerdaten** erreichen. Diesen Standartwert erhalten Sie in der lokalen Variablen `LV_PARAMETER_VALUE` Ihres Programms, wenn Sie folgende GET-Anweisung ausführen:

```
GET PARAMETER ID iv_parameter_id FIELD DATA(lv_parameter_value).
```

Mit der folgenden SET-Anweisung können Sie diesem SET-/GET-Parameter den neuen Wert `IV_PARAMETER_VALUE` zuweisen.

```
SET PARAMETER ID iv_parameter FIELD iv_parameter_value.
```

Jede daraufhin ausgeführte GET-Anweisung liefert dann den neu gesetzten Wert. Jedes andere Programm, von Ihnen oder einem anderen Entwickler gestartet, beginnt dagegen mit dem Standardwert.

Einen booleschen SET-/GET-Parameter für das Ein- und Ausschalten einer Programmänderung nenne ich *Änderungsschalter*. Wenn Sie eine Task oder eine Korrektur geschützt durchführen wollen, legen Sie einen neuen Änderungsschalter mit einem passenden Namen an und setzen seinen Standardwert im Benutzerprofil auf

X. Das entspricht dem booleschen Wert ABAP_TRUE und bedeutet, dass für Sie der Änderungsschalter aktiv ist. Für alle anderen Entwickler im System ist er inaktiv, da diese ja von dessen Existenz gar nichts wissen und deshalb ihre Benutzerprofile auch nicht wie Sie erweitert haben.

Um eine Programmänderung XXX geschützt entwickeln und testen zu können, führen Sie den Benutzerparameter DEVELOP_XXX ein und umschließen damit jede Erweiterung Ihres Codes mit einer IF-Anweisung wie folgt:

```
IF zcl_th_user_parameter=>is_active( 'DEVELOP_XXX' ) = abap_true.
```

Für jede Änderung Ihres Codes kopieren Sie diesen Code, setzen Sie die geänderte Kopie in den IF-Block und das unveränderte Original in den ELSE-Block.

Damit erreichen Sie, dass ausschließlich Sie die Codeerweiterungen und -änderungen in den IF-Blöcken durchlaufen. Für das ABAP Dictionary können Sie Ihren Änderungsschalter nicht einsetzen. Aber eine Erweiterung oder Änderung eines ABAP-Dictionary-Elements allein führt in der Regel auch nicht dazu, dass Tests fehlschlagen.

Listing 21.1 zeigt die Klasse, die den Änderungsschalter so lesbar kapselt.

```
CLASS zcl_th_user_parameter DEFINITION PUBLIC ABSTRACT FINAL
CREATE PUBLIC FOR TESTING.
  PUBLIC SECTION.
    CLASS-METHODS is_active
      IMPORTING
        iv_parameter_id TYPE memoryid
      RETURNING
        VALUE(rv_is_active) TYPE abap_bool.
ENDCLASS.

CLASS zcl_th_user_parameter IMPLEMENTATION.
  METHOD is_active.
    GET PARAMETER ID iv_parameter_id FIELD DATA(lv_parameter_value).
    rv_is_active = lv_parameter_value.
  ENDMETHOD.
ENDCLASS.
```

Listing 21.1 Klasse zum Auslesen eines booleschen SET-/GET-Parameters

Bei Bedarf ist ein Änderungsschalter samt IF-Anweisungen im Programm auch transportierbar. Ihr Ziel sollte es aber sein, ihn so bald wie möglich wieder loszuwerden. Vor allem den Einsatz mehrerer Änderungsschalter im gleichen Codebereich gilt es zu vermeiden.

Zum Aufwand einer geschützten Programmänderung möchte ich noch folgende Anmerkungen machen:

- Wenn Sie – was ich Ihnen empfehle – eine Programmänderung nach der anderen machen, können Sie auch einen persönlichen Änderungsschalter anlegen und diesen für die jeweils nächste Programmänderung wiederverwenden.
- Wenn Sie feststellen, dass Sie für eine Programmänderung in vielen Methoden die Abfrage des Änderungsschalters einbauen müssen, sollten Sie Ihr Design auf verteilte Zuständigkeiten hin prüfen.
- Wenn Sie für eine Klasse eine Factory haben und diese Klasse durch eine andere ersetzen wollen, müssen Sie den Änderungsschalter nur in der Factory einsetzen.
- Um fälschliche Verwendungen des Änderungsschalters zu entdecken, sollten Sie immer wieder Ihre Tests für beide Einstellungen ausführen.

ASE-Praktiken

Scrum ist ein agiles Framework, das sich auf die Definition der Abläufe auf Projektebene konzentriert. Es regelt die Planung und Abnahme von Backlog-Items, macht aber bewusst keine Aussagen zu deren Umsetzung. Die Umsetzung fällt in den Zuständigkeitsbereich von ASE. Mit Praktiken, die innerhalb eines Sprints sowohl einen Produkt- als auch einen Wissensfortschritt erzielen können, kümmert sich ASE nicht nur um die kurzfristigen Ziele des aktuellen Sprints, sondern in nachhaltiger Art und Weise auch um die langfristigen Ziele des Produkts.

Kapitel 22
Lean-Entwicklungsmodell

Lean als agile Methode, ein Unternehmen zu führen, hat Scrum und Agile Software Engineering maßgeblich geprägt. Was bedeutet es also, mit Lean Softwareprodukte zu bauen?

Scrum und Agile Software Engineering (ASE) profitieren von einem Management, das die Mitarbeiter dabei unterstützt, die Arbeitsabläufe kontinuierlich zu verbessern. Ist diese Unterstützung nicht vorhanden, muss sich eine Sprint-Retrospektive beispielsweise mit lokalen Optimierungen begnügen. Des Weiteren erhält ein Scrum-Team meistens nur dann frühzeitiges Feedback von seinen späteren Endanwendern, wenn das Unternehmen an solch vertrauensvollen Partnerschaften interessiert ist und diesen direkten Kundenkontakt ermöglicht und fördert.

Kurz gesagt, basiert *Lean* auf dem folgenden Grundsatz: Ein Management, das seine Mitarbeiter dazu anhält und dabei unterstützt, die Prozesse im Unternehmen kontinuierlich zu verbessern, ist die Grundlage für nachhaltige Kundenzufriedenheit. Lean ist nicht die einzige, aber die wohl bekannteste Methode, ein Unternehmen agil zu führen. Zudem ist Lean die Methode, die SAP zusammen mit Scrum eingeführt hat und die mir deshalb auch als Mitarbeiter von SAP vertraut ist. Die Kombination mit Scrum ist kein Zufall, weil Scrum umfangreich vom Lean-Denken beeinflusst wurde.

In diesem Kapitel verfolge ich das Ziel, ausgewählte ASE-Methoden in den Kontext eines agilen Projekts und eines agilen Unternehmens zu stellen. Vollständigkeit ist dabei nicht das Ziel.

In meinen Aussagen über Lean beziehe ich mich hauptsächlich auf das Buch »Scaling Lean & Agile Development« von Craig Larman und Bas Vodde (Addison-Wesley, 2009).

22.1 Grundlagen

In diesem Abschnitt führe ich einige für Lean grundlegende Begriffe, Prinzipien und Denkweisen ein. Auf diese Grundlagen werde ich im Laufe dieses und der folgenden Kapitel zurückgreifen:

- **Waste**
  In Lean werden alle Aktivitäten innerhalb eines Unternehmens, die dem Kunden keinen direkten oder indirekten Mehrwert bieten, als Verschwendung (*Waste*) bezeichnet. Ein Beispiel für Waste wäre die fortwährende Aktualisierung einer Übersicht, um einem Manager die Sicherheit zu geben, dass seine Mitarbeiter gut ausgelastet sind. Der Kunde ist nicht bereit, für Waste-Aktivitäten zu bezahlen.
- **Lagerhaltung**
  Es gibt inzwischen immer weniger Produkte, auf die der Kunde bereitwillig (längere Zeit) wartet. Während die Massenproduktion darauf mit hohen Lagerbeständen reagiert, setzt die Produktion gemäß Lean darauf, die *Durchlaufzeit* für Produkte zu minimieren. Letztlich ist es dem Kunden egal, wie das Unternehmen die schnelle Verfügbarkeit realisiert. Er dürfte allerdings nicht bereit sein, bei gleicher Lieferzeit eine teure *Lagerhaltung* zu bezahlen. Deshalb stuft Lean alle Aktivitäten, die eine Form der Lagerhaltung unterstützen, als Waste ein.
- **Flow-Prinzip**
  Ein *Flow* ist immer dann gegeben, wenn ein geschaffener Wert den Kunden ohne (größere) Unterbrechungen erreicht. In der Fertigung sollte etwa jeder Arbeitsplatz in der Lage sein, das Produkt zeitnah weiterzuverarbeiten. Eine Verbesserung des Flows hängt wesentlich von kleinen Losgrößen, kurzen Taktzeiten und der geringen Gleichzeitigkeit von Aufgaben ab. Des Weiteren dürfen Arbeiter nicht voll ausgelastet sein, denn dann können sie aufkommende Aufgaben nicht sofort weiterverarbeiten.
- **Pull-Prinzip**
  In einem Unternehmen, das nach dem *Pull-Prinzip* organisiert ist, gibt es keine Vorproduktion und damit auch keine Lagerhaltung. Jede produktive Tätigkeit wird erst aufgenommen, wenn sie von einem Kunden direkt oder indirekt nachgefragt wird. Das kann dazu führen, dass ein Arbeitsplatz im Sinne der Produktion zeitweise nicht ausgelastet ist. Der Arbeitnehmer ist allerdings nicht untätig, denn er nutzt die Zeit für Verbesserungen (z. B. Aufräumen, Hilfsmittel fertigen), sodass er den nächsten Auftrag schneller oder besser bearbeiten kann.

  Das Gegenteil des Pull-Prinzips ist das *Push-Prinzip*. Seine Anwendung ist für ein neues, innovatives Produkt nötig, wenn das Unternehmen damit den Markt erobern will. Sobald aber der Markt dieses Produkt kennt und nachfragt, sollte das Unternehmen über eine Umstellung auf das Pull-Prinzip nachdenken.
- **Go-Gemba**
  Manager und andere Führungskräfte sollen sich regelmäßig ein eigenes Bild von der Arbeit machen, der sie vorstehen. Dazu sollen sie sich mit Arbeitern an deren Arbeitsplätzen treffen. Sehen, Zuhören und Verstehen stehen dabei im Vordergrund. Bei Bedarf soll der Manager seinen Mitarbeiter konkret dabei unterstützen, seine Arbeitswelt zu verbessern.

22.2 Umsetzung der Lean-Prinzipien mit Agile Software Engineering

ASE entspricht in gewisser Weise der Fertigung in einem Lean-Softwareunternehmen. ASE-Praktiken sollten folglich die Lean-Prinzipien bestmöglich umsetzen. Im Folgenden beleuchte ich das für die im vorangegangenen Kapitel vorgestellten Praktiken.

22.2.1 Refactoring

Refactoring erweitert keine Funktionalität. Es hat damit keinen direkten Mehrwert für den Kunden. Es ist aber trotzdem kein Waste, weil mit dieser ASE-Praktik eine kontinuierliche Verbesserung von Code und Design betrieben wird. Sauberer Code reduziert die Zeit, die ein Entwickler benötigt, um ein Backlog-Item nach der Planung (Pull-Ereignis) zu erledigen bzw. eine Korrektur nach Eintreffen einer Fehlermeldung (Pull-Ereignis) durchzuführen. Damit wird die Durchlaufzeit gesenkt, d. h., die Kunden erhalten die gewünschten Erweiterungen bzw. Änderungen schneller. Sauberer Code verbessert ferner die Fähigkeit des Teams auf Änderungen des Backlogs zu reagieren.

Der Entwickler achtet beim Refactoring schon allein aus Respekt vor seinen Teammitgliedern auf eine gute Lesbarkeit. Denn schwer verständlichen Code zu entschlüsseln ist letztendlich eine Verschwendung von Zeit. Jeder Entwickler im Team vermeidet Dopplungen, weil diese wegen des Mehraufwands bei einer Änderung zu einer Verlängerung der Durchlaufzeit führen. Außerdem bringt er mit Dopplungen sich und andere in Schwierigkeiten, wenn nicht alle Codestellen gefunden werden.

Schließlich unterstützt Refactoring die langfristige Erhaltung der Entwicklungsgeschwindigkeit des Teams. Denn der Kunde erwartet nicht nur kurzfristig ein gutes Produkt, sondern auch langfristig eine gute Produktivität.

22.2.2 Testgetriebene Entwicklung

Testgetriebene Entwicklung (TDD) setzt das Pull-Prinzip um, da kein Produktcode geschrieben wird, wenn dieser nicht zur Erfüllung eines Tests notwendig ist. Jeder Test repräsentiert einen kleinen Teil der Funktionalität, die der Product Owner mit dem betreffenden Backlog-Item nachgefragt hat. Dieses Backlog-Item wiederum ist ein Teil der Funktionalität, die der Kunde in Auftrag gegeben hat.

Um einen Flow zu erreichen, schreibt der Entwickler nicht mehrere Tests auf Vorrat, denn dann würde es länger dauern, bis der erste Test durchläuft. Um die Zeit für einen TDD-Zyklus gleich zu halten, achtet der Entwickler darauf, dass sich der nächste Test möglichst nur in einem Aspekt von seinem Vorgänger unterscheidet.

Sobald der Produktcode nicht wie erwartet den Test erfüllt, hält er inne und löst das Problem. Ebenso hält der Entwickler immer wieder an, um die Sauberkeit von Code und Design herzustellen.

22.2.3 Paarweise Programmierung

Mit paarweiser Programmierung (PP) ist der Flow besser, weil der Navigator helfen oder weitermachen kann, wenn der Fahrer ins Stocken gerät. Da sich beide mit der Task auskennen, kann einer weiterprogrammieren, während der andere beispielsweise ein Meeting besucht.

Nach Erledigung der Task bleibt der zugehörige Code nicht an einem Entwickler allein haften. Ansonsten könnte es leicht zu Überlastung kommen, vor allem, wenn der Entwickler später gleichzeitig eine Task erledigen und eine Korrektur durchführen muss.

Ferner bietet PP einem Coach die Möglichkeit, sich in einer gemeinsamen PP-Session selbst ein Bild vom Wissen und den Fähigkeiten eines Entwicklers zu machen. Dies entspricht der Idee von Go-Gemba. Der Coach kann diesen Entwickler mittels PP auch zielgerichtet weiterbilden. Das betrifft nicht nur Anfänger. Auch erfahrene Entwickler müssen sich bezüglich neuer Methoden (ASE-Praktiken, Cloud-Prinzipien etc.) und neuer Technologien (SAP HANA, SAP Fiori etc.) immer wieder weiterbilden.

PP ermöglicht die sofortige Verwertung von Wissen (just in time). Dagegen erfolgt bei einem Vortrag eine ungewisse Lagerhaltung von Wissen. Das trifft natürlich ebenso auf dieses Buch zu. Ich sehe es allerdings als notwendiges Hilfsmittel an, um Ihnen Innovationen wie den testorientierten Verbesserungsprozess bekannt zu machen (Push-Prinzip). In möglichen weiteren Auflagen habe ich allerdings die Gelegenheit, dem Pull-Prinzip zu folgen: Sie können mir gerne Fragen stellen, die ich beantworte. Geben Sie mir gerne Feedback, auf das ich eingehe.

22.2.4 Walking Skeleton

Ein Flow kennt keine Zwischenlager, sondern besteht auf einer direkten Kopplung der Prozessschritte. Wie in Abbildung 21.3 gezeigt, kann ein Team die an einem Geschäftsprozess beteiligten Komponenten des Produkts frühzeitig in Form eines isolierten Akzeptanztests koppeln. Die Kopplung bezieht sich anfangs nur auf die API-Schnittstellen der Komponenten. Im Zuge der Entwicklung bezieht sie sich aber immer mehr auf die Implementierung dieser Komponenten. Die Vorgabe ist, dass der Akzeptanztest ständig erfolgreich verläuft. Ein Fehlschlag nach der teilweisen oder vollständigen Ersetzung der Isolierung deutet auf einen Entwicklungsfehler hin, ein späteres Fehlschlagen auf eine Regression.

Die mehr oder weniger gleichzeitige Fertigstellung aller Komponenten des Akzeptanztests hängt allerdings nicht nur von der Testisolierung und der damit verbundenen Möglichkeit zur parallelen Arbeit an verschiedenen Komponenten ab. Die Teams müssen sich auch auf die API-Methoden und deren Parameter konzentrieren, die der Akzeptanztest einfordert, und nicht auf den Umfang, den das Designdokument beschreibt. Ansonsten entwickelt das Team auf Lager und nicht mehr nach Bedarf. Und schließlich lässt sich Arbeit nur dann parallelisieren, wenn die Entwickler dazu befähigt sind. Entscheidend ist deshalb ferner, ob die einzelnen Teams Engpassressourcen in der Vergangenheit mit PP vermieden haben.

Im Gegensatz zur Fertigung, für die Lean konzipiert wurde, ist die Entwicklung eines Produkts von zahlreichen Unsicherheiten geprägt. Bei einem Softwareprodukt gehören dazu die Geschäftsprozesse (z. B. unklare Anforderungen), die Technologie (z. B. keine Erfahrungswerte), die Entwickler (z. B. neue Teammitglieder) und nicht zuletzt deren Zusammenspiel. Mit einem Walking Skeleton klären Sie zuerst die Integration und implementieren dann erst die vielen Details. Dies tun Sie jeweils für den nächsteinfachen Geschäftsprozess oder dessen Erweiterung. Sie kümmern sich also zuerst um die größten Unsicherheiten und klären wichtige Fragen anhand konkreter Beispiele. Diese Fokussierung auf die größten Unsicherheiten bietet die größten Aussichten, einen Flow im Projekt zu erzeugen.

22.2.5 Gemeinsame Codeverantwortung

Gemeinsame Codeverantwortung (SCO) ist für den Flow wichtig. Allerdings sollten Dokumente und Wissen in den Köpfen der Entwickler nur eine Übergangslösung sein. Das Ziel sollte eine gemeinsame Codeverantwortung auf Basis von Diagrammen, sauberem Code und Design sowie einer lesbaren Testsuite sein. Ansonsten läuft das Team Gefahr, viel Aufwand in die Verteilung und Aktualisierung von Wissen zu investieren, das möglicherweise nie oder nicht in der vermuteten Form gebraucht wird.

22.3 Testinfrastruktur

Eine Testinfrastruktur wird nach Bedarf entwickelt (Pull-Prinzip). Sie entsteht durch die kontinuierliche Verbesserung von Testcode. Konkret wird eine Hilfsmethode erzeugt, wenn eine Testmethode sie benötigt, um ihre Lesbarkeit zu verbessern oder eine Dopplung mit einer anderen Testmethode aufzulösen.

Mit einer Testinfrastruktur können Sie den nächsten Test sauber und ohne großen Aufwand schreiben. Diese Fähigkeit der Testinfrastruktur nutzen Sie in der Weiterentwicklung aus, um den TDD-Zyklus schnell zu durchlaufen. Und bei der testgetriebenen Wartung hilft sie Ihnen, den Fehler schnell zu reproduzieren.

Bei Legacy Code erlangen Sie diese Fähigkeit, wenn Sie möglichst viele verschiedene Produktmethoden mit mindestens einer Testmethode charakterisieren. Ihr Refactoring dieser Testmethoden sollte anschließend so umfangreich sein, dass jeder andere Entwickler so viele Hilfsmethoden vorfindet, dass er mit Wiederverwenden sowie Kopieren und Anpassen eine verwandte Testmethode bei Bedarf problemlos hinzufügen kann.

Für eine kritische Klasse sollten Sie sofort eine gute Testabdeckung erzielen. Bei einer nicht kritischen Klasse könnten Sie sich dagegen überlegen, ob Sie die Zeit für weitere Testmethoden nicht besser an anderer Stelle investieren. Oder Sie überlassen das Ausweiten der Testabdeckung einem weniger erfahrenen Teammitglied und tragen so zu dessen Ausbildung bei.

22.4 Agile Coaching

Im Fußball hat jede Amateurmannschaft einen Trainer. Er gibt nicht nur die Taktik vor und entscheidet, wer auf dem Feld spielt. Er trainiert mit dem Team auch regelmäßig, damit es diese Taktik nach und nach immer besser umsetzen kann.

In der professionellen Softwareentwicklung gibt es für die meisten Teams keinen solchen Trainer. Früher gab es einen Projektleiter, der den Zeit- und Kostenrahmen des Projekts im Blick hatte und die Entwicklungsaufgaben verteilte. Heute gibt es einen Scrum Master, der ein Auge auf den Scrum-Prozess hat und die Verteilung der Entwicklungsaufgaben moderiert. Beiden ist gemein, dass sie die Fähigkeiten der Teammitglieder häufig nur grob kennen. Und sie kümmern sich in der Regel nicht um eine gezielte Verbesserung dieser Fähigkeiten.

Obwohl Lean eine trainierende Führungskraft vorsieht, gibt es diese in Scrum bislang nicht. Das Scrum-Team entwickelt seine Fähigkeiten eher zufällig weiter. Während das Scrum-Framework eine Entwicklungstaktik auf Prozessebene (z. B. Priorisierung des Backlogs) vorgibt, fehlt diese auf Design- und Codeebene (z. B. Testinfrastruktur) häufig ganz. Der Architekt ist oftmals zu beschäftigt oder diesen Detailebenen schon seit Langem entrückt. In vielen Fällen kennt er sich zwar mit den Entwurfsmustern für den Produktcode, aber nicht mit denen des Testcodes gut aus.

Das Ideal agiler Entwicklung ist und bleibt das selbst organisierte Scrum-Team, aber auf dem Weg dorthin kann es meiner Erfahrung nach die Unterstützung durch einen ASE Coach gut gebrauchen. Neben taktischen Entscheidungen (z. B. Walking Skeleton) kann ihm aufgrund seiner fachlichen Expertise die kontinuierliche Verbesserung der ASE-Fähigkeiten (z. B. Testisolation) im Team anvertraut werden. Im folgenden Kapitel stelle ich Ihnen eine Coaching-Methode vor, mit der ein ASE Coach gleichzeitig mehrere Teams betreuen kann.

Kapitel 23
Entwicklung der Teams

Entwickeln Sie zuerst das Team und erst danach das Produkt!
Wie können Sie dieses Lean-Prinzip erfüllen?

Es reicht nicht, agile Entwicklung einzufordern; sie muss auch gefördert werden. Mit der Einführung von Scrum ist zwar das Ziel klar, Backlog-Items in einem Sprint zu erledigen. Aber meiner Erfahrung nach fehlen einigen Teams zur Erreichung dieses Ziels noch die methodischen und praktischen Fähigkeiten. Zu diesen Fähigkeiten gehört zuvorderst die richtige und konsequente Anwendung von ASE-Praktiken wie dem Refactoring, der paarweisen Programmierung (PP) und der testgetriebenen Entwicklung (TDD).

Es reicht aber auch nicht, agile Entwicklung zu fördern; sie muss dann auch immer wieder eingefordert werden. Zur Einforderung gehört nicht nur das klare Bekenntnis des Managements zur Agilität. Wie ich in Abschnitt 23.1 erläutere, ist für eine nachhaltige Anwendung und Beibehaltung von ASE-Praktiken die Präsenz eines ASE Coaches hilfreich. In Abschnitt 23.2, »Lücken in der Ausbildung«, analysiere ich die fachlichen Voraussetzungen, die für die agile ABAP-Entwicklung wichtig, aber oftmals nicht vollständig vorhanden sind. In Abschnitt 23.3 stelle ich Ihnen *Agile Coaching* vor. Diese von mir entwickelte, iterative und adaptive Coaching-Methode ist in besonderer Weise geeignet, Lücken in der Ausbildung im Rahmen der regulären Arbeit zu schließen.

23.1 Nachhaltige Ausbildung

Aus meiner Sicht ist eine Ausbildung dann nachhaltig, wenn sich aus erworbenem Wissen zeitnah Fähigkeiten ausbilden. Denn nur diese Fähigkeiten stellen sicher, dass das Wissen häufig und vor allem auch in kritischen Situationen angewendet wird. Das ist auch die zentrale Botschaft von Abbildung 23.1. Im Mittelpunkt steht ein Grundprinzip menschlicher Kommunikation, das in der gezeigten Fassung vom Schriftsteller und Verkaufstrainer Heinz Goldmann stammt, aber von seiner Grundidee her auf den Verhaltensforscher und Nobelpreisträger Konrad Lorenz zurückgeht. In Abbildung 23.1 habe ich dieses Grundprinzip auf die Ausbildung von ASE-

Praktiken angewendet. Ich möchte damit verdeutlichen, dass eine solche Ausbildung ein langer Weg mit vielen Stufen ist und dass für jeden Entwickler die Frage gestellt werden kann, auf welcher Stufe er sich befindet und was ihn gerade daran hindert, tiefer in diese Praktiken einzusteigen.

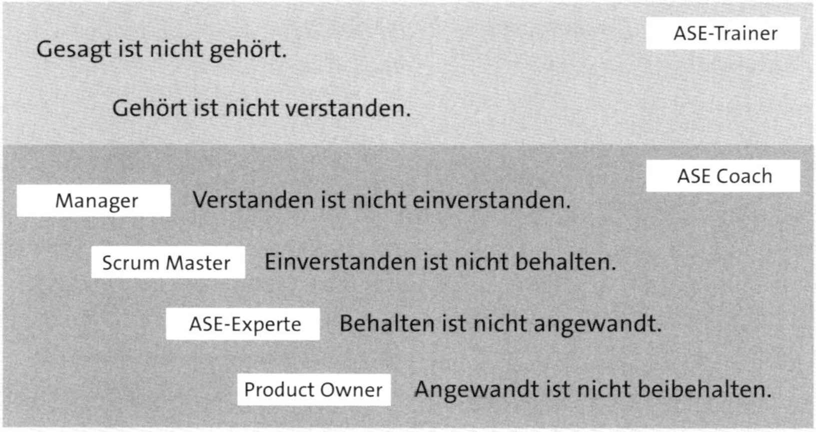

Abbildung 23.1 Stufenmodell für nachhaltiges Lernen von ASE-Praktiken

Im Folgenden werde ich die einzelnen Stufen näher erläutern und abschließend zusammenfassen.

Gesagt ist nicht gehört

Das Wissen um ASE-Praktiken ist kein Geheimnis. Es werden dazu einige Schulungen angeboten. Wer allerdings von einer Schulung nicht weiß oder aus einem anderen Grund nicht an ihr teilnimmt, der wird das Wissen nicht hören. Und sogar wer teilnimmt, wird vielleicht nicht zu jedem Zeitpunkt aufmerksam zuhören. Es gibt also schon auf dieser ersten Stufe genügend Hindernisse.

Wenn Sie mit der Organisation von Ausbildung betraut sind, dann können Sie diese Probleme am besten in den Griff bekommen, wenn Sie alle Entwickler eines Scrum-Teams gemeinsam anmelden. Wenn das zeitlich nicht möglich ist, sollten Sie wenigstens immer mehrere zugleich anmelden. Dann ist nicht nur die Chance groß, dass mindestens einer der Entwickler in der Lage ist, den anderen Teammitgliedern den Sachverhalt zu einem Detail noch einmal zu erklären. Es finden so auch während und nach der Schulung mehr Gespräche über die vermittelten Inhalte statt.

Gehört ist nicht verstanden

Für die zweite Stufe muss ein Entwickler verstehen, wie ASE-Praktiken konkret funktionieren. Jede Schulung sollte deshalb ausreichend Platz für Übungen vorsehen. Des

Weiteren sollte der ASE-Trainer nicht nur für Fragen zur Verfügung stehen, sondern den teilnehmenden Entwicklern bei den Übungen über die Schulter schauen. Er kann einen Teilnehmer so rechtzeitig darauf aufmerksam machen, wenn ein Weg falsch ist und die Gründe erklären. Aus eigener Erfahrung als ASE-Trainer weiß ich, dass sich viele Teilnehmer zu selten und zu spät von sich aus melden. Wenn Sie also als Trainer tätig sind, sollten Sie es ausnutzen, dass Sie im Rahmen einer Übung mit den Teilnehmern in einfacher Weise auf den Code schauen und ihn diskutieren können.

Verstanden ist nicht einverstanden

In einer Schulung über ASE-Praktiken sollte es Zeit für Diskussionen geben. Denn wie ich in Kapitel 21, »Agile Software Engineering«, schon ausgeführt habe, gibt es zu einigen dieser Praktiken Alternativen, die für ein bestimmtes Scrum-Team in bestimmten Situationen als Zwischenschritt oder insgesamt besser geeignet sind. Wenn Sie als Trainer Raum für geplante oder ungeplante Diskussionen schaffen, können Sie schon viel dazu beitragen, dass die Teilnehmer sich in den geschulten Veränderungen der Arbeitsweise auch wiederfinden.

Falls Sie Verantwortung für die Ausbildung haben, sollten Sie sich darüber im Klaren sein, dass bei vielen Entwicklern für ein tiefgreifendes Einverständnis mit den neuen Praktiken noch Nacharbeit nötig ist. Denn Einverständnis bzw. Akzeptanz bedeutet allmähliche Annahme, nicht fortgesetzte Toleranz. Für manche Entwickler sind die ASE-Praktiken allerdings eine Arbeitskultur, die sie als fremd empfinden und deshalb lediglich tolerieren. Nur wenige akzeptieren sie spontan als gewinnbringende, kulturelle Erneuerung. Für alle anderen ist, gemäß Lean, konsequentes Führungsverhalten für diese Kulturänderung wichtig.

Viele Manager haken das Thema Ausbildung nach dem Ablauf der Schulung ab. Sie tun sich dann natürlich schwer, den Scrum-Teams für die praktische Ausbildung den nötigen Rückhalt zu geben. Wenn Sie für die Ausbildung verantwortlich sind, sollten Sie sich deshalb rechtzeitig um die fortlaufende praktische Unterstützung für die Entwickler, etwa durch einen ASE Coach, kümmern. Mit ihm können die Entwickler lernen, mit dem neuen Wissen auch schwierige Situationen zu meistern und so zu einem vollen Einverständnis zu gelangen.

Einverstanden ist nicht behalten

Für die vierte Stufe, die langfristige Verfügbarkeit des Wissens, ist in der Regel stete Wiederholung vonnöten. Am besten sollte diese Wiederholung bei der Arbeit geschehen. Ansonsten sollten Sie als Scrum Master für eine regelmäßige Auffrischung des Wissens sorgen. Seien Sie sich bewusst, dass es sich – gemäß Lean – bei Wissen ohne zeitnahe Anwendung um eine Form der Lagerhaltung und damit um Waste handelt.

Behalten ist nicht angewandt

Ein Sprichwort besagt: Probieren geht über Studieren! Entscheidend ist also, dass wenigstens einige Entwickler im Scrum-Team die ASE-Praktiken immer wieder anwenden und so im Laufe der Zeit eine Expertise aufbauen. Ein solcher *ASE-Experte* erfüllt mehrere wichtige Aufgaben für sein Team:

- Er weist die Einsetzbarkeit von ASE-Praktiken auch in schwierigem Umfeld nach.
- Er bereitet Lösungen vor, sodass seine Teammitglieder einen leichteren Einstieg haben.
- Er beantwortet Fragen vor Ort und zeitnah, die sich bei der Anwendung der ASE-Praktiken ergeben.

Angewandt ist nicht beibehalten

Wenn ein Entwickler ASE-Praktiken nur hin und wieder anwendet, wird er keine Fähigkeiten in diesem Bereich aufbauen. Und wenn er keine Fähigkeiten darin besitzt, wird er diese ASE-Praktiken in stressigen Zeiten sofort beiseitelegen – und gibt es Zeiten im Leben eines Entwicklers, die nicht stressig sind? Folglich sollten Sie darauf hinwirken, dass die Anwendung der ASE-Praktiken nach und nach Eingang in die Done-Kriterien finden. Als Product Owner sollten Sie daran ein besonderes Interesse haben, weil nur sauberer Code Ihnen eine gleichbleibende Entwicklungsgeschwindigkeit Ihres Scrum-Teams garantiert.

Die Reise von Wissen zu Fähigkeiten

Die Transformation von Wissen zu Fähigkeiten entspricht in gewisser Weise einer abenteuerlichen Entdeckungsreise, die von einem erfahrenen Navigator geführt wird. Am Anfang sind noch alle an Bord. Nach und nach verlassen immer mehr das Schiff, weil ihnen die Fahrt zu beschwerlich und das Ziel zu ungewiss ist; sie suchen auf vermeintlich sicherem Land Zuflucht. Nach all den Beschwerlichkeiten ist es am Ende fast schon überraschend, dass einige Reisende das Ziel erreicht haben. Für die erste Reise ist deren Anzahl nicht so entscheidend. Wichtig ist, dass es genügend sind, um weitere Expeditionen zu starten, in denen sie die Rolle der Navigatoren übernehmen können.

Bei den folgenden Expeditionen kommen dann auch ausgestiegene Teilnehmer der ersten Reise wieder mit an Bord; immerhin besteht jetzt weniger Unklarheit über das Ziel und ob es überhaupt erreicht werden kann. Wenn die Investoren nicht zwischendurch kalte Füße bekommen, genügen diese Expeditionen, um nach und nach eine sichere Handelsroute aufzubauen. Ebenso bedarf es für die nachhaltige Ausbildung von Fähigkeiten auch mehrerer Iterationen. Die Teams einfach nur in eine Schulung zu schicken und sie dann sich selbst zu überlassen, reicht sicherlich nicht.

23.2 Lücken in der Ausbildung

In diesem Abschnitt möchte ich die Ursachen analysieren, die meiner Erfahrung nach einer breiteren Anwendung von ASE-Praktiken im Weg stehen. Für eine zielgerichtete Analyse wende ich die *Methode der fünf Warums* an, die den wahren Ursachen eines Problems dadurch auf die Spur kommen will, dass sie mindestens vier weitere Male die Antworten auf eine Warum-Frage ihrerseits mit einer Warum-Frage hinterfragt. Bei mehreren gegebenen Antworten spannt sich dadurch ein ganzer Baum an Fragen und Antworten auf.

In diesem Abschnitt beschränke ich mich auf eine einfache Folge an Antworten. Abschnitt 23.2.1, »Keine Unit-Tests«, und Abschnitt 23.2.2, »Lange Methoden«, verwenden jeweils die Methode der fünf Warums zur Analyse eines ASE-relevanten Problems. In Abschnitt 23.2.3, »Ausbildungsplan«, greife ich die Ergebnisse dieser Ursachenanalysen auf und entwickle daraus einen Ausbildungsplan, der für viele Teams passen dürfte.

23.2.1 Keine Unit-Tests

Unit-Tests bilden das breite Fundament der Testpyramide. Trotzdem ist es nicht selten, dass ein Team eine große Unterdeckung an Unit-Tests für ein Produkt vorweist. In diesem Abschnitt möchte ich mit der Methode der fünf Warums herausfinden, warum das so ist:

- **Warum schreiben einige ABAP-Entwickler keine Unit-Tests?**
  Als ASE Coach habe ich herausgefunden, dass die meisten dieser ABAP-Entwickler Schwierigkeiten mit der Testisolation haben.
- **Warum fällt es diesen ABAP-Entwicklern schwer, Testdoubles zu definieren und zu injizieren?**
  Einige ABAP-Entwickler wissen über Polymorphie nicht gut Bescheid.
- **Warum sind diese ABAP-Entwickler mit Polymorphie nicht besser vertraut, obwohl sie eine ABAP-Objects-Schulung besucht haben?**
  Sie wurden zwar angehalten, ab jetzt Klassen zu verwenden. Aber es hat ihnen niemand vorgeschrieben, wie diese Verwendung auszusehen hat.
- **Warum haben sich einige ABAP-Entwickler für statische Methoden in Klassen anstelle von Instanzmethoden in Interfaces entschieden?**
  Für ihre bisherige Art der Programmierung waren Interfaces nicht notwendig. Um Funktionsgruppen zu imitieren, reichten ihnen Klassen mit statischen Methoden aus.
- **Warum ist dieser Mangel an Objektorientierung nicht früher aufgefallen?**
  ABAP-Unit-Tests waren lange Zeit nicht üblich. Wenn sie angewendet wurden, haben viele ABAP-Entwickler ihr Glück in Integrationstests gesucht. Des Weiteren

fand kein Coaching nach der Schulung statt. Kein Experte hat sich den vermeintlich objektorientierten Code angeschaut und mit den Entwicklern diskutiert. Es fand also vielfach keine Transformation von Wissen zu Fähigkeiten statt.

23.2.2 Lange Methoden

Legacy Code zeichnet sich häufig (negativ) durch große Klassen mit vielen langen Methoden aus. In diesem Abschnitt möchte ich den Ursachen dafür in Ansätzen auf die Spur kommen:

- **Warum schreiben einige ABAP-Entwickler Methoden mit vielen Anweisungen?**
  Unter ABAP-Entwicklern wird wenig über die Zuständigkeit von Methoden gesprochen. Außerdem gehören diese Methoden häufig zu Klassen, die schon viele Methoden besitzen. Mit jeder Auslagerung von Anweisungen aus einer Methode würde die Anzahl der Methoden in dieser Klasse noch zunehmen.
- **Warum besitzen einige ihrer Klassen eine große Anzahl an Methoden?**
  Die Zuständigkeit von Klassen wird nicht hinreichend geklärt. Außerdem sind kleine Klassen unter ABAP-Entwicklern nicht üblich. Und letztlich gehören die Klassen häufig zu Paketen, die schon viele Klassen enthalten.
- **Warum besitzen einige ihrer Pakete eine große Anzahl an Klassen?**
  Die meisten ABAP-Entwickler haben zwar die Zuständigkeit eines Pakets vor Augen, wenn sie es anlegen. Aber sie verbessern es in der Regel nicht, wenn es beginnt, weitere Zuständigkeiten an sich zu ziehen. Außerdem legen sie auf die Kapselung der Pakete zu wenig Wert.
- **Warum vernachlässigen einige ABAP-Entwickler die Zuständigkeiten von Methoden, Klassen und Paketen?**
  Sie gehören zu Teams, denen die Bedeutung von Zuständigkeiten für die Modularisierung einer Anwendung nicht ausreichend bewusst ist.
- **Warum sind das Bewusstsein und das Wissen über Modularisierung bei einigen ABAP-Entwicklern nicht stärker ausgeprägt?**
  Es fehlte an einer entsprechenden Schulung, und auch zielgerichtetes Coaching fand nicht statt.

23.2.3 Ausbildungsplan

Abbildung 23.2 zeigt den durch die Warum-Fragen in den vorangegangenen Abschnitten ermittelten Stand der Ausbildung. Dieser ist nicht repräsentativ. Das Taskboard soll für dieses Beispiel verdeutlichen, welche Ausbildungsaufgaben zwar schon lange in Arbeit, aber immer noch nicht erledigt sind. Dabei habe ich der Einfachheit halber »Wissen« mit »Schulung besuchen« und »Fähigkeiten« mit »Wissen regelmäßig anwenden« gleichgesetzt.

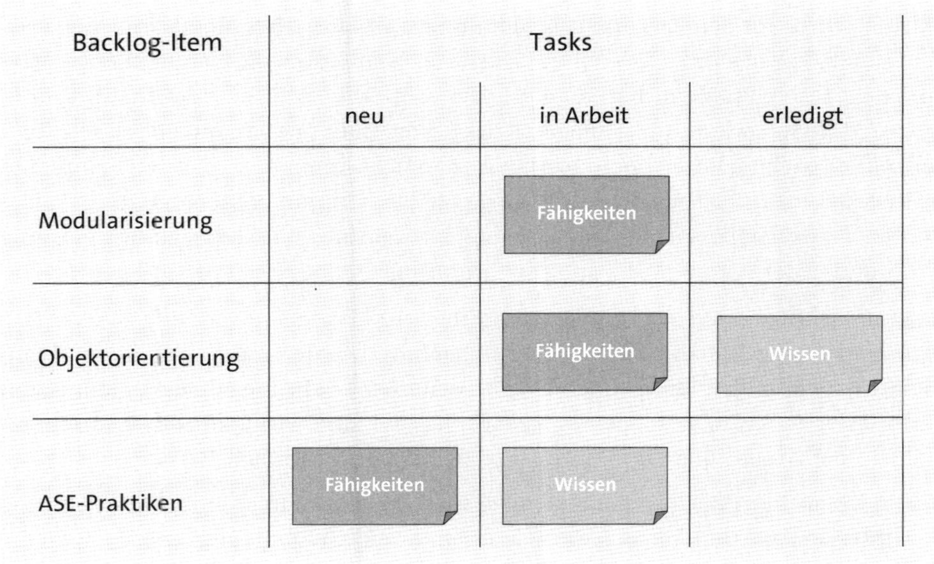

Abbildung 23.2 Taskboard mit unerledigten Ausbildungsaufgaben

Die Task »Fähigkeiten für ASE-Praktiken« scheint stark von der Task »Fähigkeiten zur Objektorientierung« und diese wiederum von der Task »Fähigkeiten zur Modularisierung« abzuhängen. Die Erledigung des Backlog-Items »ASE-Praktiken« setzt also die Erledigung der beiden anderen Backlog-Items in gewisser Weise voraus.

Im nächsten Abschnitt werde ich Ihnen eine Coaching-Methode vorstellen, mit der alle diese Backlog-Items gleichzeitig ins Ziel gebracht werden können.

[«]

openSAP-Kurs »Write Testable Code for ABAP«

Für einen praktischen und schnellen Einstieg in die Themen ABAP Unit, Testisolation, testgetriebene Entwicklung, paarweise Programmierung, Factory-Klassen und deren Bedeutung für die Testisolation sowie die grundsätzliche Arbeit mit Legacy Code bietet SAP auf der Onlineplattform openSAP den Kurs »Write Testable Code for ABAP« an. Der Kurs ist kostenfrei und in englischer Sprache. Eine Anmeldung ist auf der Seite *https://open.sap.com/courses/wtc1* möglich. Nach der Anmeldung finden Sie über den Pfad **Lernmaterial • Next Steps** und den Link **Introducing Agile Software Engineering in Development** zusätzliche Informationen, wie Sie selbst eine ASE-Initiative starten können.

23.3 Agile Coaching

Ein Lehrer in der Schule steht natürlich für Fragen seiner Schüler bereit. In erster Linie muss er aber mit einem geordneten Unterricht die Ausbildung einer ganzen Klasse Schritt für Schritt voranbringen. In gleicher Weise beschränkt sich die Rolle eines ASE Coaches nicht nur auf das Aufzeigen von Lösungen, wenn ein Entwickler mit dem Testen Probleme hat. Ein ASE Coach sollte ein Team auch regelmäßig fortbilden und wissen, wie es um Fähigkeiten des Teams steht. Die von mir entwickelte und als Agile Coaching bezeichnete Methode erlaubt es einem ASE Coach, die einzelnen Entwickler im Team sowohl persönlich als auch von ihrem Wissen und ihren Fähigkeiten her immer besser kennenzulernen. Trotzdem kostet Agile Coaching nur wenig Aufwand in der Vorbereitung und Durchführung.

Agile Coaching basiert zum einen auf der Tatsache, dass die Ausbildung eines Teams am effektivsten anhand des Codes durchgeführt werden kann, den dieses Team selbst entwickelt hat. Zum anderen setzt es auf der Erfahrung auf, dass die meisten Entwickler auf ihren Testcode weniger Wert als auf ihren Produktcode legen. Sie stehen deshalb Änderungen an ihrem Testcode offener gegenüber.

Für mich als ASE Coach ist zudem entscheidend, dass ich mich in der Vorbereitung nicht tief in das Produkt des Teams einarbeiten muss. Woraus gewinne ich dann die Sicherheit, einen mehrstündigen Workshop mit dem Team zu führen? Immerhin soll ich nicht nur mitreden, sondern auch noch die Richtung vorgeben. Im Grunde wende ich die nicht ernst gemeinte Bauernregel »Kräht der Hahn auf dem Mist, dann ändert sich das Wetter, oder es bleibt wie es ist!« einfach auf Testcode an. Ist der Testcode lesbar, fällt es mir, wie allen anderen Entwicklern, leicht, ihn zu verstehen. Ist der Testcode dagegen nicht lesbar, muss ich mich und das Team nur fragen, warum er das nicht ist und was wir gemeinsam tun können, damit sich seine Lesbarkeit verbessert. Dabei bezieht sich »tun können« immer nur auf den nächsten kleinen Verbesserungsschritt. Damit findet ein schrittweises Vertiefen statt: Ich vertiefe mich schrittweise in das Produkt, und das Team vertieft sich schrittweise in den testorientierten Verbesserungsprozess.

23.3.1 Durchführung

Die Workshops mit dem Team sollten einen großen Praxisbezug haben. Konkret soll ein Teil der besprochenen Codeverbesserungen sofort durchgeführt werden. Da viele Entwickler im Raum sind, bietet sich dafür *Coding Dojo* als Format an. Wie bei der paarweisen Programmierung (PP) gibt es dabei nur einen Rechner, eine Tastatur und eine Maus. Und auch die tatsächliche Programmierung wird von zwei Entwicklern durchgeführt, die sich im Sinne von PP gegenseitig unterstützen und bei der Arbeit abwechseln.

Für die Teilhabe der nicht am Rechner sitzenden Teilnehmer wird der Bildschirm an die Wand projiziert. Um sie aktiver zu beteiligen, werden die zwei Entwickler am Rechner regelmäßig ausgetauscht. Da alle mitverfolgen können, was geschieht, können entweder nur einer oder gleich beide ausgetauscht werden.

Grundsätzlich ist nicht nur der jeweilige Navigator, sondern sind alle Teilnehmer eines Coding Dojos zur Unterstützung aufgerufen. In der Regel sind damit Wortmeldungen gemeint, aber bei Bedarf und auf Wunsch des Fahrers kann auch gerne ein anderer Entwickler an der Tastatur aktiv werden.

Abbildung 23.3 zeigt den Ablaufplan für Agile Coaching als Aktivitätendiagramm.

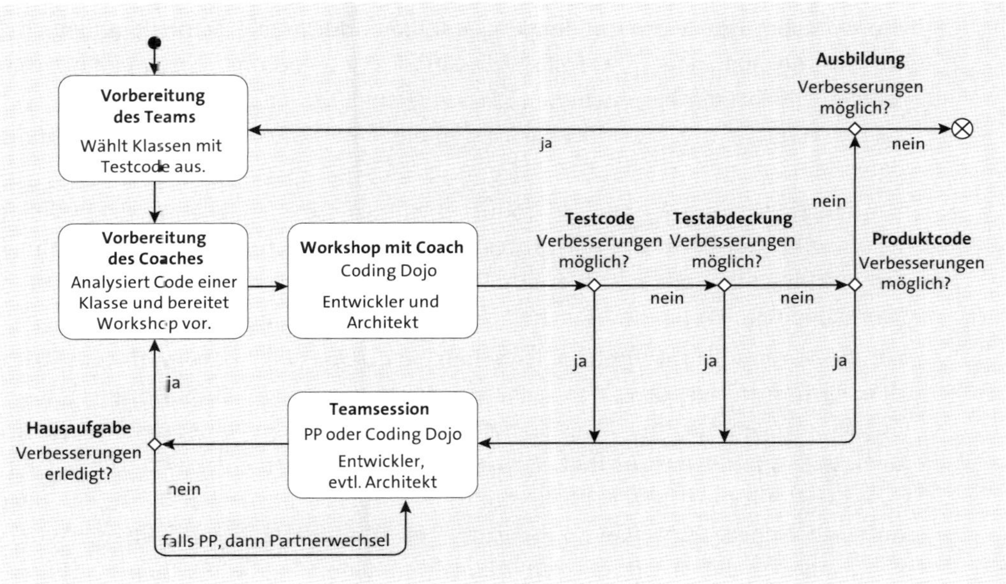

Abbildung 23.3 Iterativer Ablauf von Agile Coaching für ein Team

Mit der folgenden Liste gehe ich auf die einzelnen Aktivitäten und Entscheidungspunkte genauer ein:

1. **Vorbereitung des Teams**
   Das Team wählt mehrere kleine bis mittelgroße Klassen (bis zu 15 Methoden) aus, die zur aktuellen Produktentwicklung gehören. Zu diesen Klassen sollte das Team jeweils schon einige ABAP-Unit-Tests geschrieben haben, die relevanten Testfällen entsprechen. Zusätzlich stellt es dem Coach zugehörige Diagramme oder Designdokumente zur Verfügung.
2. **Vorbereitung des Coaches**
   Der Coach ist auf der Suche nach einer Klasse, für dessen Testmethoden er mit dem geringsten Aufwand eine lokale Testinfrastruktur entwickeln und damit die

Testmethoden säubern kann. Mit etwas Erfahrung genügen ihm für eine Vorauswahl weniger als eine halbe Stunde pro lokalem Testinclude.

Über die Klasse mit dem größten Verbesserungspotenzial verschafft er sich mithilfe der Dokumente und Diagramme einen groben Überblick und versucht, für ein paar Testmethoden zu verstehen, was sie tun. Bei grundsätzlichen Fragen greift er gleich zum Hörer, aber das ist eher die Ausnahme. Danach lotet er mit wenigen Testmethoden aus, wie sie vollständig verbessert werden könnten, und macht sich dazu Notizen. Aus den Notizen erarbeitet er eine Verbesserungsliste für den Workshop.

3. **Workshop mit Coach**
   Ein Workshop des Teams mit dem Coach sollte mindestens eineinhalb und höchstens drei Stunden dauern. Es sollten alle Entwickler teilnehmen, also nicht nur diejenigen, die mit der besprochenen Klasse bislang gearbeitet haben. Der Architekt sollte, soweit er sich auch um das Design einzelner Klassen kümmert, ebenfalls dabei sein.

   Für den Scrum Master und den Product Owner ist vor allem wichtig, dass sie den testorientierten Verbesserungsprozess und seine Bedeutung für die nachhaltige Entwicklung von Code und Team im Detail verstehen; dazu sollten Sie am ersten Workshop teilnehmen und sich im Folgenden auf dem Laufenden halten.

   Für die Durchführung empfehle ich Ihnen ein Coding Dojo. Dabei sollte das Team den Verbesserungsprozess so selbstständig wie möglich durchführen. Sie als Coach springen also nur als Moderator oder Experte ein, wenn dem Team das nicht oder nur teilweise gelingt. Seien Sie gerade anfangs nicht frustriert, wie langsam die Verbesserungsschritte ausgeführt werden. Und stellen Sie sicher, dass auch schwächere Entwickler in Ruhe arbeiten können. Mit jedem weiteren Workshop sollte es allen Teammitgliedern leichter fallen, eine besprochene Verbesserung sicher und zügig auszuführen.

4. **Teamsession**
   Als Coach haben Sie nicht das Ziel, Ihre vorbereitete Liste an Verbesserungen schon im Workshop umsetzen. Es sollte immer ein Rest als sogenannte *Hausaufgabe* bleiben. Denn Agile Coaching baut ganz wesentlich auf der selbstständigen Fortführung der Verbesserungen durch das Team auf.

   Den Fortschritt des Teams sehen Sie dann zum einen im Code, wenn Sie sich auf den nächsten Workshop vorbereiten. Zum anderen erfahren Sie ihn im Workshop vom Team selbst – meistens ohne dass sie explizit danach gefragt haben.

   Sie sollten dem Team grundsätzlich freistellen, wie es sich für die Bearbeitung der Hausaufgabe organisiert. Sie sollten nur stark darauf hinwirken, dass möglichst viele Entwickler darin involviert sind, weil Sie diese nur so auch in den folgenden Workshops bei der Stange halten.

Die zwei wichtigsten Organisationsformen sind weitere Coding Dojos (ohne Coach) sowie PP-Sessions mit häufigen Wechseln (der zuletzt eingestiegene Partner bleibt). Wenn das Team nach mehreren Teamsessions der Meinung ist, dass es seine Hausaufgabe erledigt hat, meldet es sich beim Coach. Dieser kann dann den nächsten Workshop vorbereiten.

5. **Testcode**
   In der ersten Phase von Agile Coaching beschäftigen Sie sich, ähnlich wie Sie es in Teil I dieses Buches, »Aufbau einer Testinfrastruktur«, gesehen haben, mit dem ursprünglich vom Team geschriebenen Testcode und damit, wie dieser verbessert werden kann. Das Ergebnis nach ein paar Iterationen sind saubere Testklassen, die auf einer lokalen Testinfrastruktur aufbauen.
6. **Testabdeckung**
   In den Workshops der nächsten Iterationen konzentrieren Sie sich als Coach darauf, mithilfe dieser Testinfrastruktur die Testabdeckung auszubauen. Sie können dazu ein Testdesign durchführen oder im Sinne einer lokalen Optimierung kleine Schritte in neue Dimensionen des Testraumes unternehmen. Wieder ist die selbstständige Arbeit des Teams zwischen den Workshops ein wichtiger Baustein.
7. **Produktcode**
   Mit einer sauberen, stabilen und umfassenden Testsuite im Rücken kann das Team in der dritten Phase des Agile Coachings beginnen, den Produktcode entweder zu verbessern oder sogar neu zu designen. Sie geben dazu in den Workshops die Richtung vor sowie ein paar Beispiele. Das Team erledigt dann den Hauptteil der Aufgaben allein in der Zeit zwischen den Workshops.
8. **Ausbildung**
   Ist das Refactoring und Redesign der ersten Klasse abgeschlossen, kann das Team entweder selbstständig fortfahren und Sie als Coach nur noch bei Bedarf kontaktieren, oder Sie entscheiden gemeinsam, dass es noch Klassen mit anderen Aspekten gibt, für die die erste Klasse nicht wirklich als Vorbild dienen kann. Im zweiten Fall beginnt der beschriebene Ablauf des Agile Coachings von Neuem. Sie dürfen dann aber mit Recht erwarten, dass Ihnen eine Klasse vorgelegt wird, für die schon einmal ein Refactoring ausgeführt wurde, das dem Gelernten des vorangegangenen Durchlaufs entspricht. Außerdem sollte der neue Durchlauf lediglich halb so viele Iterationen benötigen wie der alte.

Die vorgestellte Coaching-Methode hat die folgenden agilen Eigenschaften:

- **Iterativ**
  Agile Coaching vollführt einen Prozess aus Überprüfen und Anpassen. Mit jeder Iteration werden der Code und die Fähigkeiten des Teams in Bezug auf die Modularisierung, Objektorientierung und ASE-Praktiken schrittweise verbessert. Die

Überprüfung vollzieht der Coach in seiner Vorbereitung und während des Workshops. Die Anpassung bereitet er mit seiner Verbesserungsliste vor und bespricht sie mit dem Team im Workshop, sodass dieses sie im Nachgang selbstständig bearbeiten kann.

- **Inkrementell**
  In den ersten beiden Phasen wachsen die Testinfrastruktur und die Testabdeckung inkrementell. In der dritten Phase wird vor allem das Produktdesign Schritt für Schritt verbessert. Kriterien für eine verbesserte Klasse sind weniger Zuständigkeiten, mehr Offenheit für Erweiterungen, differenziertere Interfaces, weniger konkrete Abhängigkeiten sowie ein größerer innerer Zusammenhalt und eine geringere Kopplung zu anderen Klassen.
- **Fokussiert**
  Agile Coaching betrachtet nur eine Klasse gleichzeitig. Jeder Workshop und jede Hausaufgabe sollte sich auf wenige Aspekte konzentrieren, und auch die einzelnen Verbesserungen sollten sequenziell ausgeführt werden.
- **Adaptiv**
  In der Vorbereitung auf die nächste Iteration inspizieren Sie als Coach den Fortschritt des Teams. In den Workshops führen die Teammitglieder Ihnen quasi den Stand ihres Wissens und ihrer Fähigkeiten vor, sodass Sie zielgerichtet helfen oder eingreifen können.
- **Änderungstolerant**
  Sowohl das Team als auch Sie als Coach können auf terminliche Veränderungen flexibel reagieren. In einer intensiven Projektphase wird sich das Team nur sporadisch oder gar nicht mit seiner Hausaufgabe beschäftigen können. Da Sie den Termin für den nächsten Workshop in der Regel erst festlegen, wenn sich das Team zurückmeldet, ist das für beide Parteien auch kein Problem. Damit die Ausbildung stetig fortschreitet, sollten Sie allerdings darauf achten, dass der Abstand zwischen zwei Workshops vier bis sechs Wochen nicht übersteigt.

  Des Weiteren kann Agile Coaching jederzeit abgebrochen oder unterbrochen werden. Eine Unterbrechung kann eine längere Pause oder ein Schwenk auf eine aktuell kritische Klasse (z. B. mit hohem Meldungsaufkommen) sein. In allen Phasen arbeitet das Team mit einer lauffähigen Version der Klasse.
- **Lernorientiert**
  Die Entwickler lernen nicht nur von Ihnen als Coach, wie sie Klassen sicher und effizient verbessern können. Sie lernen auch von ihren Teammitgliedern Tipps und Tricks rund um das Programmieren. Selbst ich als ASE Coach lerne fast in jedem Workshop eine neue Tastenkombination oder Ähnliches dazu.

23.3.2 Vor- und Nachteile

Für Agile Coaching sprechen die folgenden Punkte:

- **Ausführbarer Leitfaden**
  Agile Coaching macht die Ansichten über sauberen Code innerhalb des Teams transparent. Es findet auch eine Diskussion und bei Bedarf eine Abstimmung statt. Das Team kann diese Entscheidungen in einem separaten Dokument niederschreiben. Dann sollte allerdings jede Vorschrift auch ein Beispiel zum besseren Verständnis beinhalten. Das Team kann aber auch darauf verzichten und auf die sauberen Klassen als ausführbare Dokumentation verweisen.
- **Done-Kriterien**
  Der Leitfaden für sauberen Code bildet eine wichtige Grundlage zur Definition der Done-Kriterien. Als Nebenprodukt von Agile Coaching entwickelt sich allerdings auch ein fundiertes Verständnis dafür, welche Testabdeckung und welcher Grad an Wissensverteilung das Team für die einzelnen Features erreichen möchte. Diese über die Praxis ermittelten Done-Kriterien sind natürlich den theoretischen, die sich das Team in einem separaten Qualitätsworkshop ausdenkt, in Bezug auf Verständnis, Akzeptanz und Umsetzbarkeit weit überlegen. Deshalb empfehle ich Ihnen, mit wenigen und teilweise noch unkonkreten Done-Kriterien zu starten, und diese zeitnah über Agile Coaching zu konkretisieren und zu ergänzen.
- **Individueller Ausbildungsbedarf**
  Als Coach sind oder sehen Sie sich in der Verantwortung, die individuelle Ausbildung der Entwickler in Bezug auf Modularisierung, Objektorientierung und ASE-Praktiken kontinuierlich voranzubringen. Mit Agile Coaching können Sie das Wissen und die Fähigkeiten eines jeden Entwicklers in Ihrem Verantwortungsbereich nicht nur schnell und konkret einschätzen. Sie haben auch die Möglichkeit, sofort und passgenau zu reagieren. Damit ersetzen Sie allgemeine Appelle, mehr Refactoring, PP und TDD zu praktizieren, durch spezifische Vorschläge und Hilfestellungen, wann und wo es am besten wie geht. Des Weiteren ist der Ausbildungsstand eines jeden Entwicklers für alle im Team transparent und kann folglich bei der Planung berücksichtigt werden.
- **Skalierung**
  Agile Coaching beantwortet auch die Frage, wie Sie als Coach viele Teams gleichzeitig betreuen können. Jedes Team benötigt für jede Hausaufgabe Zeit. Im Sinne von Scrum sollte diese Zeit ebenso geplant sein wie diejenige für den Workshop. Da die betrachtete Klasse nicht zum Sprintziel gehört, ist die Zeit, die ein Team pro Sprint für seine Hausaufgabe reservieren kann, in der Regel nicht allzu groß. Das heißt, aufeinanderfolgende Workshops für das gleiche Team finden selten innerhalb von zwei Wochen statt. Das gibt Ihnen als Coach die Möglichkeit, in der Zwischenzeit mit mehreren anderen Teams Agile Coaching durchzuführen.

- **Projekterfolg**
  Sie erhöhen die Aussichten für ein neues Projekt erheblich, wenn Sie die Teams vorab dafür ausbilden. Sehen Sie also einen Sprint vor, in dem Ihr Coach intensiv mit den Teams Agile Coaching betreibt. Wenn es sich um ein weiteres Release für ein bestehendes Produkt handelt, erledigen Sie damit Refactoring-Tasks, die am Ende des letzten Releases nicht mehr erledigt werden konnten. Wenn es sich um ein neues Produkt handelt, kennt Ihr Coach sicher Klassen, die das Team zum Üben verwenden kann.
- **Globale Testinfrastruktur**
  Agile Coaching führt erst einmal dazu, dass pro Klasse eine lokale Testinfrastruktur entsteht. Wird es mit einer verwandten Klasse fortgesetzt, ist es wahrscheinlich, dass Teile dieser Testinfrastruktur globalisiert werden, um in beiden lokalen Testincludes verwendet zu werden. Wenn Sie als Coach mehrere Teams für das gleiche Produkt betreuen, können Sie diesen Teams mitteilen, welche Dopplungen sich teamübergreifend im Test- und Produktcode befinden. Ohne zusätzliche Meetings leisten Sie so einen wesentlichen Beitrag zu einer globaleren Testinfrastruktur und der Wiederverwendung von Produktklassen.

Die folgenden Punkte stellen Herausforderungen für das Agile Coaching dar:

- **Zeitaufwand**
  Agile Coaching bedeutet für die Teams einen erheblichen Zeitaufwand. Wie die vorangegangenen Abschnitte zeigen, lassen sich die bestehenden Lücken in der Ausbildung allerdings kaum mit weniger Aufwand schließen. Meiner Meinung nach ist Agile Coaching sogar eine effiziente Methode, um dieses Ziel zu erreichen.
- **Disziplin**
  Die Teamsessions, also die selbstständige Arbeit des Teams, sind wesentlich für den Erfolg von Agile Coaching. Das Team sollte sie deshalb nicht leichtfertig verschieben oder ganz ausfallen lassen. Das Team braucht also Disziplin, um seine Hausaufgaben regelmäßig zu erledigen. Die Verbesserung von Code macht erfahrungsgemäß aber Spaß, sodass es zur Motivation in der Regel nur nötig ist, die Sessions zu organisieren und die Teammitglieder in dieser Zeit von anderen Aufgaben zu entbinden.
- **Unterstützung**
  Ohne Management ist Agile Coaching nicht in der Breite (viele Teams) und in der Tiefe (viele Iterationen) durchführbar. Das ist vor allem der Fall, wenn sich Agile Coaching nicht nur um die Verbesserung eines bestehenden Entwicklungsmodells, sondern auch um einen Modellwechsel kümmern soll (z. B. von prozeduralem zu objektorientiertem Programmieren oder von manuellem zu automatischem Testen).

[«]

Beispiel für Agile Coaching

Für ein Beispiel, wie Agile Coaching konkret ablaufen kann, verweise ich auf Teil I, »Aufbau einer Testinfrastruktur«. Dort werden die folgenden Aktivitäten und Phasen von Agile Coaching vorgeführt:

- Kapitel 2, »Beispielanwendung für diesen Buchteil«: Vorbereitung des Coaches
- Kapitel 3 bis Kapitel 7, einschließlich Abschnitt 7.1, »Transformation des Integrationstests«: Verbesserung des Testcodes und Aufbau einer Testinfrastruktur
- Abschnitt 7.2, »Skalierung mit einer Testsprache«: Verbesserung der Testabdeckung
- Kapitel 8, »Redesign mit Unit-Tests«: Verbesserung des Produktcodes

23.4 Netzwerk für Agile Coaching

Wenn Sie als ASE Coach mehrere Teams gleichzeitig betreuen, sollten Sie darauf hinwirken, dass Sie pro Team einen ASE-Experten als permanenten Ansprechpartner erhalten. Über diese ASE-Experten können Sie dann weiteres Wissen und Informationen rund um ASE gezielt in die Teams weitergeben. Des Weiteren haben Sie mit diesen ASE-Experten eine Runde von erfahrenen Kollegen zur Hand, mit der Sie Diskussionen führen und Neuerungen im ASE-Bereich ausprobieren können.

Für eine organisatorische Verankerung bietet sich innerhalb eines bestimmten Bereichs (z. B. Abteilung, Entwicklungsprogramm) folgende Aufgabenteilung zwischen dem teamübergreifenden ASE Coach und den ASE-Experten in den Teams an. Diese Zuständigkeitslisten sind allerdings nur Vorschläge, also weder zwingend noch vollständig. Für die Suche nach geeigneten Kandidaten sollten Sie ferner über Qualifikationsprofile nachdenken, die zu Ihrer Organisation passen:

- **ASE Coach**
  Die wichtigsten Zuständigkeiten des ASE Coaches sind:
  - Training und Coaching zu ASE-Themen für die Teams anbieten
  - Standardlösungen erarbeiten (z. B. teamübergreifende Testinfrastruktur)
  - neue Methoden und Werkzeuge evaluieren und ausrollen
  - Fragen der ASE-Experten beantworten und ASE-Netzwerk stärken
  - Ansprechpartner für das Management sein

  Ein ASE Coach sollte mindestens die Hälfte seiner Zeit für ASE-Themen verwenden können, bei intensivem Coaching mehr.
- **ASE-Experte**
  Die wichtigsten Zuständigkeiten des ASE-Experten sind:

- ASE-Ausbildungsbedarf erkennen und für Weiterbildung sorgen
- individuelle Lösungen erarbeiten (z. B. teameigene Testinfrastruktur)
- neue Methoden und Werkzeuge im Team befördern
- Fragen der Teammitglieder beantworten bzw. an ASE Coach weiterleiten
- Ansprechpartner für den ASE Coach sein

Ein ASE-Experte sollte etwa ein Zehntel seiner Zeit für ASE-Themen verwenden können. Das Engagement für die teameigene Testinfrastruktur ist Teil der geplanten Entwicklung und gehört nicht dazu.

Kapitel 24
Entwicklung des Backlogs

Wie können Sie agil zu einem Erfolg versprechenden Produkt-Backlog kommen? Dabei unterstützen Sie Methoden wie Design Thinking und User Story Mapping.

Wie schwierig es sein kann, ein Softwareprodukt zu entwickeln, das *alle* Bedürfnisse seiner Benutzer erfüllt, wurde mir während eines Vortrags klar, den Manfred Rätzmann auf dem Karlsruher Entwicklertag 2015 gehalten hat. Als Leiter der Qualitätsabteilung bei der E-Post Development GmbH hat er die unterschiedlichen Qualitätsbedürfnisse von Softwareanwendern in die *maslowsche Bedürfnishierarchie* (siehe Abbildung 24 1) einsortiert.

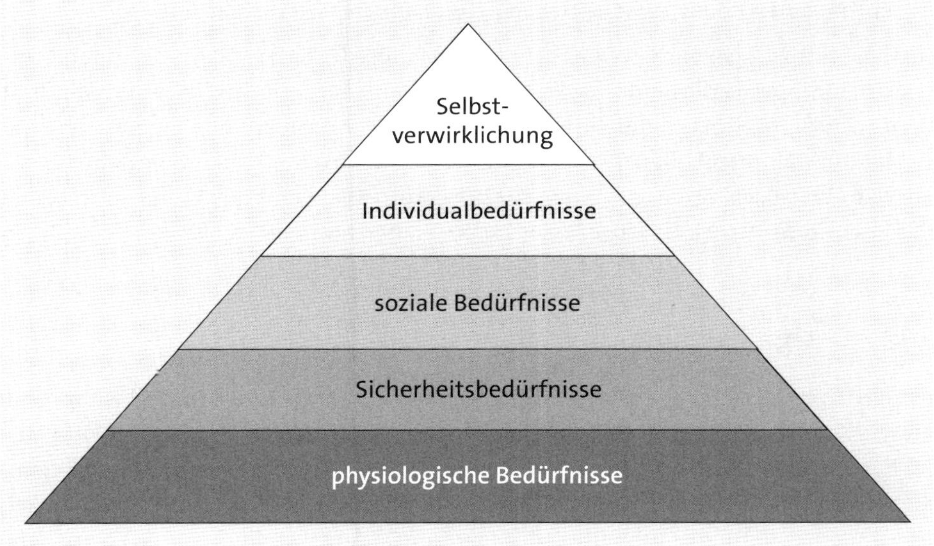

Abbildung 24.1 Maslowsche Bedürfnishierarchie in Form einer Pyramide

Beispiele für die einzelnen Ebenen sind:

- physiologische Bedürfnisse: verfügbar, korrekt
- Sicherheitsbedürfnisse: robust, sicher
- soziale Bedürfnisse: verbreitet, anerkannt

24

- Individualbedürfnisse: Horizont erweiternd, Status fördernd
- Selbstverwirklichung: Kreativität anregend, Umsetzung unterstützend

Qualität verstehe ich seitdem nicht mehr nur als Grad, mit dem ein Softwareprodukt vorgegebene Anforderungen erfüllt, sondern als Grad, mit dem es erforschten Bedürfnissen und Erwartungen entspricht. Folglich interessiere ich mich als agiler Entwickler nicht mehr nur dafür, ob der Produkt- und Testcode meines Teams den vom Product Owner vorgegebenen Backlog-Items entspricht. Angesichts des hohen Aufwands, den ich unter anderem in eine umfassende Testautomatisierung für ein Produkt stecke, möchte ich sicher sein, dass diese Backlog-Items tatsächlich passen. Und das hat nichts damit zu tun, dass ich an der Kompetenz des Product Owners zweifle. Ich glaube nur, dass er mit der komplexen Aufgabe, ein erfolgreiches Produkt-Backlog zu entwickeln, nicht allein gelassen werden sollte. Dazu ist es allerdings notwendig, dass ich direkt dabei bin, wenn die Bedürfnisse und Erwartungen in Erfahrung gebracht, konsolidiert und verifiziert werden. Genau diese Möglichkeit bietet mir *Design Thinking*. Mehr noch, Design Thinking möchte, dass ich dabei bin.

In Abschnitt 24.1 stelle ich Ihnen die agile Methodik Design Thinking kurz vor. Mit dieser Methodik können Sie die Wahrscheinlichkeit deutlich erhöhen, dass Ihr Softwareprodukt die Bedürfnisse seiner späteren Benutzer wirklich erfüllt.

In Abschnitt 24.2 gehe ich auf das *User Story Mapping* (USM) ein. Diese Methode entwickelt ein initiales Produkt-Backlog, das die *Benutzer* und ihre Interaktionen mit dem Softwareprodukt in den Mittelpunkt stellt. USM kann auf den Ergebnissen von Design Thinking aufbauen. Das Ergebnis beider Methoden ist dann ein verständliches Produkt-Backlog, das die Empathie des Scrum-Teams für den Benutzer während des gesamten Entwicklungsprozesses hochzuhalten vermag.

24.1 Design Thinking

Design Thinking (DT) ist ein *Überprüfen-Anpassen-Prozess* (engl. *Inspect Adapt Process*), der von einem interdisziplinären Team in enger Kooperation mit Benutzern (Endanwendern) ausgeführt wird. Die Diversität des DT-Teams ist entscheidend, um auch für komplexe Probleme einfache und kreative Lösungen zu finden. Die frühzeitige und fortwährende Einbindung der späteren Benutzer stellt sicher, dass ihnen die Lösung am Ende auch wirklich hilft bzw. zu ihnen passt.

Es gibt viele Ausprägungen von Design Thinking. Sie unterscheiden sich im Wesentlichen in der Anzahl und der Benennung der Phasen. In meiner Einführung nehme ich Bezug auf das Phasenmodell des Hasso-Plattner-Instituts (HPI) in Potsdam. Wie Abbildung 24.2 zeigt, ist es aus den folgenden Phasen aufgebaut:

1. Verstehen
2. Beobachten
3. Sichtweise definieren
4. Ideen finden
5. Prototypen entwickeln
6. Testen

Die Beobachten- und Ideen-finden-Phase sind divergent dargestellt; sie erzeugen eine Auswahl an Problemen bzw. Lösungen. Die Sichtweise-definieren- und Prototypen-entwickeln-Phase sind konvergent dargestellt; sie treffen eine Auswahl aus diesem Problem- bzw. Lösungsraum.

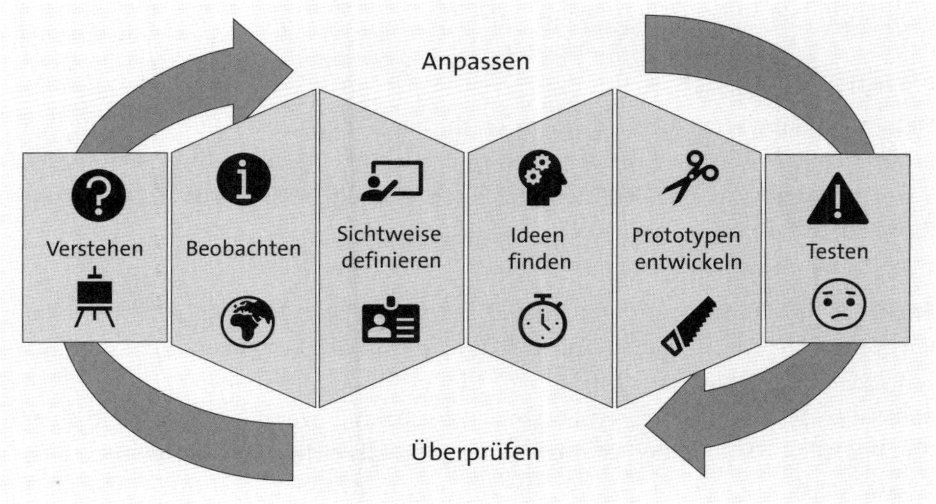

Abbildung 24.2 Design Thinking als iterativer Verbesserungsprozess

In der Verstehen-Phase klärt das DT-Team die Problemstellung, dessen Lösung ein erfolgreiches Produkt hervorbringen soll. In der Beobachten-Phase bringt es konkrete Bedürfnisse realer Benutzer in Erfahrung, die das Produkt befriedigen soll. Anschließend konsolidiert es diese Informationen in der Sichtweise-definieren-Phase zu imaginären Benutzern (*Personas*), die das Produkt in repräsentativer Weise verwenden. Für diese Personas erdenkt das DT-Team in der Ideen-finden-Phase mehrere Produktalternativen, von denen es die aussichtsreichste in der Prototypen-entwickeln-Phase auf einfache Weise baut. In der Testen-Phase lässt es potenzielle Benutzer mit dem Prototyp interagieren. Ihr Feedback nutzt das DT-Team, um die Produktidee zu validieren oder zielgerichtet in einer weiteren Iteration zu verbessern.

In den folgenden Abschnitten gehe ich auf diese sechs Phasen ausführlicher ein. Ich greife dabei auf meine eigenen DT-Erfahrungen und Inhalte der DT-Community bei

SAP zurück. Insgesamt ist diese Beschreibung nicht ausreichend für den Start eines eigenen Design-Thinking-Projekts. Dafür empfehle ich Ihnen, einen DT-Coach zur Organisation und Moderation hinzuziehen.

24.1.1 Verstehen

Der DT-Prozess definiert mit seinem Phasenmodell lediglich, was nacheinander passieren soll. Für das Wann und Wie sollte dieser Prozess in ein Projekt eingebettet sein, das das DT-Team, die Umgebung sowie den Zeit- und Kostenrahmen festlegt. Die Verstehen-Phase dient aber nicht nur dazu, das DT-Projekt Erfolg versprechend aufzusetzen. Es geht in dieser Phase vor allem darum, dass sich das DT-Team über die zu lösenden Probleme bewusst wird. Dazu gehört, dass es diese Probleme konkret benennt, validiert und letztlich auch priorisiert.

Projektteam

Design Thinking setzt auf ein diverses Team, damit möglichst viele unterschiedliche Erfahrungen und Sichtweisen vertreten sind. Für ein Softwareprodukt ist ein Scrum-Team mit seinen unterschiedlichen Rollen ein Anfang; besser ist das DT-Team allerdings aufgestellt, wenn noch Kollegen aus anderen Bereichen (z. B. Vertrieb, Marketing) dazukommen.

Entscheidend für die Teammitglieder ist die Motivation, denn ein DT-Projekt kann leicht mehrere Monate dauern und Rückschläge mit sich bringen. Das Phasenmodell hilft, Meilensteine zu setzen und nach einem Misserfolg wieder an der richtigen Stelle anzusetzen (z. B. mit erneutem Brainstorming, wenn die Idee beim Testen durchgefallen ist, aber die Personas immer noch als richtig und zielführend eingeschätzt werden). In allen Phasen ist die Führung und Moderation durch einen erfahrenen *Design-Thinking-Coach* von Vorteil.

Projektziel

Das DT-Team sollte nicht unreflektiert auf dem vorgegebenen Projektziel aufsetzen. Dieses könnte zum einen nur ungenau ausdrücken, was der Auftraggeber wirklich will. In jedem Fall kann es nicht über dessen aktuelle Vorstellungskraft hinausgehen. Zum anderen profitiert das DT-Team von einer Zielsetzung, die es in eigenen Worten formuliert hat. Für den Fall, dass der Auftraggeber dieser Neuformulierung nicht zustimmen kann, ist ein wichtiges Missverständnis frühzeitig entdeckt worden. Die folgenden Iterationen bis zu einer beidseitig akzeptierten Formulierung des Projektziels erhöhen die Erfolgsaussichten des Projekts beträchtlich und sind deshalb gut investiert.

Eine Zielsetzung in der folgenden, standardisierten Form heißt *Designherausforderung* (engl. *Design Challenge*):

»Gestalte [Erlebnis] für [Benutzer und Kontext] in einer Welt neu, in der [Bedingungen] gelten.«

24.1.2 Beobachten

In der Beobachten-Phase verfolgt das DT-Team das Ziel, möglichst umfassende Erkenntnisse über die Benutzer und ihren Alltag zu gewinnen. Es geht aber nicht nur um Zahlen und Fakten, wie sie sich etwa durch Internetrecherchen ermitteln lassen. Gerade für die Kreativität ist es wichtig, dass sich die Teammitglieder in die Benutzer hineindenken können, und sogar, dass sie erahnen, wie sie sich in bestimmten Situationen fühlen.

Erfahrungsgemäß gelingt das einem DT-Team am besten, wenn es einige Benutzer direkt kennenlernen und sie in typischen Umgebungen (z. B. bei der Arbeit) begleiten und befragen kann. Da die Zeit mit den Benutzern in der Regel beschränkt ist, sollte das DT-Team die *Feldstudien* sorgfältig vorbereiten. Schon im Vorfeld sollte es sich über das Ziel, den Ablauf und die benötigten Erkenntnisse Klarheit verschaffen und sie in einer Art Leitfaden festhalten. Werden verschiedene Feldstudien anhand des gleichen Leitfadens durchgeführt, lassen sich die Ergebnisse danach besser miteinander vergleichen.

Für den Ablauf einer Feldstudie gibt es verschiedene Methoden. Eine konkrete Feldstudie kann eine beliebige Mischung aus solchen Methoden sein. In der Regel stimmen die anreisenden DT-Teammitglieder den Ablauf mit den jeweiligen Benutzern im Vorfeld ab. Einige übliche Methoden sind:

- **Befragung**
  DT-Teammitglieder führen mit Benutzern Interviews nach einem vorgegebenen Fragenkatalog durch.
- **Begleitung**
  DT-Teammitglieder begleiten einen Benutzer, etwa durch seinen Arbeitstag. Sie halten sich, soweit es geht, im Hintergrund und konzentrieren sich auf die Dokumentation von Situationen und darauf, wie der Benutzer auf diese Situationen reagiert. Des Weiteren sollten sie sich auf kurze Verständnisfragen beschränken. Im Nachgang findet dann ein längeres Gespräch statt, in dem auf bestimmte Vorkommnisse vertieft eingegangen wird.
- **Führung**
  Der Benutzer zeigt den DT-Teammitgliedern seine Umgebung und erklärt ihnen, welche Herausforderungen sich für ihn daraus ergeben. Die DT-Teammitglieder

gewinnen einen Überblick, können den Benutzer aber eventuell nicht direkt in Aktion erleben.

In allen drei Fällen sollte das DT-Team in Paaren arbeiten: Einer führt das Gespräch mit dem Benutzer, während der andere Notizen macht. Da sich nicht alle Details dokumentieren lassen, kommt es im Nachgang auch auf das gemeinsame Erinnerungsvermögen an.

24.1.3 Sichtweise definieren

Die Sichtweise-definieren-Phase beginnt mit dem Teilen der gesammelten Eindrücke und Erfahrungen innerhalb des DT-Teams. Dafür hat sich *Storytelling* als Methode etabliert, die ich Ihnen in diesem Abschnitt vorstelle. Wenn alle Benutzergeschichten erzählt sind, fasst das DT-Team diese Informationen gemeinsam zusammen (*Clustering*) und prägt charakteristische Benutzer (Personas) mit rollenspezifischen Bedürfnissen und Verhaltensweisen aus.

Beim Storytelling geht es darum, dass sich die DT-Teammitglieder gegenseitig an ihren konkreten Erlebnissen mit Benutzern teilhaben lassen. Entweder klebt der Sprecher vorbereitete Klebezettel (Post-its) auf eine gemeinsame Tafel, während er vorträgt, oder die Zuhörer erfassen während des Vortrags Klebezettel zu den aus ihrer Sicht wichtigsten Details. Neben einer kurzen Formulierung oder sogar Visualisierung ist auch ein Farbencode für die Klebezettel hilfreich, um etwa Erkenntnisse, Probleme und Wünsche schnell voneinander unterscheiden zu können.

Anschließend gruppiert das DT-Team Klebezettel mit Benutzergeschichten, die ähnlich oder verwandt sind. Es entstehen Themenfelder mit einer Überschrift, die entweder die Person oder ihr Verhalten charakterisieren. Zu große Themenfelder sollten aufgespalten, zu kleine eventuell aufgelöst und anderweitig zugeordnet werden. An dieser Stelle ist noch nicht die Zeit für Diskussionen. Das Ziel ist es, zunächst einen Überblick über die Fülle an Detailinformationen zu bekommen und Schwerpunkte zu identifizieren.

Eine Persona vertritt eine bestimmte Rolle bei der Nutzung des Produkts. Damit der Bezug auf diese Rolle in Kommunikationen leichter fällt, sollte der Nachname der Persona diese Rolle irgendwie beinhalten (z. B. Elisa Erfasser). Das DT-Team sollte einer Persona neben Namen, Alter, Geschlecht, Familienstand und Aussehen (Bild) auch Charakterzüge, Erkenntnisse und Verhaltensweisen zuordnen. Des Weiteren kann sowohl das berufliche als auch das private Umfeld von Interesse sein.

Das DT-Team kann dieser Persona dann produktspezifische Verhaltensweisen, etwa in Form von visuellen Geschichten (*Storyboards*), zuordnen.

24.1.4 Ideen finden

In der Ideen-finden-Phase steigt das DT-Team mit *Brainstorming* und Clustering in die Lösungsfindung ein. Die Benutzer und ihre Bedürfnisse in Form von Personas und Storyboards klar vor Augen, sollte es dem Team nicht schwerfallen, auf die folgende, standardisierte Frage möglichst viele unterschiedliche Antworten zu finden:

»Wie könnten wir [Persona] helfen, [Ziel] zu erreichen?«

Beim Brainstorming sind außergewöhnliche Ideen genauso willkommen wie unausgereifte. Der Rest des DT-Teams soll die vorgestellte Idee nicht beurteilen, sondern sie nach Möglichkeit ergänzen und in eigenen Vorschlägen wiederaufgreifen. Die gemeinsame Diskussion sollte kurz und fokussiert sein. Für die Dokumentation bieten sich Klebezettel mit kleinen Bildern an, die auf einer zentralen Fläche im Raum angebracht werden.

Das Clustering in dieser Phase konsolidiert die Lösungsideen zu konkreten Vorschlägen für die Produktgestaltung. Im Rahmen einer gemeinsamen Diskussion mit Abstimmung bestimmt das DT-Team einen Vorschlag, den es in Form eines Prototyps weiterverfolgen möchte.

24.1.5 Prototypen entwickeln

Ein Prototyp ist wichtig, um einen Lösungsvorschlag begreifbar zu machen. Ein guter Prototyp ist einfach und billig. Er sollte direkt vermitteln können, wie das entsprechende Produkt aussieht und verwendet werden kann. Mehr noch, das Erlebnis der Nutzung sollte mit dem Prototyp in Grundzügen bereits erfahrbar sein.

Ein Prototyp kann gebastelt (z. B. aus Karton) oder nur aufgestellt (z. B. Lego, Playmobil) sein. Zu viele Details sind nicht hilfreich. Eine schlichte Ausgestaltung erhält den Fokus auf die zentralen Produkteigenschaften.

24.1.6 Testen

Das Ziel des Prototyps ist es, schnell und unkompliziert Feedback zu einem Produktvorschlag einzusammeln. Während Benutzer damit arbeiten oder spielen, sollte das DT-Team nicht nur das verbale Feedback einsammeln. Auch Reaktionen und Gefühle sind wesentliche Indikatoren für den späteren Erfolg und sollten dokumentiert werden.

Wenn der Benutzer den Prototyp kritisiert, ist entscheidend, auf welche Entscheidung des DT-Teams in den zurückliegenden Phasen er sich mit dieser Kritik bezieht. Denn dorthin sollte das DT-Team nach dieser Überprüfung zurückkehren und seine Entscheidung anpassen.

Sie sollten allerdings nicht nur das Produkt an sich testen, sondern auch die Chancen, es erfolgreich zu vermarkten und zu vertreiben.

Zusammenspiel von Design Thinking und Agile Software Engineering

Für Agile Software Engineering (ASE) hat Design Thinking eine große Bedeutung. Es schützt die Investitionen des Scrum-Teams in die Qualität eines Softwareprodukts bestmöglich vor einem vorzeitigen Entwicklungsstopp. Selbst das beste Produkt mit der effizientesten Testautomatisierung hat keinen Wert, wenn es von den Kunden nicht angenommen wird.

ASE kann DT andererseits dabei unterstützen, wenn es in einer späteren Iteration des DT-Phasenmodells darum geht, den Prototyp als rudimentäres Softwareprodukt zu erstellen. Neben reinen UI-Mockups können auch Simulationen mit Testdoubles helfen, die Nutzerperspektive ansatzweise begreifbar zu machen.

24.2 User Story Mapping

Scrum schreibt mit dem Produkt-Backlog eine priorisierte Liste an Backlog-Items vor. Durch die Priorisierung verdeutlicht diese Liste, was als Nächstes entwickelt werden soll. Aufgrund ihrer Struktur lässt sie allerdings offen, in welchem Zusammenhang ein Backlog-Item zu anderen Backlog-Items steht. Die Backlog-Items werden vielfach mit Puzzleteilen verglichen, die in einer bestimmten Art und Weise zusammengehören. Puzzeln, ohne dass man das Gesamtbild vor Augen hat, ist schwieriger als mit diesem Überblick. Entsprechend wäre auch ein Gesamtbild für das Backlog vorteilhaft.

Dabei muss das Gesamtbild des Backlogs gar nicht wirklich fehlen. In der Regel hat es der Product Owner im Kopf. Er hat das Backlog erstellt und bearbeitet es fortwährend. Aber dieses Wissen ist nicht unbedingt auch im Scrum-Team verteilt. Und auch in Diskussionen mit Stakeholdern ist es häufig nur verbal präsent.

Die Methode *User Story Mapping* (kurz USM), die auf Jeff Patton zurückgeht, löst dieses Problem, indem sie ein solches Gesamtbild in Form einer *User Story Map* im Team entwickelt.

24.2.1 Aufbau einer User Story Map

Bei einer User Story Map, wie sie Abbildung 24.3 zeigt, handelt es sich um eine zweidimensionale Visualisierung der Backlog-Struktur. Sie stellt die Interaktionen von Benutzern mit dem Produkt in den Mittelpunkt.

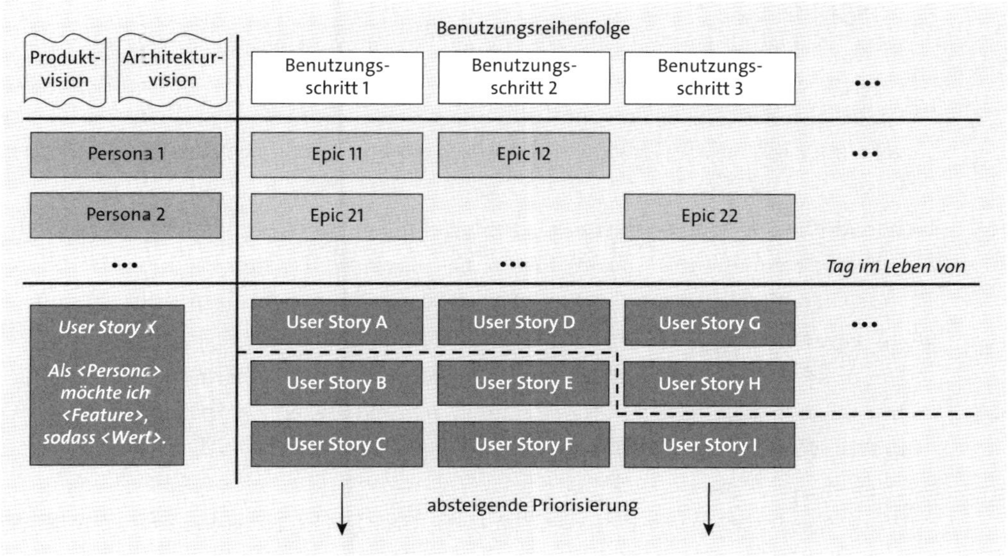

Abbildung 24.3 Aufbau einer User Story Map

Eine User Story Map ist wie folgt aufgebaut:

- **Produktvision**
  Die erste Grundlage einer User Story Map ist die *Produktvision*. Dieses Dokument beschreibt kurz, wem dieses Produkt aus welchen Gründen welchen Mehrwert bringt. Zusätzlich erklärt es, welche besonderen Eigenschaften das Produkt besitzt und welche Verkaufsposition sich daraus ergibt.
- **Architekturvision**
  Die zweite Grundlage einer User Story Map ist die *Architekturvision*. Dieses Dokument enthält neben den Randbedingungen auch Aussagen zur technischen Umsetzung. Letztere wird anfangs noch eine Mischung aus fixen Entscheidungen und möglichen Alternativen sein. Entscheidend ist, dass Produkt- und Architekturvision zusammen eine Einschätzung darüber zulassen, in welchem Verhältnis Attraktivität und Machbarkeit zur Wirtschaftlichkeit des Produkts stehen.
- **Personas**
  Für jede Persona wird eine eigene Reihe in der User Story Map aufgemacht. Diese Reihe beinhaltet eine Folge von Aktivitäten oder Epen (*Epics*), die diese Persona mit dem Produkt an einem (typischen) Tag in ihrem Leben durchführen *wird*. Eine User Story Map bezieht sich also grundsätzlich auf die Zukunft. Sie drückt aus, welche Benutzungen aufgrund der Erforschung der Gegenwart (z. B. Feldstudien) wahrscheinlich sind. Die Liste aller Personas kann beispielsweise in der Sichtweisen-definieren-Phase eines DT-Projekts identifiziert werden.

- **Benutzungsreihenfolge**
  USM fasst ähnliche Epics verschiedener Personas zu einem abstrakten *Benutzungsschritt* zusammen und macht für jeden von diesen Schritten eine eigene Spalte auf. Nicht jede Persona führt die gleichen Benutzungsschritte aus. USM geht aber davon aus, dass sich die Benutzungsschritte aller Personas sortieren lassen.

  Wie Abbildung 24.3 zeigt, ist das Ergebnis eine *Benutzungsreihenfolge*, der die einzelnen Personas (mit Lücken) folgen. Die Epics der Personas können beispielsweise in der Sichtweisen-definieren-Phase eines DT-Projekts bestimmt werden.
- **Rückgrat**
  Der obere Teil einer User Story Map, der die Benutzungsreihenfolge, die Personas mit ihren Epics sowie die Produkt- und Architekturvision enthält, wird ihr *Rückgrat* (engl. *Backbone*) genannt.
- **User Story**
  Eine *User Story* erklärt den Wunsch oder die Absicht eines Benutzers, mithilfe einer Produktfunktionalität einem seiner Bedürfnisse nachzukommen. Sie hat die folgende standardisierte Form:

  »Als [Persona] möchte ich [Feature nutzen], damit ich [Wert] erhalte.«

USM schlägt vor, dass zuerst die Epics einer Persona bestimmt und dann die User Storys pro Epic abgeleitet werden.

Jede User Story sollte in einem Sprint erledigt werden können. Ist eine User Story von ihrem geschätzten Aufwand her zu groß, sollte sie in mehrere kleinere zerlegt werden. Das gelingt dem Team am besten, wenn es inkrementell denkt: Was ist die einfachste Version, die noch funktioniert? Was kann mit nachfolgenden Versionen hinzugefügt werden?

Für eine User Story sollte es Akzeptanzkriterien geben, wie entweder ein automatischer Test oder ein Benutzer (z. B. der Product Owner) die Funktionalität überprüfen kann.

Eine User Story ist ein Backlog-Item, aber nicht jedes Backlog-Item ist auch eine User Story. Beispiele sind Backlog-Items, die dem Benutzer keinen erfahrbaren Mehrwert liefern, also etwa eine Forschungstätigkeit oder ein Redesign. Entsprechend gelten die Done-Kriterien auch für alle User Storys.

In Abbildung 24.3 trennt eine gestrichelte Linie die User Storys in zwei Bereiche. Der obere Bereich mit den höher priorisierten User Storys kann folgende Bedeutungen haben:

- der geschätzte oder erwartete Umfang eines Releases
- der wirtschaftlich notwendige Umfang eines Releases

- Die User Storys oberhalb der Linie sind mindestens notwendig, damit das Produkt nicht nur eine Struktur, sondern auch schon ein erstes, wertschöpfendes Verhalten aufweist (Walking Skeleton).

24.2.2 Überprüfung einer User Story Map

User Story Mapping kann während der letzten Iteration eines DT-Projekts ablaufen. Dann wird die User Story Map in der Prototyp-entwickeln-Phase entworfen und in der darauffolgenden Testen-Phase mit realen Benutzern überprüft. Das ist wichtig, weil die User Story Map zwar auf Erkenntnissen von Feldstudien beruht, aber in der Regel vom Team allein erstellt wird.

Für eine Überprüfung eignet sich die User Story Map aufgrund der Fülle an Informationen nicht immer. Ein *Storyboard*, also eine visualisierte Benutzungsreihenfolge für eine Persona, kann eine weniger technische Alternative sein. User Story Mapping kann aber auch vollständig unabhängig von Design Thinking durchgeführt werden.

Entwicklung des Backlogs und Weiterentwicklung des Teams

Design Thinking und User Story Mapping haben das primäre Ziel, ein erfolgversprechendes Backlog zu definieren. Sie erfüllen aber auch die wichtigen Aufgaben, das Team in Bezug auf das geschäftliche Umfeld des Produkts weiterzubilden und die Empathie des Teams für die Benutzer zu fördern.

Kapitel 25
Entwicklung des Produkts

Wie können Sie ein Produkt mit einem gegebenen Team so effizient wie möglich entwickeln? Es stehen Ihnen dazu verschiedene Ansätze für Entwicklungsstrategien zur Auswahl, aus denen Sie Ihre eigene Strategie ableiten können.

Dieses Kapitel diskutiert Strategien und Taktiken, die bei der nachhaltigen Entwicklung eines Produkts eine Rolle spielen. In Abschnitt 25.1, »Nachhaltige Entwicklung«, konzentriere ich mich auf die langfristige Erhaltung und Verbesserung der Produktivität eines Teams. In Abschnitt 25.2, »Entwicklungsstrategien für Legacy Code«, skizziere ich, wie Sie ein bestehendes Produkt schrittweise verbessern können. In Abschnitt 25.3, »Entwicklungsstrategien für neuen Code«, skizziere ich, wie Sie ein neues Produkt nachhaltig und effizient aufbauen. Diese in gewisser Weise extremen Entwicklungsstrategien sollen Ihnen helfen, für Ihr reales Produkt die passende Mischstrategie zu finden. Im letzten Abschnitt fasse ich diesen Teil IV, »Agile Methoden«, kurz zusammen.

Da die Entwicklungsstrategie von der *Auslieferungsstrategie* mitbestimmt wird, lohnt es sich, vorab einen kurzen Blick aus der Perspektive des Agile Software Engineerings (ASE) auf diese zu werfen. Für die Auslieferungsstrategie sind die aktuelle und die angestrebte Marktposition von großer Bedeutung. Wenn Sie mit Ihrem Produkt schon eine gute Marktposition haben, könnte eine defensive Weiterentwicklung Sinn ergeben. Bei einer defensiven Auslieferungsstrategie konzentrieren Sie sich darauf, das zu liefern, was der Markt dringend einfordert (Pull-Prinzip). Das gibt Ihnen viel Zeit, um Ihre Teams bezüglich ASE aus- und weiterzubilden, sodass sie anschließend Code und Design verbessern können. Sie erhöhen damit Ihre Fähigkeit, auf zukünftige Marktveränderungen schnell zu reagieren. Mit anderen Worten, Sie investieren in Ihre Agilität.

Wenn Sie sich allerdings eine gute Marktposition erst noch erobern müssen, sind Sie in gewisser Weise gezwungen, die Aufmerksamkeit des Marktes mit neuen Innovationen auf sich zu ziehen (Push-Prinzip). Da Sie weniger Zeit für das Refactoring haben, muss die initiale Entwicklung schon überdurchschnittlich gut sein. Die Teams für ein solches Projekt müssen also stabil und in Sachen ASE erfahren sein.

25.1 Nachhaltige Entwicklung

Eine Produktentwicklung ist nur dann nachhaltig, wenn die *Produktivität* der Teams langfristig erhalten bleibt. Das ist vor allem für neue Produkte relevant. Bei alten Produkten geht es häufig erst einmal darum, die niedrige Produktivität auf ein vertretbares Maß zu erhöhen.

25.1.1 Erhaltung der Produktivität

Testautomatisierung ist nicht nur wichtig, um Regression zu vermeiden. Sie ermöglicht auch Refactoring, indem sie jeden einzelnen Verbesserungsschritt absichert. Kunden vertrauen nicht nur darauf, dass sich die alte Funktionalität bei der Entwicklung neuer Funktionalität nicht ändert. Sie vertrauen ebenso darauf, dass sich mit der neuen Funktionalität die Produktivität der Teams nicht verschlechtert.

Die Arbeitsproduktivität ist als das Verhältnis von Ergebnis zu Arbeitsaufwand definiert. Im Sinne der Abarbeitung von Backlog-Items hängt die langfristige Produktivität eines Teams davon ab, welchen Aufwand es für vergleichbare Backlog-Items über die Entwicklungszeit hinweg benötigt. Abbildung 25.1 skizziert diesen Zusammenhang. In dieser Grafik sind die diskreten Aufwände der zeitlich aufeinanderfolgenden Backlog-Items mit einer Kurve geglättet.

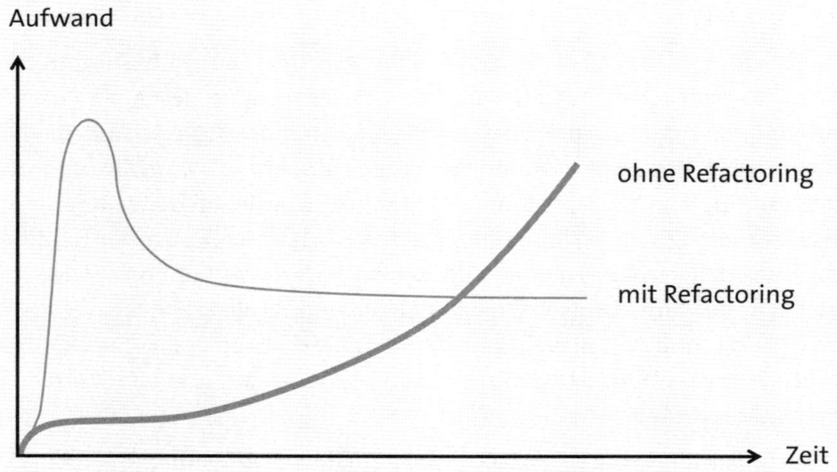

Abbildung 25.1 Aufwand für ein Backlog-Item über die Entwicklungszeit

Abbildung 25.1 visualisiert die Erfahrung, dass für eine gleichbleibende Produktivität die Qualität von Code und Design unerlässlich ist. Zwar ist der Aufwand mit Refactoring (dünn gezeichnete Kurve) anfangs deutlich höher, weil die Teams erst besser ausgebildet werden müssen und weil eine Testinfrastruktur aufgebaut werden muss. Aber danach können die Weiterbildung der Teams und die Erweiterung der Testinfrastruktur mit deutlich niedrigerem Aufwand mit erledigt werden.

Bei einer Entwicklungsstrategie ohne Refactoring wird es dagegen mit der Zeit immer aufwendiger, ein neues Backlog-Item zu erledigen. Die sich mit der Zeit stetig verschärfenden Gründe sind beispielsweise schlechte Lesbarkeit, Dopplungen und zu große Klassen.

25.1.2 Verbesserung der Produktivität

Es gilt, drei Arten von Produktcode (kurz Code) zu unterscheiden:

- **Legacy Code**
  Die ursprüngliche Bedeutung von Legacy Code ist Code, den das Team übernommen hat. Wenn ein Team nicht an der Entwicklung beteiligt war, ändern auch übergebene Dokumente und Erläuterungen nichts daran, dass ihm das Hintergrund- und Detailwissen fehlt. Inzwischen wird der Begriff Legacy Code ganz allgemein für komplexen Code verwendet, in den sich das Team nur schwer und langsam hineindenken kann. Auf Michael C. Feathers schließlich geht die Definition zurück, dass Legacy Code jeder Code ohne ein Sicherheitsnetz aus automatischen Tests ist.
- **Gesicherter Code**
  Code ist gesichert, wenn er durch geeignete Tests abgedeckt ist. Dazu gehören zum einen Akzeptanztests, die sicherstellen, dass das richtige Produkt entwickelt wird, zum anderen Komponenten- und Unit-Tests, die bestätigen, dass das Produkt richtig gebaut wird. Gesicherter Code kann Regression wirksam vermeiden, weil Fehler schnell entdeckt und lokalisiert werden können. Er kann aber immer noch komplex und unstrukturiert sein.
- **Sauberer Code**
  Code ist sauber, wenn er keine technischen Schulden aufweist (z. B. Dopplungen) und so gut lesbar ist, dass er die Absicht des Entwicklers offenbart.

Legacy Code kann durch das Schreiben von Tests in gesicherten Code transformiert werden. Das ist risikoreich und schwierig, wenn etwa für isolierte Tests ungesicherte Designänderungen notwendig sind. Dies ist für Legacy Code oft der Fall, denn Entwickler, die keinen Test schreiben, achten in der Regel auch nicht auf die Testbarkeit des Codes. Diese Transformation ist zudem teuer, weil der Aufwand dafür groß ist und es eine gewisse Zeit dauern kann, bis das Team durch die tatsächliche Vermeidung einer Regression davon profitiert.

Wie Abbildung 25.2 ferner zeigt, kann gesicherter Code durch Refactoring nach und nach in sauberen Code transformiert werden. Diese Transformation ist herausfordernd, weil ein sauberes Produktdesign erst entwickelt werden muss. Allerdings sind diese Umbauten risikoarm, da es für sie ja ein Sicherheitsnetz aus Tests gibt. Sie sind in der Regel auch preiswert, weil sich der Aufwand für das Refactoring zügig amortisiert. Dies liegt zum einen daran, dass von jeder Änderung weniger Klassen betroffen sind. Zum anderen liegt es daran, dass die betroffenen Klassen besser lesbar sind.

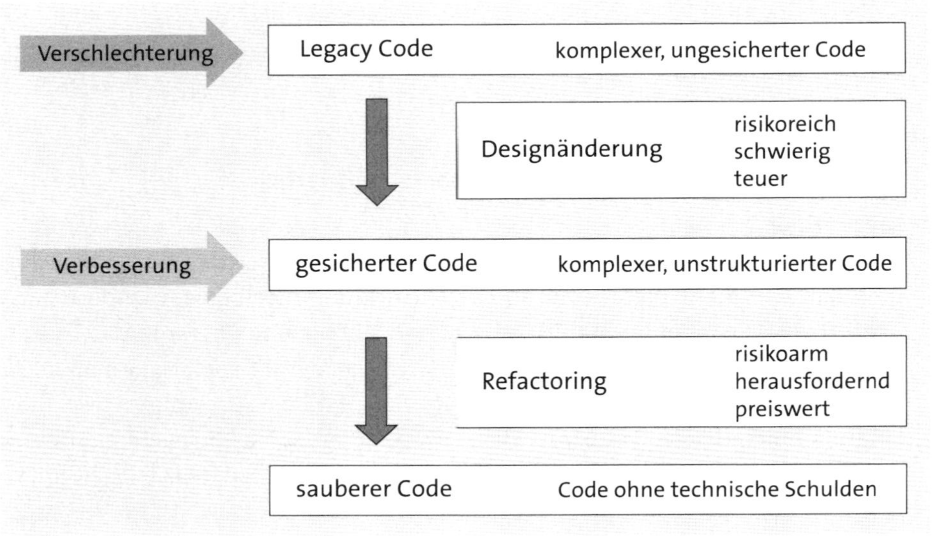

Abbildung 25.2 Verschlechterung oder Verbesserung der Codequalität

Für die langfristige Entwicklung eines Produkts ist es folglich kritisch, wie ein neues Feature integriert wird. Wird es ohne oder mit wenigen Tests abgeschlossen, erhöht es den Anteil an Legacy Code und führt damit zu einer Verschlechterung der Testabdeckung. Wird das neue Feature mit Tests eingebracht, erhöht es die durchschnittliche Testabdeckung und kann daher als Verbesserung betrachtet werden.

[»]

Transformation in sauberen Code

Sauberer Code wird nicht direkt hinzugefügt, weil selbst testgetriebene Entwicklung (TDD) mit den ersten beiden Schritten zuerst gesicherten Code schafft und ihn erst danach mittels Refactoring in sauberen Code transformiert. Der Unterschied zu Bestandscode ist lediglich der, dass sich diese abschließende Transformation bei TDD unmittelbar an die Erzeugung von gesichertem Code anschließt.

In den folgenden beiden Abschnitten gehe ich auf die spezifischen Entwicklungsstrategien für Legacy Code und neuen Code ein.

25.2 Entwicklungsstrategien für Legacy Code

Bei Legacy Code machen in der Regel sowohl das geringe Wissen als auch die mangelhafte Absicherung die Weiterentwicklung schwierig. In den folgenden Abschnitten erläutere ich zunächst, wie Sie diesen Herausforderungen mit einer Charakterisierung begegnen können. Anschließend führe ich dann aus, wie Sie die Weiterentwicklung gestalten sollten, damit Sie den Legacy Code nach und nach hinter sich lassen können.

25.2.1 Charakterisierung

Eine *Charakterisierung* von Code ist eine ausführbare Dokumentation seines augenblicklichen Verhaltens mit Tests. Mit dieser Bestandsaufnahme soll der Status quo festgestellt und gesichert werden.

Für eine Charakterisierung spielt es also erst einmal keine Rolle, ob das Verhalten des Codes in jedem Fall richtig ist. Der Fokus liegt allein darauf, dass sich das Verhalten nicht unbemerkt verändert. Wenn Sie später fehlerhaftes Verhalten feststellen, passen Sie nicht nur den Legacy Code, sondern auch die Charakterisierungstests an.

Für eine erste Charakterisierung sind aus den folgenden Gründen Integrationstests gegenüber Unit-Tests im Vorteil:

- Sie erreichen eine größere Testabdeckung.
- Sie benötigen keine umfangreiche Testisolation. Solange noch kein Sicherheitsnetz vorhanden ist, vermeiden Sie risikoreiche Designänderungen.
- Sie benötigen weniger objektorientiertes Wissen (z. B. über Polymorphie) im Team für den erfolgreichen Start.

Wie Abbildung 12.3 in Abschnitt 12.2.1, »Weiterentwicklung von Bestandscode«, zeigt, sollten Sie danach die Testbarkeit von Klassen und Komponenten durch das Aufbrechen von Abhängigkeiten erhöhen. Wie das geht, beschreibt Michael C. Feathers in seinem Buch »Working Effectively With Legacy Code« im Detail. Damit ist der Weg für erste Unit- und Komponententests frei. Da die Charakterisierung durch die Integrationstests wegen des großen Umfangs nicht vollständig sein kann, sind während dieses Übergangs in der Regel noch manuelle Nachtests nötig.

25.2.2 Transformation

Für die Integration von neuem Code in Legacy Code gibt es prinzipiell zwei Möglichkeiten. Wenn Sie neuen Code direkt in den Bestandscode einfügen, wie Abbildung 25.3 dies auf der linken Seite zeigt, fällt Ihnen das Testen des neuen Codes genauso schwer wie das Testen des Bestandscodes.

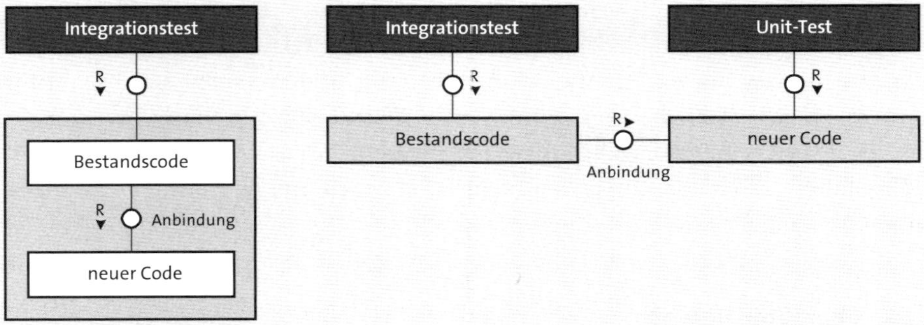

Abbildung 25.3 Trennung von neuem und altem Code

Wenn Sie allerdings, wie es Abbildung 25.3 auf der rechten Seite zeigt, den neuen Code in eine neue Klasse auslagern und nur die Anbindung in den Bestandscode integrieren, können Sie für den neuen Code ohne Einschränkungen Unit-Tests schreiben. Mehr noch, Sie können diese neue Klasse vollständig testgetrieben entwickeln. Auf diese Weise wird die absolute Menge an Legacy Code zwar nicht kleiner, aber ihr relativer Anteil gegenüber neuem Code schon. Eine absolute Verkleinerung erreichen Sie, wenn Sie entweder mit vielen kleinen Refactoring-Schritten alten Code in neue Klassen extrahieren oder mit einem Redesign eine alte Klasse oder Komponente auf einmal ersetzen.

25.3 Entwicklungsstrategien für neuen Code

Neuen Code sollten Sie paarweise testgetrieben entwickeln, damit Ihr Produktdesign sowohl lesbar als auch testbar wird. Ich wiederhole hier zunächst kurz, wie Sie eine testgetriebene Entwicklung vorbereiten können. Teil III dieses Buches, »Agile Neuentwicklung«, enthält dazu ein ausführliches Beispiel. Danach gehe ich darauf ein, welche Skalierungsmöglichkeiten die gemeinsame Codeverantwortung auf Basis von lesbaren Tests bietet.

Auf Basis eines Walking Skeletons treibt jeder Akzeptanztest mehrere Komponententests, und jeder von diesen treibt wiederum zahlreiche Unit-Tests. Integrationstests werden nur für die Überprüfung von Abhängigkeiten (z. B. Datenbankzugriff) benötigt. Mit wenigen manuellen Tests, die Sie vorzugsweise als explorative Tests ausführen, finden Sie auch nicht triviale Fehler frühzeitig. Abbildung 12.5 in Abschnitt 12.2.2, »Neuentwicklung«, zeigt die Testpyramide, die sich aus dieser Entwicklungsstrategie ergibt.

Mit einem Walking Skeleton können Sie gut skalieren. Sie erstellen und verbinden frühzeitig viele Klassen und bieten so vielen Entwicklern Platz, zum gemeinsamen

Sprintziel beizutragen. Die Akzeptanz- und Komponententests unterstützen die Orchestrierung, auch über Lokationen hinweg.

Dabei sollten Sie von Anfang an großen Wert auf gemeinsame Codeverantwortung legen. Da aufgrund des Walking Skeletons alle Entwickler alle Klassen grob kennen und einordnen können, wird es Ihnen leichter fallen, sie für einen regelmäßigen Wechsel der Klasse und des Partners zu motivieren. Sogar ein zeitweiser Wechsel des Teams ist möglich, wenn dies von den Beteiligten begrüßt wird. Ein solcher Wechsel demonstriert frühzeitig Ihre Fähigkeit, neue Kollegen effizient zu integrieren.

Mit gemeinsamer Codeverantwortung können Sie es sich leisten, Ihre agile Produktentwicklung mit einem einzigen Scrum-Team zu starten und nach Abschluss der Vorarbeiten zu skalieren. Diesem ersten Scrum-Team sollten nur wenige, aber erfahrene Entwickler angehören. Im kleinen Kreis schaffen Sie effizient die folgenden fachlichen Grundlagen:

- **Produktstruktur**
  Entwicklung der Architektur und des Grobdesigns für die wichtigsten Komponenten; Ausarbeitung eines Programmiermodells; Fertigstellung der Programmierrichtlinien
- **Testinfrastruktur**
  Entwicklung zentraler Hilfsklassen; Entwicklung einer Testsprache mit Akzeptanz- und Komponententests

Es geht aber nicht nur um die fachliche Vorbereitung. Wie die folgende Liste zeigt, können Sie im kleinen Kreis der Willigen und Fähigen auch die Grundlagen für die agile Entwicklung legen:

- **Scrum**
  Entwicklung des initialen Produkt-Backlogs; Detaillierung des Ablaufs der Meetings; Anpassung der Ready- und Done-Kriterien
- **ASE**
  Refactoring, TDD, PP, Walking Skeleton, gemeinsame Codeverantwortung, kontinuierliche Integration

Bei einer Produktentwicklung, die schließlich von mehreren Teams gestemmt werden soll, sollte das erste Scrum-Team deshalb neben den Architekten auch die ASE-Experten vereinen. Und auch auf die Erfahrung des Product Owners und Scrum Masters kommt es an.

Sie sollten für die Skalierung eine Strategie haben. Im Folgenden stelle ich Ihnen zwei mögliche Strategien vor, vielleicht ist die für Sie passendste eine Mischung daraus:

- **Auf einmal**
  Sie lösen das erste Scrum-Team auf und verteilen dessen Mitglieder auf einmal auf viele neue Scrum-Teams. Diese Strategie ist naheliegend, wenn die neuen Scrum-

Teams des Entwicklungsprojekts im Grunde alte, stabile Scrum-Teams sind, denen nur zeitweise ein paar wenige Entwickler für die Vorarbeit entliehen wurden. Diese Strategie ist zudem möglich, wenn sich die vielen neuen Entwickler gerne auf den vorbereiteten Entwicklungsrahmen einlassen (z. B. viele junge Entwickler, die sich noch keine bestimmte Arbeitsweise angewöhnt haben).

- **Nach und nach**
  Sie erweitern die Gesamtkapazität nur schrittweise. Erst einmal wächst das erste Scrum-Team, dann wird von ihm ein zweites abgespalten und beide wachsen, bis weitere Aufspaltungen sinnvoll sind. Diese Strategie kann dann sinnvoll sein, wenn Widerstände gegen den intensiven Einsatz von ASE-Praktiken zu erwarten sind (z. B. viele ältere Entwickler, die schon jahrelang anders gearbeitet haben).

Beide Strategien beruhen darauf, dass Sie die Arbeit in Paaren angehen und so zu einem regelmäßigen und intensiven Austausch kommen. Für größere Herausforderungen in der Zusammenarbeit steht einem Scrum-Team immer noch seine Sprint-Retrospektive zur Verfügung.

25.4 Zusammenfassung des vierten Teils

Agile Methoden zielen auf die fortwährende Überprüfung und Anpassung der Realität ab. Dadurch entsteht zwar immer zusätzlicher Aufwand gegenüber der schlichten Beibehaltung des Status quo, aber dieser Aufwand ist in der Regel gut investiert.

Auf Ebene der Entwicklung entspricht der Überprüfen-Anpassen-Prozess dem kontinuierlichen Refactoring von Code und Design, zuerst auf der Test- und dann auf der Produktseite. Auf Ebene des Projektmanagements entspricht dieser Prozess der regelmäßig stattfindenden Retrospektive und der Anpassung der agilen Arbeitsabläufe durch das Team. Auf Ebene der Organisation entspricht dieser Prozess dem Go-Gemba der Manager und der Auflösung der dadurch sichtbar gewordenen Hindernisse.

Und auf allen Ebenen steht die effiziente Kommunikation im Mittelpunkt – und dies zu Recht, denn Softwareentwicklung ist eine kommunikationsintensive Unternehmung. Auf Entwicklungsebene sollte die Kommunikation hauptsächlich über Diagramme, sauberes Produktdesign und einfach zu lesenden Testcode realisiert werden. Auf Projektebene sollte das Backlog der Dreh- und Angelpunkt für Informationen und Diskussionen sein. Und auf Organisationsebene sollten die Key Performance Indicators (KPIs) eher Ausgangspunkt für Gespräche vor Ort als Ersatz für solche Gespräche sein, denn auch Entscheidungen auf dieser Ebene müssen einer ständigen Überprüfung standhalten können.

TEIL V

Testorientierte ABAP-Werkzeuge

Sowohl die akzeptanztestgetriebene Entwicklung als auch der testorientierte Verbesserungsprozess kommen mit ABAP Unit gut aus. Grundsätzlich sind für die Entwicklung, Ausführung und Auswertung von Tests keine anderen Werkzeuge vonnöten. Der Einsatz der ABAP Development Tools for SAP NetWeaver (ADT) im Allgemeinen und einiger Testisolationswerkzeuge in speziellen Situationen ist aber trotzdem zu empfehlen. In diesem Teil vermittle ich Ihnen mehr Details zu ABAP Unit und führe anhand von Beispielen in die Nutzung der ADT, des Open SQL Test Double Frameworks, von Test Seams und des ABAP Test Double Frameworks ein.

Kapitel 26
ABAP Unit

ABAP Unit bietet Ihnen nicht nur eine Möglichkeit zur Überprüfung Ihrer Testfälle. Sie können Ihre Testfälle damit auch organisieren.

ABAP Unit ist das Unit-Test-Framework für die ABAP-Entwicklung. Es ist ein integraler Bestandteil der Programmiersprache ABAP. Die Testklassen werden mit ABAP Objects implementiert. Außerdem befinden sich die ABAP-Unit-Testklassen einer Klasse, einer Funktionsgruppe und eines Programms in der Regel in einem lokalen Include dieses Entwicklungsobjekts, und Testklassen werden zusammen mit diesem Entwicklungsobjekt transportiert und ausgeliefert. SAP-Kunden können diese in ihren Entwicklungs- und Testsystemen lesen und teilweise auch ausführen. Eine Ausführung in ihrem Produktivsystem ist dagegen nicht möglich.

In Abschnitt 26.1 beschreibe ich die Methoden, mit denen Testklassen Voraussetzungen und Erwartungen für ihre Testfälle überprüfen können. Abschnitt 26.2, »Ausführung von Tests«, stellt die vielfältigen Möglichkeiten dar, mit denen Sie die zu startenden Testmethoden auswählen können. In Abschnitt 26.3, »Entwicklungsobjekte«, gehe ich auf Funktionsgruppen, Programme und deren Testbarkeit ein.

26.1 Klasse CL_ABAP_UNIT_ASSERT

Die finale Klasse `CL_ABAP_UNIT_ASSERT` ist ein zentraler Teil des ABAP-Unit-Frameworks. Mit ihren statischen Methoden können Sie für eine Testmethode Voraussetzungen (z. B. `ASSUME_TRUE`) und Erwartungen (z. B. `ASSERT_TRUE`) formulieren. Bei einer Verletzung kommt es standardmäßig zu einem Abbruch der Testmethode und einem Eintrag ins ABAP-Unit-Protokoll. Die Ausführung der Testklasse wird dann mit der nächsten Testmethode fortgesetzt.

Für *Assumption-Methoden*, also Methoden mit dem Präfix `ASSUME`, ist dieser Protokolleintrag eine (tolerierbare) Warnung. Für *Assertion-Methoden*, also Methoden mit dem Präfix `ASSERT`, ist dieser Eintrag standardmäßig ein Fehler. Für den Rest dieses Abschnitts konzentriere ich mich auf die bedeutsameren Assertion-Methoden.

[»]

CL_AUNIT_ASSERT ist obsolet

Die Klasse CL_AUNIT_ASSERT ist inzwischen als obsolet gekennzeichnet und sollte nicht mehr verwendet werden.

26.1.1 Methoden

Tabelle 26.1 listet Methoden der Klasse CL_ABAP_UNIT_ASSERT, zu denen es auch eine negative Variante gibt, und erklärt deren Bedeutung.

Methode	Bedeutung
ASSERT_TRUE	Ein boolescher Variablen- oder Ergebniswert muss wahr sein.
ASSERT_INITIAL	Eine Variable, Struktur, Tabelle oder Objektreferenz muss initial sein.
ASSERT_BOUND	Eine Objekt- oder Datenreferenz muss gültig sein.
ASSERT_EQUALS	Zwei Variablen, Strukturen, Tabellen oder Objektreferenzen müssen gleich sein.
ASSERT_TABLE_CONTAINS	Eine Struktur muss in einer Tabelle enthalten sein.
ASSERT_CHAR_CP	Eine Zeichenkette muss in einer anderen enthalten sein.

Tabelle 26.1 Duale Methoden der Klasse CL_ABAP_UNIT_ASSERT

Daneben besitzt diese Klasse noch Methoden für numerische Werte, für reguläre Ausdrücke und für den Systemparameter SY-SUBRC. Details dazu finden Sie in der Dokumentation der Klasse.

26.1.2 Parameter

Die Methoden der Klasse CL_ABAP_UNIT_ASSERT haben folgende Parameter in unterschiedlicher Kombination:

- ACT: Referenz auf das zu überprüfende Datenobjekt
- EXP: Referenz auf das Datenobjekt, mit dem das ACT-Datenobjekt verglichen werden soll
- TOL: Toleranz beim Vergleich von Gleitpunktwerten
- MSG: Zeichenkette für einen zusätzlichen Meldungstext

- LEVEL: Schwere des Fehlers
  - LOW (tolerierbarer Fehler), MEDIUM (kritischer Fehler), HIGH (fataler Fehler) sind Werte der konstanten Struktur IF_AUNIT_CONSTANTS=>SEVERITY.
  - Der Standardwert ist MEDIUM.
  - Die nicht strukturierten Werte TOLERABLE, CRITICAL und FATAL sollen nicht mehr verwendet werden.
- QUIT: Folge eines Fehlers
  - NO (Testmethode wird fortgesetzt) und TEST (Testmethode wird beendet und nächste Testmethode gestartet) sind Werte der konstanten Struktur IF_AUNIT_CONSTANTS=>QUIT.
  - Der Standardwert ist TEST.
  - Die nicht strukturierten Werte NO, METHOD, CLASS und PROGRAM sollen nicht mehr verwendet werden.

26.1.3 Bedingungen

Voraussetzungen und Erwartungen eines Testfalls sind nicht immer einfache Aussagen wie ein Vergleich zweier Werte. Um auch komplizierte Aussagen überprüfen zu können, bietet die Klasse CL_ABAP_UNIT_ASSERT mit der Methode ASSERT_THAT die Möglichkeit an, beliebige Bedingungen mit beliebigen *Junktoren* (wie z. B. ODER) zu verknüpfen.

Jede Bedingung ist ein Objekt einer Klasse, die das generische Interface IF_CONSTRAINT mit den folgenden Methoden implementiert.

- IS_VALID: Erfüllt das gegebene Datenobjekt diese Bedingung?
- GET_DESCRIPTION: Beschreibung dieser Bedingung

Jeder Junktor ist eine Methode der Klasse CL_AUNIT_CONSTRAINTS.

Im Folgenden möchte ich die Definition und Implementierung einer *Bedingungsklasse*, die Verknüpfung von *Bedingungsobjekten* sowie die Überprüfung dieser Verknüpfung durch die Methode ASSERT_THAT an einem einfachen Beispiel demonstrieren. Eine Bedingungsklasse wird auch als *Matcher* bezeichnet.

Dazu führe ich mit Listing 26.1 eine einfache Produktklasse ein, zu der ich Tests mit Bedingungen schreiben möchte.

```
CLASS zcl_value DEFINITION PUBLIC FINAL CREATE PUBLIC.
  PUBLIC SECTION.
    CLASS-METHODS create
      IMPORTING
        iv_value TYPE i
```

```
      RETURNING
        VALUE(ro_value) TYPE REF TO zcl_value.
    METHODS get_value
      RETURNING
        VALUE(rv_value) TYPE i.

  PRIVATE SECTION.
    DATA mv_value TYPE i.
ENDCLASS.
```

Listing 26.1 Definition einer einfachen Klasse mit einem Wert als Zustand

Wie Listing 26.2 zeigt, ist in der Definition der Bedingungsklasse noch kein direkter Bezug zur Produktklasse vorhanden. Da diese Bedingungsklasse nur für das Testen da ist, erhält sie den Zusatz FOR TESTING.

```
CLASS zth_match_value DEFINITION PUBLIC FINAL
CREATE PUBLIC FOR TESTING.
  PUBLIC SECTION.
    INTERFACES if_constraint.

    CLASS-METHODS create
      IMPORTING
        iv_exp_value TYPE i
      RETURNING
        VALUE(ro_match_value) TYPE REF TO zth_match_value.

  PRIVATE SECTION.
    DATA mv_exp_value TYPE i .
ENDCLASS.
```

Listing 26.2 Definition einer Bedingungsklasse

Wie Listing 26.3 zeigt, wird der Bezug zur Produktklasse dynamisch am Anfang der Methode IS_VALID hergestellt. Der Wertevergleich entspricht der Überprüfung der Bedingung, in diesem Fall der Gleichheit des aktuellen Wertes des Produktobjekts mit dem erwarteten Wert des Bedingungsobjekts. Wenn diese Überprüfung fehlschlägt, ruft der ABAP-Unit-Testrunner die Methode GET_DESCRIPTION auf, um diese Bedingung dem ABAP-Unit-Protokoll nennen zu können. In diesem Fall identifiziert sich das Bedingungsobjekt mit der von ihm durchgeführten Überprüfung.

```
CLASS zth_match_value IMPLEMENTATION.
  METHOD create.
    ro_match_value = NEW zth_match_value( ).
    ro_match_value->mv_exp_value = iv_exp_value.
```

```
  ENDMETHOD.

  METHOD if_constraint~get_description.
    APPEND |Value equal to | && mv_exp_value TO result.
  ENDMETHOD.

  METHOD if_constraint~is_valid.
    DATA(lo_value) = CAST zcl_value( data_object ).
    IF lo_value IS NOT BOUND.
      result = abap_false.
    ENDIF.

    IF lo_value->get_value( ) = mv_exp_value.
      result = abap_true.
    ELSE.
      result = abap_false.
    ENDIF.
  ENDMETHOD.
ENDCLASS.
```

Listing 26.3 Implementierung einer Bedingungsklasse

Im lokalen Testinclude der Produktklasse implementiert die Testklasse LTC_VALUE ihre Testmethoden mithilfe dieser Bedingungsklasse (siehe Listing 26.4).

```
CLASS ltc_value DEFINITION FINAL
FOR TESTING RISK LEVEL HARMLESS DURATION SHORT.
  PRIVATE SECTION.
    METHODS value_1_matches_1 FOR TESTING.
    METHODS value_2_matches_1_or_2 FOR TESTING.
    METHODS value_2_matches_not_1_xor_3 FOR TESTING.

    DATA mo_value TYPE REF TO zcl_value.
ENDCLASS.


CLASS ltc_value IMPLEMENTATION.
  METHOD value_1_matches_1.
    cl_abap_unit_assert=>assert_that(
        act = zcl_value=>create( 1 )
        exp = zth_match_value=>create( iv_exp_value = 1 )
    ).
  ENDMETHOD.
```

```
 METHOD value_2_matches_1_or_2.
   DATA(lo_match_or_value) = cl_aunit_constraints=>or(
       c1 = zth_match_value=>create( iv_exp_value = 1 )
       c2 = zth_match_value=>create( iv_exp_value = 2 )
   ).
   cl_abap_unit_assert=>assert_that(
       act = zcl_value=>create( 2 )
       exp = lo_match_or_value
   ).
 ENDMETHOD.

 METHOD value_2_matches_not_1_xor_3.
   DATA(lo_match_not_xor_values) = cl_aunit_constraints=>not( cl_aunit_
constraints=>xor(
       c1 = zth_match_value=>create( iv_exp_value = 1 )
       c2 = zth_match_value=>create( iv_exp_value = 3 )
   ) ).
   cl_abap_unit_assert=>assert_that(
       act = zcl_value=>create( 2 )
       exp = lo_match_not_xor_values
   ).
 ENDMETHOD.
ENDCLASS.
```

Listing 26.4 Testklasse, die Bedingungsobjekte verwendet

Die Testmethode VALUE_1_MATCHES_1 könnte noch in einfacher Weise mit ASSERT_EQUALS und somit ohne Bedingungsobjekte formuliert werden. Aber die beiden anderen Testmethoden würden ohne IF-Anweisungen wohl nicht auskommen.

26.2 Ausführung von Tests

Die Ausführung einer Testmethode hängt von statischen und dynamischen Entscheidungen ab. Die statischen Entscheidungen umfassen die Definition von Testklassen und das mandantenabhängige *ABAP-Unit-Customizing*. Nach der Beschreibung dieses Customizings gehe ich darauf ein, welche Möglichkeiten Sie zur Auswahl der Testmethoden haben.

26.2.1 Statische Grundlagen der Testausführung

Jede Testklasse muss in ihrer Definition eine Risikostufe (RISK LEVEL) und eine Ausführungsdauer (DURATION) angeben. Für die Risikostufe gibt es die folgenden Abstufungen:

- unbedenklich (HARMLESS): ohne Datenbankänderungen
- bedenklich (DANGEROUS): Änderungen an Stamm- und Bewegungsdaten
- kritisch (CRITICAL): Änderung des Customizings

Für die Ausführungsdauer gibt es die folgenden Abstufungen:

- lang (LONG): standardmäßig unter 1 Stunde
- mittel (MEDIUM): standardmäßig unter 5 Minuten
- kurz (SHORT): standardmäßig unter 1 Minute

Diese für eine Testklasse gewählte Charakterisierung korreliert mit den Höchstwerten, die Sie über die Transaktion SAUNIT_CLIENT_SETUP für jeden Mandanten Ihres Systems festlegen können. Konkret können Sie eine Testklasse nicht ausführen, wenn deren Risikostufe über dem im Customizing definierten Höchstwert liegt. Außerdem erhalten Sie eine Meldung im Protokoll, wenn die Ausführungszeit einer Testklasse die im Customizing in Sekunden angegebene Obergrenze überschreitet.

Als Beispiel ist in Abbildung 26.1 der Pflegebildschirm eines SAP-Entwicklungssystems zu sehen. Die Risikostufe im Customizing entspricht hier dem Höchstwert und schränkt die Ausführung von Tests daher nicht ein.

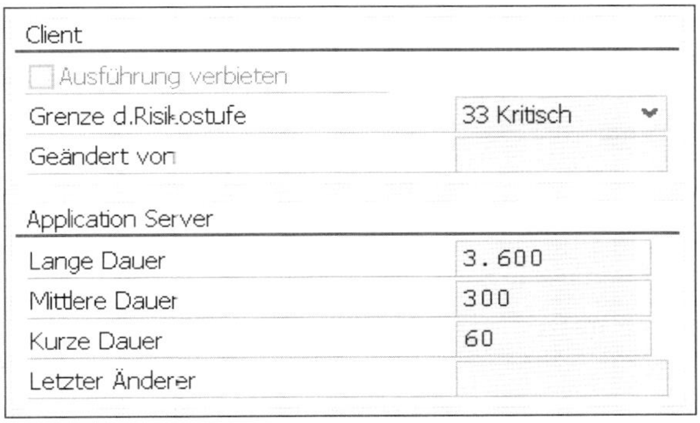

Abbildung 26.1 Mandantenabhängiges ABAP-Unit-Customizing

26.2.2 Dynamische Grundlagen der Testausführung

Die Testklassen zu einer Produktklasse liegen normalerweise im lokalen Testinclude der Produktklasse. Die Ausführung *aller* Testmethoden ist über das Kontextmenü der Produktklasse oder innerhalb der Produktklasse mit der Tastenkombination [Strg] + [⇧] + [F10] möglich.

Daneben gibt es die Möglichkeit, globale Testklassen abstrakt zu definieren und im lokalen Testinclude einer sogenannten Testsuiteklasse mit abgeleiteten lokalen Testklassen zu konkretisieren. Die Ausführung *aller* Testklassen ist dann wiederum über das Kontextmenü der Testsuiteklasse oder innerhalb der Testsuiteklasse mit der Tastenkombination Strg + ⇧ + F10 möglich.

ABAP Unit Browser

Mit dem in Abbildung 26.2 gezeigten *ABAP Unit Browser* des Object Navigators können Sie sich für eine Klasse mit ABAP-Unit-Tests über das Kontextmenü auf die Ausführung einer einzelnen Testklasse ❷ oder auf die Ausführung einer einzelnen Testmethode ❸ beschränken. Die Ausführung aller Testklassen einer Testsuite ❶ ist auch im ABAP Unit Browser noch möglich.

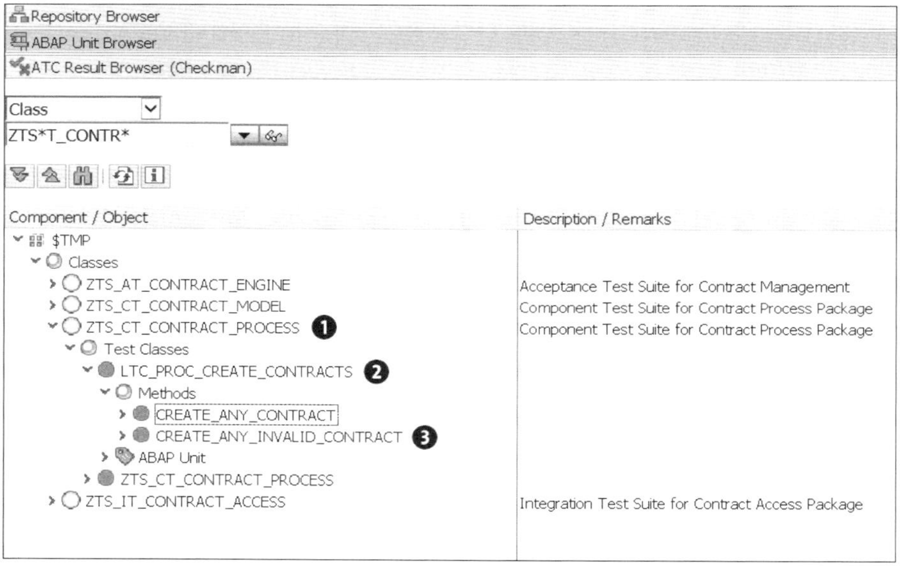

Abbildung 26.2 ABAP Unit Browser für die ganze oder teilweise Ausführung einer Testsuite

[»]

Browserauswahl des Object Navigators

Wenn Sie den ABAP Unit Browser nicht wie in Abbildung 26.2 vorfinden, folgen Sie dem Menüpfad **Hilfsmittel • Einstellungen...**, und passen Sie die **Browser-Auswahl** auf der Registerkarte **Workbench allgemein** entsprechend an.

ABAP Development Tools

Mit den ABAP Development Tools (ADT) können Sie die Auswahl der auszuführenden Testmethoden beispielsweise über den **Project Explorer** oder die **Outline** der gerade editierten Produktklasse vornehmen. In beiden Fällen starten Sie entweder die ganze Testklasse ❶ oder eine einzelne Testmethode ❷ über das Kontextmenü und die Auswahl **Run As • ABAP Unit Test** (siehe Abbildung 26.3).

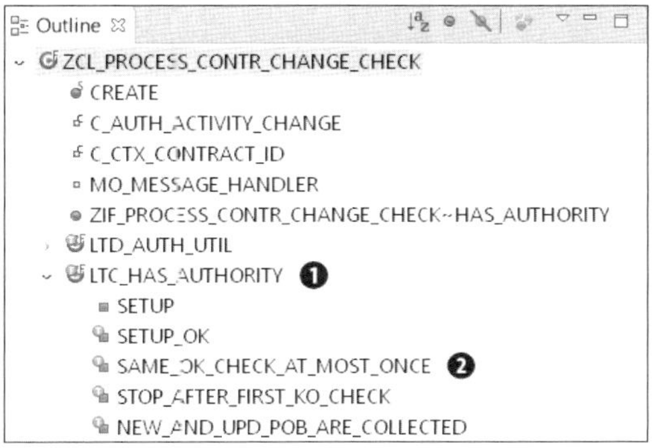

Abbildung 26.3 ADT-Outline für die ganze oder teilweise Ausführung der Testklassen einer Produktklasse

Des Weiteren bieten Ihnen die ADT die Möglichkeit, die auszuführenden Tests zu einer Produkt- oder Testsuiteklasse über die Tastenkombination `Strg` + `⇧` + `F12` und das in Abbildung 26.4 gezeigte Dialogfenster, wie im Folgenden beschrieben, einzuschränken bzw. zu erweitern. Dabei gilt innerhalb der Auswahlbereiche **Scope**, **Risk Level** und **Duration** die Oder-Relation und zwischen diesen Auswahlbereichen die Und-Relation.

❶ Es werden nur Testklassen ausgeführt, die zum ausgewählten Umfang gehören. Auf die Unterscheidung zwischen eigenen Tests (**Own Tests**) und fremden Tests (**Foreign Tests**) gehe ich in Abschnitt 26.2.3, »Testbeziehungen«, im Detail ein.

❷ Es werden nur Testklassen ausgeführt, die eine der ausgewählten Risikostufen definieren.

❸ Es werden nur Testklassen ausgeführt, die eine der ausgewählten Zeitdauern definieren.

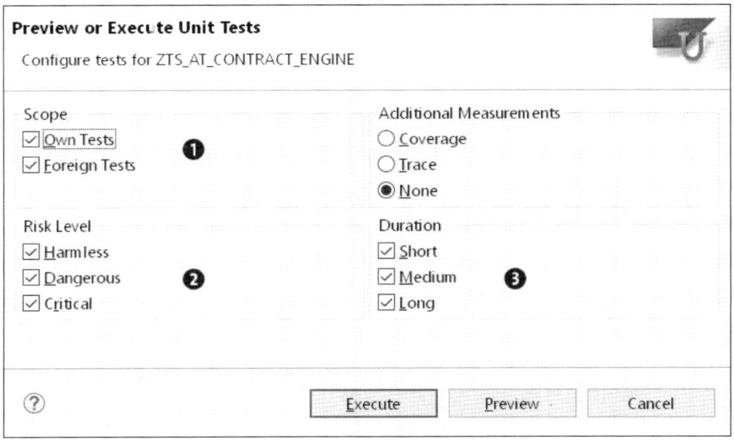

Abbildung 26.4 Dialogfenster zur Auswahl der auszuführenden Tests

Über den Button **Execute** können Sie die ausgewählten Tests starten. Sie können sich aber diese Auswahl auch lediglich auf der Registerkarte **ABAP Unit** anzeigen lassen. Dazu klicken Sie auf den Button **Preview**.

26.2.3 Testbeziehungen

Für CDS Views gibt es keine Möglichkeit, Testklassen lokal zu definieren. Um einen CDS View zu testen, war es also notwendig, die Klasse mit ihren Tests zu kennen und auszuführen. Mit Testbeziehungen ist nun ein Starten dieser Tests aus dem CDS View heraus möglich.

Testbeziehungen können aber auch zur Ausgliederung von Testklassen aus einem sogenannten *Testcontainer* verwendet werden. Der Testcontainer einer Klasse ist ihr lokales Testinclude. Für eine Funktionsgruppe `/NAMESPACE/FUGR` ist Include `/NAMESPACE/LFUGRT99` als Testcontainer vorgesehen. Bei Reports kann ein beliebiges Include als Testcontainer dienen (bei Bedarf auch mehrere).

Die einem Entwicklungsobjekt *eigenen Testklassen* befinden sich entweder direkt in einem seiner Testcontainer oder in einem Include `INCL_XXX`, das über die Anweisung `INCLUDE incl_xxx IF FOUND` in einen Testcontainer eingebunden ist.

Zu den fremden Testklassen eines Entwicklungsobjekts gehören alle Testklassen, die eine Testbeziehung zu diesem Entwicklungsobjekt direkt oberhalb ihrer Klassendefinition deklarieren. Diese Deklaration sieht für eine Produktklasse `CL_YYY` wie folgt aus:

```
"! @testing cl_yyy
```

Dabei handelt es sich im Grunde um einen ABAP-Doc-Kommentar mit dem Schlüsselwort `@testing` für eine Testbeziehung.

[»]

ABAP Doc

ABAP Doc ist eine Methode, um quellcodebasierte Entwicklungsobjekte zu dokumentieren. ABAP-Doc-Anweisungen starten mit `"!` am Zeilenanfang und fahren mit einem oder mehreren Schlüsselwörtern zu einem Argument fort. Für einen Eingabeparameter `IO_PAR` einer Methode lautet diese Sequenz beispielsweise `@parameter @in io_par`.

Abbildung 26.5 zeigt die Definition und Ausführung von eigenen und fremden Testklassen für die verschiedenen Entwicklungsobjekte.

Wenn der ABAP-Unit-Testrunner auf ein Entwicklungsobjekt angesetzt wird, erfragt er vom Entwicklungsobjekt dessen eigene Testklassen und vom Verwendungsnachweis dessen fremde Testklassen. Wie Abbildung 26.4 zeigt, bieten Ihnen die ADT die

Möglichkeit, diesen Standardumfang einzuschränken und beispielsweise nur die eigenen Testklassen zu erfragen. Der ABAP-Unit-Testrunner startet dann all diese erfragten Testklassen, die wiederum das betrachtete Entwicklungsobjekt testen.

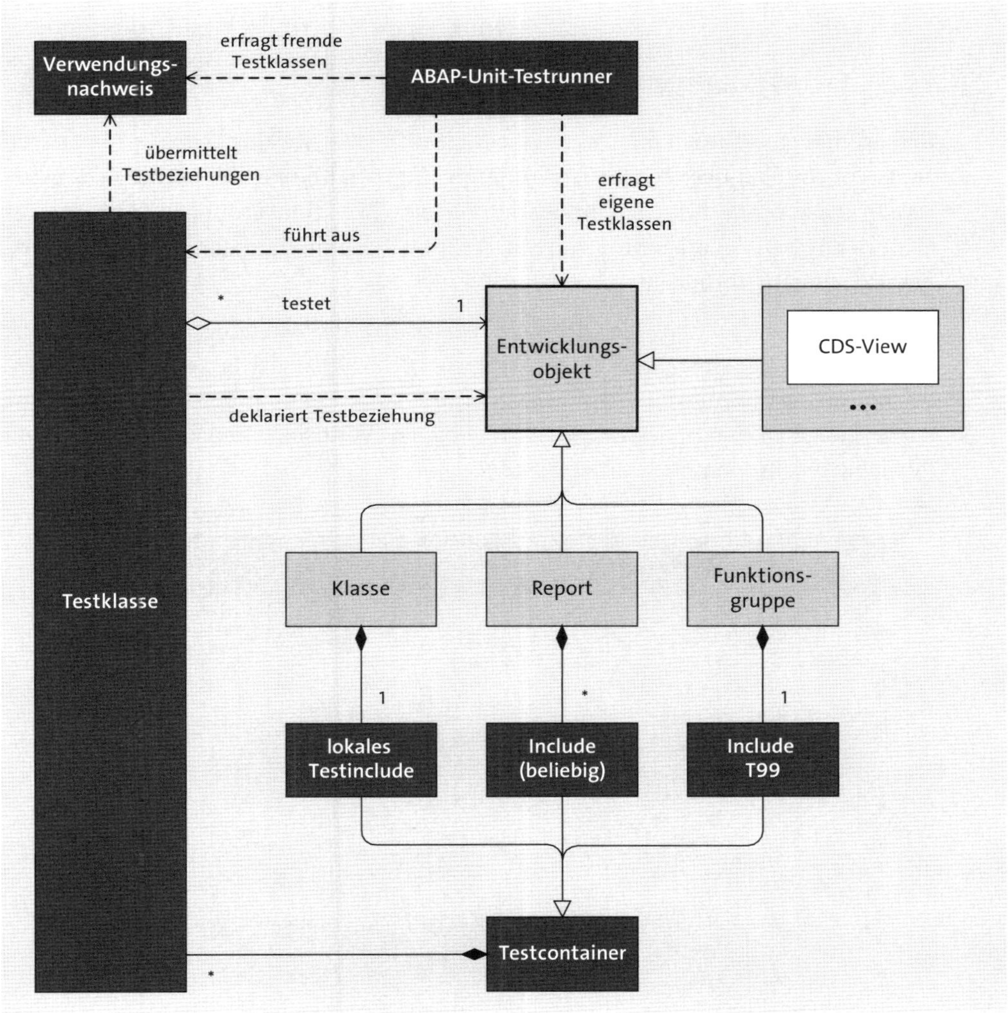

Abbildung 26.5 Ermitteln und Ausführen der Testklassen zu verschiedenen Entwicklungsobjekten

26

Testbeziehungen

Testbeziehungen bauen keine Abhängigkeiten vom Produkt- zum Testcode auf. Das ist wichtig, weil es schon eine testende Abhängigkeit des Testcodes vom Produktcode gibt und ansonsten eine zyklische Abhängigkeitskette entstünde. Diese Abhängigkeit würde zu einem Fehler führen, wenn der Testcode in einer anderen Softwarekomponente liegt, da diese Softwarekomponente etwa in Produktivsystemen normalerweise nicht vorhanden ist.

26.3 Entwicklungsobjekte

In diesem Buch habe ich mich ausschließlich auf das Entwicklungsobjekt Klasse konzentriert. Unter anderem habe ich Funktionsgruppen und Reports außer Acht gelassen. In diesem Abschnitt beschreibe ich für eine Funktionsgruppe, warum das aus Sicht der Testautomatisierung keine wirkliche Einschränkung darstellt. Für Reports gilt diese Beschreibung entsprechend.

Abbildung 26.6 stellt dar, wie Sie eine Klasse CL_USE, die von einer Funktionsgruppe FUGR_CUT abhängt, mit einer Unit-Testklasse LTC_USE isoliert testen können. Dazu definieren Sie ein Interface IF_CUT_EXT, das die Funktionalität der Funktionsgruppe wiedergibt. Sie können dazu einfach für jeden Funktionsbaustein eine Methode mit den gleichen Parametern anlegen.

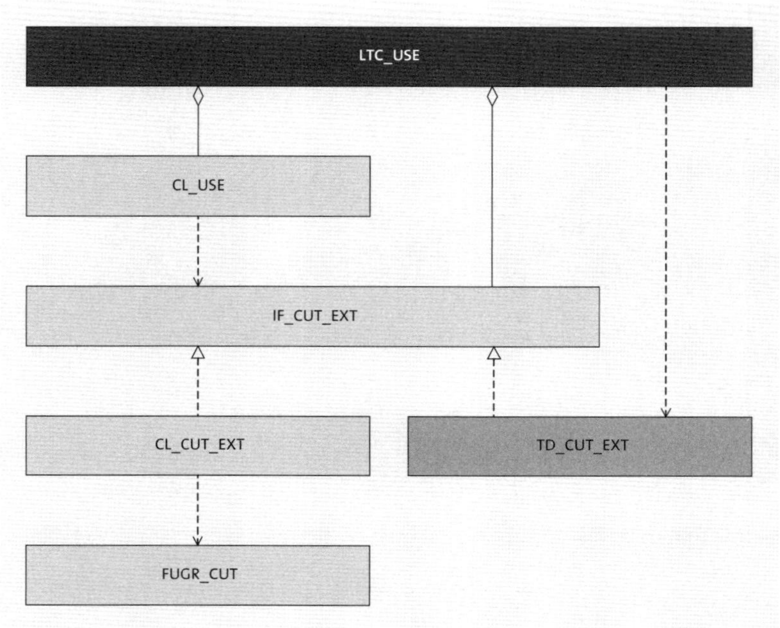

Abbildung 26.6 Verschalung einer Funktionsgruppe

Besser ist es allerdings, wenn Sie eine objektorientierte Verschalung designen, also statt vieler datenbasierter Parameter wenige Objektparameter wählen. Ein Beispiel ist das Job-Interface in Listing 14.13 in Abschnitt 14.6.1. Für dieses Interface implementieren Sie eine Klasse CL_CUT_EXT, indem Sie in jeder Methode den zugehörigen Funktionsbaustein aufrufen. Für die lokale Testklasse LTC_USE der zu testenden Verwenderklasse CL_USE erstellen Sie eine globale Doubleklasse TD_CUT_EXT, die auch von Testklassen anderer Verwender der Funktionsgruppe benutzt werden kann.

In der Folge sollten Sie für jede neue Klasse CL_USE das Interface IF_CUT_EXT verwenden und jede alte Klasse CL_USE nach Möglichkeit auf das Interface IF_CUT_EXT umstellen. Da das Interface IF_CUT_EXT die Funktionsgruppe FUGR_CUT außen verschalt, betrachte ich es als das *externe Interface* dieser Funktionsgruppe.

Abbildung 26.7 stellt dar, wie Sie eine Funktionsgruppe FUGR_CUT mit einer Unit-Testklasse LTC_CUT_INT isoliert testen können. Dazu definieren Sie ein Interface IF_CUT_INT, das die Funktionalität der Funktionsgruppe wiedergibt. Wieder lohnt es sich, dieses Interface objektorientiert zu designen, weil die Testklasse LTC_CUT_INT dann keine lesbare Verschalung mehr benötigt. Für dieses Interface implementieren Sie eine Klasse CL_CUT_INT, indem Sie für jede Methode die Implementierung des zugehörigen Funktionsbausteins grundsätzlich übernehmen, aber natürlich den Aufruf eines Funktionsbausteins der gleichen Funktionsgruppe FUGR_CUT durch die betreffende Methode in IF_CUT_INT ersetzen.

Wenn die Klasse CL_CUT_INT eine Funktionsgruppe FUGR_DOC verwendet, dann ersetzen Sie diese nach dem oben beschriebenen Verfahren durch ein externes Interface IF_DOC_EXT und eine Klasse CL_DOC_EXT. Die lokale Testklasse LTC_CUT_INT hat dann die Möglichkeit, sich mit einer lokalen Doubleklasse LTD_DOC_EXT zu isolieren.

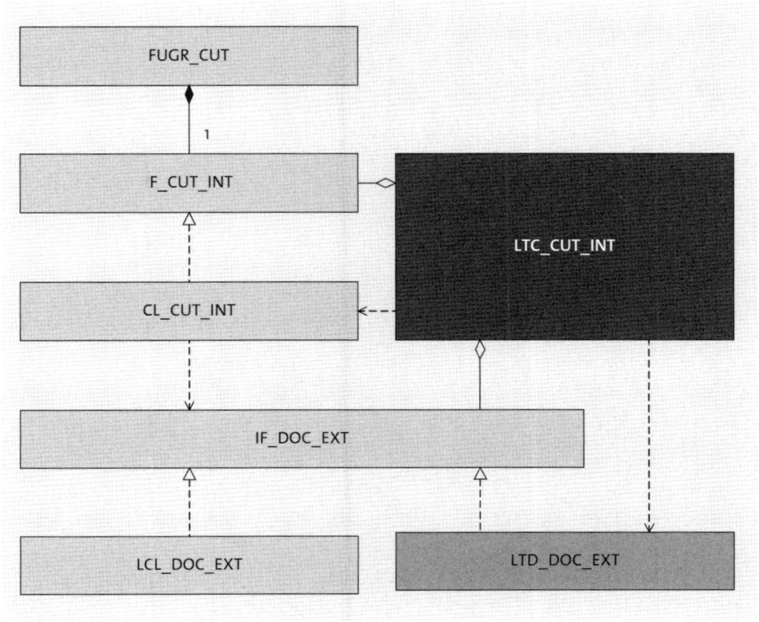

Abbildung 26.7 Aushöhlung einer Funktionsgruppe

Wenn die DOC-Funktionsgruppe mehrere Verwender hat, können Sie statt der in Abbildung 26.7 gezeigten lokalen Klasse `LCL_DOC_EXT` auch eine globale Klasse und eine globale Doubleklasse wie in Abbildung 26.6 definieren. Da das Interface `IF_CUT_INT` die Funktionsgruppe `FUGR_CUT` innen aushöhlt, bezeichne ich es als das *interne Interface* dieser Funktionsgruppe.

Testen einer Funktionsgruppe

Wie Abbildung 26.5 zeigt, können Sie für eine Funktionsgruppe zwar eigene Testklassen erstellen; damit aber deren Testmethoden lesbar sind, benötigen Sie eine vereinfachende Verschalung ihrer Funktionsbausteine innerhalb der Testinfrastruktur. Da Sie eine testorientierte Verschalung allerdings nicht für neue produktive Verwender zur Verfügung haben, ist es sinnvoller, die Funktionsgruppe produktiv auszuhöhlen, also ihre Implementierung produktorientiert zu verschalen.

Mit Klassen als Träger der Funktionalität haben Sie mehr Möglichkeiten für Injektionen und damit für isolierte Tests. Auch die ADT bieten mehr Refactoring-Unterstützung für Klassen als für Funktionsgruppen an.

Aufgrund des Aufwands und des Regressionsrisikos ist eine breit angelegte Ersetzung von Funktionsgruppen durch Klassen in den meisten Fällen nicht sinnvoll. Vielmehr sollten Sie diese Möglichkeit kennen und nutzen, sobald die Wartungslast für eine Funktionsgruppe zu groß wird bzw. diese Funktionsgruppe in Kürze in größerem Umfang weiterentwickelt wird.

Kapitel 27
ABAP Development Tools

Welche Werkzeuge können Sie bei der testgetriebenen Entwicklung und beim Refactoring von lokalen und globalen Klassen unterstützen? Die neue Eclipse-basierte Entwicklungsumgebung für ABAP bietet dazu einige hilfreiche Funktionen an.

Höchstwahrscheinlich hat Ihnen der *Object Navigator* (Transaktion SE80) über viele Jahre genauso treue Dienste geleistet wie mir. Der Object Navigator ist nicht nur eine stabile Entwicklungsumgebung, sondern auch eine, an die Sie sich nicht zuletzt wegen der formbasierten Übersichtlichkeit gewöhnt haben. Der Siegeszug der agilen Entwicklung ist am Object Navigator allerdings nicht spurlos vorübergegangen. Während er in Bezug auf ABAP Unit noch gut mithalten kann, wurde er in Sachen Refactoring schon seit Längerem abgehängt.

Vielleicht sind Sie deshalb schon auf die neuen *ABAP Development Tools* (ADT), auch bekannt als *ABAP in Eclipse*, umgestiegen. Wenn nicht, ist Ihr Einstieg in die agile ABAP-Entwicklung bzw. deren vertiefte Anwendung genau der richtige Zeitpunkt für einen solchen Umstieg.

In diesem Kapitel gebe ich Ihnen eine praktische Demonstration der ADT. Nach einer kurzen Einführung in Abschnitt 27.1 zeige ich Ihnen in Abschnitt 27.2, wie Sie die testgetriebene Entwicklung (TDD) mit den ADT effizient betreiben können.

Technische Dokumentation

Wenn Ihnen die Beschreibungen in diesem Kapitel nicht ausreichen, können Sie in der SAP-Hilfe zu den ADT alle Details finden. Diese ist allerdings nur auf Englisch verfügbar.

27.1 Einführung

In diesem Abschnitt zeige ich Ihnen zuerst, woher Sie all die wertvollen Informationen erhalten können, die dieses Kapitel bei Weitem sprengen würden. Anschließend konzentriere ich mich auf die wenigen Schritte, die Sie nach der Installation der ADT durchführen müssen, um eine neue Klasse zu entwickeln.

27.1.1 SAP-Hilfe

Die ADT bieten Ihnen nicht nur viele nützliche Funktionen, sondern auch eine umfangreiche Hilfe (Menüpfad **Help • Help Contents**) dazu. In diesem Kapitel beziehe und beschränke ich mich auf den Inhalt der Rubrik **SAP (On-Premise) – ABAP Development User Guide**. Alle im Folgenden angeführten Pfade habe ich deshalb um diesen Wurzelknoten verkürzt.

Abbildung 27.1 stellt einen Ausschnitt dieses speziellen Hilfsinhalts dar.

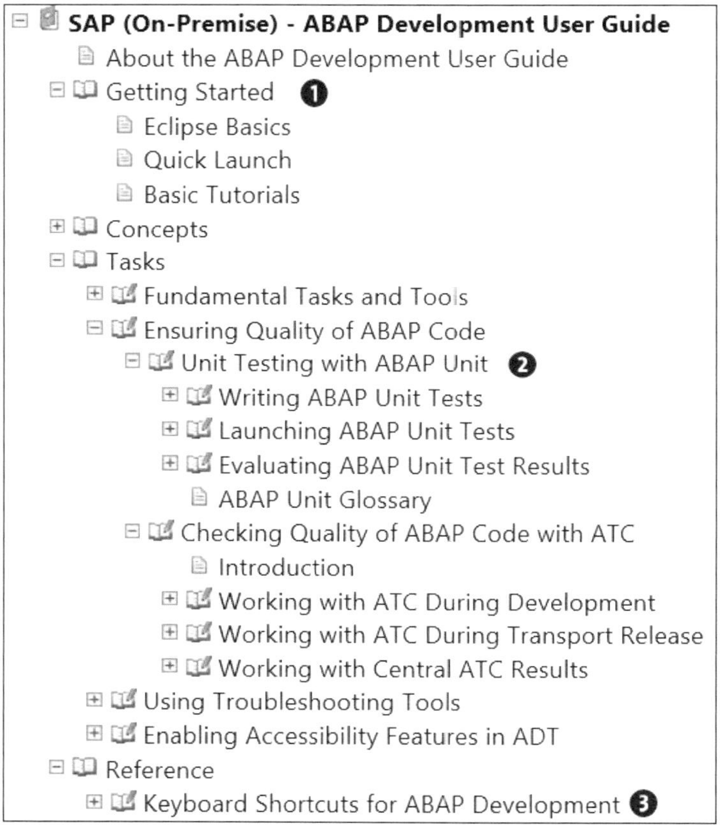

Abbildung 27.1 Spezielle Hilfsinhalte zu ABAP Unit und den ADT

Wenn Sie bislang noch nicht mit den ADT gearbeitet haben, lesen Sie am besten zuerst das Verzeichnis **Getting Started** ❶. Mein Fokus wird im Folgenden auf dem Schreiben und Ausführen von ABAP-Unit-Tests und dem Auswerten ihrer Resultate liegen ❷. Ich erwähne dabei mögliche Tastenkombinationen, die Sie auch unter **Keyboard Shortcuts for ABAP Development** ❸ nachlesen können. Während der Arbeit mit den ADT können Sie sich diese Liste jederzeit über die Tastenkombination [Strg] + [⇧] + [L] anzeigen lassen.

27.1.2 Projekt anlegen

Eine Klasse können Sie mit den ADT nur im Rahmen eines *ABAP-Projekts* entwickeln. Am einfachsten legen Sie ein ABAP-Projekt auf Basis einer Systemverbindung an, die in Ihrem SAP-Logon schon vorliegt. Mehr Details zu Alternativen finden Sie in der Hilfe unter **Tasks • Fundamental Tasks and Tools • Working with ABAP Projects**.

Um ein neues ABAP-Projekt anzulegen, gehen Sie wie folgt vor:

1. Sie starten die Anlage eines neuen Projekts über den Menüpfad **File • New • ABAP Project**.
2. Aus den angezeigten SAP-Logon-Einträgen wählen Sie Ihr Entwicklungssystem aus, und bestätigen es mit **Next**.
3. Danach führen Sie die Anmeldung am System wie gewohnt aus.

27.1.3 Produktklasse anlegen

Wenn Ihre Produktklasse (kurz Klasse) schon existiert, öffnen Sie diese in den ADT mit der Tastenkombination `Strg` + `⇧` + `A`. Es genügt, wenn Sie einen regulären Ausdruck wie »*CL*PROC*CH*CHECK*« in das Suchfeld eingeben und die Klasse dann aus der automatisch erstellten Liste auswählen.

Wenn Ihre Klasse noch nicht existiert, dann legen Sie diese über den Menüpfad **File • New • ABAP Class** an. Falls es sich bei Ihrer Klasse um eine Unterklasse handelt, können Sie die Oberklasse bei dieser Gelegenheit gleich mit angeben. Die ADT erweitern die Definition dann entsprechend.

Lokales Testinclude

Das lokale Testinclude (kurz Testinclude) zu Ihrer Klasse legen die ADT automatisch für Sie an. Sie erreichen dieses Testinclude über die Registerkarte **Test Classes** unterhalb des Fensters für den ABAP Source Code Editor. Bei Bedarf gelangen Sie über die benachbarte Registerkarte **Global Class** wieder zurück zur Definition und Implementierung Ihrer Klasse.

ABAP Code Templates

Sie können Ihre Testklasse im Testinclude schreiben. Alternativ können Sie sich zuerst ein Code Template für Testklassen anlegen, das Sie für weitere Testklassen in diesem und in anderen Testincludes wiederverwenden können.

Ein *Code Template* ist eine Codevorlage, die Sie editieren können. Wenn Sie im Editor einen Kurzbezeichner und die Tastenkombination `Strg` + Leerzeichen für den Aufruf der Codevervollständigung eingeben, wird Ihnen das Code Template zur Übernahme in den Quellcode angeboten. Alternativ können Sie dieses Code Template auch aus der Sicht **Templates** ziehen und im Editor-Fenster (siehe Abbildung 27.2) fallen lassen.

Folgende Schritte sind zur Anlage eines Code Templates notwendig:

1. Folgen Sie dem Menüpfad **Window • Preferences • ABAP Development • Editors • Source Code Editors • ABAP Templates**, und drücken Sie auf den Button **New**.
2. Geben Sie beispielsweise den Kurzbezeichner »ltc« im Feld **Name** und die Beschreibung »Lokale Testklasse« im Feld **Description** ein.
3. Geben Sie beispielsweise den Text aus Listing 27.1 im Feld **Pattern** ein, und drücken Sie den Button **OK**.

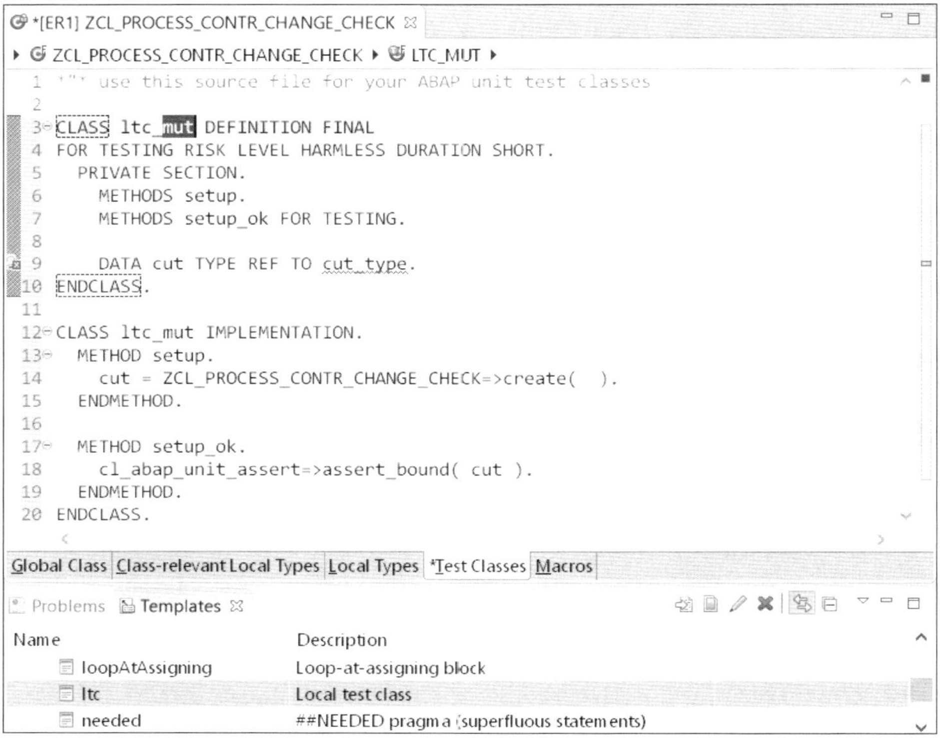

Abbildung 27.2 Selbst definiertes Code Template nach Übernahme aus der Templates-Sicht in das lokale Testinclude

Listing 27.1 enthält neben den ADT-Variablen `${enclosing_object}` für den Namen der Produktklasse und `${cursor}` für die Position des Cursors nach Ersetzung aller Variablen auch die von mir angelegten Variablen `${mut}` für den Namen der Testklasse sowie `${cut_ref}` und `${cut_type}` für die Referenz und den Typ des zu testenden Objekts.

```
CLASS ${ltc} DEFINITION FINAL
FOR TESTING RISK LEVEL HARMLESS DURATION SHORT.
  PRIVATE SECTION.
    METHODS setup.
    METHODS setup_ok FOR TESTING.

    DATA ${cut_ref} TYPE REF TO ${cut_type}.
ENDCLASS.

CLASS ${ltc} IMPLEMENTATION.
  METHOD setup.
    ${cut_ref} = ${enclosing_object}=>create( ${cursor} ).
  ENDMETHOD.

  METHOD setup_ok.
    cl_abap_unit_assert=>assert_bound( ${cut_ref} ).
  ENDMETHOD.
ENDCLASS.
```

Listing 27.1 Code Template für eine lokale Testklasse

Die ADT unterstützen Sie beim Ersetzen der Variablen, indem sie die erste Variable im Code Template markieren. Nachdem Sie eine Variable umbenannt und die Umbenennung mit der Taste [Tab] abgeschlossen haben, springen die ADT sogleich zur nächsten Variablen. Wenn Sie im Code Template die Variable `${cursor}` verwendet haben, setzen die ADT den Cursor anschließend an die entsprechende Stelle im übernommenen Code (hier in den Methodenaufruf der Erzeugungsmethode `CREATE`, was aber in Abbildung 27.2 wegen der noch ausstehenden Variablenumbenennungen noch nicht sichtbar ist).

27.2 Testgetriebene Entwicklung mit den ABAP Development Tools

Für eine Demonstration, wie die ADT Sie bei der testgetriebenen Entwicklung (TDD) unterstützen, greife ich auf die in Kapitel 18, »Planung und Vorarbeit«, eingeführte Beispielanwendung aus dem Finanzbereich zurück. Diese Beispielanwendung hat einen Erlösrechner mithilfe von sogenannten Prozessen realisiert. Einer dieser Prozesse beschäftigt sich mit der Änderung von Verträgen.

In diesem Abschnitt lege ich mit `ZCL_PROCESS_CONTR_CHANGE_CHECK` eine Klasse an, die für die Überprüfung der Eingabedaten des Änderungsprozesses zuständig ist. Genauer werde ich eine Methode `HAS_AUTHORITY` testgetrieben entwickeln, die für jeden gegebenen Vertrag überprüft, ob für alle seine Leistungsverpflichtungen (Performance Obligations, kurz POBs) eine Berechtigung zur Änderung vorliegt. Diese Berechtigung wird von der Klasse CL_FARR_AUTHORITY_CHK_UTILITY geprüft und hängt allein von der Kombination der POB-Attribute COMPANY_CODE und SALES_ORG ab. Das heißt, für die Berechtigungsprüfung eines Vertrags genügt es, die unterschiedlichen Kombinationen von allen POBs zu ermitteln und dann die Berechtigungsprüfung lediglich für diese Teilmenge der Kombinationen durchzuführen. Im Folgenden werde ich in diesem Zusammenhang nur noch von der Überprüfung einer Kombination sprechen.

27.2.1 Berechtigungsprüfung als Test-Stub

In diesem Abschnitt geht es darum, die anwendungsspezifische Berechtigungsprüfung von der systemseitigen Berechtigungsprüfung zu isolieren. Für diese Isolation bietet sich ein Test-Stub an, der die zu testende Methode einfach mit dem von der Testmethode gewünschten Ergebnis einer Berechtigungsprüfung versorgt. Mehr Details zu diesem und allen weiteren Testdoubletypen finden Sie in Abschnitt 13.2.1.

Zum Start der testgetriebenen Entwicklung legen Sie das leere Interface ZIF_PROCESS_CONTR_CHANGE_CHECK an und binden es gemäß Listing 27.2 in die neue Klasse ZCL_PROCESS_CONTR_CHANGE_CHECK ein.

```
CLASS zcl_process_contr_change_check DEFINITION FINAL
PUBLIC CREATE PRIVATE.
  PUBLIC SECTION.
    INTERFACES zif_process_contr_change_check.
ENDCLASS.

CLASS zcl_process_contr_change_check IMPLEMENTATION.
ENDCLASS.
```

Listing 27.2 Neue Klasse für die Überprüfung von Vertragsdaten

Danach können Sie das im vorangegangenen Abschnitt angelegte Code Template für eine lokale Testklasse LTC_AUTHORITY_CHECK verwenden. Diese Testklasse soll sich gemäß dem Testklassen-Entwurfsmuster auf das Testen der Produktmethode HAS_AUTHORITY konzentrieren. Listing 27.3 zeigt, wie die Testklasse nach dem Editieren dieser Codevorlage aussieht.

```
CLASS ltc_has_authority DEFINITION FINAL
FOR TESTING RISK LEVEL HARMLESS DURATION SHORT.
  PRIVATE SECTION.
    METHODS setup.
    METHODS setup_ok FOR TESTING.
```

```
    DATA mo_check TYPE REF TO zif_process_contr_change_check.
ENDCLASS.

CLASS ltc_has_authority IMPLEMENTATION.
  METHOD setup.
    mo_check = zcl_process_contr_change_check=>create( ).
  ENDMETHOD.

  METHOD setup_ok.
    cl_abap_unit_assert=>assert_bound( mo_check ).
  ENDMETHOD.
ENDCLASS.
```

Listing 27.3 Testklasse mit Testmethode SETUP_OK

Für den Augenblick brauchen Sie noch keine Testmethode mit einem Aufruf der zu testenden Methode. Wie Abbildung 27.3 zeigt, ist die Testmethode SETUP_OK noch nicht einmal frei von Syntaxfehlern. Es fehlt die Erzeugungsmethode CREATE.

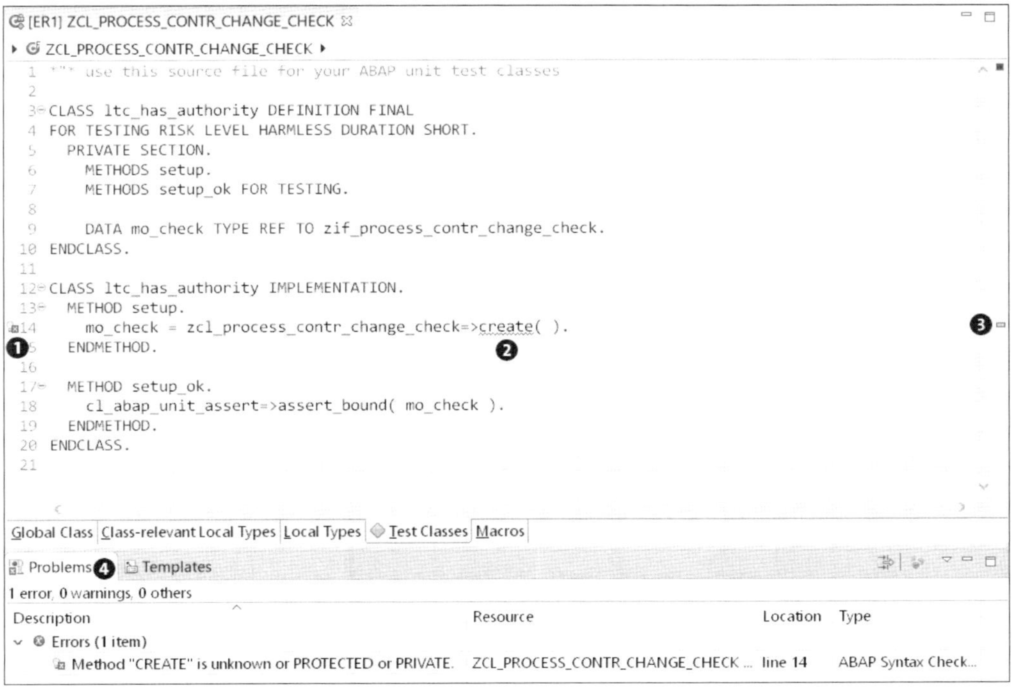

Abbildung 27.3 Syntaxfehler aufgrund einer fehlenden Methode

Die ADT zeigen Ihnen Probleme (z. B. Fehler, Warnungen usw.) auf verschiedene Arten an:

- Die Codezeilen sind mit unterschiedlichen Problem-Icons markiert ❶. Wenn Sie den Mauszeiger auf ein solches Icon bewegen, zeigen die ADT den Meldungstext im Tooltip an.
- Die Problemstellen im Code werden unterstrichen ❷. Auch für diese Markierungen sind Tooltips verfügbar.
- Der vertikale Scrollbalken stellt die relative Lage aller Problemstellen im Editor-Fenster mit jeweils einem farbigen Fehlerbalken ❸ dar. Auch für diese Markierungen sind Tooltips verfügbar.
- Die Sicht **Problems** listet alle Probleme mit Beschreibungen auf ❹. Mit einem Doppelklick auf eine Zeile mit einem Problem können Sie zu der Problemstelle im Code navigieren.

Viele Probleme lassen sich mit der *Quick-Fix-Funktionalität* der ADT einfach und zielgerichtet beheben. Dazu starten Sie diese Funktionalität an der Problemstelle oder über die entsprechende Zeile in der Problemsicht. Sie nutzen dazu entweder das Kontextmenü oder die Tastenkombination `Strg` + `1`.

Für den in Abbildung 27.3 angezeigten Syntaxfehler schlagen die ADT die Anlage einer öffentlichen statischen Methode `CREATE` mit einem das Interface referenzierenden Rückgabeparameter `R_RESULT` vor. Im Dialogfenster können Sie den Namen dieses Parameters noch ändern (etwa zu `RV_HAS_AUTHORITY`). Wie Abbildung 27.4 ferner zeigt, können Sie über den Button **Add** noch Parameter hinzunehmen und über den Button **Remove** angegebene Parameter entfernen. Die Buttons **Up** und **Down** erlauben es Ihnen zusätzlich, die Reihenfolge der Parameter Ihren Vorstellungen anzupassen.

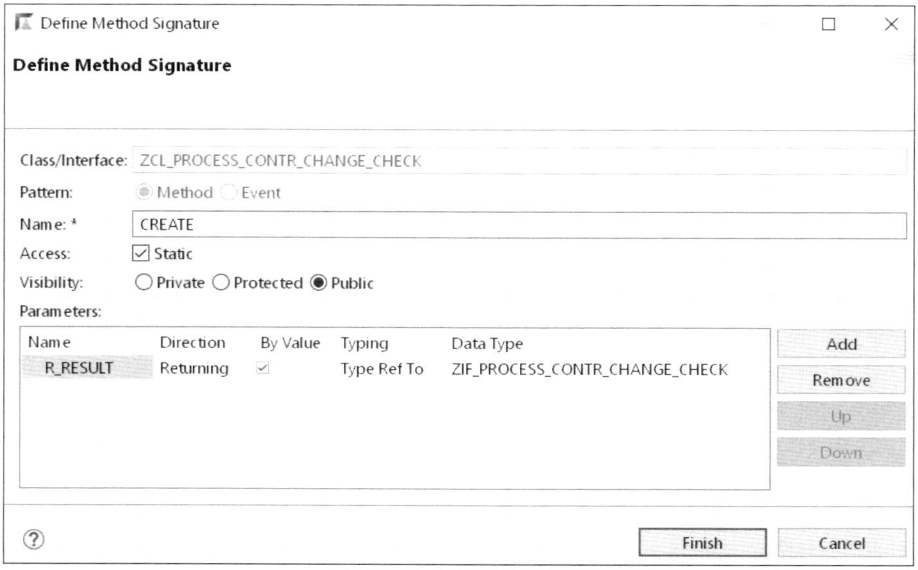

Abbildung 27.4 Anlegen einer Methode (hier über einen Quick-Fix)

Wenn Sie das Dialogfenster schließen, legen die ADT die Definition der Methode sowie ihre leere Implementierung syntaxfehlerfrei für Sie an. Da der Cursor sich schon an der richtigen Stelle im Code befindet, können Sie mithilfe der Codevervollständigung (Strg + Leerzeichen) schnell noch die fehlende Anweisung zur Objekterzeugung ergänzen und die gesamte Klasse aktivieren (Strg + F3). Anschließend können Sie Ihre Unit-Tests mit der Tastenkombination Strg + ⇧ + F10 erfolgreich ausführen.

Auf der Registerkarte **Test Classes** fahren Sie mit der Definition der nächsten Testmethode AUTHORITY_GIVEN_CHECK_OK fort. Dabei wird Ihnen der Fehler angezeigt, dass die Implementierung dieser Testmethode noch fehlt. Mittels Quick-Fix (Strg + 1) legen Sie diese an und vervollständigen sie beispielsweise, wie in Listing 27.4 gezeigt.

```
METHOD authority_given_check_ok.
  DATA ls_contract_api TYPE farr_s_contract_change_api.
  DATA ls_pob_api TYPE farr_s_pob_api.

  ls_contract_api-contract_id = c_any_contract_id.
  ls_pob_api-pob_id = c_any_pob_id.
  INSERT ls_pob_api INTO TABLE ls_contract_api-upd_pobs.

  cl_abap_unit_assert=>assert_true(
      mo_check->has_authority( ls_contract_api )
  ).
ENDMETHOD.
```

Listing 27.4 Testmethode für die positive Berechtigungsprüfung

Das Interface ZIF_PROCESS_CONTR_CHANGE_CHECK ist noch leer. Um ihm die Methode HAS_AUTHORITY hinzuzufügen, nehmen Sie wieder den von den ADT angezeigten Fehler zum Anlass für einen Quick-Fix. Allerdings können die ADT die Signatur in diesem Fall nicht auflösen. Das Dialogfenster bietet Ihnen deshalb die Möglichkeit, den Ein- und Rückgabeparameter selbst einzugeben (Button **Add** in Abbildung 27.4). Die Platzierung dieser Parameter im Interface erfolgt dann automatisch. Listing 27.5 zeigt das Ergebnis dieses Quick-Fixes.

```
INTERFACE zif_process_contr_change_check PUBLIC.
  METHODS has_authority
    IMPORTING
      is_contract_api TYPE farr_s_contract_change_api
    RETURNING
      VALUE(rv_has_authority) TYPE abap_bool.
ENDINTERFACE.
```

Listing 27.5 Erweiterung des Interface um die zu testende Methode

Der Produktklasse fehlt nun die Implementierung dieser Interface-Methode. Die ADT zeigen dieses Problem mit einer Warnung an. Wieder können Sie mittels Quick-Fix die leere Methode anlegen und unmittelbar mit dem Implementieren beginnen.

Die Praktik der TDD möchte, dass Sie stets nur so viel Produktcode schreiben, wie von den schon geschriebenen Tests eingefordert wird. Das wäre in diesem Fall die Zuweisung des Wertes `ABAP_TRUE` an den Parameter `RV_HAS_AUTHORITY`. Um dieses Kapitel nicht unnötig in die Länge zu ziehen, habe ich mich entschlossen, wenigstens so viel Produktcode zu schreiben, dass ich Ihnen damit die anwendungsspezifischen Möglichkeiten zur Testisolierung aufzeigen kann.

In Abbildung 27.6 ist die Implementierung der Methode `HAS_AUTHORITY` zu sehen. Die systemseitige Berechtigungsprüfung ist die Zuständigkeit der sogenannten *Authority-Check-Utility-Klasse*, deren Singleton-Objekt von der Klasse `CL_FARR_UTILITY_FACTORY` verwaltet wird. Die zu testende Methode `HAS_AUTHORITY` arbeitet also genau dann mit einem Testdouble für die systemseitige Berechtigungsprüfung zusammen, wenn das betreffende Doubleobjekt von der Testmethode, etwa über eine Unterklasse der Utility-Factory-Klasse, als Singleton-Objekt etabliert wird. Listing 27.7 enthält ein Beispiel für diesen Injektionsmechanismus.

Wenn Sie sich für die Testabdeckung interessieren, führen Sie Ihre Unit-Tests mit [Strg] + [⇧] + [F11] aus. Damit wird die Sicht **ABAP Coverage** von den ADT entweder hinzugefügt oder aktualisiert (siehe Abbildung 27.5). In dieser Testabdeckungssicht wird für die Produktklasse und für jede Produktmethode der prozentuale Anteil ausgewiesen, zu dem die Anweisungen von mindestens einem Test ausgeführt werden.

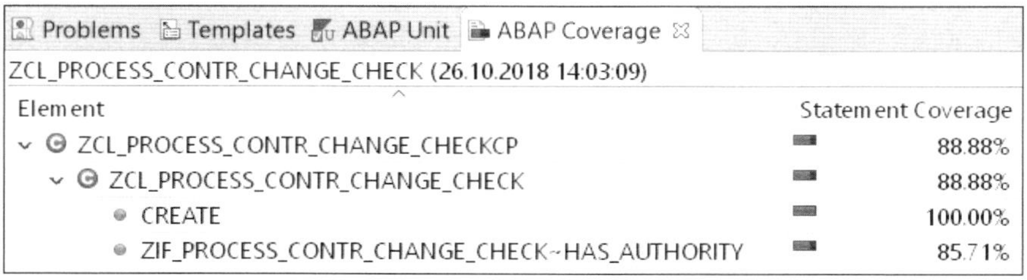

Abbildung 27.5 Übersicht der Testabdeckung der Produktklasse

In Abbildung 27.6 ist die Ausgabe im Editor-Fenster zu sehen, die Sie durch einen Doppelklick auf die Methode `HAS_AUTHORITY` in dieser Testabdeckungssicht erhalten. Die Einfärbung verdeutlicht, dass bis auf die Anweisung `RETURN` alle Anweisungen der Produktmethoden von den Testmethoden ausgeführt werden. Es fehlt also eine Testmethode, für die die Berechtigungsprüfung der Utility-Methode `CHECK_CONTRACT` für mindestens ein POB fehlschlägt.

Sie sollten als Nächstes also diese Testabdeckungslücke mit einer weiteren Testmethode `NO_AUTHORITY_GIVEN_CHECK_KO` schließen. Dazu müssen Sie zuerst die DOC-

Klasse CL_FARR_AUTHORITY_CHK_UTITLITY doubeln und einen Weg finden, ihr Doubleobjekt in die Utility-Factory zu injizieren.

```
CLASS zcl_process_contr_change_check IMPLEMENTATION.
  METHOD create.
    ro_check = NEW zcl_process_contr_change_check( ).
  ENDMETHOD.

  METHOD zif_process_contr_change_check~has_authority.
    DATA(lo_factory) = cl_farr_utility_factory=>get( ).
    DATA(lo_auth_util) = lo_factory->get_authority_check_utility( ).

    LOOP AT is_contract_api-upd_pobs ASSIGNING FIELD-SYMBOL(<s_pob>).
      rv_has_authority = lo_auth_util->check_contract(
          iv_activity     = '02'
          iv_company_code = <s_pob>-company_code
          iv_sales_org    = <s_pob>-sales_org
      ).
      IF rv_has_authority = abap_false.
        RETURN.
      ENDIF.
    ENDLOOP.
  ENDMETHOD.
ENDCLASS.
```

Abbildung 27.6 Analyse der Testabdeckung der beiden Produktmethoden

Die lokale Interface-Doubleklasse LTD_AUTH_UTIL können Sie, wie in Listing 27.6 dargestellt, definieren. Die Interface-Methode CHECK_CONTRACT gibt einfach den Wert des Attributs MV_IS_AUTHORIZED zurück, der von den beiden Erzeugungsmethoden CREATE_ALWAYS_AUTHORIZED und CREATE_NEVER_AUTHORIZED gemäß ihren Namen gesetzt wird.

```
CLASS ltd_auth_util DEFINITION FINAL CREATE PRIVATE FOR TESTING.
  PUBLIC SECTION.
    INTERFACES if_farr_authority_chk_utility.

    CLASS-METHODS create_always_authorized
      RETURNING
        VALUE(ro_util) TYPE REF TO if_farr_authority_chk_utility.
    CLASS-METHODS create_never_authorized
      RETURNING
        VALUE(ro_util) TYPE REF TO if_farr_authority_chk_utility.

  PRIVATE SECTION.
    DATA mv_is_authorized TYPE abap_bool.
ENDCLASS.
```

Listing 27.6 Doubleklasse als Test-Stub

Die Implementierung der Testmethode NO_AUTHORITY_GIVEN_CHECK_KO können Sie durch Kopieren und Editieren schnell aus der bestehenden Testmethode AUTHORITY_GIVEN_CHECK_OK (siehe Listing 27.4) erhalten. Um Dopplungen zu vermeiden, sollten Sie aber vorher die lokale Struktur LS_CONTRACT_API mit einem Quick-Fix (Strg + 1) in ein Attribut LS_CONTRACT_API der Testklasse umwandeln. Anschließend können Sie diese Struktur über die Tasten Strg + 2 und R an Ort und Stelle in MS_CONTRACT_API umbenennen. Da das Feld CONTRACT_ID auch in der neuen Testmethode den konstanten Wert C_ANY_CONTRACT_ID haben kann, sollten Sie diese Zuweisung noch vor dem Kopieren von Hand in die Setup-Methode verschieben.

Wie Listing 27.7 zeigt, erzeugt die neue Testmethode zuerst ein Doubleobjekt LO_AUTH_UTIL und injiziert das Doubleobjekt dann in die Utility-Factory mithilfe ihrer Unterklasse CL_FARR_TD_UTILITY_FACTORY.

```
METHOD no_authority_given_check_ko.
  DATA ls_pob_api TYPE farr_s_pob_api.

  DATA(lo_auth_util) = ltd_auth_util=>create_never_authorized( ).
  cl_farr_td_utility_factory=>inject_itself(
      io_authority_chk_utility = lo_auth_util
  ).

  ls_pob_api-pob_id = c_any_pob_id.
  INSERT ls_pob_api INTO TABLE ms_contract_api-upd_pobs.

  cl_abap_unit_assert=>assert_false(
      mo_check->has_authority( ms_contract_api )
  ).
ENDMETHOD.
```

Listing 27.7 Testmethode für die negative Berechtigungsprüfung

Für die dann nach dem Kopieren noch fehlende Definition der neuen Testmethode bieten die ADT wieder einen Quick-Fix an (über Strg + 1). Das bedeutet, Sie können in der Implementierung der Testmethode bleiben und mit dem Cursor auf der Produktmethode HAS_AUTHORITY und Drücken der Taste F3 in diese Methode navigieren. Wie Abbildung 27.6 zeigt, gilt es dort noch, den Festwert '02' mittels Quick-Fix in eine private Konstante C_AUTH_ACTIVITY_CHANGE der Produktklasse umzuwandeln. Mit der Tastenkombination Alt + ← können Sie diesen Navigationsschritt dann wieder rückgängig machen und in die Testmethode zurückkehren.

Effizienter als die beschriebene Vorwärts- und Rückwärtsnavigation zwischen Test- und Produktcode einer Klasse in einem Editor-Fenster ist für TDD die Arbeit mit zwei

Editor-Fenstern auf einem geteilten Bildschirm, wie in Abbildung 27.7 gezeigt. Um Ihren Bildschirm auf diese Weise aufzuteilen, gehen Sie wie folgt vor:

1. Lassen Sie sich Ihre Klasse im Editor-Fenster anzeigen.
2. Wählen Sie **Window • Editor • Clone** aus. Für die gleiche Klasse erhalten Sie so eine zweite Editor-Registerkarte.
3. Ziehen Sie eine der beiden Editor-Registerkarten nach rechts, bis sich der Bildschirm teilt.

Bei Bedarf können Sie einfach eine der beiden Registerkarten wieder schließen.

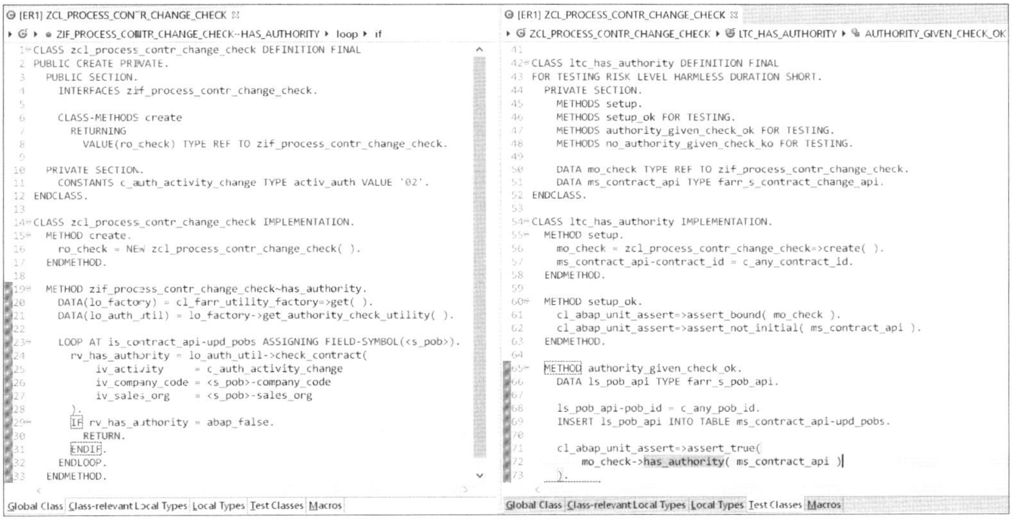

Abbildung 27.7 ADT-Funktionalität »Split Screen Editor«

Mit dem nächsten TDD-Zyklus wollen wir die Methode `HAS_AUTHORITY` dazu bringen, im Fall einer fehlgeschlagenen Berechtigungsprüfung die Fehlermeldung `'010'` der Meldungsklasse `FARR_PROCESS_CHECK` auszugeben. Technisch realisiert die Beispielanwendung dies mit der Klasse `CL_FARR_MESSAGE_HANDLER`, auf deren Singleton-Objekt jede beliebige Methode über die statische Methode `GET_INSTANCE` Zugriff hat. In Listing 27.8 sehen Sie, wie die Testmethode `NO_AUTHORITY_GIVEN_CHECK_KO` die gesammelten Meldungen nach der erwarteten Meldung durchsucht.

```
METHOD no_authority_given_check_ko.
  ...

  cl_abap_unit_assert=>assert_false(
      mo_check->has_authority( ms_contract_api )
  ).
```

```
  DATA(lo_msg_handler) = cl_farr_message_handler=>get_instance( ).
  lo_msg_handler->get_all_msgs(
    IMPORTING
      et_message_data = DATA(lt_message_data)
  ).
  READ TABLE lt_message_data TRANSPORTING NO FIELDS
    WITH KEY msgid = 'FARR_PROCESS_CHECK'
             msgno = '010'.
  cl_abap_unit_assert=>assert_subrc( exp = 0 ).
ENDMETHOD.
```

Listing 27.8 Fehlermeldung bei negativer Berechtigungsprüfung

Die Weiterentwicklung der Produktmethode, die Sie vornehmen müssen, damit diese Testmethode wieder läuft, ist weniger interessant als die Möglichkeit, diese sehr technische Erweiterung der Testmethode zu verbessern. Denn einem Leser dürfte nicht unmittelbar klar sein, um welche Fehlermeldung es sich bei dieser Meldungsklasse und -nummer handelt. Das halte ich aber für wesentlich, denn eine Testmethode soll immer auch als Dokumentation dienen.

Die Hilfsmethode ASSERT_ERROR_NO_CHG_AUTHORITY der Testklasse erspart Ihnen einen Kommentar und entkoppelt diese Testmethode von der produktiven Behandlung von Meldungen (die sich auch einmal ändern kann). Um die konkrete Extraktion durchzuführen, markieren Sie den hinzugefügten Testcode, und drücken Sie die Tastenkombination [Strg] + [1]. Die Prüfung der Testabdeckung mit der Tastenkombination [Strg] + [⇧] + [F11] ergibt nun 100 % für die gesamte Klasse.

27.2.2 Berechtigungsprüfung als Test-Spy

Ein Vertrag darf nur dann geändert werden, wenn die Berechtigungsprüfung für alle seine Leistungsverpflichtungen (POBs) erfolgreich ist. Die Methode HAS_AUTHORITY sollte also nach dem ersten Fehlschlag sofort abbrechen.

Um das zu überprüfen, müssen Sie die Doubleklasse LTD_AUTH_UTIL dahingehend erweitern, dass sich ihr Doubleobjekt alle von ihm durchgeführten Berechtigungsprüfungen wie ein Test-Spy merkt. Zusätzlich muss das Doubleobjekt für jede Kombination aus Buchungskreis (Company Code) und Verkaufsorganisation (Sales Organisation) wissen, ob es eine Berechtigung aussprechen darf. Listing 27.9 zeigt, wie die Doubleklasse diese beiden Anforderungen erfüllt.

```
CLASS ltd_auth_util DEFINITION FINAL CREATE PRIVATE FOR TESTING.
  PUBLIC SECTION.
    INTERFACES if_farr_authority_chk_utility.
```

```
    CLASS-METHODS create
      RETURNING VALUE(ro_util) TYPE REF TO ltd_auth_util.

    METHODS add_auth_combination
      IMPORTING
        iv_company_code TYPE bukrs
        iv_sales_org    TYPE farr_sales_org.
    METHODS assert_no_auth_check_for
      IMPORTING
        iv_company_code TYPE bukrs
        iv_sales_org    TYPE farr_sales_org.

  PRIVATE SECTION.
    TYPES:
      BEGIN OF s_check_comb,
        company_code  TYPE bukrs,
        sales_org     TYPE farr_sales_org,
        is_authorized TYPE abap_bool,
        was_called    TYPE abap_bool,
      END OF s_check_comb.
    TYPES:
      ts_check_comb TYPE SORTED TABLE OF s_check_comb
        WITH UNIQUE KEY company_code sales_org.

    DATA mts_check_comb TYPE ts_check_comb.
ENDCLASS.
```

Listing 27.9 Doubleklasse als Test-Stub und Test-Spy

Die Attributtabelle MTS_CHECK_COMB speichert mit der Strukturkomponente IS_AUTHORIZED die Information, für welche Kombinationen die Testmethode mittels der Methode ADD_AUTH_COMBINATION eine positive Berechtigungsprüfung festgelegt hat. Diese Konfiguration des Doubleobjekts löst die universelle Festlegung über die Erzeugungsmethoden CREATE_ALWAYS_AUTHORIZED und CREATE_NEVER_AUTHORIZED ab und kommt mit einer einzigen, einfachen Erzeugungsmethode CREATE aus.

27

Die Strukturkomponente IS_AUTHORIZED macht das sichtbare Verhalten des Doubleobjekts aus. Wie Listing 27.10 zeigt, besteht das unsichtbare Verhalten des Doubleobjekts darin, dass es in der Strukturkomponente WAS_CALLED die Information speichert, für welche Kombinationen das Doubleobjekt die Berechtigung geprüft hat.

```
METHOD if_farr_authority_chk_utility~check_contract.
  DATA ls_unauth_comb TYPE s_check_comb.
```

```
  READ TABLE mts_check_comb ASSIGNING FIELD-SYMBOL(<s_comb>)
    WITH KEY company_code = iv_company_code
             sales_org    = iv_sales_org.
  IF sy-subrc = 0.
    <s_comb>-was_called = abap_true.
    rv_success = <s_comb>-is_authorized.
  ELSE.
    ls_unauth_comb-company_code  = iv_company_code.
    ls_unauth_comb-sales_org     = iv_sales_org.
    ls_unauth_comb-is_authorized = abap_false.
    ls_unauth_comb-was_called    = abap_true.
    INSERT ls_unauth_comb INTO TABLE mts_check_comb.
    rv_success = abap_false.
  ENDIF.
ENDMETHOD.
```

Listing 27.10 Sichtbares und unsichtbares Verhalten des Doubleobjekts

Mit der Methode ASSERT_ERROR_NO_AUTHORITY_FOR der Doubleklasse kann die Testmethode STOP_AFTER_FIRST_KO_CHECK in Listing 27.11 sicherstellen, dass die produktive Methode HAS_AUTHORITY in der Tat abbricht, wenn es für mindestens eine Kombination eines POBs keine Berechtigung gibt. Für die Testmethode STOP_AFTER_FIRST_KO_CHECK können Sie die vorhandene Testmethode NO_AUTHORITY_GIVEN_CHECK_KO erweitern und mit [Strg] + [2] und [R] umbenennen.

```
METHOD stop_after_first_ko_check.
  DATA ls_pob_api LIKE LINE OF ms_contract_api-upd_pobs.

  DATA(lo_auth_util) = ltd_auth_util=>create( ).
  cl_farr_td_utility_factory=>inject_itself(
      io_authority_chk_utility = lo_auth_util
  ).

  ls_pob_api-pob_id       = c_any_pob_id.
  ls_pob_api-company_code = c_unauth_company_code.
  ls_pob_api-sales_org    = c_unauth_sales_org.
  INSERT ls_pob_api INTO TABLE ms_contract_api-upd_pobs.

  ls_pob_api-pob_id       = c_other_pob_id.
  ls_pob_api-company_code = c_any_company_code.
  ls_pob_api-sales_org    = c_any_sales_org.
  INSERT ls_pob_api INTO TABLE ms_contract_api-upd_pobs.

  cl_abap_unit_assert=>assert_false(
```

```
      mo_check->has_authority( ms_contract_api )
  ).
  assert_error_no_authority_for(
      iv_company_code = c_unauth_company_code
      iv_sales_org    = c_unauth_sales_org
  ).
  lo_auth_util->assert_no_auth_check_for(
      iv_company_code = c_any_company_code
      iv_sales_org    = c_any_sales_org
  ).
ENDMETHOD.
```

Listing 27.11 Erweiterung und Umbenennung der Testmethode für die negative Berechtigungsprüfung

Da die bisherige Implementierung der Produktmethode HAS_AUTHORITY die erweiterten Anforderungen schon erfüllt, können Sie unmittelbar mit dem Refactoring beginnen. Die wichtigste Maßnahme für die Lesbarkeit ist die Einführung eines Strukturtyps für die Kombination von Buchungskreis und Verkaufsorganisation. Diese Kombination ist in Bezug auf die Berechtigungsprüfung eine Einheit und sollte deshalb in den Signaturen der Methoden nicht als zwei getrennte Eingabeparameter auftauchen. Listing 27.12 enthält neben dem neuen Strukturtyp auch die dazu passenden konstanten Strukturen, die die Testmethode STOP_AFTER_FIRST_KO_CHECK benötigt.

```
TYPES:
  BEGIN OF s_combination,
    company_code TYPE bukrs,
    sales_org    TYPE farr_sales_org,
  END OF s_combination.
CONSTANTS:
  BEGIN OF cs_unauth_combination,
    company_code TYPE bukrs          VALUE 'UCC',
    sales_org    TYPE farr_sales_org VALUE 'USO',
  END OF cs_unauth_combination.
CONSTANTS:
  BEGIN OF cs_any_combination,
    company_code TYPE bukrs          VALUE 'ACC',
    sales_org    TYPE farr_sales_org VALUE 'ASO',
  END OF cs_any_combination.
```

Listing 27.12 Typ und Konstanten der Kombinationsstruktur

27

Wenn Sie die Signaturen der Methoden ADD_AUTH_COMBINATION und ASSERT_NO_AUTH_CHECK_FOR der Doubleklasse und die Signatur der Methode ASSERT_ERROR_NO_AUTHORITY_FOR der Testklasse auf den neuen Strukturtyp umstellen, können Sie anhand der Fehlerbalken im vertikalen Scrollbalken schnell alle Stellen finden, an denen Sie Anpassungen im Code durchführen müssen. Bei der Verwendung der neuen Strukturkonstanten können Sie zudem umfangreich von der Codevervollständigung (Strg + Leerzeichen) Gebrauch machen. Wenn Sie alle fehlerhaften Stellen abgearbeitet haben, sollten Sie nicht vergessen, sich dieses Refactoring durch die Ausführung aller Testmethoden (Strg + ⇧ + F10) absegnen zu lassen.

Das nächste Refactoring setzt das Testklassen-Entwurfsmuster in zwei Schritten um, indem es für das Importieren der zu prüfenden Kombinationen und für den Aufruf der zu testenden Methode der Testklasse jeweils eine Hilfsmethode hinzufügt. Die Hilfsmethode IMPORT_UPD_POB_WITH legen Sie dabei besser von Hand an, da die ADT die Definition der lokalen Strukturvariablen LS_POB_API mittels LIKE LINE OF bislang nicht auflösen können. Darüber hinaus können die ADT nicht wissen, dass die verwendete Strukturkonstante CS_UNAUTH_COMBINATION in die Schnittstelle übernommen werden soll, damit diese Hilfsmethode auch für die Strukturkonstante CS_ANY_COMBINATION aufrufbar ist.

Des Weiteren können Sie sich einen Eingabeparameter für die Methode IMPORT_UPD_POB_WITH sparen, wenn Sie das Feld POB_ID der Eingabestruktur LS_POB_API von der in Listing 27.13 gezeigten Hilfsmethode GET_NEXT_POB_ID setzen lassen.

```
METHOD get_next_pob_id.
  mv_last_pob_id = mv_last_pob_id + 1.
  rv_pob_id = mv_last_pob_id.
ENDMETHOD.
```

Listing 27.13 Erzeugung beliebiger, aber eindeutiger POB-IDs

Die Methode GET_NEXT_POB_ID und das Attribut MV_LAST_POB_ID können Sie jeweils zuerst in der gewünschten Weise verwenden und nachträglich mit einem Quick-Fix definieren.

Das nächste Refactoring nutzt die Tatsache aus, dass die Doubleklasse mit der Methode ADD_AUTH_COMBINATION eine nachträgliche Konfiguration anbietet. Wie Listing 27.14 zeigt, können Sie deshalb die Erzeugung des Doubleobjekts mit der generischen Methode CREATE in die Methode SETUP verschieben. Auch die Injektion dieses Doubleobjekts in die Utility-Factory können Sie aus den Testmethoden heraus in diese Methode extrahieren. Nachfolgend sollten Sie die Testmethode SETUP_OK mit den zugehörigen Überprüfungen erweitern. Für die spätere Konfiguration in den Testmethoden müssen Sie nun nur noch die lokale Variable LO_AUTH_UTIL mittels Quick-Fix in ein Attribut DO_AUTH_UTIL der Testklasse umwandeln.

```
METHOD setup.
  mo_check = zcl_process_contr_change_check=>create( ).
  ms_contract_api-contract_id = c_any_contract_id.

  do_auth_util = ltd_auth_util=>create( ).
  cl_farr_td_utility_factory=>inject_itself(
      io_authority_chk_utility = do_auth_util
  ).
ENDMETHOD.

METHOD setup_ok.
  cl_abap_unit_assert=>assert_bound( mo_check ).
  cl_abap_unit_assert=>assert_not_initial( ms_contract_api ).
  cl_abap_unit_assert=>assert_bound( do_auth_util ).
```

Listing 27.14 Vollständige Isolation durch die Setup-Methode

Damit ergibt sich die in Listing 27.15 dargestellte Version der Testmethode `STOP_AFTER_FIRST_KO_CHECK`. Diese Version ist deutlich besser lesbar als die Version in Listing 27.11.

```
METHOD stop_after_first_ko_check.
  import_upd_pob_with( cs_unauth_combination ).
  import_upd_pob_with( cs_any_combination ).

  assert_auth_check_fails( ).
  assert_error_no_authority_for( cs_unauth_combination ).
  do_auth_util->assert_no_auth_check_for( cs_any_combination ).
ENDMETHOD.
```

Listing 27.15 Umfangreiche, aber lesbare Testmethode

[«]

Mehrere Assertions in einer Testmethode

Es gibt die Faustregel, dass eine Testmethode nur eine Assertion haben sollte. Die Testmethode `STOP_AFTER_FIRST_KO_CHECK` setzt sich mit gleich drei Assertions klar darüber hinweg. Das ist aus meiner Sicht allerdings in Ordnung, denn letztendlich kommt es darauf an, dass eine Testmethode einen einzigen Testfall so einfach wie möglich abbildet. Wenn die zu testende Methode für diesen Testfall neben ihrem eigenen Verhalten (dem Schreiben einer Fehlermeldung) auch ein Verhalten gegenüber einem DOC-Objekt (den Aufrufen der Berechtigungsprüfung für mehrere Kombinationen) und dem Testobjekt (der Rückgabe eines Gesamtergebnisses) aufweist, dann ist es auch angebracht, all diese Verhaltensweisen zu überprüfen.

27.2.3 Berechtigungsprüfung als Mock-Objekt

Die nächste Testmethode lautet SAME_OK_CHECK_AT_MOST_ONCE und verhindert die wiederholte Berechtigungsprüfung der gleichen Kombination für den Erfolgsfall. Da das Doubleobjekt stets weiß, welche Kombinationen schon aufgerufen wurden und welche nicht, kann die Testmethode die Ahndung einer Wiederholung auch komplett an das Doubleobjekt abgeben. In Listing 27.16 sehen Sie, dass das Doubleobjekt mit einer eigenen Assertion aktiv wird, wenn für eine gegebene Kombination der gespeicherte Eintrag schon eine vorherige Überprüfung anzeigt.

```
METHOD if_farr_authority_chk_utility~check_contract.
  DATA ls_unauth_comb TYPE s_check_comb.

  READ TABLE mts_check_comb ASSIGNING FIELD-SYMBOL(<s_comb>)
    WITH KEY company_code = iv_company_code
             sales_org    = iv_sales_org.
  IF sy-subrc = 0.
    IF <s_comb>-was_called = abap_true.
      cl_abap_unit_assert=>fail( 'REPEATED_CHECK_NOT_EXPECTED' ).
    ELSE.
      <s_comb>-was_called = abap_true.
      rv_success = <s_comb>-is_authorized.
    ENDIF.
  ELSE.
    ls_unauth_comb-company_code  = iv_company_code.
    ls_unauth_comb-sales_org     = iv_sales_org.
    ls_unauth_comb-is_authorized = abap_false.
    ls_unauth_comb-was_called    = abap_true.
    INSERT ls_unauth_comb INTO TABLE mts_check_comb.
    rv_success = abap_false.
  ENDIF.
ENDMETHOD.
```

Listing 27.16 Doubleklasse als Test-Stub, Test-Spy und Mock-Objekt

Folglich kommt für die Testmethode SAME_OK_CHECK_AT_MOST_ONCE in Listing 27.17 keine weitere Assertion hinzu. Die Testmethode muss aber das Doubleobjekt DO_AUTH_UTIL am Anfang darüber informieren, welche Kombinationen eine Berechtigung haben sollen. Alle anderen Kombinationen haben standardmäßig keine Berechtigung.

Die konstanten Strukturen CS_AUTH_COMBINATION_1 und CS_AUTH_COMBINATION_2 können Sie durch Kopieren und Editieren erstellen. Die Hilfsmethode ASSERT_AUTH_CHECK_SUCCEEDS können Sie ebenfalls durch Kopieren und Editieren aus der bestehenden Hilfsmethode ASSERT_AUTH_CHECK_FAILS gewinnen. Oder Sie extrahieren die betreffende Anweisung der Vorgängermethode AUTHORITY_GIVEN_CHECK_OK in diese Hilfsmethode im Rahmen eines Quick-Fixes.

```
METHOD same_ok_check_at_most_once.
  do_auth_util->add_auth_combination( cs_auth_combination_1 ).
  do_auth_util->add_auth_combination( cs_auth_combination_2 ).

  import_upd_pob_with( cs_auth_combination_1 ).
  import_upd_pob_with( cs_auth_combination_2 ).
  import_upd_pob_with( cs_auth_combination_1 ).
  assert_auth_check_succeeds( ).
ENDMETHOD.
```

Listing 27.17 Erweiterung und Umbenennung der Testmethode für die positive Berechtigungsprüfung

Die Ausführung der Tests mit [Strg] + [⇧] + [F10] zeigt Ihnen, dass Sie die Produktmethode HAS_AUTHORITY erweitern müssen. Konkret ist es nötig, die gleiche Kombination verschiedener POBs zu einer repräsentativen Kombination zu vereinen. Anschließend wird die Berechtigungsprüfung nur noch für diese repräsentativen Kombinationen durchgeführt. Das entspricht in Listing 27.19 der Definition der internen Tabelle MT_COMBINATION, der Sammelschleife über die Tabelle IS_CONTRACT_API-UPD_POBS und der Berechtigungsprüfungsschleife über die Tabelle MT_COMBINATION.

Die letzte Testmethode, die Sie zur vollständigen Entwicklung der Methode HAS_AUTHORITY brauchen, lautet NEW_AND_UPD_POB_ARE_COLLECTED. Sie stellt zum einen sicher, dass auch die neuen POBs geprüft werden, und zum anderen, dass es für die gleiche Kombination in neuen und alten POBs ebenfalls nur eine repräsentative Kombination gibt.

Listing 27.18 zeigt schon die Endfassung dieser Testmethode, nachdem Sie die allen Testmethoden gemeinsame Konfiguration des Doubleobjekts mit den Kombinationen CS_AUTH_COMBINATION_1 und CS_AUTH_COMBINATION_2 in die Setup-Methode verschoben haben.

```
METHOD new_and_upd_pob_are_collected.
  import_new_pob_with( cs_auth_combination_1 ).
  import_new_pob_with( cs_auth_combination_2 ).
  import_upd_pob_with( cs_auth_combination_1 ).
  assert_auth_check_succeeds( ).
ENDMETHOD.
```

Listing 27.18 Positive Berechtigungsprüfung auch für neue POBs

Wieder können Sie die neue Hilfsmethode IMPORT_NEW_POB_WITH mit Kopieren und Editieren zügig erstellen.

In Listing 27.19 sehen Sie die Endfassung der produktiven Methode, die Sie mit der Praktik TDD schrittweise entwickelt haben.

```
METHOD zif_process_contr_change_check~has_authority.
  TYPES:
    BEGIN OF s_combination,
      company_code TYPE bukrs,
      sales_org    TYPE farr_sales_org,
    END OF s_combination.

  DATA mt_combination TYPE STANDARD TABLE OF s_combination.
  DATA ls_combination LIKE LINE OF mt_combination.

  DATA(lo_factory) = cl_farr_utility_factory=>get( ).
  DATA(lo_auth_util) = lo_factory->get_authority_check_utility( ).

  LOOP AT is_contract_api-new_pobs ASSIGNING FIELD-SYMBOL(<s_pob1>).
    MOVE-CORRESPONDING <s_pob1> TO ls_combination.
    COLLECT ls_combination INTO mt_combination.
  ENDLOOP.

  LOOP AT is_contract_api-upd_pobs ASSIGNING FIELD-SYMBOL(<s_pob2>).
    MOVE-CORRESPONDING <s_pob2> TO ls_combination.
    COLLECT ls_combination INTO mt_combination.
  ENDLOOP.

  LOOP AT mt_combination ASSIGNING FIELD-SYMBOL(<s_combination>).
    rv_has_authority = lo_auth_util->check_contract(
        iv_activity     = c_auth_activity_change
        iv_company_code = <s_combination>-company_code
        iv_sales_org    = <s_combination>-sales_org
    ).
    IF rv_has_authority = abap_false.
      MESSAGE e010(farr_process_check)
        WITH <s_combination>-company_code
             <s_combination>-sales_org
        INTO DATA(lv_message).
      mo_message_handler->add_symessage(
        iv_ctx_type  = if_farrc_msg_handler_cons=>co_ctx_contract_id
        iv_ctx_value = is_contract_api-contract_id ).
      RETURN.
```

```
    ENDIF.
  ENDLOOP.
ENDMETHOD.
```

Listing 27.19 Vollständig implementierte Produktmethode

Abbildung 27.8 zeigt, dass die durch TDD geschaffene Testabdeckung in der Tat vollständig ist.

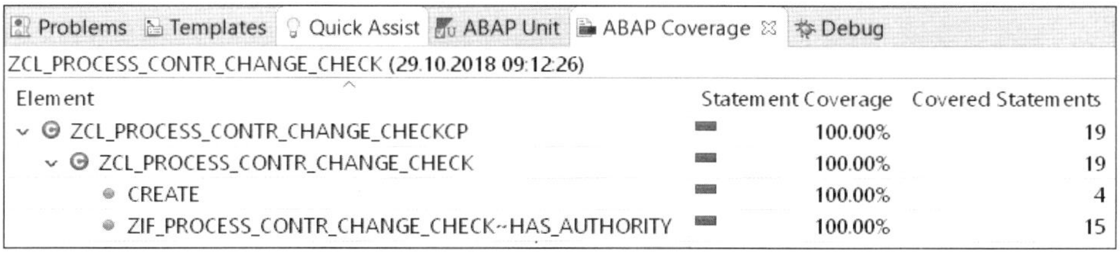

Abbildung 27.8 Vollständige Testabdeckung durch Unit-Tests

Refactoring ermöglicht Skalierung

Mit dem Refactoring am Ende von Abschnitt 27.2.2, »Berechtigungsprüfung als Test-Spy«, haben Sie die lokale Testsprache für die Berechtigungsprüfung so weit entwickelt, dass Sie in diesem Abschnitt weitere Testmethoden mit sehr geringem Aufwand in hoher Qualität erstellen konnten. Refactoring ist also sehr wichtig für die Skalierung. Und beim Refactoring sind die ADT dem Class Builder deutlich überlegen.

Kapitel 28
ABAP-Werkzeuge zur Testisolierung

Es gibt viele Werkzeuge, die Sie bei der Erstellung und Injektion von Testdoubles unterstützen. Aber welche davon sind hilfreich für lesbare Tests?

In diesem Kapitel mache ich Sie kurz mit drei Testisolierungswerkzeugen vertraut. *Kurz* deshalb, weil sowohl das *Open SQL Test Double Framework*, das ich Ihnen in Abschnitt 28.2 vorstelle, als auch die *Test Seams*, deren Einsatz ich Ihnen in Abschnitt 28.3 erläutere, sehr einfach zu verwenden sind.

Zum *ABAP Test Double Framework*, um das es in Abschnitt 28.4 geht, gäbe es zwar mehr zu schreiben, aber da dieses Framework technischen Testcode hervorbringt, genügt mir im Rahmen dieses Buches über lesbaren Testcode eine kurze Erwähnung und kritische Auseinandersetzung mit diesem Framework. Alle drei Werkzeuge demonstriere ich Ihnen anhand einer Beispielklasse aus dem Finanzbereich, mit der ich Sie in Abschnitt 28.1 vertraut mache.

28.1 Beispielklasse

Die Beispielklasse `ZCL_PROCESS_CONTR_CHANGE_CHECK` ist für die Überprüfung von Verträgen zuständig, die einen Änderungsprozess durchlaufen sollen. In Abschnitt 27.2, »Testgetriebene Entwicklung mit den ABAP Development Tools«, haben wir ihre Methode `HAS_AUTHORITY` mithilfe von Unit-Tests implementiert. In diesem Kapitel setzen wir die Implementierung dieser CUT-Klasse fort. Sie soll neben dieser Berechtigungsprüfung noch weitere Überprüfungen durchführen. Da die Verwender dieser Klasse nur an dem Gesamtpaket der Überprüfungen interessiert sind, nehmen wir die Methode `CHECK` in das Interface der Klasse auf und ziehen die Methode `HAS_AUTHORITY` in den privaten Bereich der Klasse um. Listing 28.1 zeigt das Ergebnis für das Interface.


```
INTERFACE zif_process_contr_change_check PUBLIC.
  METHODS check
    IMPORTING
      ith_contract_api TYPE farr_th_contract_change_api
```

```
    RETURNING
      VALUE(rt_error_contract_id) TYPE farr_tt_contract_id.
ENDINTERFACE.
```

Listing 28.1 Neugestaltung der öffentlichen Schnittstelle der CUT-Klasse

Durch das Verschwinden der Methode HAS_AUTHORITY aus dem Interface muss die zugehörige Testklasse LTC_HAS_AUTHORITY angepasst werden. Wie Listing 28.2 zeigt, muss die Beispielklasse der Testklasse lokale Freundschaft anbieten, damit diese weiterhin die nun private Methode rufen kann. Eine weitergehende Ausnutzung der lokalen Freundschaft ist nicht nötig und sollte aus Gründen der Entkopplung des Testcodes vom Produktcode auch vermieden werden.

```
CLASS ltc_has_authority DEFINITION DEFERRED.
CLASS zcl_process_contr_change_check DEFINITION
  LOCAL FRIENDS ltc_has_authority.

CLASS ltc_has_authority DEFINITION FINAL
FOR TESTING RISK LEVEL HARMLESS DURATION SHORT.
  PRIVATE SECTION.
    ...
    DATA mo_check TYPE REF TO zcl_process_contr_change_check.
ENDCLASS.

CLASS ltc_has_authority IMPLEMENTATION.
  METHOD setup.
    mo_check ?= zcl_process_contr_change_check=>create( ).
    ...
  ENDMETHOD.
ENDCLASS.
```

Listing 28.2 Umstellung der MUT-Methode von öffentlicher auf private Sichtbarkeit

Wie Sie in Abbildung 28.1 an den Vorzeichen der Methoden erkennen können, wird die Überprüfung des Ereignistyps (Event Type) und des Buchungskreises (Company Code) einer Leistungsverpflichtung ebenfalls mit privaten Methoden durchgeführt. Konkret wird aus Sicht der Beispielklasse der Ereignistyp mit dem Inhalt der Datenbanktabelle FARR_C_EVNT_TY verglichen und der Buchungskreis durch den Funktionsbaustein FI_COMPANY_CODE_CHECK überprüft. Von diesen Abhängigkeiten des Backends müssen wir uns also im Rahmen der Unit-Tests für die Interface-Methode CHECK isolieren.

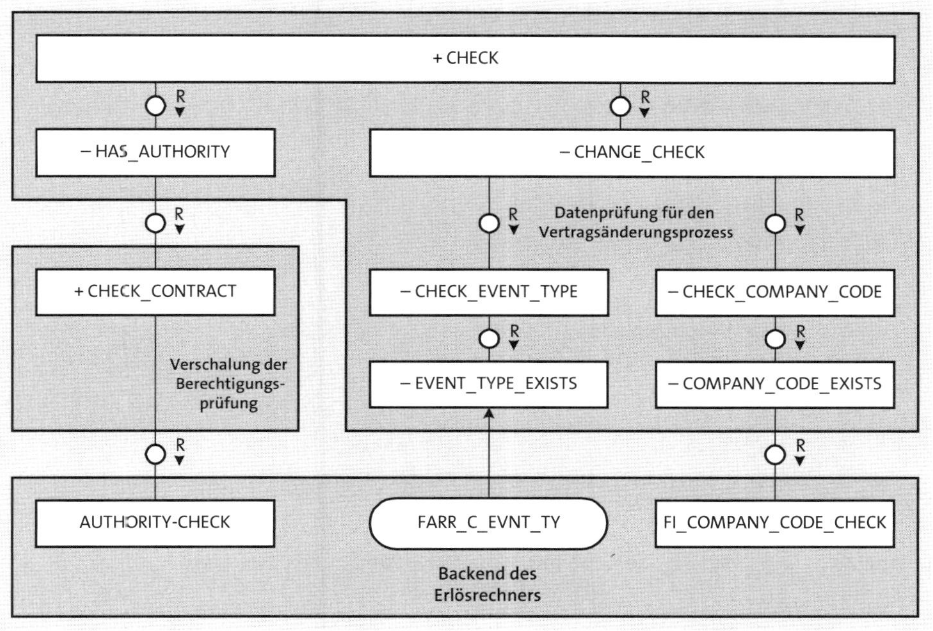

Abbildung 28.1 Beispielklasse zur Überprüfung von Vertragsdaten im Rahmen eines Änderungsprozesses

Listing 28.3 definiert die Testklasse, mit der die Interface-Methode CHECK und alle von dieser Interface-Methode aufgerufenen Methoden der Beispielklasse getestet werden. Für die positive Berechtigungsprüfung werden alle Möglichkeiten für die beiden anderen Überprüfungen kombiniert. Allein die Testmethode AUTH_KO_ETYPE_OK_COMPCODE_NO deckt den Fall der negativen Berechtigungsprüfung ab.

```
CLASS ltc_check DEFINITION
INHERITING FROM lth_base FINAL
FOR TESTING RISK LEVEL HARMLESS DURATION SHORT.
  PRIVATE SECTION.
    CLASS-METHODS class_setup.
    CLASS-METHODS class_teardown.
    METHODS setup.
    METHODS setup_ok FOR TESTING.
    METHODS auth_ok_etype_ok_compcode_ok FOR TESTING.
    METHODS auth_ok_etype_ok_compcode_ko FOR TESTING.
    METHODS auth_ok_etype_ko_compcode_ok FOR TESTING.
    METHODS auth_ok_etype_ko_compcode_ko FOR TESTING.
    METHODS auth_ko_etype_ok_compcode_no FOR TESTING.
```

```
    METHODS set_ok_company_code_check.
    METHODS set_ko_company_code_check.
    METHODS set_no_company_code_check.
    METHODS import_contract
      IMPORTING
        iv_contract_id TYPE farr_contract_id.
    METHODS assert_check_success.
    METHODS assert_check_failure_due_to
      IMPORTING
        iv_exp_contract_id TYPE farr_contract_id.

    CLASS-DATA so_osql          TYPE REF TO if_osql_test_environment.
    DATA mo_check               TYPE REF TO zif_process_contr_change_check.
    DATA mth_contract_api       TYPE farr_th_contract_change_api.
    DATA mt_error_contract_id TYPE farr_tt_contract_id.
ENDCLASS.
```

Listing 28.3 Testklasse für die neue Interface-Methode der Beispielklasse

Auf die Implementierung dieser Testklasse gehe ich in den folgenden Abschnitten lediglich in dem Umfang ein, der für die Vorstellung des betreffenden Testisolationswerkzeuge erforderlich ist.

28.2 Open SQL Test Double Framework

Das *Open SQL Test Double Framework* hat sowohl für das Testen komplexer SQL-Anweisungen als auch für das Testen von Integrationsszenarien mit vielen SQL-Anweisungen eine große Bedeutung. In diesem Abschnitt gehe ich auf den zweiten Anwendungsfall und aus Gründen der Übersichtlichkeit auch nur in einfacher Weise ein.

Das Open SQL Test Double Framework kann lesende und schreibende SQL-Anweisungen in beliebiger Anzahl und Reihenfolge doubeln. Im Mittelpunkt steht, dass Ihre Testklasse in einfacher Weise die Kontrolle über die Datenbanktabellen erhält, also über die Tabellen, von denen die CUT-Klasse abhängt. Dazu muss sie dem Framework lediglich mitteilen, welche Datenbanktabellen sie mit welchem Inhalt voraussetzt. Die Erzeugung und Befüllung der Tabellendoubles findet im SAP NetWeaver Application Server (SAP NetWeaver AS) ABAP unterhalb der Open-SQL-Zugriffsschicht statt. Sie müssen also für den Einsatz dieses Frameworks die SQL-Anweisungen in Ihrem Produktcode nicht anfassen.

[«]

Lebensdauer von Tabellendoubles

Die Lebensdauer von Tabellendoubles ist auf den aktuellen Prozess beschränkt. Wird von einem Prozess ein neuer gestartet, dann arbeitet der neue Prozess mit den realen Datenbanktabellen und deren Inhalten.

Listing 28.4 zeigt den Fall, dass die Testmethoden einer Testklasse nur lesend auf die Datenbasis zugreifen. Die Testklasse kann die Datenbasis deshalb schon zu Beginn der Ausführung besorgen und muss sie erst am Ende der Ausführung entsorgen.

Um vom Zustand der Datenbank unabhängig zu sein und langsame Datenbankzugriffe zu vermeiden, setzt die Testklasse das Open SQL Test Double Framework zur Verwaltung ihrer Datenbasis ein. Dazu besorgt sich die Testklasse schon in ihrer Methode `CLASS_SETUP` ein Objekt `SO_OSQL` der zugehörigen Testumgebung, in dem sie die Methode `CREATE` der Klasse `CL_OSQL_TEST_ENVIRONMENT` mit einer Liste aller relevanten Datenbanktabellen oder Views aufruft. In diesem Fall gehört zu dieser Liste lediglich die Datenbanktabelle `FARR_C_EVNT_TY` der Ereignistypen.

Danach kann die Testklasse jedes Tabellendouble mithilfe der Methode `INSERT_TEST_DATA` der Testumgebung einzeln mit Datensätzen befüllen und so schrittweise die benötigte Datenbasis aufbauen. Für das ordnungsgemäße Entsorgen aller Tabellendoubles ruft die Testklasse in ihrer Methode `CLASS_TEARDOWN` die Framework-Methode `DESTROY` auf.

```
METHOD class_setup.
  DATA lt_event_type TYPE STANDARD TABLE OF farr_c_evnt_ty.

  so_osql = cl_osql_test_environment=>create(
      i_dependency_list = VALUE #( ( 'FARR_C_EVNT_TY' ) )
  ).
  lt_event_type = VALUE #( ( event_type = c_exist_event_type ) ).
  so_osql->insert_test_data( lt_event_type ).
ENDMETHOD.

METHOD class_teardown.
  so_osql->destroy( ).
ENDMETHOD.
```

Listing 28.4 Gleiche Datenbasis für alle Testmethoden

Wenn die von den Testmethoden benötigten Datensätze für eine oder mehrere Datenbanktabellen variieren, sollten Sie das Befüllen dieser Datenbanktabellen zumindest teilweise den Testmethoden überlassen. Um die Unabhängigkeit der Testmethoden nicht zu gefährden, sollte Ihre Testklasse dann allerdings die statisch gebundenen Tabellendoubles vor jeder Testmethode wieder leeren.

Listing 28.5 stellt den extremen Fall dar, dass sich die Methode CLASS_SETUP lediglich um die Besorgung eines leeren Tabellendoubles für die Datenbanktabelle FARR_C_EVNT_TY kümmert. Die Testmethode AUTH_OK_ETYPE_OK_COMPCODE_OK befüllt mit der Hilfsmethode INSERT_EVENT_TYPE dieses nicht sichtbare Tabellendouble mit dem Eintrag C_EXIST_EVENT_TYPE. Die Methode SETUP kümmert sich mit der Methode CLEAR_DOUBLES des Testumgebungsobjekts SO_OSQL darum, dass dieser Eintrag vor dem Start der nächsten Testmethode wieder aus dem Tabellendouble verschwindet.

```
METHOD class_setup.
  so_osql = cl_osql_test_environment=>create(
      i_dependency_list = VALUE #( ( 'FARR_C_EVNT_TY' ) )
  ).
ENDMETHOD.

METHOD class_teardown.
  so_osql->destroy( ).
ENDMETHOD.

METHOD setup.
  so_osql->clear_doubles( ).
  mo_check = zcl_process_contr_change_check=>create(  ).
ENDMETHOD.

METHOD auth_ok_etype_ok_compcode_ok.
  insert_event_type( c_exist_event_type ).
  set_ok_company_code_check( ).
  import_upd_pob_with(
      iv_event_type = c_exist_event_type
      is_comb       = cs_auth_combination_1
  ).
  import_contract( c_any_contract_id ).
  assert_check_success( ).
ENDMETHOD.

METHOD insert_event_type.
  DATA lt_event_type TYPE STANDARD TABLE OF farr_c_evnt_ty.

  lt_event_type = VALUE #( ( event_type = iv_event_type ) ).
  so_osql->insert_test_data( lt_event_type ).
ENDMETHOD.
```

Listing 28.5 Unterschiedliche Datenbasis für jede Testmethode

Ein Objekt der Open-SQL-Testumgebung hat primär die Rolle eines Test-Stubs, der den Inhalt verschiedener Datenbanktabellen zur Verfügung stellt. Seltener wird dieses Objekt als Test-Spy für die Daten verwendet, die vom Produktcode geschrieben, geändert oder gelöscht wurden. Ein Einsatz als Mock-Objekt ist überhaupt nicht möglich. Für eine Definition dieser Testdoubletypen verweise ich auf Abschnitt 13.2.1.

Einsatz des Open SQL Test Double Frameworks

Das Open SQL Test Double Framework hat für die Charakterisierung von Legacy Code eine große Bedeutung. In diesem Umfeld ist es oftmals zu aufwendig und riskant, die Tests mit objektorientierten Mitteln von der Datenbank zu isolieren. Für neuen Code können Sie es sinnvoll für die wenigen Integrationstests einsetzen, die Sie zum Testen der Zugriffsschicht benötigen.

28.3 Test Seams

ABAP Test Seams bieten Testklassen eine einfache Möglichkeit, eine beliebige Anzahl an zusammenhängenden Anweisungen zu doubeln. Dies ist allerdings nur möglich, wenn sich die Testklasse und der zu ersetzende Anweisungsblock im selben Entwicklungsobjekt (Klasse, Funktionsgruppe oder Report) befinden. Des Weiteren ist für diese Ersetzung eine Änderung des Produktcodes nötig.

In Listing 28.6 wird die produktive Methode COMPANY_CODE_EXISTS für die Ersetzung vorbereitet. Konkret definiert die Anweisung TEST-SEAM einen Namen für einen Anweisungsblock, der im dargestellten Fall den Aufruf des Funktionsbausteins FI_COMPANY_CODE_CHECK umfasst.

```
METHOD company_code_exists.
  CHECK iv_company_code IS NOT INITIAL.

  TEST-SEAM company_code_check.
    CALL FUNCTION 'FI_COMPANY_CODE_CHECK'
      EXPORTING
        i_bukrs       = iv_company_code
      EXCEPTIONS
        company_code = 1
        OTHERS       = 2.
    IF sy-subrc = 0.
      rv_exists = abap_true.
    ENDIF.
  END-TEST-SEAM.
ENDMETHOD.
```

Listing 28.6 Produktmethode mit Test Seam

Wie Listing 28.7 zeigt, nehmen die Testmethoden auf diesen Test-Seam-Namen Bezug, wenn sie den produktiven Anweisungsblock durch einen eigenen ersetzen. Um Dopplungen zu vermeiden und die Lesbarkeit der Testmethoden zu erhöhen, stellt die Testklasse für die benötigten Ersetzungsfälle Hilfsmethoden mit passenden Namen zur Verfügung.

```
METHOD auth_ok_etype_ok_compcode_ko.
  set_ko_company_code_check( ).
  import_upd_pob_with(
      iv_event_type = c_exist_event_type
      is_comb       = cs_auth_combination_1
  ).
  import_contract( c_any_contract_id ).
  assert_check_failure_due_to( c_any_contract_id ).
ENDMETHOD.

METHOD auth_ok_etype_ko_compcode_ok.
  set_ok_company_code_check( ).
  import_upd_pob_with(
      iv_event_type = c_non_exist_event_type
      is_comb       = cs_auth_combination_1
  ).
  import_contract( c_any_contract_id ).
  assert_check_failure_due_to( c_any_contract_id ).
ENDMETHOD.

METHOD auth_ok_etype_ko_compcode_ko.
  set_ko_company_code_check( ).
  import_upd_pob_with(
      iv_event_type = c_non_exist_event_type
      is_comb       = cs_auth_combination_1
  ).
  import_contract( c_any_contract_id ).
  assert_check_failure_due_to( c_any_contract_id ).
ENDMETHOD.

METHOD auth_ko_etype_ok_compcode_no.
  set_no_company_code_check( ).
  import_upd_pob_with( cs_unauth_combination ).
  import_contract( c_any_contract_id ).
  assert_check_failure_due_to( c_any_contract_id ).
ENDMETHOD.
```

```
METHOD set_ok_company_code_check.
  TEST-INJECTION company_code_check.
    rv_exists = abap_true.
  END-TEST-INJECTION.
ENDMETHOD.

METHOD set_ko_company_code_check.
  TEST-INJECTION company_code_check.
    rv_exists = abap_false.
  END-TEST-INJECTION.
ENDMETHOD.

METHOD set_no_company_code_check.
  TEST-INJECTION company_code_check.
   cl_abap_unit_assert=>fail( 'NO_CHECK_EXPECTED' ).
  END-TEST-INJECTION.
ENDMETHOD.
```

Listing 28.7 Testmethoden und injizierende Hilfsmethoden

Einsatz von Test Seams in ABAP

Der Einsatz von Test Seams ist nur für schwer zu testenden Bestandscode zu empfehlen. Für Neuentwicklungen und Redesigns von Bestandscode sollten Sie eine Testbarkeit auf Basis von Interfaces und Factory-Klassen anstreben, da ein solches objektorientiertes Design auch die Entkopplung Ihrer Produktklassen fördert. Außerdem können Sie nur mit einem solchen Design isolierte Komponenten- und Akzeptanztests realisieren.

28.4 ABAP Test Double Framework

Das ABAP Test Double Framework kann für Sie die Definition und Implementierung von Testdoubles übernehmen. Der häufigste Anwendungsfall ist ein Testdouble vom Typ Test-Stub. Daneben bietet Ihnen dieses Framework standardisierte Möglichkeiten an, ein Testdouble bezüglich der Anzahl von Methodenaufrufen als Mock-Objekt oder Test-Spy zu konfigurieren. Seit dem Release SAP NetWeaver 7.53 ist das ABAP Test Double Framework nicht nur für globale Interfaces, sondern auch für globale Klassen einsetzbar.

In Listing 28.8 sehen Sie, wie das ABAP Test Double Framework die Erzeugung und Konfiguration des Testdoubles DO_AUTH_UTIL realisiert, das die Produktklasse ZCL_PROCESS_CONTR_CHANGE_CHECK von der systemseitigen Berechtigungsprüfung isoliert. Damit Sie die Anweisungen, die nun für dieses Framework nötig sind, mit denen vergleichen können, die das selbst definierte Testdouble aus Abschnitt 27.2.2, »Berechtigungsprüfung als Test-Spy«, erforderte, habe ich letztere als Kommentare im Listing belassen.

```
METHOD setup.
  mo_check ?= zcl_process_contr_change_check=>create( ).
  ms_contract_api-contract_id = c_any_contract_id.

* do_auth_util = ltd_auth_util=>create( ).
  do_auth_util ?= cl_abap_testdouble=>create(
      object_name = 'IF_FARR_AUTHORITY_CHK_UTILITY'
  ).
  cl_farr_td_utility_factory=>inject_itself(
      io_authority_chk_utility = do_auth_util
  ).
* do_auth_util->add_auth_combination( cs_auth_combination_1 ).
  add_auth_combination(
      is_combination   = cs_auth_combination_1
      iv_exp_num_calls = 1
  ).
* do_auth_util->add_auth_combination( cs_auth_combination_2 ).
  add_auth_combination(
      is_combination   = cs_auth_combination_2
      iv_exp_num_calls = 1
  ).
ENDMETHOD.
```

Listing 28.8 Erzeugung und Konfiguration eines Testdoubles als Test-Stub und Mock-Objekt

Am Beispiel der Erzeugung des Testdoubles DO_AUTH_UTIL zeigt sich, dass die generischen Funktionen des Frameworks zu technischen Anweisungen führen und deshalb die Lesbarkeit verschlechtern. Am Beispiel der Konfiguration des Testdoubles (mit der Methode ADD_AUTH_COMBINATION) erkennen Sie, dass die Testklasse für das Framework nun Zuständigkeiten der nicht mehr vorhandenen Doubleklasse übernehmen muss.

Wie Listing 28.8 und Listing 28.9 zeigen, bietet die Hilfsmethode ADD_AUTH_COMBINATION nun einen zweiten Parameter IV_EXP_NUM_CALLS für die erwartete Anzahl an Berechtigungsprüfungen zur gegebenen Kombination an. Das ist durch die Einschränkung des Frameworks bedingt, dass die Konfiguration des Testdoubles für einen spezifischen DOM-Methodenaufruf auf einmal und damit vollständig erfolgen muss.

Übergibt der Aufrufer etwa den Wert 1 an den Parameter IV_EXP_NUM_CALLS, bringt diese Hilfsmethode ADD_AUTH_COMBINATION das Test-Stub-Verhalten (systemseitige Berechtigungsprüfung gibt den Erfolgswert ABAP_TRUE zurück) mit dem Mock-Objekt-Verhalten zusammen (die gegebene Kombination wird höchstens einmal geprüft). Technisch erreicht die Hilfsmethode dies, indem sie das von der Methode RETURNING zurückgegebene Objekt sofort für den Aufruf der Methode AND_EXPECT nutzt. Ebenso nutzt sie das von der Methode AND_EXPECT zurückgegebene Objekt sofort für den Aufruf der Methode IS_CALLED_TIMES.

```
METHOD add_auth_combination.
  IF iv_exp_num_calls IS SUPPLIED.
    cl_abap_testdouble=>configure_call( do_auth_util )
      ->returning( abap_true )
      ->and_expect( )->is_called_times( iv_exp_num_calls ).
  ELSE.
    cl_abap_testdouble=>configure_call( do_auth_util )
      ->returning( abap_true ).
  ENDIF.
  do_auth_util->check_contract(
      iv_activity     = c_auth_activity_change
      iv_company_code = is_combination-company_code
      iv_sales_org    = is_combination-sales_org
  ).
ENDMETHOD.
```

Listing 28.9 Hilfsmethode der Testklasse für die Konfiguration des Testdoubles

Die Aufrufe der Methode CONFIGURE_CALL in Listing 28.9 sind syntaktisch nicht korrekt. Diese Anweisungen müssen vollständig in einer Zeile stehen. Dadurch werden diese Anweisungen aber so lang, dass Sie auf einem großen Bildschirm eine umfangreiche Bewegung der Augen oder sogar des Kopfes erfordern. Auf einem Laptop-Bildschirm müssten Sie eine kleinere Schriftgröße einstellen oder nach rechts scrollen. Jede dieser Maßnahmen verzögert das schnelle Erfassen und damit Verstehen dieser ausführbaren Dokumentation.

In Listing 28.10 sehen Sie, dass sich die Testmethoden durch die Verwendung des Frameworks auch strukturell verändert haben:

- Zum einen muss die Testmethode STOP_AFTER_FIRST_KO_CHECK nun schon vor dem Aufruf der Methode ASSERT_AUTH_CHECK_FAILS ihre Erwartung ausdrücken, dass es zu keiner Berechtigungsprüfung für die Kombination CS_ANY_COMBINATION kommt. Das im vorangegangenen Kapitel selbstdefinierte Testdouble LTD_AUTH_UTIL erlaubte diese Überprüfung mit der Test-Spy-Methode ASSERT_NO_AUTH_CHECK_FOR auch nachträglich.

- Zum anderen kann die Testmethode NEW_AND_UPD_POB_ARE_COLLECTED nun mit Hilfe der Framework-Methode VERIFY_EXPECTATIONS sicherstellen, dass es zu keiner Unterschreitung der Anzahl der erwarteten Aufrufe kam.

```
METHOD stop_after_first_ko_check.
  add_auth_combination(
      is_combination   = cs_any_combination
      iv_exp_num_calls = 0
  ).

  import_upd_pob_with( cs_unauth_combination ).
  import_upd_pob_with( cs_any_combination ).

  assert_auth_check_fails( ).
* do_auth_util->assert_no_auth_check_for( cs_any_combination ).
  assert_error_no_authority_for( cs_unauth_combination ).
ENDMETHOD.

METHOD new_and_upd_pob_are_collected.
  import_new_pob_with( cs_auth_combination_1 ).
  import_new_pob_with( cs_auth_combination_2 ).
  import_upd_pob_with( cs_auth_combination_1 ).

  assert_auth_check_succeeds( ).
  cl_abap_testdouble=>verify_expectations( do_auth_util ).
ENDMETHOD.
```

Listing 28.10 Testmethoden mit weiteren Erwartungen an das Testdouble

Das ABAP Test Double Framework verwendet für den Vergleich der tatsächlichen mit den konfigurierten Eingabeparametern den Gleichheitsoperator EQ. Genauer setzt es eine Standardimplementierung des Interface IF_ABAP_TESTDOUBLE_MATCHER ein, die mit diesem Operator arbeitet. Falls Sie einen anderen Vergleich benötigen, haben Sie die Möglichkeit, eine eigene Vergleichsimplementierung dieses Interface mit der Konfigurationsmethode SET_MATCHER zum Einsatz zu bringen.

Falls Ihnen die Konfigurationsmethoden RETURNING und EXPORTING für das gewünschte Rückgabeverhalten des Testdoubles nicht ausreichen, können Sie das Interface IF_ABAP_TESTDOUBLE_ANSWER implementieren und mit der Konfigurationsmethode SET_ANSWER zum Einsatz bringen. Die beiden Konfigurationsmethoden SET_MATCHER und SET_ANSWER bieten zwar eine große Flexibilität, aber sie führen zu technischen Hilfsklassen, die semantisch nur einem Teil eines Testdoubles entsprechen.

Einsatz des ABAP Test Double Frameworks

Das ABAP Test Double Framework verspricht eine Vereinfachung der Testisolierung, weil es Doubleobjekte ohne Definition und Injektion von Doubleklassen anbietet. In einfachen Fällen geht diese Rechnung auf, wenn auch zulasten der Lesbarkeit. In komplizierteren Fällen sind allerdings zusätzliche Klassen für den Vergleich oder das Rückgabeverhalten unvermeidbar.

Des Weiteren ist ein vom Framework erzeugtes Testdouble nur temporär vorhanden. Sie können es also weder lokal noch global wiederverwenden. Das heißt, die eventuell aufwendige Konfiguration muss für mehrere Testklassen wiederholt werden. Der Versuch, diese Dopplung zu vermeiden, führt wiederum zu zusätzlichen Klassen. Es ist somit fraglich, ob die Schwächung der Lesbarkeit überhaupt mit weniger Doublecode einhergeht. Und schließlich ist es aus meiner Sicht ein großer Nachteil dieses Frameworks ist, dass es das Single-Responsibility-Prinzip verletzt, indem es die Zuständigkeiten von Doubleklassen den Testklassen zuschlägt.

28.5 Zusammenfassung des fünften Teils und des gesamten Buches

Werkzeuge für die Programmierung von Test- und Produktcode können die Effizienz steigern. Sie sollten meiner Ansicht nach aber nicht überbewertet werden. Vor allem können sie eine saubere Codebasis als maßgebliche Größe für effiziente Softwareentwicklung nicht ersetzen.

Sauberer Testcode ist ohne eine anwendungsspezifische Testinfrastruktur praktisch nicht möglich. Und auch die Qualität von Produktcode hängt stark von dieser Testinfrastruktur ab. Eine Testinfrastruktur erlaubt es nicht nur, die zur Absicherung von Verbesserungen notwendigen Tests effizient zu schreiben. Sie liefert mit ihren objektorientierten Vereinfachungen auch die innovativen Vorschläge für ein Redesign. In diesem Sinne betrachte ich eine Testinfrastruktur als das wichtigste Werkzeug für die agile ABAP-Entwicklung. Dieses Werkzeug können Sie nicht kaufen, Sie müssen es immer wieder aufs Neue erschaffen. Ich hoffe, dieses Buch kann Ihnen mit seinen Standards und Codebeispielen dabei helfen, eine Testinfrastruktur für Ihre Anwendung effizient zu entwickeln.

Anhang

Anhang A
Namenskonventionen

Dieser Anhang stellt die Namenskonventionen zusammen, die ich für dieses Buch gewählt habe. Der Legacy Code der Beispielanwendungen weicht davon zum Teil ab. Das Präfix Z in einigen Codebeispielen deutet ganz allgemein auf Entwicklungen hin, die ich für dieses Buch im lokalen Bereich eines Entwicklungssystems durchgeführt habe. Er taucht in der folgenden Übersicht nicht auf.

Klassen

Tabelle A.1 listet auf, wie ich die Bezeichnung von globalen und lokalen Klassen einleite. Ein Interface, das ausschließlich Konstanten enthält, bezeichne ich mit _C am Ende.

Präfixe	Bedeutung
CL_ LCL_	globale/lokale Klasse
IF_ LIF_	globales/lokales Interface
CX_ LCX_	globale/lokale Ausnahmeklasse
TC_ LTC_	globale/lokale Testklasse
TD_ LTD_	globale/lokale Testdoubleklasse
TH_ LTH_	globale/lokale Testhilfsklasse
TS_ LTS_	globale/lokale Testsuiteklasse

Tabelle A.1 Bezeichnung von Klassen (vorderste Buchstaben)

Speicher

Tabelle A.2 listet auf, wie ich die Bezeichnung von globalen und lokalen Speichern einleite. Da Feldsymbole praktisch nur lokal verwendet werden, habe ich bei Feldsymbolen auf das L für lokal gleich nach der einleitenden Klammer < verzichtet.

Präfix	Bedeutung	Präfix	Bedeutung
S	statisches Attribut einer Klasse	C	Änderungsparameter einer Methode
M	Instanzattribut einer Klasse	R	Rückgabeparameter einer Methode
D	Doubleattribut einer Testklasse	G	globale Variable des Programms
I	Eingabeparameter einer Methode	L	lokale Variable einer Methode
E	Ausgabeparameter einer Methode		

Tabelle A.2 Bezeichnung von Speichern (vorderster Buchstabe)

Tabelle A.3 listet auf, wie ich die Bezeichnung von globalen und lokalen Speichern fortführe. Das Beispiel LSR_ für eine lokale Referenz auf eine Struktur zeigt, dass auch mehrere Fortführungen vorkommen können. Da ein Konstanten-Interface schon _C am Ende hat, bezeichne ich die darin enthaltenen Konstanten ohne C_ am Anfang.

Präfix	Bedeutung
TS	sortierte Tabelle
TH	Hash-Tabelle
S	Struktur
V	Variable
C	Konstante
O	Referenz auf Objekt
X	Referenz auf Ausnahmeobjekt
R	Referenz auf Tabelle, Struktur oder Variable

Tabelle A.3 Bezeichnung von Speichern (nachfolgende Buchstaben)

Methoden

Präfix	Bedeutung
CREATE_	Methode zum Erzeugen eines Objekts
GET_	Methode zur Rückgabe eines Singleton-Objekts

Tabelle A.4 Bezeichnung von Methoden zum Erhalt eines Objekts

Anhang B
Literaturverzeichnis

Feathers, Michael C.: Working Effectively with Legacy Code. 13. Aufl. Prentice Hall 2011.

Fowler, Martin: Refactoring. 2. Aufl. Addison-Wesley 2018.

Larman, Craig und Vodde, Bas: Scaling Lean & Agile Development. 2. Aufl. Addison-Wesley 2009.

Martin, Robert C.: Clean Code. 7. Aufl. Prentice Hall 2009.

Meszaros, Gerard: xUnit Test Patterns. 3. Aufl. Addison-Wesley 2009.

Anhang C
Der Autor

Winfried Schwarzmann ist bei der SAP SE als Entwicklungsarchitekt im Bereich Financial Operations tätig. Parallel dazu ist er seit 2011 als Trainer und Coach für das Thema Agile Software Engineering im Einsatz. Über die Jahre hat er einen Programmierstil für gut lesbare und wartungsarme ABAP-Unit-Tests entwickelt, der objektorientierte Designprinzipien konsequent umsetzt. Zur besseren Verbreitung in der ABAP-Community hat er dazu einen Workshop für das Development-Expert-Curriculum und die Schulung »ABAP OO in der Praxis« konzipiert. In seinem Buch fasst er seine objektorientierten Entwurfsmuster und die agile Methodik vollständig zusammen. Winfried Schwarzmann studierte Mathematik mit dem Nebenfach Informatik an der Universität Ulm. Während eines Auslandsaufenthalts in Milwaukee, USA, unterrichtete er am College of Letters and Science und machte an der University of Wisconsin den Abschluss Master of Science in Mathematics. 1998 stieg er bei SAP als C++-Entwickler im Bereich Supply Chain Management (SCM) ein. Nach vier Jahren wechselte er in die ABAP-Anwendungsentwicklung.

Index

A

E

R

S

T

U

V

W

Z

- Know-how zum neuen Programmiermodell für SAP S/4HANA
- CDS-Views entwickeln und Datenmodelle erstellen
- Für Suchen, transaktionale und analytische Anwendungen

Renzo Colle, Ralf Dentzer, Jan Hrastnik

Core Data Services für ABAP

Nutzen Sie die neuen Funktionen der Core Data Services (CDS) für ABAP 7.5. So verbessern Sie den Datenbankzugriff und die Performance Ihrer SAP-Anwendungen. Mit diesem Buch erfahren Sie, was hinter dem virtuellen Datenmodell von SAP S/4HANA steckt. Außerdem lernen Sie, wie Sie CDS analysieren und in analytischen oder transaktionalen Anwendungen verwenden. Für die tägliche Arbeit finden Sie im Anhang eine Übersicht über die wichtigsten CDS-Notationen.

443 Seiten, gebunden, 79,90 Euro
ISBN 978-3-8362-5902-6
erschienen Dezember 2017
www.sap-press.de/4487

Versandkostenfrei bestellen: www.sap-press.de

82,20.–